山东大学法律评论(2015)

Shandong University Law Review 2015

郑智航　主编

山东大学出版社

《山东大学法律评论(2015)》

编 委 会

目 录

东亚国家融资担保

抵押权的实行方法与优先受偿权的方法…………………［日］近江幸治(1)

日本法上的“抵押权的效力以及目的物范围”

——我妻荣法则和其反论……………………………［日］道垣内弘人(9)

担保价值下降时的债务人义务 …………………………［日］片山直也(15)

最高额抵押权 ……………………………………………［日］鸟谷部茂(22)

日本物上代位研究 ………………………………………［日］平野裕之(32)

日本民法的共同抵押 ……………………………………［日］青木则幸(39)

抵押权的效力范围 …………………………………………［韩］尹喆洪(49)

担保物价值减少时债务人责任

——以现行法及2013年修订案为中心…………………［韩］金星洙(59)

有关最高额抵押权的民法修订案

——以2009年的法务部民法修订委员会草案为中心

………………………………………………………………［韩］金载亨(69)

韩国民法上抵押权的物上代位 ……………………………［韩］权澈(80)

习惯法的法定地上权 …………………………………… [韩]李英俊(89)

抵押权优先受偿效力 …………………………………… [韩]安兑容(96)

中国法上抵押权效力与可及标的范围…………………………… 申卫星(104)

中国法上的抵押权保全

——以《物权法》第 193 条为中心…………………………… 蔡立东(116)

论抵押权与租赁权的冲突及协调

——对中国《物权法》第 190 条的解读………… 李志文 刘文钊(122)

中国法上的最高额担保制度………………………… 曹士兵 吴光荣(131)

抵押权实现与物上代位………………………………………… 刘宏渭(140)

中国法上的房地抵押法律关系……………………………… 金路伦(149)

中国物权法中的共同抵押

——制度缺失的现实困境与走出困境的途径…………… 申政武(158)

公司对外提供担保的合同效力判断规则…………………… 周伦军(166)

理论纵横

论征地拆迁中的新利益博弈

——基于鄂东北 Z 村的考察 ……………………………… 吴秋菊(184)

转型乡土社会民间法的生成与实践

——基于黔东南农村山林管护规约的分析……………… 李 坤(198)

人民共和国怎样站稳脚跟

——《社会契约论》中的公民宗教释义…………………… 周睿志(234)

理查德·波斯纳法官的 25 年

——满意条款与波斯纳对莫林案的观点：难道波斯纳

也犯错？ ………………………………… Scott Brewer 著，刘禹译(249)

宏观调控之救济………………………………………………… 包晓丽(260)

权利研究

中国特色公民权利和政治权利发展道路…………………… 公欣欣(274)

新兴媒介下言论自由的法律保护
——以《侵权责任法》第三十六条“网络服务提供者侵权责任”对言论自由的压制为视角 …… 郭娜娜(317)
劳动密集型企业劳资冲突法律分析
——基于重庆市的实证研究 …… 宋 琳(342)
基因科技实验中医学人员的法律限制
——以《贝尔蒙报告》为分析对象 …… 周殷杰 孟 雯(378)

司法制度

基层法院“案多人少”的界定与应对实践
——以人民法院内部优化为视角 …… 张 枫(387)
论新《刑事诉讼法》传闻证据的采纳
——以英国上诉案件判决理由为基础对两种审判逻辑的思考 …… 李亚凝(410)
刑事主观要素证明模式初探 …… 王 燃(438)
法官与律师不正当行为关系的评判和预防 …… 瞿桂东(464)

Contents

Financing Guarantee in Southeast Asian Countries

Methods of Mortgage and the Technique of the Priority of Claim ······ Chikako Koji(1)
"Effect of Mortgage Rights and Boundary of Target Object" in Japanese Law ······ Michigaki Chihirohito(9)
The Obligation of Debtors When Collateral Value Goes Down ······ Katayama Naoya(15)
Mortgage Subject to Ceiling ······ Toritani Bemo(22)
Subrogation in Japanese Law ······ Hirano Hiroyuki(32)
Joint Mortgage in Japanese Civil Law ······ Aoki Noriko(39)
Effectiveness of Mortgage Yights ······ Yoon Cheol Hong(49)
The Responsibility of Debtors When Collateral Value Goes Down
—Based on the Current Law and the Amendment in 2013 ······ Sung-su Kim(59)
Amendment of Civil Law about Mortgage Subject to Ceiling
—Centered on the Draft Civil Law Revision Committee in

Ministry of Justice in 2009 ………………… Kim Jae Hyung(69)

Subrogation of Mortgage Rights in Korean Civil Law ……………………………………………………… Kwon Chul(80)

Legal Surface Rights in Customary Law ………… Lee Young Joon(89)

Validity of the Priority of Compensation of Mortgage Rights ……………………………………………………… Ahn Tae Yong(96)

Validity of Mortgage Rights and Scope of Subject in Chinese Law ……………………………………………………… Weixing Shen(104)

Warranty of Mortgage Rights in Chinese Law
—Centered on Article 193 of Property Law ……… Lidong Cai(116)

Conflict and Harmonization of Mortgage Rights and Lease Rights
—Interpretation of Article 190 of Chinese Property Law ……………………………………… Zhiwen Li & Wenzhao Liu(122)

The System of the Maximum Guarantee in Chinese Law ………………………………… Shibing Cao & Guangrong Wu(131)

Implementation of Mortgage Rights and Subrogation of Mortgage ……………………………………………………… Hongwei Liu(140)

Legal Relation of Real Estate Mortgage in Chinese Law ……………………………………………………… Lulun Jin(149)

Joint Mortgage in Chinese Property Law
—Realistic Difficulties of System's Deficiencies and the Way to Get out of the Trouble ……………………… Zhenwu Shen(158)

The Rule to Judge Contract Potency of the Corporate External Guaranty ………………………………………… Lunjun Zhou(166)

Studies on Theories

New Interest Game in Land Acquisition and Demolition
—Based on the Survey of Z Village, Northeast Hubei ……………………………………………………… Qiuju Wu(184)

Generation and Practice of Folk Law in Transitional Rural Society
—Based on Forestry Management Regulation in a Village of Southeast Guizhou Province ········· Kun Li(198)
How People's Republic Can Get a Firm Foothold
—On the Interpretation of Civil Religion in *Social Contract Theory* ········· Ruizhi Zhou(234)
Judge Richard A. Posner's Twenty-five years
—Satisfactory Article and Posner's Opinion on Maureen's Case: Does Posner Make Mistake Also? ········· Scott Brewer, translated by Yu Liu(249)
Legal Remedies for Macro-Control ········· Xiaoli Bao (260)

Studies on Rights

The Developing Road of Civil and Political Rights with Chinese Characteristics ········· Xinxin Gong(274)
Law Protection for Freedom of Expression under New Media
—View in Suppression of Freedom of Expression in *Tort Law Liability* Article 36 Internet Service Provider Tort Liability ········· Nana Guo(317)
Analysis of Labor-intensive Enterprises' Labor Disputes
—Based on the Empirical Research in Chongqing ··· Lin Song(342)
The Legal Restriction of Medical Personnel in Scientific Experiment of Gene
—Based on the Analysis of *Belmont Report* ········· Yinjie Zhou & Wen Meng(378)

Studies on Judicial System

Definition and Response to the Problem of "Many Cases but Few Judges"
—From the Perspective of Optimization within the Court ········· Feng Zhang(387)

The Admissibility of Hearsay Evidence: Overall Fair or Absolute Right
Reasons for Judgment
—Diffrernt Trial Logical Thinking Based on British Appeals
………………………………………………………… Yaning Li(410)
On the Proof Mode of Criminal Subjective Elements … Ran Wang(438)
The Judgment and Precaution of the Improper Relationship
between the Judge and the Lawyer ……………… Guidong Qu(464)

东亚国家融资担保

抵押权的实行方法与优先受偿权的方法

[日]近江幸治*

关于抵押权,如将其与质权进行比较,由于抵押权的设定者在保留对抵押标的物的占有的同时,依然能以该抵押标的物对债权进行担保,所以可以将其理解为是对标的物的"价值(流通价值)权"的支配,当债权无法得到清偿时,通过发动处分权实现"价值(返还)"的制度。与其相对,所谓质权,就是将标的物的占有移转至债权人,使其能够支配该标的物的"用益价值"。以这些基本原理为前提,本文将对日本的抵押权的实行方式与优先受偿权的方法进行考察。

一、抵押权的实行方法

(一)法定换价制度

1. 拍卖

(1)抵押权以及抵押权实行方法的沿革

拍卖是抵押权的典型实行方法。当被担保债权无法得到清偿时,抵押权人可基于其通过抵押权的设定而获得处分权(排他性支配权),将抵押标的物变价处分,从卖得价款中优先受偿。其实在(日本)民法典制定时,拍卖制度在日本并不存在,是从法国法、德国法继受而来的制度。

1873年(明治六年),在受到法国法影响而制定的《土地担保规则》中,抵押权及其实行方法的拍卖制度首次得到规定。在《土地担保规则》中,抵押以"书入"(かきいれ),而拍卖以"竟卖"(せりうり・ちょうばい)这两个术语的形式出现。

但是,在那个时代的日本,不动产(土地)的流通市场并不发达,并且对

* 作者简介:近江幸治,早稻田大学法学院教授。

应流通市场的法制度也未建立,因此不动产抵押,甚至可以说是完全没有得到运用。而那一时期的不动产担保主要是采用转移用益性权利的质权。

之后,到了 1890 年(明治二十三年),由法国学者 Boissonade 起草的日本最初的统一《民法典》,制定完成。但是,由于该法典和日本的国情不相符,引起了非常强烈的反对,并导致法案施行的延期(所谓的民法典论争),最终被废止。这部民法被称为"旧民法"。

在旧民法中,抵押的用语由之前的"书入"变为了"抵当"(该法"债权担保编"第 195 条以下)。此外,原先作为拍卖术语的"糶売",也为了和 1890 年制定的民事诉讼法保持一致,转而采用"競売"这一用语(该法 278 条)。(1890 年的)这部民事诉讼法是由德国学者 Hermann Techow 起草而成,可见在这一时期,法国法与德国法在概念上有混杂不一致的现象存在。

1896 年(明治二十九年),以德国法潘德克顿体系作为基础的现行民法典取代了旧民法,抵押权制度也得到了完善。此外,在前文所提到的以强制执行程序为中心的 1890 年《民事诉讼法》中,关于抵押权的实行方法的规定暧昧不清,所以在 1898 年(明治三十一年),规定了担保权实行方法的《拍卖法》制定出台。由此,担保权的实行区别于强制拍卖的任意拍卖这一点,得到明确化。

(2)抵押权利用在日本社会的意义

虽然抵押权制度及其实行方法得到了相当的完善,但是在产业资本·金融资本成形的 1910 年之前(或许之后一段时间也是),抵押权仍无法摆脱无人问津的尴尬。

若问其原因,首先,作为银行融资对象的企业或是个人投资家所使用的担保方式,主要是 1890 年代以后形成风潮的股权担保以及公司债券包销。银行开始涉足一般消费者贷款,即消费信用,则是 20 世纪 60 年代之后的事了。

此外,关于农地的担保(农村信用),在当时的日本,不动产(土地)的价值依然是用益价值,而不动产的流通市场也不发达。因此,农地的担保方式主要采用移转用益权的不动产质押,以及移转所有权但不移转用益权的附买回特约买卖或再买卖预约。这些方法不同于抵押权,其基于用益(所有权)的确定性转移可能形成"流池"(流担保)。

(3)抵押制度以及实行方法的展开

到了 1945 年之后,在日本社会的工业化与农地的近代化的进程中,由于土地价格飙升,不动产流通市场正式进入发展期。民法上的抵押权规定虽没有变化,但是通过特别法的制定,多样的抵押权制度(1950 年代初的汽车·道路交通事业·建设机械·飞机,1971 年的最高额抵押等)得到了确立。另外,对于抵押权的实行方法,则由旧拍卖法与民事诉讼法统合制定的 1979 年《民事执行法》来规制。

2. 收益执行

所谓收益执行,就是在抵押权的目的不动产能够产生租金等稳定收益的情形下,抵押权人可以直接申请或者在拍卖的同时申请担保不动产收益执行(《日本民事执行法》第 180 条)。收益执行是以强制执行形态之一的强制管理(《日本民事执行法》第 93 条以下)为准则的担保权执行方法,担保权人收取并管理不动产的收益(天然孳息,法定孳息),且以此抵充被担保债权,来实现债权的优先受偿。

日本经济在 20 世纪 80 年代,伴随着股票市场的活跃与不动产的飙涨达到巅峰点,即所谓的泡沫经济。但是,1990 年 11 月前后,市场突然急速陷入低迷,到 1991 年初,经济的泡沫崩裂,股票与不动产价格狂跌,泡沫经济崩溃。而不动产的价格,在东京都心部的房产有的甚至跌到了 1/20。

由于泡沫经济崩溃,设定在不动产泡沫价值上的抵押权发生担保不足,致使金融机构无法全额回收贷款。另一方面,收到高额融资却无力返还的债务人(特别是拥有大量租赁房产的出租公寓业者),面对债权人的抵押权实行加倍阻碍。在这样的背景下,许多金融机构由于抵押权无法实现、贷款无法收回而破产。

鉴于租赁公寓的业主不返还贷款还能够每月从出租公寓获得稳定收入,因此对业者的租金收入进行管理,并从中实现优先受偿的收益执行制度在 2003 年创立。

收益执行,是以德国法中的强制管理(Die Verwaltung)为范本制定而成的。德国的强制管理制度是基于执行名义,对抵押不动产实行强制管理,强制性地以该不动产的收益抵充债务(《强制拍卖强制管理法》第 164 条以下),日本的收益执行的构造,就是模仿德国该制度的。

收益执行是通过掌握担保物所产生的孳息的担保价值,并管理其收益,使抵押权人能够得到优先受偿的实行方法;另一方面,对不动产的担保评价,不仅停留在对不动产的流通价值的评价,同时对不动产收益的担保价值也进行评价的做法,在 1970 年前后开始普遍化、一般化。这与收益执行并没有关系,而是受到了美国担保评价方法的影响。

(二)私的实行制度

与上述的法定换价制度(拍卖、收益执行)不同,当债务人不履行债务时,在抵押权人与抵押权设定人之间存在着使担保权人优先受偿的特别方法。这些方法统称为私的实行。

1.流押(抵押直流)

(1)判例(抵押直流有效)

关于抵押直流,并没有如流质合同禁止规定(《民法》第349条)般的禁止条例。那么抵押直流是否有效?

关于这一点,在民法典制定当初便有议论,民法典的起草者认为,流质也好抵押直流也罢,基于契约自由的原则皆应认定为有效。在众议院对质权进行审议时,鉴于不动产质权的重要性,虽追加了流质禁止规定(现行《民法》第349条),但对抵押权则没有追加同样的禁令,为此,判例[①]对抵押直流作出了肯定性判断,而学界通说也与判例保持了一致。

在欧洲(罗马法,法国法,德国法),抵押直流自古以来便被禁止,与此相对,日本法则采取了相反的态度,判例与学说都认为押直流有效。

(2)代物清偿的预约

使抵押直流发挥实质性机能的,是代物清偿的预约。所谓代物清偿的预约,就是在契约自由原则的前提下,约定债务人不履行债务时,以提供一定的价值物(移转其所有权)的合同作为替代,并且在发生债务不履行时,债权人有所有权移转请求权,这一权利通过不动产登记法的预约登记制度来确保(《不动产登记法》第105条2款)。当债务人无法履行债务时,通过预约登记,债权人可以获得该不动产的所有权来抵充债务,与抵押直流在实质上有相同效果。

因此,代物清偿的预约可以说在实质上与抵押直流是同一制度。此外,代物清偿的预约与抵押权设定可以并用,如若并用抵押权设定与代物清偿预约合同,则在形式上变为附抵押直流特约的抵押权设定了。代物清偿预约就是通过这种形式得到运用的。

但是,这一制度对于债务人而言,却有使其失去价值高于债务额的不动产的风险,换言之,该制度也有着容忍债权人获得暴利的一面。针对这点,判例[②]受学说的影响,确立了排除暴利的清算法理。于是,在高利息成为社

---

① 大判明41·3·20民录14辑313页。

② 最判昭42·11·16民集21卷9号2430页。

会性问题的1978年(昭和五十三年),以排除代物清偿预约的暴利为目的的特别法《预约登记担保法》制定出台,代物清偿预约的名称也改为预约登记担保。

综上所述,作为日本的抵押制度的实行方法,可以不经由法定换价制度的抵押直流合同(私的实行)即被视为有效,同时对于超出债务额的部分进行清算的清算法理也得到了确立。

2.任意出卖

债务人不履行债务时,不采用法定换价制度,也可以基于债权人全员的“同意”将抵押标的物出卖抵充债务。这种被称作任意出卖的制度被广泛使用。[①] 由于并非经过法定的换价制度,所以这也可以被看作是私的实行的一种类型。

这一方法,在理论上是依据破产管财人的管理处分权(《破产法》第78条1款),在获得法院许可后实行的(《破产法》第78条2款1项)。

这一方法的优点有:(1)可以以比拍卖更高的价格出卖;(2)可以比拍卖更快地出卖标的物;(3)可以使用拍卖无法使用的住宅贷款,从而吸引更多的购买者;(4)别除权人仅适用拍卖,不适用任意出卖;(5)对于别除权人而言排除不法占有人在程序上很困难,但对管财人而言处理起来较为方便等。

任意出卖,从性质上可以理解为和解。这里所说的“同意”,包含了多种内容的同意、承诺。主要有:(1)不经拍卖的换价方法的同意;(2)分配内容的同意;(3)共同抵押情形下,后顺位抵押权人与物上保证人的代位权(《民法》第392条)不发生的同意;(4)共同抵押情形下,对于抵押不动产担保解除的担保保存义务(《民法》第504条)免责的同意等。

但是,举例来说,假若某人在共同抵押的物件的一部分被任意出卖时作出“同意”,那关于共同抵押物件的残余部分的处分及分配,其所期待的应该是按原来的共同抵押的原则得到分配,而不会是完全不考虑这些便“同意”任意出卖。因此可以说,仅强调和解性质而否定共同抵押的分配原则,并使得一部分债权人得到有利分配是不被允许的。

适用任意出卖,在出现得不到债权人全员的同意等情形下仍存在问题,因此该制度的简易化也在推进中(自民党调查会)。大部分的担保权人已经

---

① 司法研究所编:《关于破产事件处理的诸多实务问题》,第172页之后;伊藤真:《破产法》(全订第三版修正版),第419页之后;上野隆司监修、高山满、田中博文、大坪忠雄、村山真一、藤原勉:《任意变卖的法律与实务》,第2页之后;近江幸治:《民法讲义III》(第二版修订),第172页。

同意,却因为没有得到全员一致同意而无法出卖的情形下,所有人与作出同意表示的担保权人可以前往法院申请解除抵押权。如果未做出同意表示的担保权人在一定期间内没有基于自己的担保权申请拍卖,或是没有提出特别的出卖对象,法院将会倾向认可任意出卖。

二、优先受偿权的方法

第二部分,是关于抵押权实行结果的优先受偿权的方法。因为这一部分与第一部分的内容密切相关,且在前文已有一定介绍,所以仅作简单说明。

(一)优先受偿权的"优先"缘何而来

1. 德国抵押权的优先受偿权的实现

在德国,抵押权人从抵押物中得到受偿,必须经过强制执行程序(《德国民法》第 1147 条)。对土地的强制执行,包括:(1)债权的保全抵押权(Sicherungshypothek)的登记;(2)强制拍卖;(3)强制管理(《德国民事诉讼法》第 866 条第 1 项)。采用何种方法是债权人的自由,而且不仅可以选择一种方法,也可以与其他方式并用(《德国民事诉讼法》第 866 条第 2 项)。

强制拍卖是基于执行名义,对抵押不动产进行强制性的拍卖,债权人可从出卖金中取得受偿(《强制拍卖强制管理法》第 15 条以下)①,而强制管理是基于执行名义,对抵押不动产进行强制性的管理,以该不动产的收益强制性的抵充债务(《强制拍卖强制管理法》第 164 条以下),这与日本的制度大致相同。②

德国法并不认可日本作为基本原则的任意拍卖,抵押权的实行也仅能通过强制执行。进行强制执行,首先要取得能证明其法律上正当性的执行名义(Die durchsetzung)。所谓执行名义,就是指最终判决、和解记录报告、执行认诺公证文书等证明文件。基于执行名义,债权人在取得附有执行文的判决正本后可申请强制拍卖或强制管理(《德国民事诉讼法》第 724 条第 1 项)。

---

① 越山和广:《德国不动产担保权的执行手续》,第 2 页之后。

② 斋藤和夫:《德国强制抵押权和 BGB 编纂——德国不动产强制执行法的理论、历史、体系构造》,第 14 页中阐述,日本民事执行法继承了德国的"强制变卖"和"强制管理"的方法。关于强制管理这一点,具体可见新井刚:《德国强制管理制度论——不动产担保收益执行制度的比较法考察(一)(二)》,大阪学院大学法学研究 31 卷 1、2 号,第 245 页之后,32 卷 1 号,第 121 页之后。

需要注意的是，抵押权实行并非任意拍卖而是强制拍卖这一点。另一方面，在德国，分配原则并没采用债权人平等原则，而是采用了优先执行主义。此外，《强制拍卖强制管理法》对于强制拍卖与强制管理，也有对不动产出卖价款与收益分配的优先顺位的特别规定。①

2. 法国抵押权的构造②

在法国法中，抵押权被作为物权，由对抵押标的物的追求权(追及效，对物的直接支配权→优先受偿权)以及对第三人的对抗权利所构成。基于该对抗力，对第三人的追及效以及对第三人的优先受偿效得到保障。

依不动产执行手续实行抵押权，须有法律上的依据，即债务名义。在法国，仅能以公证证明书的合意来约定抵押权，而该公证证明书就是债务名义。

综上所述，法国法中的抵押权的优先受偿权，在实体法上源自物权的追及效(追求权)与对抗力，其换价方法则为强制执行程序。

3. 日本法中关于优先受偿权的实现

日本法(潘德克顿体系)中抵押权的优先受偿权，通过作为物权的抵押权的设立，使抵押权人获得标的物的处分权，抵押权人便可基于该处分权实行抵押权。由于处分权(物权)是排他性的支配权，当然拥有优先效力。因此，抵押权人就拥有了从拍卖所得价款中优先受偿的权利。这也就是将担保权作为物权编入《物权法》中的原因用一句话概括就是依据物权(物的支配权能)授予其优先权。

在日本将该原则明确化的，就是前文提到的旧《拍卖法》(明治三十一年)。在此之前，关于担保权实行方法并无程序上的规定，在 1890 年制定的《旧民事诉讼法》(明治二十三年)中，也仅在其"强制执行编"中规定了作为掴取力发动的强制执行程序。由于作为强制执行的拍卖与作为担保权实行的拍卖间的关系不清晰，所以制定了规制作为担保权实行方法的拍卖手续的《拍卖法》。

(二)强制执行还是任意拍卖

由于抵押权是物权，所以基于其作为物权的效力(对物的追求权、支配权)，抵押权的优先受偿权得以发动，在这一点上，与前文所提到的各国的制

---

① 山田晟:《德国法概论 II 民法 · 民事手续法》(新版)，第 309 页之后。

② 平野裕之、片山直也:《法国担保法改正预备草案》,《庆应法学》9 号，第 203 页之后；鸟山泰志:《关于抵押本质论的再思考序论(1)》,《千叶法学》4 号，第 24 页。

度可以说是一致的。究其概念,追求权(追及效)与支配权其实就是对物的排他性支配的表现。

如言及各国制度的不同点,在抵押权实行上,日本采用以处分权为基础的任意拍卖作为基本原则,而非依据强制执行实施强制拍卖;与此相反,德国及法国则推行强制执行程序。具体来说,其区别在于是否需要债务名义或执行名义这一点上。

关于这一点,虽在旧拍卖法中得到明确,但在制定民事执行法时,模仿德国法的强制执行程序的所谓统一论却成为了基本方案。最终这一方案未被通过,取而代之的是,仅需提供能证明担保权的证明文书而无须债务名义的折中方案。虽然将能证明担保权的证明文书理解为债务名义并非完全不可,但是从民事执行法的基本构造上看,强制执行程序仍是其基本,而担保权的执行仅是对其进行准用,所以强制执行的拍卖(强制拍卖)与担保权实行的拍卖(任意拍卖)依然明确地被区分开来。

在理论上,倘若将日本法以德国法、法国法为模板进行修改,以强制执行程序来实行抵押权的话,抵押权的实行是基于处分权(任意拍卖)的这种理解也要被否定,有的学者就对这种理解持否定意见。但是,基于担保权(物权)的设定而发动的优先受偿权,在实体法上是明确依据对物的排他的支配性、追及性、对抗性的物权的效力的(德国法、法国法亦是如此),所以这种程序上的变更也不过就是通过更严格的强制执行程序使担保权得以实现罢了。

日本法上的“抵押权的效力以及目的物范围”

——我妻荣法则和其反论

[日]道垣内弘人*

引言

1. 我妻荣博士是日本民法学史上最重要的学者之一。对我妻荣博士的代表著作《近代法上的债权的优越地位》，从 1929 年到 1931 年先是在杂志上连载，然后又在 1953 年作为单行本发行。

在这本著作里，我妻荣博士向我们明示了担保法的发展方向，并总结出了以下两点：

其一，随着资本主义的发展，最重要的资本也逐渐从曾经的农耕对象的农地变为金钱债权。为了给作为媒介的金融提供便利，通过各种技术使迄今为止担保化难度较高的各种资产也能够得以担保化。推动这一系列变革的正是近代法的发展趋势使然，也是其应有的发展方向。

其二，将土地和动产担保化，首次使它们的价值得以实现。在担保过程中，通过对土地和动产的应用实现其价值，这样的担保化也是近代法所追求的发展方向。那么，土地和动产是通过什么方式来应用的呢？事实上，就是把土地和上面的建筑物结合成一个有着持续价值的企业体。这是资本主义发展阶段的利用方式。采用这种方法，使得这些原本零散的财产成为了一个整体，从而实现其更大的价值化。因此，将这些财产作为一个整体进行担保，能够使得这些财产的价值得到更为充分的利用，使这种担保化成为可能也是现代法应有的发展方向。

2. 本文所提出的“抵押权的效力和目的物范围”问题，可以认为一部分

---

* 作者简介：道垣内弘人，东京大学教授。

观点是符合我妻荣博士学说的,但是,总体而言却不得不说本文是与我妻荣博士的观点不相一致的。

本文的目的在于,通过对这两个不同方向学说进行分析,使问题的所在更加清晰化。

一、不动产和不动产的一体化

1.《日本民法》第 370 条有以下规定:"抵押权,除了及于抵押土地上的建筑物以外,还及于附加在目的物不动产(以下称为"抵押不动产")上与之成为一体的物。"

对该法律条文曾有这样的解释:"附加在抵押不动产与之成为一体的物"(附加一体物)是指可以视为不动产一部分的物(附和物)。而且,该条文也明确规定了抵押权的效力也及于在抵押权发生之后因附和行为形成的附和物。与之相反的是,从物不属于附加一体物的范畴。这一点则适用于《民法》第 87 条第 2 款"从物依照主物的处分",抵押权效力虽然及于抵押权设定这一处分行为发生时的从物,但是却不及于抵押权设定后形成的从物。

但是,我妻荣博士却认为,不仅仅是附和物,无论抵押权设定前还是设定后,从物也都应该和抵押不动产作为一体进行把握,这样才能实现抵押不动产的价值,附加一体物也应当包含有抵押权设定后的从物。

2.1905 年,在工厂抵押法、铁道抵押法制定的同时,矿业抵押法也一起得到了制定。通过这些法律的制定,土地、建筑物和动产结合成具有存续性价值的企业体,使其能够成为担保目的物,这与我妻荣博士的观点是一致的。

但是,《工厂抵押法》第 2 条第 1 款又作出了以下规定(第 2 条第 1 款是在工厂用地上设立抵押权的相关规定,但是同条第 2 款却又规定在工厂建筑物上设定抵押权时准用第 1 款)。"工厂所有者在工厂所在土地上设立的抵押权,除了建筑物以外,还及于与土地附加成为一体的物,以及安装在土地上的机械、器具和其他工厂用品。"(这里将所引用的内容改写成了现代文形式)

这里要尤其注意的是,要对"与土地附加成为一体的物"这一概念,与"安装在土地上的机械、器具和其他工厂用品"的概念进行区分。前者与《民法》第 370 条的规定相一致,指的是附加一体物。与之相对,"安装在土地上的机械、器具和其他工厂用品"指的是"物的所有人以经常性使用该物为目的而所有的其他物",因此符合从物的相关规定(《民法》第 87 条第 1 款)。

也就是说，该条文是以从物不属于附加一体物这一概念范畴为前提的（否则，后者的概念就是多余的了），并且明确规定了抵押权的效力及于从物。

同样的概念即便是规定在民法和工厂抵押法等其他法律之中，通常情况下也会做相同的解释。这样的话，对于非工厂抵押的抵押权来说，从物不属于附加一体物，而适用于《民法》第 87 条第 2 款的相关规定。因此，可以解释为，在抵押权设定这一处分行为发生的时间点抵押权的效力是及于从物的，但是对于在抵押权设定以后形成的从物，抵押权的效力却是不及于的。

3. 观点的进一步展开。最高院判决（昭和四十四年三月二十八日《民集》23 卷 3 号 699 页），有关住宅用地上设定的抵押权的对抗力是否及于从物作出了以下判决："对于进行了固定抵押权登记的本案住宅用地……依据《民法》第 370 条的规定，抵押权的抵抗力也及于作为从物的右物件。"该判决很明显是把《民法》第 370 条的"附加一体物"中包含"从物"作为前提，这与工厂抵押法的立法立场不相一致。

再者，最高院判决（平成六年七月十四日民集 48 卷 5 号 1126 页），对工厂抵押法的相关案件，作了如下解释：以"安装在该土地上的机器、器具和其他工厂用品"上的抵押权效力对抗第三人时，该法第 3 条目录中应当对该物件有所记载，换句话说，第 3 条目录的记载是第三人对抗要件。也就是说，不同于非工厂抵押权的昭和四十四年判决，在工厂抵押权的情况下，物件是否被记载在第 3 条目录里被作为了第三人对抗要件。

该案例将《工厂抵押法》第 2 条的"附加一体物"和《民法》第 370 条的"附加一体物"进行了区分。

4. 对以上观点的整理。

(1)《民法》第 370 条所规定的"与抵押不动产附加成为一体的物"（附加一体物）中包括从物，如果对从物进行了抵押权设定登记的话，抵押权的效力能够对抗第三人。

(2)《工厂抵押法》第 2 条 1 款规定的"附加在土地上与之成为一体的物"（附加一体物）中不包含"安装在土地上的机器、器具和其他工厂用品"。虽然抵押权效力及于这些工厂用品，但是如果在第 3 条目录中没有对此进行记载，就不能够对抗第三人。

与通常情况相比，工厂抵押法力图通过扩大抵押权的效力范围，来实现对工厂的一体化把握。因此，工厂抵押法所规定的"安装在土地上的机器、器具和其他工厂用品"指的并非都是从物。这样解释的话，工厂抵押权以外的抵押权的效力范围和工厂抵押权的效力范围是相一致的。此外,在工厂抵押权的情况下,还有一项额外的负担:如果从物没有被记载在第3条目录之中的话,则不能对抗第三人。

因此,“安装在土地上的机器、器具和其他工厂用品”中,还包含了不属于《民法》第87条1款规定的“从物”的物,实际上类似的学说有很多①,但是却还没有找到具体的标准和例子。

该见解与我妻荣博士的观察方向相一致。这样理解的话,因为《工厂抵押法》第2条第1款所规定的“安装在土地上的机器、器具和其他工厂用品”中,还包含了不属于《民法》第87条1款规定的“从物”的物。所以与《民法》第370条所规定的“与抵押不动产附加成为一体的物”相比,工厂抵押法所规定的抵押权的效力范围更为广泛。通过该规定,工厂抵押法的理念也得到了实现。而且,在判例上,《民法》第370条的“和抵押不动产附加成为一体的物”(附加一体物)中也包含从物得到了确认。无论如何,抵押权效力也及于和抵押不动产结合成为有持续价值整体的动产。

5.在学说上,也存在着对随意扩大抵押权的效力范围持批判态度的观点。在住宅借贷等消费者信用型抵押关系中,出于对抵押权行使后维持正常居住生活的考虑,有人主张空调等不属于附加一体物的学说。② 也有学说认为,对于在物上保证人或者抵押不动产的第三取得人之下新设置的从物,抵押权的效力是不及于的。

这些学说乍一看,似乎具有很强的技术性,但是,我们能够看出,在我妻荣博士所主张的通过扩大担保权的范围,从而制定出有利于担保权人的法律制度这一近代法的发展方向的背景之下,对我妻荣博士的观点持怀疑态度的学说是存在的。这些学说撇开了近代法的发展方向这一理念,而更着重于根据具体情况来对当事人的利益进行调整。

二、客体的分解把握

1.我妻荣博士向我们提示,把企业作为一个整体进行担保的这一方向之下,除《工厂抵押法》以外,还有其他多部法律得到了制定。具体而言,在1905年《担保附公司债券信托法》制定的同时,《工厂抵押法》《铁道抵押法》

---

① 雨宫真也:《工厂抵押权、各种财团抵押权的实行和事务上的问题点》,载加藤一郎、林良平监修:《担保法大系》1985年3卷。

② 镰野邦树:《论抵押权和从物》,载《早稻田法学》1989年64卷3号,第130页。

《矿业抵押法》也得以制定。1909 年,《轨道抵押法》《立木法》(将立木担保化)制定;1913 年,《运河法》制定;1925 年,《渔业财团抵押法》制定;1958 年,《企业担保法》制定。之后,在 1968 年,又有《观光设施财团抵押法》制定。但是,就目前的担保法而言,并非是按照以上方向而是在朝向别的方向发展。

2. 在向某一特定的法律主体提供信用取得债权的时候,该法律主体的信用力曾经一度得到重视。正如我妻荣博士所言,为了达成一个目的而统一为一个组织体,将企业作为一个整体进行担保化,也可以从文脉中领会到近代法的这一发展方向。但是,近年以来,把具体的信用风险从法律主体的包括信用力和风险中分离开来这一相反的见解,也就是投资风险的构成要素分解这一现象出现并得到了发展。

接下来,就项目融资和资产担保证券,以及针对租金债权所行使的物上代位和担保不动产收益执行来进行探讨。

3. 项目融资,简单说来就是"将返还的财源限定于某一特定项目事业的关联收益和资产的金融"。典型的例子有:实施某项目的企业,专门设立了一个特别团体来作为实施该项目的形式主体,通过该团体来接受融资。该团体除了该项目的受益以外,并没有其他任何资产。融资方只能期待从该项目的收益里来得到返还。

通过该方法,能够将该项目事业的信用风险从事业主体的企业自身的风险中分离开来(项目风险和公司风险的分离),并且这也有利于债权人。也就是说,即便是该项目的实质执行主体的企业自身没有足够的信用力,但是如果能够预见到今后该项目确实能够产生收益的话,也可以对其进行融资。就算是实质执行主体的企业破产,也不会影响到对该项目的继续融资[在项目融资的情况下,实质事业执行主体(发起人)的破产一般不作为融资合同的期限利益的丧失事由]。

4. 资产担保证券(Asset-backed Securities)也是因为"与事业主体企业的信用风险的分离"才得以实现的。譬如说,保有应收账款债权的企业,设置了某特别团体来作为该债权的转让对象,并将所持有的应收账款债权转让给了该团体。某企业将其所拥有的财产转让给特别团体,该财产即便是已经出租出去了,也不会影响问题所在,而且会通过取得分割出的信托受益权、取得保有该财产的团体的持分权等方式,来实现对该团体的募集投资。

举一个最典型的例子:金钱债权的债权人是承包方的小企业,债务人是有信用力的大企业。通过该方法,使得被转让的财产的价值和风险从项目的实质执行主体上分离开来，因此也能够对其进行投资。即便发起人自身的信用度较低，但是作为证券化对象的资产的信用度如果高的话，在资本市场上也可以以低利进行募集。

对租金债权的物上代位或者担保不动产的收益执行，也可以这样考虑。在不动产业界不景气的当今，作为抵押权目的物的不动产不能说是优良资产。但是，将出租该不动产产生的租金从中分离出来的话，就可以成为具有很高价值的财产。

结语

通过以上阐述，我们可以看出在日本法上关于抵押权的效力范围的论说，可以说我是和妻博士的观点相一致的，因为在我妻博士观点的背景之下，存在着构筑有利于担保权人的法律制度这一对近代法发展趋势的认识。但是，当前的观点，却是在对以上的观点进行反思，而认为近代法发展的方向应当在于根据具体情况来对当事人的利益进行调整。

此外，对认为扩大担保权的效力范围就是充分利用这些财产的价值的担保化这一观点也产生了疑问。在目前看来，把具体信用风险从法律主体的信用力和风险中分离开来才是今后的发展方向。

担保价值下降时的债务人义务

[日]片山直也*

引言

根据《担保法》第193条“抵押物的价值下降时的抵押权人的请求权”设定了全方位的规定，也就是“抵押权设定人的行为有可能降低抵押物的价值时，抵押权人拥有使抵押权设定人停止此行为的权利。抵押物价值下降时，抵押权人拥有权利来请求恢复抵押物价值或者提供相当于抵押物下降时的价值的担保。抵押权设定人如果没有回恢复抵押物价值并且也没有提供担保的话，抵押权人便有权利提前向债务人提出清偿债务”。

通过分析，此条规定产生了价格减少等行为的禁止请求、增担保请求、期限利益丧失或清偿请求的三种效果。但在日本民法中，关于期限利益丧失的规定只在民法总则里出现，也就是说没有像此规定一样全面地关于抵押权人和设定人之间的法律关系的规定。虽然如此，但是判例法却补充了这一点，近来，对其补充的前提有所讨论的是设定人的“担保价值维持义务”。

一、期限利益丧失

在民法总则中，第137条规定了的期限利益丧失，并且该条规定债务人消灭、损伤、及减少担保和债务人需要供出担保，但拒绝供出时，债务人不可以主张期限利益。对此规定，可以分析为是以债务人(设定人)在法定或者约定上有着维持担保价值或增担保义务为前提的情况下，规定了期限利益丧失的效果。但是，在日本物权法(担保物权)中，没有像中国担保法似的关于担保价值维持义务的全面规定，因此对义务将会在判例法中形成规定。

---

* 作者简介：片山直也，庆应义塾大学法科大学院教授。

二、关于侵害抵押权判例法理的形成

1930 年代,大审院在山林采伐事件中,根据抵押权的物上请求(妨害排除请求),禁止了采伐及搬出。也就是说,1931 年判例表示:"在债务人通过灭失损毁等事实上的行为侵害抵押物时,其侵害无论是在抵押权人的债权的清偿期后还是已经着手实行抵押权,抵押权人都有权利根据物权的抵押权效力请求排除妨害。"①

另外,关于工厂抵押法的判例中,第三人在未经抵押权人同意就搬出了装在工厂里的器械(动产)情况下,抵押权人有请求原状恢复的权利,让第三人把搬出去的目的动产搬回原位。最高法院 1982 年判决讲述:"根据《工厂抵押法》第 2 条规定,在没有经过抵押权人同意的情况下,和属于工厂的土地或者建筑物一样,第三人如果搬出了装在工厂里的被抵押动产时,第三人没有得到即时取得的话,抵押权人有权利请求将搬出的目的动产搬回原来的位置。但是,未经抵押权人的同意被搬出的此动产,在第三人没有即时取得的情况下,还会受到抵押权效力的影响,也就是对第三人占有的此目的物产可以行使抵押权(参照该法条),为保抵押权的担保价值,只禁止目的不动产的处分等是不够的,有必要认可原状恢复,也就是把搬出去的目的动产给搬回来。"②

经过分析,这些判例的前提是,根据抵押权的妨害排除请求,不只是第三人,还可以对设定人请求,禁止分离搬出及配合原状恢复。一般来看,开始讨论设定人的担保价值维持义务及抵押权人的担保价值维持请求是在关于执行妨害的事例中,而起因是根据抵押权承认了占有排除的最高法院判决的出现。

三、关于根据抵押权的占有排除的判例法理发展

依照传统理解,非占有担保的抵押权,把目的物的利用价值留给设定人(所有人),只掌握目的物的交换价值(担保价值)的(价值权),是一种可以从财货中同时得到两种效用及完美的担保状态,所以原则上抵押权人没有权利介入目的不动产的利用(使用或收益)。但是,此等传统的抵押权形象,随着法的修正及判例法的变换,经过更广的担保法构成结构的转换,现如今正

① 大判 1931 年(昭和六年)10 月 21 日民集 10 卷,第 913 页。

② 最判 1982 年(昭和五十七年)3 月 12 日民集 36 卷 3 号,第 349 页。

在进行着全方面的改革。

其中之一,就是关于以通过妨害执行来年取暴利的非法“占有物(占有人)”问题。抵押权是“价值权”,根据抵押权不可以干涉目的物的使用及收益,尤其是1975年以后(昭和五十年代以后),执行妨害在执行实务当中的横行期间,抵押权人可否在拍卖前除去占有人便成为了焦点。

最高法院开了大法庭,承认了不法占有人(没有权原的占有人)的排除。①

首先,原则上,抵押权人无权干涉抵押不动产所有人的不动产使用及收益等活动,但是如果“因第三人抢占了抵押不动产,拍卖手续受到了影响而得到了不正当的价格等,实现抵押不动产的交换价值受到了妨碍而引起抵押权人难以行使优先救济请求权的情况下,可将此看作对抵押权的侵害”。

除此,判决表示,抵押权人根据抵押权效力,拥有可以向抵押不动产所有人申请“改善现状及恰当的方式来维持和保存抵押不动产”的权利,为保全此请求权(担保价值维持请求权),服从《民法》第423条债权人代位权的“法意”,可代替所有人行使对不法占有人妨害排除请求权,其目的为帮所有人来保全及管理本建筑物,对不法占有人提出直接向抵押权人的让渡。

而且,在旁论当中还说道:“由于第三人不法占有了抵押不动产而造成妨碍抵押不动产交换价值的实现及抵押权人的优先清偿请求权的行使的话,抵押权人可依照抵押权的妨害排除请求,来排除此状态。”

接下来,最高法院作出对有权的原(期限5年的产期租赁契约或转借权)占有人在一定的要件下也可以申请占有排除的判决。②

依照最高法院,“抵押权设定登记后,即使是从抵押不动产的所有人得到占有权,原来占有的占有人,其占有权原设定具有妨害实行抵押权的拍卖手续,因其占有妨碍了实现抵押不动产的交换价值,而引起抵押权人难以行使优先清偿请求权的情况下,抵押权人可对此占有人提出根据抵押权的妨害排除请求来排除此状态”。

再者,“行使根据抵押权的妨害排除请求权时,如果抵押不动产所有人没有能力防止抵押权被侵害来作出适当的抵押不动产的维持及管理的话,抵押权人可向占有人提出对直接自己的抵押不动产让渡”。

1999年(平成十一年)跟2005年(平成十七年)判决总结如下:抵押权

① 最大判1999年(平成十一年)11月24日民集53卷8号,第1899页。

② 最判2005年(平成十七年)3月10日民集59卷2号,第356页。

是把握交换价值的物权，如果抵押不动产的交换价值实现被妨害或抵押权人难以行使优先清偿请求权的情况下，可以评价为抵押权侵害。但是，如果是有第三人占有而引起的侵害状态的话，第三人的占有只要是根据所有人的所有权，就不可以马上认可妨害排除，需要两者之间的调整。最高法院表示，此调整点为“抵押不动产的恰当维持及管理”，由设定人是否确切地维持及管理来判断妨害排除的可否、内容及管理占有的需要。也就是说，在此设定人有担保价值维持义务，由此义务违反来判断违法性的规范构造。

四、关于增担保请求的低级法院裁判判例

在金融行业等融资实务里，有很像多《银行取引约定书》第 4 条第 1 项这样的“增担保条项”。《银行取引约定书》第 4 条第 1 项规定：“有相当的理由为保全债权，通过请求，马上要交出贵行承认的担保或增担保，或者增加保证人。”但是，目前几乎没有从正面讨论关于根据此条项行使增担保请求权效果的判例。

在此当中，东京高裁 2007 年(平成十九年)1 月 30 日判决(判タ1252 号 252 页)表示，本案约定(增担保条项)，不能理解为通过给债权人的单方面意思表示设定增担保等的形成权(形成权构成)，否定了债权人增担保请求的抵押权设定登记手续请求，同时在旁论里表示，债权人对债务人可以请求担保权设定应诺的意思表示(请求权构成)，而且尚有余地请求根据以其请求的认容判决的确定为条件的担保权设定登记手续请求，此判例是踏入增担保请求效果的极少判例之一。

关于金融业的融资，一般的话通过金钱消费贷借约书里“增担保条项”来申请增担保请求。这个是约定增担保请求权，其要件及效果基本上是根据契约条项(特约)的解释来定的。另处，学说中讨论的是，即使没有明示的条项(特约)，是否可以根据民法来认可增担保请求。这个是法定增担保请求权，也有明文规定此条项的立法(德国、法国等，旧民法债权担保篇第 201 条第 2 项)，现行日本民法里并没有明文规定此条项(《民法》第 137 条 2 号 3 号)，通过民法的解释论是否可以认可增担保请求权，其要件、效果也需要经过讨论来确定。现在的学说中，由于债务人的行为，造成担保的灭失、损伤、减少等抵押权侵害的话，民法上自然可以申请增担保请求的学说为大多数。

五、担保价值维持义务论

关于抵押权的判例以外，2006年最高法院，对押租返还请求权设定了债权质后受到融资的设定人(破产管理人)，在拥有其他的银行存款等财产的情况下，不付租金并且合意解除了租赁契约后用押租补上了未付的租金的案件里表示，债权质设定人背负着对质权人的担保价值维持义务，所以违反了担保价值维持义务，认可了质权人对财团的不当利得返还请求权(财团债权)。此判例是第一个用了“担保价值维持义务”概念的判例。[①] 此判决中，“债权是质权的对象时，质权设定人背负着对质权人的维持此债权担保价值的义务，债权的放弃、免除、抵销、更改等此债权的消失，变更的一切行为及其他使此债券的担保价值受到伤害的行为，都是违反此义务而是不允许的行为。……所以，质权设定人(租借人)如果没有正当的理由对出租人产生了未付债务来阻害了押租返还请求权的发生的话，可以说违反了对质权人的上述义务”。

本判决，最高法院是首次从正面讨论了关于债权出质时设定人的“担保价值维持义务”，并且，重要的是也表明了质权的目的债权是押租返还请求权(带条件债权)时的担保价值维持义务违反判断标准(不是根据“正当理由”)。还有就是，此判例给实务和理论都提供了进一步的理解。

债权质不是以物资而是以债权(权利)为对象，设定人可以通过放弃等行为就可以简单地使担保对象的权利消失或变更。判例表示，质权设定人对质权人有着维持此债权的担保价值的义务(担保价值维持义务)，债权的放弃、免除、抵销、更改等使此债权消失或变更的损害担保价值行为是违反此义务的，所以是不被允许的行为。但是，对债权质(权利的担保)以外的约定担保，包括先取特权等法定担保的“担保关系”也广泛地运用“担保价值维持义务”观念是否有用，或者其法律性质又如何(物上义务还是人上义务还是双方)等问题乃是今后的课题。另处，除了以上拥有一定性的关于典型担保及非典型担保的担保价值维持义务(法定担保价值维持义务)之外，该怎样认可根据当事人之间的协议的担保价值维持义务(约定担保价值维持义务)的效力也是今后的重要课题。例如，把增担保请求权根据增担保条项来区分是约定增担保请求权还是法定增担保请求权后，讨论和担保权维持义务论的关系。

---

① 最高裁2006年(平成十八年)12月21日民集60卷10号，第3964页。

接下来,在集合动产让渡担保是设定人处分了构成部分的动产案件,最高裁 2006 年(平成十八年)7 月 20 日判决(民集 60 卷 6 号 2499 页)表示:"让渡担保设定人在'通常的营业范围'内拥有的处分构成部分动产的权限的同时,超过'通常的营业范围'而作出了卖掉此动产行为时,受此行为的对方将没有权利承继取得目的物的所有权。"据说理解此判例的重要线索是"担保价值维持义务论。也就是说,原则上设定人有处分权限,同时也背负着"担保价值维持义务",如有担保价值维持义务违反,处分行为的效力便会被否认。①

把话题转回到根据抵押权的担保权人和设定人之间的法律关系。关于此问题,从前,因为担保权是掌握物资(价值)的对物权,而且有绝对效(追及效=第三人效),所以此问题并没有那么明显也没有被重视,但是近十年来,在执行妨害中关于占有排除的判例增多,其议论也变得更普遍了。

但近江教授从很久以前就认识到了这一点,同时指出担保物权的基础理论,也就是关于建造"担保关系"(担保权人和担保设定人的关系)一般理论的必要性。也就是说,"担保权是为保全债权而设定的。债务没有被履行时,当事人之间明显地有着要负起担保设定人的责任意思。所以,此关系应该叫作"担保关系"(Sicherungsverhältnisse)。担保关系是受信义原则掌握,可谓受许多义务拘束的关系。特别是,设定人背负着担保价值维持义务。把其依据设定为"信义原则"还尚有议论余地,但引人注目的是用"担保价值维持义务"的概念,去领会担保权人和设定人的关系("担保关系")。

六、结论——担保交易时的担保价值维持义务

本文里,主要是讨论了关于以抵押权为中心的设定人担保价值维持义务的判例动向,更进一步来说,在 21 世纪的合意社会里,担保价值维持义务论会更普遍。也就是根据近期的担保实务动向来讲,与新的担保功能"管理功能"(经营监视功能)的重视有关联。也就是说,M&A 或者中长期融资时当事人间特别协议被广泛地利用,而这些协议是在债务人的事业或者资产的管理及处分上加上约制担保对象的协议。所以,原则上,其效力只在协议当事人之间有效,今后,第三人也就是债务人违反协议,没有管理好资产,或者处分掉了资产时,债权人可以对第三人申请什么样的请求还尚需讨论。

① 森田修:《ABL 的合同构造——关于仓储担保交易的构想》,载《金融法务》2012 年 1959 号,第 34 页之后。

对于这一点，需要讨论的是在以管理功能为中心的收益回收型担保上，设定人和担保权人的法定或者约定担保价值维持义务的内容及范围，此外还要讨论的是设定人违反此义务行为的效力（担保价值维持义务的第三人效力）。

最高额抵押权

[日]鸟谷部茂*

引言

日本的最高额抵押作为资金筹措的手段，在经济高度发展中起到了重要作用。随后，最高额抵押实务被立法化，作为与抵押权相类似的担保制度以及基于以往的交易、习惯和判例法形成的担保法理被确立下来。在此之后，关于概括最高额抵押权的有效性等问题的讨论在法务省和金融界兴起，昭和四十六(1971 年)，最高额抵押权被追加规定在民法典中。经过法典化的最高额抵押权，即使遭遇近年的泡沫经济崩盘、次贷问题、雷曼危机，依然与抵押权共同作为金融交易的基础，起到了“担保女王”的作用。[①] 近年来，各国在民法典和物权法的制定或修改中不时提及日本的最高额抵押权的意义何在、今后金融经济的变动应如何应对等问题。基于如上的问题，本文仅对以下三点加以整理：第一，日本的最高额抵押权的沿革、判例法理的形成以及立法化；第二，日本的抵押权、最高额抵押权、概括最高额抵押权的关系；第三，德国民法中保全抵押权、保全土地债务等的动向对日本的最高额抵押权的启示。

---

* 作者简介：鸟谷部茂，广岛大学教授。

① 由于伴随泡沫经济崩盘而来的不动产市场的低迷，巨额不良债权充斥于世，虽然有设立阶段的不动产评价、融资、实行方法等问题，最高额抵押权制度仍是支撑金融担保制度的法律基础，通过担保法、执行法以及资产流动化法等诸多特别法的制定修改，逐步克服了不良债权回收的问题。

一、最高额抵押权的形成、判例法理及立法化

(一)日本的最高额抵押权的形成

日本的最高额抵押权在明治三十一年(1898 年)民法典制定之前已被运用于实务之中。梅谦次郎博士在《民法要义物权》第 500 页(有斐阁书房,1911 年)中指出,"最高额抵押当然有效","所谓最高额抵押,是指与信用契约相伴随,基于金钱借贷的预约……为其提供之担保"。[①] 此外,民法典制定阶段曾讨论是否应当在抵押权之外规定最高额抵押权。[②] 但是,多数人主张认为,担保权具有从属性原则,这与针对将来债权的抵押权设定相抵触。为此,民法典未设相关规定。民法实施后不久,下级法院的判决 1 认定其无效[东京控判明治三十四年(1901 年)·6·28 法律新闻 46 号第 6 页]。该东京上诉法院认定,对基于票据贴现而发生的最多 1000 日元的债务进行担保的抵押权无效。

但是,后文所述判例 1 的大审院判决撤销了该东京上诉法院判决,承认了其有效性。此时的最高额抵押权被理解为为将来债权所设的抵押权,民法条文中也存在为将来债权设置抵押权的实例(第 129 条、第 619 条 2 项等),由此,抵押的有效设定在法律上得到了明确。[③]

之后,通过大量判例,最高额抵押权的有效性及其效力内容得以确定,最高额抵押权在写入民法典之前一直作为判例法构成 1 制度。[④] 以上的最高额抵押权均以设定优先清偿的最高限额(极度额)为前提。[⑤]

(二)最高额抵押权的判例法理

如上所述,最高额抵押权已在银行实务中应用并通过判例法理予以确

---

① 梅谦次郎:《民法要义物权》,有斐阁书房 1911 年版,第 500 页。我妻荣:《担保物权法(民法讲义Ⅲ)》,岩波书店 1936 年版,第 297 页。其中指出"最高额抵押权在我国民法实施前就已经为交易界所惯行"。

② 参见《法典调查会速记录》第 16 卷,第 38 页以下。

③ 参见我妻荣:《担保物权法(民法讲义 III)》,岩波书店 1936 年版,第 297 页;我妻荣:《新订担保物权法(民法讲义 III)》,岩波书店 1971 年,第 464 页;我妻荣编:《判例评论 III 担保物权法》,日本评论社 1968 年版,第 210 页等。

④ 参见我妻荣:《担保物权法(民法讲义 III)》,岩波书店 1936 年版,第 297 页;我妻荣:《新订担保物权法(民法讲义 III)》,岩波书店 1971 年版,第 464 页。

⑤ 根据明治三十二年(1899 年)十月九日以及明治三十二年(1899 年)十二月一日的法务省民刑局长的回答,最高额抵押权可以登记,应同一般抵押一样进行本登记。

立,其内容整理如下[①]:

1. 最高额抵押权的有效性

(1)大判明治三十四年(1901年)·10·25《民录》9辑第137页。若最高额抵押中抵押所应负担的最高金额已确定,且债权债务保留到日后确定,且以交互交易的金额中付利息的结算尾款作为实际抵押的负担额,则为有效。

(2)大判明治三十五年(1902年)·1·27《民录》1辑第72页。最高额抵押是指,被担保的债权最高额预先确定,以担保在其范围内持续的法律关系所产生的将来债权为目的而设定的抵押,这种抵押有效。最高额抵押以登记为其必要的对抗要件。在登记的情况下,以其登记之日的先后决定债权人的优先顺位。

2. 设定与要件

(3)大判大正八年(1919年)·8·1《民录》25辑第1394页。即使债权超过一定数额,若该数额不确定,则可以缔结最高额抵押契约。

(4)大判昭和七年(1932年)·6·4《法学》2卷第1号"民法"第11页。既存债务和将来债务相结合的抵押权的设定有效。

(5)大判大正四年(1915年)·12·3《民录》21辑第1981页。最高额抵押权的登记以本登记为根据,且以载明登记原因即最高额抵押权为必要。

(6)大判大正六年(1917年)·10·3《民录》23辑第1639页。最高额抵押权必须登记被担保债权额的最高限额。

3. 优先清偿额

(7)大判昭和十三年(1938年)·2·23《民集》17卷第307页。最高额抵押权合计本息后只能在最高限额范围内优先清偿。不过,即使利息和本金超过限额,也可在《民法》第374条的范围内优先于次顺位抵押权人。

(8)大判昭和十二年(1937年)·5·29《民集》16卷第676页。最高额抵押权的被担保债权未达到本金的限额时,可在该范围内就超过两年的定期金和迟延利息行使抵押权。

4. 最高额抵押权的变更和消灭

(9)大判昭和五年(1930年)·6·3《民集》9卷第497页。附具利害关

① 参见胜本正晃:《担保物权法论》,日本评论社1940年版,第556页;石田文次郎:《担保物权法论上卷》,有斐阁昭和十年版,第333页;我妻荣编:《判例评论III担保物权法》(清水诚执笔),日本评论社1968年版,第210页;近江幸治:《民法讲义III担保物权(第二版补订)》,成文堂2007年版,第236页。

系人的承诺书则可办理存续期间变更的备注登记。

(10)大判昭和十年(1935年)·12·24《民集》14卷第2116页。除非债权确定,若不与基本契约一并则不得转让最高额抵押权。转让手段为基本契约的当事人与受让人的三方契约。

(11)東京地大正五年(1916年)·9·20《评论》5卷民1006页。当被担保债权确定在将来不会发生时,最高额抵押契约消灭。

(12)大判昭和八年(1933年)·12·2《民集》12卷2804页。最高额抵押权因期间届满确定,不超过限额范围的抵押权生效。

(三)立法化之争论(概括最高额抵押问题①)

如上所述,20世纪30年代以前,最高额抵押的有效性及其内容依据判例法理确立。但是,此后,面对经济的高度发展,不动产金融日趋活跃,最高额抵押权逐渐占到了抵押权设定数的一半以上,其在经济交易中的重要性得到飞跃性提升。② 因此,被担保的债权不再是从前的"透支契约"和"票据贴现契约"等基本契约,而更多情况下变为"现在和将来会发生的一切债务"(Ⅰ型)以及"基于票据贴现、贷款、保证等所负担的一切债务"(Ⅱ型)等(在金融实务会中Ⅱ型已成为惯例)。这样的最高额抵押被称为概括最高额抵押。

不过,法务省发布了昭和三十年(1955年)六月四日的法务省民事局长训令,指出此种概括最高额抵押不被认为有效,以有关契约为登记原因的登记申请概不受理。这一契机也表明有关概括最高额抵押的对立立场。③ 下级法院则将不少概括最高额抵押判定为有效。④

学说可以划分为:(1)"现在及将来会发生的一切债务"均有效的见解;(2)"基于票据贴现、贷款、保证等所负担的一切债务"有效的见解;(3)"基于

① 参见铃木禄弥:《抵押制度研究》,一粒社1968年版,第45页;柚木馨、高木多喜男:《注释民法》,有斐阁1982年版,第244页;我妻荣:《围绕所谓的最高额抵押合同有效性》,载《金融法务》1956年第117、118号。

② 参见高木多喜男:《最高额抵押权和民事立法学》,载《法律时报》1981年第53卷14号,第70页。不过,近期由于金融机关着手处理住宅贷款,普通抵押权的利用数正在上升(参见道垣内弘人:《担保物权法》,有斐阁2013年版,第233页)。

③ 参见柚木馨、高木多喜男:《注释民法》,有斐阁1982年版,第244页;我妻荣:《民法研究Ⅳ担保物权》,载《金融法务》1956年第117、118号,第347页。

④ 东京高决32·7·17高裁《民集》10卷5号,第292页;东京高決33·6·2下级《民集》9卷6号,第975页;东京高決33·7·9《金融法务》183号,第529页;大阪高決36·12·26《金融法务》,第297页。

银行交易契约、商品交易契约产生的债权”有效的见解。(2)有效的见解也包含基于票据贴现合同发生的全部债权,这与承认消费借贷契约、保证契约等相并列。(3)并无实质上的差异,即留有其他的金融的余地,也间接保留了从属性。在这种学说的影响下,法务省通过昭和三十一年(1956年)十二月二十八日民事局第三课长代理任命通知规定,关于最高额抵押权设定登记申请书中填写的基本契约,“不以定型的票据贴现契约、透支契约等为限,诸如附银行交易契约、商品交易契约等类似名称的契约或者包括各种交易契约的契约(不需要分解为各种交易契约填写申请书)也是可以的”[①]。

这一阶段,民法和不动产登记法中均没有关于最高额抵押权的明文规定,因此登记也要适用或类推适用抵押权的规定。登记的通常记载事项有债权最高限额或本金最高限额、最高额抵押权的存续期间或该基本契约的存续期间、决算期、利息的最高额或迟延利息的规定,大致与抵押权的登记事项相对应(尽管并不正确)。[②] 所以,否定从属性的“一切债务”的登记在登记实务中并未得到承认。

在上述争论进行的同时,经过法制审议会审议,《最高额抵押立法纲要试案”于昭和四十一年七月和昭和四十三年四月发布,新最高额抵押立法也于昭和四十六年六月作为“民法部分修正的法律》予以颁布。[③]

(四)最高额抵押立法及后续开展

1.最高额抵押立法的内容[④]

民法中追加规定的最高额抵押权,其从属性得以缓和,被担保债权范围主要为特定的持续交易和一定种类的债权等,不承认一切债务和概括最高额抵押,但并非以基本契约或原因契约为要件。新法将被担保债权的范围限定为以下四种(第398条之2)。

(1)特定的持续交易:×年×月×日透支契约、×年×月×日票据贴现契约

---

① 参见柚木馨、高木多喜男:《注释民法》,有斐阁1982年版,第247页。

② 参见香川保一:《不动产登记法的改订和最高额抵押权的登记》,载《金融法务》1964年第370号,第2页。

③ 清水湛:《新最高额抵押法的逐条解说》(上),载《金融法务》1964年第618号,第4页;高木多喜男:《最高额抵押权和民事立法学》,载《法律时报》1981年第58卷14号,第71页。

④ 参见铃木禄弥:《最高额抵押法概说》,新日本法规1973年版,第1页;清水湛:《新最高额抵押法的逐条解说》,载《金融法务》1971年第618号,第4页;柚木馨、高木多喜男:《注释民法》,有斐阁1982年版,第382页。

(2)一定种类的交易:银行交易、买卖交易。

(3)基于特定原因持续发生的债权。

(4)票据或支票上的债权。

根据这一规定,如前所述,以一切债务为被担保债权范围的概括最高额抵押权受到禁止。[①] 最高额抵押权的设定阶段,设定当事人之间若要达成记载上述四种中的一种(或多种)被担保债权范围的最高额抵押权设定契约,并不以具体债权的发生为必要。因此,最高额抵押权从设定到最终确定,原则上一直体现着对从属性的否定。[②] 但需要注意的是,关于被担保债权的范围,只满足最高额的规定是不够的,申请设定登记时还必须确定可能产生债权的特定契约或交易类型等,否则不予受理,且只对该契约或交易范围内产生的债权承认优先清偿权。

2. 最高额抵押权的"债权的范围"[③]

契约或交易类型等符合上述四种被担保债权范围的,可以进行登记。

若将最高额抵押权的被担保债权范围设定为"信用金库交易中的债权",该被担保债权是否还包含信用金库对最高额抵押债务人的保证债务,这一点存在争议。

(13)最判平成五年(1993年)·1·19《民集》47卷1号第41页指出,基于信用金库和最高额抵押债务人之间交易所产生之债权,以该交易与信用金库的业务相关联为限,均基于该最高额抵押权获得担保,信用金库作为债权人与最高额抵押债务人缔结保证契约,属于信用金库法上的业务,不算应当除外的特别理由。

根据该最高裁判决的解释,尽管在被担保债权的范围定为"银行交易"的情况下,保证交易同样可包含在内。由此,在当事人已确定被担保债权范围的情况下,运用柔性解释,赋予该交易类型所产生之债权以广泛的内涵,以此应对实务的需要。

(14)最判平成19·7·5判例《时报》1985号第58页指出,将"保证委

---

① 参见香川保一编:《新订不动产登记书写格式详解》(二),模本2000年版,第1296页;小林资郎:《最高额抵押》,有斐阁1984年版,第225页。

② 小林资郎:《最高额抵押》,有斐阁1984年版,第225页。道垣内弘人:《典型担保法的各种形态》,有斐阁2013年版,第377页。道垣内弘人指出,不应当以规避"概括最高额抵押之禁止"这一宗旨的方式来承认从属性的缓和。

③ 参见我妻荣:《新订担保物权法(民法讲义Ⅲ)》,岩波书店1968年版,第464页;道垣内弘人:《担保物权法》,有斐阁2013年版,第234页。

托交易中的一切债权"作为被担保债权范围的最高额抵押权，其被担保债权不包括信用保证协会对最高额抵押债务人的保证债务。

3. 担保法、执行法的修订等[①]

近期关于最高额抵押权的修订主要有平成十五年(2003年)的担保法、执行法修订，以及平成十二年(2000年)和平成十七年(2005年)的会社分割法制。

"交易之终了"曾是最高额抵押权的确定事由之一，以终了的基准不明确为由已被删除。此外，追加规定了最高额抵押权人的确定请求(第398条之19第2项)。基于该规定，为了不良债权处理和公司合并，附确定最高额抵押权的被担保债权可以转让。

此外，为支持企业重组，公司分立时若不能确定最高额抵押权，则分立公司与设立公司或承继公司作为债务人共同担保该共用最高额抵押权(第398条之10第1项、第2项)。

二、抵押权、最高额抵押权、概括最高额抵押

(一)日本的抵押权、最高额抵押权[②]

日本的抵押权较为严格地坚持从属性原则。一般来说，担保物权要求成立的从属性、内容的从属性、消灭的从属性和实行的从属性。

与之相对，日本的最高额抵押权，将被担保债权的范围限定为特定的持续交易和一定种类的债权，由于涵盖在此范围内发生的全部债权，其从属性得到相当程度的缓和。不过，基于不法行为等违法行为而发生的债权因违反"概括最高额抵押之禁止"这一宗旨而被排除。

重要的是，第一，法律不承认概括最高额抵押，但通过记载预想的交易，还留有其他的金融的可能性，实质上以最高额为限提供担保。第二，最高额抵押权确定后具有抵押权的效力。日本的抵押权和最高额抵押权在实行时均不以债务执行文书为必要。这一点可以加以机动性、实效性运用。

---

① 参见谷口圆惠、筒井键夫编:《改订担保·执行法的解说》，商事法务2004年版，第46页；道垣内弘人等:《新担保·执行制度》，有斐阁2003年版；小林秀之、角纪代惠:《简易的担保·执行法改正》，弘文堂2004年版，第57页；远藤功、山川一阳、须藤英章编:《改订担保执行法的要点之问答》，新日本法规2003年版。

② 对于普通与最高额抵押权的关系，参见铃木禄弥:《最高额抵押法概说》，新日本法规出版1973年版，第503页；铃木禄弥:《抵押制度的研究》，一粒社1968年版，第314页。

（二）概括最高额抵押与概括最高额担保①

如前所述，概括最高额抵押的被担保债权范围为“一切债务”，新最高额抵押法规定对其登记拒不受理，因此其不具有对抗力，这就导致概括最高额抵押不具有优先清偿权。

其他具有明文规定的是《假登记担保契约法》，该法第14条规定，关于“最高额假登记担保”，“若假登记担保契约中应归于消灭的金钱债务在契约之时未特定化，据此进行的担保假登记在强制拍卖等情况下不具有效力”。从属性原则要求，既然是担保权，被担保债权若不特定，则不具有优先于其他债权或排除其他债权的效力，该规定也是基于这一原则。

此外，出于企业总体财产担保的目的，企业担保法赋予了其劣后于个别担保权但优先于一般债权人的中间效力。

与之相对，近期，概括最高额动产让与担保、概括不动产让与担保、动产债权让与特例法、概括最高额抵销、概括最高额代理受领等制度得到应用，以担保债权人对债务人享有的全部债权。

不论其从属性在多大程度上予以缓和，抵押权在理论上必须以其从属性为前提才成立。受从属性约束的典型担保在某些情况下可能劣后于无从属性的非典型担保。对此，理论上有调整的必要。

三、德国民法的保全抵押、土地债务、保全土地债务

（一）德国民法的保全抵押权和土地债务②

德国民法将抵押权分为流通抵押和保全抵押。不管怎样，抵押权的行使有较强的从属性要求，行使时以债务执行文书为必要。③ 这是因为，行使时不存在被担保债权的抵押权无效。正因如此，实务中基本不采用保全抵押权和最高额抵押权。

与之相对，土地债务被规定为“从目的不动产中取得一定支付的物权性权利”（《德国民法典》第1191条）。此外，土地债务不以债权的存在为前提，

① 参见荒山重腾：《最高额担保论》，有斐阁1990年版，第143页。

② 关于德国土地债务参见铃木禄弥：《抵押制度研究》，一粒社1968年版，第309页；田中克志：《抵押权效力论》，信山社2002年版，第93页；中山知己：《德国土地债务的担保机能》，载《立命法学》第185号，第40页；大场浩之：《德国登记和土地债务的关系》，载《早稻田法学》2005年第80卷4号，第143页；石川清、小西飞鸟：《德国和土地登记法》，三省堂2011年版，第337页。

③ 参见山田晟：《德国法概论Ⅱ》，有斐阁1987年版，第242页；石川清、小西飞鸟：《德国法土地登记法》，三省堂2011年版，第340页。

即否定从属性原则。《德国民法典》第1192条规定:“除非产生特别结果,土地债务准用抵押权的有关规定。”该准用限于与被担保债权无关的抵押权规定。由于土地债务无从属性,实务中较抵押权而言土地债务更受青睐。[①]

(二)保全土地债务规定(《德国民法典》第1192条)的修订

出于抵押不动产的流动化和担保的目的,这种不受从属性约束的土地债务的利用情况逐渐增多。而问题是,设定土地债务的不动产在转让时,债务人向原所有人清偿后必须再度向受让人清偿,产生二重清偿的负担。[②]对此,判例规定,债务人若已向原所有人清偿,则可向受让人主张抗辩权,以规避不合理结果。但由于对债务人保护不充足,民法对第1192条加以修改,追加了“债务人已向债权人清偿的情况下,可向受让人主张债权消灭的抗辩”的规定。在这一范围内,保全土地债务受到了类似从属性的约束,但除此之外,保全土地债务保持不受被担保债权拘束的担保权的机能。

此外,土地债务的设定契约中,由于无涉被担保债权,可以就执行认诺的合意予以登记,因而在行使中无须债务执行文书。

在已实现安定化发展的德国经济下,保全土地债务所发挥的机能对于日本最高额抵押权机能的考量也极具启示意义。不被从属性阻碍,在行使中无须债务执行文书,这样兼具机动性和实效性的担保制度是我们所谋求的。

四、若干整理

(一)日本的最高额抵押权的沿革及判例法理的形成

日本的最高额抵押从明治民法典制定之前已运用于实务,民法典制定后,最高额抵押权的登记实务得到维护,最高额抵押权的权利内容也依判例法形成,逐步确立下来。不过,昭和三十年代,此时确立的最高额抵押权的利用情况增多,有适用于“一切债务”的倾向,概括最高额抵押的有效性便成了问题。基于对这一问题的讨论,登记实务承认了包括银行交易、商品交易契约等各类交易契约在内的契约。在这种登记实务的影响下,最高额抵押立法也被制定颁布。

---

① 参见树上淳一第:《德国法入门》,有斐阁1912年版,第161页;石川清、小西飞鸟:《德国法土地登记法》,三省堂2011年版,第348页;大场浩之:《德国登记和土地债务关系》,载《早稻田法学》2005年第80卷4号,第145页。

② 山田晟:《关于土地债务的抽象性》,载《法协》1935年第53卷3号,第416页。

(二)日本的抵押权、最高额抵押权、概括最高额抵押权的关系

日本的最高额抵押权是抵押权的一种,其定位是缓和从属性的抵押权。如前所述,概括最高额抵押的被担保债权范围为“债权人对债务人享有的一切债权”,法律不承认其效力,通过特定的持续交易和交易类型的登记,最高限额的内容得到公示,为其他方面的金融留有余地,这间接地维护了从属性原则,也从而保持了其与抵押权的连续性。

(三)德国保全土地债务修订的启示

德国民法从保全抵押权到土地债务、保全土地债务的发展十分有趣。但是,抵押权中贯穿从属性原则,必需债务执行文书以确定某一时点的债权数额,实践中对其敬而远之。另外,土地债务作为保全土地债务加以运用,完全不具有从属性,与执行认诺相配合,发挥着优先清偿的功能。原本没有从属性、与担保性质全然不同的抵押债务却代用作担保,这是非常便捷适宜的对策,但可以说缺乏理论的一贯性。

结语

最高额抵押权依然是企业资金筹措的关键途径,必须作为坚实的金融担保制度加以发展。日本的最高额抵押权,从其沿革来看支撑了经济的高度发展,通过修正(当然,一时的作用不足也是事实)克服了泡沫经济崩盘,也承受住了次贷问题和雷曼危机,因此必须构建起能应对更严重的经济变化的金融担保制度。对此,赋予最高额抵押权的效力和实行制度以机动性和实用性是十分重要的。对于这些问题,还是交由其他报告人讨论。此外,关于最高额抵押与其他最高额担保的优先关系问题也有必要加以探讨。

日本物上代位研究

［日］平野裕之*

引言

在日本，从古至今，关于物上代位最有争论的分别是：(1)目的物；(2)物上代位的意义；(3)物上代位时扣押要件的位置。在1990年的日本泡沫经济崩溃时，拥有出租不动产为抵押财产的抵押权人没有实行他们的抵押权而是实行了向租金的物上代位，以保证他们的债权的安全回收，因此就和在租金债权上有利害关系的让渡担保权人等第三者发生了冲突。在此，笔者会介绍并分析关于向租金的物上代位时的以上(2)和(3)的讨论成果。

一、物上代位的目的物

(一)租金债权以外

依照《日本民法》，物上代位被规定在先取特权(第304条)，并将此条律应用在抵押权(第372条)上。物上代位权的目的物是指“因其目的物的买卖，出租，灭失或者毁损时债务人所得的金钱和其他物资”(《民法》第304条1项)。曾有议论关于保险金请求权是否可以作为物上代位的对象，但如今这一点已经被完全认可了。还有就是关于卖掉抵押不动产时所得的代金，这一点曾经是肯定的，但既然有代价弁济制度(《民法》第378条)就应该用此条，所以最近的一些见解是否定买卖抵押不动产代金的物上代位。②

---

* 作者简介：平野裕之，庆应大学法科大学院教授。

② 道垣内弘人：《担保物权法(第三版)》，有斐阁2008年版，164页。道垣内弘人：《担保法的诸形态》，有斐阁2013年版，245页之后。

(二)租金债权

从前,出租没有被看作为物上代位的对象,因泡沫经济崩溃,在目的不动产是出租不动产的情况下,引起人们注意的是不实行抵押权而从出租债权上稳定地回收债权。

1.允许物上代位的租金范围。在《民法》第372条"出租"是有明确记载的,看上去由抵押权向租金的物上代位是无可否认的,但因有371条的特别规定,受不受这一条的限制便成为了焦点。①《民法》第371条规定,抵押权的效力在清偿期到来前不会影响到"果实"(依据2003年民法改正,抵押不动产的扣押后被改为弁济期到来后),因"果实"在民法上包括"法定果实"。在此有以下三种可能(然而有限制信用危机后或抵押权设定后的出租许否而分学论,以下省略对此学论的考察)。

(1)《民法》第371条的"果实"为天然果实,对租金的物上代位是理所当然的想法。按此想法,虽然是清偿期前的租金,但如果被共托等行动后有所残余的话,就可对其租金实行物上代位②。

(2)应用《民法》371条,"果实"也包括法定果实,只对弁济期以后的租金可以实行物上代位的想法。按此想法,可实行物上代位的租金对象为弁济期后可实行抵押权时的租金,对弁济期前的果实不可实行物上代位。③

(3)通过利用(利用利益)和法定果实互相考虑,像为夺租金的收受权必要先夺其利用一样,为实行目的不动产首先应有需要扣押的想法(并不是为物上代位而是行租金扣押)。按此想法,即使是清偿期到来后,如果没有抵押不动产的扣押就不可以实行物上代位。④

判例⑤"根据《民法》第372条、304条规定的意思,抵押权人可向目的不

① 跟目的物消失的损害赔偿请求权或者保险金请求权不同,租金很特殊,也就是说即使目的物存在也可以实行物上代位。因此,松冈久和在其《物上代位权的成否和限界(1)》(《金法》1504号第12页)中,将物上代位分为两种:一种叫代替的物上代位,另一种叫附加的物上代位。像对租金的物上代位也就是附加的物上代位,"债务不履行前,需要保护设定人的经纪活动,原则上不可以行使物上代位。在此,行使物上代位以债务不履行为要件的实行抵押权的一种方式"(同上16页)。也被称为"带长的代位物"或"派生的代位物"(参见高桥真:《关于租金债权的物上代位构造》,载《金法》1516号6页)。

② 我妻荣:《民法讲义Ⅲ·新订担保物权法》,岩波书店1971年版,第281页以下。

③ 道垣内弘人:《担保物权法》(第3版),有斐阁2008年版,第146页以下。

④ 古积健三郎:《物权·担保物权法》(第2版),弘文堂2008年版,第281页。

⑤ 最判平1·10·27《民集》43卷9号1070页。

动产的租借人共托的租金还付请求权实行抵押权”,也就是对租金的物上代位没有任何限制。其理由为,抵挡权跟先取特权没有必要有差别,认可对租金的物上代位也是“不妨碍抵押权设定人使用目的物”。

2. 向转租租金债权的物上代位。转租租金债权可否成为抵押权物上代位的对象,还尚有议论。[①]“原则上,《民法》第 304 条 1 项规定的‘债务人’不包括抵押不动产的租借人(转租人)”。其理由为,抵押不动产的租借人不负担物资责任,也没有必要为弁济被担保债权把属于自己的债权拱手相让。然而,“减少所有人应得的租金或者为妨碍行使抵押权而滥用法人格,或假装出租后,造成转租关系等,可将抵押不动产的租借人视为所有人”。

即使转租租金债权不能成为物上代位的对象,物上代位的租金债权仍有《民法》第 314 条的转租租金的先取特权和《民法》第 613 条的直接诉权,在租借人和转租人都没有交租的情况下,抵押权人尚可以根据物上代位行使租金债权的同时也可以行使先取特权或者直接诉权。事实上,这种保护已经足够了,如果是妨碍他人而签订的出租·租转租契约的话,可视为三者之间的隐匿行为然后直接承认和租转租人时间的出租契约便可(其内容为转租契约)。

二、物上代位的法律构成和行使要件

(一)物上代位的法律构成

物上代位制度的构成究竟是什么,又该怎样去理解物上代位权的概念,还尚不明确。

1. 法定质权论

立法当中有把物上代位构成为法定债权的民法(《瑞士民法》),在日本,这种理论也不能完全否认。抵押权消失后,对保险金请求权成立的法定担保物权,或者除了抵押权以外对租金债权成立的法定担保物权,向此等债权可实行根据法定担保物权的“物上代位权”。在此,根据法定担保物权的物上代理权成立要件和对抗要件便是个问题,但可以把“扣押”作为要件。[②]

---

① 最判平 12·4·14《民集》54 卷 4 号 1552 页。

② 杉原则彦的《判例解说》(《最高裁判所判例解说民事篇平成十三年度(上)》第 267 页)中对租金物上代位的事例里,是以“自行扣押后,抵押权设定登记时设定及具备对抗要件像质权的权利”来定义物上代位的。此解说表现了判例的动摇。

2. 抵押权存留・扩大论

物上代位不是成立新的法定担保物权，而把它理解成在抵押权不消失的情况下保存保险金请求权，或者扩大到租金债权的制度，可以说这是在日本的一般说法及判例。在此，就没有再谈根据法定担保物权的物上代位的余地了。但是，由于和要件"扣押"的关系，生效是理所当然的，或者是只认同抵押权人拥有生效的形成权还尚有议论，因此可分为以下两种理论。

(1)扣押＝第三债务人对抗要件论。彻底依照判例的话，首先，物上代位是必然有效的，根据目的不动产上的抵押权设定登记，以备有物上代位的第三人对抗要件，只是为保护第三债务人而需要扣押(也就是通过法院向第三人的通知)。在此，只需要考虑物上代位"制度"，而不用把它看成一种权利。

(2)扣押＝第三债务人对抗要件论 α 论。然而，判例上说，物上代位的效力并不是必然的，而是根据扣押而产生的一种让物上代位生效的形成权。抵押权设定登记对抗不是指物上代位而是物上代位权。判例并没有表明此点，但仍可以这样理解判例，其理由会在下文详解。

(二)对物上代位要件"扣押"的定位

依照日本民法规定，"扣押必须在付款或提交之前完成"，因此，如果在扣押前即将成为物上代位对象的债权被清偿了的话，此后就不能实行物上代位(《民法》第 304 条 1 项但书)。尚有议论的是，此"扣押"是指什么，是成立要件还是对抗要件，如果是对抗要件的话又是对谁的对抗要件。下面，先探索此规定的沿革，再介绍一下判例和学说。

1. 规定的沿革

现行民法之前，法国民法学者波斯纳德(Boissonade)起草的旧民法虽然被公布但并没有被实行，然而实际上仍有许多规定被采纳进了现行日本民法里。物上代位的"扣押"就是其一。

法国民法里并没有物上代位的规定，而是在特别法中规定的。此特别法，只要有船舶的抵押权设定登记，物上代位就自然能对抗。为防止保险公司在不明的情况下因付完保险金而造成重付，在保险公司的压力下对此规定进行了改正。为对抗第三债务人的保险公司，抵押权人必须要得到法院的物上代位成立通知。这里只限制了向债务人的对抗要件，对第三人仍然根据抵押权设定登记的物上代位也可以对抗。此规定与债权引渡，也就是让受人要得到法院执达吏的通知才拥有对抗要件的制度是并联的。[①]

因此,此制度跟债权让渡通知和质权设定通知是并联的——日本民法的债权让渡里不问通知方式而要让渡人亲自通知,制度上大有不同——在旧民法里被规定为“扣押”,现行民法里也表示了“扣押”,所以其意图就没有得到正确的理解。扣押并不是实行担保权的要件,而是物上代位成立时对债务人(第三债务人)的通知,所以“扣押”的形容并不确切,应该被称为“保全的扣押”。

2.判例·学说

(1)优先权保全论乃至扣押公示论。目的物消失的话抵押权也理应消失,但在此保持抵押权的存在,并且抵押权的效力影响到像租金等目的物以外的债权上是为例外,其效力不会自然生效,需根据“扣押”的公示后才会生效(优先权保全论)。[②] 同时,这也是将“扣押”当成向第三人的对抗要件的学说(扣押公示论)。根据后者的思路,其物上代位对象的债权被让渡的话,对让受人不能对抗物上代位及扣押,也就是说这比《民法》304 条但书的“扣押必须在付款或提交之前完成”的限制要更严。

(2)第三债务人对抗要件。一边是彻底依照起草人波斯纳德(Boissonade)所想的学说,但是判例因受学说的评论而有所动摇。

①彻底依照制度趣旨的学说。首先,忠实依照沿革,贯彻制度意图,物上代位的本体效果自然发生,并且,其效力对第三人根据目的不动产的抵押权设定登记也可以对抗,但对第三债务人必须要在以“扣押”来通知物上代位的情况下对抗才有效。笔者认为,物上代位对象的债权被让渡后已向让

---

① 在研究改革问题的学者当中也有差异。如清原泰司的《物上代位的法理》(第 27 页之后、31 页之后、72 页之后、101 页之后),根据沿革研究支持第三债务人保护论。另外,在现行民法中,有的论稿还说波斯纳德的第三债务人保护路的意图已经迷失,需从沿革的观点来评判判例(参见平井一雄:《基于抵押权的物上代位权中“没收”的意义》中京法学 40 卷 1、2 号 12 页)。今尾真在《基于动产买卖先占特权的物上代位与以此为目的的债权让渡》《明学》79 号 127 页之后)讲述,公示是不需要的,而“扣押”是为了表现及确定优先清偿权会影响到代替目的物对象的潜在效果。

② 例如,生熊长幸在其《判批》(《民商法》第 141 卷 4、5 号 494 页)讲述,根据“物上代位是类似于法定担保物权的动产先取特权,也就是没有公示但有优先弁济权的权利”来理解,支持优先权保全论。关于优先权保全论,请参看近江幸治的《民法讲义Ⅲ·担保物权法》(第 2 版)(成文堂 2005 年版,第 64 页)、铃木禄弥的《物权法讲义(5 订版)》(创文社 2007 年版,第 201 页)、内田贵的《民法Ⅲ·债权总论·担保物权》(第 3 版)(《东京大学出版会 2005 年版,414 页)等。根据扣押,本来不可以成立的优先权会波及到被代位债权,所以叫“优先权创设论”更为贴切(参见铃木禄弥:《物的担保制度为中心的论集》,2000 年版,第 283 页)。

受人付完款，或者扣押后已向扣押债权人付完款的话，对第三债务人不能对抗物上代位，所以其弁济为有效，抵押权人可以向受完弁济的让受人或者扣押债权人实行不当利得返还之请求。

②向物上代位权对抗质疑的判例。按照上述①的思路，没有必要考虑物上代位权，但是在判例中会很频繁地看到“物上代位权”的标记。

判例宣告了第三债务人保护论，复兴了波斯纳德(Boissonade)的思想。最判平10·1·30《民集》52卷1号1页(债券让渡事例)表明了第三债务人保护论，“抵押权人行使物上代位权要在付款或交接前扣押的意图目的主要是，抵押权的效力会影响到物上代位对象的债权，此债权的债务人(以下称‘第三债务人’)即使向此债权的债权人也就是抵押不动产的所有人(以下称‘抵押权设定人’)弁济了，也有可能置身于不稳定的位置，不能对抗抵押权人弁济后目的债权消失的效果，所以把扣押当成物上代位权行使上的要件，第三债务人只需要在接到扣押命令前向抵押权设定人弁济即可，因此弁济的目的债权消失效果可以对抗抵押权人，以此来保护第三债务人不会陷入重复清偿的危机”(最判平10·3·26《民集》52卷2号483页，扣押事例同旨)。

但是，如果物上代位对象的债权要是被行使了转付命令的话。[①]“抵押权人没有权利主张对被转付债权的抵押权效力”，然后“抵押权物上代位的扣押和强制执行的扣押没有理由要不同处理”，就是说不能以不能扣押为理由。[②] 再者，如果关于第三债务人实行相杀的话，不是弁济就没有必要考虑重复弁济的保护，但扣押前实行的相杀视为有效。[③]

表面上看起来有些矛盾，解此谜团的钥匙就在于上述的扣押判例当中。据判决，“①在行使物上代位权时的扣押前，租借人的相杀不受任何限制；②但在上述扣押后，抵押权的效果会影响到物上代位对象的租金债权，也就是说将此可以视为已备有根据抵押权设定登记的公示，所以没有理由说抵押权的效果会比租借人对抵押权设定登记后得到的对出租人的债权和物上代位对象的租金债权的相杀的期待优先(①②追加)。”在此，可以看到难以理解的权利“物上代位权”的存在。物上代位本身的效果不会无条件地发

---

① 最判平14·3·12《民集》56卷3号555页。

② 内田教授对此判决的评价是“可看作最高裁对之前一连串的物上代位过于强大的地位的判决进行了修正”。

③ 最判平13·3·13《民集》55卷2号263页。

生,是根据扣押而产生的,此形成权被称为物上代位权,此权利在有抵押权设定登记的情况下能对抗第三人。

这样理解,有转付命令或者已经被抵销了的话,就不能扣押也不能实行物上代位,然后物上代位权也会消失,这样解释上述判例就不会发生矛盾。

3.若干检讨

笔者认为,依照波斯纳德(Boissonade)的理解,物上代位的效果是自然发生的,第三人可以根据抵押权设定登记对抗此效果。但如果抵押权人无条件地能向清偿期到来后产生的租金债权实行物上代位,则实为不妥。因此,要夺取租金收受权限,一定要夺取抵押不动产所有人的用益权限,进入抵押权实行手续也就是说夺取用益权限(租金和物上代位③说)。[①] 即使如此,抵押权人不依靠物上代位,还有收益执行制度,即使不实行抵押权本身,还拥有从租金优先回收的手段。

① 个人意见,请参考平野裕之:《民法综合 3 担保物权法》(第 2 版),信山社 2009 年版,第 1~167 页。

日本民法的共同抵押

［日］青木则幸*

序言

日本《民法》第 392 条（共同抵押的价金分配）、393 条（共同抵押的代位登记）的规定构成了共同抵押制度。这些规定的主要着眼点在于保护在共同抵押之后设定的次顺位抵押权（包括单一不动产上的抵押权乃至数个标的物的共同抵押权等）。即使是处于如此地位的次顺位抵押权也并不一定必须由以上两个条文来进行规制，这是长久以来存在的问题意识。特别是日本民法中作为次顺位抵押权人代位先顺位抵押权人的制度，还存在着物上保证人的清偿代位（《民法》第 500 条及 504 条）制度，所以对于这两个制度的交错有着不少的讨论。

此文在明确日本民法的共同抵押规定是假定怎样的案例及如何适用的基础上，对于具体案例类型在解释学上存在的显著问题进行探讨。

一、日本民法有关共同抵押条文的基本构造

（一）制度要旨

《民法》第 392 条假定的典型案例如下：在行使设定于债务人所有的数个不动产上的先顺位共同抵押权时，由于标的物的全部金额大于被担保债权额而产生剩余价金的情形下，出现如何分配给共同抵押权标的物的个别不动产上设立的次顺位抵押权人的问题的案例。

对于不动产来说，一旦行使设定于其上的抵押权，则该不动产上的抵押权全部消灭。这是一个让买受人取得以没有抵押权负担的所有权为前提而

---

* 作者简介：青木则幸，早稻田大学教授。

寻求变价的制度。[①] 基于行使而消灭的抵押权,根据配额及顺位进行优先清偿。行使抵押权时,优先的共同抵押权可以从数个标的物价金的任何部分进行优先受偿(不可分性)。但是对于共同抵押权来说存在着抵押权人顺利拿到价金后要求回收的情形。对此,次顺位抵押权人就只能就各自标的不动产的价金余额进行抵押。为了有效利用各个别不动产的担保价值,有必要明确优先的共同抵押权的范围以保护次顺位抵押权。有关共同抵押的民法规定,是旨在调整先顺位共同抵押权人的危险分散要求与共同抵押权中个别不动产上的次顺位抵押权(乃至数个标的物的共同抵押权)的保护要求而设立的。

《民法》第 392 条的规定分为共同抵押的数个不动产同时进行价金分配及作为标的物一部分的个别不动产先行价金分配的这两种情形。

(二)共同抵押权的设立与登记

共同抵押权:(1)为担保同一债权;(2)在数个不动产上设立的抵押权。同时,两者之后追加的设定在其他不动产上的抵押权也可作为共同抵押权。

共同抵押权必须在其各标的不动产登记中标明共同抵押(《不动产登记法》83 条 1 项 4 号及 2 项)。

不过共同抵押权不是为了登记权人的利益,而是为了保护次顺位担保权人,所以只要实体关系是共同抵押就要受此待遇。由此可以说明共同抵押登记不是对抗要件。[②]

(三)标的物价金分配的次顺位抵押权人的权利

同时分配的情形下,采取按照与共同抵押权的被担保债权额相应的负担将标的物不动产价额按份分配这一分割主义(《民法》第 392 条 1 项)。此情形下,共同抵押标的物的买入价格全部明确后,按照此价额决定负担部分。实务中,也有人指出存在债务人破产等例外情形。[③]

异时分配的情形下,对共同抵押权中作为一部分标的物的个别不动产的价金进行先行分配时,优先共同抵押权人可以就该价金受被担保债权的全部清偿。在此基础上,被行使抵押权的个别不动产上的次顺位担保权人

---

① 虽日本的执行法上采取基于抵押权的行使而消灭优先抵押权的制度设计(消除主义),但基于优先担保权的行使而消灭劣后担保权才是普遍的制度设计。

② 我妻荣:《新订担保物权法》,岩波书店 1971 年版,第 430 页;高木多喜男:《担保物权法》(第 4 版),有斐阁 2005 年版,第 238 页。

③ 以前,在法典调查会议事宜速记中可见到同样的说法。

可以在相当于同时分配情形下的份额限度内代位行使共同抵押权。对于代位行使金额的确定,根据最初对个别不动产行使抵押权时还未进行分配的其他个别不动产的金额进行计算。

此外,取得代位权的抵押权人可以于抵押权登记中附记其代位(《民法》第 393 条)。若没有附记登记就无法对新利害关系人进行代位对抗,所以此登记被认为是对抗要件。[①]

二、共同抵押权标的物均为债务人所有的不动产时的问题

当共同抵押权标的物均为债务人所有的不动产时,对于进行价金分配的不动产上已设立次顺位抵押权的情形适用《民法》第 392 条这是没有争议的。但是,即使是属于这样的典型案例,考虑到异时分配,在解释论上仍存在不少疑问。再者,对于《民法》第 392 条的适用存在争议的案例类型中,适用得到认可的情形下,可以用此文中论述的观点进行同样的解释。

(一)部分清偿

被担保债权额小于共同抵押权标的物全部价额(有剩余),大于先行分配的个别不动产的价金金额时,会出现部分清偿的代位问题。一方面个别不动产上的次顺位抵押权人取得代位权,另一方面共同抵押权人在被担保债权额全部清偿前为了能就全部标的物行使抵押权,而形成了竞合的问题。

在判例上,若先顺位抵押权人就价金受优先清偿后仍有剩余,那么应当承认次顺位抵押权人的代位权,将来只有在先顺位抵押权消灭的情形下才能行使代位权,在此之前只能通过预备登记来保全将来应当确定的权利移转请求权。[②]

在学说上,较多支持判例。次顺位抵押权人的代位权(《民法》第 392 条 2 项),并非产生于部分清偿(《民法》第 502 条 1 项),而是基于先顺位抵押权的消灭而产生的这一理解。[③] 另外,也存在根据次顺位抵押权人在其份额的限度内继先顺位抵押权人之后直接现实取得的理解,承认次顺位抵押权人的附记登记和行使权限这一有力说。[④] 在次顺位抵押权根据代位制度

---

① 我妻荣:《新订担保物权法》,岩波书店 1971 年版,第 450 页。

② 大判 15.4.8《民集》5 卷 575 页。

③ 柚木馨、高木多喜男:《担保物权法》,有斐阁 1982 年版,第 380 页;高木多喜男:《担保物权法》(第 4 版),有斐阁 2005 年版,第 241 页。

④ 我妻荣:《新订担保物权法》,岩波书店 1971 年版,第 452 页。

移转至其他不动产这一理解的前提之下,可以发现对于承认其具有一般抵押权相同的行使权限与不动产担保价值的合理利用有着紧密的联系这一评价态度。

再者,判例上采取基于部分清偿的代位,以代位人可以行使价金分配为前提,承认其不需与债权人共同行使的独立的抵押权行使权限[①]在分配时债权人优先的见解。[②] 学说上,(有着同样的结论)b说之中也存在基于部分清偿的代位采共同行使说等、区分两者进行探讨的视角。[③]

(二)放弃

共同抵押权人在行使部分标的物不动产的价金分配之前,放弃不涉及分配的其他不动产上的抵押权案例中,被行使的不动产上的次顺位抵押权人的分配方法问题在判例·学说上很久以前就已被认识到。在条文假定的案例(并没有假定存在放弃抵押权的特殊案例)条件下,允许共同抵押权人就价金的全部进行先行分配的原因在于,分配不动产上的次顺位抵押权人可以在其负担部分(份额)限度内代位行使残存在其他不动产上的抵押权(《民法》第392条2项)。一旦放弃,分配不动产上的次顺位抵押权人的取得代位权的期待利益被剥夺而构成问题。

早期判例采取次顺位担保权人的代位权,并不产生在共同抵押权人行使抵押权以前,只是将来的"希望"。产生(行使)前的放弃,造成代位权丧失,也不构成对次顺位抵押权的侵害。[④] 但是后来发生了改变,若不存在放弃,被行使的不动产上的次顺位抵押权人基于《民法》第392条2项可以代位行使价金分配,可分配的限度应该是共同抵押权人无法优先清偿的部分。[⑤]

学说上存在否定次顺位抵押权人的承诺的放弃效力的见解以及否定对代位部分份额放弃的见解。[⑥] 但是,更多的是支持判例方向的见解。c判例中采取因放弃权利而产生不利益的情形下在其限度内禁止其对受不利益的对方当事人主张优先权,可看成是旨在相对性解决问题的见解[⑦],以及d与

① 大决昭6.4.7《民集》10卷535页。

② 最判昭60.5.23《民集》39卷4号940页。

③ 我妻荣:《新订担保物权法》,岩波书店1971年版,第452页。

④ 最判昭7.11.29《民集》11卷2297页。

⑤ 最判昭11.7.14民集15卷1409页。

⑥ 铃木禄弥:《抵押制度的研究》,一粒社1968年版,第240页。

⑦ 椿寿夫:《判批(昭和四十四年判决)》,载《判例时报》590号,第121页、122页。

判例有着相同的结论，次顺位抵押权人及法定代位权人（《民法》第 500 条）基于《民法》第 504 条而优先的见解。[①] e 判例将剥夺次顺位抵押权人的代位期待利益的行为看作加害行为，基于侵权行为的损害赔偿进行保护就足够了。[②]

三、共同抵押权标的物包括物上保证人所有的不动产的情形

共同抵押权不仅可以设立在债务人所有的不动产上，还能设立在物上保证人所有的不动产上。这样的案例并没有被假定在《民法》第 392 条之中，但已认识到应该会发生"代位权"竞合的问题。经过判例学说上对于异时分配的积累，近年来，也出现了在同时分配案例中同样的理由是否适当的问题。

（一）包括债务人所有的不动产和物上保证人所有的不动产的情形

对于共同抵押权标的物中包含物上保证人所有的不动产的情形的处理问题，很早就在判例中显现，成为后来判例学说探讨的基础是对同时包含债务人所有的不动产和物上保证人所有的不动产的情形的讨论。

1. 对于债务人所有的不动产进行分配的情形

在债务人所有的不动产被行使抵押权先于其他标的物进行分配的案例中，在分配不动产上继设定共同抵押权后又设定了次顺位抵押权的情形，一方面，次顺位抵押权人在相应份额限度内理应取得未涉及价金分配的其他标的物的代位权（《民法》第 392 条 2 项）；另一方面，在这样的案例中，如果物上保证人所有的不动产被行使抵押权而进行价金分配的话，就如同迫使物上保证人用自己的捐赠来消灭他人的债务一样。结果是，既取得了对债务人的求偿权（《民法》第 372 条、351 条），又基于清偿而取得保全此求偿权的法定代位（《民法》第 500 条）。由此物上保证人可以代位债权人行使债权人先顺位抵押权中仍残存的部分。这样在同一共同抵押权（残存部分）上存在两个代位权的竞合，那么如何给予相应的法律对待便成了问题。

在判例上，大判昭 4.1.30《新闻》2945 号第 12 页判示《民法》第 392 条 2 项只适用于在债务人所有的数个不动产上设立共同抵押权的情形，不适用于标的物包含物上保证人所有的不动产的情形。根据在于，若承认债务

---

① 我妻荣：《新订担保物权法》，岩波书店 1971 年版，第 456 页。

② 高木多喜男：《利于后顺位抵押权者的共同抵押权者的担保保存》，载《金融法务》1382 号，第 26 页；高木多喜男：《担保物权法》（第 4 版），有斐阁 2005 年版，第 243 页。

人所有的不动产上的次顺位抵押权人基于第 392 条 2 项的代位权,因抵押权的行使承担投入不动产的代价而进行代位清偿的物上保证人的代位权(《民法》第 500 条)将一直陷入不当侵害的结果中。还有,最判昭 44.7.3《民集》23 卷 8 号 1297 页,物上保证人受自己所有的不动产上的抵押权放弃而进行代位清偿,行使债务人所有的不动产上残存的共同抵押权,在价金分配时能否给予债务人所有的不动产上的次顺位抵押权人在其《民法》第 392 条 1 项中的份额限度内优先清偿便成了问题。对于这样的情形,判旨遵循前述昭和四十四年判决的见解,判示“在第二顺位抵押权人的代位与物上保证人的代位相冲突的情形下,因后者被保护,拍卖甲不动产时,原本第二顺位抵押权人就不能对乙不动产进行代位清偿,所以即使共同抵押权,人放弃对乙不动产的抵押权也不会致其于不利益的地位”。

在学说上,支持判例的占大多数。有如下说明:在物上保证人提供担保时可理解为其信任债务人已提供的债务人所有的不动产价值的担保能力,在此前提下无法容忍通过旨在保护这种信任的规定,即《民法》第 500 条来造成侵害结果。再者,根据次顺位抵押权人代位的承认及其行使而迫使物上保证人清偿,造成物上保证人承担了债务人其他债务的担保,这是不合理的,因此承认物上保证人的清偿代位会形成良好循环。①

与之相对的,也有主张对于份额承认次顺位抵押权人基于《民法》第 392 条 2 项的代位的见解。指出,保护次顺位抵押权人对份额的期待利益,回避在同时分配情形下的不均衡,物上保证人方面对于份额也应当有承担债务人无偿还能力的思想准备等要点。②

后者是旨在提高次顺位抵押权的确实性促进担保价值的利用的见解,但时至今日,如此积极地支持这种见解却像是处于劣势。

2. 对于物上保证人所有的不动产进行分配的情形

在物上保证人所有的不动产被行使抵押权进行分配的案例中,分配不动产上已设定次顺位抵押权的情形,一方面承认物上保证人基于《民法》第 500 条的代位,另一方面若承认次顺位权人基于《民法》第 392 条的代位,则将产生两者对于代位对象即残存的先顺位抵押权的竞合问题。

---

① 参见椿寿夫:《批判(昭和四十四年判决)》,载《判例时报》590 号第 122 页之后;星野英一:《批判(昭和四十四年判决)》,载《法协》89 卷 11 号,第 186 页、193 页。

② 我妻荣:《担保物权法》,岩波书店 1936 年版,第 296 页;铃木禄弥:《抵押制度的研究》,一粒社 1968 年版,第 235 页。

判例上也是在最近才直接涉及此问题，但是理论上可以根据后述昭和十一年判决提出的见解明确相应内容。最判昭 53.7.4《民集》32 卷 5 号 785 页中，在承认物上保证人获得求偿权的同时“取得”基于代位(《民法》第 500 条)的共同抵押权，但是判示“次顺位抵押权人就移转至物上保证人的前述抵押权受优先清偿”。这里的理论构造是，不承认次顺位担保权人基于第 392 条的代位权而承认物上保证人基于代位的取得。即使这样，次顺位抵押权人能优先清偿是基于以下情形：(1)保护对次顺位担保权人共同抵押权的剩余的利益；(2)与设定次顺位抵押权的物上担保人应当承受的负担相当；(3)从均衡考虑分配顺序不同的情形出发应当保护次顺位抵押权人。理论上，同次顺位抵押权人在移转至物上保证人的共同抵押权上进行物上代位(《民法》第 372 条、304 条)的情形一样。

学说上的对立状况，大致对应前述的假定案例的探讨。支持判例的见解，与承认在份额范围内次顺位权人基于《民法》第 392 条 2 项的代位而应优先的见解形成了对立。虽然有对昭和五十三年判决的前述质疑，但也存在同时分配与债务人所有的不动产先行分配的两个不同情形之间不均衡的情况，由此质疑后者优点的见解，这里可以看出对于判例的支持显得更为坚实。

(二)数个物上保证人所有的不动产的情形

共同抵押权，并非设立在债务人所有的不动产上，而是设立在数个物权保证人所有的不动产上，且在先行分配的不动产上已设立次顺位抵押权的情形下，是否应当承认次顺位抵押权人的代位权。

在判例上，最判昭 11.12.9《民集》15 卷 24 号 2172 页，对于这样的案例，虽然承认分配不动产上次顺位抵押权人的“代位权”，但考虑到前述案例类型的先例，明确了以下的法律架构：(1)只有在债务人所有的数个不动产上设立共同抵押权的情形才能适用《民法》第 392 条 2 项给予先行分配不动产上的次顺位抵押权人代位权。(2)在物上保证人负担的抵押权行使(标的物变价金额的出捐)而使债务消灭的情形下，物上保证人代位行使残存在其他标的物上的共同抵押权时，是共同抵押权“移转”至物上保证人，“明确并非是移转至”分配不动产上设立抵押权的次顺位抵押权人。(3)基于《民法》第 392 条 2 项保护共同抵押权的次顺位担保权人的目的由如下架构实现二移转至物上保证人的共同抵押权是来担保物上保证人所有的不动产上次顺位抵押权人的被担保债权的，正好与次顺位抵押权人基于共同抵押权的物上代位(《民法》第 372 条、304 条)有着相同的结果。再者，在此情形下，因次顺位担保权人代位的抵押权(其他不动产上残存的共同抵押权)基于清偿的代位(《民法》第500条)移转至物上保证人,所以可以行使的范围应根据清偿代位的规定(《民法》第501条)来确定。数个物上保证人之间的各自代位范围应结合价格来确定(《民法》第501条4号)。

(三)同一物上保证人所有的不动产的情形

与前述不同,共同抵押权的标的物属于同一物上保证人所有的数个不动产时,异时分配的场合存在可以承认先行分配不动产上的次顺位抵押权人基于《民法》第392条2项的代位权的见解。

在判例中,在共同抵押权人放弃物上保证人所有的不动产中任何一个不动产的抵押权后,对其余不动产进行分配的情形下,不存在分配不动产上次顺位抵押权人的放弃,而承认在其已经代位的范围内对共同抵押权人的优先权(在对已经分配后的不当得利返还请求权产生争议的案例中获得了承认)。根据在于,对次顺位抵押权人的代位期待的保护,以及在这样的案例中没有物上保证人基于清偿的代位(《民法》第500条)的存在余地,还有就是即使承认次顺位抵押权人的代位,物上保证人也不会受到不测的侵害。[①]

(四)同时分配

近年来,共同抵押标的物同时包含物上保证人所有的不动产及债务人所有的不动产的案例中,同时分配的情形下,开始产生希望按照第392条1项所定不动产价格的相应负担份额进行分配的要求。

如前所述,异时分配的情形下,判例一直以来统一地采取尊重物上保证人基于清偿的代位权(《民法》第500条)的立场,对与其产生竞合的次顺位抵押权人的代位权(《民法》第392条2项)的成立余地做限制性解释。在这样的判例立场确立过程中,也逐渐意识到了同时分配的情形中一旦进行分配,物上保证人将受到异时分配案例的待遇而陷入不利的问题。

最近的裁判例中,出现了债务人所有的不动产的让渡是否构成当作债务人的一般财产进行让渡的诈骗行为的问题。在对债务人所有的不动产上是否存在共同抵押权剩余(若进行分配就会有剩余的案例)而产生争议的案例中,从保护物上保证人(在物上保证人所有的不动产先行分配的情形下对相当于清偿额的全额代位权的期待)及物上保证人所有的不动产上的次顺

① 最判平4.11.6《民集》46卷8号2865页。

位抵押权人的观点出发，否定了根据《民法》第 392 条 1 项所定的份额。[①]

在学说上，过去也存在过《民法》第 392 条 1 项的份额肯定说，但在上述案例出现前否定说就已成为多数说。

四、标的物转让给第三人的情形

在学说上，共同抵押权的标的物均为债务人所有的不动产，且共同抵押权设定后标的物的一部分被转让给第三人，残存的债务人所有的不动产在行使共同抵押权被分配的情况下，该分配不动产上已设定的次顺位担保权的代位权范围是否包括已转让给第三人的不动产的问题也被论及。

转让后，第三人处于与物上保证人类似的权利关系中。正如前面所述，判例上，在共同抵押权标的物同时包含债务人所有的不动产和物上保证人所有的不动产的情形下，为了保全物上保证人的求偿权应当优先清偿人代位权，其中债务人所有的不动产被先行分配的情形，否定该不动产上的次顺位抵押权人基于《民法》第 392 条 2 项的代位权。相反地，在物上保证人所有的不动产被先行分配的情形下承认物上保证人基于清偿的代位权(《民法》第 500 条)。即使在物上保证人所有的不动产上已设立次顺位抵押权的情形下，同样地不承认基于《民法》第 392 条 2 项的代位权，只是让其行使物上保证人的清偿代位权(《民法》第 500 条)。学说上也大致遵循这样的处理方式。那么是否对于第三人也能进行相同处理呢?

关于这个问题的相关判例，还未出现。[②] 学说上，一般只有在分配不动产上设定次顺位抵押权之前进行转让的情形下，第三者才受上述物上保证人类似的待遇。在先设定了次顺位抵押权的情形，设定时是次顺位抵押权人所有，所以应当保护共同抵押权标的物中其他的债务人所有的不动产负担份额相对应的剩余乃至对于代位权(《民法》第 392 条 2 项)取得的期待。对此是基于债务人所有的不动产上设定次顺位抵押权时，共同抵押权标的物中包含的其他不动产，已经因转让而属于第三人所有了，应当评价为次顺

① 大阪地判平 22.6.30《判时》2092 号 122 页。

② 最判 3.9.3《判时》1403 号 25 页。作为共同抵押权标的物的债务人所有的不动产，其中之一被转让给第三人后才进行分配，但转让前其他标的物的共同抵押权被放弃的案例，承认了免责的效力。虽是比较接近的案例类型，但因为没有在共同抵押权被放弃后的债务人所有的不动产上设定次顺位抵押权，所以不存在第 392 条 2 项的问题。

位抵押权人对于归第三人所有的不动产已经不承担相应共同抵押的负担。[①] 这一见解已成为通说。另外,也有少数人认为,在此问题的状况下,也要重视给予共同抵押权后的次顺位抵押权相应份额的要求,即使次顺位抵押权的设定晚于转让给第三人的情形下,也承认次顺位抵押权人的代位权(《民法》第392条2项)。理由在于,只要设定了共同抵押权,在设定时就进行了份额的分配,内容也经共同抵押权的登记进行了公示,所以第三人理应承受此待遇。[②]

结语

至此概览了日本法中关于共同抵押的制定法及判例学说上的讨论。实务中还存在着追加的共同抵押中部分顺位交换的情形,也有次顺位抵押权是同一乃至不同不动产的共同抵押权的情形,形成复杂的权利关系的情形也不少。[③] 但是在此报告中述及的判例立场是比较明确的,可以说并不属于近年来特别是学说上激烈讨论的领域。

对于次顺位担保权人的地位应该承认到何种程度这一点的讨论,很可能体现了对担保交易抱有期待的社会要求乃至其变化,对于日本不动产担保法制的主要部分抵押权,也有必要从这个角度出发进行探讨。

---

① 我妻荣:《新订担保物权法》,岩波书店1971年版,第462页;高木多喜男:《担保物权法》,有斐阁2005年版,第251页。

② 松冈久和:《民法的争点》,有斐阁2007年版,第186页。

③ 另,在判例中出现了与共同抵押权的标的物(不同物上保证人所有的数个不动产)其中之一的共同抵押权同顺位的抵押权存在的案例,同时也出现了采不动产价值案分说的最判平14.10.22《判时》1804号34页的案例。

抵押权的效力范围

[韩]尹喆洪*

引言

抵押权是债务人或者第三人不转移财产的占有，将该财产作为债权的担保，债务人未履行债务时，债权人依照法律规定的程序就该财产优先受偿的权利(《民法》第356条)。其中，因为抵押权人在被担保的债权范围内享有他人不动产的价值，所以被担保债权的范围显得尤为重要。关于这个问题，韩国《民法》第360条规定，抵押权担保本金、利息、违约金、因不履行债务产生的损害赔偿以及抵押权的实行费用。但对于迟延赔偿，实现抵押权只限于本金的履行期届满后一年。这个规定简单明了，在条文解释上没有太大问题，不过此规定也包括了利息的范围、损害赔偿及违约金等几个特殊的问题。

在民法上，抵押权以不动产作为其客体。韩国民法中的不动产包括土地及其定着物(《民法》第99条第1项)。建筑物或者林木、农作物等多种土地的定着物中，建筑物与土地是相互独立的不动产，所以土地抵押权的效力范围不及于土地上的建筑物。因此，关于以此类不动产为客体的抵押权的范围，韩国《民法》第358条规定，抵押权的效力及于不动产的附合物和从物。但法律上有特殊规定或者设定抵押时双方当事人有其他约定的除外。除了因这些特殊规定和双方约定而产生的限制外，还存在抵押权不及于附合物或者从物的例外情况。还有，抵押权的范围是否包括从附合物或者从物分离的部分；孳息或者抵押人因物上代位权而取得的金钱或其他物是否也包括在抵押权效力范围内(《民法》第342条、370条)，都是需要讨论的问题。

---

* 作者简介：尹喆洪，崇实大学法科学院教授。

一、被担保债权的效力范围

(一)设定

1. 被抵押权担保的债权的范围,因抵押人不转移占有,所以像质权一样发生质权保管费用等的债权。在抵押权中,以抵押权的实现而获取的价款或者收益优先受偿是其重点内容。作为优先受偿权的对象,被担保债权的范围包括本金、利息、违约金、因不履行债务发生的损害赔偿金及抵押权的实现费用等金钱债权(《民法》第360条)。即使起初不需要支付金钱的债权,也会因债务不履行发生的损害赔偿债权而变为金钱债权。为了担保此种非金钱性的债权而登记抵押担保债权时,登记机关需要记录债权的评估价格(《不动产登记法》第77条)。

2. 抵押权人和抵押人通常通过订立合同的方式约定被担保的债权及其数额。但是,因根据继续性合同关系发生的现在及将来的不特定财产的最高额抵押也被认可(《民法》第357条),所以债权不需要在当前已经特定。也就是说,不论是附生效条件合同还是附期限债权,甚至将来可能发生债权,只要在可以特定的情况下都可以成为被担保债权。例如,保证人将履行保证债务而取得的求偿权(《民法》第441条),或者虽然当前的合同有效,但因将来解除合同而发生的恢复原状债权(《民法》第548条第1项)等,只要存在债权发生基础的法律关系,都可以成为被担保债权。[①]

(二)本金

本金是设定抵押权去担保的本债权。原则上,主债权的全部都成为被担保债权。但是,可以根据特殊规定对本金设定部分抵押。这时,需要登记被担保的债权额、受偿期及本金的支付地点等内容(《不动产登记法》第75条第1项)。如有对不以一定金额为目的的债权设定担保并进行抵押权设定登记的情形,登记机关需要登记债权的评估价格(《不动产登记法》第77条)。

(三)利息

1. 如果有对利息的特殊约定,需要登记该利息及其发生日、支付日、利息的支付地点等(《不动产登记法》第75条第1项)。如果没有登记,此利息则不属于抵押权担保的范围。旧民法(现行日本《民法》)第375条规定,如果抵押权人有请求利息或其他定期金的权利,只限于履行期届满前最后两

---

① 梁彰洙、金亨锡:《权利的保全和担保》,博英社2014年版,第341页;宋德洙:《物权法》,博英社2012年版,第462页。

年。但《民法》第 360 条删除了此内容，且并没有对作为被担保债权的利息债权的范围作出明确的规定。据此可以认为，利息债权可无限被抵押权担保，并以处理抵押不动产的价款优先受偿。①

2. 与旧民法不同的是，现行民法不限制被抵押权担保的利息债权的范围，对此种规定是否为合理的问题，学界有对立的学说。例如，无限担保否定说②认为，随着时间的流逝，利息金额会增加，因此利息可无限地与本金在同等的顺位上优先受偿。这会使后顺位抵押权人的担保范围变得不确定，也会对一般债权人造成意外的损害，而主张其不合理；而无限担保肯定说③则认为，利息本来就有债权扩张的性质，对此种利息的优先受偿应以履行期届满后一年内发生额为限才合理。

从立法论的观点上看，两个学说都有各自的长处。如，否定说认为，对利息的无限担保，过度保护了虽然清偿期届满但怠于行使债权人，这个观点不无道理。但是，利息债权本来就有扩张主债权的性质；而且利息债权中利息债权（作为分割权的利息债权）在清偿时优先于本金（《民法》第 479 条第 1 项）；还有，第 360 条规定受偿后的利息由迟延赔偿规制，所以可以认为对一般债权人的影响不会很大。综上所述，对利息作文义解释，被解释为无限制的担保是不合理的。

（四）损害赔偿请求权

因不履行债务而产生的损害赔偿，也属于抵押权的担保范围。其中，因不履行债务产生的损害赔偿等于迟延赔偿，这种迟延赔偿只限于履行期日届满后一年（《民法》第 360 条但书）。这样的限制是为了防止抵押权人在履行期届满之后，明明有能力行使抵押权，但怠于行使，导致后顺位的抵押权人或一般债权人受到意外损害。④ 关于抵押权担保的债权范围，《民法》第 360 条规定，对于迟延赔偿只限于履行期日届满后一年内。这种规定只是

---

① 现行民法与《德国民法》第 1115 条第 1 项、第 1118 条是同样的观点，旧民法与《法国民法》第 2151 条、《瑞士民法》第 818 条是同样的观点。

② 郭润直、金载亨：《物权法》，博英社 2014 年版，第 441 页；金相容：《物权法》，扩散传媒 2009 年版，第 656 页。

③ 南孝淳：第 360 条，《民法注解》，博英社 1992 年版，第 70 页；宋德洙：《物权法》，博英社 2012 版，第 470 页；李相泰：《物权法》，法元社 2007 年版，第 431 页；李英俊：《物权法》，博英社 2004 年版，第 807 页。

④ 郭润直、金载亨：《物权法》，博英社 2014 年版，第 441 页；南孝淳：《民法注解》，博英社 1992 年版，第 71 页。

对抵押权人与第三人关系的限制,而不是债务人或者抵押人对抵押权人主张的对抗。[①] 所以在这里要注意的是,《民法》第360条并没有一律限制被担保债权的范围。就是说,要把这一条解释为在抵押权实现阶段,只限制在后顺位抵押权人、一般债权人等第三人的关系中限制抵押权人的优先受偿权。[②]

(五)违约金

违约金是在签订合同时事先约定,一方当事人违约时,应向另外一方支付的金钱(《民法》第398条第4项)。在这种情况下,要在抵押权设定登记中记录违约金条款(《不动产登记法》第75条第1项第6号);这种违约金也属于被担保的债权。通说认为,合同有违约条款时,不管违约金带有损害赔偿性质还是带有惩罚性质,只有登记的才属于抵押权担保范围。[③] 需要登记是为了不损害后顺位的抵押权人或者一般债权人。

(六)实现抵押权的费用

当债务人不履行债务时,抵押权人可以以实现抵押权的方式来满足债权。其中,实现抵押权的费用也包括在被担保债权的范围内。抵押权的实现费用包括不动产鉴定费、拍卖申请登记税等,这些费用都是性质上不能登记的。类似拍卖的费用由债务人负担,并执行优先受偿的原则(《民事执行法》第53条)。

二、抵押权所及标的物的范围

(一)设定

因抵押权使抵押人继续占有标的物,所以其主要目的在于从标的物的处理价款中优先受偿。原则上,这种抵押权效力所及标的物范围与标的物所有权范围应当是一致的。就此,《韩国民法》第358条规定,抵押权的效力范围包括抵押不动产的附合物和从物,但法律另有规定或者设定抵押权时有约定的除外。就是说,原则上附合物或者从物也属于抵押权效力担保的范围,但有法律特殊规定的除外,甚至根据当事人的意思也可以在一定程度

---

① 大判1992.5.12,90Da8855。

② 郭润直、金载亨:《物权法》,博英社2014年版,第441页;南孝淳:《民法注解》,博英社1992年版,第67页。

③ 金相容:《物权法》,扩散传媒2009年版,第657页;李容汉:《物权法》,博英社1984年版,第559页。

上扩大或缩小抵押权的效力范围。

还有,抵押权的效力范围是否及于从抵押物分离的附合物或者从物;原则上,孳息不属于抵押权效力的范围,但是否有例外情况存在,都是值得讨论的问题。但是对根据物上代位权,抵押人取得的金钱或其他替代物,则有明文规定属于抵押权的效力范围。

(二)抵押不动产的附合物

根据《韩国民法》第358条的规定,抵押权的效力及于抵押不动产的附合物。此种附合物的所有权在拍卖时,会随着抵押不动产转移至拍卖物的买受人。虽然拍卖时附合物没有算作为拍卖物,但抵押权的效力范围仍包括其附合物,则拍卖物的买受人取得其物的所有权。[①] 附合的时期发生在抵押权设定前后,都不会影响抵押权的效力。[②] 但是与此原则不同,也会出现因对土地或者建筑物的附合程度、抵押权效力的范围变化的问题。

1.土地的附合物

根据韩国民法,土地和在该土地上的建筑物是相互独立的不动产,因此土地上的抵押权不及于土地上的建筑物。不仅是建筑物,根据立木(作为树木集合的林木相关的法律,已对其所有人有所有权保全登记的林木),或是以明示的方法公示的未分离孳息也被算作为相互独立的不动产,且不能认定为已附合,所以不包括在抵押权担保范围内。但在没有正当权利的情况下,在他人的土地种植作物,设置庭院石或是种植观赏树等行为,应认为其与土地附合而属于抵押权效力范围。当然在观赏树等有正当的权利基础时,不能认定为附合的所有权归于种植人。对是否将没有许可并在抵押土地耕种的作物视为附合的情况,判例则不认为是附合。[③] 甚至,即使侵犯他人占有的土地的耕作行为属于违法行为,也要把产出的作物归属于耕作人。[④] 对此,学界也存在应该认为附合的认同说[⑤]和与判例相同的否定说[⑥]等对立的两种学说。作为附合否定说的论据有:若直接适用"耕者有其田"

---

① 大判 1981.11.10,80Da2757。

② 大判 1972.10.10,72Da1437;大判 1974.2.12,73Da298 等。

③ 大判 1979.8.28.,79Da284;1963.2.21,62Da913。

④ 大判 1965.7.20,65Da874。

⑤ 郭润直、金载亨:《物权法》,博英社 2014 年版,第 443 页;李曾汉、金学东:《物权法》,博英社 1997 年版,第 171 页。

⑥ 金相容:《物权法》,扩散传媒 2009 年版,第 404 页;李相泰:《物权法》,法元社 2007 年版,第 4253 页;李英俊:《物权法》,博英社 2004 年版,第 509 页。

的原则或者附合的法理的话,会引起只保护闲置农田的所有人或者不在地主的结果;或者是认为在土地耕种的农作物没有与土地附合至可以认可附合的程度,诸如此类。但是土地所有人根据自己的需要使用土地或其土地收益是土地所有人的固有权利,这与对闲置农田等的法律管制也是不相干的问题。在这种被固有权利保护的土地上,不经许可耕作的行为是违法行为,所以不能认为助长此类违法行为的判例是完全合理的。[①] 而且,这也不附合规定关于不动产的附合问题的《民法》第256条的目的。所以笔者认为,只有在有正当权利时才能认定为其没有附合。

2.建筑物的附合物

(1)因建筑物的增建或者改建的附合

增建或者改建后,通过前后对比若在建筑物的同一性、个数、栋数方面都没有改变,只是单纯在材质或者面积上有变更的,可以认定为是附合。还有,即使增建或者改建的部分与原建筑物是相互独立的建筑,但此建筑若成为原建筑物的附属建筑,并把这一些建筑评价为同一建筑时,要认为在增减或改建后的建筑物在其同一性、个数方面没有发生变化。在这种情况下,对原建筑的抵押权也会对包括作为附属建筑的增建或者改建部分的建筑产生影响。不过,虽然会把相互独立的建筑看作是附合物一并拍卖,但抵押权的效力不及于此建筑,所以不能取得所有权。[②]

(2)附合物的判断标准

对判断增建或者改建物是否为原建筑物的附合物的问题,要在下面几个方面进行考虑[③]:增建或者改建的部分与原建筑物的物理构造关系;在用途与功能方面是否与原建筑物有相互独立的经济效用,并在交易上成为不同的所有权客体;增建后建筑物的所有人的意思等。当前的判例认为,这些附合物都是不动产,包括土地、建筑物;而附合物不仅限于动产,还可以是不动产。[④] 但笔者认为,要把此种附合物的范围限制为动产。

3.建筑物的从物

(1)抵押不动产的从物

①不动产的从物,不管在抵押权设定时是否存在,都属于抵押权效力的

---

① 尹喆洪:《物权法》,法元社2013年版,第274页。

② 大判1997.9.26,97Da10314。

③ 大判2012.4.30,2011Ma1525。

④ 大判1962.1.3,4294Minsang445。

范围(《民法》358 条)。在这种情况下,从物不分不动产或者是动产。此类从物要与主物有辅助性的关系,这需要从物辅助主物发挥其全部经济效用,所以尽管让主物的所有人或使用人受益,但与主物的效用无关的物不能成为从物。[①] 与附合物相同,从物认可因法律的特殊规定或者双方当事人的约定产生的例外情形。[②]

②在判断工厂抵押权的效力是否及于标的物的附合物和从物的案例中。大法院判决:根据《民法》第 358 条,《工厂抵押法》第 4 条及第 5 条的各项规定,工厂抵押权的效力在订立时没有其他约定的,抵押权的担保范围当然包括附合工厂抵押标的附合物和从物。[③]

这种不动产的从物跟随其主物一并处分。因抵押权对标的不动产的从物也有效力,所以在因实现抵押权而拍卖时,取得拍卖物的买受人和承接人取得从物的所有权,抵押权设定后对从物强制执行人不能对其上述人员主张强制执行的效力。[④]

(2)判断标准

从物对主物而言有持续的经济效用,并与主物在空间上有一定程度的结合,但不管是附属于主物还是没有附属于主物,都不是主物的构成部分。判例认为,某建筑物要想成为原建筑物的从物,就需要持续的辅助主要建筑物发挥经济效用的关系。[⑤]

4. 抵押权对附合物和从物效力范围的例外

抵押权的效力在原则上及于附合物,但也有下列例外(《民法》第 358 条但书)。

(1)在订立合同时:在抵押权设定时有其他约定的,从其约定。但这种约定只有登记才能对抗等三人。(《不动产登记法》第 75 条第 1 项第 7 号)。

(2)法律有特殊规定时:法律有特殊规定时,要先适用该特殊规定。其内容可以分为两种情况:第一是抵押不动产的所有人以外的第三人依据该人的正当权利添附的情况(《民法》第 256 条但书)。例如,地上权人或是不动产租赁人种植的林木或建造的建筑物都属于使用权人,所以抵押权的效

① 大判 2007.12.13,2007Do7247。

② 大判 1992.7.14,92Da527。

③ 大判 2007.12.13,2007Da7247。

④ 大判 1993.8.13,92Da43142。

⑤ 大判 1982.2.23,87DaKa600。

力不及于此。第二是《工厂及矿业财团抵押法》(该法第3条、第4条、第6条)或者《水产业法》(该法第22条)等特别法也规定了抵押权效力所及的标的物的范围,所以其范围也受这些特别法的限制。

5.从不动产分离的附合物和从物

(1)存在的问题

因对抵押不动产的使用权属于抵押人,所以抵押人根据正当的权利,将附合物从标的不动产分离的情况下,抵押权的效力不及于此种分离物。但是,对抵押人不因正当的权利引起的分离,是否要在抵押权的保护目的上,把此种分离物包括在抵押权效力范围之内,成为我们需要讨论的问题。《韩国民法》没有对此作出明确的规定,因此要认定为在一定的条件下,抵押权的效力及于分离物,但学界对此也存在分歧。

(2)立法先例

《法国民法》第2119条规定,动产不被抵押权追溯。这一条的解释认为,抵押权的效力不及于分离物。相反,根据《德国民法》第1120条和第1122条规定可以看出,抵押权人若在分离物在转让、转移之前对抵押物扣押,则抵押权的效力可以存续。韩国民法对此没有任何规定,所以对不因正当的权利行使引起分离的附合物属于抵押权的效力范围是没有异议的。

(3)抵押权的效力及于分离的附合物时的法理

如果抵押权的效力及于分离的附合物,则其法律根据学界的说法不一:如,公示原则说①认为,分离的附合物或者从物与抵押不动产一并登记并公示时,抵押权的效力及于此类附合物与从物。物上代位说②认为,分离物也代表标的不动产价值的一部分,因此应对分离的物体类推适用物上代位的规定(《民法》第370条、342条),在标的物被扣押时,抵押权的效力就及于被扣押的物。社会观念一体说③则认为,分离物与抵押标的有着社会观念上的一体性,根据抵押权的不可分性,应认为抵押权的效力及于此。

根据物上代位说,担保物权的物上代位性是为了保护担保权人,所以不应局限于交换价值的实现,把范围扩大到附合物或者从物也无妨。但是,因

① 李相容:《物权法》,扩散传媒2009年版,第703页;金曾汉、金学东:《物权法》,博英社1997年版,第526页;李相泰:《物权法》,法元社2007年版,第434页。

② 姜台星:《物权法》,大明出版社2000年版,第959页;金基善:《韩国物权法》,法文社1990年版,第423页。

③ 李英俊:《物权法》,博英社2004年版,第813页。

为分离的附合物不能认定为实现交换价值的抵押标的的价值替代物,还有分离的物体在没有转移搬出的状态下也可以追溯抵押权的效力,所以不需要适用物上代位,甚至在抵押标的物被变卖的情况下民法对金额是取不认可物上代位的态度,所以不合理。根据公示原则说,分离的附合物或者从物与抵押不动产结合,并在以登记的方式公示的情况下,才能认定为抵押权的效力才及于从物。所以该学说把此解释为:分离的附合物或从物建立在抵押不动产之上,抵押权才及于附合物或者从物。但这还意味着,只有在分离的附合物或者从物与抵押不动产结合的情况下才属于效力范围,如被伐的木材在原地时也不认为被包括在抵押权的效力范围内,所以也不合理。换句话说,倒塌建筑中有经济价值的建筑材料或者被伐的木材在原地也要认定为不包括在抵押权范围内。因此虽然社会观念是一个比较抽象的概念,但还是要认为社会观念一体说比较合理。

(三)抵押不动产的孳息

原则上,天然孳息不属于抵押权效力范围,因为当抵押人继续行使对抵押物的使用权和收益权时,若抵押权的效力及于天然孳息,则抵押人对抵押物的用益物权就被剥夺,这违背了抵押权的本质。但是民法规定,对抵押不动产被扣押后,抵押权的效力及于抵押人应从不动产收取的孳息或者应当收取的孳息(《民法》第359条)。所以根据扣押与否,抵押权的效力范围也会有变化,但未将扣押抵押物的事实通知已经取得对不动产的所有权、地上权、传贯权的第三人的,不能以上述条款进行抗辩(《民法》第359条但书)。现在的问题在于,第359条规定的孳息是否包括法定孳息,不过因为《民法》第359条没有把孳息限定为天然孳息,所以笔者认为,此处的孳息应认为包括法定孳息。

(四)物上代位

抵押权的效力还及于抵押人将收到的标的物的替代物(《民法》第370条、342条)。属于抵押权人可以追溯的替代物的有:因标的物的灭失、毁损或征收征用产生的抵押人将获得的补偿金。其中,最具代表性的是保险金、损害赔偿金、因土地征用产生的补偿金。

结语

1.《韩国民法》第360条规定,抵押所担保的债权的范围包括本金、利息、违约金、损害赔偿金和实现抵押权的费用。与日本民法不同,此规定的特点在于无限地认可利息。

2.关于以不动产作为客体的抵押权的效力范围,《韩国民法》第358条规定,抵押权的效力范围包括抵押不动产的附合物和从物,但法律另有规定或者设立抵押权时有约定的除外。关于这个规定,在文中讨论了抵押权的效力所及的建筑物附合物的判断标准;还有在附合物和从物与抵押物分离时,原则上不属于抵押权效力范围,但对例外情况下的法理也进行了讨论。笔者认为,抵押物和分离物在社会观念上统一时,抵押权的效力应当及于分离物。

3.原则上,抵押权担保的债权范围不包括孳息。但要注意的是,对抵押不动产进行扣押后,自扣押之日起抵押权人有权收取由抵押人将获得的孳息。这里的孳息,包括天然孳息和法定孳息。

担保物价值减少时债务人责任*

——以现行法及 2013 年修订案讨论为中心

[韩]金星洙**

绪论

危害抵押权的标的即担保物称为侵害抵押权。换言之，抵押权作为担保物权，本来以抵押标的物的交换价值可以取得优先清偿，却危害该清偿的情形。[③] 比如抵押标的物损伤(毁损)、减少或灭失。例如设定抵押的森林被不当砍伐，从物的不当分离等积极性的情形或因不当管理被抵押建筑倒塌等消极性情形包括在此。发生这种抵押侵权则根据现行法制度可以认定抵押权人(债权人)向债务人的物权效力之物权请求权、抵押物补充请求权和物上代位，以及因损害赔偿请求权和期限利益的丧失的债权效力之及时清偿请求权。

本文探讨这种抵押权侵权，并查看当担保价值减少时为保护抵押权的债务人责任都有哪些。[④]

---

* 该文章是根据韩中日担保法研究会提出的主题写的。因页面限制，为了更好地理解内容，本次发表只谈及笔者所关心的《韩国民法》的特殊部分和最近民法修订的成果。本文中的法条均为韩国民法典中的法条。

** 作者简介：金星洙，韩国警察大学教授。

③ 抵押权是以担保的交换价值为对象，不以占有或使用收益为内容，因此设定抵押权后，设定抵押权人(如抵押物所有人)可以自己使用收益，也可以使第三人用益。抵押人或第三人根据抵押目的中经济使用目的而使用收益不属于对抵押权的侵权。这种抵押侵权的特殊性源于作为价值权的抵押权性质。

④ 物上保证人或第三人责任也可能成为问题，比如像不可抗力等情形，因债务人无责任事由而免责也可以讨论，但是根据本文主题，只探讨认定债务人责任的各种情形。

一、抵押权保护法和担保价值减少时的债务人责任

设定抵押权的债务人自己侵害抵押权时,根据抵押权保护法,同其他物权侵害一样可以主张物权请求权和损害赔偿请求权两种救济方法,但是对债务人的认定有更为具体和直接主张的特别效力。

(一)物权请求权

抵押权被侵害时,因抵押权也是物权,抵押权人可以根据物权请求权请求排除妨害或预防。现行法明确规定了依附于抵押权的物权请求权。[①] 抵押权被侵害时认定抵押物排除妨害请求权,存在被侵害的顾虑时则认定预防妨害请求权。假设在设定抵押权的森林中不当采伐树木,导致抵押物价值减少,则可以请求终止该采伐行为。只是抵押权不是以占有与使用收益为内容,就算有抵押权侵权,也不会认定抵押物返还请求权,抵押物本身的返还是无法请求的[②],因此不当被分离的复合物、从物的返还请求权也无法被认定。[③]

关于抵押权的物权请求权成立要件与对活动相对人适用所有权的物权请求权(第 213 条、第 214 条),因此不要求设定抵押权人或第三人的故意、过失,原则上能排除侵权状态之人可以成为其相对人。假设设定抵押权人即债务人不当采伐抵押树木时,抵押权人可以请求采伐的终止,同时可以请求禁止将来搬运已采伐木材的行为。

(二)损害赔偿请求权

抵押权人以抵押权本身被侵害为理由,可以对加害人请求侵权行为损害赔偿(第 750 条)。至于侵权人是抵押不动产所有人还是第三人是无关紧

---

① 依用民法(日本民法)中没有此规定。我国台湾地区民法在所有权总则中规定,基于所有权的物权请求权适用于所有权以外的物权(第 767 条第 2 款)。现行民法的民法草案中本来也没有相应内容,后来在审议过程中采纳了玄锡虎的修正案并规定于 214 条中。参照的立法例有《德国民法》(第 1123 条、第 1124 条)、《瑞士民法》(第 804 条、第 806 条)。

② 不经抵押权人同意运出工厂抵押权目的的动产时,因抵押权人无占有权,所以无法请求返还该动产。但是在该动产没有被第三人善意取得的情况下,可以请求放回原设置地。这是根据排除妨害请求权的当然权力行使。(参照韩国大法院判例日期 1996 年 3 月 22 日,95 号 55184)

③ 因抵押权被侵权而减少的抵押不动产的交换价值(价额)能够满足被担保债权时基于抵押权的物权请求权也会发生效力。根据抵押权的不可分性(《民法》第 370 条、第 321 条),抵押权的被担保债权至全部清偿为止,抵押权会影响到"该抵押权的全部客体"。该学说为通说,例如,郭润直的《物权法》。

要的，但是不动产所有人既是债务人又是加害人，并且有抵押权设定义务时，可以以债务不履行为理由请求损害赔偿责任。[①]

抵押权受到其客体被损毁或灭失等侵害，能不能认定抵押权人的债务不履行或侵权行为之损害赔偿请求权？对此有不同的学说。

首先，根据通说，因抵押权侵害而抵押权人又无法得到债权满足时，就会发生赔偿请求权，因此抵押权标的物受到被损毁等侵害，其价值就会减少，但是只要可以清偿剩余部分的全部债权，则不成立侵权行为，也不会被认定损害赔偿请求权。对损失额的估价期来说，抵押权实行时请求损害赔偿，虽说是抵押权实行时，只要是在侵权行为之后、抵押权实行之前就可以请求侵权行为的损害赔偿。[②] 对此如有抵押权客体灭失，抵押权则消灭；如有毁损，抵押权则设在剩余的部分上（抵押权客体的减少），即抵押权会有变动，因这种抵押权的消灭和变更会给抵押权人（债权人）带来损害，因此也会有损害赔偿请求权的反论。[③] 只是这种见解也主张只有在被担保债权的清偿期到来时才可以行使。[④] 赔偿额的核算期定为抵押权客体的灭失、毁损时，并且该灭失、毁损使抵押权客体的全部价值消灭或因毁损抵押权客体价值减少的范围而成为被担保债权的赔偿额。

判例把无权灭失、毁损担保物的行为看成是违法行为，并认定为侵权行为。这时债权人承受的损失在无特别的情况下且在担保标的物的价值范围内，债权最高额的限度为被担保债权额[⑤]，而且这并不是该被担保债务清偿期期满实行担保权时才发生的。[⑥]

（三）抵押物补充请求权（《民法》第 362 条）

民法明文认定抵押权人的抵押物补充请求权。根据该条款因抵押人有责任的事由，使抵押物的价值显著减少时，抵押权人可以对抵押人请求恢复原状或提供相应的担保（《民法》第 362 条）。

---

① 这是源于请求权竞合说。我国的判例一贯采纳请求权竞合说。例如，韩国大法院 1983 年 3 月 22 日判例，82 号 1533。

② 实行抵押权之前核定赔偿损失额不是不可能的。

③ 抵押物被损毁，其剩余部分虽也可以全部清偿被担保债权，但也会发生损害赔偿请求权。

④ 抵押权是用来担保债权的，是可以在担保债权的清偿期内行使的，损害赔偿请求权是源于这种抵押权侵害的。

⑤ 韩国大法院 2010 年 7 月 29 日判例，2008 号 18284、18291；1997 年 11 月 25 日判例，97 号 35771。

⑥ 韩国大法院 1998 年 11 月 10 日判例，98 号 34126。

这是依用民法(日本民法)中没有的内容。[①]

认定的理由是抵押人有责任的事由使抵押物的价值显著减少时,抵押权人根据期限利益丧失的规定(《民法》第388条第1号)实行债权和抵押权从而得到救济,但是对以投资并取得利益为目的的抵押权人(金融业者)来说并非是最佳方法,反而恢复减少的担保额或请求提供减少价额相当的担保恢复其担保,从而保持金钱债权并取得预期的利益,即结束抵押权设定合同和金钱消费借贷关系,认定抵押物补充请求,从而达成预期的金融交易的目的,这样对抵押权人更有利。因此可以说该请求权是排除对担保物的危害或补充担保物,从而获得以金融手段本来目的的救济方法。

该请求权的成立要件中首先要有抵押人有责任的事由。抵押物在因不可抗力被灭失或毁损的情况下不给认定抵押物补充请求权,抵押权则被消灭或变更,其损失由抵押权人承担。其次,抵押物价值显著被减少。关于这种减少的意义有不同学说。通说认为,显著的减少是指存在用剩余的价值是无法全部清偿被担保债权的疑虑的状态,因此并不意味着抵押物价值减少程度特别大。少数说,显著减少是指抵押物价值减少程度特别大,即与能不能用剩余价值清偿全部被担保债权无关。

(四)及时清偿请求权(期限利益的丧失)(《民法》第388条)

债务人损毁、减少或灭失担保(抵押权的客体)时,不能主张期限利益(《民法》第388条第1号)。因此,抵押权人可以请求及时清偿并实行抵押权。[②] 这里所指的担保既包括人的担保,也包括物的担保;物的担保又包括质权、假登记担保和抵押权。[③]

---

① 参考《德国民法》第1133条、第1134(5)条、《瑞士民法》第809条、《民法审议录》(上)第217条、《法国民法》第2131条等内容。当时的学说中根本就没有对此的明确规定,因此解释为限于有特约(包括模式性特约),。时认定,无特约时则不会被认定。日本旧民法也受到了法国民法的影响规定债务人有责任的事由使担保物的价值减少或毁损时债务人有责任补充其不足部分,如日本旧民法的债权担保篇第201条第2款(如果抵押财产因为债务人的行为或占有而遭受价值减少或毁损,使得债权人所享有的担保权利遭受损失的话,债务人有补充担保的责任)。

② 对第388条中期限利益的丧失和条文中禁止主张期限利益的内容有不同见解,因此按立法论探讨修订。

③ 是否以这种担保损毁,要求故意、过失等有责事由为要件,有不同学说。持否定说的有郭润直(《债权总论》,博英社2003年第6版,第76页),此为通说。只是通说中也有以下见解,即物权法解释中要求有责事由,债权法解释则不要求有责事由。持肯定说的有宋德洙(《债权总论》,博英社2013年版,第122页),认为针对过失责任原则比较妥当。

(五)其他问题

根据不同见解,抵押权正在被侵害或已被侵害时,可以肯定抵押权人的自力救济,只是不知道能不能对没有占有的抵押权无特别理由就认定自力救济。

抵押权中也可以适用物上代位(《民法》第370条、第342条第1款),因此,抵押权人不用自主行使损害赔偿请求权,抵押人可以把从抵押权客体的侵害人那里得到的金钱或其他的物包括在担保权内,只不过这是支付或转交之前的扣押(《民法》第342条第2款)。不问发生物上代位的灭失、毁损,并不代表债务人直接承担责任。

债权人取得土地抵押权时,排除第三人对其标的物取得用益权或减少该土地的担保价值等侵害行为,为了维持抵押标的物的价值,顺便取得抵押标的物土地上的地上权的行为在交易中较多见。为了排除对抵押权的侵害而设定的地上权叫作担保地上权。地上权是为了所有他人土地上的建筑物的内容(《民法》第279条),并不是使用该土地,所以单纯为确保抵押权担保价值的抵押权能否被认定可能会成为问题。判例认定这种担保地上权的效力,如判例2004.3.29,2003号1753,判例2008.2.15,2005号47205等。这种担保地上权有悖于物权法定主义,而且这种地上权设定合同是因虚假表示而无效,只有基于抵押权的排除妨害的见解足以。[①]

二、韩国民法修订案争议[②]

2013年的修订工作[③]对物权篇抵押权担保物价值减少时债务人责任的探讨都有:抵押物补充请求权、基于抵押权的物权请求权和抵押物从物的毁损。

(一)抵押物补充请求权

原草案(《民法》第362条)与现行法不同,把抵押物补充请求权的要件分为抵押人为债务人之时和物上保证人之时,并按有没有归责事由规定了

---

① 持这种见解的有尹珍秀〔《为了排除对抵押权的侵害而设的担保地上权效力》(第11章),《韩国民法的新展开(高翔龙教授古稀纪念论文集)》,法文社2012年版,第295页〕。只不过这种见解并不是和源于抵押物的价值减少的债务人责任有直接关联。

② 参见法务部民法修订资料发刊小组编:《2013年法务部民法修订草案》,法务部2013年版,第303页以下、第314页以下、第354页以下、第364页以下、第380页以下。该部分参照以上内容重新再构成。

③ 2004年民法修订案中没有此内容。

不同的抵押权补充请求权。[①] 现行法不区别二者,规定有责任事由时承担抵押物补充义务。根据此规定,作为物上保证人的抵押人只有归责事由时补充抵押物,作为债务人的抵押人不管有没有归责事由都要补充抵押物。

小组委员会对区别抵押物补充请求权中的债务人和物上保证人并分别规定其行使要件保持一致的意见。修改原草案中的部分文字就直接采纳为小组委员会的议案。对"补充"和"恢复原状"中采用哪一个有过各种意见[②],最终决定采用现行法中条款名一样的"补充"二字。小组委员会的修订草案(第 362 条)也维持了对抵押物补充区别物上保证人和债务人的态度,并且选择使用了作为抵押物补充请求权效力之"补充"二字。

对这种修订草案的态度,也有无归责事由债务人和物上保证人都不用承担补充义务的相反[③]意见。对此,德国有过以下论证:不论故意、过失都要承担担保物补充义务,只不过物上保证人尽管不是债务人也要承担责任,所以不是不需要归责事由的,对作为债务人的担保物设定者来说从负有维持担保物的价值方面,就算没有归责事由也要承担担保物补充义务是正确的。[④]

对这种意见,根据修订委员会的态度[⑤],最终这个草案被否决,并维持了现行法。

---

① 《民法》第 362 条(抵押物的补充)规定:(1)抵押物的价值显著被减少时,抵押权人可以对债务人请求补充或提供相应的担保。(2)(为了担保他人的债务)抵押人有责任的事由导致抵押物价值显著减少,抵押权人可以对抵押人请求补充或提供相应的担保。对第 2 款也有以下修订案(第 2 案):为了担保他人的债务设定抵押权之时,抵押人有责任的事由导致抵押物价值显著减少,抵押权人可以对抵押人请求补充或提供相应的担保。

② 不是恢复担保物原状,只需"补充"即可,清偿被担保债权时,只要"补充"足以,因此认为只用"补充"二字是正确的;只要能满足被担保债权,比起使用"恢复原状",使用包含的内容更广的"补充"是正确的,基于抵押权的排除妨害请求权效力也是恢复原状,因此为了避免用语的冲突使用"补充"是正确的;使用现行法没有什么大碍,按现行法的内容使用"恢复原状"是妥当的,但是把"恢复原状"加"提供相应担保"就可以使用"补充"二字;比起"恢复原状","补充"更能给担保物的补充留下余地,因此更妥当,也可以使用"弥补(补救)"等。

③ 抵押物因第三人的行为被灭失、毁损时,根据物上代位,抵押权人代位抵押人对第三人的损害赔偿请求权即可,可以不必让抵押人承担抵押物补充义务的质疑;抵押房屋的一般人在房屋的市价因外部因素暴跌时,是否就算贷款也要维持该抵押物的价值等存在质疑。

④ 抵押物被灭失、毁损的情况下,可以适用物上代位之规定,但要是没有关于抵押物补充请求权的规定,第三人无资历时的危险由债权人来承担的可能性也会有。

⑤ 赞成现行法的有 12 人,赞成修订草案的有 7 人。

（二）抵押物返还请求权

之前对抵押物返还请求权可以用解释法来认定，但因起了争执，就明文规定成法条（《民法》第 362 条之 2）。[①] 根据此规定，抵押权人对占有影响抵押权效力之物的占有人可以请求返还于抵押人，但是占有人若有权占有该物则可以拒绝返还。这是基于抵押权的排除妨害请求权的一种表现形式，是规定有关行使移交请求权内容的。

是否另规定这种返还请求权持反对意见的较多[②]，因此也就没有另规定。关于这种“返还请求权”的条款，特别是在抵押权不具有占有要件，因此基于抵押权的“返还请求权”是无法行使的，与之前的说明有混同的可能性。

（三）基于抵押权的排除妨害与预防请求权

现行法对抵押权侵害适用（《民法》第 370 条）排除妨害权、利用预防请求权来排除妨害所有物，预防妨害请求权（《民法》第 214 条）。但是对基于抵押权的排除妨害请求权的行使要件有不同的意见，需要更明确的规定，因此修订委员会新设了关于此内容的规定（案第 36 条之 2）。[③]

第一次规定的条文案（《民法》第 371 条）[④]：第一款是关于第三人没有正当权利而占有的情况，本文把根据《民法》第 370 条规定适用第 214 条的内容条文化，并在但书中明确规定了根据住宅租赁保护法和商业楼租赁保护法不能侵害有优先清偿权的小额租赁人的权利。[⑤]

对此有人持不同意见：首先对明文规定基于抵押权的排除妨害请求权表示赞同，但是第一款但书是现行拍卖实务上不需要的内容，也就不必规定；第二款虽然是反应判例态度的，但是关于统一拍卖请求权的条款被修

---

① 第 362 条之 2（抵押物返还请求权）：抵押权人对占有影响抵押权效力之物的人，可以请求返还抵押人。但是占有人有权占有该物时，可以拒绝返还。

② 若小组委员会规定关于返还请求权的条款，则得规定返还给抵押权人的条款；既然抵押人有利用抵押物的权利，但书的规定是不需要的，限于非法占有人等认定其抵押物返还请求权比较妥当；租赁人有权占有，非法占有人的情况下可以用排除妨害请求权来解决，因此没有必要留下条款的特别的实质性意义等意见。

③ 新设了标的物的从物被毁损时也要适用该规定的条款（第 362 条之 2，第 362 条之 3）。

④ 《民法》第 371 条规定：“1. 抵押权人对妨害抵押权之人，可以请求消除妨害，对有可能作出妨害抵押权行为之人，可以请求预防或提供损坏担保。但不得侵害住宅租赁保护法和商业楼租赁保护法上的小额租赁人的权利。2. 接受占有权的第三人的占有以妨害抵押权的实现为目的时同样。”

⑤ 第 2 款是关于第三人的占有有正当权利时的规定，增加“以妨害抵押权的实行为目的”的要素，使基于抵押权的排除妨害请求权在严格的条件下才能被认定，并让抵押权人证明主观要素的“妨害目的”。

订,就可以用统一拍卖来解决,也就成了不需要的条款等。[①]

《民法》第 370 条的规定适用第 214 条第一款但书,新设第二款条款的意义,也有第一款但书的表达(特别是"小额租赁人"的概念),这些是否明确恰当,第二款是不是过度地保护了抵押权人等。特别是在第二款不需要相对人目的物权请求权上导入主观要素目的等要件,因此有不仅要件不明确,而且很难举证的疑问。[②] 因此,对此规定的引进与否随后继续讨论。

该条款是基于抵押权的消除妨害和预防请求权的新条款重新被提出的(《民法》第 362 条之 3)。[③] 这是基于抵押权的排除妨害请求权之效力,比起"可以请求预防或损害赔偿的担保"的描述,用"可以请求其终止及其他必要措施"来综合规定更可行。关于用通常的使用方法来利用,没留下但书等另外的规定[④],这是因为其要件需要"显著性"(不显著),通常的使用方法是可

---

① 对修订第二款有以下反对意见:有竞买人想要闲置地基时,统一竞卖时,标的物的价值减少或有竞卖程序迟延等统一竞卖无法解决的情况时,需要基于抵押权的排除妨害请求权的另外规定而行为。而且除了建筑物的建筑以外,还会有各种妨害抵押权的行为出现。

② 物权请求权之排除妨害请求权上添加故意、过失要件是不容易的,"有妨害抵押权的疑虑"的定义不明确,以及在第二款中以目的为要素是不当的,要是以此为要件的话,其举证就会不容易等。而且小额租赁人取得对抗力即当然受到保护,也就没有必要规定第一款但书;第二款是其要件不明确,因此举证困难,只要有"妨害实现抵押权的目的"就能否认定排除妨害请求权等意见。

③ 《民法》第 362 条之 3 规定(基于抵押权的排除妨害及预防请求权):抵押权人对使抵押物的价值显著减少或无法实行抵押权等妨害抵押权之人,可以请求排除妨害,并有可能做出以上顾虑行为之人,可以请求终止或其他必要的措施(或者可以请求预防或损害赔偿的担保),并根据此条款,决定将现行法第 370 条规定适用的第 214 条删掉。

④ 对此案有以下提案,将此案定为暂定草案,把第一款规定为"可以请求其预防或损害赔偿担保",并提议增加以下内容:(1)能够实行抵押权的抵押权人,对其实行导致障碍或减少抵押物价值的行为之人,或作出相应顾虑的行为之人可以请求第一款的请求。(2)第一款和第二款不适用根据抵押物的通常用法的行为。这可以分成能够实行抵押权的前与后来规定的条款,实行抵押权之前只有"价值的显著减少"才能请求排除妨害请求权,但是就算是抵押权实行之前,有妨害抵押权实行的目的就可以放宽"价值的显著减少"的条件。规定根据通常的用法使用也无法请求排除妨害请求的另外规定。对于是否要区分排除妨害、预防请求权中的抵押权实行前与后,应该分拍卖开始决定的前与后,规定其要件比较妥当,对显著性要件可以区分清偿期的前后来解释表示赞成意见也有过。但是发生《民法》第 388 条中规定的期限利益的丧失事由即可实行抵押权,因此无法分抵押权实行前后的必要性;两个草案都把抵押权实行有障碍的情况作为条件,但是轻微的障碍则没必要容许排除妨害请求,因此捆在一起比较妥当,而且还有"显著性"的要件,因此分抵押权实行的前后,分别规定请求权要件的实质利益是什么,就算不构成另外的条件,也可以解释"使无法实行抵押权等"来解决,也就没必要区分规定等,根据这些决定可不区分抵押权实行的前与后。

以被认定的，跟最初的草案一样的主观意图或目的是很难举证，并且有可能与基于所有权的排除妨害请求权的规定方法(《民法》第 214 条)不同，所以不把它当作要件使用。

这是通过和其他提案一起讨论之后成了小组委员会议案(《民法》第 362 条之 2)，只是该案预示着以侵害行为为模型显著减少抵押物价值或使抵押权实行有困难等。对此有各种意见，例如第 214 条却用"妨害所有权"的用语，因此"妨害抵押权"的表述不会成为问题，可是也可以把"妨害抵押权"变更为"对使抵押权无法实行"，比起"预防"，"终止其他必要措施"的表述更直接、更具体的意见和可以考虑根据第 214 条"可以请求预防"的意见。

该案后来通过民法修订委员会的表决扩大为修订草案(《民法》第 362 条之 2)。[①] 第 370 条中规定适用第 214 条，但是有的情况下能否行使排除妨害请求权有争议，为了使其更明确一点，决定新设另外的规定。其要件是:(1)抵押物价值的显著减少;(2)使抵押权实行困难的情况定为主要内容，物权请求权属性上没有给排除妨害请求权留下另外的主观要件。[②]

这种修订草案是把基于抵押权的物权请求权比基于其他物权的物权请求权的要件更具体化的，但是从一般物权请求权的立场上看，评价成对统一性和体系性的侵害。[③]

(四)从物的毁损

现行法没有规定对抵押物从物的毁损，但是对此的争议较多，为了明确才新规定的(《民法》第 362 条之 4[④])。

对是否要另外规定这种关于从物的规定，有以下两种对立的意见:一种是从物运出时有过关于返还请求的争议，因此为了明确关于从物的问题，并为了强化抵押权效力新规定的意见;另一种是不另设关于抵押物返还请求

---

① 在小组委员会中第 362 条之 2(抵押物返还)被删除，因此原来的草案中第 362 条之 3 成了第 362 条之 2。

② 对此提出过以下质疑:抵押人妨害抵押权的情况跟第三人妨害抵押权的情况不同，有必要设定主观要件，因"显著性"的另外要件，排除妨害请求权的行使有可能受到限制。

③ 尤其是一般性的规定基于抵押权的物权请求权(《民法》第 204 条，第 205 条和第 206 条)和基于所有权的物权请求权(《民法》第 213 条、第 214 条、第 215 条)的要件，在其他物权上设定适用规定(《民法》第 290 条、第 319 条)的体系就是如此。

④ 第 362 条之 4(从物的毁损):毁损或运出影响抵押权效力的从物的情况下，适用第 362 条、第 362 条之 2、第 362 条之 3。但是用通常的使用方法使用、收益或运出则不适用。但是这种关于从物的条款在解释上可以被认定，因此有没必要设定另外规定的意见。

的规定,看抵押权效力范围,也是不需要[①]新设另外规定的意见。

通过讨论,决定留下关于从物的规定,只是把内容修订一下,小组委员会准备了比原案更简单的草案(《民法》第362条之4[②])。

因为对从物是否认定排除妨害请求权的争议较多,通过各种讨论[③],决定新设关于从物的规定。该案后来成为修订草案。修订草案的新设理由是:为了明确对从物的毁损也适用关于妨害抵押权的规定而另设规定。[④]修订委员会的最终投票过程中也有过跟其他规定比较起来没必要另设关于从物的规定的意见,但还是把小组委员会的修订草案确定为最终修订案。

结语

韩国民法对抵押权担保价值减少时的债务人责任,用传统方法解决损害赔偿请求权,除期限利益丧失的债权法制度和物上代位以外,韩国立法者新设基于抵押权的排除妨害和预防妨害等物权请求权和抵押物补充请求权来认定。[⑤] 在这一点上,被评价为关于侵害抵押权的救济方法是比较完善地物权侵害的救济方法。2013年民法修订工作中,对这种新设条款上反映了至今为止的学说、判例中出现的问题,试图把条款内容更为具体化。为了这种修订工作的评价,跟民法典中的其他条款比较,还需要更多的探讨。[⑥]

① 既然有第362条之3(排除妨害、预防请求权),是否有必要另设定关于从物规定的意见也有过。

② 小组委员会草案第362条之4(从物的毁损):对影响抵押权效力的从物也适用第362条、第362条之2。

③ 对从物的规定,《民法》第358条和第362条之3所规定的公平"附合"的情况也有另规定的意见,应区别"附合"和"从物",因此没有必要另留关于"附合"规定的反对意见等。

④ 关于从物有第358条的规定,还有必要另设关于从物的规定等意见。

⑤ 这是立法者主动选择继受《德国民法》《法国民法》的结果。

⑥ 笔者认为,对与其他物权的物权请求权适用规定的协调与否,需要更多的对除了德国以外的关于抵押物补充请求权的其他立法例(法国、瑞士等)的研究。

有关最高额抵押权的民法修订案

——以2009年的法务部民法修订委员会草案为中心

[韩]金载亨*

绪论

1.韩国民法的制造

韩国民法[②]是于1958年2月22日制订,自1960年1月1日开始施行的。在之后的50多年间,韩国社会发生了急剧的变化,从而产生了很多在制定民法当时所无法预料的现象。学术界和实务界曾为解决新问题而提出对应的方法,但反而使法典规范与现实纷争之间的间隙越来越大了。制定民法之后的修订主要是围绕家族法进行的,而有关财产法的修订则仅仅是很少的一部分。因此,通过民法修改制订一部具有现实适配性的民法典,可以说是民法学界的重大课题。

最高额抵押权制度是体现规范与现实背离的最具有代表性的制度。虽然抵押权是不动产担保的原则性制度,但是被最高额抵押权所替代,致使其基本上不被使用。在担保法中使用的最多的就是最高额抵押权,但是民法中有关最高额抵押权的规定仅仅只有一个条文。因此,可以说有关最高额抵押权的繁复的问题,基本上都是靠学说和判例来解决的。

2.有关最高额抵押权的民法规定

第357条(最高额抵押)规定:(1)抵押权只规定债务的最高额,债务的确定保留到将来而设定。在债务确定之前发生的债务的消灭以及转移不影响抵押权。(2)最高额包含前款规定的债务的利息。

---

* 作者简介:金载亨,首尔大学法学院教授。

② 以下所称的民法均指韩国民法。

旧民法即依用民法[①]中是没有这条规定的。在制定民法时,由于这款最高额抵押权的规定是将随着旧民法时期的判例而发展的最高额抵押权的制度成文化的,因此学术界赞成此制度的引进[②],此后将此评价为“在现行民法的制定过程中收获的法社会学的成果”[③]。

最高额抵押权是指仅规定被担保债务的最高额,将债务的确定保留到将来而设定的抵押权。[④] 一般抵押权的被担保债权是确定的,因此债权消灭时抵押权也会消灭,但是最高额抵押权的债务的消灭不影响抵押权的存续。

最高额抵押权在担保连续的交易关系中发生的多数债权时发挥其效用。例如,在为银行交易或者在连续的物品供给合同中发生的债权提供担保时,可以便利地利用最高额抵押权。而且在担保私人之间发生的个别债权时也利用最高额抵押权,因此,导致了在金融交易中抵押权迅速消失而由最高额抵押权所替代的现象。[⑤]

施行民法以后,由于最高额抵押权被广泛利用,出现了很多有关最高额抵押权的判例。因为有关最高额抵押权的规定非常简单,如不依靠学说和判例,根本无法掌握最高额抵押权的实体。因此,为了更加明确地规定最高额抵押权的法律问题,需全面修改有关最高额抵押权的规定。

3.韩国民法的修订

2004 年,法务部的民法修订草案中新设了几条有关最高额抵押权的规定。但是此案未能在国会审议,后又因国会的会期期满而被废弃。2009 年 2 月 4 日,法务部组织了民法修订委员会,担保制度的改善就是其最重要的任务之一。担保制度的修订草案由民法修订委员会的第五分科委员会负责。[⑥] 笔者作为民法修订委员会的委员,在第五分科委员会编写了有关最高额抵押权

---

① 根据 1912 年颁布的朝鲜民事令第 1 条第 1 号,日本民法依用于我国。

② 民事法研究会:《民法案意见书》,一潮阁 1957 年版,第 12、129 页。

③ 张庚鹤:《新物权法各论》下卷,考试学会 1960 年版,第 752 页。

④ 韩国民法的有关最高额抵押权的规定中,并不使用 1971 年修订的日本民法中的用语,即不使用担保不特定债权的用语。

⑤ 对此可参考金载亨:《最高额抵押权研究》,博英社 2000 年版,第 2 页以下。

⑥ 2009 年民法修订委员会负责民法总则的修订,从 2010 年开始负责物权法和债权法的修订。但是他们认为,担保制度的修改比较迫切,因此从 2009 年开始制定有关担保法的修订案。因此 2009 年的民法修订委员会(委员长徐敏)的第一至第四分科委员会负责民法总则的内容,只有第五分科负责担保制度。第五分科委员会由委员长尹真秀教授、委员金祥洙教授、朴永馥教授、李尚永教授、崔秀贞教授、郑晙永部长判事和笔者(金载亨教授)组成。当时第五分科委员会制订了有关担保物权和保证的修订试案。

的修订试案。[①] 之后在民法修订委员会的全体会议中此案被确定下来了。

二、有关最高额抵押权的民法修订案的概观

民法修订委员会首先将《民法》第 357 条的标题“最高额抵押”改为“最高额抵押权”，之后将第 357 条的条文增加了 10 个条文，从第 2 款增加至第 12 款。其主要内容如下：

(1)增设债权最高额，被担保债权范围，债务人变更的规定。

(2)增设最高额抵押权的共同归属的规定。

(3)增设债权转让、债务的受让等有关最高额抵押权的规定。

(4)增设继承和最高额抵押权的有关规定。

(5)增设法人的合并与最高额抵押权的有关规定。

(6)增设法人的分立与最高额抵押权的有关规定。

(7)增加了有关最高额抵押权所担保的债权的确定请求的规定。

(8)增加了最高额抵押权所担保的债权的确定事由的有关规定。

(9)增设有关最高额减额请求的规定。

(10)增设物上保证人的最高额抵押权消灭请求权的有关规定。

在编写 2009 年的民法修订草案时，是以 2004 年的民法修订草案为基础进行研究讨论的。因此修订草案的一些体制和内容有很多类似于 2004 年民法修订案的部分，但是也存在很大的差异：第一，2004 年的修订案中设立了有关被担保债务的规定，而否定了总括最高额抵押权，但是在 2009 年的修订案中则继续沿用民法中的总括最高额抵押权。第二，此次的修订案与 2004 年的修订案不同的是，遗漏了有关最高额抵押权转让的规定。第三，此次修订案中还新设了有关物上保证人的最高额抵押权消灭请求权的规定。此外，在其他规定中的内容也有与 2004 年的修订案有些许不同的部分。

三、总括最高额抵押权的禁止与否

1. 学界对于总括最高额抵押权有效性的争议

关于其有效性，有有效说、无效说、限定有效说等几个学说。虽然判

---

① 笔者曾在 2004 年的民法修订案中对于最高额抵押权部分提出过观点。参见金载亨：《关于最高额抵押权的修改方案》，载《民法论》(Ⅰ)，博英社 2004 年版，第 287 页以下；金载亨：《关于物权法修改的意见——以 2001 年民法修改试案为中心》，载《民法论》(Ⅰ)，博英社 2004 年版，第 352 页以下。

例[①]认为,担保信贷交易中发生的债务的总括最高额抵押是有效的[②],但是这也不能证明判例将纯粹的总括最高额抵押也视为是有效的。在不动产登记实务中是允许总括最高额抵押的[③],而且在有关拍卖程序和破产程序的实务中也是同样允许的。

2004 年的民法修订案本欲将第 357 条第 2 款(最高额抵押权的被担保债权)规定为"被最高额抵押权担保的债权的范围只限定在特定的可持续的交易合同以及此外的一定种类的交易中发生的债权,或者因特定的原因而可持续发生的债权"。其实这款规定是收容否定总括最高额抵押的《日本民法》的第 398 条第 2 款第 2 项第 3 项的。按照这款规定来看,是不允许将因债权人与债务人之间的交易而发生的所有债权确定为最高额抵押权的被担保债权的,即此修订案为了禁止连交易总括最高额抵押也包含在内的所有的总括最高额抵押而规定的。

但是在 2009 年的民法修订案中并不想设立最高额抵押权的被担保债权的有关规定,因此对于总括最高额抵押权也是不禁止的。

2. 从比较法的角度来看,有关总括最高额抵押的立法例各不相同

比如有像日本一样否定总括最高额抵押权的国家,也有很多允许总括性记载被担保债权的国家。韩国的最高额抵押权是移植《德国民法》第 1190 条的最高额抵押(Höchstbetragshypothek)的,此款规定中的最高额抵押是"可以担保债权人与债务人之间发生的所有的债权"的。[④] 在德国,被广为利用的担保土地债务(Sicherungsgrundschuld)也可以总括性地记载债务的范围。在美国,设定抵押(Mortgage)也可以总括性地记载被担保债权的范围。综上所述,将现在与将来的所有债权全部都担保的条款称之为"总括条款(dragnetclause)",原则上此条款为有效条款。[⑤] 联合国国际贸易法委员会的担保交易法草案[⑥]中亦未限定被担保债权的范围。

---

① 大判 1994 年 9 月 30 日,94 号 20242;大判 1990 年 11 月 27 日,90 号 10077 等。

② 大判 1994 年 9 月 30 日,94 号 20242。

③ 大法院登记例规第 880 号(1997.9.9 制定)有关最高额抵押权的登记实务处理指南。

④ Soergel/Baur, Bürgerliches Gesetzbuch, Bd. 5, Sachenrecht, 12. Aufl., 1989, § 1190, Rn. 15f; Palandt/Bassenge, Bürgerliches Gesetzbuch, 52. Aufl., 1993, § 1190, Rn. 4; Westermann/Eickmann, Sachenrecht, Ein Lehrbuch, Band Ⅱ, Immobiliarsachenrecht, 6. Aufl., 1988, S. 309.

⑤ Nelson/Whitman, Real Estate Finance Law, 4th, 2001, 1025 ff.

⑥ 《〈关于担保交易的立法指南草案〉的论议》,载《民法论》(Ⅲ),博英社 2007 年版,第 297 页。

是否允许总括最高额抵押权是属于立法政策的问题。总括最高额抵押的禁止与允许中,哪一个都不能说是绝对正确的。因为禁止总括最高额抵押权可以产生保护债务人的效果,但是允许总括最高额抵押亦有可以节省交易费用的优点。2009 年,民法修订委员会接受了无须禁止总括最高额抵押的观点。[①] 因为最高抵押权的最高额是须登记的,因此就算总括性地记载被担保债权的范围,也不会过于不合理。而且在让与担保和假登记担保中均允许担保总括性的债权的情况下,也很难找出只在最高额抵押权中否定其总括性最高额抵押的理由。

四、被担保债权等的变更

(一)最高额,被担保债权的范围,债务人的变更

1.设定最大高额抵押权以后有必要变更被担保债权的范围、债务人和最高额。

现行法规定,也是可以变更被担保债权的范围、债务人和最高额,但是变更后须进行登记。这时出现是否需要取得后顺位权利人及其他第三人同意的问题。在 2004 年民法修订案(第 357 条 3)和 2009 年民法修订案(第 357 条 2)均规定,未经后顺位权利人及其他第三人的同意,也可以变更被担保债权的范围及债务人。但是关于最高额,须取得登记簿上的利害关系人的同意以后,才能变更其最高额。

2.在已经设定最高额抵押权的不动产上,欲取得后顺位担保的人,须掌握除去最高额以后的不动产的担保价值

在修订案中规定,通过当事人之间的协议可自由地变更被担保债权的范围和债务人。但是如果未经过登记簿上的利害关系人的同意而变更最高额,会给利害关系人带来意想不到的损失,因此在修订案中规定若要变更最高额须取得利害关系人的同意。

3.有关须取得同意人的范围问题

有关须取得同意人的范围问题,即须取得同意的人的范围应是利害关系人还是登记簿上的利害关系人的问题。如果只限定在登记簿上的利害关系人时,未出现在登记簿上的利害关系人则不包含在内。例如,税金优先债权人、依据劳动标准法而发生的工资债权人、小额租赁人、有确定日期的租

---

① 金载亨:《关于最高额抵押权的修改方案》,载《民法论》(Ⅰ),博英社 2004 年版,第 305～311 页。

赁人等,属于未出现在登记簿上的利害关系人[①],因此范围并未限定在登记簿上的利害关系人。

(二)债权让与、债务受让等和最高额抵押权

判例认为,在最高额抵押权所担保的债权确定之前已经发生的债权,如果被转让给第三人或者被代位偿付的,最高额抵押权不发生转移。[②] 将此立法化才能有助于明确法律关系,因此在修订案第357条第4款第1项中规定了"在原本(译注:'原本'是指中国物权法中的'最高额抵押权所担保的债权',原本一词在汉语中又有原来、本来等其他的意思,为了方便理解,以下统称为'最高额抵押权所担保的债权')[③]确定之前从最高额抵押权人处取得债权的,不能就此债权行使最高额抵押权。在最高额抵押权所担保的债权确定之前,偿还债务而代位债权人的亦不能"的条款。而且决定将第2项规定为"在最高额抵押权所担保的债权确定之前发生债务受让的,最高额抵押权人不能对受让人的债务行使最高额抵押权"。

五、最高额抵押权当事人的变动等

(一)最高额抵押权的转让

最高额抵押权在其被担保债权确定下来以后,其转让变得不难。但是在确定之前的最高额抵押权的转让是较为困难的。因此,曾在2000年1月修订的"有关资产流动化的法律"中,为了使附最高额抵押权的债权的转让变得更为圆滑而规定了有关确定的特例(第7条第2款)。

2004年的民法修订案中,规定最高额抵押权是可以和被担保债权一起转让的。对于其理由附了如下的说明,即民法中不承认最高额抵押权是完全的流通抵押及其独立价值支配权,而是认为其是以被担保债权的发生可能性的存在为前提的,因此只转让最高额抵押权是无效的,只有和被担保债权一起转让才是有效的。[④]

对此笔者曾主张,对不以被担保债权的转让为前提的最高额抵押权的

---

① 此种情形中依然存在类推适用的问题。如果允许类推适用的话,就没有必要使用登记簿上的利害关系人的用语。

② 大判1996年6月14日,95号53812。

③ 现行《民法》第357条中使用的用语是"债务的确定"。德国的最高额抵押中也使用"被担保债权的确定"的用语。而日本的修订民法中则使用了"原本"一词。在编写修订案时,对于选择所要使用的用语为"被担保债权"还是"原本"有过争议,但是最终决定使用"原本"一词。

④ 参见李相京:《关于最高额抵押权修订的立法论研究》,载《法曹》2000年8月号,第63页。

转让应予以承认。[①] 从日本的情形来看,对于与被担保债权分开而仅转让最高额抵押权的转让也是予以承认的(《日本民法》第 398 条第 12 款)。这是 1971 年日本在最高额抵押权立法的最重要的动机。最高额抵押权的成立并不一定需要被担保债权的发生和存在,以担保将来将要发生的债权最高额抵押权也是可以成立的。如果一定要让最高额抵押权与被担保债权一起转让,就会出现债权发生之前无法转让最高额抵押权的后果。

如果不管被担保债权而允许最高额抵押权转让,会认为是对于抵押权的从属性原则的例外。但是最高额抵押权的话并不要求其在成立、存续、消灭上的从属性。因为最高额抵押权只要求在其行使阶段必须要有被担保债权,所以最高额抵押权只需具备行使的从属性即可。[②] 允许不以被担保债权为前提的最高额抵押权的转让,在理论上不存在任何问题。被担保债权发生之前最高额抵押权是有效存续的,因此没有理由阻止这种最高额抵押权的转让。

民法修订委员会第六分科委员会中多数人主张,允许不以被担保债权为前提的最高额抵押权的转让。而少数人则主张,不要在修订案中设立有关最高额抵押权转让的规定,而应将其交给实务运营,最终在民法修订委员会全体会议中决定不设立有关最高额抵押权转让的规定。

(二)最高额抵押权的共同归属

最高额抵押权分属于数人的时候,会产生基于最高额抵押权的拍卖的所得应以何种方式来分配的问题。修订案规定,当最高额抵押权分属于数人时,最高额抵押权人按债权额的比例受偿。但是在最高额抵押权所担保的债权确定之前,对于受偿的比例、顺序及其他有关最高额抵押权的行使另有约定的,则按约定。而且最高额抵押权分属于数人时,各最高额抵押权人在取得其他最高额抵押权人同意的情形下可以转让其权利(修订案第 357 条第 3 款)。

(三)继承与最高额抵押权

因最高额抵押权人或债务人死亡而继承开始以后,现行法认为最高额抵押交易并未终止还在继续。最高额抵押权所担保的债权确定之前最高额抵押权人死亡的,其最高额抵押权和被担保债权由继承人继承。但是经继承人和最高额抵押权设定人之间协议,继承人可以只担保继承开始之后所

① 参见金载亨:《关于最高额抵押权的修改方案》,载《民法论》(Ⅰ),博英社 2004 年版,第 319 页。

② 参见金载亨:《最高额抵押权研究》,博英社 2000 年版,第 114 页以下。

取得的债权。当最高额抵押权所担保的债权确定之前债务人死亡的,经最高额抵押权人与最高额抵押权设定人协议,继承人可以只担保继承开始之后负担的一定部分的债务。修订案第 357 条第 5 款的第 1 项和第 2 项就是明示以上主旨的规定,此时并不需要取得利害关系人的同意(修订案第 357 条第 5 款第 3 项)。

修订案第 357 条第 5 款第 4 项规定,根据如上所述,协议变更的内容如不在继承开始后六个月内进行登记的,将继承开始时视为债权的确定。这对于利害关系人而言有重要的意义。由于最高额抵押交易是以当事人相互之间的信赖为基础形成的,因此存在与继承人继续进行最高额抵押的交易时,则需要明示的协议和登记。

(四)合并与最高额抵押权

虽然法人的合并与继承一样属于总括继承,但是在修订案的规定却与继承不同,合并后发生的债权也是当然地由最高额抵押权来担保(修订案第 357 条第 6 款第 1、2 项)。这是因为法人与自然人不同,在基本合同或最高额抵押权设定合同中是不具备一身专属性质的。

但是重要的一点是,合并的时候给最高抵押权设定人赋予了确定请求权(修订案第 357 条第 6 款第 3 项)。作为最高额抵押权人或债务人的法人,其资产状态、信用情况等经济情况会因合并发生改变,这会给最高额抵押权设定人带来意想不到的损失,因此才给最高额抵押权设定人赋予了可终止最高额抵押交易的权利。但是债务人与最高额抵押权设定人为同一人时,赋予其确定请求权相当于是赋予了其可自行合并后终止交易关系的权利。这就变成赋予了债务人兼最高额抵押权设定人可单方面地毫无理由地侵害最高额抵押权人的利益,并进行人为地合并,终止交易权利的情形,因此排除了为债务人的最高额抵押权设定人的确定请求权。

(五)分立与最高额抵押权

《商法》第 530 条第 2 款以下内容规定了公司的分立。特别是《商法》第 530 条第 10 款,关于分立或分立合并的效果规定为:“因分立或分立合并而成立的公司或存续的公司,根据分立计划书或分立合并合同的约定,继承分立公司的权利和义务。”关于分立对最高额抵押权产生的影响应设立相关的规定。因为现行民法中并未设立有关法人的分立规定,因此有可能会规定为公司的分立。但是有时在特别法中也会规定法人的分立,因此决定在民法中规定法人的分立。修订案第 357 条第 8 款第 1 项规定:“最高额抵押权所担保的债权确定之前作为最高额抵押权人的法人分立的,最高额抵押权担保除分立时存在的债权以外,还担保被分立的法人、成立的法人或继承权利义务的法人分立以后所取得的债权。"而第 2 项中规定:"最高额抵押权所担保的债权确定之前作为债务人的法人分立的,最高额抵押权担保除分立时存在的债务以外,还担保被分立的法人、成立的法人或继承权利义务的法人分立以后所负担的债务。"第 357 条第 6 款第 3 项至第 5 项的规定准用于第 1 项、第 2 项的情形(第 3 项)。

六、被担保债权的确定

(一)最高额抵押权所担保的债权的确定请求

1. 最高额抵押权设定人的确定请求(修订案第 357 条第 8 款第 1 项)

这是有关最高额抵押权设定人终止最高额抵押交易,并确定最高额抵押权的被担保债权的规定。未约定确定期间的,则规定自最高额抵押权设定时开始经过三年以后最高额抵押权设定人可行使确定请求权。这是为了保护最高额抵押权设定人或最高额抵押标的物的第三取得人而规定的。

2. 最高额抵押权人的确定请求(修订案第 357 条第 8 款第 2 项)

未约定确定期间的,法律规定最高额抵押权人可随时提出确定请求。在上述情形下因为不太能确定最高额抵押权人什么时候提出确定请求,所以对此进行了明确的规定。日本在 2003 年修订日本民法时,新设了第 398 条第 19 款规定,予以承认最高额抵押权人的确定请求。

(二)最高额抵押权所担保的债权的确定事由

应在何种事由发生时确定被担保债权,被担保债权的确定事由发生以后从何时起算作确定时期等问题,在理论上都是很难解决的。如果在最高额抵押权设立合同中明示了其确定事由与时期的,应按约定。但是通常当事人之间在订立合同时,详细规定最高额抵押权确定的有关事项的情形很少。因此不论当事人的意思表示如何,应该视为最高额抵押权确定下来的情形较多。此时决定确定事由和确定时期是非常困难的问题,因此特别需要明确规定,在拍卖程序或破产程序中的有关最高额抵押权的确定时期。修订案规定有如下情形时,可以确定最高额抵押权所担保的债权(修订案第 357 条第 9 款):(1)最高额抵押权人对抵押的不动产申请拍卖,或者根据第 370 条准用第 342 条规定而申请扣押时,但只限定在拍卖程序的开始或有扣押情形的时候。(2)最高额抵押权人对抵押的不动产因滞纳处分而扣押时。(3)自知道最高额抵押权人对抵押的不动产开始拍卖程序或者因滞纳处分而扣押后经过两周以后。(4)债务人或最高额抵押权人宣告破产或接到开始回生程序的决定时。

七、债权最高额的减额请求

最高额抵押权所担保的债权确定以后,被担保债权额未及最高额的,认为此不动产的担保价值被埋没了。被担保债权确定以后,为了有效利用最高额抵押的标的物,须允许提出最高额减额请求。因此,此修订案承认最高额抵押权设定人的最高额减额请求权①,即规定为“最高额抵押权所担保的债权确定以后,最高额抵押权设定人可请求将债权最高额的范围,减额至在现存的债务额加上以后两年间会发生的利息、违约金及因债务不履行而发生的损害赔偿额相当的范围”。

2004 年的修订案中将请求减额的范围规定为:请求减额当时现存的被担保债权加上此后一年间发生的利息、迟延利息的总额。因为在《民法》第 360 条的但书中,将因债务不履行而发生的损害赔偿限定在一年份,为了和这个规定相协调,才规定为是一年内的利息。但是如果是进行拍卖程序的,一年的期限反而显得过短。因此在此修订案中决定将期间增加至两年。

八、物上保证人的最高额抵押权消灭请求权

在最高额抵押权确定之前,就算债务人偿还所有债务,其最高额抵押权是不会消灭的。而且最高额抵押权确定以后,实际债权额超过最高额时,债务人兼最高额抵押权设定人,偿还作为其债务一部分的债权最高额的,亦不能请求最高额抵押权的消灭。② 但是非债务人的最高额抵押权设定人(物上保证人)代位偿还债务的,基于最高额抵押权而负担的债务额的范围,是以结算期届满后确定的债权,在最高额抵押权合同中约定的债权最高额为限的,物上保证人并不负担超出最高额的债权额。③ 购买最高额抵押不动产的第三取得人,代位债务人委托偿还最高额抵押权人的债务中此不动产担保的债权最高额及其拍卖费用的,根据《民法》第 364 条规定,可提出最高额抵押权的消灭请求。④

---

① “关于资产流动化的法律”(第 7 条第 2 款)规定了最高额抵押权人可以通知被担保债权确定的制度。此时只有承认最高额抵押权设定人的最高额减额请求才能取得平衡。

② 大判 1981 年 11 月 10 日,80 号 2712。

③ 大判 1974 年 12 月 10 日,74 号 998。

④ 大判 1971 年 4 月 6 日,71 号 26。

以现行法规定,对上述判例的法理认定与否还不太明确。在修订案中,为了明确这个问题,规定了物上保证人的最高额抵押权消灭请求权。物上保证人和最高额抵押不动产的第三取得人,在债务确定以后,在最高额的限度内,向最高额抵押权人偿还债务之后,可提出最高额抵押权的消灭请求(修订案第357条第11款第1项、第2项)。

修订案在其标题上使用了与《民法》第341条一样的"物上保证人"的用语,在其规定内容中则使用了"为他人担保债务的最高额抵押权设定人"的用语。在最高额的限度内是偿还被最高额抵押权担保的债务呢,还是偿还在最高额抵押权担保的债务中的最高额呢,对此曾有过争议,但是最终与《民法》第364条一样选择了前者。

结论

最高额抵押权不论是在理论上还是在实务上,在韩国担保制度中一直占有核心地位。最高额抵押权修订案参考了日本民法中有关最高额抵押权的相关规定。但是韩国民法不同于与日本民法的是:一方面允许总括最高额抵押权的同时,另一方面并未规定最高额抵押权的转让。除此规定外,还有几条规定也存在些微的差异。

韩国民法上抵押权的物上代位*

[韩]权　澈**

引言

写作本文的目的在于介绍韩国民法上关于抵押权的物上代位的相关内容。首先会介绍作为韩国民法上具有代表性的担保物权之抵押权的物上代位相关判例与学说,依次介绍民事特别法《关于动产·债权等担保的法律》中所承认的动产担保权的物上代位,并进一步介绍让与担保权的物上代位相关内容。

韩国民法制定于1958年,并于1960年施行。③ 韩国民法由总则、物权、债权、亲族、继承编构成。有关抵押权的内容规定在第三部分物权编中。在韩国民法中,法定担保物权只规定留置权,而约定担保物权规定着质权与抵押权,其特点是规定着兼用益物权与担保物权二者性质于一体的传贯权④。在附录中可知,相较日本民法,对抵押权的规定比较简单,这也可以

---

* 本文为2014年11月22日于大连海事大学举行的中日韩三国担保法研究会上的报告。

** 作者简介:权澈,韩国成均馆大学副教授。

③ 略看韩国民法制定前的情况:1912年日据时期,根据朝鲜民事令,开始适用日本民法;1945年解放后,由于韩国战争等原因,韩国民法的制定迟滞,导致继续依用日本民法。

④ 传贯权是韩国特有的关于房屋租赁的民间习惯,用物权来立法化的法律制度。根据《韩国民法典》第303条第1项规定,传贯权是指:"传贯权者支付传贯金,占有他人的不动产,按照不动产的用途使用收益。对不动产的后顺位的权利人有优先取得传贯金的权利。"韩国民法上的物权变动采用形式主义(第186条),所以传贯权与其他物权一样,其设定也需要登记。尽管民法中对传贯权有所规定,但实际上未登记的传贯合同仍大量存在。被称之为"债权性质传贯权"的这种未登记的传贯关系,在民事特别法《住宅租赁保护法》中有所规定。可以说对传贯权的规律存在二元化现象。关于传贯权的论议和动向请参考日本语文献大村敦志、权澈的《日韩比较民法序说》。

说是其特点。[①]

纵观物上代位的有关规定，韩国民法中，设定了在质权上承认物上代位的条款（第 342 条[②]），并规定将此条款适用于抵押权（第 370 条）。[③] 据此，对因抵押物的“灭失，毁损或者公用征收”而抵押权人应收取的金钱或其他物，也可履行抵押权，这种情况下应在“支付或移交前扣留”。下面，介绍抵押权的物上代位标的物及其行使要件的相关内容。

一、物上代位的标的物

（一）内容及立法理由

基于抵押权的物上代位，仅在抵押标的物灭失、损毁、被公用征收时才被承认，而在“买卖、租赁”的情况下是不被承认的，这一点与日本民法有所不同。韩国民法的立法者（起草者）只承认日本学说中所谓的“替代性物上代位”，而不承认“附加性物上代位”。据此，可以说在韩国不可能产生对租金的物上代位。韩国民法如此规定的理由如下。[④]

质权及抵押权标的物的买卖价格与租金是其交换价值的全部或部分的代表物，这种情况下，标的物的原型依然存在，而且担保物权作为物权的一种，可追及其标的物，所以认为没有必要特别地在买卖价格及租金上设定物上代位。再看公用征收的情况，其标的物依然存在，但因无法追及，所以我们认为与灭失、毁损无异。

（二）抵押物所有权人的支付请求权及交付请求权

纵观承认抵押权的物上代位的事例，承认设定在抵押标的物上的火灾保险金请求权的物上代位的事例[⑤]；在传贯权上设定抵押权的情况下，传贯

---

① 例如，2003 年修改前的日本民法（即“明治民法”）规定的有关涤除的条款，关于短期贷款保护的条款就没有被包含在内；介绍日本“明治民法”中抵押权规定的立法理由、制定以后的变化的韩国语论文。

② 《韩国民法》第 342 条（物上代位）对质权设定者因质物的灭失、损毁或者公用征收而应收取的金钱或其他物，也可以行使质权。这种情况，应在支付或移交前进行扣留。

③ 关于韩国民法上抵押权的规定，请参照本文附录。

④ 很遗憾，可供了解韩国民法立法理由的文献并不是很多，可供参考的有如下资料：民事法研究会编写的《民法案意见书》，一潮阁 1957 年版；民议院、法制司法委员会、民法案审议小委员会编写的《民法案审议录》（上、下卷），1957 年。

⑤ 大法院 2004 年 12 月 24 日宣告 2004 号 52798 判决：“因抵押标的物的消失，抵押权在设定者根据火灾保险合同取得保险金请求权的情况下，该保险金请求权可视为抵押权标的物价值的变形物，故抵押权人可根据《民法》第 370 条、第 342 条，对抵押权设定者的保险金请求权，可以行使物上代位权。”

权终止后,承认传贳金返还请求权之物上代位的事例。[①] 除了这些,承认因作为抵押标的物的土地进行公用征收而产生的补偿金请求权的物上代位的事例也大量存在。

(三)有关动产·债权等担保的法律

一方面,在最近制定并实行的《有关动产·债权等担保的法律》(简称《动产债权担保法》)中也有承认动产担保权与债权担保权之物上代位的规定。该法第14条规定:"对因担保标的物的买卖、租赁、灭失、毁损或公用征收等原因,担保权设定者应收取的金钱及其他物,也可以行使动产担保权。这种情况应在支付或移交前扣押。"该条规定同样适用于债权担保(同法第37条)。该法律所承认的物上代位的标的物中,值得关注的是追加了"买卖、租赁"。由于适用该法律的事例并不是很多,所以我们认为目前还不存在适用该条规定的事例,但是从动产担保权的特性上来看,买卖价格的物上代位是一条极其必要且有用的规定,故其被灵活运用的可能性是极大的。

(四)让与担保等

有关让与担保的判例也是极其有限的,但让与担保权之物上代位是被承认的。[②]

---

① 大判1999年9月17日,98号31301;大判2008年3月13日,2006号29372,29389。"随着传贳权的存续期间终止,传贳权的用益物权性权能也会消失,故传贳权的抵押权人不能再对传贳权本身行使抵押权。这种情况,根据《民法》第370条、第342条,《民事执行法》第273条的规定,对作为替代抵押权标的物的传贳权而存续的传贳金返还债权,接受推寻命令或转付命令,或以第三人对传贳金返还债权实施的强制执行程序中要求参与分配等方法行使自己的权利。《民法》第370条、第342条但书规定,抵押权人为了行使物上代位权,应在抵押权设定者应收取的金钱或其他物的支付或移交前进行扣留,是为了维持作为物上代位目的的债权的特定性、保全其效力的同时,避免对第三人造成意外的损害。所以,在适当的时间用适当的方法行使物上代位权的抵押权人,可以较一般债权人优先受偿。"

② 大法院2009年11月26号宣告2006号37106判决:"对动产设定让与担保时,债务人以担保为目的将其所有的动产让与给债权人。虽然根据占有改定,债权人继续占有,但如果债务人不履行上述债务,那么债权人可以私自处分作为担保标的物的动产,或用取得后清算的办法将其折现(换价),用其优先受偿,行使让与担保权。债务人向债权人转移上诉动产是为了在债权人行使让与担保权之前,使动产能够自动地保存其价值,即使债务人不履行其债务,债权人也可以将动产折现后优先受偿。从以获得担保物的交换价值为目的让与担保的性质上看,随着作为让与担保标的物的灭失、损毁,在让与担保的设定者与第三人之间交换价值的赔偿或补偿等法律关系发生的情况下,对让与担保设定者应收取的金钱或其他物,依然具有其效力。据此,因让与担保标的物消失,在让与担保设定者根据火灾保险合同取得保险金请求权的情况下,对上述作为担保物价值变形物的火灾保险金请求权,可基于让与担保权而行使物上代位权。"

二、物上代位权的行使要件

抵押权人为了行使物上代位权应"在支付或移交前扣留"(第370条、第342条但书)。围绕着这种物上代位权的行使要件,学术上自始至终存在着争议。这与对以下问题采取什么样的态度有关。[①] 第一,物上代位因抵押标的物的灭失、损毁而产生其效力,扣留是否是为了追求其他目的(维持特定性或保护第三债务人)?还是必须存在扣留,物上代位才会发生效力?第二,法律所要求的扣留是否必须要由抵押权人本人实行?还是任何人均可以实行扣留行为?

(一)作为行使要件的扣留的含义——特定性维持说

存在判例和多数说[②]的立场。该见解说明了物上代位因抵押标的物的灭失等原因产生其效力,而扣留仅仅是为了维持其作为价值性代位物的权利特定性,即如果设定者存在支付或移交,那么作为价值代位物的权利就会消灭,支付或移交的物被设定者的其他财产吸收,失去其特定性,导致抵押权不再有物上代位的效力。所以说要求扣留是为了维持作为物上代位客体的债权的特定性。以此为前提,只要满足特定性维持的目的,扣留并不是必须要由抵押权人本人实行,第三人实行扣留行为也未尝不可。即使没有扣留,因第三人的提存等可维持其特定性时,适用物上代位的情况也是存在的。[③] 还有对这种多数说与判例提出异议的学说(例如,优先权保全说,第三债务人保护说等)。下面站在多数说·判例的立场继续解读。

(二)"支付或移交"前的扣留

抵押权人对目的债权"支付或移交"前进行扣留,物上代位权才能被行使。扣留前如果第三债务人已经进行了偿还,那么抵押权人将无法行使物上代位权。存在第三人进行有效偿还或相抵等其他债务消灭事由的情况也是一样的。一方面,目的债权被转让,使得具备了对抗要件或被设置了质权又或扣留及被转付的情况,或者目的债权的债权人即抵押标的物的所有权人宣告破产的情况,不符合该"支付或移交",故抵押权人可以行使物上代位

---

① 梁彰洙、金亨锡:《权利的保全与担保(民法Ⅲ)》,博英社2012年版,第348页。

② 金曾汉、金学东:《物权法》,博英社1997年版,第484页;郭润直、金载亨:《物权法》,博英社2014年版,第405页;李英俊:《物权法》,博英社2009年版,第812页。

③ 大法院1987年5月26日宣告86号1058判决;大法院2002年10月11日宣告2002号33137判决。

权,即物上代位权与转付的优劣取决于抵押权登记与让与的对抗要件(转付的效力发生要件)的先后顺序。但是,如果受让目的债权或因扣留·转付而取得的第三人,在上述扣留进行前,从第三债务人处获得了满足,那么物上代位权将无法行使。

(三)行使的方法

抵押权人基于物上代位,对目的债权行使抵押权的方法有以下两种。① 第一,向执行法院提交证明担保权存在的材料,申请扣留债权及转付命令。② 该扣留是以行使物上代位权的方法进行的,故在性质上区别于以强制执行的方法进行的债权扣留。因此,即使其他债权人进行了扣留,其扣留的命令依然有效。第二,代位目的债权已经被其他债权人进行了扣留的情况下,根据民事执行法的规定,可以按照相关程序要求参与分配。但是这些均应在参与分配的要求期限终止之前完成。③ 依此,仅仅设定抵押权而没有物上代位权的行使的话,优先受偿的全能是无法实现的。④

(四)因物上代位权的丧失引起的不当得利返还请求

当抵押权人超过了行使物上代位权的期限,关于不当得利返还请求权问题,大法院有两种判示:一种判例⑤是,在物上代位的标的物被扣留前,抵押标的物的所有权人先受其支付或移交,因此物上代位权消灭时,抵押标的

---

① 大法院 1994 年 11 月 22 日宣告 94 号 25728;大法院 1999 年 5 月 14 日宣告 98 号 62688 判决;大法院 2002 年 10 月 11 日宣告 2002 号 33137 判决;大法院 2003 年 3 月 28 日宣告 2002 号 13539 判决等。"《民法》第 370 条、第 342 条的但书规定,抵押权人为了行使物上代位权,应在抵押权设定者应收取的金钱或其他物的支付或移交进行前进行扣留,是为了维持作为物上代位目的的债权的特定性,在保存其效力的同时,避免给第三人造成意外的损害。所以对作为抵押标的物的变形物之金钱或其他物,第三人已经进行扣留使其金钱或物成为特定物,那么即使抵押权人不去进行扣留,也可行使物上代位权,较一般债权人优先受偿。行使这种权利的方法是依据《民事执行法》第 273 条的规定,向执行法院提交证明担保权存在的材料,申请债权扣留及转付命令或按照《民事执行法》第 247 条第 1 项的规定要求参与分配。"

② 《民事执行法》第 273 条、第 223 条以下。

③ 《民事执行法》第 273 条、第 247 条。

④ 大法院 1998 年 9 月 22 日宣告 98 号 12812 判决;大法院 2002 年 10 月 11 日宣告 2002 号 33137 判决。

⑤ 大法院 1975 年 4 月 8 日宣告 73 号 29 判决:"进行买拍中的最高额抵押的标的物,因第三人的不法行为灭失,从而最高额抵押权也被消灭时,如果其所有权人从不法行为人处获得了补偿,那么最高额抵押权人将不能向所有权人请求返还不当得利。"

物的所有权人对物上代位权人负有不当得利返还义务；第二种判例[①]是，抵押权人在扣留物上代位标的物之前，第三人通过执行程序消灭了物上代位权的情况下（对代位目的债权的强制执行程序中，没有要求参与分配的事例），该第三人对物上代位权人不负有不当得利返还义务。依据对后者判例法理的大法院判例研究观，抵押权人没有要求参与分配就超过了要求分配的期限时，物上代位权已被消灭。基于此种物上代位权以及优先受偿权的消灭结果，参与分配的其他债权人，则被视为受到了实体法上没有瑕疵的分配，即超过要求参与分配的时期后，第三债权人明确地取得分配金交付请求权，而作为分配债权人享有的财产性价值移动则违反了公平正义观念，故物上代位权人无法行使不当得利返还请求权。[②] 相反，在反对判例法理的意见中，判例法理被视为是为了维持程序的稳定性，但以特定性维持说为前提时，对于是否可以将上述两种情况分开讨论，从而各自得出结论，我们对此保留意见。[③]

结语

以上，简单讲述了韩国民法上抵押权之物上代位。在日本，围绕物上代位的争论由来已久、成果累累。1990 年，伴随着经济泡沫破灭，最高裁判所判定抵押权人可在抵押标的物的租金上设立物上代位，以此为契机，触发了关于这一主题的争论。相关判决与论文也数不胜数。邻国的这种动向，在对日本民法感兴趣的韩国学者看来，不能不说是一个非常有趣的比较法研究素材。

只是，将日本民法上的物上代位平面化地参考到韩国民法的解释论中，存在许多不当之处。如上所述，在韩国民法上，关于物上代位的标的物，只

---

① 大法院 2002 年 10 月 11 日宣告 2002 号 33137 判决："在尚未行使物上代位权的情况下，仅仅以被征用的土地（征用对象土地）进行抵押权登记，无法从保险金中优先受偿。抵押权人未行使物上代位权而丧失了优先受偿权，那么，即使其他债权人在保险金或相关受偿供托金中获得了利益，抵押权人也不能将其视为不当得利而要求返还。"

② 李焕承：《物上代位权的消灭与不当得利返还义务》，载《大法院判例解说》2010 年版，第 80 页。

③ 金亨锡：《抵押权的物上代位与不当得利》，载《首尔大学法学》2009 年 2 号，第 497 页以下。"抵押权人基于物上代位的地位是拥有独立折价方法的债权质权。据此，存在第三债务人的偿还时，受领人是以侵犯物上代位权的分配内容的方式取得利益，对此如果没有法定理由，那么将会负有返还不当得利的义务。据此，抵押权人可要求受领的设定者、让受人、转付债权人返还不当得利。这一原理同样也适用于从代位目的债权获得分配的一般债权人。"

承认日本学说中所谓的“替代性物上代位”,而对“附加性物上代位”是不予承认的。日本民法规定,将先取特权(优先权)的物上代位,“准用”于抵押权的物上代位,但韩国民法(至少在民法典上)是不承认先取特权的。在日本,以抵押不动产的租金之物上代位为前提的判例法理有其自身的特殊性。

韩国新制定的动产债权担保法,规定着与民法不同的物上代位;考虑到不动产价格下降的可能性等经济因素,我们认为,在韩国,对担保权的物上代位展开新一轮的讨论的时机已经成熟

附录:

韩国民法上抵押权的相关规定

韩国民法	第二编 物权
第一编 总则 第二编 物权 第三编 债权 第四编 亲族 第五编 继承	第一章 总则 第二章 占有权 第三章 所有权 第四章 地上权 第五章 地役权 第六章 传贳权 第七章 留置权 第八章 质权 第九章 抵押权

第八章　质权(第 329 条～第 355 条)

第 342 条(物上代位)对质权设定者因质物的灭失、损毁或者公用征收而应收取的金钱或其他物,也可以行使质权。这种情况,应在支付或移交前进行扣留。

第九章　抵押权

第 356 条(抵押权的内容)抵押权人对于债务人或者第三人不移转占有而作为债务的担保而提供的不动产,具有较其他债权人优先受偿的权利。

第 357 条(最高额抵押)

①抵押权的设定,可以只规定所担保的债务的最高额,而将债务的确定保留于将来。该情形,其确定前发生的债务的消灭或者移转不影响抵押权。

②前款的情形,债务的利息视为已计入最高额中。

第 358 条(抵押权效力的范围)抵押权的效力及于附合于抵押不动产的物和从物。但法律上有特别的规定或者设定行为有其他约定的,则不然。

第 359 条(对孳息的效力)存在对抵押不动产的扣押后,抵押权的效力及于抵押人自该不动产收取的孳息或者应当收取的孳息。但抵押权人将扣押事实的通知,非向已取得该不动产的所有权、地上权或者传贳权的第三人发出,则不得以此对抗之。

第 360 条(被担保债权的范围)抵押权担保本金、利息、违约金、因债务不履行的损害赔偿以及抵押权的实行费用。但对于迟延赔偿,限于本金的履行期经过一年后,可以行使抵押权。

第 361 条(抵押权的处分限制)抵押权不得与其担保的债权相分离而转让于他人或者用于其他债权的担保。

第 362 条(抵押物的补充)因可归咎于抵押人的事由,而造成抵押物的价额明显减少时,抵押权人可以向抵押人请求恢复原状或者提供相当的担保。

第 363 条(抵押权人的拍卖请求权、拍卖人)

①抵押权人为了债权的受偿,可以请求拍卖抵押物。

②取得抵押物所有权的第三人可以成为拍卖人。

第 364 条(第 3 取得人的清偿)取得对抵押不动产的所有权、地上权或者传贳权的第三人,可以向抵押权人请求清偿该不动产所担保的债权,而消灭抵押权。

第 365 条(对抵押地上的建筑物的拍卖请求权)以土地为标的设定抵押权后,该设定人于该土地上建造建筑物时,抵押权人亦可请求一同拍卖土地与该建筑物。但对该建筑物的拍卖对价没有优先受偿的权利。

第 366 条(法定地上权)因抵押物的拍卖,使土地和该土地上的建筑物分属于不同所有权人的情形,视为土地所有权人对建筑物所有权人设定地上权。但土地使用费用依当事人的请求由法院确定。

第 367 条(第三取得人的费用偿还请求权)抵押物的第三取得人为了保存、改良该不动产而支出必要费或者有益费时,依第 203 条第 1 款、第 2 款的规定,可于抵押物的拍卖对价中优先受偿。第 368 条(共同抵押和价金的分配、次顺位人的代位)

①为担保同一债权而于数个不动产上同时设定抵押权的情形,于同时分配不动产的拍卖对价时,以各不动产的拍卖对价的比例确定债权的分担。

②于前款的抵押不动产中先分配部分拍卖对价的情形,可以自该对价中受偿全部债权该情形,拍卖的不动产的次顺位抵押权人可于先顺位抵押权人依前款的规定自其他不动产的拍卖对价中受偿的范围内,代位先顺位

人行使抵押权。

第369条(从属性)以抵押权担保的债权,因时效完成以及其他事由而消灭时,抵押权亦消灭。

第370条(准用规定)第214条、第321条、第333条、第340条、第341条以及第342条的规定,准用于抵押权。

第371条(以地上权、传贯权为标的的抵押权)

①本章的规定,准用于以地上权或者传贯权为抵押权标的的情形。

②以地上权或者传贯权为标的而设定抵押权的人,非经抵押权人的同意不得作出消灭地上权或者传贯权的行为。

第372条(依其他法律的抵押权)本章的规定,准用于依其他法律而设定的抵押权。

习惯法的法定地上权

[韩]李英俊*

一、问题提出

习惯法的法定地上权是指先前建立在土地上的建筑物与土地同属于一人，但因为买卖或者其他原因要归属于另外一个人的情形下，为了建筑物的持续利用而产生的一系列问题。此课题看上去像附属的次要问题，但其实是与民法的基本体系紧密联系的重要难题。

为了明确习惯法法定地上权的意义及争论点，据如下案例加以说明：

A只把其所有的土地和地上建筑物中的建筑物卖售给了B，并且办理了所有权转移登记手续。双方在买卖时未在建筑物撤离问题上另有约定。建筑物所属的土地依旧是A所有，且登记在A的名下。

1. A可以请求B从土地上撤离此建筑物吗？

2. A把土地让受给了A1，并办理了登记手续，这时A1能否可以向B主张土地所有权，并请求其撤离土地上的建筑物？

3. A2从A1买入土地并完成了登记，A2是否可以向B主张土地的所有权，并主张其撤离土地上的建筑物？

4. A能否向从B买入建筑物并完成登记的B1或者从B1买入建筑物并完成登记的B2主张其撤离建筑物的请求？

5. B1或者B2能否向A，A1或者A2主张其土地上的建筑物的物权？

6. B1或者B2能否根据其物权，向A，A1或者A2主张其权利的登记？

7. A所有的土地和其地上建筑物中的一个作为所有权判决执行对象或者担保物权实行对象通过拍卖转移给了B时的情形又该如何解决？

---

* 作者简介：李英俊，韩中日民商法统一研究所所长，前韩国民事法学会会长。

上述案例是(财)韩中日民商法研究所自2010年从韩国法务部拿到《习惯法的法定地上权的改善方向》的项目后与研究者们共同研究的课题。我们研究了此案例在东西洋各个法领域中是如何被解决的。金星洙教授负责了中国法,权澈负责了日本法。

二、为了建筑物存续的法律技术

(一)法律技术

中国、日本、韩国都在法律上承认土地上的建筑物与土地是各个独立地不动产,其所有权可以独立存在。此规定与把土地上的建筑物归属于土地的德国法律规定是迥然不同的。因韩国、中国和日本法领域中把土地和建筑物看作是独立的不动产,所以在土地和建筑物属于同一人时不存在争论,但是通过拍卖或者买卖所有者不同时为了建筑物的用益关系的维持,应当在法律上另有规定。

中国法律中土地使用权和建筑物所有权在一系列情形下都应当统一成为抵押权或者买卖的对象,所以两个权利一直保持一致。因此,在中国不存在土地使用权和建筑物所有权归属于不同的两个人的情形。也就是说,上述的例子在中国实际上不会发生。

相反,日本和我国台湾地区法中不采取概括处分主义,即在这两个地区都规定了拍卖时采取的建筑物的法定地上权,以此维持建筑物的用益关系。但是买卖时针对建筑物的用益关系维持的法律技术,两个地区在法律领域采取的方法略有不同。韩国在此情况是允许习惯法的法定地上权。韩国判例中,原属于同一所有者的土地和建筑物中的一个因买卖或者其他原因导致两者的所有者不同时,如果先前没有撤离此建筑物的约定的话承认建筑物所有者的地上权,这被称之为习惯法的法定地上权。与此相反,日本是把此类行为类推为租赁或者使用借贷,即使是不同的两人所有此建筑物也可以继续使用。

(二)习惯法的法定地上权和租赁权

根据韩国判例,习惯法的法定地上权应当被看作是依据法律(习惯法)的规定的物权变动,因此无须登记而发生效力(第187条本文)。正因如此建筑物所有者一旦取得了法定地上权在无登记的情况下,不仅可以向取得当时的土地所有者主张习惯法的法定地上权,而且也可以向其所有权继承取得者主张习惯法的法定地上权。不仅如此,土地所有者不能向继承取得有习惯法的法定地上权者主张建筑物的撤离[①]，即取得了法定地上权的建筑物所有者未经法定地上权设定登记转让了建筑物的情况下，无特殊情况就视为法定地上权也一并转让。因此，地上权者经过办理法定地上权设定登记后有义务为建筑物受让人履行法定地上权的转移登记。与此同时，建筑物受让人可以代为卖方向土地所有者请求法定地上权设定登记程序履行。因此，土地所有者的撤离建筑物的请求是违背诚实守信的原则。

日本法中承认根据当事者合理的意识解释的 A、B 间关于土地使用的租赁合同以及使用借贷合同的成立。

根据韩国判例解释上述的案例应当如下：

(1)A 无法向 B 主张建筑物的撤离。土地和其地上的建筑物原属于 A，但通过买卖其所有者有变化时因无特殊约定，建筑物所有者 B 取得习惯法的法定地上权。

(2)A1 无法根据土地所有权向 B 请求建筑物的撤离。习惯法的法定地上权是根据习惯法取得的关于不动产的物权取得，因此无须登记而发生效力。正因为习惯法地上权的物权效力，即使没有登记也可向取得时的土地所有者或者取得所有权的第三者主张地上权。日本法认为，在租赁的情形下，B 可受到借地借家法的保护。

(3)A2 从 A1 买入土地并且完成了登记手续，但 A2 不能根据土地的所有权向 B 主张建筑物的撤离。

(4)A 不能向从 B 买入建筑物并且登记的 B1 或者从 B1 买入建筑物并且登记的 B2 请求建筑物撤离。如果买者从拥有法定地上权的建筑物所有者那里受让建筑物时同时约定受让地上权时，假如土地所有者依据所有权请求建筑物撤离以及土地的转让的话，应当看作是容忍了地上权的负担并且应当视为负有履行设定登记程序的人对其权利者进行的请求，这就违背了诚实守信原则。

日本法中借主未经贷主允许不得向第三者转让(使用借贷)。但在租赁的情况下在借地借家法中借主可以请求转让许可，此时有可能发生转让时因缺乏诚信不允许贷主的解除的情况。这时 B1(B2)代替 B 继承借贷人，A 无权请求建筑物的撤离。

(5)B1 或者 B2，对 A、A1 或者 A2 没有拥有此土地上的建筑物的物权。因为建筑物的转得者在没有地上权的登记前是无法主张的，日本法也规定

---

① 大判全 1965.9.23，65Da(民事上诉事件)16214。

无物权。

(6)B1或者B2根据其物权可以向A、A1或者A2请求权利登记。建筑物买受人可以按照顺序代位建筑物让与人向曾经是建筑物所有者的最初法定地上权者请求法定地上权设定登记程序的履行。日本法的判例中从以前开始就说:"租赁只不过是债权",承租人没有权利向出租人主张登记的权利。虽然如此,租赁构成借地借家法的(第10条)的规定,因此可以产生与登记同样的效果。相比之下使用借贷就无此类保护。

(7)A所有的土地和其地上的建筑中的单独一个被判决执行给了B,为了此建筑,成立法定地上权。日本法中实行抵押权时(日本民法第388条),根据胜诉判决,所有权转移时(《民事执行法》第81条)成立法定地上权。

三、习惯法的法定地上权问题

笔者很久之前就开始对韩国的习惯法的法定地上权提出了问题和建议。[①] 虽然习惯法的法定地上权制度像判例中指出的一样有符合国民经济的一面,但是仍存在支持它的理论性争议。虽然判例在此问题上做出了努力,但是因为要件不明确以及公示不完整,会导致善意第三人的合法利益受损,会让法律关系更为复杂化。

(一)理论性问题

属于同一人的土地和其地上房屋中只买入了房屋的情形下,房屋所有者取得土地上的地上权,而土地所有者不能向房屋所有者请求撤离。这种方法并非是我国的国民的一般性法律意识。其依据的《民法》第366条的规定也存在问题。《民法》第366条是例外规定,因此不能扩大解释。

再有,通过拍卖,建筑物所有者实现土地用益关系的机会在理论上不存在。但是通过买卖使土地和建筑物所有者变成不同的两个人后,当事者充分可以用事前的合同实现用益关系。因此,习惯法的法定地上权问题上依据《民法》第366条的规定是有一定限制的,即当事者没有办法自己实现用益关系时(例如强制买卖、依据法院的共有物分割、依据国税滞纳处分的公共处分、归属财产的归属等),利用《民法》第366条的规定承认习惯法的法定地上权,虽有点牵强,但也有实现的可能性。但是如果当事者可以自我实现时,例如买卖、赠与,当事人根据协议分割共有物的情况,就很难试用《民法》第366条了。这种情况应当贯彻合同中不利的一方应当承担责任的原则。

---

① 李英俊:《物权法》,博英社2009年版,第698页。

(二)要件的不明确

承认习惯法的法定地上权的要件不明确。判例逐渐扩大习惯法的法定地上权的范围,这是因为无法确定要件特别是无法确定土地所有者和建筑物所有者分离的原因的范围。

(三)交易的不安

属于同一人的土地和建立在其上的房屋中只买入房屋的人的习惯法的法定地上权。这个地上权因为是“法定”的,因此无须登记就可以向转得并完成所有权登记的其建筑物的第三者主张权利。第三者只能算作是取得了受法定地上权的限制的所有权。但是,自己亲自涉及建筑物买卖合同的当事人,如果受到此般待遇是自作自受,但是没有机会参加合同,只凭借登记买入土地的第三者,是无法预测这种事情及法定地上权的存在的。因此,如果这种情形下让其取得受法定地上权的土地所有权是不合理的,并且这会大大影响交易安全。

1.立法论

从立法论角度出发可以想出很多方向。(1)把建筑物规定为土地的一部分。这是德国法领域的方法。(2)土地和建筑物被看作是独立的不动产,但是在转让时看作是一体。这是中国法领域的方法。

如果使用这种方法就不会发生法定地上权或者习惯法的法定地上权,但就从源头封锁法定地上权的方法来说,(2)比(1)更有效。

价值权和用益权如何调和是立法政策的问题。先前,韩国依据的日本民法的短期租赁保护(第359条)、代价清偿(第377条)、涤除(第378条)等制度,适用用益权优先于价值权的情景。现行韩国民法不适用此制度,优先适用价值权。习惯法的法定地上权不符合优先适用价值权的立法意图。

2.解释论

解释权应当从两个角度出发分别处理:(1)通过买卖土地所有者和建筑物所有者分离时为了建筑物所有者的土地用益关系的实现的理论存在的情形;(2)通过拍卖产生的不同情形。

(1)情形下,应当通过建筑物买卖的价格等综合因素考虑合理解释当事者的意思,应当承认意识实现和默认的合同认可地上权设定合同。这里可以适用规范性解释[①]和补充性解释[②]。(1)情形中根据法律行为解释承认地

① 李英俊:《民法总则》,博英社2007年版,第296页。

② 李英俊:《民法总则》,博英社2007年版,第305页。

上权设定合同的话,可以无须登记对抗地上权成立当时的土地所有者,但是在土地转售给第三者之前应当登记地上权;否则无法对抗第三土地所有者。(2)情形下,《民法》第 366 条拍卖的概念可以扩大解释适用。这样的结论有利于交易安全。

四、近来立法的努力

根据多年来对习惯法的法定地上权的争论,韩国近十年来欲从立法角度解决此问题。

(一)2004 年民法中法律修改案

2004 年,民法中法律修改案新设了第 279 条的第 2 项(地上权的设定)。规定如下:原属于同一所有者所有的土地和其地上建筑物因法律行为分属于不同的所有者时,为了其建筑物所有者,推定为签订了无存续期间的地上权设定合同。

此规定是把因法律行为引起的习惯法的法定地上权,从法律规定的物权变动中(第 187 条)分离出来,变成了因法律行为引起的物权变动(第 184 条)。这是一次结构性的转换。此规定符合笔者前述的以前的主张,即通过买卖的习惯法的法定地上权,应当通过解释地上权来设定合同(第 279 条)。通过其他放生产生的习惯法法定地上权应当准用法定地上权(第 366 条),此次修改案因国会的重新组建自动废止掉了。

(二)2013 年民法修改草案

2013 年,民法修改案对是否增设第 622 条第 2 项(建筑物所有的法定租赁)而产生了争论。此条文如下:

(1)原先土地和地上建筑物属于同一人但因法律行为分别属于不同的人时,如果没有别的特殊约定,应当把土地所有者和建筑物所有者的合同看作是土地租赁合同。

(2)第 1 项的情形下租赁期间是从土地和建筑物所有者变成不同的两个人的时间点开始计算,十年。但是一旦建筑物撤离或者灭失时应当视为租赁终止。

(3)根据当事人的请求法院决定租金。此时适用第 628 条。

(4)可以不经过同意转让其权利或者第 1 项的承租人可由出租人转卖。

从此案例中可以看出,用法定租赁代替习惯法的法定地上权,其他的习惯法的法定地上权被法定地上权所吸收。[1] 此案例经历了有趣的变化。分科委员会案把因法律行为引起的习惯法的法定地上权规定为地上权,但是实务委员会案是把其变为租赁并且随之公布了委员长团案,最终结果与日本相近。

此案例是以前述的2004年民法修改案作为基础,只是用租赁权代替了地上权。在现实的国民生活中,租赁权相比地上权更通用是事实,但是判例在近一个世纪中构建的习惯法的"地上权"亦在国民的法律意识中根深蒂固。习惯法的法定地上权的弊害不在于地上权而在于"法定"地上权,即依据法律规定的物权变动变为依据法律行为的物权变动即可解决这种弊害。因此,依据2004年民法中依据修改案把因法律行为引起的习惯法的法定地上权收入为地上权设定合同(第279条),其他的准用法定地上权(第366条)即可。这样就不用规定2013年民法修改草案中的第4项"第1项的承租人不可以未经出租人的同意转让或者转卖其权利"。此类规定无疑是违背租赁权的本质的规定。

① 权英俊:《法律行为引起的习惯法的法定地上权的废止与法定租赁的适用》,载《民事法学》2014年第68号,第4页。

抵押权优先受偿效力

［韩］安兑容*

绪论

由于物权法是与各国的历史传统密切相关的发展变革的领域，不能轻易实现国际性的统合，因此，虽然对于合同法的国际统合试图已经有所进展，但物权法的国际统合至今看起来还非常遥远。但物权法中的担保物权法，由于是基于债权人为了确保债权实现的共同理念，这个领域应当根据贸易领域追求的“效率、安全、迅速”的原理来构筑，法律体系间的相互调和相对来讲更加容易实现。在贸易领域，作为国际贸易的担保，信用证和独立担保等从很久以前就一直活用至今，相同的理念从“人的担保”向“物的担保”不断扩大。韩国、中国和日本间以合同法统合为目的的学术研究从2000年后半开始已经越来越活跃[②]，下一步，应该对担保物权法的统合积极给予更多的关注，并作为主题展开讨论。

《韩国民法》第356条规定：“抵押权人对债务人或者第三者不转移占有而为债务提供担保的不动产享有比其他债权人优先受偿的权利。”在中国和日本的民法中也有类似的这种对于抵押权的优先受偿效力规定。[③] 然而，对于这种看起来理所当然的优先受偿效力的实际确保和保障却相当复杂和苛刻。

本文笔者立足于韩国法律问题的基础方面，首先对于抵押权的优先受

---

* 作者简介：安兑容，律师。

② 例如，韩国、中国和日本的学者们从2009年开始一直在推进亚洲合同法原则（PACL）草案的制定。

③ 《日本民法》第369条；《中国物权法》第179条。

偿效力相关的韩国的法律规定进行分析和整理，进而下一阶段，为将来韩中日担保物权法的研究以及中国和日本关于抵押权的优先受偿效力的法律规定的比较和综合，提供相关的研究主题。

一、优先受偿效力的实现程序

抵押权的优先受偿效力的实现可以分为公力实行和私力实行两个类型。

（一）抵押权的公力实行

《民事执行法》第 264 条（对不动产的拍卖申请）第 1 款规定："为了实现以不动产为标的的担保物权而进行的拍卖申请，需要提交担保物权证明材料。"担保权人需要证明其拥有担保权才能提出拍卖申请。抵押权人提出拍卖申请时只需要提供证明其拥有担保物权的资料，不用另外证明执行权源。①

行使担保权的拍卖，由于其作为拍卖基础的担保权不是通过判决确定的，与根据具有执行力的判决书进行的强制拍卖相比，作为拍卖基础的权利存在与否或者是否有效是不确定的。强制拍卖的情况，由于拍卖程序是根据有效的有执行力的判决书进行，不会因为实体上的请求权不存在或者无效、请求权消灭、再审中执行权源消失等原因对买受人有效地取得标的物的所有权造成妨害，此为强制拍卖的公信力效果。与此相比，为行使担保权提起的拍卖情况中担保权或其效力缺失都对于买卖效力产生影响，即为行使担保权提起的拍卖不具有公信力效果。

为行使担保权提起的拍卖包括债务人、物上保证人在内的利害关系人在买卖价款全部支付以前随时可以针对拍卖开始决定向法院申请异议（《民事执行法》第 268 条、86 条），因此可以主张担保权不存在或者担保权已消灭（《民事执行法》第 265 条），并且向拍卖法院提交命令取消担保权登记的终局判决后，拍卖法院应当中止为行使担保权提起的拍卖（《民事执行法》第 266 条）。

通过强制拍卖或者为行使担保权提起的拍卖等方式对不动产进行拍卖时，应当确定不动产上存在的各种优先权利是由于拍卖而消灭还是由不动产的买受人接收。此时不动产上的权利由买受人接收的称为接收主义，通过不动产的价款进行偿付从而消灭不动产上的权利负担、剩余部分进行分

① 执行权源是指能够实现强制执行请求权的拥有执行力的公正文书，代表之一就是确定的终局判决（《民事执行法》第 24 条）。在韩国通常将根据具有执行力的判决书提起的拍卖称为强制拍卖（《民事执行法》第 28 条），相对地将为实现抵押权等担保物权提起的拍卖称为任意拍卖。

配的称为剩余主义(或者消灭主义)(《民事执行法》第91条第1款)。

韩国抵押权实行程序中以消灭主义为原则,即作为强制执行的对象的不动产上存在的抵押权,不分先后顺序全部消灭,用益权人的土地使用权、地役权、传贯权及登记的租赁权不能对抗抵押权、质押权及留置权,通过支付卖价而消灭。结果是要想实现不动产上的后顺位抵押权的话,其前后顺位的抵押权全部消灭,因此,先顺位的抵押权以后设定的用益物权即使先于后顺位的抵押权,仍随着先顺位的抵押权的消灭而同时消灭。先顺位抵押权消灭时所有抵押权人将拍卖款按照各自的优先顺位进行分配受偿。

但是,根据立法例,也有采用接受主义即后顺位的抵押权人即使作出拍卖申请,先顺位的抵押权也不消灭,买受人取得负有先顺位抵押权的不动产标的物的所有权的情况。采用消灭主义还是接收主义,与抵押权是为特定债权提供担保的保全抵押权还是与被担保债权分离、允许独立进行交易的流通抵押权的政策性问题密切相关。为了实现抵押权的流通需要确定抵押权的价值,因此不可避免地要采用抵押权的顺序确定原则,为此需要以接收主义为前提。[①]

(二)抵押权的私力实行

流抵押是指抵押权的被担保债务不履行时抵押权人可以取得抵押物不动产的所有权,或者按其意志将抵押物卖出、以买卖价款实现被担保债务的协议。流抵押是抵押权的私力实行,韩国没有禁止抵押权的私力实行,也就是没有禁止流抵押,这里没有异议。这里可以通过两方面确定:一是《民法》第339条禁止流质合同的内容不适用于抵押权(第370条);二是《民法》制定过程中最初草案曾经规定了禁止流抵押的内容,但最终有意删除了此条。

与此相同,依据私力实行也可以确保抵押权的优先受偿效力。特别是被担保债务不履行时取得抵押物不动产的所有权的流抵押形式(也叫作"抵押直流")适用《民法》第607条和608条对实物偿付先期合同的限制规定。《民法》第607条和608条规定,实物偿付先期合同中标的物财产在合同签订当时的价格不能超过借款和利息的总和,违反的部分对债务人无效。直接取得所有权形态的流抵押在性质上属于实物偿付的先期合同,适用第607条和608条,抵押权人根据流抵押的特殊约定取得抵押物不动产的所有权时对于超过债务和利息总额的抵押物的价值,具有清算后返还的义务。

① 金相容:《抵押权的实行相关比较》,载《法律及政策研究》2012年12卷2号,第726~727页。

二、不能预测的先顺位者

根据抵押权实行相关的民事执行法的程序，抵押权在充分实现和消灭的程序中应当依据“民法·商法外的其他法律规定的优先顺位”进行。因此，虽然《民法》第356条规定了抵押权人的债权“比其他债权人优先受偿”，其只不过是抵押权的抽象性优先受偿效力的表述，具体情况中，抵押权人并不总是比其他债权人优先受偿，即抵押权的优先受偿效力需要依据包括民事执行法在内的各种法律规定的优先顺位来实现(《民事执行法》第145条第2款)。

(一)税务债权及劳动关系债权

综合《国税基本法》第35条第1款、《地方税基本法》第99条第1款、《劳动基准法》第38条和《劳务者退休金保障法》第12条的规定可以得出以下优先顺位。第一，“法定日期”前登记的抵押权优先于税务债权。第二，税务债权优先于“法定日期”后登记的抵押权。第三，最后三个月的工资、最后三年的退职金和灾害补偿金优先于“法定日期”前登记的抵押权。第四，除此之外的工资、退职金等其他劳务关系产生的债权是抵押权的后顺位，但优先于税务债权。

抵押权和税务债权的先后顺序原则上由抵押权是否登记于法定日期前决定。[①] 作为例外，对抵押物财产征收税金和滞纳金，即使抵押权在法定日期前登记，仍然优先于抵押权(《国税基本法》第35条第1款第3项但书、第2款但书)。此称为“应纳税优先特例”。[②]

(二)租赁保证金

一方面，为了保护住宅的租赁，根据《住宅租赁保护法》第3条之2第2款的规定，具备对抗要件[③]并且租赁合同上具备确定日期的租赁人在租赁住宅(包括基地)的折算价款中优先于后顺位权利人及其他债权人，有权以保证金受偿。对于保证金在一定金额以下的商业建筑租赁的保护与上述住

---

① 税务债权和担保物权间的优先顺位并非根据占有的时间而是根据法定日期和担保物权设定日的先后决定。(大法院2005.11.24.宣告2005-9088判决)

② 应纳税在国税中包括对相关标的物的所有权转移征收的的继承税·赠予税及综合不动产税，地方税中包括财产税、汽车税、城市计划税、共同设施税、地方教育税等。

③ 住宅的租赁即使在没有登记的情况下，租赁人将住宅移交并完成居民登记时，从次日起产生对抗第三人的效力(《住宅租赁保护法》第3条第1款)。

宅租赁的保证金返还债权的保护相似(《商业建筑租赁保护法》第 5 条第 1 款)。这意味着在分配程序中具备对抗力和确定日期的租赁人与担保物权人具有相似的地位。

进而,在住宅的其他债权人申请拍卖登记之前,住宅的租赁人拥有对抗力时,对于保证金中的一定金额拥有无论何时都优先于其他担保物权人受偿的权利(《住宅租赁保护法》第 8 条第 1 款)。商业建筑的租赁也与此类似,租赁人在商业建筑的拍卖申请登记以前拥有对抗力时,对于保证金中的一定金额拥有优先于其他担保物权人受偿的权利(《商业建筑租赁保护法》第 14 条第 1 款)。因此,小额租赁的保证金与最后三个月的工资、最后三年的退职金和灾害补偿金优先顺位相同。[①]

(三)留置权

留置权是指占有他人的物品或者有价证券的人享有的在其与物品或者有价证券相关联产生的债权受偿之前可以继续占有该物品或者有价证券的权利(《民法》第 320 条第 1 款)。对于不动产也可以成立留置权,此情况下如果登记不是必要条件可以通过占有成立留置权。留置权所担保的债权必须是留置的对象即物品或者有价证券相关联所产生的债权。然而仅就法律规定来看,民法对于留置权的上述留置性效力以及折价的程序进行了规定,除此之外并没有认定其优先受偿的效力。此点曾被认为是留置权与其他担保物权间的根本性差异。[②]

但是,实际上留置权一直作为比其他任何担保物权都优先的事实上的最优先顺位的担保权被适用,其依据是留置权的概念要素中的首要效力——留置效力。因为依据留置效力,留置权人在债务受偿之前可以拒绝向任何人转移标的物。此留置效力在标的物被拍卖时对于买受人也是有效的(《民事执行法》第 91 条第 5 款)。

大法院考虑到如果放任留置权将会导致抵押制度的混乱,因而为了限制留置权的效力一直煞费苦心。大法院 2011.12.22.宣告 2011-84298 判决就是其中一例。

另一方面,大法院通过 2013 年的两个判决确立了商事留置权不能对抗先行抵押权的判例。大法院的此种判例,区分了商事留置权和民事留置权

① 任承顺:《税法》,2010 年版,第 224 页。

② 李英准:《物权法》,2009 年版,第 782 页。

的不同特征[①],即作为商事留置权对象的标的物要求必须是“债务人所有的物品”,商事留置权确保的担保价值是商事留置权成立当时债务人所有物品的价值,即商事留置权成立当时标的物的价值减去当时已经设立的担保权的担保价值。通过大法院 2013.2.28.宣告 2010-57350 判决和2013.3.28.宣告 2012-94285 判决,得出了商事留置权的留置性效力不能对抗先行的抵押权的结论。

(四)抵押权人的预测可能性问题

与此相同,规定抵押权的优先受偿效力的民法条文仅是原则性的规定,优先受偿效力的具体内容受到各种法律规定和政策性考虑的限制。应纳税、三个月工资和退职金、小额租赁保证金等都是代表性的例子。特别是此类债权与发生的时期无关,一概优先于抵押权,因此保护抵押权人对此的预测可能性是重要的问题。

虽然抵押权人政策上必须受到一定金额的工资债权、退职金或者小额租赁保证金等的限制,但是应纳税等不动产相关的交易行为导致的随时可能发生的债权是抵押权人无法预测的先顺位者。进而,即使前述留置权不具有优先受偿效力,但由于留置性效力具有事实上的最优先受偿权,留置权成立于占有,不需要登记公示,抵押权人无法预测留置权人的存在。

因此,韩国有修改留置权制度的动向,有提议在最近民法修正案中将留置权的认定限制在未登记不动产范围内,即未登记不动产与动产及有价证券相类似,可以设置留置权,未登记不动产登记后留置权人对于该不动产享有抵押权设定请求权。相反,对于登记的不动产不再承认留置权,债权的担保通过设定抵押权来实现。[②]

这类提案不仅与留置权相关,事实上与抵押权的优先受偿效力的保护也密切相关。

三、抵押权的优先顺位和分配

(一)对抵押权人的分配

抵押权的登记时间在拍卖开始决定登记之前的,抵押权人不需要另行

---

① 一方面,商事留置权被认为是民法上的留置权的特殊规则,商人间的商行为引起的债权,债权人到其债权受偿时为止对于债务人因为商行为造成的其占有的债务人所有的物品或者有价证券可以继续占有(《商法》第 58 条)。

② 尹镇秀:《留置权和抵押权设定请求权相关民法等修正案解释》,载《留置权制度改善相关民法修正案听证会资料》,法务部 2012 年 11 月 26 日,第 17 页。

提起分配要求也当然地可以得到分配。但是,分配要依据各种法律规定的优先顺位来进行,即买卖价款不能够全部偿还债权人债务时,法院根据“民法·商法及其他法律规定的优先顺位”进行分配(《民事执行法》第145条第2款)。

抵押权人在拍卖开始决定登记后登记的,抵押权人不是当然地拥有获得分配的权利,在分配请求终结以前提出分配请求才能根据《民事执行法》第148条拥有获得分配的权利。在拍卖开始决定登记后登记的抵押权人在分配要求终结以前提出分配要求的,也应根据法律规定的优先顺位获得分配(《民事执行法》第145条第2款)。

(二)分配的循环关系

如前所述,对于抵押权人来说,优先顺位者的存在,在实际分配程序中,不仅仅是单纯地应当比抵押权人优先获得分配的先顺位人是否存在的问题,对于抵押权后顺位权利人和抵押权人间的顺位问题也有影响。这是因为优先顺位问题不是由一个统一的规定来决定的,而是在分配时对由各种法律分别认定的权利进行综合而产生的优先顺位。有的权利虽然比抵押权优先,但与作为抵押权的例外的权利同顺位,甚至是抵押权的例外。

此问题即为“分配的循环关系”,在韩国法院造成了很多冲突。在此举一个最简单的例子来进行说明。

扣押·财产保全其本身没有优先受偿效力,只有禁止处分的效力(以下为方便,仅就财产保全进行说明,扣押与此相同)。根据韩国的判例和通说,抵押权人不能对抗先行的财产保全,对于该抵押权设定后参加执行的其他债权人优先受偿权不受限制。由于先行的财产保全其本身没有优先受偿效力,因此抵押权人和先行的财产保全人的债权同顺位。[①]

但是,假定抵押权后顺位的一般债权人存在时,该一般债权人的债权是抵押权后顺位,与和抵押权同顺位的先行财产保全债权人的债权同顺位。之所以得出这个结论是因为财产保全债权人实际上只不过是一般债权人,没有优先受偿权利。

综上所述,先行财产保全债权人A,抵押权人B,抵押权外一般债权人C中,A和B同顺位,B优先于C,A和C同顺位。此所谓成就了分配的循环关系。

此情况下A、B、C间应当以何种方式分配,以往的判例和通说一直采取

① 大法院1987.6.9.宣告86-2570判决;大法院1994.11.29.宣告94-417决定。

的是所谓“按份后吸收说”。但是，对此主要的批判认为，这是不能保障抵押权的优先受偿效力的处理方式的。最近大法院的判例摒弃了从前的见解，采取了保障抵押权的优先受偿效力的观点，例如大法院 2005.11.24.宣告 2005-9088 判决等。①

结论

以上对于韩国抵押权的优先受偿效力问题、优先受偿效力的实现程序、与其他权利的冲突以及分配中优先受偿效力的保障等问题进行了论述。通过以上论述可知，韩国民法“抵押权人有权比其他债权人优先受偿”的规定只具有原则性的宣言意义，实际如何确保和保障抵押权的优先受偿效力需要靠民法以外的其他众多相关法律共同决定。因此，抵押权的优先受偿效力的实质比起民法对于抵押权的规定所宣告的优先受偿效力远远复杂严苛得多，这也是不断发展变化的问题。

因此，在研究和构想韩中日共同的担保物权法理念的进程中，应当关注各国对于抵押权的优先受偿效力的原则性立场，实际上如何根据此原则实现抵押权的优先受偿效力、受到哪些限制，以及与确定范围相关的法定调查和鉴定程序等问题，以该法定调查和鉴定为基础，同时还要考虑对于与抵押权相竞争的其他权利的保护程度。最终，抵押权的优先受偿效力的确保和保障只有通过这样的过程才能获得结论。

① 大法院 2005.11.24.宣告 2005-9088 判决。

中国法上抵押权效力与可及标的范围

申卫星*

中国大陆民法继受各国学说与法例,历三十余年的发展,渐趋成熟。其以传统民法为基础,在具体制度上又多有创新,可谓法律移植与继受的典范。然而与西方国家不同,大陆民法以社会主义公有制为基础,这在具体制度上必有所体现,且以物权制度为甚。从体系上来看,《物权法》与大陆法系中的德国法系诸国大体一致,依一般规定、所有权、用益物权、担保物权以及占有而定。但是就具体制度而言,其细节之处亦颇显立法者的独特思量。为凸显我国物权制度的继受性与本土性的特色,本文即以《物权法》的解释论为视角,先将中国大陆民法中抵押权制度的演变加以简要梳理,再重点介绍抵押权效力与可及标的的范围,期待能对将来东亚国家模范担保法的制定有所裨益。

一、中国法上抵押权制度的演变

就制度层面而言,我国法上债的担保制度始于 1981 年《经济合同法》,但该法仅于加工承揽合同中规定了承揽方的留置权,未有抵押权的规定。后经 1986 年《民法通则》、1995 年《担保法》、2000 年《担保法解释》以及 2007 年《物权法》的创设、发展与完善,我国法上抵押权制度逐渐形成。

1.1986 年《民法通则》的规定

《民法通则》制定于改革开放初期,该法第 89 条第(二)项规定:"债务人或者第三人可以提供一定的财产作为抵押物。债务人不履行债务的,债权人有权依照法律的规定以抵押物折价或者以变卖抵押物的价款优先得到偿还。"由文义观之,无论是否转移抵押物的占有均得设立抵押权,因此,可以

* 作者简介:申卫星,清华大学法学院教授。

认为,《民法通则》所规定的抵押权制度实质上亦涵盖传统民法中质权制度,此其一。其二,《民法通则》并未承认“物权”,因抵押权规定于“债权”部分,导致抵押权的性质颇受争议。① 由此可见,《民法通则》的规定仅为担保物权的雏形。② 其三,《民法通则》仅有该条的原则性规定,过于笼统,在实务上亦缺乏可操作性。

2.1995 年《担保法》的规定

为克服《民法通则》规定的不足并将实践中经验加以总结,《担保法》对担保制度进行了系统规定。就抵押权制度而言,该法具有如下特点:首先,虽然该法规定了保证、抵押、质押、留置、定金五种担保方式,但对人保与物保的区分是肯认无疑的。其次,与《民法通则》不同,该法明确区分了抵押与质押,分别作为独立章目加以规范,形成由抵押、质押、留置构成的担保物权基本框架。再次,在一般抵押权的基础上增加关于最高额抵押的规定,丰富了担保物权的亚类型。最后,其规定较《民法通则》《民通意见》详尽了许多。该法第三章专章规定了抵押权,共计五节三十个条文,详细规定了抵押和抵押物、抵押合同和抵押物登记、抵押的效力以及抵押权的实现,增强了实务上的可操作性。

3.2000 年《担保法解释》的规定

《担保法》于立法的当时意义重大,自不待言。然则随着市场经济的发展与担保实践的深入,其中某些规定已显得不合时宜,甚至谬误。在立法上修改尚不成熟时,最高人民法院颁布《担保法解释》,将《担保法》的规定进一步细化,对于其中不妥之处进行了拨乱反正,完善了我国担保规则。该解释第三部分专门规定了有关抵押权的规则,共计 37 个条文,从而使我国抵押权规则更加完善。然而,《担保法解释》在法律位阶上毕竟属于司法解释,以司法解释改变法律规定的做法尚值商榷。此外,该解释也并未彻底解决《担保法》规则本身所存在的一些问题。③

4.2007 年《物权法》的规定

2007《物权法》的出台,标志着我国物权制度的彻底成型,其中第四编就担保物权制度进行了专门规定,正式在立法上明确了担保物权系物权而非

① 有学者考证这是受苏俄民法典的影响。参见徐同远:《担保物权伦:体系构成与范畴变迁》,中国法制出版社 2012 年版,第 271 页。

② 高圣平:《物权担保新制度新问题理解与适用》,人民法院出版社 2014 年版,第 2 页。

③ 房绍坤、郑莹:《担保物权司法解释的缺陷》,载《法律科学》2002 年第 4 期。

债权。就抵押权制度而言,该法总结以往立法与实务的经验,以第十六章共计 29 个条文规定了抵押权制度,扩大了可用于抵押财产的范围,增加了抵押权实现的条件。① 同时,该法对于《担保法》中存在的问题进行了纠正。譬如,《担保法》第 41 条曾规定:"当事人以本法第四十二条规定的财产抵押的,应当办理抵押登记,抵押合同自登记的日起生效。"该条明显混淆了抵押合同生效与物权变动的效力。对此,《物权法》于第一编总则部分第 15 条对此进行修正:"当事人之间订立有关设立、变更、转让和消灭不动产物权的合同,除法律另有规定或者合同另有约定外,自合同成立时生效;未办理物权登记的,不影响合同效力。"据此,该条明确区分了合同行为与物权变动的效力,符合我国不动产物权变动采登记要件主义的基本规则。

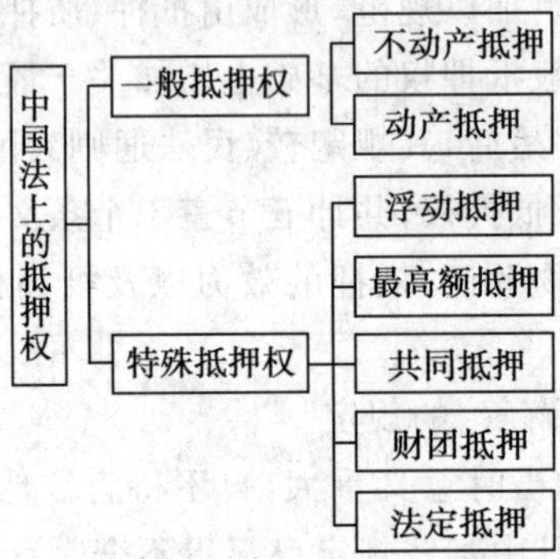

中国现行法上的抵押权类型②

然而,《物权法》的颁行也同时带来亟待解决的法律适用难题,即《物权法》担保物权编系在《担保法》基础上修改、完善而成。《物权法》施行后,并未完全废止担保法,由此而出现了《物权法》与《担保法》的冲突。而该问题在研究抵押权效力与可及标的范围时亦不能够回避,如何将其妥当解决则颇费思量。《物权法》第 178 条规定:"担保法与本法的规定不一致的,适用

① 胡康生主编:《中华人民共和国物权法释义》,法律出版社 2007 年版,第 360 页。

② (1)中国法自《民法通则》开始,到《担保法》,再到《物权法》,一直承认动产抵押,并未将其作为特殊的抵押形态;(2)浮动抵押(floating charge)是应银行等实务部门的要求而在《物权法》制定中加入的;(3)中国法上是否存在"共同抵押"和"财团抵押"有一定的争议,涉及对《担保法》第 34 条第 2 款、《物权法》第 180 条第 2 款及第 182 条的理解分歧;(4)中国学者对"法定抵押"有不同的理解,有学者认为《物权法》第 182 条第 2 款规定的是法定抵押,也有人认为《合同法》第 286 条是法定抵押(笔者认为是不动产先取特权)。

本法。”这是为解决《物权法》与《担保法》之间的冲突而作的原则性规定。然而，究竟何为“规定不一致”，仅能就具体规定加以辨别。但倘《物权法》与《担保法》的规定一致时，则应适用前者[①]，尤应注意。

二、抵押权的效力

相较债权而言，物权具有优先效力、排他效力、追及效力等。然而，作为担保物权的独立类型，抵押权效力的具体表现必有所不同。抵押权的优先效力、排他效力表现为何？抵押权是否具有追及效力？抵押权效力的从属性又为何种面貌？笔者以下将以《物权法》的规定为中心，并结合学说与实务上的见解，探讨上述问题。

（一）抵押权的优先效力

1. 抵押权较普通债权的优先受偿效力

《物权法》第 179 条第 1 款后段规定：“债务人不履行到期债务或者发生当事人约定的实现抵押权的情形，债权人有权就该财产优先受偿。”据此，抵押权具有优先受偿的效力。抵押权乃价值权[②]，所谓优先受偿系指抵押权人得就标的物的交换价值优先于普通债权人以及其他后顺位权利人而实现其债权。一般认为，抵押权作为物权，为支配权，具有优先效力，但无受领债务人清偿的内容、效力；债权才具有此内容与效力，但无优先效力。通常所谓抵押权的优先受偿效力，并非意味抵押权自身为优先受偿债务人清偿的权利，而应理解为抵押权与被担保债权相结合时，或者说抵押权附着在债权上，因为此种结合或附着，抵押权的优先性传递给债权，使被担保债权发生性质与效力的变化，由原来平等性转化为优先性，债权固有的受偿效力仍继续保持。这类似于两种物质结合发生化学反应，使物质性质发生改变。[③]

根据《物权法》第 179 条第 1 款的规定，抵押权人优先受偿应当具备以下两个条件之一：一是债务人不履行到期债务；二是发生当事人约定的实现抵押权的情形。后者为《物权法》新增的规定[④]，出于立法者对当事人私法

① 高圣平：《物权担保新制度新问题理解与适用》，人民法院出版社 2014 年版，第 14～15 页。

② 申卫星：《民法学》，北京大学出版社 2013 年版，第 312 页。

③ 崔建远：《物权：规范与学说——以中国物权法的解释论为中心》下册，清华大学出版社 2011 年版，第 757 页。

④ 胡康生主编：《中华人民共和国物权法释义》，法律出版社 2007 年版，第 360、365 页。

自治的尊重[①],值得肯定。

2.抵押权较其他担保物权的优先效力

抵押权原则上得优先于普通债权,自无疑问,然而与其他权利存在于同一标的时效力如何,仍需探讨。应指出,《物权法》遵循公示原则(《物权法》第6条),其公示的手段有登记与交付。就二者的公信力而言,登记由国家登记机关完成,其效力应当高于由当事人自主完成的交付。而登记与交付均为法定的公示方法,先公示的权利应优先于后公示的权利,凡经公示的权利,其效力则应优于未经公示的权利。另外,就法定担保物权而言,其效力则应优先于约定担保物权,实为防止当事人以约定的方式架空法定担保物权制度。因此,根据《物权法》第199条、第239条的规定并结合上述原理,我国担保物权的优先顺序如下:第一,就不动产抵押权而言,由于其设立采登记生效主义(《物权法》第187条),不存在未登记的不动产抵押权,故应按登记的顺序定其优先。第二,就动产抵押权而言,由于其设立采登记对抗主义(《物权法》第188条、189条),则存在未经登记的动产抵押权。因此,于同一动产设有多个担保物权时,应按照如下顺序解决其优先问题:留置权优先于已登记的动产抵押权,优先于动产质权,优先于未登记的动产抵押权;动产抵押权均已登记或动产质权均已交付时依其登记或交付的先后顺序定其优先;动产抵押权均未登记时,依债权比例清偿。同时,应指出,上述规则为《物权法》的原则性规定,其他法律如《合同法》第286条等,有特殊规定时,则依其规定。

3.抵押权较租赁权的优先效力

抵押权乃价值权,其目的在于担保主债权的实现。该目的的实现,有赖于抵押人得转让抵押物而收受买受人的价款。因此,抵押权的实现问题实为抵押物最终的转让。而抵押物的上同时存在的租赁权对于抵押物的转让影响甚巨。就一般租赁物的转让,我国《合同法》第229条规定:"租赁物在租赁期间发生所有权变动的,不影响租赁合同的效力。"此为"买卖不破租赁"规则的明文。[②]

---

① 最高人民法院物权法研究小组编著:《〈中华人民共和国物权法〉条文理解与适用》,人民法院出版社2007年版,第498页。

② 如易军教授认为,该条适用范围过大,租赁物非为房屋的情形,承租人无特殊保护的必要,亦与多数立法例不同,因此该条存在矫枉过正之嫌(参见易军:《私人自治与法律行为》,载《现代法学》2005年第3期)。对此笔者认为,应对该条进行目的性限缩,将其适用范围限制于房屋租赁的场合。

比照该规定与背后原理，在租赁物上同时设有抵押权时，《物权法》作出了相关规定。第 190 条规定："订立抵押合同前抵押财产已出租的，原租赁关系不受该抵押权的影响。抵押权设立后抵押财产出租的，该租赁关系不得对抗已登记的抵押权。"由此观之，《物权法》第 190 条在租赁物上同时设立抵押权时，并未完全遵从《合同法》第 229 条的规定。具体而言，该条首先将该问题类型化：第一，订立抵押合同前抵押物已出租；第二，抵押权设立后抵押财产出租且该抵押权未登记；第三，抵押权设立后抵押财产出租而抵押权已登记。对于前两种情形，仍然遵循《合同法》第 229 条所确立的原则，而对于第三种情形，该租赁关系不得对抗已登记的抵押权。由此可见，关于抵押权与租赁权何者优先的问题，该条所设立的规则为除抵押权已设立并登记后租赁以外的情形，抵押权不得对抗租赁权。

（二）抵押权的排他效力

所谓抵押权的排他效力，乃指抵押权人因其享有抵押权得排除他人对于抵押物干涉的效力，此为抵押权作为绝对权效力的体现。由于抵押权仅为价值权，故其排他性不同于所有权、用益物权等具有适用收益权能的物权；又因为抵押权的设立并不转移抵押物的占有，故其排他性亦不同于需转移占有而设立的动产质权。结合我国《物权法》规定以及学说上的见解，抵押权的排他效力主要体现为抵押权保全请求权、抵押权物权请求权[①]以及侵权损害赔偿请求权。因为侵权损害请求权在本质上为债权请求权，属于债法所调整的范围，因此，以下仅就前两者加以探讨。

1. 抵押权保全请求权

《物权法》第 193 条规定："抵押人的行为足以使抵押财产价值减少的，抵押权人有权要求抵押人停止其行为。抵押财产价值减少的，抵押权人有权要求恢复抵押财产的价值，或者提供与减少的价值相应的担保。抵押人不恢复抵押财产的价值也不提供担保的，抵押权人有权要求债务人提前清偿债务。"据此，抵押权的保全请求权系抵押权人在一定条件下有权向抵押人主张的请求权，包括抵押物价值减少防止请求权（《物权法》第 193 条第一句）、恢复抵押物价值请求权（《物权法》第 193 条第二句）以及增加担保请求权（《物权法》第 193 条第三句）。关于抵押物价值减少防止请求权，需要注意：第一，抵押人的行为必须足以使抵押物价值减少；第二，足以使抵押物价值减少的行为须为抵押人所为；第三，抵押权人原则上只可请求抵押人停止

---

① 此所谓抵押权物权请求权系物权请求权与抵押权上的具体体现。

其行为,仅在情况急迫而不能依通常方法请求其停止时,才可为必要的保全处分。[①] 抵押物价值减少防止请求权系针对抵押物的价值尚未减少的情形而设,倘若抵押人的行为已造成抵押物价值的减少,则须诉诸恢复抵押物价值请求权以及增加担保请求权。如此方得维持抵押权于圆满的状态。

2. 抵押权物权请求权

抵押权的设立不转移抵押物的占有,抵押人所支配的,仅为抵押物的交换价值。因而,抵押人或其用益物权人对抵押物的占有,抵押权人无权干涉;即使是抵押物被第三人无权占有,抵押权人也无权过问。依此思路,在抵押权场合,似不存在抵押物受占有妨害的问题,于是亦不存在物权请求权的产生与行使。然而,构成抵押权受到妨害,只需要抵押物的价值因抵押人或第三人的妨害行为而减少或者有可能减少即可,至于抵押物的价值是否足以清偿抵押债权则非所问,其原因在于抵押权的不可分性。如此,抵押人或第三人若未经抵押权人同意,或未依抵押物的性能和使用方法而分离抵押物就构成对抵押物的妨害。于此场合,抵押权人有权行使抵押权妨害除去请求权;若存在上述妨害之虞时,抵押权人有权行使抵押物妨害预防请求权。其请求权基础则为《物权法》第 35 条。

同时,《物权法》第 34 条规定:"无权占有不动产或动产的,权利人可以请求返还原物。"此为原物返还请求权的规定,其于抵押权的场合是否存在适用余地,值得考虑。笔者认为,就抵押权而言,由于不转移抵押物的占有,原物返还请求权的适用应当与所有权或者具有占有内容的其他物权有所区别。首先,无权占有中"无权"的判断应以抵押人为基准,而非抵押权人。因为抵押权人本来即无权占有抵押物,承认其原物返还请求权乃出于保障其债权将来得以实现。其次,无权占有人应将抵押物返还于抵押人而非抵押权人。换言之,抵押权人的原物返还请求权实乃代位抵押人行使其权利。[②]

三、抵押权可及标的范围

抵押权效力所及的标的范围,是指抵押权人实行抵押权时有权依法予以变价的抵押财产的范围。对此,我国《物权法》与《担保法》均设有明文规

① 崔建远:《物权:规范与学说——以中国物权法的解释论为中心》下册,清华大学出版社 2011 版,第 816 页。

② 崔建远:《物权:规范与学说——以中国物权法的解释论为中心》下册,清华大学出版社 2011 年版,第 819 页。

定，二者均从正反两个方面采列举加兜底条款模式。但是，在正面列举后的兜底条款的表述却大相径庭：《担保法》第34条第（六）项为“依法可以抵押的其他财产”，而《物权法》第180条第1款第（七）项则为“法律、行政法规未禁止抵押的其他财产”。申言之，《物权法》改变了《担保法》的立法技术，对抵押物的范围采取反面排除法，体现了“法不禁止即为允许”的私法自治理念，极大扩充了担保物范围。① 此改变为将来担保物权的发展留下空间，值得肯定。从我国《物权法》的规定来看，抵押权可及标的的范围包括抵押物②的本体以及抵押物本体以外的物与权利。

（一）抵押物的本体

1. 可抵押财产的范围

根据《物权法》第184条的规定，下列财产不得抵押：(1)土地所有权；(2)耕地、宅基地、自留地、自留山等集体所有的土地使用权，但法律规定可以抵押的除外；(3)学校、幼儿园、医院等以公益为目的的事业单位、社会团体的教育设施、医疗卫生设施和其他社会公益设施；(4)所有权、使用权不明或者有争议的财产；(5)依法被查封、扣押、监管的财产；(6)法律、行政法规规定不得抵押的其他财产。除此以外，其他财产原则上均应属于可以抵押财产的范围。

根据《物权法》第180条第1款的规定，可以抵押的财产需为债务人或者第三人有权处分的财产，包括不动产、动产以及权利等。具体包括：(1)建筑物和其他土地附着物[《物权法》第180条第1款第（一）项]；(2)建设用地使用权[《物权法》第180条第1款第（二）项]；(3)以招标、拍卖、公开协商等方式取得的荒地等土地承包经营权[《物权法》第180条第1款第（三）项]；(4)生产设备、原材料、半成品、产品[《物权法》第180条第1款第（四）项]；(5)正在建造的建筑物、船舶、航空器[《物权法》第180条第1款第（五）项]；(6)交通运输工具[《物权法》第180条第1款第（六）项]；(7)法律行政法规未禁止抵押的其他财产，如共有财产的份额、建筑物区分所有权等财产性权利。再次指出，该兜底条款为将来认可新类型担保具有物权属性留下了较

① 高圣平：《物权担保新制度新问题理解与适用》，人民法院出版社2014年版，第5页。

② 应当指出，抵押权的客体既可以是物，也可以是权利（如建设用地使用权），还可以是共同所有权的份额等。但为行文的方便，此处以“抵押物”相称，下同。

大解释空间[①],使得抵押权制度具有开放性,缓解了我国物权法定过于僵化而难以适应市场经济发展的问题,值得肯定。

2. 中国内地的特色

作为后发国家的法制,我国《物权法》为继受法与本土法的结合。

首先,就抵押权制度而言,它体现为动产抵押制度。传统民法的抵押权的标的仅限于不动产,尽管各国在其判例、学说以及特别法上亦承认动产抵押,如日本的《汽车抵押法》《飞机抵押法》《船舶抵押法》等,但我国自《民法通则》直至《物权法》一直承认动产抵押,颇具特色。

其次,《物权法》第 181 条继受了英美法系国家浮动抵押制度,对于促进中小企业融资帮助甚大。但是,其美中不足之处在于:由于我国各类财产设定抵押担保及其公示制度不统一,无法完成企业全部财产的设押,因此浮动抵押制度将不动产、知识产权和债权等财产排除在外,仅适用于动产,导致浮动抵押制度在我国物权法上被限缩至动产浮动抵押制度。这意味着,一个完整的企业浮动抵押制度被我国物权法分解为动产浮动抵押制度、知识产权质权制度和应收账款质权制度等三个独立的担保制度。应当看到,将浮动抵押制度限定在动产,必然导致浮动抵押制度的巨大优势功能极大地减损。特别是,如果物权法全面承认浮动抵押制度并将抵押财产扩及不动产、知识产权和应收账款等债权,不仅能够在动产等财产与应收账款债权之间实现"被处分的财产脱离抵押财产,也相应地使应受账款自动进入抵押财产"的良性浮动担保状态。[②]

最后,在我国实行土地公有(所有权形态具体包括国家所有和集体所有两种)而非私人所有的背景下,如何实现土地的流转与抵押,亦十分考验立法者的智慧。我国立法者采取的模式为:利用传统大陆法系国家不动产用益物权制度,在土地所有权之上设立建设用地使用权等用益物权,以该等用益物权转让、抵押的方式,实现土地的流转。在抵押权制度上,这便体现为《物权法》第 180 条第 1 款第(二)项的规定,建设用地使用权为抵押财产的范围。但是,我国目前仍实行城乡二元土地结构,上述探讨仅就城市土地(属于国家所有)而言,农村的土地属于集体所有,鉴于其上的用益物权具有

---

① 关于我国实务上出现的主要新类型担保的介绍,参见最高人民法院民事审判第二庭编:《担保案件审判指导》,法律出版社 2014 年版,第 29 页以下。相关的理论研究,参见陈本寒:《新类型担保的法律定位》,载《清华法学》2014 年第 2 期。

② 最高人民法院民事审判第二庭编:《担保案件审判指导》,法律出版社 2014 年版,第 28 页。

社会保障功能，所以不能完全自由流转。改革虽已提上日程，但在立法层面尚无突破。

(二)抵押物本体以外的物与权利

1. 从物

抵押权的效力及于从物，其原理在于主物的处分应及于从物(《物权法》第115条)，故就主物设定抵押权时，凡设定前即为抵押物的从物，虽未载明从物在内，亦当然包括从物。《担保法解释》第63条规定："抵押权设定前为抵押物的从物的，抵押权的效力及于抵押物的从物。但是，抵押物与其从物为两个以上的人分别所有时，抵押权的效力不及于抵押物的从物。"有学者对该规定但书部分提出了批评，其认为两物为两个人分别所有，则不会为主物与从物的关系。① 甚至有学者认为，但书部分应规定为："但是，当事人有特别约定或者法律另有规定的除外。"②笔者认为，考虑到"从物随主物"并非强制性规定，且有善意取得制度的存在，若抵押权设定后抵押物登记时登记簿并未明确载明从物范围，那么抵押权实现前抵押人将从物转让致使第三人善意取得所有权时，该从物就不应为抵押权的效力所及，《担保法司法解释》"但书"的"从物"应解释为所有权发生变更后的原从物。如此则可调和前述学者所批评的主物与从物为两个人所有的表述不符合从物的定义的悖论。

另外，抵押权设立后新产生从物是否为抵押权的效力所及？此涉及抵押权人和一般债权人的利益平衡。此种情况下涉及两个利益：一是抵押权人的利益。从经济目的看，从物辅助抵押物这个主物发挥效能，抵押物与其从物之间具有依存关系，如果不让抵押权的效力及于从物，就意味着抵押权实行时不得一并拍卖抵押物与其从物，势必减损抵押物的价值，影响抵押权人的利益。二是一般债权人的利益。抵押权设立后增加的从物，若为抵押物效力所及，抵押权人就从物的变价优先受偿，等于从抵押人的责任财产中划出一部分归于抵押物中，一般债权人难免蒙受损失。为兼顾各方当事人的利益，原则上应认为抵押权的效力及于抵押权设立后增加的从物，若因此而影响到一般债权人的利益时，则抵押权人于实行抵押权时，虽然可以把抵

① 参见郭明瑞：《担保法》，法律出版社2004年版，第113页。

② 程啸：《物权法·担保物权》，中国法制出版社2005年版，第214页。

押物与从物一同拍卖,但就该从物无优先受偿权。[①]

2.从权利

从权利之于主权利,其关系亦犹如从物之于主物,故抵押权的效力亦应及于从权利,其典型者如地役权。因此,《物权法》第165条规定,地役权不得单独抵押。土地承包经营权、建设用地使用权等抵押的,在实现抵押权时,地役权一并转让。同时,对抵押物的从权利应当从宽解释,不只限于本质上的从权利其本质上虽非从权利,但抵押物存在上述所必需的权利亦应包括在内。可使得抵押物的经济效用达到最大化,抵押权的效力因而得到强化。抵押权实行之后,抵押物的受让人就不会因他人享有抵押物的从权利而受到种种牵制、妨害,从而顺畅地利用抵押物,使效益最大化。[②]

3.孳息

抵押权效力不及于着手实行抵押权之前已由抵押物分离的天然孳息。因为抵押权系不转移占有标的物的担保物权,抵押权设定后,抵押人并未丧失其使用收益权,故抵押人仍有收取孳息的权利(《物权法》第197条、第213条;《担保法》第47条、第68条)。但是,若绝对贯彻这一原则,又会出现下述弊端:抵押物所有人故意拖延抵押物被扣押的时间,以便更多地收取天然孳息。因此,《物权法》第197条规定:“债务人不履行到期债务或者发生当事人约定的实现抵押权的情形,致使抵押财产被人民法院依法扣押的,自扣押之日起抵押权人有权收取该抵押财产的天然孳息或者法定孳息,但抵押权人未通知应当清偿法定孳息的义务人的除外。前款规定的孳息应当先充抵收取孳息的费用。”这里需要指出,此处抵押人仅有权收取孳息,孳息的所有权仍应归抵押人所有,但孳息的处理应依该条的规则。

4.代位物

抵押权具有物上代位性,《物权法》第174条规定:“担保期间,担保财产毁损、灭失或者被征收等,担保物权人可以就获得的保险金或者补偿金等优先受偿。被担保债权的履行期未届满的,也可以提存该保险金、赔偿金或者补偿金等。”据此,抵押物的代位物或代偿物具体包括如下几种:(1)损害赔偿金。抵押物因为第三人的行为毁损、灭失,抵押物所有人对第三人依法可

---

① 崔建远:《物权:规范与学说——以中国物权法的解释论为中心》下册,清华大学出版社2011年版,第789～790页。

② 崔建远:《物权:规范与学说——以中国物权法的解释论为中心》下册,清华大学出版社2011年版,第792页。

以请求的损害赔偿金。(2)保险赔偿金。抵押物投保后,因为保险事故的发生而受损害,抵押物所有人依照保险合同可以请求保险赔偿金。但抵押人在保险合同中指定第三人为保险金请求权人的,抵押权的效力不得及于该赔偿金。(3)征收补偿金。抵押物被征收,抵押物所有人依法可以取得的补偿金。(4)用作抵押的房屋因倒塌而成为动产时,该动产即为抵押物的变形物,依物上代位的法理,该动产也属抵押物的代位物。与之类似,《担保法解释》第 62 条规定:"抵押物因附合、混合或者加工使抵押物的所有权为第三人所有的,抵押权的效力及于补偿金;抵押物所有人为附合物、混合物或者加工物的所有人的,抵押权的效力及于附合物、混合物或者加工物;第三人与抵押物所有人为附合物、混合物或者加工物的共有人的,抵押权的效力及于抵押人对共有物享有的份额。"

结语

行文至此,笔者简要介绍了中国大陆抵押权制度的形成与发展,结合《担保法》《物权法》等法律法规的规定以及学说与实务上的见解,探讨了抵押权的效力以及可及标的的范围。担保制度乃市场经济发展的基石,为各市场主体的信用提供了坚实的基础,而抵押权则为担保的重要方式。传统上,抵押权制度以不动产为中心,企业融资高度依赖不动产物权担保,其结果是:一方面,银行抵押资产不动产比重过高,风险集中;另一方面,动产与权利抵押比重过低,大大缩小了担保范围,增加了中小企业融资的难度。[①] 就世界趋势而言,抵押物的范围历经了从不动产向动产扩展,由单个物向集合物延伸,抵押权效力经历了由坚持保全性向突出流通性的转向,抵押权的类型出现了由一般抵押权到特殊抵押权的发展,中国大陆立法者对此已有鲜明认识,希望将法制发达国家的制度结合本土的国情加以继受。抵押物本体以外的物与权利可否为抵押权效力所及,颇为繁琐,须针对不同情形分别探讨。对此,在将来制定东亚地区模范担保法的制定,亦不可不察。

---

① 高圣平:《物权担保新制度新问题理解与适用》,人民法院出版社 2014 年版,第 9 页。

中国法上的抵押权保全

——以《物权法》第193条为中心

蔡立东[*]

一、与《物权法》第193条相关联的规则

关于抵押权的保全，除《物权法》193条外，与之相关联的法条包括：

1.《中华人民共和国担保法》(以下简称《担保法》)第51条

该条规定："抵押人的行为足以使抵押物价值减少的，抵押权人有权要求抵押人停止其行为。抵押物价值减少时，抵押权人有权要求抵押人恢复抵押物的价值，或者提供与减少的价值相当的担保。抵押人对抵押物价值减少无过错的，抵押权人只能在抵押人因损害而得到的赔偿范围内要求提供担保。抵押物价值未减少的部分，仍作为债权的担保。"

2.《最高人民法院关于适用〈中华人民共和国担保法〉若干问题的解释》(以下简称《担保法司法解释》)第70条

该条规定："抵押人的行为足以使抵押物价值减少的，抵押权人请求抵押人恢复原状或提供担保遭到拒绝时，抵押权人可以请求债务人履行债务，也可以请求提前行使抵押权"。

由此可以看出，《物权法》第193条与《担保法》第51条、《担保法司法解释》第70条一脉相承，并且后者对前者构成了补充，其补充的内容主要体现在两个方面：其一，限定了抵押权人增担保请求权的效力。抵押人对抵押物价值的减损没有过错，抵押权人仅可以就抵押人因损害所得赔偿范围内要求提供担保。其二，明确了抵押权人提前实现抵押权的权利。当抵押人的行为具有损害抵押物价值的风险时，不管损害结果是否产生，抵押权人都可

---

* 作者简介：蔡立东，男，法学博士，长白山学者，吉林大学特聘教授。

以请求恢复抵押物价值或者要求提供增担保。如果抵押人拒绝，抵押权人可以请求债务人继续履行债务或者提前行使抵押权。

二、《物权法》第 193 条的学理解释

对于《物权法》第 193 条的学理解释，关键取决于对于抵押权人所享有的诸种请求权性质的认定。享有物权请求权的主体只有两种：一是物的所有权人；二是物的占有人。然而，就抵押权而言，抵押权人既非抵押物的所有权人，亦不占有抵押物，因此抵押权人既无法基于所有权人的地位行使物上请求权，也无法基于占有人的地位行使物上请求权，这点与用益物权人或质权人因占有而可行使物上请求权是有差别的。[①] 基于抵押权人保全抵押权的权利不是物权请求权这一前设，可以对《物权法》第 193 条作出以下解释论分析。

（一）《物权法》第 193 条适用的要件

1. 抵押人实施的行为必须使得抵押物的价值减少或“足以”使得抵押物价值减少

这一要件主要包含两个方面的内容：其一，抵押人实施了侵害行为。侵害抵押权的行为是指使抵押物价值减少或者足以使抵押物减少的行为。实务中，对抵押物的妨害行为可以分为积极行为和消极行为。其中积极行为主要包含分离和搬出，抵押权的效力范围不仅仅局限于抵押物本身，还包含抵押物的从物、添附物、孳息[②]，抵押物的部分也存在可以分离的情况，抵押权人分离抵押物的部分或者从物、添附物或者孳息，必然导致抵押物的交换价值降低。搬出行为则使得抵押物离开其所在空间位置，增加拍卖的难度，而且容易引发善意取得，威胁抵押关系的安全，侵害抵押权人的优先受偿权，需要抵押权人通过抵押权的保全排除对抵押物的妨害；消极行为主要是抵押物遭遇价值减少的风险时，抵押人应当采取一定的行为，而不作为。例如暴风雨即将来临，抵押物不能够承受暴风的损害，抵押人不予修缮，抵押权人可以要求抵押人排除妨害，将房屋予以修缮，以保障抵押物的价值不减

---

① 参见李国光主编：《担保法新释新解与适用》，新华出版社 2001 年版，第 738 页。也有学者认为，抵押权人的权利内容基本上属于物上请求权（参见曹士兵：《中国担保制度与担保方法》，中国法制出版社 2008 年版，第 247 页）。

② 参见《最高人民法院关于适用〈中华人民共和国担保法〉若干问题的解释》第 62 条、第 63 条、第 64 条。

少。其二,"侵害"标准的判定。关于侵害的标准判定,存在两种学说:(1)实质侵害债权说。抵押权是对价值的支配,被担保债权不能最终实现,才构成抵押权的侵害,侵害行为本身不直接发生排除妨害的请求权。构成"侵害"的标准是,抵押物的价值(价额)低于被担保债权的价值。(2)客观减少说。对抵押人的侵害行为是否存在现实的损害不是考察的必要,只要其行为使抵押物的价值具有减少的可能性(盖然性),可以发生抵押权人请求权。① 由此可以看出,实质侵害债权说符合抵押权的逻辑。但是,在实践中很难确定抵押物的价值是否低于债权的实际价值。客观减少说减轻了抵押权人的举证责任,从《物权法》第193条的内容来看,中国采用客观减少说判断侵害的构成,抵押人违反义务,抵押权人可以进行抵押权保全,不问侵害行为是否会导致抵押物价值低于所担保债权的价值。按照抵押权是支配抵押物交换价值的物权,对于"侵害"的标准,不能够影响权利人的正常使用,因此,当权利人正常的使用或者设定用益物权时,即使会对抵押的价值减少,抵押权人也不能寻求救济②,也即抵押权人对此有容忍义务,无停止侵害行为请求权。

2.使得或足以使得抵押物价值减少的行为必须是抵押人的行为

《物权法》第193条将行为的主体限定在抵押人,只有在抵押人的行为包含积极行为和消极行为造成抵押物价值减少的后果或者具有造成抵押物价值减少的危险时,抵押权人才能够对抵押人行使停止侵害行为请求权、恢复价值请求权、增担保请求权、提前实现债权请求权。需要注意的是,成就抵押权人的请求权的足以造成抵押物价值减少的行为不以抵押人行为过错(故意或者过失)为要件。在第三人行为使抵押物价值减少或者足以使得抵押物价值减少时,抵押权人如何保全抵押权,中国法没有相应规定,是需要补充的法律漏洞。

3.《物权法》第193条规定了抵押权救济的行使顺序

当抵押人的行为"足以"造成抵押物价值减损时,抵押权人可以向抵押人主张停止具有损及抵押物价值的行为。在抵押人的行为造成了抵押物价值减损场合时,根据《担保法》,只有抵押人的过错行为造成了抵押物价值减损,抵押权人才可以要求抵押人在减损的范围内增加提供担保或者恢复抵

① 参见曹士兵:《中国担保制度与担保方法》,中国法制出版社2008年版,第247页。

② 参见孙鹏、王勤劳:《担保物权侵害及其救济——以担保物侵害为中心》,载《北方法学》第14期。

押物的价值时，抵押人不能提供新的担保或者恢复抵押物的价值时，抵押权人可以要求其提前清偿自己的债务[①]，即恢复抵押物价值、增担保请求权与提前清偿请求权相结合。若抵押人无过错（故意或者过失），抵押权人只能在抵押人获得的赔偿范围内主张提供增担保。但《物权法》对抵押权的保全措施，不再区分抵押人是否有过错，且《物权法》颁布在后。其第 178 条规定："担保法与本法规定不一致的，适用本法。"因此，应优先适用《物权法》的相关规则，即抵押权人可依据《物权法》第 174 条主张就赔偿金优先受偿，也可行使保全抵押权的诸权利。

（二）《物权法》第 193 条存在的法律漏洞

1. 第三人侵夺抵押物之占有

关于第三人的侵夺抵押物之占有，抵押权人是否请求返还存在争议。持肯定说的学者梳理了日本最高法院的态度变化。日本判例在很长一段时间内认为，即便第三人侵夺抵押人之占有而不法占有抵押物，由于其不法占有不能对抗抵押权人，抵押权人可在实行抵押权时要求其返还抵押物，该不法占有并不当然降低抵押物的价值，并不妨碍抵押权人的优先受偿权，故抵押权人不能基于抵押权请求该占有人排除妨碍，也不能代位行使抵押人对该占有人的妨碍排除请求权。[②] 但是不能否认，当抵押物的占有被他人侵占尤其是不法团体侵占时，买受人通常不愿购买，必然损及抵押权人的利益。日本最高院对其进行了修正，"因第三人不法占有抵押不动产，可能妨碍拍卖的进行并导致抵押物的拍卖价格低于正常市价，从而影响抵押物交换价值的实现并使抵押权人的优先受偿陷入困难时，应当认定为对抵押权的侵害"[③]，并且对抵押权人能否要求向自己返还作了进一步细化的规定："在抵押物所有人不能妥善维持和管理抵押不动产以防止和避免对抵押权的侵害时，抵押权人可要求不法占有人直接向自己返还抵押物。"这样对于抵押权人来说避免了第三人非法占有抵押物而导致自己利益减损，也避免了抵押物所有人不能维持和管理抵押不动产再次造成利益减损。否定说则主张，抵押权人不享有任何物权请求权。在抵押人怠于行使物上请求权场

---

① 参见北大法宝：《物权法》193 条释义，http://www.pkulaw.cn/CLink_form.aspx? Gid=89386&tiao=193&subkm=0&km=siy，2014 年 8 月 25 日访问。

② 参见孙鹏、王勤劳：《担保物权侵害及其救济——以担保物侵害为中心》，载《北方法学》第 14 期。

③ 孙鹏、王勤劳：《担保物权侵害及其救济——以担保物侵害为中心》，载《北方法学》第 14 期。

合，抵押权人只能通过代位行使抵押人的物上请求权，向第三人主张消除危险、排除妨害、恢复原状、返还原物、损害赔偿。

2.提供的与价值减少部分的担保是否包含人保

崔建远先生认为，人保无法确保保证人具有偿还能力，而且也不具有有限受偿的效力。[①] 因此，是否采用人的担保要取决于抵押权人的同意，这样才能符合《物权法》第193条的规定。

三、《物权法》第193条的司法适用

在北大法宝数据库中，以《物权法》第193条为关键词进行检索，共检索到4个案例。现就判决的具体情况以及对相应的判决进行分析。

1.法院判决情况概述

(1)“××银行股份有限公司贵港分行诉冼××等船舶抵押合同纠纷确权诉讼案”[案号:(2011)海法确字第3号]。本案主要涉及当抵押物被司法程序强制执行，抵押权人能够适用《物权法》第193条，要求抵押人就减损的价值提供担保时，抵押人不能够提供担保时，抵押权人可以要求提前清偿债务，并且就抵押物拍卖价款优先受偿。

(2)“洛阳诚信公司诉偃师宇声公司、佃庄镇政府抵押合同纠纷案”[案号:(2010)偃民二初字第10号]。本案主要涉及当抵押物因其他原因流失(在该案中表现为其他债权人将机器设备拉走)，在抵押人无力补足抵押物价值时，抵押权人能够适用《物权法》第193条，要求提前清偿债务。

(3)“中国农业银行股份有限公司商丘梁园支行诉商丘市丰源铝电有限责任公司金融借款合同纠纷案”[案号:(2012)商民一初字第2号]。本案主要涉及抵押物为多个的情况下，抵押人可以部分处置抵押物，而不论抵押物总价值低于或高于债权价值。抵押权人可以适用《物权法》第193条，要求项下所有未到期的合同提前到期。

(4)“中国邮政储蓄银行股份有限公司某县支行与化某某等抵押物申请案”[案号:(2014)泗商特字第0001号]。本案主要涉及当抵押物灭失时(本案表现为作为抵押物的房屋被征收拆除)，抵押权人可以依据《物权法》第193条的规定，要求抵押人提供新的担保，反之可以要求提前清偿，并且就抵押灭失的赔偿金、补偿金和保险金优先受偿。

---

① 参见崔建远:《物权:规范与学说》，清华大学出版社2012年版，第817～818页。

2.针对法院判决的分析

(1)法院的判决扩大了《物权法》第193条的适用范围,将抵押物由于第三人的原因灭失(政府拆迁、其他债权人强行以抵押物抵债)纳入《物权法》193条的辐射范围,将抵押人的违约(不区分过错或者非过错)作为《物权法》第193条的施行理由。

(2)严格遵循《物权法》第193条保全顺序的规定。虽然所涉及的判决都要求提前清偿,但是判决中都体现了抵押人无力就价值减少的部分提供新的担保或者恢复抵押物的价值,严格遵循了法定顺序。但就恢复原状,还是提供增担保,抵押权人有选择权。[①]

(3)判决涉及第三人侵占抵押物(其他债权人将机器设备强行拉走),但是法院并没有对该问题进行处理,仅仅要求提前清偿,这可能意味着我国法院不承认抵押权人有权要求占有人返还占有,这也与学界关于抵押权保全效力不及于第三人的观点暗合。[②]

---

① 参见全国人大常委会法制工作委员会民法室:《中华人民共和国物权法:条文说明、立法理由及相关规定》,北京大学出版社2007年版,第353页。

② 有学者认为我国抵押权的保全不及于第三人(参见张俊文、邬砚:《抵押权人处分不动产的自由与限制——评〈物权法〉第191条与第193条》,载《中国不动产法研究》2010年)。

论抵押权与租赁权的冲突及协调

——对中国《物权法》第190条的解读

李志文　刘文钊*

在提倡对财产最大限度利用的近现代法制下，围绕同一财产而发生抵押权和租赁权的情况并不罕见。同为财产利用，抵押权设置的目的是把控抵押财产的交换价值，租赁权则是为获取租赁物的使用价值。一般情形下，两者因对财产的关注点不同而具有了并存于同一物的基础，并能和谐相处。然而，当抵押权人行使抵押权时，负担于抵押物上的租赁权将抑制抵押物的交换价值，必然带来抵押权与租赁权的冲突。为此，各国立法大多对抵押权和租赁权冲突作出了规定，并在不同的价值取向下，就两者的冲突及解决作出立法安排。中国从最高人民法院司法解释到物权法对此都有相关的规定，但各个规定之间并不一致和衔接。不仅如此，中国法下抵押权既可以在不动产上设立，亦可以在动产和权利上设立。而租赁权也可以是不动产租赁和动产租赁，抵押权和租赁权各自的体系较为复杂和多元化，从而导致学界对两者冲突的相关立法的认知不一，带来法律适用上的难题。对此，实有研讨的必要。

一、中国立法的态度和学理认识

(一)从最高人民法院的司法解释、《担保法》到《物权法》第190条

1995年的中国《担保法》第48条对抵押权与租赁权的关联作了规定："抵押人将已出租的财产抵押的，应当书面告知承租人，原租赁合同继续有效。"但该条仅解决了财产出租后，出租人可以将租赁物抵押且不影响租赁

---

* 作者简介：李志文，大连海事大学法学院教授、博士生导师；刘文钊，大连海事大学2011级博士生。

合同的效力，允许抵押权和租赁权的并存，但该条并没有涉及两者的冲突及协调问题。

《最高人民法院关于适用〈中华人民共和国担保法〉若干问题的解释》（法释[2000]44号，以下简称《担保法解释》）第65条、第66条第一次就抵押权与租赁权冲突作出了规定，区分了“先出租后抵押”和“先抵押后出租”两种情形，并对两者的冲突和协调作出了制度安排。对于前者，第65条规定：“抵押人将已出租的财产抵押的，抵押权实现后，租赁合同在有效期内对抵押物的受让人继续有效。”对于后者，第66条第1款规定：“抵押人将已抵押的财产出租的，抵押权实现后，租赁合同对受让人不具有约束力。”

《最高人民法院关于人民法院民事执行中拍卖、变卖财产的规定》（法释[2004]16号，以下简称《拍变卖规定》）第31条第2款针对“先抵押后出租”亦作出了规定：“拍卖财产上原有的租赁权及其他用益物权，不因拍卖而消灭，但该权利继续存在于拍卖财产上，对在先的担保物权或者其他优先受偿权的实现有影响的，人民法院应当依法将其除去后进行拍卖。”

2007年，《物权法》第190条首次在法律层面上对租赁权与抵押权冲突及协调作了规定：“订立抵押合同前抵押财产已出租的，原租赁关系不受该抵押权的影响。抵押权设立后抵押财产出租的，该租赁关系不得对抗已登记的抵押权。”该规定大体延续了“担保法解释”第65条和第66条第1款的思路。

《最高人民法院关于审理城镇房屋租赁合同纠纷案件具体应用法律若干问题的解释》（法释[2009]11号，以下简称《房屋租赁司法解释》）第20条规定：“租赁房屋在租赁期间发生所有权变动，承租人请求房屋受让人继续履行原租赁合同的，人民法院应予支持。但租赁房屋具有下列情形或者当事人另有约定的除外：房屋在出租前已设立抵押权，因抵押权人实行抵押权发生所有权变动的……”

从对中国现有立法的梳理中可以看出，中国现有的法律和司法解释对抵押权和租赁权冲突及协调的规定并不完全一致，这体现在：

首先，在抵押权和租赁权产生冲突的情形上。现有立法有两种规定方式：(1)仅规定“先出租后抵押”或者“先抵押后出租”的情形。前者如《担保法》，后者如《拍变卖规定》和《房屋租赁司法解释》。(2)区分抵押权和租赁权设置先后的两种情况，如《担保法解释》和《物权法》。这种规定克服了《担保法》《拍变卖规定》和《房屋租赁司法解释》的局限，较为完整地规定了抵押权和租赁权的冲突，但两者在表达上仍然有所区别。如在“先出租后抵押”

情形下,《担保法解释》的规定是“租赁合同在有效期内对抵押物的受让人继续有效”,这与《担保法》的规定相同[①],而《物权法》则是“原租赁关系不受该抵押权的影响”。而在“先抵押后出租”的情形下,《担保法解释》的规定是“抵押权实现后,租赁合同对受让人不具有约束力”。《物权法》则是“租赁关系不得对抗已登记的抵押权”。

其次,抵押权和租赁权冲突所适用的客体范围上。除《房屋租赁司法解释》针对不动产房屋的抵押权和租赁权冲突进行过规定外,《担保法》《物权法》《担保法解释》和《拍变卖规定》均未涉及抵押权和租赁权冲突适用的客体为不动产或者动产,从而导致学者和法律适用者对此有不同的认识和解释。

最后,在抵押权和租赁权冲突的协调处理上。《拍变卖规定》与《担保法解释》第66条第1款的规定有所不同。依《担保法解释》第66条第1款,租赁合同的效力完全取决于抵押物买受人的态度;而依《拍变卖规定》第31条第2款,法院在拍卖抵押物之前,需要对租赁权是否对抵押权的实现造成影响进行评估,如有影响,法院则裁定除去租赁权再进行拍卖;反之,则租赁权继续存在。

(二)学界的不同认识

中国学者对于抵押权和租赁权冲突的认知并不相同,在对现有立法的理解上也不同:

其一,抵押权和租赁权冲突所涉及的客体范围。因《物权法》第190条对此规定不明确,学界在讨论租赁权与抵押权的冲突时,要么明确指出《物权法》第190条可以适用于动产[②],要么回避这一问题[③],要么仅将研究限定在不动产领域[④]。而对抵押权和租赁权冲有突的买卖没有突破租赁所适用的客体范围,有的认为该规则仅适用于不动产[⑤],还有的认为该规则不应以不动产租赁为限,也应适用于动产。[⑥] 可见,在对待抵押权和租赁权冲突所

---

① 《担保法》第48条规定:抵押人将已出租的财产抵押的,应当书面告知承租人,原租赁合同继续有效。

② 参见孙鹏、王勤劳:《抵押权与租赁权的冲突与协调》,载《法律适用》2009年第2期;尹田:《抵押权效力若干问题研究》,载《河南财经政法大学学报》2013年第1期。

③ 参见崔建远:《物权法》,中国人民大学出版社2009年版,第458～459页。

④ 参见黄晓林、张国华:《不动产抵押权与租赁权的冲突与协调》,载《法学杂志》2002年第4期。

⑤ 参见王利明:《论“买卖不破租赁”》,载《中州学刊》2013年第9期。

⑥ 参见徐澜波:《“买卖不破租赁”规则的立法技术分析》,载《法学》2008年第3期。

适用的客体范围上学者的理解不一，而在此基础上对《物权法》第 190 条所进行解读，自然也会不同。

其二，抵押权和租赁权冲突中租赁权的公示问题。支持者认为大多数一般的租赁关系不具有对抗第三人效力，只有当租赁关系与租赁登记相结合时，借用登记技术才能有逻辑地推出租赁关系的涉他性效力。[①] 反对者认为登记备案在性质上是一种行政管理措施，而非房屋租赁合同的生效要件，不能将其作为房屋租赁合同产生对抗效力的条件。[②] 这说明学界对租赁权登记作用的认识仍然存在分歧。

其三，对《物权法》第 190 条“先抵押后租赁”中“该租赁关系不得对抗已登记的抵押权”的理解。有观点认为该规定实际上与《担保法》无异，即在抵押权实行后，买受人可以解除与承租人之间的租赁合同而消灭租赁权。[③] 另有观点认为该规定本质上应为该租赁关系不得对登记抵押权造成不利影响，[④] 只有在该租赁关系存在而使抵押物无人购买或出价降低导致不足以清偿抵押债权时，抵押权人才有权主张租赁关系终止。[⑤] 不难看出，两种不同的理解，实际上反映了在“先抵押后租赁”场合中，学者们对于优先保护承租人利益还是优先保护抵押人利益的不同认识。

二、中国法下解读抵押权和租赁权冲突的进路

(一)理论前提:抵押权与租赁权冲突的诠释

权利冲突是在权利行使中出现两种合法性、正当性权利，要实现一种权利就要排除或减损另一种权利实现的情形。[⑥] 租赁权与抵押权的冲突是指并存于同一物上的抵押权与租赁权，在实行抵押权时必须去除租赁权或限制抵押权的实现。

首先，从实质上讲，权利冲突的前提是两种或者两种以上的权利之间具有对抗性，表现为一个权利排斥或者限制另外一个权利的行使和实施。而

① 参见温世扬、武亦文:《论租赁权的非物权化进路》，载《当代法学》2010 年第 3 期。

② 参见王利明:《论“买卖不破租赁”》，载《中州学刊》2013 年第 9 期。

③ 参见全国人大常委会法制工作委员会民法室编:《中华人民共和国物权法条文说明、立法理由及相关规定》，北京大学出版社 2007 年版，第 347 页。

④ 参见孙鹏、王勤劳:《抵押权与租赁权的冲突与协调》，载《法律适用》2009 年第 2 期。

⑤ 参见崔建远:《物权法》，中国人民大学出版社 2009 年版，第 458 页。

⑥ 参见征汉年、陶广峰:《现实的困惑:权利冲突——权利冲突的成因、形式与化解之管见》，载《中州大学学报》2006 年第 1 期。

具有对抗性的权利,尤其是财产性对抗权利应当是物权或者类似性质的权利,这类权利因对财产的支配而具有排他性从而产生对抗其他权利的效力。债权是一种对人的请求权,各债权处于平等的地位,不发生对抗问题。而物权和债权之间因权利承载的载体不同,同样不可能发生权利的对抗。由此,只有同质性的两种或者两种以上的物权或类似权利之间才存在对抗性问题。基于此,本身作为债权的租赁权只有在具有了物权化的情况下,才具备了与抵押权冲突的基础,并与抵押权形成对抗。而判明什么样的租赁权具有物权化倾向,是适用《物权法》第 190 条的理论前提。

其次,权利冲突应当围绕着同一标的而发生。权利之间的冲突体现出对抗和排斥来自于权利人对特定财产的绝对支配性。故此,它应发生在同一标的物上,依对同一标的物支配力的大小,而产生对抗和排斥的强弱进行排列,形成一权利排除或者限制另一权利的行使和实现的情况。在抵押权和租赁权冲突的情形下,因中国立法中抵押权可以在不动产、权利或者动产上设置,租赁权可以围绕着动产和不动产而展开,故两者的冲突应只能发生在不动产或者动产上。而在不动产和动产上均能产生两者的冲突,还是只能在不动产上发生冲突,取决于对租赁权物权化范畴的理解。

最后,权利是特定利益上的法律之力。(1)权利冲突实质上是以冲突的形式所表现出来的利益冲突。(2)租赁权与抵押权的冲突也是租赁权与抵押权背后所代表的利益之间的冲突,而协调租赁权与抵押权间的冲突,实际上是对承租人与抵押权人利益的权衡和取舍,在形式上表现为对权利租赁权与抵押权的权利边界的划定。毋庸置疑,对于租赁权与抵押权间冲突的协调必定体现出立法者的价值观念。(3)在民法昌明的今天,很多价值问题早已通过原则或规则的方式在民法中预先设定,由此,对于权利冲突的协调便在一定程度上从价值问题转化为了法律逻辑问题。所以,租赁权与抵押权冲突的协调路径便可简化为:依某种法理上认可的规则在法律保护的优先性上对两者进行排序,最终划定租赁权与抵押权行使的边界。

(二)抵押权和租赁权冲突所指向的客体范围

抵押权和租赁权冲突因指向同一标的物而发生,能够与抵押权产生对抗和冲突的租赁权应当是具有物权化的租赁权。而租赁权物权化是否需要作出区分还是全部具有物权化? 这涉及抵押权和租赁权冲突的客体范围问题。

租赁权物权化主要表现在租赁权的对抗力上,所谓租赁权的对抗力是在租赁关系存续期间,承租人对取得租赁物所有权或其他物权的人主张其租赁权，对租赁物继续占有、使用和部分收益，即买卖不破租赁。赁权的对抗效力由《德国民法典》首创并加以发展，目的在于保护不动产尤其是住房承租人阶层之生存利益。鉴于《德国民法典》在世界范围内的巨大影响，且大多数国家都存在与德国相仿的社会现实需要，因此许多国家纷纷确立了买卖不破租赁规则，并将其限定在不动产上。不难看出，买卖不破租赁的确立是建立在假设承租人为社会或经济上的弱者基础之上的。

中国立法及司法解释对买卖不破租赁客体的限定并不相同。1988 年《最高人民法院关于贯彻执行〈中华人民共和国民法通则〉若干问题的意见》第 119 条将其限定为私有房屋，1981 年《经济合同法》（已废止）第 23 条以及 1999 年《合同法》第 229 条均未就买卖不破租赁之客体进行限定。对此，本文认为买卖不破租赁制度设置的宗旨是为实现对承租人居住权的保障，维护作为弱者的承租人的利益。而对于土地承租人的保护，同样也是出于对其生计的考量，其客体应仅限于不动产。而大多数动产并不涉及人的基本生产、生活需要，其价值不高且流通性强，如果适用买卖不破租赁规则，无形中就会给买受人徒添调查负担，抑制动产的流通。此外，动产具有可替代性，承租人很容易就能找到动产租赁物的替代物，并通过追究出租人的违约责任足以保护其利益。法律无须冒着牺牲出租人与买受人利益的风险，对承租人进行特别保护。由此，将具有物权属性的租赁权客体限定于不动产，是我们解读《物权法》第 190 条的基础。

三、对中国《物权法》第 190 条的理解和适用

（一）《物权法》第 190 条适用的条件

基于上述对抵押权和租赁权冲突的诠释，本文认为《物权法》第 190 条抵押权和租赁权的冲突应围绕不动产展开。下文将以此为基础对该条进行解释。其理论基础是租赁权只有在具备对外效力的情况下才能与抵押权产生对抗，继而形成冲突。而作为债权的租赁权，其物权化是法律对特定承租人利益考虑后所作出的特别规定，并不能针对全部的财产租赁。从其设置的本源上，具有物权化的租赁权只能成立在不动产上，而围绕动产和权利上的租赁权应当回归其原本债权的属性。作为债权，不应当具有对外的效力，否则租赁权与物权就没有了差别。

即便是建立在不动产上的租赁权，在与抵押权构成冲突时也需要具备一定的条件。首先，租赁权的产生应当合法有效，即抵押人和承租人之间应当存在合法有效的租赁合同关系，基于该合同，承租人对抵押财产具有租赁

权。其次，租赁权应当进行登记。登记是不动产物权公示方式，其作用在于表明不动产上的物权状态，以便第三人知晓，并对交易活动作出合理预期。与此相同，租赁权的对外效力也需要借助登记的公示方式予以告知，未经登记的不动产租赁，不具有物权属性和对外效力。因此，无论是“先租赁后抵押”，还是“先抵押后租赁”，均以对不动产租赁权进行登记为前提，否则就不能构成与抵押权的冲突。

(二)对《物权法》第190条的解释

在“先租赁后抵押”的场合下，《物权法》第190条的规定以买卖不破租赁规则为基点，将其扩大运用到先成立之租赁权可以对抗后设抵押权的情形。“原租赁关系不受该抵押权的影响”意味着财产租赁后，承租人应允许出租人就租赁的财产设定抵押，抵押权和租赁权可以并存，同时，抵押权不能影响承租人对抵押财产的使用；而在实现抵押权时，原租赁关系依然存在。一般而言，受让人不能解除租赁合同，只能承受该租赁关系，直至其终止。这种立法例基于“时间在先，权利在先”[①]规则，倾向于保护承租人的利益，与买卖不破租赁所蕴含的利益协调一致。

“先抵押后租赁”场合，则与上述情形不同。《物权法》第190条按照抵押权效力优于租赁权的思路对两者的冲突进行了协调，所谓“租赁关系不得对抗已登记的抵押权”，一般应解释为财产抵押后，抵押人可以将抵押财产出租，但不得影响已登记的抵押权；而在实现抵押权时，抵押权的效力应优于租赁权，受让人可以解除租赁关系。这样的规定源于先设立的抵押权已经过登记，抵押财产出租时，承租人通过查询很容易获知租赁财产上存在的抵押权，并对由此带来的风险进行预期。况且抵押权本身即为物权，而租赁权只是具有某些物权属性的债权，在对外效力大小上理应优于租赁权。

(三)《物权法》第190条存在的问题

与其他立法和最高院的司法解释相比，《物权法》较为完整地规定了抵押权和租赁权的冲突以及对该冲突的协调。但它仍然存在一定的问题：

1. 与《物权法》其他制度和自身协调问题

《物权法》第190条对“先出租后抵押”场合，使用的是“订立抵押合同前抵押财产已出租”，以抵押合同作为衡量抵押权设立的条件。然而该规定与抵押权设立制度不衔接，依《物权法》，不动产抵押权设立采登记成立主义，不以抵押合同订立为条件。因此，在“订立抵押合同”时，抵押权实际上并未

① 谢在全：《民法物权论》(上册)，中国政法大学出版社1999年版，第26页。

设立,自然不存在与租赁权冲突的问题。而“先抵押后出租”场合,则使用了“抵押权设立后抵押财产出租”的规定,以权利的设定进行衡量,前后两者规定的方式不一致。

2.抵押权和租赁权冲突的客体范围不明确

《物权法》第190条并没有涉及抵押权和租赁权冲突所涉及的客体范围,一概以“抵押财产”予以表述,导致抵押权和租赁权所适用的财产范围不明确,并带来对该条的不同理解和解释,导致一些解释过分强调了租赁权的物权化,使属于债权的租赁权全部具有了对外效力,造成了该条适用的扩大化,在一定程度上影响了抵押权的效用。

3.将抵押权和租赁权不同层面的问题规定在同一个层次上

这主要表现在“原租赁关系不受该抵押权的影响”和“租赁关系不得对抗已登记的抵押权”的规定上,从条文上看,两处的规定均是以法律关系对应权利(抵押权),而法律关系与权利并不是一个层面上和同一个性质的问题,两者不能形成对抗关系。

4.对与抵押权冲突的租赁权的构成要件欠缺规定

具备对外效力的租赁权应当通过一定的公示方式予以明确,租赁权只有登记后才具有物权的属性,而《物权法》第190条仅强调了抵押权登记,只字未提租赁权的登记问题。

四、《物权法》第190条的立法修正及配套制度的完善

(一)对《物权法》第190条时间节点的修正

“抵押合同订立”后“抵押权经登记设立”前,未设立的抵押权自然不可能与租赁权发生冲突。为了填补《物权法》第190条的立法漏洞,使其前后规定在时间适用上达成无缝对接。本文认为,应将《物权法》第190条原文中的“订立抵押合同前”修改为“抵押权设立前”,使之不仅与抵押权的设立相符,而且也与“先抵押后租赁”的规定方式一致。

(二)《物权法》第190条客体适用范围的修正

租赁权与抵押权冲突的基础“买卖不破租赁”的规则不适用于动产,因此,动产租赁权不存在与抵押权冲突的可能。为避免法律适用上的歧义,本文认为,应在条文中明确将《物权法》第190条的客体适用范围限定在不动产领域,在立法技术上对该条的客体进行限定,为此有三种方法可供选择:对租赁权客体进行限定,对抵押权客体进行限定,对标的物种类进行限定。由于《物权法》第190条被置于“抵押权”一章,故在设定抵押权与其他权利

的关系时,理应以“抵押权”为主线。相比较而言,以对抵押权客体进行限定的方法,限缩该条的适用范围更为合适。

(三)依权利冲突的方式对抵押权和租赁权冲突和协调进行修改

《物权法》第190条以调整租赁权与抵押权之间的冲突为立法目的,但该条却使用“租赁关系”,而非“租赁权”。从法理上看,租赁关系与租赁权的本质不同:租赁关系是出租人与承租人之间的权利义务关系,其主体为双方当事人,而租赁权的主体特指承租人。租赁关系既包含了承租人的权利和义务,又包含了出租人的权利和义务,而租赁权仅为承租人所享有的权利。对此,应将《物权法》第190条中的“租赁关系”修改为“租赁权”,从而使该条调整的冲突双方共处于同一法律范畴之中。

(四)完善不动产租赁权登记制度

权利的对抗效力表现为权利人的否定第三人妨碍其权利实现的利益主张,此种对抗力来源于权利的公示。[①] 既然不动产租赁权因买卖不破租赁的特别保护而具有对抗力,便应遵循权利对抗力的一般原则,通过某种法定的方式对外彰显其权利。而不动产物权以登记为公示方式,不动产租赁权也需通过登记而获得物权性,产生对外效力。从比较法来看,很多国家或地区也以登记或公证作为租赁权具有对抗力的要件。[②] 目前,中国虽已建立房屋等不动产租赁登记制度,但现有的不动产租赁登记多被界定或者理解为单纯的行政管理性登记,未能真正起到物权或者类似性质权利的公示作用。因此,当务之急是重新建立我国的不动产租赁登记制度,并在法律上明确赋予不动产租赁登记以对外公示的权利。

综上,本文认为,《物权法》第190条应作如下修改:“不动产抵押权设立前抵押财产已出租的,抵押权不得对抗经登记的租赁权。不动产抵押权设立后抵押财产出租的,该租赁权不得对抗抵押权。”

---

① 参见尹田:《抵押权效力若干问题研究》,载《河南财经政法大学学报》2013年第1期。

② 参见我国台湾地区《民法典》第425条、《日本民法典》第605条、《韩国民法典》第621条、《路易斯安娜民法典》第2712条、《菲律宾民法典》第1676条、《意大利民法典》第1599条、《巴西民法典》第576条等。

中国法上的最高额担保制度*

曹士兵　吴光荣**

通常，担保制度用于担保债务人与债权人之间特定债权的实现。但是，在市场经济高度发达的现代社会，银行与借款人、生产商与批发商、批发商与零售商之间的经济来往，仅有一次即归寿终正寝者，实属罕有，大抵以接连反复继续往来或交易为常。③ 在此背景之下，如果采取一债权一担保的方式，不仅手续繁琐，交易成本较高，而且也不利于当事人之间交易的连续性和安全性。为此，最高额担保制度即随之产生。通过这一制度设计，当事人可以在最高限额范围内为以后的连续交易作担保，这不仅降低了交易成本，也进一步强化了交易安全，从而适应了现代社会的交易需要。不过，从我国的实践来看，最高额担保制度的运用却并不常见，究其原因，既有可能是因为人们对最高额担保感到陌生，也有可能是人们担心最高额担保存在较大的法律风险，当然还可能是上述两种可能性综合作用的结果。

一、最高额担保的发展

1995 年，我国颁布的《担保法》在参考市场经济发达国家的有关担保法律制度的基础上，第一次规定了最高额抵押制度和最高额保证制度。但是制定《担保法》时，我国的市场经济建设还刚刚起步，在有关立法上很是保守，例如关于最高额抵押的设定、抵押的范围、变更、转让确定、实现等制度

---

* 本文节选自曹士兵、吴光荣受国家开发银行委托完成的《最高额担保与银行法律风险防范》课题报告，略有改动。

** 作者简介：曹士兵，国家法官学院副院长、教授、法学博士；吴光荣，国家法官学院副教授、法学博士。

③ 谢在全：《民法物权论》下册，中国政法大学出版社 1999 年版，第 713 页。

的规定都比较原则、概括,很多实际操作中的内容都没有涉及,这无疑给在经济生活中适用最高额抵押带来了极大的困难。[①] 此外,在学理研究和实务方面,对于最高额担保制度也存在一些认识上的误区和适用上的不合理问题。例如,有人认为最高额抵押合同必须约定决算期和清偿期;还有人认为,最高额担保是担保债权连续发生的累计金额不能超过最高限额,甚至有地方行政机关就最高额抵押的登记问题出台相关文件,明确规定最高债权数额不能超过抵押物总价值。[②] 正因为《担保法》关于最高额担保的立法不够完善,实践中对最高额担保又存在诸多误解,最高额担保制度在实际生活中并未充分发挥其自身的优点,没有起到为连续的商品交易和信贷业务节约时间、降低成本的作用。

为了加速资金的融通,简化手续,减少交易成本,更好地发挥担保制度的作用,2007 年 10 月 1 日起实行的《物权法》不但进一步完善了《担保法》规定的最高额抵押权制度,而且还增设了最高额质权制度。整体上说,《物权法》对最高额担保制度作了更加翔实的规定。具体表现在以下几个方面:(1)放宽了最高额抵押权担保的债权范围,例如允许债权人将最高额抵押权设立前已经存在的债权纳入到抵押担保的范围中;(2)在最高额抵押所担保的债权尚未确定的情形下,允许当事人约定抵押权的转让或者协议变更债权确定的期间、债权范围以及最高债权额等;(3)规定了抵押权人的债权确定事由,以便于债权人在法定情形出现时灵活、及时地行使权利,以最有利的方式来保护和实现自己的债权。

值得注意的是,虽然《物权法》仅就担保物权作了规定,但是否意味着《物权法》的规定仅能适用于担保物权,而完全不能适用于保证呢?笔者认为,这不可一概而论。如前所述,《物权法》较之《担保法》在立法政策和立法技术上更加成熟、科学,因此,如果适用《物权法》更有利于对当事人合法权益的保护,并能在更大范围内促进交易的开展,且立法者也并未刻意排除《物权法》对保证的适用,即可将《物权法》关于担保物权的规定类推适用于保证。以最高额担保为例,最高额抵押、最高额质押以及最高额保证在担保的主债权的范围、主债权的转让、主债权的确定等问题上具有共同性和类似性,虽然《物权法》仅就最高额抵押和最高额质押作了规定,但考虑到《物权法》在上述问题上的规定较之《担保法》更加科学,更有利于保障当事人的合

---

① 参见宋耀红、李国勇:《对完善我国最高额抵押制度的思考》,载《政法学刊》2000 年第 2 期。

② 参见山东省工商局:《关于最高额抵押登记问题》(鲁工商合字[1998]149 号)。

法权益,也更有利于促进交易,故笔者认为,《物权法》通过并实施后,人民法院应有意识地将《物权法》关于最高额抵押和最高额质押的规定类推适用于最高额保证,否则,就可能同样带来最高额担保纠纷。依据《担保法》关于最高额保证的规定是一个结果,而依据《物权法》关于最高额抵押和最高额质押的规定又是一个结果,这就造成法律体系内部的失衡。①

二、最高额担保的设立

最高额担保作为一种特殊担保,其设定与普通担保的设定也存在着一定的差异。例如,根据《土地登记办法》和《房屋登记办法》的规定,当事人申请抵押权登记时,应提交作为主合同的债权债务合同。但在最高额抵押中,当事人有可能无法提供主债权债务合同,因为所需要担保的债权尚未发生。在此情形之下,当事人仅须提供作为从合同的最高额抵押合同。可见,由于最高额抵押权在一定程度上突破了抵押权的从属性,因此《土地登记办法》和《房屋登记办法》的相关规定不能适用于最高额抵押,否则最高额抵押就无法设定。

虽然最高额担保所担保的是不特定债权,但在签订最高额担保合同时,当事人还是应明确现存以及今后在债权人与债务人之间发生的债权哪些涵括在担保的范围内,以避免发生争议。例如在中国工商银行十堰人民路支行(以下简称"工商银行")与十堰市宝业房地产开发有限公司(以下简称"宝业公司")担保纠纷案中,宝业公司虽然在其向工商银行出具的《承诺书》中同意就十堰市达威物资贸易有限公司(以下简称"达威公司")向工商银行在一定期间内的借款承担最高额连带保证责任,但由于达威公司在申请案涉两笔借款时,既未明确该两笔借款属最高额担保的范围,也未提到上述《承诺书》,且工商银行要求达威公司就每笔借款另行提供独立的担保,故法院最终认定该两笔借款均不属于最高额担保的范围。②

问题是,当事人是否可以约定概括最高额担保呢?所谓概括最高额担保,是指债权人对债务人的一切债权予以担保的最高额担保。对概括最高额担保的效力,实践中主要有两种主张,即否定说和肯定说。否定说的理由主要有两个方面:一是概括最高额担保所担保之不特定债权,如无一定基础

① 参见吴光荣:《规范冲突与规范选择:后物权法时代的担保法律制度及其适用》,载《法律适用》2014 年第 8 期。

② 参见最高人民法院(2014)民申字第 1022 号民事裁定书。

关系为其发生原因,则该担保将无一定法律关系可从属,违背了担保的从属性。二是概括最高额担保会产生一些弊害,主要表现如下:(1)概括最高额担保致使担保人负担不可预测的债务,且抵押物在最高额范围内受无限制之拘束,尤其在最高额约定过高的情形,将使实际担保债权额与最高额之间抵押物交换价值限于窒息状态,妨害其交换价值的有效利用。(2)概括最高额担保因未划定担保债权的范围,不仅偶然发生的债权可随时进入担保范围,甚至抵押权人可以用不当方法将无担保债权列入担保范围,从而对后次序抵押权人或一般债权人有保护不周之弊害。(3)概括最高额担保的设定,常是经济上强者之金融机关,以附合契约的形式,使经济上弱者的债务人不得不加以接受使担保人在经济上臣服于债权人形成压迫经济上弱者的不公平结果,有违社会正义。① 肯定说的理由主要有三:一是概括最高额担保所担保之债权虽属"无限",但担保债权额既有最高额之限制,又在最高额抵押时已办理登记,故不致造成对第三者的损害。二是根据最高额抵押权纵可能阻塞抵押人就抵押物再获融资之途,但此为抵押人原来所选择之方法,基于契约自由原则,自不能因此据以主张无效。三是概括最高额抵押权所担保者虽系现在及将来之一切债权,但解释上应认为仍限于直接或间接因交易关系所生之一切债权,而非基于侵权行为所生之损害赔偿请求权等债权。②

我们认为,最高额担保的兴起,源于市场经济条件下金融业继续性生意往来或交易的需要,所以其担保的范围自不可限制过严,导致无法满足社会应有的需求,使最高额担保的机能难以发挥。但是,如限制过于宽松,势必陷入概括最高额担保的泥潭,对于最高额担保所担保的债权人以外的利害关系人保护不周,有碍交易安全,使抵押物的交换价值难以物尽其用。所以,最高额担保适用的范围必须在宽、严之间保持平衡。《担保法》把最高额抵押权的适用范围仅限于借款合同和就某项商品在一定期间内连续发生交易而签订的合同,这显然是不科学的。因此,《物权法》取消了对最高额抵押在适用范围上的限制,不仅明确将最高额抵押权的适用范围扩大至"一定期间内将要连续发生的债权"(《物权法》第 203 条第 1 款),而且还明确规定"最高额抵押权设立前已经存在的债权,经当事人同意,可以转入最高额抵押担保的债权范围"(《物权法》第 203 条第 2 款),从而有利于充分发挥最高

① 参见谢在全:《民法物权论》下册,中国政法大学出版社 1999 年版,第 718～719 页。

② 参见杨宗平:《论最高额抵押的效力》,载《比较法研究》2004 年第 2 期。

额抵押权制度的功能。问题是,《物权法》的上述规定是否意味着我国民法已经承认概括最高额抵押呢?我们认为,《物权法》对最高额抵押的适用仅限定了“一定期间”和“连续多次发生”两个要件:一个是时间范围,一个是频率范围。而对债权的种类未作出明确规定,但并不能据此认为我国民法已经承认概括最高额抵押,因为如果承认概括最高额抵押,实践中很可能会出现两种局面:一是当事人因担心最高额抵押的弊端而将最高额抵押制度的适用沿袭旧制,依然限制在借款和商品交易上,不利于其功能的发挥。二是走向另一个极端,即当事人恶意利用,设立一定期间的概括最高额抵押权。无论是哪种情形的发生,都不利于最高额抵押制度的正确适用。因此,建议最高人民法院对此颁布司法解释,对可得担保的债权的种类范围进行限制性解释,或者对债权的种类范围作出列举,从而有利于当事人正确适用最高额担保制度。

此外,最高额抵押合同中应当约定最高债权限额,否则不构成最高额担保。关于最高限额的范围有两种立法体例:一种是“债权最高限额”,另一种是“本金最高限额”。债权最高限额是指当事人事先约定的最高限额包含了主债权、利息、违约金及损害赔偿金等所有债务人应承担的金额,若合并计算超过最高限额,则超过部分不属于担保范围;本金最高限额是指最高限额仅指债权本金,本金以外的利息、违约金及损害赔偿金不受最高限额的约束。由于设置最高限额的目的也是要对抵押权人加以限制,以保护其他债权人的利益,而本金最高限额将使其他债权人无法对其担保价值作出准确判断,不符合立法目的,因此目前各国都采债权最高限额立法模式。我国《担保法》和《物权法》没有对最高额抵押权优先受偿的效力范围作出明确规定,因而应适用普通抵押的规定。我国《物权法》第173条规定:“担保物权的担保范围包括主债权及其利息、违约金、损害赔偿金、保管担保财产和实现担保物权的费用。当事人另有约定的,按照约定。”从上述规定可以看出,我国立法也采用债权最高限额模式,同时规定当事人可以通过合同的约定对担保范围进行变更,赋予当事人自行选择的权利,体现了民法意思自治的基本原则,更具灵活性,值得肯定。

三、最高额抵押权的转让

我国《物权法》第204条规定:“最高额抵押担保的债权确定前,部分债权转让的,最高额抵押权不得转让,但当事人另有约定的除外。”可见,与《担保法》第61条的规定不同,《物权法》并不反对最高额抵押所担保的债权转让,只不过若无当事人另行约定,个别债权的转让并不导致最高抵押权的转让,从而在一定程度上突破了抵押权的从属性。依据起草《物权法》的相关人士的解释,当事人的约定主要有以下两种情形:其一,部分债权转让的,抵押权也部分转让,原最高额抵押所担保的债权额随之相应减少。其二,部分债权转让的,全部抵押权随之转让,未转让的部分债权成为无担保债权。①对于上述两种情形,第一种情形可以理解为当事人通过协议约定,在转让的部分债权上设定普通抵押权,同时原最高额抵押最高限额降低,这包含了特定债权的转让、在抵押物上设立普通抵押权、变更最高限额三种法律行为;但将第二种情形理解为最高额抵押权随部分特定债权转让,从而导致最高额抵押权因债权不再发生而确定,未转让的不特定债权则成为无担保债权,则有违常理。

值得注意的是,最高额抵押权所担保的各个主合同债权虽然可以脱离抵押权而单独转让,但在最高额抵押权确定之前,最高额抵押权所担保的基础法律关系则只能与抵押权一并转让,盖因最高额抵押权对基础法律关系而言,仍有相对的从属性,后者乃前者存在的基础,必须一并转让。由于基础法律关系的转让涉及契约的承担,因此必须由最高额抵押权的受让人与基础法律关系的当事人共同为之,未经债务人为之,不得转让。基础法律关系让与之后,受让人依该关系所产生的债权,为该抵押权担保的效力所及,唯有受让人在受让最高额抵押权之前,对于债务人原来享有的债权,并非抵押权的效力所及。值得注意的是,基础法律关系与抵押权一并转让时,若抵押物乃由第三人设定,即抵押人为物上保证人时,该转让必须经抵押人的同意,否则受让人不能取得抵押权。因为虽然有基础法律关系存在,但基于此项基础法律关系而发生的债权仍未特定,转让将会影响最后确定的债权金额,与抵押人具有重大的利害关系,因而必须征得其同意。

最高额抵押权本身能否单独被转让?对此不同国家依据其不同的民法理论,作出了不同的规定。例如日本民法承认最高额抵押权的独立性,又因为抵押权为财产权之一,具有可让与性,因此允许最高额抵押权转让。我国《担保法》未对最高额抵押权的转让作出规定,因而必须适用关于一般抵押权的规定。一般抵押权的附从性决定了它必须随主债权的移转而移转,而《担保法》又禁止最高额抵押权的主合同债权转让,因此有学者得出最高额

① 参见全国人大常委会法制工作委员会民法室编:《中华人民共和国物权法条文说明、立法理由及相关规定》,北京大学出版社2007年版,第370页。

抵押权不得转让的结论。但也有人主张,《担保法》第 61 条的立法旨意在于保持最高额抵押权的完整性和概括性,禁止因主合同债权的分割转让,而导致最高额抵押权的分割,最高额抵押权仍然可以和基础合同同时转移。本文认为,最高额抵押权固然具有流通抵押的一些特征,然而我国仅仅承认最高额抵押权具有相对的独立性与相对的不特定性,它对于基础法律关系仍存有很大程度的依赖,体现了从属性的特征,它仅仅担保不特定债权的受偿,因此不应当视其具有脱离被担保债权而存在的独立的交换价值,抵押权人不得脱离债权而单独转让最高额抵押权。因此,在最高额抵押权确定以前,虽然它不能跟随具体的各个债权的转让而转让,但它可以随基础法律关系的移转而移转。一旦被确定,它就转化为一般抵押权,适用一般抵押权的规定,可以与债权一并转让。

四、最高额担保的确定

最高额抵押权的确定是指最高额抵押权所担保的一定范围内的不特定债权,因一定事由的发生而归于具体特定,故严格地讲,最高额抵押权的确定是指最高额抵押权担保的债权由不特定债权变为特定债权,致最高额抵押权在性质上变更为普通抵押。学者着眼于此项效果,简称其为“最高额抵押权的确定”[①]。尽管最高额抵押权的确定具有极其重要的作用,但我国《担保法》却未规定这一制度,这成为立法上的一大缺陷。《物权法》填补了这一立法空白。根据《物权法》第 206 条规定,最高额抵押权所担保的债权可基于下列事实而确定:

(一)约定的债权确定期间届满

当事人约定的债权确定期限又称为“决算期”。以约定决算期的时间不同,当事人双方通过协议约定最高额抵押权的决算期有两种情形:一种是设立最高额抵押时,当事人在最高额抵押设立合同中订有决算期条款,即于明确的时间节点最高额抵押确定,因此,决算期届至最高额抵押确定;另一种是双方在履行最高额抵押合同的过程中,双方可以合意最高额抵押的确定日期。这两种情况是双方意思自治的体现,可以排除当事人单方行使确定请求权的效力。

(二)确定请求权之行使

当事人设立最高额抵押权时若未设定决算期且履行过程中亦无法协议

① 参见谢在全:《民法物权论》下册,中国政法大学出版社 1999 年版,第 729 页。

达成确定的时间,法律考虑到最高额抵押长期处于不稳定状态,对当事人的利益甚为不利,故赋予双方确定请求权。同时,抵押人设定最高额抵押权一般以媒介融资为其目的,若在设立后短期内当事人即享有确定请求权,亦不利于抵押人之融资行为。故各国一般规定,在最高额抵押设立一段期限后方可行使确定请求权,我国民法亦不例外。对此,《物权法》第 206 条的规定:"没有约定债权确定期间或者约定不明确,抵押权人或者抵押人自最高额抵押权设立之日起满二年后请求确定债权。"

(三)新的债权不可能发生

最高额抵押担保之债权在一定期间内不断发生,担保债权若无发生的可能性,最高额抵押自应确定。我们所担保的债权不再发生的情形主要包括:(1)交易关系的结束,即种类交易终了或者继续性交易终止;(2)交易外关系的终止,主要是指持续性的侵权行为不再发生,如"为担保工厂排水污染所可能造成之损害赔偿,设定最高限额抵押权,嗣该工厂已迁移他处或不再生产可能造成排水污染之产品是"①。

(四)抵押财产被查封、扣押

无论抵押物被强制拍卖之申请是否由抵押权人提出,因抵押权依附于抵押物之存在,若抵押物被强制拍卖,将导致依附于其上的抵押权消灭,故最高额抵押权自应确定,以确保抵押权人获得优先受偿。对此,我国《物权法》的规定为"抵押财产被查封、扣押",理由是"抵押财产被法院查封、扣押的,其有可能被拍卖或者变卖。抵押财产被拍卖、变卖的价格直接影响到最高额抵押权人债权利益的实现,为确保自己的利益,在抵押财产被查封、扣押时,最高额抵押权人一般都希望被担保的债权额尽早确定。此外,查封、扣押抵押财产实际上隔断了抵押财产与担保债权的关系,也脱离了最高额抵押人和最高额抵押权人对抵押财产的影响和控制……"②我们认为,抵押物被查封、扣押并不必然导致抵押物被拍卖或者变卖的效果,若查封、扣押申请为抵押权人提出,自应发生确定的法律效果。但若此申请为抵押人的其他债权人提出,则此种做法欠缺考量,债务人可以通过债务清偿以解除对抵押物的查封扣押。倘若以抵押物被查封、扣押导致最高额抵押的确定,就可能发生债务人的其他债权人恶意利用此项制度以确定最高额抵押担保债

① 谢在全:《民法物权论》下册,中国政法大学出版社 1999 年版,第 731 页。

② 全国人大常委会法制工作委员会民法室编:《中华人民共和国物权法条文说明、立法理由及相关规定》,北京大学出版社 2007 年版,第 373 页。

权的情形发生。因此,应以法院作出强制拍卖抵押物的决定作为最高额抵押确定的时间节点比较恰当。

(五)债务人、抵押人被宣告破产或者被撤销

债务人、抵押人被宣告破产或者被撤销后,债务人、抵押人将进入破产程序或者清算程序,最高额抵押确定是破产清算的后果。依据破产法的规定,未到期的债权在破产申请受理时视为到期,附利息的债权自破产申请受理时起停止计息,依此法理应赋予最高额抵押确定的效力。但与上述抵押财产被查封、扣押相似,债务人、抵押人进入破产、清算程序后,也可能与债权人达成和解或者重整,从而导致破产、清算程序终结。对此,也应相应作出但书规定,即债务人、抵押人被宣告破产或者被撤销的效力消灭,被担保之债权视为未确定。

(六)法律规定债权确定的其他情形

除上述五种主要的确定原因之外,可能还存在其他法律规定债权确定的情形。例如日本民法规定,当最高额抵押权人或债务人有继承开始时,于继承开始之后 6 个月内,如未就有关合意进行登记的,最高额抵押权应担保的债权,视为于继承开始时确定。此外,当最高额抵押权人或债务人有合并时,非债务人的最高额抵押权设定人(物上保证人、第三人)为确定的请求时,最高额抵押权所担保的债权,视为于合并时确定。我国民法虽无上述规定,但也不能排除今后修法时会借鉴其他国家的法律作出上述规定,因此物权法设一兜底条款,实有必要。

抵押权实现与物上代位

刘宏渭*

一、中国《物权法》有关物上代位的立法与适用

(一)物上代位的概念与性质

代位在近代民法中包括物的代位与人的代位。人的代位即权利主体的替代;而物的代位则为权利客体的替代,即以特定物价值的转化物替代原物而作为原物所附权利的载体。物的代位在现代民法中的运用受到一定的限制。物上代位性是指担保物权的效力及于担保财产因毁损、灭失所得的赔偿金等代位物上。这是担保物权的重要特征之一。由于担保物权人设立担保物权并不以占有和利用担保财产为目的,而是以支配担保财产的交换价值为目的,所以,即使担保财产本身已经毁损、灭失,只要该担保财产交换价值的替代物还存在,该担保物权的效力就转移到了该替代物上。

关于物上代位的性质,大陆法系的物权理论主要有两种学说:一是原担保权效力说。该说认为,抵押权人的代位权是原抵押权的直接效果,抵押权人对于代位物的权利在性质上仍为抵押权,即以债权为标的而成立的抵押权。二是法定债权质说。该说认为抵押权人对于代位物的权利本质上仍为一种债权质权,即抵押权人在抵押人因抵押物毁损、转让等原因取得对于第三人的债权上成立的法定债权质。由于此项债权质的存在,故抵押权人得对抵押物之代位物行使代位权。第一种学说在日本为通说,而第二种学说为德国、瑞士等国通说。[①] 而美国统一商法典的立场是,担保物权应代位在因担保物毁损、灭失或公用征收所获得的赔偿金诸如保险金、公用征收补偿

---

* 作者简介:刘宏渭,山东大学法学院副教授。

① 许明月:《抵押权制度研究》,法律出版社 1998 年版,第 255 页。

金和侵权损害赔偿金之上。[①] 可见，美国统一商法典的立场与大陆法系的原担保物权效力说如出一辙。

(二)我国《物权法》关于物上代位的规定

在我国，《物权法》第 174 条规定了物的代位："担保期间，担保财产毁损、灭失或者被征收等，担保物权人可以就获得的保险金、赔偿金或者补偿金等优先受偿。被担保债权的履行期未届满的，也可以提存该保险金、赔偿金或者补偿金等。"据查，"代位物"作为法律术语正式出现在法律文献中是在 2000 年 12 月 13 日实施的《担保法解释》的第 38 条。[②] 2002 年 9 月 1 日实施的《最高人民法院关于审理企业破产案件若干问题的规定》第 71 条罗列了代位物的范围，包括"担保物灭失后产生的保险金、补偿金、赔偿金"。实际上，我国《担保法》第 58 条、73 条均为实质上的代位物条款，指的是因抵押物、质物灭失所得的赔偿金。而其后的《担保法司法解释》将代位物的范围扩展到抵押物、质物、留置物毁损、灭失或者被征收所得的保险金、赔偿金及补偿金。由此可见，我国《物权法》第 174 条的规定实际上承继了《担保法》第 58 条(抵押物灭失)和第 73 条(质物灭失)的规定，虽未明确物上代位的性质，但在理论上，物上代位权应为原来之担保物权，而非在其之上又重新成立了一个新的担保物权。[③] 显然，我国《物权法》是采行前述第一种学说的。对《物权法》第 174 条应这样理解：本条第一句是对担保物权物上代位性及其法律构成的规定。在本质特征上，担保物权不仅具有物权性，而且具有价值权性质。价值权性系担保物权区别于用益物权的显著特征。而物上代位性是担保物权价值权特性的根本体现，当担保物的实体发生毁损、灭失或者被征用时，如果存在担保物的价值变形物或代表物，则担保物权仍然可以于其上而存在。其中的"变形物或代表物"，通常并非指一般的实体物，

---

① 参见黄松有主编：《〈中华人民共和国物权法〉条文理解与适用》，人民法院出版社 2007 年版，第 511 页。

② 该条规定："同一债权既有保证又有第三人提供物的担保的，债权人可以请求保证人或者物的担保人承担担保责任。当事人对保证担保的范围或者物的担保的范围没有约定或者约定不明的，承担了担保责任的担保人，可以向债务人追偿，也可以要求其他担保人清偿其应当分担的份额。""同一债权既有保证又有物的担保的，物的担保合同被确认无效或者被撤销，或者担保物因不可抗力的原因灭失而没有代位物的，保证人仍应当按合同的约定或者法律的规定承担保证责任。""债权人在主合同履行期届满后怠于行使担保物权，致使担保物的价值减少或者毁损、灭失的，视为债权人放弃部分或者全部物的担保。保证人在债权人放弃权利的范围内减轻或者免除保证责任。"

③ 参见郭明瑞：《担保法原理与实务》，中国方正出版社 1996 年版，第 168 页。

而是指因标的物的毁损、灭失或者被征用等转换而来的金钱,诸如保险金、损害赔偿金、公用征收补偿金等。也就是说,担保物的实体形态发生变化,并不影响担保权人的权利。代位物具体包括:第一,赔偿金。担保财产因第三人的侵权行为或者其他原因毁损、灭失时,担保人所获得的损害赔偿金。但是,如果担保财产是由于债权人的原因毁损、灭失的,根据《物权法》第215条、234条的规定,质权人、留置权人负有妥善保管质押财产的义务;因保管不善致使质押或者留置财产毁损、灭失的,应当承担赔偿责任,质权人、留置权人向出质人或者债务人支付的损害赔偿金不能作为担保财产的代位物。第二,保险金。担保人对担保财产保险的,因保险事故发生而致使担保财产毁损、灭失时,担保人可以请求保险人支付保险金。该保险金可以作为代位物。第三,补偿金。这里的补偿金主要是指担保财产被国家征收时,担保人从国家得到的补偿金。《物权法》第42条明确规定,征收单位、个人的房屋及其他不动产,应当给予拆迁补偿,维护被征收人的合法权益;征收个人住宅的,还应当保障被征收人的居住条件。本条第二句是就代位物的提存问题的规定。所谓提存,只是提存人为履行清偿义务或者担保义务而将提存标的交给提存机关保存的民事法律行为。我国《合同法》《担保法》及《保险法》对提存均有规定。司法部在1995年6月2日专门发布《提存公证规则》。就现行法的规定而言,我国的提存主要包括清偿提存和担保提存两种类型。担保提存是以担保为目的的提存,通常依据提存人与债权人的约定而产生或直接基于法律的直接规定而产生,并具有保证债务履行和替代其他担保形式的法律效力。本条所规定的提存,即是基于法律的直接规定而产生的担保提存。①

(三)审判实务中物上代位的适用问题

在审判实务中,物上代位的法律适用应当注意两个问题:第一,担保物权物上代位物的范围问题。就担保物权的物上代位物的范围而言,各国立法例不尽相同。我国《物权法》将《担保法》及司法解释所规定的担保物毁损、灭失或被征收等情形予以整合,明确将"三金"作为代位物,同时应当看到,担保财产因毁损、灭失或被征收所得赔偿金,也仅仅是担保财产的代位物之一种形态,担保财产毁损之后的残留物也是担保财产的变形物,同样具有交换价值,因此应将担保财产毁损后的残留物纳入代位物范畴。此外,

① 参见黄松有主编:《〈中华人民共和国物权法〉条文理解与适用》,人民法院出版社2007年版,第511～513页。

《担保法司法解释》第62条所规定的“抵押物因附和、混合或者加工使抵押物的所有权为第三人所有之后产生的补偿金”,也应属于代位物。第二,关于担保提存的效力问题。担保提存的法律效力在我国现行法律中尚无明文规定。理论上,担保提存的效力应主要涉及提存人、债权人和提存机关。对提存人(债务人或第三人)而言,其负有将提存标的物交给与担保物权人有约定的第三人保管的义务。在被担保债权履行期限届满前,提存人保留对提存标的物的所有权;在被担保债权履行期限届满后,债务人如未履行债务,担保债权人可以从与提存人约定的第三人处领取提存标的物以完成受偿。对债权人而言,其享有与前项对应的权利。对提存机关而言,其须按提存人与债权人约定以及法律的规定妥善保管和处理提存标的物,不得挪用。这里应当注意的是,提存人在被担保债权履行期限届满之前是否可以取回提存标的物?对此,应将提存的目的作为首要考量,因为原则上不能允许提存人取回提存物,除非债权人同意提存人取回或者提存人以其他方式提供担保。

二、中国《物权法》有关抵押权实现的立法与解释

我国《物权法》第195条规定:“债务人不履行到期债务或者发生当事人约定的实现抵押权的情形,抵押权人可以与抵押人协议将抵押财产折价或者以拍卖、变卖该抵押财产所得的价款优先受偿。协议损害其他债权人利益的,其他债权人可以在知道或者应当知道撤销事由之日起一年内请求人民法院撤销该协议。”“抵押权人与抵押人未就抵押权实现方式达成协议的,抵押权人可以请求人民法院拍卖、变卖抵押财产。”“抵押财产折价或者变卖的,应当参照市场价格。”由此明确了抵押权的实现事由与实现方式。但是,在实务中抵押权的正常实现时常遭遇障碍,因此生成对抵押权的追及效力与物上代位性的需求。

(一)抵押权的追及效力

物权的追及效力,或称“物权的追及权效力”,是指物权成立后,其标的物不论辗转至何人之手,物权权利人均可追及标的物之所在,而主张权利。物权的追及效力虽为学界所公认,但对于是否应将其作为物权之一项独立

效力来认识,有否定与肯定两种主张。[①] 本文赞同肯定说。与物权的其他效力相比较,物权的追及效力对物权效力予以揭示的角度有所不同:物权的请求效力所阐明的,是为回复物权的完满状态,物权人的对特定人可为之行为。物权的优先效力所阐明的,是既存物权与其他权利并存于同一标的时,既存物权之"高等级"地位;而物权的追及效力所阐明的,则是物权作为"对物权"直接设定于物,其支配力随物权的转移而转移。进言之,追及效力所表达的物权的功能,请求权效力与优先效力均不能明确表达。所以,将追及效力作为物权的一项独立效力,对分析和了解物权的特性更加有益,也不存在研究方法上的问题。"且从根本上看,物权的效力是物权本质的具体体现,任何权利的效力均产生于权利本身,并非产生于理论分析。理论上关于权利效力的分析,只是对权利之功能和作用的一种揭示、解释和阐明。理论上尚未'发现'的东西,不等于客观上不存在。否认物权的追及效力,不等于物权就没有追及力;承认物权的追及力为一项独立效力,也并不能使物权的实际功能有所扩大。"[②]既如此,抵押权作为物权进而担保物权的一种,自然具有追及效力。当债务人不履行债务或抵押物被他人非法占有时,抵押权人得追及物之所在,以保全并实现其权利。不过,现代法上为维护善意第三人的利益和保护交易安全,对抵押权的追及效力也作了一定的限制。

(二)抵押权物上代位性与抵押权追及效力的共容

从我国《物权法》第195条的反面理解,就出现了法定的抵押权实现以外的原因,即非为"债务人不履行到期债务或者发生当事人约定的实现抵押权的情形",而是由于在抵押期间内抵押人买卖、租赁抵押物或者由于抵押人以外的原因导致抵押物毁损、灭失或被征用、征收等,使抵押权人的利益有不能实现或者难以实现之虞,如何保护抵押权人的利益、如何实现抵押权的问题,似乎更甚于抵押权的正常实现。我国《物权法》第174条对物上代位的规定尽管属于担保物权的一般规定,但在前文论及的大陆法系有关物上追及力存在与否以及是否作为独立的物权效力的两派观点中,其根本对立之处主要在于如何厘定物上请求权、优先权与物上追及力的关系。对此,

① "否定说"参见[日]松坂左一:《民法提要》(物权法),有斐阁1986年版,第61页;[日]我妻荣:《日本物权法》,台湾五南图书出版公司1995年版,第17页;郑玉波、黄宗乐修订:《民法物权》,台湾三民书局2007年版,第31页。"肯定说"参见梁慧星、陈华彬:《物权法》(第五版),法律出版社2010年版,第58页;王利明:《物权法论》,中国政法大学出版社1998年版,第32页。

② 尹田:《物权法理论评析与思考》,中国人民大学出版社2004年版,第147~148页。

可从适用范围方面作出合理的回答。通说认为，物上请求权的适用范围为所有权及用益物权，转移占有的质权只能基于本权或者占有之物的请求权。[①] 可见，物上请求权效力未及的领域仅有抵押权。如不承认抵押权的物上追及力，抵押权人的权利就失去了法律之屏障，显然有失公允，而在此确立物上追及力则恰当地弥补了缺漏，维护了物权制度的完整。从各国立法来看，一方面，肯定了抵押权物上代位性的领域，否定追及力的进入；另一方面，在物上代位性效力未及之处，追及力总是能弥补其缺陷，二者紧密配合，在保障交易安全的前提下，共同维护抵押权人的利益。[②]

（三）抵押权物上代位与追及力的适用范围

本文认为，根据我国《物权法》第 174 之规定，既然物上代位作为担保物权的一般规定，其自然适用于抵押权，并且无须区分抵押物为动产抑或不动产。除了保险金、赔偿金和补偿金外，由于该条中“三金”后尚有“等”字，自然代位物不限于“三金”。所以，抵押物毁损后的残留物价值，抵押物因附和、混合或者加工使抵押物的所有权归属于第三人之后获得的补偿金，抵押物因附和、混合或者加工而在添附物上成立共有关系后原抵押物所有人的应有份额也应为物上代位权所及。[③]

应当注意的是，我国学界认为，抵押物所有权人的变更，并不表明抵押物的性质发生变化而产生所谓的“代位物”问题，所以不应当将我国《担保法》第 49 条第 3 款的规定理解为抵押权的物上代位性。[④] 也就是说，抵押物所有权人的变更发生在抵押期间，应属抵押人对抵押物为法律上的处分的行为，显然指的是抵押财产转让的问题。我国《物权法》第 191 条规定了抵押财产转让规则：“抵押期间，抵押人经抵押权人同意转让抵押财产的，应当将转让所得的价款向抵押权人提前清偿债务或者提存。转让的价款超过债权数额的部分归抵押人所有，不足部分由债务人清偿。”“抵押期间，抵押人未经抵押权人同意，不得转让抵押财产，但受让人代为清偿债务消灭抵押权的除外。”这一条文在学界引发了广泛争论，其中自然涉及抵押权的追及

---

① 参见史尚宽：《物权法论》，中国政法大学出版社 2000 年版，第 11 页。

② 参见温世扬、廖焕国：《论抵押权物上代位性与物上追及力之共容》，载《法学》2001 年第 6 期。

③ 参见最高人民法院（2001）民二终字第 106 号民事判决书。该案可以认为是我国司法审判对“三金”范围外非现金“代位物”进行探索的一个具有指导意义的案例。

④ 参见中国物权法研究课题组：《中国物权法草案建议稿——条文 · 说明 · 理由与参考立法例》，社会科学文献出版社 2000 年版，第 632 页。

力问题。一种观点认为,从《物权法》的相关规定来看,该条并未承认抵押权人的追及权。一方面,如果承认抵押权人享有追及权,就没有必要要求抵押人转让抵押财产时取得抵押权人的同意;另一方面,取得抵押权人同意以后,转让抵押财产的价款应当提前清偿或者提存,这实际上也已经替代了追及权的行使。另一种观点认为,抵押权是对抵押财产交换价值的支配权,对抵押财产具有追及效力,抵押人处分抵押财产的,受让人取得抵押财产的所有权,并不影响抵押权人的权利,抵押权人仍可以对受让人取得的抵押财产行使抵押权。① 上述否定抵押权具有追及力的观点有一个理论预设,即先入为主地将抵押权人的同意和抵押权的追及力对立起来,认为两者不可并存,且从第 191 条条文中也寻不到“追及力”的字面表述。但是,如前所述,追及效力是物权乃至抵押权的固有效力,“经抵押权人同意的抵押物转让”不应成为抵押权人就抵押物丧失追及力的条件。

就抵押期间内抵押人能否转让抵押财产的问题,我国《担保法》及其司法解释采行自由转让说,而《物权法》第 191 条第 2 款采行限制转让说。本文赞同王利明教授的观点,按照新法优于旧法的原则,从尊重现行法的角度出发,应维护《物权法》第 191 条第 2 款的正当性和效力,即采纳限制转让说,同时应通过法律解释的方法以及相应的配套制度予以完善。一是应将《物权法》第 191 条第 2 款放在《物权法》大框架中予以体系解释,确认抵押人作为财产所有人享有订立抵押财产转让合同的自由,承认转让合同的效力,有利于发挥物的经济效用;二是允许第三人通过行使涤除权而消除抵押权状态,以保护交易安全;三是允许受让抵押财产的第三人在符合善意取得构成要件的情况下,取得抵押财产的所有权,但是抵押人必须将转让价款用于清偿债务。② 必须明确的是,就抵押物转让的问题,自由转让说与限制转让说均有其利弊,我国《物权法》采行限制转让说,是对我国现阶段的国情下进行多方权衡后作出的选择:一方面有利于强化对抵押权人利益的保护,因为如果允许抵押财产自由转让,而在抵押人不将转让所得的价款用于优先偿债的情形下,受让人往往又没有足够的财产来清偿抵押人的债务,此时如果宣告转让无效,抵押财产也难以追回,这对抵押权人显然极为不利。另一方面有利于防止欺诈,维护交易安全和秩序。我国正处于转型时期,信用体

① 参见高圣平、王琪:《不动产抵押物转让规则的解释论:〈物权法〉第 191 条及其周边》,载《法律科学》2011 年第 5 期。

② 参见王利明:《抵押财产转让的法律规制》,载《法学》2014 年第 1 期。

系尚不健全，实践中一些抵押人在设定抵押权后擅自转让抵押财产，使得抵押权人的债权失去保障，影响抵押权制度担保功能的发挥。

三、抵押权实现的相关规则

前文已述及，《物权法》第174条关于物上代位的规定作为一般规则，对抵押权自然适用。而抵押人在抵押期间转让抵押物可能有损于抵押权人的利益，导致抵押权实现不能或实现不利。鉴于物上代位的适用范围有限，有必要结合抵押权的追及力，对抵押权非正常实现的具体情形予以说明。在抵押权追及力的具体适用中，应视抵押物为动产或不动产，其规则有所不同。

（一）不动产抵押权的实现

根据我国《物权法》第191条的规定，抵押人在抵押期间转让不动产抵押物的，分为两种情况：第一，经抵押权人同意转让抵押财产的，转让所得的价款应向抵押权人提前清偿或者提存。这表明，抵押权人的同意仅仅是抵押物不受抵押权追及的要件，并不构成对抵押物转让行为效力的独立影响，受让人取得的是无抵押负担的抵押物的所有权。第二，未经抵押权人同意转让抵押财产的，转让行为并不因此而无效，借由不动产物权变动的公示要求，受让人知道或应当知道抵押物上已有担保负担仍愿意受让，则其取得的是有抵押负担的抵押物的所有权，抵押权的追及力自然不受影响。

（二）动产抵押权的实现

相比较而言，如果抵押人在动产抵押期间转让抵押物，因其缺乏公示效果不能对抗第三人，抵押权的实现变得更加困难，尤其需要通过限制转让的规则保护抵押权人的利益。经抵押权人同意而转让抵押动产的，依《物权法》第191条第1款处理。未经抵押权人同意而转让抵押动产的，采行追及力和物上代位共同作用的规则更为可行。具体而言，一方面，如果受让人知道或者应当知道受让的动产之上有担保负担，则不能依善意取得制度取得无负担的动产所有权，抵押权人既可以要求就转让抵押物所得价款提前受偿或提存该价款，也可对该动产抵押物主张追及权。另一方面，如果受让人不知道受让的动产之上有担保负担，则依善意取得制度取得无负担的动产所有权，抵押权人丧失对该动产的追及权，只能转而要求抵押人提供替代担保。同时，本文主张此种情形应扩大物上代位的适用，由抵押人将转让所得的价款特定化（如封存），由抵押权人行使物上代位权以实现其债权。

(三)特殊动产抵押权的实现与物上代位——以船舶抵押权为例

我国《海商法》第20条规定了船舶抵押权的物上代位权:“被抵押船舶灭失,抵押权随之消灭。由于船舶灭失得到的保险赔偿,抵押权人有权优先于其他债权人受偿。”这是《海商法》中唯一一条关于物上代位的规定。由于《海商法》的制定和生效时间(1992年11月7日通过,1993年7月1日实行)早于《担保法》和《物权法》,加之该物上代位的规定本身就存在较明显的错误,在未来海商法的修改中必须加以修正和完善。

在物权法的大框架下,被抵押船舶灭失并不自然消灭抵押权的价值物权性,抵押权人有权就被抵押船舶灭失后的代位物(保险金、赔偿金、补偿金)优先受偿。

中国法上的房地抵押法律关系

金路伦*

绪论

在我国现行制度下建筑物及其占用范围内的土地使用权②各为独立的不动产(权利),但是基于土地与建筑物的天然联系,为使建筑物有其存在根基,并符合建设用地使用权的设立宗旨,我国法律上明确规定建筑物处分时应与其下的建设用地使用权同时处分;建设用地使用权处分时应与其上的建筑物同时处分。这一原则被称为"房随地走,地随房走",亦即"房体一体原则"。为方便本文论述,此处的"房"指建筑物,"地"指建设用地使用权。物权法中的房地为两个独立的物,但是为了防止房、地归属于不同的权利人,法律要求一并处分。

本文主要围绕房地一体主义原则、房地抵押问题及有无必要借鉴国外的法定地上权制度展开,主要说明房地一体主义原则的起源与内容和房地抵押的各种形态与法定地上权的内容及设立的必要性。

* 作者简介:金路伦,男,延边大学法学院讲师。

② "土地使用权"一语在中国的规范性文件中经常出现,但是在 2007 年开始实施的《物权法》中只有第 184 条使用了"土地使用权"这一法律术语。究其原因在于,物权法在用益物权编中把通常意义上的土地使用权分为土地承包经营权、建设用地使用权及宅基地使用权来规定,细化了通用的土地使用权,因此在物权法中并未继续使用这一用语。上述的第 184 条中的"土地使用权"是与"集体所有"连在一起的,特指集体所有的土地使用权。本文主要是围绕城市的建设用地使用权来展开的。

一、"房随地走、地随房走"制度解读

(一)房与地的关系

房地一体原则是中国解决房地问题的大原则。这一原则的根本目的在于防止房地分别归属于不同的权利人而导致房地关系的不稳定。中国一直采用分别主义立法,在民法通则等法律中分别规定房屋等建筑物、构筑物及房屋所有权和土地使用权等。房地分别登记,房地属于不同的财产。

在大陆法系国家,无论将土地和建筑物视为一个物还是两个物,为了实现土地与建筑物在经济利用上的整体性和权利归属上的主体一致性,法律必须为建筑物所有人设计合法取得基地利用权的途径。在德国,根据土地(或地上权)吸附建筑物的原则,房地必然合并一起处分;而在日本和我国台湾地区,房地产的所有人即使将建筑物或土地所有权单独抵押,也可以通过法定地上权制度来确保建筑物的基地利用权。众所周知,我国一方面实行社会主义土地公有制,国家享有城市土地的所有权;另一方面法律又认可和保护民事主体对于房屋等地上建筑物的所有权,因而土地所有权与建筑物所有权发生了分离。但是,为了改革和发展房地产市场,为了增强城市土地开发和利用者对于土地投资的安全感,立法者必须考虑如何为建筑物所有人提供长远、可靠的基地利用权。既然我国法律禁止土地所有权的交易,那么交易主体只好寻找所有权之外的并适于交易流转的基地利用权,要么是债权,要么是物权。相比而言,土地租赁权作为债权具有短期性和不稳定性,不宜作为基地利用权的主要类型。而土地使用权作为一种用益物权可以长期并稳定地发挥作用,是基地利用权的理想形式。因而,1988 年的宪法修正案规定"土地的使用权可以依照法律的规定转让",土地管理法也于同年修改了相关规定。1990 年国务院的《城镇国有土地使用权出让和转让暂行条例》具体规定了划拨和出让两种取得土地使用权的方式。由此开始,我国城市土地制度发生了巨大变革,城市土地得以充分利用,房地产市场也随之繁荣。可见,从根本上说,我国土地使用权制度的产生及其目的就是为了解决建筑物的基地利用权问题,这决定了建筑物与建设用地使用权在实际利用上、经济交易上和权利归属上必须时刻捆绑在一起,建筑物离开了建设用地使用权将成为空中楼阁,建设用地使用权离开了建筑物将失却经济

目的和法律目的。[①]

虽然采取分别主义的立法，但是我国土地公有，不能流转，因此存在建设用地使用权和建筑物能否分开转让的问题。为了保障地上物的存在有其合法的权源，我国法律遵循房地一体处分原则。这一原则就是“房随地走，地随房走”。分别主义下的一体处分原则包括以下含义：(1)土地及其权利和地上物所有权是各自独立的不同财产；(2)建设用地使用权人和地上物所有权人可以是不同的主体，但彼此之间必须有某种法律关系使得地上物所有人具有权源；(3)在通过转让处分地上物或土地使用权的场合或通过抵押等设定负担的场合，地上物所有权和建设用地使用权必须一并处分，没有一并处分意思表示的，法律上也认定效力及于对方；(4)即使建设用地使用权不为一体转让，也应当为了保证地上物有权源而设定某种法律关系。[②]《物权法》第146、147条、182条、183条、200条等规定都体现了分别主义的立法取向。

(二)房地抵押中的房地关系

因为房地作为两个独立的物，本身都具有极高的交易价值及强大的融资功能。由此，在房地产信贷实践中出现了房地一体抵押、房地单独抵押、房地分别抵押等多种情形。此处的“单独抵押”与“分别抵押”，被有些学者统称为“分离抵押”，认为所谓单独抵押是指抵押人仅将建筑物或建设用地使用权作为债权人的设定抵押权。所谓“分别抵押”是指抵押人将建筑物与建设用地使用权分别为两个不同的债权人设定抵押权，并且在房屋管理部门和土地管理部门分别予以登记。[③] 另外，房地一体抵押就是一种共同抵押，即为担保某一债权，在两个以上的标的物上同时设立多个抵押权，因此这种抵押应为共同抵押。

1.房地共同抵押

《物权法》第182条规定：“以建筑物抵押的，该建筑物占用范围内的建设用地使用权一并抵押。以建设用地使用权抵押的，该土地上的建筑物一

① 参见朱晓喆：《房、地分离抵押的法律效果——〈物权法〉第182条的法律教义学分析》，载《华东政法大学学报》2010年第1期。

② 参见申建平、孙毅：《建设用地使用权、宅基地使用权》，中国法制出版社2007年版，第109～110页。

③ 参见朱晓喆：《房、地分离抵押的法律效果——〈物权法〉第182条的法律教义学分析》，载《华东政法大学学报》2010年第1期。

并抵押。抵押人未依照前款规定一并抵押的,未抵押的财产视为一并抵押。”这一条明确要求房地一并抵押,未抵押的视为一并抵押。目的在于防止房地分离,贯彻一体主义原则,此处的“一并抵押”应视为“共同抵押”。因为房与地是两个独立的物,但是基于法律规定同时进入抵押法律关系,并且两个标的物同时担保同一个债权,所以应将其视“作共同抵押”。那么此一共同抵押中,存在几个抵押权呢?换言之,“一并抵押”是指抵押权人就房和地成立一个抵押权,还是成立多个抵押权呢?因为在我国房和地是两个独立的物,所以应当认为成立多个抵押权。根据第 182 条,共同抵押房和地后,在债务期限届满而债务人未清偿债务时抵押权人会实现抵押权,此时抵押权人能否依自己的意思对其中的任一标的物行使抵押权呢?有观点认为,基于房屋和土地在经济利用上、使用价值上的一体性,法律必须确保建筑物取得人拥有合法的基地利用权,房地共同抵押权人如申请拍卖抵押物,必须将建设用地使用权和建筑物一并拍卖,不可择其一而行使抵押权。换言之,在房地一体化原则的制约下,房地一并抵押虽为共同抵押,但与普通的共同抵押的不同之处在于它不可由抵押权人就建设用地使用权或建筑物选择实行抵押权。① 但也有观点认为,抵押权人于实现抵押权时得就各个抵押财产同时行使权利,也可以任意就其中的某一财产行使权利。②

如果将房地一体抵押视为共同抵押,那么须遵循共同抵押规则,即债务人不能清偿债务时,抵押权人实现抵押权的,可以请求拍卖其中的某一项抵押物而优先受偿。但是因为房地一体原则要求处分抵押物时应一体处分,所以抵押权人不能单独申请针对某一抵押物实现抵押权。从这个角度来讲,《物权法》第 182 条第 1 款规定的内容很难说是一种共同抵押。归根结底,因为房地为两个独立的物,所以它们可以作为共同抵押的标的物,但是从实现抵押权的角度来讲,这又不符合一般共同抵押权的特征。

2.房地分离抵押

房地分离抵押是对房地单独抵押和分别抵押的统称。单独抵押是抵押人仅就房或地设定抵押的情形;分别抵押是抵押人就房、地分别向不同的抵押权人设定抵押的情形。在房地单独抵押后,再次向其他债权抵押房地中的一项标的物,即构成分别抵押。因此无须特意区分单独抵押与分别抵押

① 参见朱晓喆:《房、地分离抵押的法律效果——〈物权法〉第 182 条的法律教义学分析》,载《华东政法大学学报》2010 年第 1 期。

② 参见郭明瑞:《担保法》,法律出版社 2010 年版,第 142 页。

来考察房地分离抵押的情形。它们之间的区别仅仅是一次抵押与多次抵押的区别。例如,甲为债权人乙在建设用地使用权上设定抵押权,则根据第182条规定其上的房屋上亦成立抵押权,反之亦然。此为房地单独抵押。甲为债权人丙在房屋上设定抵押权,则同理在该房屋占用范围内的建设用地使用权上亦成立抵押权。甲为不同的债权人乙和丙设定抵押权的情形称为分别抵押。可以看出,分别抵押只不过是重叠的单独抵押。但是为了说明的便利,以下仍按照一般分类,分为单独抵押与分别抵押来说明。

(1)单独抵押。房地单独抵押是《物权法》第182条第1款规定的抵押形式。有人认为:"第一,在我国现行法之下,建筑物和建设用地使用权互为独立的不动产客体,并有其独立的交换价值,《物权法》更是分别规定两者均可为抵押财产之一。第二,《物权法》第200条规定,建设用地使用权抵押后,该土地上新增的建筑物不属于抵押财产。该建设用地使用权实现抵押权时,应当将该土地上新增的建筑物与建设用地使用权一并处分,但新增建筑物所得的价款,抵押权人无权优先受偿。由此可见,单独就建设用地使用权设定抵押并非无效。第三,《物权法》第182条第1款的规范性质,通说以为并非效力性强制规定,违之并不导致交易的无效。第四,《物权法》第182条的规范意旨,主要系为了防止房地权利分离,但就'房地一致原则'而言,其置重者在于建筑物所有权与建设用地使用权不得异其权利主体。仅就房地单独抵押本身,抵押权人所取得的并非是建筑物所有权或建设用地使用权,而仅是建筑物所有权或建设用地使用权之上的就其交换价值的定限物权,准此,房地单独抵押时并未导致建筑物所有权与建设用地使用权异其权利主体,其与第182条第1款的规范意旨并无不合。"[①]因为房地本身是独立的物,所以可以单独抵押,并且此抵押合同为有效合同。但是在房地一体原则下,为了防止房地分离,第182条第2款规定,房地未一并抵押的,视为一并抵押。

经过"视为一并抵押"的法技术的拟制后,如何理解拟制后的抵押权是一个需要考虑的问题。一种观点认为,"视为一并抵押"是指依法推定抵押权人对未抵押的财产作出法律拟制的意思表示,一并设立抵押权。拟制是"一并抵押的意思表示,既然是意思表示,就仍然属于法律行为而抵押权的范畴。这与法定抵押权不需要当事人约定而根据法律规定直接产生的特点具有根本区别。换言之,拟制的抵押权并非独立的抵押权形态,只不过其意

① 高圣平、严之:《房地单独抵押、房地分别抵押的效力》,载《烟台大学学报》2012年第1期。

思表示由法律推定产生而已”[①]。另外一种观点认为,“视为一并抵押”所产生的抵押权,非基于当事人之间的合意而生,而是基于法律的直接规定而成立的,属于法定抵押权。[②] 因为房地中的一个标的物被抵押时,根据法律规定另一方标的物应一并抵押,此种抵押应视为一种法定抵押。此时房地两个标的物共同担保同一个债权,且成立两个抵押权。

(2)分别抵押。房地分别抵押时有争议的问题是各抵押权效力所及的范围。第一种观认为,房地分别抵押仅产生房地之上的个别抵押权,各抵押权的效力及于其设定抵押权的抵押财产(房或地),并不及于其未设定抵押权的抵押财产,只不过在抵押权实现时房、地分别计价,一并处分,确保房地一体原则在抵押领域里的贯彻,其实质在于对建筑物所有权和建设用地使用权进行价值分割。虽然抵押权设定时交换价值部分属于不同主体,但在实现时并未最终导致房地权利主体不一致。这一观点被称为“分别受偿说”。第二种观点认为,房地分别抵押时建筑物抵押权和建设用地使用权的效力均及于建筑物及其占用范围的建设用地使用权,两抵押权之间依其登记先后定其顺位。抵押人将其建筑物作为甲抵押权人的设定抵押,经登记,甲抵押权人取得建筑物抵押权,同时就建筑物占用范围内的建设用地使用权取得拟制的抵押权(无须登记)。其后,抵押权人又将其建设用地使用权作为乙抵押权人的设定抵押,经登记,乙抵押权人取得建设用地使用权的抵押权,同时就该土地之上的建筑物取得拟制的建筑抵押权。就建筑物及其占用范围内的建设用地使用权而言,甲抵押权人取得第一顺位抵押权,乙抵押权人取得第二顺位抵押权。[③] 这一观点为重复抵押说。

房地分别抵押是房与地分别抵押给不同的抵押权人的情形。如果地上先设定了 A 抵押权,此时依据《物权法》第 182 条,其上的建筑物亦成为抵押权的标的物,只不过此时房地为共同抵押权的标的物。之后,在房屋上设定抵押权 B,那么同理在其所占范围内的土地亦成为抵押权的标的物。结果在土地上有两个抵押权、房屋上亦有两个抵押权,并且前后两个抵押权人都以房和地为抵押标的物。归根结底,从价值担保的角度来看,每个债权人

---

① 朱晓喆:《房、地分离抵押的法律效果——〈物权法〉第 182 条的法律教义学分析》,载《华东政法大学学报》2010 年第 1 期。

② 参见崔建远:《物权法》,中国人民大学出版社 2009 年版,第 476 页。

③ 参见朱晓喆:《房、地分离抵押的法律效果——〈物权法〉第 182 条的法律教义学分析》,载《华东政法大学学报》2010 年第 1 期。

的债权都以远大于债权额的标的物作为其担保物。因此，房地分别抵押应视为标的物的重复抵押。

采取重复抵押说可能面临两个抵押权人均要实现抵押权时如何协调的问题。其实这一问题与单独抵押中存在的问题相似。例如，抵押权人甲与抵押人乙达成协议，甲对 A 建设用地使用权享有抵押权，此时基于法律规定，甲同时亦对房屋享有抵押权(此抵押权为法定抵押权)。之后，乙与丙达成协议，丙对房屋享有抵押权，此时基于法律规定丙同时亦对房屋所占范围内的建设用地使用权享有抵押权(此抵押权为法定抵押权)。结果，对于建设用地使用权及建筑物来说，甲为第一顺位抵押权人，丙为第二顺位抵押权人。在此情形下能否出现因甲未对设定法定抵押权的房屋进行抵押权登记，使后顺位抵押权人丙误认为自己是房屋的第一顺位抵押权人的情况？其实这种担心是多余的。因为在现实的抵押关系中，抵押权人一般为银行，作为一家专业的金融机构，其在不动产标的物上设定抵押权时一般都会进行前期调查。因此，在房屋上设定抵押权的抵押权人一般会明了自己的抵押顺位，但是也会因偶发情况取得第一顺位抵押权，即虽然甲对房屋取得了法定抵押权却未进行抵押登记，丙的债权届期后乙未清偿债务而丙实现抵押权时，基于《物权法》第 199 条第 2 项的规定，丙的抵押权优先于未登记的甲的抵押权。

二、法定地上权制度的必要性问题

(一)法定地上权

抵押物为土地或其上之建筑物，因拍卖之结果，建筑物与土地之拍定人各异时，为解决建筑物之基地使用权问题与顾全抵押权人之利益，在土地及其土地上之建筑物同属于一人所有而仅以土地或仅以建筑物为抵押者，于抵押物拍卖时，以及土地及建筑物同属于一人所有，而均为抵押物经拍卖，其所有人各异时，均视为建筑物所有人就建筑物之基地，有地上权存在。此即为因抵押物拍卖而生之法定地上权。①

法定地上权的存在理由主要有二：一是社会经济公益上之理由。盖民法上建筑物与土地系个别独立之不动产，各得为单独交易之客体与物权之标的，且建筑物性质上不能与土地使用权分离而存在，亦即使用建筑物必须使用该建筑物之基地。此在建筑物与土地不同属于一人所有时，通常当事

① 参见谢在全：《民法物权论》下册，中国政法大学出版社 1999 年版，第 657 页。

人得经由契约之约定,使建筑物取得对土地之利用权,因之并无问题。基于私法自治之原则,法律亦无介入之必要。但若土地或建筑物设定抵押权,因建筑物所有人于法律上不能在自己土地设立利用权,而其后经强制执行拍卖时,拍定人又无从经由契约等法律行为,使建筑物取得土地之利用权,则于拍定后,建筑物与土地各异所有人时,势将造成建筑物无从利用土地之结果,建筑物则难逃拆除之厄运,此对社会经济自属有害。二是基于对抵押权当事人之合理的意思与当事人之预见为基础,拟制当事人间已有设定地上权之意思。因抵押权设定时建筑物已存在于土地上,抵押权设定人即抵押人固系以抵押权实行后,建筑物仍得继续存在于土地之意思设定抵押权,抵押权人亦可认为系以此项前提取得其抵押权。此在以建筑物为抵押之情形,对抵押权人自属有利。如以土地设定抵押权之情形,抵押权人既已预见建筑物之存在,亦得以该土地之建筑物将继续存在,作为其抵押物价值之评价基准,因之对抵押权人亦属无害。故法律以上述合理预见之意思为基础,拟制当事人有设定地上权之意思,而于拍卖抵押物致土地与建筑物各异其所有人时,以法定地上权之型态将之现实化。①

(二)必要性分析

分离抵押房地的合同为有效的合同,并且现实中确实存在房地分离的现象,那么我国有无必要借鉴"法定地上权"制度呢?

如上所述,法定地上权制度的最终目的是因客观原因房屋所有权人与土地所有权人之间无法达成有关土地利用的合意时,为保障房屋所有权人的利益而设置的制度。在房地共同抵押后,如果债务期届满,债务人不能清偿债务,则抵押权人可以请求实现抵押权。在实现抵押权的过程中,根据一体处分原则应同时处分房和地,因此没有法定地上权制度的适用可能性。房地分别抵押时,虽然房地的抵押权人不一致,并且其债务履行期届满的时间点亦不同,但是基于一体处分原则,终究房和地须同时拍卖。因此,在此情形下亦无法定地上权制度的适用可能性。法定地上权的成立前提是因拍卖等行为,房与地的权利人分离制,是当权利人之间没有机会协商房与地的机会时,为了保护地上建筑物等而设立的制度,所以其在我国尚无适用余地。

但是现有的抵押权在实现方面仍存在一些问题。其实对于请求实现抵押权的抵押权人来说,如要尊重其意思自治,应该允许申请单独对某一标的

① 参见谢在全:《民法物权论》下册,中国政法大学出版社1999年版,第657~658页。

物行使抵押权。假如两个标的物的价值过大时,参与竞拍的买受人可能承担较大的经济负担。如果买受人可以买得房地中的某一标的物,那么就可以解决上述问题。因此一味强调房地不得分离,要求买受人必须同时买受两个标的物会导致流拍,进而会更增加抵押权人实现抵押权的难度。但是如果允许房地分开实现抵押权,则有可能造成经济利用上及标的物使用上的现实困难,会发生"无地之房"的现象。这样的情况发生时可以利用法定地上权制度。

结论

房地分别为独立的物的观念深刻地影响着中国及东亚各国。日本及韩国一直通过各种制度规制房地分离所造成的各种问题,甚至有日本学者曾经认为中国制定《物权法》时不宜采取房地分离的模式。从抵押权领域出现的诸问题可以看出,中国一直致力于防止房地分离,但是现实生活中房地作为两个物所具有的价值促使人们倾向于分别处分房和地。在我国目前房地分别管理、登记的模式下,房地一体原则存在与现实发生冲突的情形,彻底执行这一原则确有困难,因而只能通过法律的规范化解释来消解现实与规则相背离的情形。

中国物权法中的共同抵押

——制度缺失的现实困境与走出困境的途径

申政武*

笔者研究的中国物权法中的共同抵押，可能与一些学者的主张不同，笔者认为中国现行法中没有规定这一制度。[②] 因此，虽然已有不少教科书、论文等在谈论这个问题，但笔者认为这些都属于面向未来的理论构建而非现行法的解释。本报告也属于这一性质。

那么，为什么说中国法中没有这一制度呢？笔者想先系统地介绍一下学者对共同抵押的认识。

一、什么是共同抵押

（一）1990 年代的讨论(《担保法》制定前后)

1. 钱明星(1994)

作为一个物权法中专有的概念，共同抵押是 20 世纪 90 年代初才在中国大陆出现的。据笔者调查，钱明星教授可能是最早研究共同抵押问题的学者。他在 1994 年出版的《物权法原理》中列举了两种特殊抵押，即共同抵押和最高额抵押，并将共同抵押定义如下："共同抵押是为同一债权就数个不动产设定的抵押。共同抵押的标的仍为不动产，这一点与一般的抵押相同，但共同抵押是为了同一债权就数个不动产设定抵押。这数个不动产并

---

* 作者简介：申政武，山东大学法学院教授。

② 王利明教授、郭明瑞教授分别就共同抵押的定义(第 426 条)、共同抵押的设定(第 427 条)、共同抵押权的处分(第 428 条)、共同抵押权的实现(第 429 条)、共同抵押权的消灭(第 430 条)作出了明确的规定，但《物权法》并没有采纳该建议。(参见王利明主编：《中国物权法草案建议稿及说明》，中国法制出版社 2001 年版，第 107 页)

不是就本身结合而视为一物，而是在担保同一债权的目的上互相结合担保债权。所以共同抵押与一般抵押不同，是一种特殊抵押权。”①

2. 汪贻祥(1995)

第二位研究共同抵押的学者可能是汪贻祥。1995 年 6 月《担保法》颁布，同年 8 月汪贻祥主编的《担保法理论与实务》一书出版。

“共同抵押也称总括抵押或连带抵押，是为担保同一债权，在数个不动产或不动产物权上设定抵押权。共同抵押，按标的物的个数，成立复数抵押权。与财团抵押不同，财团抵押是以财团为一体设定一个抵押权。共同抵押不是数个抵押权的单纯集合，而是多数抵押权担保同一债权，为同一目的而结合，从而债权人因任何一个抵押权受债权的全部清偿时，其他抵押权因目的达到而消灭。”②

据本书的前言介绍，六位撰稿人都是全国人大法制工作委员会的工作人员，并且直接参与了《担保法》的起草工作。因此，他们在书中提出的共同抵押定义具有一定的权威性。

3. 郭明瑞、杨立新(1996)

在汪贻祥《担保法理论与实务》之后，郭明瑞和杨立新也开始关注这一问题。两位教授在 1996 年出版的《担保法新论》一书中，对共同抵押作出了下述的定义：“共同抵押，是指为以数个财产共同担保同一债权，于数个不同财产上为同一个债权设定一个抵押权。共同抵押因是就数个财产，为同一个债权设定一个抵押权，所以，也有的称为总括抵押。”③

4. 王利明(1998)

王利明在《物权法论》用一节论述了共同抵押。他对共同抵押的定义如下：“共同抵押，又称为连带抵押，是指以数项财产共同担保某一项债权，数项财产为同一项债权设定了一项抵押权。……共同抵押的主要特点在于，抵押权的标的是数项财产而不是一项财产。所谓数项财产，是指这些物并不是集合物，而是各个独立的财产。”④

从上述学者的见解可知，人们对共同抵押是为担保同一债权在多个不动产上设立的抵押这一点的认识是相同的。不同之处在于，在多个不动产

---

① 钱明星：《物权法原理》，北京大学出版社 1994 年版，第 354 页。

② 汪贻祥主编：《中华人民共和国担保法理论与实务》，中国政法大学出版社 1995 年版，第 89 页。

③ 郭明瑞、杨立新：《担保法新论》，吉林人民出版社 1996 年版，第 173 页。

④ 王利明：《物权法论》，中国政法大学出版社 1998 年版，第 730 页。

上设立的究竟是一个抵押权，还是多个抵押权，立法机关的理解和学者不一致。不过，在学者(郭明瑞、王利明等)的影响下，一个抵押权或单一抵押权的观点似乎占据了通说的地位。

(二)2000年以来的讨论(《物权法》制定前后)

1.郭明瑞(2001～2012)

2001年，王利明主编的《中国物权法草案建议稿及说明》出版。郭明瑞教授参加了该课题组，并负责第四章担保物权的起草。

他在第426条中对共同抵押提出了如下定义："共同抵押，是指以数个财产担保同一债权。"又在第427条中为共同抵押的设立规定了两项内容：(1)"共同抵押的数个财产可以属于不同的人，也不以同时抵押为必要。"(2)"抵押权人和各抵押人可以约定各个用于抵押的抵押物所担保的债权范围和清偿顺序。"①

作为草案的起草理由，郭明瑞再次重述了《担保法新论》中提出的"共同抵押，有的称之为总括抵押、集合抵押，是指为共同担保同一债权，而于数个财产上设定一个抵押权。相对于以一物设定一个抵押权，共同抵押为特别抵押"②的定义。

值得注意的是，草案对共同抵押与《担保法》的关系作了说明，认为"《担保法》第34条第2款规定，抵押人可以将前款所列财产一并抵押。这是许可共同抵押的原则规定……《最高人民法院关于使用担保法若干问题的解释》第75条就同一债权有两个以上抵押人时各抵押人承担的担保责任即抵押权的行使作了规定"③。

2.梁慧星、陈华斌(2003～2007)

2003年梁慧星、陈华斌共同编著的《物权法》(第2版)中对共同抵押作了如下的定义：

"共同抵押，又称总括抵押权、聚合抵押权，指为担保同一债权，而在数个不动产、不动产用益物权或者动产上设定的抵押权。一般而言，作为共同

---

① 王利明主编：《中国物权法草案建议稿及说明》，中国法制出版社2001年版，第107页。

② 郭明瑞、杨主新：《担保法新论》，吉林人民出版社1996年版，第173页。值得注意的是，同一时期其他学者发表的论文并不赞成郭明瑞教授"共同抵押是一个抵押权"的观点，他们主张共同抵押是复数的抵押权(参见李国强：《论共同抵押》，载《当代法学》2002年第3期；任华哲、鲁杨：《共同抵押若干问题之探讨》，载《法律实务》2003年第6期)。

③ 郭明瑞、杨主新：《担保法新论》，吉林人民出版社1996年版，第173页。

抵押权的数个不动产、不动产用益物权或动产可以是一个人的财产,也可以是不同抵押人的财产。……共同抵押权的特色,在于以数个抵押物上成立的数个抵押权来担保同一债权,因此它与财团抵押将多数财产集合成一个团体而成立一个抵押权以担保同一债权不同。"①

值得注意的是,两位作者似乎并不认为《担保法》第 34 条第 2 款、《物权法》第 180 条第 2 款中规定的"一并抵押"是中国承认共同抵押制度的依据。因此,在对制度原理进行说明时,《物权法》一书第 2 版列举了德、瑞、日、韩以及我国台湾民法的相关条文,而在该书的第 4 版中,则仅列举了日本和韩国民法典的相关条文。

3. 王利明、尹飞、程啸(2007)

三位学者共著的《中国物权法教程》是在《物权法》颁布后出版的。本书在共同抵押一节下提出了如下的定义:"共同抵押权又称为'总括抵押权'或'聚合抵押权',是指为担保同一个债权而在数项不动产、动产或权利上设定的抵押权。这数个不动产、动产或权利可以分别属于同一个人,也可以分别属于不同的人。"②

与前述郭明瑞教授的意见相同,三位作者也认为:"从我国《物权法》第 180 条第 2 款以及《担保法》第 34 条第 2 款的规定来看,我国法律是承认共同抵押权的。"③

不过,与前述王利明《物权法论》的主张不同,负责撰写第五编"担保物权"的程啸认为,从一物一权原则的角度来看,"共同抵押权是由数个抵押权担保同一债权。……共同抵押权属于复数抵押权……共同抵押权的性质是在数项财产上成立的数个抵押权"④。

4. 郭明瑞(2012)

郭明瑞教授在最近发表的一篇论文中修正了自己的主张。他认为,共同抵押应分为两类,即法定共同抵押和约定共同抵押。《物权法》第 182 条和第 183 条规定的是法定共同抵押,"尽管抵押财产为数个,但仅为一个抵押权,此与普通抵押权并无多少不同"⑤,而《物权法》第 180 条规定的是约

① 梁慧星、陈华斌:《物权法》(第 2 版)法律出版社 2003 年版,第 329 页。

② 王利明、尹飞、程啸:《中国物权法教程》,人民法院出版社 2007 年版,第 491 页。

③ 王利明、尹飞、程啸:《中国物权法教程》,人民法院出版社 2007 年版,第 491 页。

④ 王利明、尹飞、程啸:《中国物权法教程》,人民法院出版社 2007 年版,第 492 页。

⑤ 郭明瑞:《关于共同抵押犬的若干问题》,载《北方法学》2012 年第 1 期。

定共同抵押，是“当事人自愿设立的尤其是分别设立的以数项财产抵押担保同一债权的共同抵押，并非就仅为一个抵押权，而应为数个抵押权”[①]。

通过前述定义的比较可知，在共同抵押究竟是一个抵押权还是多个抵押权这一点上，学者的认识已趋向统一。[②] 不过，笔者认为，学者在下述两点上仍然存在着分歧：(1)共同抵押的本质是什么？(2)现行法是否承认了共同抵押权？

在此，笔者首先想对第一个问题发表一下意见。

(1)共同抵押的本质究竟是什么呢？笔者认为，共同抵押制度是为解决普通抵押权的冲突而设立的。不过，共同抵押要解决的不是在一个标的物而是在多个标的物上设立的多个抵押权的冲突。此种冲突只会在抵押物的市场价值跌落，处在第一顺位的抵押权人在多个抵押权中选择其一行使，在获得清偿后标的物的价值所剩无几的情况下发生。因为通常第一顺位的抵押权人都会在多个抵押权中选择价值最大的标的物实行，以足额清偿自己的债权。其结果，往往会直接导致后顺位抵押权人无法再从标的物的剩余价值中得到清偿。特别是当多个抵押权共同为一个债权提供担保，该债权人在多个抵押权中都处于第一顺位时，这种情况极易发生。

共同抵押就是为解决这一问题而预置的规则。它要求第一顺位的抵押权人在多个抵押标的物上按比例受偿，进而为后顺位抵押权人留下可继续受偿的空间。[③]

就此而言，共同抵押在本质上是对第一顺位抵押权人优先选择权，或者第一顺位抵押权人滥用优先选择权（在一个标的物上耗尽担保价值）行为的一种限制。

(2)《物权法》第199条能否解决滥用优先选择权的问题？《物权法》第199条规定的内容如下：

“同一财产向两个以上债权人抵押的，拍卖、变卖抵押财产所得的价款依照下列规定清偿：

（一）抵押权已登记的，按照登记的先后顺序清偿；顺序相同的，按照债权比例清偿；

---

① 郭明瑞：《关于共同抵押犬的若干问题》，载《北方法学》2012年第1期。

② 由前述文献可知，《物权法》颁布以后，王利明、郭明瑞等学者已在事实上修正了单一抵押权说。

③ 抵押人与抵押人、抵押人与债务人、抵押人与其他物上保证人之间的问题在此不作讨论。

(二)抵押权已登记的先于未登记的受偿;

(三)抵押权未登记的,按照债权比例清偿。”

本条的规定非常明确,适用本条必须满足两个要件:(1)同一财产向两个以上债权人抵押,导致多个抵押权在一个标的物上发生冲突;(2)冲突的内容是多个抵押权之间尚未确定的优先受偿顺位。显然,共同抵押不符合这两个适用条件。

总之,第199条是确定同一标的物上多个抵押权人受偿顺位的规则。共同抵押则是在优先受偿顺位已经确定的前提下,确定第一顺位抵押权人在不同标的物上受偿比例的规则。

二、什么是一并抵押

“一并抵押”是中国法的专用术语。《担保法》曾将“同时抵押”和“一并抵押”混用,《物权法》则统称“一并抵押”。此外,在两个法典中,“同时抵押”或“一并抵押”与“单独抵押”相对称。

如前所述,有学者认为,《物权法》第180条第2款是中国法承认共同抵押权的根据。可是,笔者发现权威机构并不认同学者的这一观点。

(一)权威解释

1.全国人大法工委

《中华人民共和国物权法释义》由法工委主任胡康生主编,王胜明(法工委副主任)和姚红(法工委民法室主任)任副主编。作为领导,三个人都直接参与了《物权法》的起草工作,因此他们的意见具有一定的权威性。

《中华人民共和国物权法释义》对《物权法》第180条中的“一并抵押”是这样解释的:“抵押人可将前款所列财产一并抵押。这是关于企业财产集合抵押的规定。根据该款规定,企业可以将企业的动产、不动产及其某些权利作为一个整体进行担保,比如,将厂房、机器设备库存产品、工业产权等财产作为总资产向银行抵押贷款。”[①]该解释认为,一并抵押是指作为债务人的企业可将动产、不动产和权利作为一个整体或总资产的集合抵押。

2.全国人大法工委民法室

几乎在同一时间,全国人大法工委民法室主任姚红等直接参与《物权法》起草的工作人员编著了另一本《物权法》。该书对同一条文的解释如下:“企业可以将企业的动产、不动产及其某些权利作为一个整体进行担保,比

① 参见胡康生主编:《中华人民共和国物权法释义》,法律出版社2007年版,第393页。

如,将厂房、机器设备、库存产成品、工业产权等财产作为总资产向银行抵押贷款。但是,企业将财产一并抵押时,各项财产的数量、质量、状况和价值都应当是明确的。”[①]该解释基本上复述了前一著作的意见。

3.最高人民法院

最高人民法院也在同一时期出版了一本关于物权法的著作,书名为《中华人民共和国物权法条文理解与适用》该书由当时任副院长的黄松有主编,执笔人是最高法院物权法研究小组的人员。作者都是在第一线从事司法解释工作的人员,因此该书对法律实务工作的影响重大。

《中华人民共和国物权法条文理解与适用》对同一条文的解释如下:“本条第二款关于‘抵押人可以将前款所列财产一并抵押’规定,其实是关于集合抵押制度的规定。集合抵押方式是抵押人以特定的不同种类的财产形成一个集合体来为同一债权设定的抵押,因抵押财产是不动产、动产和不动产财产权的集合体,故该条款应解释为‘集合抵押’。就本条款立法意旨而言,系为克服一般抵押权的不足,并促进企业融通资金的能力而设。……为了回避一般抵押权的缺点,很多发达国家就创设了‘集合抵押’的方式,即将企业全部动产、不动产等做成一份‘财产目录清单’来设定一个抵押权,通常将其称为‘动产与不动产的集合抵押权’,日本称之为‘财团抵押’。我国《担保法》第34条第2款就参考了日本的财团抵押和国外所说的动产、不动产的集合抵押,明确规定:‘抵押人可以将前款所列财产一并抵押。’本法本条亦是沿承《担保法》的上述规定。”[②]作为最高司法机关,本书明确指出一并抵押是集合抵押,亦即日本民法中的财团抵押。还明确指出,本条由参考日本财团抵押制度制定的《担保法》第34条第2款沿承而来。

总之,最高立法机关和司法机关对一并抵押是集合抵押或财团抵押的理解是一致的。更明确地说,一并抵押不是共同抵押。

(二)准用的可能性——一并抵押是否能够替代共同抵押

毋庸赘述,一并抵押或集合抵押与共同抵押是两个不同的概念。那么在缺乏共同抵押规定的中国法中,能否采用共同抵押准用一并抵押的规定来解决现实问题呢?笔者认为这十分困难。

---

① 全国人大法工委民法室编:《中华人民共和国物权法条文说明、立法理由及相关规定》,北京大学出版社2007年版,第323页。

② 黄松有主编:《中华人民共和国物权法条文理解与适用》,人民法院出版社2007年版,第538页。

如前所述,共同抵押在本质上是为限制第一顺位抵押权人优先选择权、或者第一顺位抵押权人滥用优先选择权(在一个标的物上耗尽担保价值)的行为而预置的规则。而集合抵押并非针对这一问题所设,所以不具有这样的功能。

结语

综上所述,笔者认为,中国法中没有共同抵押的规定。准用现行规定或通过最高法院作司法解释也无法解决问题。因此,作为法律修订之前的应急手段,笔者想提出下列的方案:

共同抵押是从物的连带(法定为物权关系)的角度去考虑问题的。我们能否换一个角度,即从人的连带的角度去考虑问题呢。具体来说,可否将共同抵押作为抵押合同中必备的条款,促使同一债权人与多个抵押人预先缔结物上保证契约,通过约定各自受偿比例的方式来解决问题。这样有可能使中国法走出制度缺失的现实困境。

公司对外提供担保的合同效力判断规则

周伦军*

《最高人民法院关于适用《中华人民共和国担保法》若干问题的解释》第4条和第11条关于公司对外提供担保的效力判断规则，系对原《公司法》第60条第3款的解释。在2005年《公司法》修订后，如何根据该法第16条、105条和第122条的规定，正确认定公司对外提供担保的合同效力，学界和实务界并未能取得一致看法，这成为物权法担保物权编司法解释起草和论证工作中需要加以解决的一个重要问题。笔者不揣浅陋，撰文如下，权当引玉之砖。

一、学术观点的分歧与缺陷

对于违反《公司法》第16条、第122条的规定，未经适当的公司机关决议或者虽经决议但议事规则违反所签订的担保合同的效力，既往的研究以《公司法》第16条的规定为核心，循着三种不同的解释路径，得出了不同的解释结论。

（一）代表权限制说

这种解释路径认为，该条规定系对公司代表权的限制，对于代表人越权代表所签的担保合同效力，形成了三种意见：

1.无权代表无效说

该观点认为，新《公司法》第16条对于法定代表人或授权代表人在担保事项上的代表权作出了明确的限制。这种法定限制应当推定交易相对人是知晓的，因此对凡未经董事会或股东(大)会决议的，应推定交易相对人知晓

---

* 作者简介：周伦军，最高人民法院民二庭法官。

代表权有瑕疵，否则担保行为无效。[①] 债权人对担保合同的无效亦具有过错，其要求担保人承担的赔偿额不得超过全部损失的1/2。[②]

2. 无权代表未生效说

该观点认为，对未履行公司内部决议程序或违反公司章程规定的公司担保，均应认定为未获得公司权力机构对担保的授权，担保合同未生效，由公司承担缔约过失责任；交易相对人不能证明其尽到充分注意义务的，应承担相应的过错责任。[③]

3. 一般担保和关联担保代表权区别说

该观点认为，新《公司法》第16条第1款和第122条对一般担保中关于公司内部的决策程序限制，不构成对公司外部关系上代表权的法律限制，对交易相对人不具约束力。第16条第2、3款是对关联担保中关于公司内部的决策程序控制，鉴于立法强调其规范关联担保的重要性，应当认定构成对公司代表权的法律限制，可以通过向交易相对人分配合理适当的审查义务，规范关联担保，但审查义务不宜要求过苛。此外，关联担保交易对公司利益没有损害的，条款的立法目的已经达到，不应再以交易相对人未履行审查义务而否定担保合同的效力。[④]

(二)规范性质识别说

这种解释路径是从该条规定的规范性质系效力性规范抑或管理性规定入手来界定公司担保的效力，在这一框架下又形成了不同的分支。

1. 管理性规范一体说

对于《公司法》第16条，该观点认为，第一，该条款并未明确规定公司违反上述规定对外提供担保会导致担保合同无效；第二，公司内部决议程序，不得约束第三人；第三，该条款并非效力性强制性的规定；第四，依据该条款

① 参见赵旭东：《中国大陆上市公司转投资、担保、借贷的法律问题》，载王保树、王文宇主编：《公司法理论与实践——两岸三地观点》，法律出版社2010年版，第155页；甘培忠：《企业与公司法学》，北京大学出版社2007年版，第245页；刘俊海：《新公司法的制度创新：立法争点与解释难点》，法律出版社2006年版，第108页。

② 参见李建伟：《公司关联担保规制的制度变迁与政策选择》，载《商事法论集》2006年第2期。

③ 参见北京市高级人民法院：《关于审理公司纠纷案件若干问题的指导意见》[京高法(2008)127号]，第6条。

④ 参见刘贵祥：《公司担保与合同效力》，载《法律适用》2012年第7期。

认定担保合同无效,不利于维护合同的稳定和交易的安全。[①]

2. 一般担保和关联担保规范性质识别说

该观点认为,应区别新《公司法》第 16 条规定的两种情形。第 1 款是关于公司为股东或实际控制人以外的其他人提供担保的规定,立法原意是保证交易安全,约束董事和高级管理人员,性质为管理性、强制性规范,不属于效力规定,担保合同有效。第 2 款关于公司为股东或者实际控制人提供的担保为关联担保,为效力规定。[②]

3. 内部限制说

这种解释路径是从公司内部关系和外部关系区分的角度,来界定公司担保的效力。该观点认为,公司内部意思形成的过程是公司内部的事情,相对人在与公司交易时没有义务弄清楚公司意思是如何形成的,是否经过了正当程序。所以对一般担保,尽管未经董事会、股东(大)会决议,也不能一概以此为由主张无效。关于关联担保,即使未经股东会决议,也不宜笼统认定该担保无效,应当根据不同情形分别判断:对封闭性公司(有限公司、未上市的股份公司),由于股东人数少,股东通常兼任公司董事或高管,管理层与股东并未实质性地分离,股东对公司重大事项仍有一定的影响力。该类事项即使未经股东会决议,通常也不违背股东的意志。况且封闭性公司不涉及众多股民利益的保护、证券市场秩序的维护等公共利益问题,因此,能否绝对地以未经股东会决议为由认定担保无效,值得商榷。对公众公司,则应当审查该担保是否经过股东大会决议同意,未经股东大会决议同意的担保,属于重大违规行为,侵害了众多投资者的利益,扰乱了证券市场秩序,应当认定无效。[③] 认定无效的法条依据是《合同法》第 52 条的有关规定。[④] 当相对人明知法定代表人超越权限,并与其串通一起损害法人利益时,该行为可根据《合同法》第 52 条第 2 项的规定处理;如果没有股东会或股东大会的特别授权,法定代表人擅自实施无权实施的行为,此种交易应属于《合同法》第

① 参见《中建材集团进出口公司诉北京大地恒通经贸有限公司、北京天元盛唐投资有限公司、天宝盛世科技发展(北京)有限公司、江苏银大科技有限公司、四川宜宾俄欧工程发展有限公司进出口代理合同纠纷案》,载《最高人民法院公报》2011 年第 2 期。

② 参见王保树、崔勤之:《中国公司法原理》,社会科学文献出版社 2006 年版,第 42 页;耿林:《强制规范与合同效力——以合同法第 52 条第 5 项为中心》,中国民主法制出版社 2009 年版,第 246 页。

③ 张勇健:《〈公司法〉司法解释(三)解读》,载《商事审判指导》2012 年总第 29 辑。

④ 张勇健:《〈公司法〉司法解释(三)解读》,载《商事审判指导》2012 年总第 29 辑。

52 条第 5 项规定的“违反法律、行政法规的强制性规定”的情形，合同应自始无效。[①]

学术分歧的存在和不同观点之间的争鸣与碰撞，对于学术发展而言无疑是一件令人欣慰的现象。但是，对公司担保这一审判实践中的日常问题来说，时至今日仍未达成共识绝非幸事。笔者以为，虽然争议各方的持论依据各不相同，但共同的缺陷均可归纳为：在解释公司担保规则时没有遵循正确的体系解释方法，要么是有意或无意地试图从公司法的自身逻辑来寻求出路，将该问题局限在具体制度范围内进行“盲人摸象”；要么虽然意识到需要将该规则置于民商法的体系内进行研究，但在将该规则“嵌入”现行法律体系内加以一体化解释的过程中又存在着偏差。

《公司法》第 16 条和第 122 条关于公司担保的规定，是将公司为股东或实际控制人提供担保、上市公司重大担保的决定权授予股东(大)会，其他对外提供的担保的决定权授予公司章程确定的机关，即董事会或者股东(大)会。从公司个体来看，上述规定意味着未经公司机关决议，任何人无权代表公司对外提供担保。对于违反上述规定签订的担保合同的效力，公司法虽然未予明文，但并不意味着法律漏洞的当然存在。“法律中的诸多法条，其彼此并非只是单纯排列，而是以多种方式相互指涉，只有透过它们的彼此交织及相互合作才能产生一个规整。”[②]在民法理论体系中，对法人代表人实施的交易行为所产生的法律后果，传统上是放在民事主体和法律行为两个部分分别进行讨论，前者的讨论重点在于法人的责任问题，后者的讨论重点在于代表人意思表示的归属问题，但二者所依据的实体法规范则是同一的。在所有的民法教科书中，对这两个问题的讨论均以《民法通则》第 43 条(职务行为)和《合同法》第 48 条(无权代理)、49 条(表见代理)和第 50 条(表见代表)为主要依据。因此，立足于民商法自身的学科体系，我们将《公司法》第 16 条、第 105 条、第 122 条的规定归入法人的行为能力或者代表、代理这一民事法律行为范畴，将其作为判断代表权限有无的辅助规范，并以此作为我们对这一问题的讨论起点。

二、公司代表权的限制类型及其区分实益

公司作为一个组织，其内部的重大决策、管理、监督和对外意思表示需

---

① 参见朱广新：《法定代表人的越权代表行为》，载《中外法学》2012 年第 3 期。

② [德]卡尔·拉伦茨：《法学方法论》，陈爱娥译，商务印书馆 2003 年版，第 144 页。

要借助于一定的机构或者人员来实行。为此,各国法律都对公司内部的权力分配作出了相应的规定,并由此形成公司机关。站在公司治理的角度,公司实际上是一个层级组织,或者是一个分工机制,这就需要考虑股东、法定代表人、董事、经理的各自权限范围究竟有多大。因此,在衡量公司对外签约的效力时,仅从合同法出发是不够的。公司对外代表权的分配,主要框架来源于公司法。[①] 根据公司法的规定,法定代表人的代表权不仅受到基于章程约定、法令特别规定等限制,并负有禁止代表权滥用的一般法律义务。具体如下:

(一)代表权的法定限制

公司法对代表权的法定限制可以分为两个方面:一是法人机构之间的权力划分;二是公司机构与代表人之间的权力划分。

关于权力机构和执行机构的权力划分。在法人内部分权制衡的组织架构下,执行机构的职权是执行法人的营业事务,即对内管理经营事务、对外实施行为。但出于对某种政策的考虑,有些种类的交易,法律规定其决定权不在执行机构,而是属于权力机构的决定事项。这一方面的限制主要有:《公司法》第16条第2款规定,公司为公司股东或者实际控制人提供担保的,必须经股东(大)会决议。《公司法》第38条和第100条规定,公司增减资本、发行债券、分立、合并、解散、清算或变更公司组织形式,应当由股东(大)会决议。《公司法》第122条规定,上市公司在一年内购买、出售重大资产或者担保金额超过公司资产总额30%的,应当由股东大会决议。据此,只有公司的权力机构才可决定前述行为,董事会对此只享有制订方案的权力,根本无权决定这些事项。

关于公司机构与代表人之间的权力划分。这是法律在法人机构分权的基础上对业务执行权的一种特别限制。也就是说,这些事项本在业务执行的权限之内,但出于特别考虑,法律对此作了特别限制。这一限制主要包括:(1)《公司法》第16条第1款规定,公司向其他企业投资或者为他人提供担保,必须根据章程规定由董事会或者股东(大)会决议;(2)《公司法》第149条第3项规定,董事、高管人员将公司资金借贷给他人的,必须经董事会或者股东(大)会的同意。据此,代表人对上述事项,依法不享有代表公司的权限,不得擅自对外签订投资、担保、借贷等交易合同。

① 参见邓峰:《普通公司法》,中国人民大学出版社2009年版,第136页。

(二)代表权的约定限制

约定或议定的限制,是指法人章程、董事会决议、股东会或股东大会决议对代表权所作的特别限制。章程对代表权的限制,主要表现为对经营范围的限制。除了对经营范围的限制外,章程还可以规定一些特别重要的交易事项必须由董事会、股东会或股东大会决议。这实际是以内部特别程序限制法定代表人的代表权。

除了通过章程来限制代表权之外,董事会、股东会或股东大会还可视情况需要以决议限制法定代表人的权力。相比于章程的限制,这种限制措施非常封闭,第三人一般无从知晓。

(三)代表权的滥用

代表权的滥用,是指法定代表人与交易相对人实施的行为虽然未超越代表权,但实质上却有损法人利益或根本不符合法人的利益,其主要表现是法定代表人为自己或他人利益而与公司进行交易。《公司法》第 149 条第 4 项关于"董事、高级管理人员违反章程规定或未经股东会、股东大会同意,不得与本公司订立合同或者进行交易"的规定,就是从忠实义务的角度作出的禁止性规定。

(四)法定限制与约定限制之区分实益

法定限制,基于法律规定的公开性,任何人不得以其自身不知法律为由而提出免责或减责抗辩。法律一经公布并生效,就理所当然地对任何人产生效力。任何人无论其是否在实际意义上知悉了法律所规定的内容,都将被一视同仁地推定为其已确定无误地知悉了法律所规定的内容,这也是"不知法律不免责"这一罗马法格言的精神要义。由此推衍,由于公司法对公司担保这一特定事项存在法定限制,并非代表人所能单独决定,所以任何人不得以不知法律规定为由而被免除注意义务。

对于约定限制,公司章程因登记而产生推定知悉理论的废弃和立法例上以特昆德规则为基础发展出的内部管理规则在英国法上的成文化,这种内部约定的限制不影响公司与交易相对人之间的行为效力已经成为公司法上的趋势和共识。英国《2006 年公司法》第 31 条规定,除非公司章程有特别规定,公司可从事任何经营活动。第 40 条规定,基于对公司交易善意第三人有利的原则,公司董事约束公司的权力不受公司章程的限制。为此,与公司交易的第三方不必就公司对董事权力的任何限制进行查询,其善意将被依法推定,除非公司提出反证;不能仅因为知悉董事超越公司章程授予的权限而被认为是"恶意"。第 161 条规定,以公司董事名义行事的有效性并不受其后发现其任命有瑕疵的影响,即便董事被褫夺或停止董事资格,或其无权就该事项进行投票等。根据英国《2006 年公司法》的规定,除非第三方被证明有实际知悉、董事自我交易、行为人无表见代表权等情形,与公司交易的相对人获得了非常全面的保护。①

法定限制与约定限制的区分实益,主要在于证明责任的不同:在法定限制中,交易相对人的善意需要自己举证证明;而在约定限制中,交易相对人的善意是被依法推定的。这一点系比较法上的共识,2006 年《英国公司法》上的区别规定和日本以及我国台湾地区的学说讨论,已经提供了足够的例证。

在既往的审判实践中,受首长负责制的公法思维模式影响,对一长制的法定代表人的代表权限通常不作特别考虑,法院一般都是按照是否以公司的名义、公章是否真实等形式标准来审查代表人的行为是否为职务行为。公司法对代表权的法定限制,客观上要求我们改变审判实践中的“代人表签字就是公司的行为”“公章管理不严是公司内部的事情,不影响公司在外部关系中行为的效力”等形式主义的思维,必须将代表权限的审查置于公司分权治理结构的法律框架之下。这是我们在审判工作中必须强调的一个重大改变。

三、越权担保行为的效力选择及责任承担

(一)事实构成的类型化及法律问题

对于担保合同效力的审查,自中福公司担保案以来,审判实践中大多是根据有限公司和股份公司的不同,采用不同的效力判断规则。如在公司法修订前,有些法院根据中福公司担保案确定的裁判思路推衍,采用有限公司须经董事会决议、股份公司须经股东大会决议的效力判断规则。公司法在2005 年修订中虽然并未采纳这种划分方法,但这一区分方法至少是作为传统思维仍然存在着一定的影响力。例如,前述的“内部限制说”将为股东和实际控制人提供担保的效力判断细分为封闭公司和公众公司两种问题类型并赋予不同的法律效果的做法,就可以看作是这种路径依赖下的产物。我们认为,商事审判中的这一传统做法应当随着法律修订而改变。首先,公司法关于公司对外担保需要机关决议的规定,是放在总则部分加以规定的,适用于所有的公司类型,因此,区分封闭公司还是公众公司然后课予相对人不

① 参见 2006 年《英国公司法》,第 197、198、199、203 条的相关规定。

同的注意义务于法无据。其次，虽然公众公司和封闭公司客观上存在公共性有无的差别，但就影响的法益来说，在质上都是相同的，区别无非是涉及的利益大小而已。因量的不同而采用差异化的效力判断规则，理由并不充分。

此外，区分一般担保和关联担保并采用不同的效力判断规则的做法在审判实践中的影响力也在增长。但是，这一区分方法也存在明显的缺陷：首先，这种区分人为创设了新的概念。《公司法》第16条第2款仅就为关联方中的实际控制人和股东提供担保作出了必须经股东(大)会决议的规定，对于为其他的关联方提供担保，解释上应当认为须适用第16条第1款的规定，由章程决定相应的决议机构。① 也就是说，对于法定代表人未经决议擅自以公司财产为自身、其他董事、经理、高管人员等关联人提供的担保，应当适用《公司法》第16条第1款的规定。其次，区分关联担保和一般担保也面临着实践操作技术上的困难。如果认为相对人只在接受关联担保时存在审查义务，接受一般担保时不负审查义务，那么相对人即可主张在接受关联担保时相信其为一般担保作为抗辩。这时，对于如何确定相对人主观上是否善意，存在着极大的困难。

基于上述考虑，在考虑越权担保行为的事实构成方面，我们不再将封闭公司还是公众公司、一般担保还是关联担保这些因素作为分类的基础。

从审判实践中担保纠纷案件的审理情况来看，根据是否经过机关决议的标准，越权担保主要分为四种类型：(1)未经决议，公司法定代表人对外实施的担保行为；(2)未经决议，公司的非法定代表人以公章代表公司对外提供担保；(3)尽管事实上未经决议，但公司的法定代表人或其他人员向被担

① 根据《企业会计准则第36号——关联方披露(2006)》(财会[2006]3号)第3条和第4条的规定，当事人之间存在着一方控制、共同控制另一方或对另一方施加重大影响，以及两方或两方以上同受一方控制、共同控制或重大影响的，构成关联方。包括：(1)该企业的母公司。(2)该企业的子公司。(3)与该企业受同一母公司控制的其他企业。(4)对该企业实施共同控制的投资方。(5)对该企业施加重大影响的投资方。(6)该企业的合营企业。(7)该企业的联营企业。(8)该企业的主要投资者个人及与其关系密切的家庭成员。主要投资者个人，是指能够控制、共同控制一个企业或者对一个企业施加重大影响的个人投资者。(9)该企业或其母公司的关键管理人员及与其关系密切的家庭成员。关键管理人员，是指有权力并负责计划、指挥和控制企业活动的人员。与主要投资者个人或关键管理人员关系密切的家庭成员，是指在处理与企业的交易时可能影响该个人或受该个人影响的家庭成员。(10)该企业主要投资者个人、关键管理人员或与其关系密切的家庭成员控制、共同控制或施加重大影响的其他企业。

保人提供了虚假的决议;(4)虽经决议,但决议事项违反公司章程规定的议事机关、议事规则或关于限额的规定。这四种情况,本质上都是越权行事,但其间存在相对人是否善意的差别。立足于公司治理结构的基本架构,考虑到代表和代理行为的相似性,我们将越权担保行为依据相对人是否善意,区分为两种类型加以讨论。

对于越权担保的合同效力,《合同法》第 50 条规定:“法人或者其他组织的法定代表人、负责人超越权限订立的合同,除相对人知道或者应当知道其超越权限的以外,该代表行为有效。”由于该条规定并未明确在相对人知道或应当知道的情况下代表行为的效力,构成法律漏洞,并导致此前学者基于代表权限制说所得出的结论存在无权代表无效说、无权代表未生效说和一般担保和关联担保代表权区别说三种分歧性观点。

如何看待这三种分歧观点,有赖于对合同法第 50 条的漏洞作出何种解释性补充,这也是越权担保效力判断规则面临的主要法律问题。

(二)相对人善意的越权担保行为效力及其举证责任

对于相对人善意即“不知道或不应当知道”行为人无权设定担保的情况,该代表行为有效,担保合同对公司发生法律效力,公司应当承担担保责任。这是根据《合同法》第 50 条之规定所得出的当然结论。

有疑义的是,相对人善意的衡量标准是什么?对此,学理上虽有实质审查和形式审查两种不同的主张,但从审判实践中的情况来看,主张形式审查说为主流的看法。与此相应,“不知道或不应当知道”就是指相对人事实上不知道,或者在尽了形式审查义务之后仍然不可能知道行为人无权提供担保的事实。在具体案件中,相对人要证明自己的善意,必须举证证明自己尽到了如下的注意义务:

1. 已经依法审查了担保人提供的与担保相关的决议、章程、财务资料

根据《公司法》第 16 条、第 105 条和第 122 条的规定,相对人应当审核的文件包括:(1)公司章程;(2)董事会或者股东会、股东大会的决议;(3)财务报表。若担保人为上市公司,根据《公司法》第 122 条的规定,还应审查担保金额与公司最近一期经审计确认的总资产的关系。

2. 相关资料在形式上相互一致

相对人经过审查,认为现有资料能够证明公司担保的决议机关、决议程序和担保限额在形式上符合《公司法》第 16 条、105 条、122 条的规定,即可认为其尽到了相应的注意义务。

对于相关行为主体如股东签章或董事签名的实际真伪、担保决议的形

成程序是否违法，以及相关上市公司已经对外作出担保的数额和公司的总资产的关系是否存在虚假等问题，此非相对人的审查能力所能及，不应将其作为考量因素。也就是说，只要相对人对担保公司的章程、决议文件和证明资料进行了必要而合理的形式上的审查，且并没有发现决议文件虚假或者其他违反法律规定之处，则相对人据此与担保公司签署的担保合同应视为有效。

此外，相对人尽了上述形式的审查义务，即便股东会或者股东大会、董事会决议嗣后因程序瑕疵或内容违法被人民法院依法撤销或确认无效，也不影响公司依法应承担的担保责任。在公司承担责任之后，就公司因此所受的损害，公司有权根据《公司法》第 20 条、第 21 条、第 149 条第 1 款第 3 项和第 150 条的规定追究控制股东、实际控制人、董事、监事和高级管理人员的责任。

（三）相对人恶意的越权担保行为效力

对相对人恶意情形下的越权代表行为的效力，民法学界有两种代表性的观点：

第一种观点认为代表行为无效。相对人恶意即知道或者应当知道超越权限的越权代表行为，不对法人发生效力（无效），理由是，"法律不宜保护恶意之人"[①]。按照这种理解，越权代表原则上有效，相对人知道或应当知道属于例外，与原则有效相对应，例外的情况应当是无效。

第二种观点认为代表行为效力待定。这种观点认为，将相对人知道或应当知道的情形解释为无效，排除了法人追认实际上可能对其有利的越权行为的机会，实不可取；将其解释为一种效力待定行为，则比较合理。故越权代表构成表见代表时有效，此外为效力待定行为。[②]

我们认为，立足于我国《合同法》第 48、49、50 条将无权代理、表见代理、表见代表分别加以规定的实际情况，考虑到法定代表人以法人名义对相对人实施的行为，在形式与效果归属两方面与代理制度皆极其类似，并参酌比

---

① 参见崔建远：《合同法总论》上卷，中国人民大学出版社 2008 年版，第 356 页；胡康生主编：《中华人民共和国合同法释义》，法律出版社 2009 年版，第 86～87 页；最高人民法院经济庭编著：《合同法释解与运用》(上)，新华出版社 1999 年版，第 214 页。

② 参见王利明：《合同法研究》第 1 卷，中国人民大学出版社 2002 年版，第 620～627 页；张学文：《董事越权代表公司法律问题研究》，载《中国法学》2000 年第 3 期；曹嘉力：《越权代表行为的法律效力初探——兼评〈合同法〉第 50 条》，载《当代法学》2002 年第 9 期。

较法上的经验,以类推适用代理的方法对越权代表规则的漏洞进行补充较为可取。

首先,比较法上,从美、英、日本以及我国台湾地区的制度设计来看,均系在承认公司具有担保能力的基础上加以不同程度的限制,防止公司资产因随意担保而流失,以保护公司、股东和债权人的利益。英国和美国、日本的立法发展表明,公司对外提供担保,一般由董事会根据是否增进公司利益这一经营判断标准自主决定,但对容易引起利益冲突的担保交易,则通过公司决议的程序控制方式,交由公司股东或董事会决定是否批准。对于未经决议程序的担保交易,在制度设计和学说讨论上均以民法上的无权代理制度为基本的制度框架。2006 年《英国公司法》第 213 条、214 条已经存在越权担保情形下公司有权申请撤销和股东会后续确认的立法例。在日本和我国台湾地区,由于准用代理制度的结果,公司对越权代表通过事后决议追认的效力已经为学说和判例一致认可。①

其次,在学说上,“代理与代表的法律性质虽异,功能则相类似,故民法关于代理之规定得类推适用之”②的观点已经成为通说。在合同法的立法史上,1996 年 6 月 7 日的《合同法》(试拟稿)(第三稿)中,考虑到民法代表制度与代理制度的类似性,及法定代表人的越权行为与无权代理的相似性,曾经对法定代表人的越权行为与表见代理作统一规定(第 43 条),将其安排在表见代理的规定之后。对于法定代表人的越权行为,准用表见代理的规定。③《合同法》(征求意见稿),曾经以第 30 条一并规定无权代理与越权代表。④《合同法》虽最终没有采用征求意见稿第 30 条的做法,但其将越权代表紧随无权代理、表见代理予以规定的体系安排,显然表明其已明确意识到了越权代表与无权代理之间的相关性。因此,将相对人恶意情形下的越权代表解释为一种效力待定行为,能够使旨在保护善意相对人的第 48、49、50 条构成和谐一致的规范体系。

基于以上考虑,我们认为,当相对人为恶意时,公司代表人越权提供担

① 参见周伦军:《公司担保的法律解释论》,载《商事审判指导》2013 年第 2 期。

② 王泽鉴:《民法总则》,中国政法大学出版社 2001 年版,第 444 页。

③ 参见梁慧星:《关于中国统一合同法草案第三稿》,载梁慧星主编:《民商法论丛》第 7 卷,法律出版社 1997 年版,第 721 页。

④ 参见全国人大法工委民法室编著:《〈中华人民共和国合同法〉及其重要草稿介绍》,法律出版社 2000 年版,第 117 页。

保的行为类推适用《合同法》第48条的规定，其行为效力待定，这一解释结论不仅能为公司提供一种追认合同的选择权，而且在公司不予追认的情况下还能实现对恶意之人不予保护的规范效果。这一解释结论，较之于代表权限制视角下的无权代表无效说、无权代表未生效说和一般担保与关联担保代表权区分说，能够实现将《公司法》第16条、122条的规定与《合同法》第48条、第50条关于表见代表的规定做体系性的结合与解释，应当是一个较为合适的解释方向。

按照这一解释方向，在相对人恶意的情况下，还有两个关键问题需要界定：一是如何判断相对人的"知道或者应当知道"；二是在公司不予追认的情况下，行为人应当承担何种责任。

"知道"，是指事实上的知道，即相对人实际上了解或认识到了代表人在订立担保合同时未依法或依章程的规定取得股东会或股东大会、董事会的批准。

"应当知道"，是指推定的知道。在一般情况下，这是一个需要结合个案衡量的事实问题，学理上难以抽象出一个统一的认定标准。立法史上，《合同法》对"应当知道"曾经采用了"因重大过失而不知"的标准。所谓因"重大过失而不知"，是指对相对人而言，根据其所知悉的一切情形，法定代表人的超越权限是如此显而易见，只要不是熟视无睹，不可能不知法定代表人超越了权限。相对人知悉的一切情形，不仅包括特定交易的具体情况，如交易性质、金额、重要性等，而且包括当事人之间的惯常做法、关于某种交易的特别交易习惯或交易行规等。[①] 具体到公司担保领域，由于法律规定本身具有公示作用，任何第三人都应当了解，所以对第三人应当知道的情况应采取推定方式。[②] 也就是说，如果相对人在接受担保时没有审查公司决议和相关资料，且公司事实上确未经过决议，就可以推定相对人应当知道。如在审判实践中，公司未经决议即行具函称"本公司承诺，相关担保业经股东(大)会/董事会决议批准""本公司承诺以公司所有资产为某某公司提供担保"等，即可认为相对人因重大过失而不知，推定其应当知道。此外，有些情况下公司虽然提供了相关决议，但债权人未能审查发现其明显存在的瑕疵，如控制股东参加了同意为其担保的股东会决议的表决、章程规定应经股东会决议但该决议系由董事会决议作出等，也应当认定被相对人具有重大过失。

---

① 参见朱广新：《法定代表人的越权代表行为》，载《中外法学》2012年第3期。

② 参见王利明：《合同法研究》第1卷，中国人民大学出版社2002年版，第623～624页。

关于未予追认情形下行为人应当承担的责任,《合同法》第48条只是规定"由行为人承担责任"。但是,行为人应当承担何种性质的责任,则没有字面上的规定。立法史上,1995年1月的《合同法》(试拟稿)曾经规定无权代理人应当向善意的相对人负履行或者损害赔偿责任(第41条)。这一责任方式是比较法上的通例,《德国民法典》第179条[①]、《日本民法典》第117条[②]以及我国台湾地区《民法》第110条[③]在此方面的规定大同小异。

通说认为,无权代理行为未经被代理人追认,对被代理人不发生效力,由行为人承担民事责任。此所谓民事责任,是指由该无权代理人自己作为当事人履行该民事行为中对相对人的义务,或者不能履行时对善意相对人承担损害赔偿责任。但在相对人属于恶意即明知的情形下,无权代理人可以不承担损害赔偿责任。[④] 换言之,无权代理人的责任,是对于因过失而不知的相对人所承担的责任。具体到担保领域,这一责任方式应当视保证和物的担保而有所区别。在保证的情形下,由于其责任内容为代偿责任;可以由行为人承担保证责任;而在物的担保情形下,行为人无法实际履行物的担保责任,故只能承担赔偿责任。

审判实践中,除了法定代表人越权提供担保的情形外,还经常出现公司经理、办公室主任等重要职员持公司公章、制造虚假决议对外提供担保的无权担保行为类型。由于公司经理、办公室主任等非法定代表人与公司之间构成委托代理关系,因此可以视相对人是否善意分别适用无权代理和表见代理的规定。这种处理方式的结果,与代表人越权基本相同,此处不再展开。

---

① 《德国民法典》第179条规定:(1)以代理人的身份订立合同的人,如果不能证明其有代理权的,有义务依从另一方的选择,或者履行合同或者赔偿损害,但以被代理人拒绝追认合同为限。(2)代理人不知道代理权有欠缺的,仅有义务赔偿另一方因信赖该项代理权而遭受的损害,但不超过另一方就合同生效所拥有的利益的数额。(3)另一方知道或应当知道代理权有欠缺的(由代理人负举证责任),代理人不负责任;代理人是限制行为能力人的,也不负责任,但代理人系经其法定代理人同意而实施行为的除外。

② 《日本民法典》第117条规定:(1)作为他人代理人缔结契约者,如不能证明其代理权,且得不到本人追认时,应依相对人的选择,或履行契约,或负损害赔偿责任。(2)前款情形,不适用于相对人已知或因过失而不知无代理权之情形或者作为代理人缔结契约者无能力之情形。

③ 我国台湾地区《民法》第110条规定:无代理权人,以他人之代理人名义所为之法律行为,对于善意之相对人,负损害赔偿之责。

④ 梁慧星:《民法总论》(第三版),法律出版社2007年版,第231页。

四、规范性质识别说和内部限制说在方法论上的错误

(一)规范性质识别说存在的问题

从《公司法》第16条的文字表述来看,该条在性质上属于强制规范。违反强制规定的后果是什么?是否如规范性质识别说所主张的那样,要在区分这一法律规定是管理性规范还是效力性规范的基础上才能进行评价作业?因这种分析方法存在着较大的影响,在此有必要加以说明。

强制规范是指不可以通过约定予以变更或排除的规范,其适用不以当事人的意志为转移。对强制规范,根据不同的标准,可以有不同的分类。根据规范的结构不同,即法条本身是否包含了构成要件和法效果两方面的内容,强制规范可以分为完全规范和不完全规范。完全规范主要是指命令规范(令行或禁止的行为要求);不完全规范包括权力分配规范、权限规范、辅助规范与定义规范、法律参照与法律拟制、法律推定等多种类型。[①] 苏永钦教授在将强制规范归纳为命令规范、赋权规范和定性规范的基础上进一步指出,只有违反了强制或禁止为一定行为的命令规范,才产生制裁的问题,而界定私法上形成及处分权利及义务界限的赋权规范并无真正的"违反"问题。法律行为逾越处分界限者,也并非"无效",而是在获得有权者许可前"不生效力"。法律行为违反"命令"和"社会规范"(如公序良俗)而无效,性质上是私法自治"内容"界限的逾越,而"处分权"的僭越则仅是私法自治内部"权限"界限的逾越,两者根本不能同日而语。[②]

上述区分逻辑,同样体现在我国的立法之中。《民法通则》第55条规定:民事法律行为应当具备下列条件:(1)行为人具有相应的民事行为能力;(2)意思表示真实;(3)不违反法律或者社会公共利益。学界据此形成通说认为,衡量法律行为是否有效的要素有三:主体适格、意思表示、行为内容是否符合法律和公序良俗。之所以如此,是因为大陆法系传统上认为,这三个要素对法律行为效力的影响是不同的。[③]

首先,在主体能力和处分权能方面,民法规定了限制行为能力人从事行为时其法定代理人的同意、无权代理人从事代理行为时被代理人的同意、无权利人处分时权利人的同意以及监护法院对父母、监护人或照管人从事某

---

① 参见[德]伯恩·魏德士:《法理学》,丁小春、吴越译,法律出版社2003年版,第56~72页。

② 参见苏永钦:《私法自治中的经济理性》,中国人民大学出版社2004年版,第42~43页。

③ 参见[德]迪特尔·梅迪库斯:《德国民法总论》,邵建东译,法律出版社2000年版,第372~376页。

些行为的同意的情形。在这些情形中，民法将双方之间的法律行为是否发生效力的问题交由第三人来决定，即行为效力待定：在未征得事先许可的情况下从事的行为，开始是不生效力的，但可以通过事后的追认变成有效；反之，效力未定状态也可能通过拒绝追认而产生相反的结果，即行为最终不生效力。此外，在仅仅应当保护某个人免受行为后果损害时，法律还规定了相对不生效力的情形，即这项行为可能仅仅相对于某个特定人才不生效力，相对于其他一切人则是发生效力的。

其次，意思表示存在瑕疵的情形分为两种情况：(1)确定无效。在对方知悉的心意保留以及虚假行为和戏谑行为中，表意人已经对其意思表示不应发生效力作出了决定，故行为确定无效；(2)可撤销。受错误、恶意欺诈或胁迫影响的法律行为，其内容不一定是不当的，只不过表意人未能无错误地以及不受胁迫地决定有关行为是否应当发生效力而已，故其效力是可撤销的。

最后，在违反法律和违反善良风俗的情形下，法律行为由于其内容不当而不能产生法律效力。《合同法》第 52 条第 5 项关于合同违反法律、行政法规的强制性规定无效，以及《合同法司法解释二》第 14 条关于“合同法第五十二条第(五)项规定的‘强制性规定’是指效力性强制性规定”的解释，其指向的对象均为法律行为的内容违反了法律、行政法规的强制性规定。

根据上述区分逻辑，法律关于主体能力和处分权能、意思表示、法律行为的内容的效力评价各有其相应的规范，且均为强制规范。公司代表人违反《公司法》第 16 条规定的行为效力，即越权代表行为是否有效，《合同法》第 50 条已经作出了规定。在法律适用技术层面，借助于管理性规范或效力性规范的分析框架评价这一越权行为的效力，明显属于多此一举。

同时，关于管理性规范和效力性规范的划分，在学说史上因为立法的发展尤其是公法规范的发展使得强制规范日益增多，为避免公法规范中大量使用“不得”“应当”“必须”等字样的强制规范导致大量的法律行为归于无效，解释学上发展出根据立法目的甄别效力性规范和管理性规范的方法作为应对之策，以明确违反行为的民事法律后果。但由于效力性规范和管理性规范在区分标准上的模糊，使得法律解释上出现了不当适用的混乱。

在我国台湾地区，早年曾经出现过对法律中直接限制法律行为效力的规定进行是取缔规定还是禁止规定的重复评价的错误。[①] 正是在当时的知

① 王泽鉴：《民法总则》，中国政法大学出版社 2001 年版，第 278 页。

识背景下,早年台湾地区曾有学说认为,《公司法》第 16 条不得保证的规定系效力规定。亦有学者结合该条第 2 项前段关于"公司负责人违反前项规定时,应自负保证责任"的规定,将该项规定解释为训示规定,而非通说所认为的效力规定。① 其实,公司负责人自负保证责任的逻辑,系在认为公司负责人的行为构成无权代理后的当然结果。我国台湾地区学界这段法解释学史上所走的弯路,我们应引以为戒。

其实,董安生教授早年就指出,法律行为所不得违反的规范不应包括法律行为制度本身的规范,特别是民法关于可撤销行为、效力未定行为之规范,否则,必然导致对法律行为效力规则的部分否定,并破坏法律制度之间的和谐。②

除了前述理论上的论证之外,我们还可以选取一个更为直观的角度说明这个问题:按照形式逻辑对概念分类的基本要求,主体、意思表示、内容适法这三个要素应当是并列关系,不存在也不应该存在交叉进行法律评价的可能和必要。

综上,我们认为,将《公司法》第 16 条的规定置于效力性规范还是管理性规范的框架下进行讨论的解释路径,在法律方法上未尽允当,并不足采。

(二)内部限制说在理论证成方面的瑕疵

内部限制说从维护交易安全的角度着眼,将内部关系与外部关系分别处理。在公司外部关系方面,应当尽可能避免担保行为因内部决策程序瑕疵而无效,以维护交易安全;在内部关系方面,公司可以通过公司法上的诉讼,追究控制股东、实际控制人、法定代表人因越权担保而给公司所造成的损失。

在既往的讨论中,内部限制说不仅没有充分注意到代表权的法定限制和约定限制的区别,还存在着以章程的公开效力替换法律的公开效力这一偷换概念的现象。如有的观点认为,有限责任公司的公司章程不具有对世效力,有限责任公司的公司章程作为公司内部决议的书面载体,它的公开行为不构成第三人应当知道的证据。强加给第三人对公司章程的审查义务不具有可操作性和合理性,第三人对公司章程不负有审查义务。第三人的善意是由法律所推定的,第三人无须举证自己善意;如果公司主张第三人恶意,应对此负举证责任。因此,不能仅凭公司章程的记载和备案就认定第三

① 张嘉麟:《论公司与他人所缔结之保证契约的效力》,载《月旦法学杂志》1996 年第 19 期。

② 董安生著:《民事法律行为》,中国人民大学出版社 1994 年版,第 212 页。

人应当知道公司的法定代表人超越权限,进而断定第三人恶意。[①] 亦有观点认为,《公司法》第16条第1款的规定属于公司内部组织规范,其立法目的在于提示公司,公司章程可以对公司的对外担保能力作出权力安排和限制规定。公司章程是公司股东充分表达意志的法律文件,属于公司内部的组织规范,其效力范围局限于公司内部,约束公司股东以及董事、监事等高级管理人员,对公司以外的他人不具有拘束力。为保障交易的迅捷、安全和社会关系的稳定,对公司章程的相关内容,他人在与公司进行交易时没有审查的义务。[②]

比较法上,对代表权的约定限制不得对抗善意第三人已经成为两大法系的惯常做法。如《日本民法典》第54条规定:"对理事代表权所加的限制,不得以之对抗善意第三人。"2006年《英国公司法》第40条第1款规定:"为了有利于善意与公司交易的人,董事约束公司的权力应视为不受任何限制。"但应予注意的是,同样是在该两个国家的立法中,也存在着对代表权进行法定限制的规定,其法律效果与约定限制截然不同。日本《公司法典》第356条、第595条关于公司为董事、股东债务提供担保须经股东会或董事会同意的规定,以及2006年《英国公司法》第677～680条关于对买入公司股份之人提供财务资助构成犯罪的规定,以及第197、198、199、203、213条关于为关联人贷款、准贷款、信用交易提供担保的限制规定及其法律后果的规定,足以说明这一问题。

在我们看来,基于法定限制和约定限制的区分,对公司担保领域对代表权限的关注,相对人在接受担保时的审查义务,不是基于公司章程的效力要求,而是基于法律规定的注意义务。内部限制说的论理逻辑,在通过公司章程、股东会决议等内部文件对代表权进行约定限制的场合中,无疑是正确的。但内部责任说将这一逻辑不适当地延伸至公司担保这一法定限制领域,这是其论理逻辑的最大缺陷。

内部限制说在担保行为的效力判断方面,其援引的法条依据是以《合同法》第52条的规定为依据,在方法论上的错误与规范性质识别说相同。

综上所述,我们认为,内部限制说的解释路径不仅与《公司法》第16条

---

① 参见《中建材集团进出口公司诉北京大地恒通经贸有限公司、北京天元盛唐投资有限公司、天宝盛世科技发展(北京)有限公司、江苏银大科技有限公司、四川宜宾俄欧工程发展有限公司进出口代理合同纠纷案》,载《最高人民法院公报》2011年第2期。

② 参见最高人民法院(2007)民二终字第255号民事判决书。

的规范目的存在冲突，而且其在理论逻辑和法律适用等方面均不具有充分的说服力，不宜再行坚持。

结论

根据前文的研究，我们认为，公司担保的效力判断应遵循如下规则：

公司的法定代表人或其他人员违反公司法规定，未经适当的决议程序对外提供担保，相对人能够举证证明其已经对公司章程、决议、公司最近一期财务报表等与担保相关的资料进行了形式审查，有理由相信行为人有代表权或代理权的，对相对人主张由公司承担担保责任的诉讼请求，人民法院应予支持。

公司的法定代表人或其他人员违反公司法规定对外提供担保，不构成表见代表、表见代理且公司不予追认的，对相对人（根据《合同法》第 48 条规定）主张行为人应当承担保证责任或赔偿责任的诉讼请求，人民法院应予支持，但相对人于缔约时知道担保行为未经适当决议的除外。

应当指出的是，《公司法》第 16 条的制度设计，是以股东人数为 2 人以上的有限责任公司和股份有限公司作为规范原型，故该条规定在适用于自然人或法人独资设立的一人公司对外提供担保时存在规范漏洞。根据《公司法》第 16 条规定的精神，应当认为一人公司不得为其股东或实际控制人提供担保。因此，如果一人公司为其股东或实际控制人提供了担保，该担保行为对公司不生效力。对于一人公司向股东或实际控制人之外的他人提供担保的行为效力，可根据上述规则进行判断。此外，实践中还存在一人公司的章程中未规定对外提供担保的决策机关的情况，对此应当认定为公司股东并未授权执行董事或董事会对外提供担保，未经公司股东决定，执行董事或董事会对外担保的行为对公司不生效力。

理论纵横

论征地拆迁中的新利益博弈

——基于鄂东北Z村的考察*

吴秋菊**

内容摘要 关于征地拆迁，法律关系主体是作为征地拆迁方的国家和作为被征地拆迁方的土地相关权利人，二者之间是行政法律关系。实地调研发现，当前征地拆迁中常涉及三类主体：农户、开发商和政府。由于开发商介入征地，征地拆迁中原先政府与农户之间的博弈关系转变成为开发商与农户之间的博弈关系。本文对这种新利益博弈的发生、内涵、影响展开分析，研究结果表明当前的利益博弈模式训练了农民的谈判能力，被征地拆迁的农民正在成为土地增值收益的分享者，而调整措施的缺失将会促使这部分群体转化为土地食利者阶层。

关键词 征地拆迁；新利益博弈；土地增值收益；土地食利者阶层

一、问题的提出

在社会发展和城市化进程中，由于对旧城区进行改造的需求、公益设施建设的需求和城市自身扩张的需求都可能产生征地拆迁问题，而媒体对有关极端个案的报道也不断引发人们对于征地拆迁问题的讨论，征地拆迁俨然已成为一个重大的社会问题。

关于征地拆迁问题的研究，首先需要区分城市房屋拆迁和农村房屋拆迁。城市房屋拆迁是对国有土地上的房屋的拆迁，其基本的法律依据是《城市房屋拆迁管理条例》，主管部门是房屋拆迁管理部门，主要涉及拆迁方与

* 本文的完成是作者郭亮、余练、谭林丽、曾凡木、王丽慧、余彪、陈义媛等人调研和讨论的结果，在此一并表示感谢。当然，文责自负。

** 作者简介：吴秋菊，华中科技大学法学院民商法学博士生研究生。

被拆迁方之间的民事法律关系；农村房屋拆迁是一种征地拆迁行为，是指“依法许可，拆迁人对城市规划区外农民集体所有土地上的房屋所有者或使用者给予补偿安置的前提下予以迁出，对房屋及附属物进行拆除的法律行为……之所以实践中将农村集体土地上的房屋拆迁称为征地拆迁是由于集体所有的土地（主要是农村）上的房屋的拆迁，先要依法将土地的所有权性质改变，即征收为国有，才可一并考虑地上附着物的征收，在这里是房随地走，将房屋视为土地的附着物，其法律依据主要是《土地管理法》和地方性法规”①。征地拆迁主要涉及征收方与被征收方的行政法律关系。

已有的研究表明，当前我国征地拆迁制度存在的主要问题是对农民利益的保护不力，其主要表现在以下几个方面：首先是土地征收权的滥用，对公共利益的界定不清，或者说是“公共利益限制的虚化”②。其结果是基于商业开发目的的房屋拆迁也打出了公共利益的旗号，大量的房屋拆迁成为官商勾结以谋求利益的手段，而农民的利益在该过程中受损。其次是集体土地上房屋的拆迁补偿存在缺陷③，现行法律对之采取法定补偿原则，这表明房屋补偿的标准是行政机关单方面确定的，进而导致补偿往往低于房屋所有权人遭受的实际损失。农民获得的低标准补偿与政府独享的高额的土地出让金形成鲜明对比，这被认为是一种极不公平的待遇。④ 农民利益在征地拆迁中严重受损，被认为是当前涉及土地纠纷的农民上访案件增多、各类征地拆迁群体性事件频发甚至各种强拆悲剧发生的根本原因。

由此，主流观点认为，征地拆迁制度改革应以保护农民的土地利益为宗旨，改革的路径应以“土地的市场价值”为参照提高征地补偿的标准。⑤ 具体而言，可以从以下几个方面推进该改革。首先，土地市场价值最基础的参考是土地出让的价格。其次，建立统一的拆迁补偿制度，即将城市拆迁补偿与农村征地拆迁补偿统一起来，“在征地拆迁的补偿中加入房屋的区位价或

---

① 王才亮、王令：《房屋征收与拆迁》，北京大学出版社 2011 年版，第 150 页。

② 周莉：《论我国土地征收中公共利益的法律边界》，华中师范大学硕士学位论文，2009 年。

③ 参见崔建远主编：《房屋拆迁法律问题研究》，北京大学出版社 2012 年版，第 236～247 页。

④ “集体土地一旦被征收并转为国有土地后，土地使用权的可流转性使得其市场价值开始显现出来，其巨额的土地出让金完全由政府独享，对于世世代代居住在这片土地上却因为政府的征收不得不背井离乡的农民来说是极不公平的，也无法实际保障其拆迁后的居住条件。”（参见王克稳：《改革我国拆迁补偿制度的立法建议》，载《行政法学研究》2008 年第 3 期）

⑤ 参见张云华：《城镇化过程中要切实保护农民土地权益》，载《发展研究》2010 年第 12 期。

者按照市场化的标准给予补偿”①。最后,在区分公益目的和非公益目的的基础上,对于非公益目的的征地拆迁,“可以引入谈判竞争的市场机制,允许农村集体土地进入土地使用权市场进行交易,使农村集体土地的所有权和使用权能够在市场流转中获得土地价值及土地增值的补偿”②。对于公益目的的征地拆迁,则可根据“其处于相同区位的商业用地的出让价格作为简洁的估价标准”③。

总体而言,已有的研究表明,在我国征地拆迁中“地方政府与农民是一对重要的博弈主体”,但是在现有的制度下,政府与农民不是平等的法律关系主体,“政府凭借自身力量总是试图使自己的利益最大化,农民的收益不可避免地被降低到仅能维持生活的地步”④。进而,征地拆迁制度改革的路径在于将征地方与被征地方塑造成为平等主体,促成二者之间的谈判协商与反复博弈。

然而,征地拆迁的实践却与理论探讨的假设之间存在差异。2012 年 5 月,我们在鄂东北的 Z 村开展了为期 20 天的实地调研,Z 村是一个正在开展征地拆迁工作的镇郊村。通过调研我们发现,开发商积极介入了征地拆迁工作,征地拆迁补偿最终在开发商和农户之间达成,镇村干部扮演居间人角色。征地拆迁补偿协议达成的过程正是开发商与农户之间利益博弈的过程,与既有研究对农民弱势地位的假设不同,Z 村被征地拆迁的农户多表现出极强的谈判能力,并且农民提出的征地拆迁补偿标准越来越高,越来越难以形成统一的补偿标准,致使 Z 村的征地拆迁工作陷入困局。

很显然,Z 村的征地拆迁工作没有严格遵照法律程序,但是其征地拆迁模式却具有典型性和普遍性。本文以 Z 村的征地拆迁实践为线索,分析征地拆迁中新利益博弈——开发商与农户之间利益博弈的产生、内涵及影响,并在此基础上重新审视我国的征地拆迁法律制度。

二、新博弈关系的形成

Z 村所在的 S 镇与武汉市毗邻,距离武汉天河机场仅 26 公里,距其行

---

① 王克稳:《改革我国拆迁补偿制度的立法建议》,载《行政法学研究》2008 年第 3 期。

② 陈辛一、高伟:《论征地、拆迁中农村集体土地权益的司法保护》,载《调研世界》2005 年第 8 期。

③ 王克稳:《改革我国拆迁补偿制度的立法建议》,载《行政法学研究》2008 年第 3 期。

④ 鲁金萍、蒲春玲:《土地征用储备中地方政府与农民的博弈行为浅析》,载《农村经济》2006 年第 1 期。

政区划市市中心仅12公里,地理位置优越。Z村为S镇的镇中心村,亦属于城郊村。近几年随着S镇小城镇建设的快速推进,Z村大部分的土地都已被征收,目前全村剩余土地面积380亩。由于Z村所处的优越的地理位置,该村被征收土地主要转为商住用地。Z村有7个自然村,亦是7个村民小组,村民的居住区域均靠近镇区,随着城镇扩张,Z村部分村民的房屋已完成拆迁,有些已迁进新居。Z村大部分村民的住所都处于规划开发的范围内,目前已经有7个征地开发项目进入该村,但是关于拆迁补偿的谈判工作举步维艰,拆迁工作进展缓慢。

(一)征地拆迁利益主体的法律表达与实践

2004年《土地管理法》第2条第4款规定,“国家为了公共利益的需要,可以依法对土地实行征收或者征用并给予补偿”,并在第五章建设用地部分对土地征收制度作了详细的规定。《土地管理法》第46条规定:“国家征收土地的,依照法定程序批准后,由县级以上地方人民政府予以公告并组织实施。被征收土地的所有权人、使用权人应当在公告规定期限内,持土地权属证书到当地人民政府土地行政主管部门办理征地补偿登记。”该条款表明了征地(拆迁)中主要涉及两方利益主体:征收方和被征收方。其中被征收方包含两个权利人,即土地的所有权人和使用权人。征地拆迁的征收方是国家,县级以上地方人民政府在具体的土地征收法律关系中是国家的代理人;征地拆迁的被征收方是集体土地的相关权利人,具体包括作为集体土地所有权人的农民集体和宅基地使用权人的农户个体。

根据《土地管理法》的规定,土地征收是一种行政法律行为,征收方与被征收方之间是行政法律关系,二者处于不平等地位。集体土地被征收后转变为国有土地,国家再通过出让或者划拨的方式转让国有土地使用权,如果严格遵照法律程序,房产开发商只有在取得国有土地使用权的条件下才能进行土地开发利用。但是,在对Z村的征地拆迁进行考察时我们发现,开发商普遍介入征地拆迁的过程,征地拆迁补偿协议最终在开发商与被拆迁农户之间签订,作为政府代理人的镇村干部在具体的协议谈判中发挥协调作用。

土地出让中的毛地交易是开发商介入征地拆迁过程的主要原因。土地出让包含净地交易和毛地交易两种模式,其中净地指的是已完成宗地内基础设施开发和场地内拆迁、平整,土地权利单一的土地;毛地指的是已完成宗地内基础设施开发,但尚未完成宗地内房屋拆迁补偿安置的土地。[①] 通过拍卖毛地,地方政府可以规避在征地拆迁中直接对农户的房屋进行赔偿一事,而是将此事转嫁给开发商。国土资源部、住房和城乡建设部2010年第151号文《关于进一步加强房地产用地和建设管理调控的通知》严格禁止毛地出让,但是根据我们在多地的调研情况来看,当前拍卖毛地的做法仍然普遍存在,特别是在地级市的土地交易市场中。Z村征地拆迁的项目宗地普遍采用了毛地出让的方法。

从实践考察来看,开发商还会在以下几种情形中介入征地拆迁过程。首先是在小城镇建设中,地方政府引进开发商的情形。S镇第一个商品房开发项目是通过镇政府主动引进目标开发商前来投资完成的,镇政府与开发商达成协议:开发商在规划开发的区域修建一条公路,这条路属于公益性质,开发商获得该区域土地开发权,这项实施权利的取得甚至是在土地出让以前,这就为开发商介入征地拆迁创造了空间。其次是开发商为获取开发项目,提前进入村庄与村民协商的情形。当前,大量的土地开发项目,特别是小城镇建设中的开发项目,开发商之间的竞争不是发生在土地出让之时,而是在与政府达成合意时形成竞争,这为开发商介入征地拆迁补偿事宜的协商提供了动力。通过与村民签订征地拆迁协议,开发商一方面可以有力地参与获取开发项目的竞争,另一方面也为获取开发项目之后的工作奠定基础。最后是开发项目先占后批的情形。在该情形中也是存在土地出让以前开发商与被拆迁农户之间就达成了"补偿"协议的情况。

由此可知,在征地拆迁中已经形成了新的利益博弈主体。开发商介入征地拆迁以前,地方政府与被征地拆迁农户构成一对基本的博弈关系主体,二者就征地拆迁的补偿标准展开博弈;开发商介入征地拆迁以后,开发商与被征地拆迁农户构成一对基本的博弈关系主体,二者亦就征地拆迁的补偿标准展开博弈,虽然此时的"补偿"已经接近于"赔偿"性质。

(二)相关主体的利益诉求

农民是被征地拆迁方。根据《土地管理法》第46、47条的规定,被征地拆迁方有依法获得土地补偿费和安置补偿费的权利,两种补偿费标准都"由省、自治区、直辖市参照征收耕地的土地补偿费和安置补助费的标准规定"。但是,在实践中作为被征地拆迁方的农户一般并不满足于依据法定标准提

① 参见《生地、熟地、毛地、净地的区别》,http://wenku.baidu.com/view/2b4f01d 5195f312b3169a552.html,访问日期2012年11月17日。

供的补偿,他们希望获得尽可能高的补偿。正在开展征地拆迁工作的Z村,农民表现出漫天要价的姿态,以至于村干部戏谑地说,农民在征地拆迁补偿上属于"按需提要求"或者说是"有着一夜暴富的想法"。

开发商本不应该介入征地拆迁,但是在实践中却成了拆迁方。在Z村的征地拆迁过程中,拆迁补偿协议最终在被拆迁的农户与开发商之间签订,补偿形式多种多样,既可以货币补偿,亦可以还建房屋补偿,还可以两种方式各占一定比例进行补偿。开发商介入征地拆迁以土地开发项目利益最大化为目标,为实现该目标,他们一方面期望压低拆迁补偿标准,另一方面期望征地拆迁工作能够有效率地开展。

虽然说征地拆迁中最为基础的博弈关系发生了一定的变化,但是国家作为土地征收的法定主体,依然是征地拆迁中的重要主体,因此有必要对国家主体的相关利益进行分析。在我国当前的土地法律制度框架下,国家"垄断土地一级市场"[①],征地拆迁完成后,地方政府可以通过对征地拆迁宗地进行招拍挂出让国有土地使用权以获取土地增值收益。不过在征地拆迁的实践中,国家(政府)主体的利益形式相对复杂:一方面,市、县级政府通过征地拆迁,以及后续的土地出让,可以获取土地出让金,以作为地方财政收入的重要组成部分;另一方面,在小城镇建设的土地开发项目中,乡镇政府通过征地拆迁,引入开发商开发建设,由此可以形成繁荣的小城镇建设景象,这可以直接转化为政绩工程,成为影响乡镇官员"职业生涯最为关键的因素"[②]。

三、利益主体的互动与博弈

关于征地拆迁补偿的谈判在开发商与农户之间展开,镇村干部作为协调人在促成双方合意达成的过程中发挥关键作用。

(一)利益主体博弈方法

被征地拆迁农户一般采用消极博弈和积极博弈两种方法。消极博弈方法主要表现为对谈判本身采取回避态度,并且不轻易妥协,一般情况下农户提出一个较高的补偿要求之后,谈判就陷入僵局;而只要农户保证其房屋的

---

① 陶然、汪晖:《中国尚未完成之转型中的土地制度改革:挑战与出路》,载《国际经济评论》2010年第2期。

② 周雪光:《"逆向软预算约束":一个政府行为的组织分析》,载《中国社会科学》2005年第2期。

事实存在,其就具有极强的谈判能力。这一现象出现的原因是2011年《国有土地上房屋征收与补偿条例》对行政强拆予以废止,改为由行政机关向法院申请强制执行。而事实上该条例出台以后,对于集体土地上的房屋一般也不再实施行政强拆,目前少量开展的强拆一般是以联合执法的形式对违章建筑的强拆。积极的博弈方法表现为主动介入到博弈中,并通过各种手段达成自己的利益诉求。当前,对于被拆迁农户而言最为有效的参与方法是上访,不论是镇村干部的协调方法影响到他们的利益,还是在签订了拆迁赔偿协议后发现别人的补偿标准更高而反悔,他们都会通过上访来解决问题。据S镇综合治理办公室的工作人员介绍,该部门每年受理的群众上访案件中50%以上属于土地纠纷案件,其中又以征地拆迁问题最多。到市里或省里上访,对于当地村民而言是一件成本小而收益高的事情,甚至一些人学会了上访的策略,他们通过高举"土地被强征"或者"房屋被强拆"的旗号来引起相关部门的关注。以下简要列举Z村两例征地拆迁上访案例:

> **案例1:**Z村一位张姓农户到省里上访,表示自己的土地被强征了,至今尚未拿到征地补偿款。但是实际情况是,该农户与其哥哥之前就该宗土地存在纠纷;关于该宗土地的补偿款的分配二人一直无法达成协议,镇村干部介入调解多次无果。为此,村里决定对该笔征地补偿款暂时扣押,一是因为在这种情况下将征地补偿款交给其中的任意一人都会引发进一步的纠纷;二是村一级试图通过该方式给双方施压,希望他们早日达成补偿分配合意。

> **案例2:**Z村的李姓农户长期坚持到镇综合治理办公室反映其房屋被强拆一事。实际情况是,李姓农户通过一些渠道获知自己的耕地属于规划开发的范围后,在未办理任何手续的情况下在耕地上建成一栋两层的楼房,后来区里在联合执法行动中将该建筑作为违章建筑强制拆除。事实上,该农户早在两年前的征地拆迁项目中就获得了新的房屋,并已入住,她想通过"种房子"在将来的征地拆迁中获得更多的补偿。

开发商的博弈方法。开发商实际上早已完成其成本预算,他能够给予被征地拆迁户多大程度的补偿,在其与农户协商之前就已经确定,当然他希望通过利益博弈尽量降低补偿标准;开发商还希望缩短征地拆迁的时间,保证其资本盈利的高效性。在Z村的征地拆迁实践中,为了使拆迁工作有效开展,开发商返聘一些卸任的镇村干部,让他们作为开发商代表与农户进行协商,从而增加谈判的有效性。开发商为降低其支付的拆迁补偿常采用一些策略性的方法,其中“阴阳合同”是最常使用的方法。所谓阴阳合同,指的是开发商与被拆迁农户就拆迁补偿事宜签署两份合同,一份是可以公开的合同,另一份是隐秘合同,一般情况下前者的补偿标准低于后者,开发商希望藉此公开合同产生影响效力,从而为降低补偿标准奠定基础。

当前乡镇一级没有参与到征地拆迁补偿的经济利益分配中,开发商介入征地拆迁以后,镇村干部在开发商与农户之间就征地拆迁补偿协商事务发挥协调作用。镇村干部一方面需要给农户做工作,在一般说服沟通无效的情况下,村一级常采用在一些事务上对村民设卡的策略性方法,依次给一些农户施加压力。另一方面镇村干部有时亦需要给开发商做工作,由于关涉土地开发的大量事务开发商都必须依托镇村干部进行,因此由镇村干部对开发商展开工作相对容易。

(二)利益主体反复博弈的过程

一两次的协商通常并不能够达成征地拆迁补偿协议,协议的达成往往是开发商与被征地拆迁农户之间多次互动的结果。农户将自己与开发商之间的博弈称为“玩心机”,也就是说,在博弈之中双方都持有各自的主张,与此同时也要了解对方的心态和底线,然后通过数次的讨价还价,拆迁补偿的标准最终得以确立。在这个过程中镇村干部的协调发挥关键作用。

一般情况下,征地拆迁项目确定之后,对此项目负责的镇村两级干部首先会组织村民小组会议。村民小组会议既可以是组民代表会议,也可以是组民全体会议,在会议上传达征地拆迁的相关信息,听取村民的意见。而具体补偿协议的达成还必须要逐户开展工作。谈判工作有的时候是在村民、镇村干部和开发商代表都在场的情况下进行,更多的时候则表现为镇村干部对群众开展工作,通过给群众说理以降低其补偿预期。在镇村干部与群众的谈判达成一定的补偿标准之后,镇村干部再与开发商进行沟通,开发商如果认同该标准,农户与开发商之间的补偿合意达成,反之则无法达成。这个时候镇村干部也会给开发商做工作,让他们适当抬高补偿标准。不过,从Z村征地拆迁的实践来看,由于开发商介入征地拆迁的积极性高涨,有一些开发商绕过镇村干部直接与农户展开协商。

谈判是建立在一个给定的补偿标准之上的,这个标准是当地征地拆迁补偿的一般标准。被征地拆迁农户会在这个给定的标准上加码,普遍的情况是农户提出的要求非常高,导致农户与开发商之间的利益协商需要僵持一段时间。一旦发生农户提出的要求过低的情况,农户会很快反悔。不仅如此,有一些农户甚至在已经签订了协议并执行完毕的情况下反悔。如此,则导致农户与开发商之间在征地拆迁补偿一事上的博弈反反复复,难以形成稳定的博弈结局。以下案例就是一个典型。

案例3:李某是Z村六组的农民,2010年征地拆迁的项目涉及她家一套一层两间的房屋,当时该房屋的作价只有几千元。由于其弟与村干部的关系要好,李委托其弟与村干部协商,希望能够获得较一般标准高的补偿。2010年,S镇的拆迁项目补偿标准一般是拆迁房屋与还建房屋按照1∶1.1的面积比进行赔偿,如果拆迁房屋本来是沿街的,则补偿门面还建房。为此,村干部找开发商进行协商,最终李某获得了3间门面房的补偿(被拆迁的两间房屋并不沿街),这是当时最高的补偿标准,3间门面房总价值60多万元。在项目开发完成之后,李某顺利地搬迁住进新居。但是Z村的拆迁项目还在继续,并且在新的开发项目中,拆迁补偿标准又提高了。李某听说别的地方补偿标准更高后,遂开始后悔,认为当初的拆迁项目给予自己的补偿标准太低。为此,她多次以拆迁补偿协议非她本人签订为由到村委会反映问题,并到镇综合治理办公室反映问题。

一个征地拆迁补偿协议的达成要经过反复多次的博弈,并且双方主体需要在博弈的过程中把握对方的心态。对于农户而言,一方面他们希望通过征地拆迁活动使自己尽可能多地获利,另一方面他们实际上也担心自己提出的要求过高而让开发商无法承受;对于开发商而言,一方面他们对于自己可承受的赔偿标准的最高限度已非常确定,另一方面他们又极力去把握农户的谈判心态和底线。镇村干部则在二者之间斡旋,一方面给农户做工作以降低他们的补偿诉求,另一方面给开发商做工作以提高他们提供的补偿标准。不过博弈也可能产生补偿协议无法达成的结局,在这种情况下开发商就会重新选择投资地点,原先选定的土地可能因此丧失开发机会,而在这个时候原先出高价位的农户则后悔莫及。以下案例展示博弈未能达成补偿合意的情况。

案例4:蔡姓农户的房屋已有40多年历史,3间瓦房,建筑质量差,如果他直接出售自己的房屋只可以卖几千元。2007年,S镇建文化园小区的时候需要征收他的宅基地及房屋,他当时提出的要求是补偿3套120平方米的商品房,并补偿给他一些装修费(约5万元)。按照S镇当时的房价,蔡主张的补偿近100万元。在多次协商未果的情形下,开发商放弃了这片区域的开发,选择到别的地方进行开发。开发商退出之后蔡姓农户非常后悔,他主动找到开发商,希望开发商可以回去开发原先的区域，但是开发商已经投资另一个项目了。

四、新利益博弈模式解析

征地拆迁补偿协议是在新的利益博弈模式下产生的，该模式下农民在获取补偿一事上的谈判能力越来越强，农民由于征地拆迁获得的补偿越来越多。我们应当如何看待这些变化？

（一）新利益博弈实质论

如果严格按照征地拆迁的法律定程序，Z村的征地拆迁工作应首先由地方政府完成征地拆迁工作，然后由开发商通过土地出让程序获得国有土地使用权并进入开发，但是从Z村征地拆迁的实践来看，征地拆迁被明显地分割成征地与拆迁两个部分。

首先，在拆迁工作中将农户与开发商推到谈判的平台上。从这一点来说，Z村的征地拆迁与城市房屋拆迁具有了相同的形式，即补偿标准通过拆迁方与被拆迁方的谈判取得，这也使得Z村的拆迁实践具备了一些市场化的特征。这一点实际上使得Z村的征地拆迁实践与主流研究探讨的改革主张相符，当前主流的改革主张认为农村房屋拆迁应当走市场化的机制，“政府只是市场规则的制定者，它只能在拆迁人与被拆迁农民发生矛盾时充当调停人的角色”①。

其次，在拆迁补偿协议达成的前提下，征地问题顺势而解。在征地拆迁中农民利益考量的核心是作为地上附着物的房屋的补偿问题，所以一旦达成了对房屋拆迁补偿的协议，那么关于土地的补偿问题即变得相对容易了。由于地方政府依然通过土地出让获取土地财政收益，所以这种收益与按照法定程序征地再出让土地以获得的土地财政收益存在差异：一者是出让“毛地”的价格标准要远低于出让“净地”；二者是在上文列举的开发商介入征地拆迁的其他路径中，后期的土地出让不再按规范进行，所以在实践中有些土地出让程序被称之为“走过场”。在这种情形中由于没有真正的市场竞价，地方政府只能参照一般标准获取土地出让金。

通过这种新的利益博弈模式，如果拆迁协议达成，似乎能够造就一个多方主体共赢的局面：地方政府依然能够获得土地出让金，乡镇政府能够通过土地开发创造政绩工程，农民获得了高额的补偿金，而开发商亦获得了开发

① 乔桂银：《对农村征地拆迁中存在问题的分析和建议》，载《毛泽东邓小平理论研究》2005年第8期。

土地以获取商业利益的权利。然而,实际情况要复杂得多,我们需要对这些利益关系进行深入梳理与细致分析。

首先,当前农民通过与开发商协商获得的高额拆迁补偿,实质上是土地增值收益的一部分。如果征地拆迁严格按照法定程序进行,则土地上的增值收益可以简单看作是政府获得的土地出让金收入减去其支出的征地补偿成本的所得值,其中土地出让金是在土地招拍挂市场上获得的竞价性收益;也基本上是开发商为获取国有土地使用权而支付的成本的全部,而按照法定标准执行的征地补偿是一种弹性空间极小的补偿方式。在征地拆迁的法定模式下,土地增值收益为政府独享,即使是农民的房屋也只是按照土地上的附着物来进行补偿。但是,在开发商介入征地拆迁后的征地拆迁模式中,开发商支付的总成本中有很大一部分用于对农民的房屋进行补偿,而这种模式下的补偿标准远远高于法定标准。事实上,开发商是一个具备经济理性的主体,不论是哪种模式,其计算的是取得国有土地使用权的总成本,而不考虑其支付的对价最终在政府和农民之间如何进行分配。由此可知,开发商介入征地拆迁,实质上不是由开发商为农民征地拆迁补偿买单,而是政府主动压缩其获取的土地增值收益,而将其中的一部分用于提高被征地拆迁对农民的补偿。

其次,认识土地增值收益的实质是讨论增值收益分配问题的前提。土地经济学原理表明,本文所阐述的土地财政意义上的土地增值收益实质是建筑地段的地租收益。按照马克思的地租理论,对建筑地段地租产生决定性影响的是土地的地理位置,此外土地固定资本的增加也会提高建筑地段的级差地租。[①] 贺雪峰的研究则阐释了我国土地增值收益的特殊性,其研究表明,我国土地增值收益由两部分构成:其一是建筑地段土地的级差收益;其二是由于“用途管制,国家实行偏紧建设用地供给,而使建设用地市场相对稀缺所形成的建设用地相对于农用地的增值收益”[②]。建筑地段土地的级差地租主要是一种“外力增值”,其实质是由于社会性投资产生的外部性后果,其中“社会性投资包括交通、通信、环保、能源等基础设施的建设,商场、银行、工厂等工商业投资的发展,医院、学校等公共事业设施的健全”[③]。由此可知,建筑地段的级差地租实质上是社会发展的总成果在该土地上的

① 参见周诚:《土地经济学原理》,商务印书馆2003年版,第323页。

② 贺雪峰:《地权的逻辑 II:地权变革的真相与谬误》,东方出版社2013年版,第38页。

③ 陈柏峰:《土地发展权的理论基础与制度前景》,载《法学研究》2012年第4期。

利益辐射，该利益的形成与土地使用权人的努力无关，而与社会的整体发展直接相关。从这个意义上讲，当前农民通过与开发商之间的利益博弈，获取高额的征地拆迁补偿，其实质是对社会发展的总成果的利益分割。

(二)新利益博弈模式的影响分析

新的利益博弈模式意味着新的征地拆迁模式，其带来的影响是多方面的。

首先，在该模式下，作为被征地拆迁方的农户开始分享土地的增值收益。当前的主流研究认为，通过这种方式让被征地拆迁农户分享土地增值收益是对其利益的维护。然而，由于土地增值收益是社会发展的成果而非个体努力的成果，让被征地拆迁农户分享过高的土地增值收益不见得合理。更为重要的是，城市的扩张只会将其发展成果辐射到城市边沿一定区域的土地上，这意味着全国绝大多数农户都无法通过征地拆迁分享土地增值收益，只有极少数处于特殊区位的农户能够实现该收益分享，这对被征地拆迁农户分享土地增值收益的公平性提出了质疑。由此，本文认为土地增值收益应当为社会共享，而不应当成为少数人的利益。

其次，新的利益博弈模式使得当前的征地拆迁补偿标准呈现个体化特征，失去了原先统一化的标准。有人会认为，这种模式为农户个体利益的表达创造了空间，必将有利于征地拆迁工作的开展。但是实践的情况却正好相反，在失去统一化标准的征地拆迁补偿协商中，协商的细节增多，农户个体的谈判能力凸显，使得征地拆迁补偿的协商成本增加，在实践中也体现出征地拆迁工作更加难以开展的状况。这种模式下的补偿协商并没有受到法律规范的调控，因而其公平性难以保障，在实践中常常是强势的被拆迁户获利更多，而被征地拆迁中的弱势群体可能发生利益受损。再者，在新利益博弈模式下的征地拆迁亦规避了法律规范，这也意味着征地拆迁中的主体难以援引法律强力作为支撑。这实际上为黑灰实力介入征地拆迁创造了空间，即合法暴力的缺失为非法暴力的登场创造了空间。

最后，以新利益博弈为主要内容的新征地拆迁模式损害了基层政权的合法性。虽然进行利益博弈的主体为开发商和被征地拆迁的农户，但是镇村干部作为基层政府的代理人在征地拆迁补偿协议协商中发挥至关重要的协调作用。然而在当前的征地拆迁模式下，补偿标准呈现个体化和不稳定性特征，即使是已经达成补偿协议的农户当事人，在获知新的补偿标准后，亦会认为自己获取的补偿过低，从而产生相对的利益受损感；农户会将这种“利益受损”归咎为镇村干部的责任，因为其与开发商之间的补偿协议是建立在对镇村干部的信任基础之上的。因此,在开发商介入征地拆迁模式中,基层政权的合法性也会遭受损伤,这可能产生的进一步的影响是:一方面国家自上而下的政策或难以通过基层政权在村庄中执行,另一方面或会产生基层社会的稳定危机。

结论

上文的分析表明,当前征地拆迁中的基本矛盾表现为被拆迁农户获取高额征地拆迁补偿的诉求与该诉求无法获得充分实现之间的矛盾,而该诉求的实质是被征地拆迁人对由于土地性质转变带来的土地增值收益的分割诉求。本文对土地增值收益本质的分析表明,土地增值收益是社会发展的总体成果在一定土地上的利益辐射,而非被征地拆迁农户的投入所致,由此,对于土地增值收益应当进行"涨价归公"①的分配。从这个意义上讲,我国《物权法》和《土地管理法》的相关制度对农村房屋的征地拆迁与城市房屋拆迁进行区别规范,对征地拆迁实施标准化补偿等措施均体现了土地增值收益"涨价归共"的基本原理。因而,我国征地拆迁工作的开展应当继续严格遵守这些法律规范,在实践中出现的开发商介入征地的情形应当受到严格制止。从实践经验来看,补偿标准的提高并没有解决当前征地拆迁的困境,相反补偿标准的提高或可能培育出"土地食利者阶层"②。

但是,在征地拆迁中也要高度重视对被拆迁农户合法利益的保护。征地拆迁完成以后,农民的生产生活受到严重影响,特别是在当前国家对农民的社会保障力度较弱的阶段,对被征地拆迁农户法定利益的维护是关涉其生存发展的重大问题。关于被征地拆迁农户合法利益的保护,需要从制度和实践层面探索多样化的征地拆迁补偿方式。

关于我国征地制度的完善,本文主张应当坚持现行的土地增值收益归国家所有的基本制度原理,对于征地拆迁补偿有必要通过地方性规范进一步明晰。征地拆迁补偿规范的制定与实施应当坚持以下基本原则:首先,征地拆迁补偿规则需要不断细化。对于农村房屋的拆迁补偿,由于对象物本身的差异性难以形成单一的补偿标准,不断细化的补偿规则可以使补偿更为公平。其次,征地拆迁补偿需要有一定的弹性空间。正是由于征地拆迁补偿难以形成一个客观公平的补偿标准,具备一定弹性空间的征地拆迁补

---

① 孙中山:《三民主义》,岳麓书社 2000 年版,第 200 页。

② 贺雪峰:《地权的逻辑 II:地权变革的真相与谬误》,东方出版社 2013 年版,第 33 页。

偿在实践中才具有可操作性。最后，征地拆迁补偿规则需要具备执行力。当前征地拆迁遭遇的困境很大程度上是由于补偿标准缺乏执行力造成的，征地拆迁补偿规则只有通过地方政府在实践中严格规范的实施才能够发挥其制度效应。

New Interest Game in Land Acquisition and Demolition

—Based on the Survey of Z Village, Northeast Hubei

Qiuju Wu

Abstract In land acquisition and demolition, the subjects of the legal relationship are the state and the right subjects; this relationship is administrative legal. Field research found that the current land acquisition and demolition often involves three types of subjects: farmers, developers and the government. As the developers are involved in land acquisition and demolition, the original game relationship between the government and farmers turns into the game relationship between developers and farmers. This paper will analyze the occurrence, meaning and impact of the new interest game. The study shows that the negotiating ability of farmers is trained in the current interest game mode, and the landless farmers are becoming the sharer of value increment income of land. Lack of adjustment measures will lead those farmers to become land rentier class.

Key words land acquisition and demolition; new interest game; value increment income of land; land rentier class

转型乡土社会民间法的生成与实践

——基于黔东南农村山林管护规约的分析

李 坤*

内容摘要 近年来,民间法研究成为学界的热点课题,深刻影响着法学理论的建构和司法实践。但也应看到,我国民间法研究主要侧重对传统民间法和少数民族习惯法的考察,忽略了当前乡土社会转型背景下产生的新民间法,在研究视角上也主要以横向的静态考察为主,纵贯式的过程性分析不多见。本研究以村庄共同体解体和农民个体原子化趋势下的黔东南农村山林管护规约为个案,对转型乡土社会新型民间法的产生演变过程、新型民间法与国家制定法之间的冲突及其形成的秩序结果进行剖析,认为在乡土社会转型期间应充分重视民间法的秩序建构功能,遵循民间法的内生路径和变迁规律,建立以国家法为主导和民间法为基础的、协调互补的乡村良性法治秩序。

关键词 转型乡土社会;新型民间法;生成;实践

一、问题与方法

20世纪70年代末开启的改革开放政策,推动了我国经济、政治、社会和文化等领域的第三次大变革,深刻改变着农村社会。在传统社会向现代社会的变迁过程中,尤其在市场化浪潮和个人经济理性化的推动下,以熟人行动逻辑为基础构建的乡村治理模式和社会结构正处于剧烈的转型之中。有学者提出,当前农村社会是一种传统关系逐渐消解,而理性化的人际关系又不完善的"断裂时期"②。在农村传统社会关系趋于解体、新型人际关系

---

* 作者简介:李坤,山东大学法学院法律硕士。

② 贺雪峰:《新乡土中国》,广西师范大学出版社2003年版,第34页。

尚不成熟的背景中，传统礼治的风险性也逐渐增大。其中村庄熟人关系网络中的失信行为由于信任基础的破坏发生的可能性大大增加。一般来说，依靠私人关系维持的信任模式本身就存在违约的可能性，而一旦该信任关系从个人层面拓展到村民群体和村庄组织的规模时，那么失信导致的损失则更高。当然，信任关系破裂造成的损失程度，与个体或群体之间信任关系的稳定度呈正相关关系，一个稳定且受到保障的信任关系结构无疑能尽量降低所遭受的损失程度。[①]

传统乡村差序格局改变的主要表现是主导农村各领域运作的礼制秩序和道德习俗，也几乎就是所谓民间法的衰落。在论述民间法因乡土社会解体而命运堪忧和国家法不断在农村取得胜利时，一个不容忽视的现象是：尽管农村社会结构的转型和农村经济的发展在时空上存在高度的重合，但二者的变迁速度明显不同。作为观念、文化层面的乡土社会解体进程明显慢于物质、科技层面的经济发展，这也就是社会学意义上的"文化堕距"[②]，即乡土社会变迁或转型中物质与科学技术的变迁速度往往快于制度与观念的变迁速度，民间法赖以生存的社会结构解体进程将远低于农村经济发展的速度这一事实。尽管民间法生存的乡土社会基础在大转型的时代背景中走向解体，但文化堕距的存在造成农村在经济发展进程中，难以及时采用现代市场规则等正式法律手段，而是仍沿袭着具有浓厚乡土特色的民间规则作为治理性规范，或者不断创造着新的民间法。换句话说，从大的历史时空范畴而言，当前乡土社会结构转型是一个巨变的过程，但相较于具体农村区域内的经济发展，这一社会文化意义上的转型又显得较为缓慢，因此形成农民在经济行为中继续使用总体上处于弱势的民间规则的局面。但由于民间规则的基础正从根本上发生着质变，其具有的对经济等行为进行调解、治理的功能也不可避免地面临着一系列挑战，甚至衰落的命运。上述民间法在乡土社会转型中的产生、演变历程及其与国家法之间的互动关系也正是本文所要研究的主题。在目前关于民间法的研究中，除广泛存在以前现代社会

---

① M. Granovetter, Economic Action and Social Structure: The Problem of Embeddedness. *American Journal of Sociology*, 1985, 91(3), p. 481.

② "文化堕距"概念是由美国学者 W. F. 奥格本在其著作《社会变迁》中首次提出的。这一概念是指代社会变迁中因各社会组成部分的变化速度、程度差异而导致的一切问题。例如奥格本认为，在社会变迁中，属于物质和技术层面的事物在变迁速度上大于文化、观念、制度层面的事物，而这一时间上或长或短的延迟性差异及其导致的问题即是文化堕距。

传承至今的民间法或民族习惯法为主要对象的偏向以外，还存在着一种对民间法角色及功能夸大或渲染的现象，甚至将其视为当前和未来农村社会治理的主导性规则。这一盲目夸大民间规则的做法实际上和过去长期以来法学界忽视其功效的行为类似，均无益于民间法的发展和农村法治化的建设。本研究意在通过对乡土社会转型期民间法从产生、发展乃至衰落的具体分析，指出民间法是一种具有内生性、独立性逻辑和处于自然消长、变动不居状态的规则，易受乡村社会环境变化的显著影响，其在演变过程中由于村庄共同体成员合作意愿的变化而不断建构或消解。围绕乡土社会转型期的具体事件展开关于民间法的过程性分析，从中探究我国农村法治化道路建构中民间法的取舍问题，无疑是当前该课题研究中所应遵循的切实路径之一。

理论上而言，市场化和理性化趋势下催生的农民经济行为"嵌入"在农村社会关系结构之中，形成以民间习惯法支配产业运作的现象。具体来说，由于我国农村市场发育不对称、经济发展差异性显著和传统文化影响力较大等因素，农民的经济行动在广大农村地区表现为尚未完全发展为现代市场经济行为，一定程度上尚停留在传统乡村互惠经济时代，是一种正在转变但尚未完全转变为现代市场行为的"夹心饼干"式的过渡阶段。结合王铭铭等对农村经济领域的论述，以及著名的"施坚雅模式"①我们可以得出我国农村经济领域是以基层集镇为中心地形成的经济交易和社会功能区、是由若干行政村或自然村组成的观点，农村经济领域的主要特征之一是其经济系统和社会系统的重合。市场组成成员之间既是彼此讨价还价的合作对象，更是具有血缘或地缘等密切关系的熟人，这使得发生在农村市场中的经济行为很大程度上是以民间习惯法为纽带运作的，兼具熟人行动逻辑和理性行动法则、农村社会结构和市场经济体系特征等呈对立关系的特征。农村经济行为在运作过程中的契约治理状况也不可避免地受到乡土社会结构的影响，也就是说民间法或习惯法可能在其中扮演着重要角色。新制度经济学家威廉森认为，所谓契约治理就是通过一系列制度规范的运用来对交

---

① "施坚雅模式"是由美国人类学家施坚雅（G. W. Skinner）提出的，用来研究中国乡土社会结构的分析范式。这一范式中的农村基层市场模式是指农民生活的区域范围并不是村庄，而是以集市为中心的基层市场社区。人们不但在市场内进行商品交易，还从事各种社会交往，市场所能覆盖的地域空间也就是他们的生活范围。这一模式对分析今天的农村社会结构具有重要影响。

易进行管理规制等，可划分为规则型和关系型两类。[①] 而关系型契约治理其实也基本属于依据民间规则，如通过有形或无形的民间规则、口头协定、传统价值观念等来规范交易。换句话说，农村经济行为是依据熟人信任关系、共同价值规范、互惠精神以及村庄舆论力量等民间习惯性力量来监督和约束双方的行为。

值得注意的是，在强调民间法或民间规则生存、发展的土壤是传统乡土社会结构的同时，不可否认当前农村与过去相比已发生了重大变化，也就是说不同地区的传统乡土社会正处于或快或慢的解体之中，民间法的执行效力因此而面临着重大考验。部分传统民间法可能因环境适应性问题而走向衰败、消亡或被改造，新的民间法也会经历类似的从"应时而生"到发展再到不可避免走向弱化的生命循环。但从总体而言，民间法在一定时期内仍将是农村领域的重要规范，并处于反复产生、发展和衰落的自然消长之中，这一民间法形成演变过程及其与国家法之间的互动关系也是本研究关注的重点所在。

关于我国民间法产生和变迁的历程及其与国家法互动的研究，具有重要的现实和理论意义。

首先，现实方面它能够为我国农村法制体系构建提供探索和借鉴。对当代乡土社会转型期民间法制度变迁及影响机制的典型事件进行分析，通过还原民间法从产生、发展到弱化的内生逻辑和实践过程，来透视出我国农村民间法的生长路径，从而指出当前农村法制化建设应谨慎采用国家法"挤压"民间法的简单做法，并应给予民间法充裕的自我成长与变迁空间。当代民间法从产生到发展乃至衰落所呈现出的阶段性特征，均与农村社会这一客观基础环境的转型息息相关。可以说民间法始终处于一个快速变动的自然消长周期中，而这一点则是从传统社会传承至今的民间法可能所不具备的特征，所以在推动国家法进入农村社会时必须充分考虑到这一因素，认清民间法生成变迁的时空性和必然性特征，从而构建出一种更加灵活的、良性的国家法与民间法互动的乡村法治化图景。

其次，理论方面它能够对我国民间法研究的视野进行补充与拓宽。当前我国民间法研究中普遍存在过分夸大或轻视民间法功能、以传统民间法或少数民族习惯法为客体进行横向"结构——制度"性分析居多的倾向，而

① 参见[美]奥利弗·L·威廉森：《治理机制》，王健、方世建等译，社会科学文献出版社 2001 版，第 4 页。

对乡土社会转型背景中新民间法的自我生成演变逻辑,及其与国家法之间的张力所形成的规则失效等过程性研究缺乏足够的关注。本研究充分运用“过程—事件”的视角,通过对典型案例中民间法生命周期的剖析,来发现现代性转型催生的民间法的运作逻辑,并构建出其纵向发展的一般性轨迹。而在民间法与国家法二者的关系博弈上,本研究还试图还原民间法弱化时国家法是如何进入原民间法主导的场域,以及民间法的存在惯性对国家法的阻碍等因素导致的乡村治理规则断裂这一状况。该研究不但在我国民间法研究领域中具有一定程度的创新意义,而且建立在实证基础上的理论演绎也增强了研究结论的效度,从而避免了部分研究中理论提升经不起事实检验的缺陷。

当前法学界民间法研究中采用的实证研究方法可分为定量和定性两种范畴,属于后者的主要有文献法、访谈法和观察法等资料收集手段与比较分析等资料分析方式。实证研究技术目前在人类学、社会学、民俗学等学科已发展较为成熟,其优势是可以获取活生生的案例资料,拥有较高的可信度和有效性。作为本研究案例的黔东南山林管护规约民间习惯法资料的收集及分析也涉及上述社会科学领域广泛应用的定性研究方式,其具体使用及方法大致如下:

首先,资料收集方法。文献法是本研究中运用的主要资料收集方法。这一方法主要用于收集调查资料、访问和观察记录、政策资料,以及将相关的图像信息等整理后以进行二手分析。文献的收集使研究者能够对研究对象进行深入的、历史的多层次的分析和考察,很大程度上弥补了研究者没有亲自参与调查带来的不足。文献收集法通常主要在前期调查和预调查中使用;在正式资料收集过程中,也可以根据具体情况灵活采纳。当利用文献法能够获得充足的案例资料时,就不必亲临调查现场进行资料收集。文献法的优势还表现在:(1)数据收集不受时空限制,研究者可以广泛获得自己所需的资料,适用于纵向研究;(2)所收集资料的真实性高于问卷法或访谈法等,因为一般文献的形成并不是出于特定研究目的,而是为了较客观自然地对发生的社会事实作描述记录而保留的;(3)文献法简便易行,费用较低,不受研究对象的影响等。但这一方式也存在诸如代表性较差、文献甄选难度大和过于依赖研究者的逻辑思维、分析推理能力等不足之处。

其次,资料分析方法。本研究通过文献法等收集到的二手资料和相关一手资料,还需经过整理加工,才能进行分析研究并得出科学结论。具体来说,资料分析方法是运用科学的方式,将调查所得的原始资料按照调查目的进行审核、汇总和初步加工，使之系统化和条理化，并以集中、操作化的方式来体现研究对象总体情况的过程。[①] 本研究案例资料的分析经历了审查、分类和汇编三个阶段，这样可以顺利地对个案进行比较与对个案作出正确的评估和分析。在具体的案例分析中，本研究主要采用过程性分析的方式。过程性分析法是指依据动态发展的观点，通过说明研究对象在历史上是怎样发生的、又是怎么样发展到现在的问题，目的在于厘清事物在过去和发展过程中的来龙去脉，并从中来发现问题、认识现状和推断未来。

二、转型乡土社会的民间法及其问题

现代性推动下的乡土社会转型，意味着乡土社会正从传统经验性思维样态向现代理性思维样态转变，但这一进程至今仍远未完成。有学者指出，当前中国社会的主导思维本质上依旧是以经验代替理性、以人情代替法治和契约。在制度维度上，中国社会尤其是农村离现代性很远，而在精神维度上，理性化的文化精神仍未成为民众日常生活中本质性的机理和规定。[②] 乡土社会中现代性和传统性的交织互动，代表着作为大传统的国家制定法和小传统的民间法之间的博弈共生。不难发现，国家法往往在市场经济较发达的地区被广泛应用，而在市场经济发展较弱的地区却难以取代民间法的地位，彼此的冲突和互补成为农村法治中的常态现象。甚至可以说，我国部分欠发达农村地区，尽管正经历着从前现代社会向现代社会的转型，一些旧的民间法可能在现代性的冲击下趋于消亡或被改造。但由于传统力量的强大，新的民间法也仍处于不断的建构和实践之中，并不可避免地与现代市场精神和个体理性产生一定冲突。

(一)消亡还是建构：民间法的现代性命运

现代性概念及其问题是当前学术界高度关注的议题，其与现代化的社会变迁紧密结合在一起。不同思想派别的学者从不同侧重点对此进行了解读，根据舍勒的观点，这一概念的特定内涵可以归纳为现代社会的性质和质态。[③] 现代性概念所表征的是自启蒙运动之后形成的现代社会整体结构的特征和性质，具有两重含义，即社会整体结构制度的现代性与个体心理的现代性，其中前者是启蒙现代性、理性主义的现代性等，后者则指浪漫的现代

① 参见范伟达：《现代社会研究方法》，复旦大学出版社2001年版，第293页。

② 参见衣俊卿：《现代性的维度及其当代命运》，载《中国社会科学》2004年第4期。

③ 参见[德]马克斯·舍勒：《资本主义的到来》，三联书店1997年版，第207页。

性、审美现代性、文化现代性等。[①] 当前学界所研究的现代性主要是社会整体结构制度层面的,即现代化社会中的政治、经济以及科技等内容,表现为政治民主化、经济市场化、科技信息化和人的个体化或原子化等,这与前现代社会的专制政体、封闭性自然经济、宗教神学和传统共同体等表征相对应。上述社会现代性的共同基础是启蒙理性,马克思将其描述为"一切都必须在理性的法庭面前为自己的存在做辩护或放弃存在的权利"[②]。在韦伯看来,现代社会和前现代社会等传统社会所不同的一个关键在于其合理性或理性化,其中工具合理性是一个主要分辨标准,而所谓的现代性内涵其实就是理性化的发展。细化来说,社会整体结构制度层面的现代性体现在用以维持和规范人们的行为秩序的形式化、模式化、程序化等,概括来说是现代社会结构特质的生成过程,也就是理性化的过程。而人内在文化心理层面的现代化表现为个体感性和欲望的伸张,即人的内心秩序不再受制于宗教教义或传统共同体精神的约束,更加注重现实的享受。马克思将其描述为:"一切固定的僵化的关系以及与之相适应的素被尊崇的观念和见解都被消除了,一切新形成的关系等不到固定下来就陈旧了。一切登记的和固定的东西都烟消云散了,一切神圣的东西都被亵渎了。"[③]

而社会秩序制度化,最突出的表现是现代性法律制度的建立,以及现代性法律制度对民间法等非正式传统规则的挤压和排斥。帕特里克·格莱恩在《对"习惯"的俘获、重构和排斥》一文中,阐述了现代性以更精妙、更具渗透性的技术去俘获习惯,用现代性标准完成对传统习惯叙事的解构和重构过程来促使其进入现代性规范体系之中[④],以现代理性观念支配下的人类学和经济学学科的发展完成对习惯的贬低和排斥过程。可以说,"民间法或'非正式传统'在现代性法律制度面前所遭遇的被俘获、被改造、被排斥的命运,绝非在某一文化、某一国度发生的特殊案例,而是其在现代性制度背景

① 参见李佑新:《现代性的双重意蕴及其实质问题》,载《南开学报》(哲学社会科学版)2004年第1期。

② 《马克思恩格斯选集》第3卷,人民出版社1995年版,第355页。

③ 《马克思恩格斯选集》第1卷,人民出版社1995年版,第275页。

④ 帕特里克·格莱恩指出,主导习惯的重构的过程机制依赖于三个要素:第一是现在论的时间概念,即现代精神对前历史的贬低并与之保持距离;第二是个人重要性的凸显,人作为理性人、权利主体和上帝代理人而获得了重要地位,任何法律制度的合法性论证从此以民主和社会契约观念为前提;第三是现代法律教育的作用,启蒙运动后的大学教育不再教授习惯法,而是以国家制定法为主要教育内容。

下必然要遭遇的普遍命运”[①]。在对待民间法的态度上以理性化和功利化为原则,即现代性以自身为核心来对传统进行取舍,部分对于现代性发展有正面作用的传统规则,才可能得到尊重和利用。从这一逻辑出发,可以得出现代性冲击下的民间法被俘获、排斥和重构的命运在总体上是不可避免的。

不难发现,如果以现代性的发展逻辑和视角来审视民间法,则难免会得出“民间法消亡论”的结果。正如国内学者魏治勋指出的,“在民间法研究热潮中,质疑民间法及其研究之生命力的‘民间法’消亡论,实则隐含着一个合理的内核,即它明确承认民间法被边缘化进而趋于消亡的命运乃是现代性及其意识形态的理性主义的必然结论,因此,‘民间法消亡论’的内在逻辑就是现代性及其理性主义的霸权逻辑”[②]。民间法消亡论的理论前提是现代性的合理性和真理性,也即现代性是一项绝对正确、伟大的事业,只有如此民间法的消亡论才具备其充分性和合理性。事实上,自 20 世纪后半叶开始,关于现代性价值的肯定和关于现代性的激烈批判始终未曾停止,而关于应该捍卫继承现代化还是拒斥现代化的观点之争也没有间断过。西方思想家胡塞尔关于生活世界和主体间性的分析、韦伯关于价值理性和工具理性的划分及“理性牢笼”的论断、哈贝马斯关于生活世界被理性系统殖民地化的分析、马尔库塞的单向度人批判、福柯对现代权力结构的考察和卢曼的“现代性与大屠杀”探讨等,都表明了现代性远非真理性标准,而仅是一种构建于强权之上的意识形态和叙事话语,其严重的负面后果和风险危机使人愈发怀疑现代性的合理性。

“现代性……以科学知识作为我们理解世界的示范方式去取代传统叙事。”[③]也就是说,无论是现代性法律制度,还是民间法等传统性规范,都是通过特定叙述话语来建构生活秩序的规范体系,其本身并没有优劣或好坏之分。“一旦理解了赋予叙事以含义的语言背景,法律就不只是一套应当遵守的规范体系,而是一个我们生活于其间的世界。”[④]由此可知,民间法作为一种社会规范,其本身具有内在的、独立的和必然的生成逻辑。它与国家法一样是根植于现实社会土壤、内在生成与发展的独立事物,并对现代法治具

---

① 魏治勋:《民间法的现代性命运及其意义》,载谢晖、陈金钊主编:《民间法》第 10 卷,济南人民出版社 2011 年版,第 92～100 页。

② 魏治勋:《民间法思维》,中国政法大学出版社 2010 年版,第 262 页。

③ [美]戴维 · 鲁本:《法律现代主义》,苏亦工译,中国政法大学出版社 2004 年版,第 22 页。

④ [美]戴维 · 鲁本:《法律现代主义》,苏亦工译,中国政法大学出版社 2004 年版,第 18 页。

有举足轻重的价值。[①] 在民间法内在生成机制及其存在合理性的论证上，埃克哈特·施里特指出："所有行为的习惯方式将由经济和其他的激励而铸就，同时这些习惯的方式为那些经济和社会现象提供了恰当的基础。"[②]"从民间法的原始起源上看，与国家法相比，民间法的运行主要受到社会运行的内在逻辑的支配，民间法自身的规定性主要传承于原始习惯对一定地域或者族域内的人具有内在约束力的秩序性与权利性诉求。"[③]上述分析表明，民间法等非正式规范同样具有深厚的现实根基，其自身的运行逻辑具有一定必然性和合理性，民间法并非一种走向消亡的秩序规范，而是根据其存在的具体现实生活世界处于不断的建构之中。换句话说，真正决定民间法产生、发展和变迁甚至消亡的机制，除了客观的结构性制度环境之外，还有其具体的社会经济环境需要，如降低行为的决策成本、群体性压力和避免紧张心理等。可以推断，即使在市场经济等现代理性占据主导地位的特定场域空间里，也可能因出于节约决策固定成本等具体环境需要而逐渐形成新的民间法。从这一意义上来说，民间法在我国非但不会消亡，还可能因为当前乡土社会的剧烈转型而呈现出新的变化。这一变化主要体现在从前现代社会沿袭至今的部分民间法因现实环境的不适应而不断衰落或消失，同时当前转型期内从社会结构制度到人们行动需要的转变，都不断为新的民间法生成和旧有民间法的改造创造了客观环境。那么从时代背景上来划分，则可以将被现代性影响和乡土社会转型下产生的民间法称为"新型民间法"。

（二）转型乡土社会民间法的表现

根据上文对乡土社会现代性转型过程中民间法命运的思考可知，现代理性的发展并不必然导致民间法的消亡。本研究认可旧的民间法，也即从前现代社会中传承下来的部分民间法可能会因社会环境的变革而缺乏适应性，除面临消亡之外，旧的民间法也可能在一定情景下根据具体条件来改造、调适自身以继续发挥其规范性功能。更重要的是，乡土社会向现代社会转变过程中出现的"夹心饼干式"环境，也在很大程度上推动了新型民间法的产生，以弥补国家制定法的缺位和实现秩序失范状态下的乡村重组。总

---

① 参见魏治勋:《'民间法消亡论'的内在逻辑及其批判》，载《山东大学学报》(哲学社会科学版)2011年第2期。

② [德]埃克哈特·施里特:《习俗与经济》，秦海、杨煜东、张晓译，长春出版社2005年版，第3页。

③ 吕廷君:《论民间法的社会权力基础》，载《求是学刊》2005年第5期。

体来说，在乡土社会转型期，民间法的命运可归纳为下述三种。

1. 传统民间法的衰落

现代性向乡土社会的渗透和影响，逐渐导致传统社会结构的解体和农民个体原子化的加剧，甚至可以说传统差序格局正逐渐走向理性化或不能再说农村的社会结构是差序格局。[①] 根据费孝通对乡土社会礼制秩序的描述，传统习俗等规范主要依附于独特的血缘和地缘关系而存在，一旦以血缘或地缘关系为纽带建构起来的差序格局出现解体或衰落，则相应的规范秩序也不可避免地走向消亡。这在农村地区主要表现为家族宗族的解体、亲戚朋友关系的淡漠、赡养父母等孝道精神的流失、民俗仪式的消亡等，也就是说，原有的附加在血缘关系之上的道德义务正在迅速地衰落，而用以规范和监督道德义务的民间规则等也随之失去了应有的功能。除上述依附于血缘关系和差序格局而存在的礼制秩序等民间规范的衰落以外，民间法的衰落在部分农村地区还表现为陈规陋俗、封建迷信、狭隘思想意识等民间法中相对糟粕、落后成分的消失，这主要是由政府层面的科学意识普及、个人知识水平的提高和乡村法制建设等因素推动的。社会的发展进步造成了上述不符时代精神的部分民间法失去了赖以生存的土壤，然后不可避免地走向衰落甚至消亡。需要注意的是，此类与时代精神相悖的传统民间法的衰落或消亡，并不反映民间法整体上的现代性命运，而仅是乡土社会转型背景中的特殊性表现之一。

2. 传统民间法的改造

民间法作为一种"活法"，其概念涵盖了除国家制定法之外的所有民间社会规范。正如有些学者指出的，民间法与国家法一样，都是基于社会现实环境内在生成与发展的独立性事物。[②] 作为某一特殊地域范围内人们交往互动而自发形成的行为规则，民间法具有一定的人格性、非正式性和伦理性特征，这表明民间法实际上也是处于一种不断受到人们行为影响而调适和改善自身的进程之中。尽管民间法的基本内核、理念和价值观取向等实质方面可能具有长期的稳定性，但其在表达途径、叙事方式等外在表现方面却尽可能完善自身，以证明合理性和有效性，或力图保持与国家制定法的目标一致。简单来说，传统民间法可能根据生存环境的转型而进化或转化自身，

---

① 参见贺雪峰：《新乡土中国》，广西师范大学出版社2003版，第34页。

② 参见魏治勋：《"民间法消亡论"的内在逻辑及其批判》，载《山东大学学报》(哲学社会科学版)2011年第2期。

以“新瓶装旧酒”的方式来保持与现实的紧密结合,从而避免被排挤和消亡的命运。这一现象包括传统民间法自身的转化以及其借助国家司法力量进行的转化。该现象在当前表现得尤为明显,以在清明节、鬼节、除夕等传统节日祭祀亡故亲人这一民间习俗为例,上坟焚烧纸钱、香烛和“元宝”与燃放爆竹历来是不可缺少的祭奠仪式,以表达对亡故亲人的思念之情。但现实中,这些行为不但造成一定的环境污染,还造成大量资源的浪费,长期以来饱受争议。近年来,会有越来越多的民众开始接受和认同以雏菊等鲜花祭奠以寄托哀思的文明做法,这不仅没有改变对亡故亲人的深厚感情,而且客观上更为清洁环保。上述分析及案例表明,民间法在今天仍具有顽强的生命力,其可能在发展过程中通过改变或完善自身、去除糟粕内容从而得以继续生存。

3.新型民间法的出现

除以上两种乡土社会现代性转型中民间法的表现之外,还有一种不容忽视的现象,也就是本文的研究主题——新型民间法的产生。埃克哈特·施力特从功能论的角度出发认为,习俗得以产生与运用的主要原因之一是其在行为成本方面拥有优势,能够有效降低冒失决策带来的风险。[①] 苏力也认为,民间法的主要作用在于最大化节约社会成本,现代市场经济的发展真正需要的不是抽象的、普遍的法治,而是能够最大限度地降低交易成本、推动交易和资源合理配置的规则制度,这些规则制度就包含了大量的民间法成分。[②] 从两位学者的观点可知,民间法的命运如何取决于其降低社会成本功能的存在或延续与否,而非简单地从现代性的霸权逻辑对此持之“一刀切”的态度。本文将研究背景界定在乡土社会的现代性转型期,其中转型这一概念本身就意味着现代性在乡土社会中发展不彻底性,表明现代法制观念和国家法制建设在乡土社会的不完善或暂时缺位,与此同时,部分传统民间法也可能随着乡村社会结构的解体逐渐失去其原有作用。在这一环境下,用以调整和治理乡土社会的规范秩序不可避免地出现某种程度的断裂问题,从而催生新型民间法的生成,以发挥村庄秩序整合或取代传统民间法的功能。以当前农村中普遍存在的上访为例,由于城镇化和工业化向乡村的快速推进,出现了强征农民宅基地和基本农田及其补偿金过低、国家相关

---

① 参见[德]埃克哈特·施里特:《习俗与经济》,秦海、杨煜东、张晓译,长春出版社 2005 年版,第 3 页。

② 参见苏力:《法治及其本土资源》,中国政法大学出版社 1996 年版,第 16 页。

法律规范不完善或有法难依等问题，为保障自身权益，很多地区出现了广泛的、集体性的农民上访等群体行为。对于农民来说，司法途径不但成本过高而且难以奏效，上访因其简洁有效性而成为农民面临土地权益受侵害时的首选。上访现象仅是乡村社会现代性转型中的一个缩影，该案例说明传统乡村经济、社会和文化领域的转型为新型民间法的产生提供了自由生长的舞台。尽管转型期的新型民间法也许只是一种短暂性、权益性的，或更多是以理性受益为建构基础的规范，并将随乡土社会转型的完成而结束其历史使命。但毫无疑问的是，只要农村社会本身一直处于发展和变迁之中，则新的民间法将不断地被建构出来。

(三)转型乡土社会民间法的问题

在当前乡土社会转型期间，民间法存在的主要问题可分为三种：首先，民间法在协调农村事务、解决民间纠纷和规范乡村秩序时的效力问题。其次，关于民间法的识别与法治角色定位问题。再次，国家法与民间法之间的冲突问题。就学术界的注重点来说，目前很多学者多从国家法的视角出发，将国家制定法与民间法二者之间的关系，尤其是国家法对民间法的排斥视为民间法面临的主要问题，而相对忽略了对民间法本体性问题的关注。民间法的本体性问题主要是指，民间法目前在多大程度上还影响着农村社会秩序的运行和社会问题的解决，以及民间法本身的合理性和价值性意义等。接下来，本文就将对民间法存在的三种问题分别进行阐述。

首先，转型乡土社会民间法的效力问题。自现代性进入和影响乡村社会以来，随着传统人际关系结构的理性化和农民个体的原子化趋势的出现，依附在血缘和地缘基础上的道德义务越来越弱化，来自村庄层面的社会舆论压力也不再具有足够的权威和有效的惩罚力度，这使得民间规范得以运行的社会基础正从根本上发生着转变。民间法作为一种人格化的、非匿名性的社会规范，其对违反规则者的惩罚手段主要来自村庄集体层面的多边惩罚机制，即来自集体中被其他成员孤立和排斥所产生的压力。通常在这一预期惩罚下，特定地域或集体的成员会自觉服膺和遵守规范。而在当前情况下，集体多边惩罚机制实际上正处于消解之中，集体行动在个体理性的冲击和人际信任机制的崩溃下越来越难以形成，从而出现了民间法效力能否实现的问题。与此同时，新型民间法的形成除传统血缘、地缘基础之外，也具有了一定的理性化色彩，即人们更可能因共同的经济利益关系而制定形成相应的规范。那么可以说，由于经济理性及其契约本身与民间法精神存在一定程度的相悖，该民间法往往可能因利益分配问题而导致效力不足。

其次,关于民间法的识别与法治角色定位问题。在围绕民间法的讨论中,学者、法官等几乎尚未就如何识别民间法并如何将其上升为司法审判准则或参照标准形成一定的规则标准。在乡土社会中,人们受到传统差序格局和“人情”“面子”的影响,长期以来形成了“法不外乎人情”这样一种观念,即“一种以伦理为本位的观念,这种正义是指‘义’要依‘情’而定,合乎情的就是义,反之就是不义”[①]。但是这样一种在乡土社会中被认可的“正义”观念,却截然不同于现代国家法意义上的普遍性正义,后者维护的是根据客观事实作出审判的正义,所以这两种理念在很大程度上是对立的。是否认同民间法的法治价值和实效是我国法治建设过程中面临的重要问题之一。不仅如此,由于部分民间法的“正义”精神可能的确是符合现代法治理念,如何对民间法进行甄选、识别以“去粗取精,去伪存真”也无疑极为重要。事实上,因国家法自身存在的漏洞和乡村现实环境,短期内以国家法来取代民间法对乡村进行治理的设计并不可能实现。因此,将民间法的合理成分吸纳或融入当前法治规范体系中就显得尤为必要,那么这种条件下是否要认同民间法的“正义性”,以及如何识别符合法治理念的民间法,都显著影响着现代法治秩序的建构。

再次,民间法与国家法的冲突问题。苏力指出,因中国城乡二元结构的存在,现代化和工业化尚未能够完全进入乡村社会,所以如果国家权力部门想通过“送法下乡”来实现农村的法治化局面势必非常困难。[②] 这表明国家法并不能够完全契合农村的社会现实,并满足农民的实际需求。根据田成有等学者的归纳,民间法和国家法的冲突,除上文中所叙述的二者所体现的特殊正义和普遍正义的冲突外,还主要表现在下述三个方面:(1)地方性差异与国家法律的统一性不契合。国家法的统一性和普适性原则决定了其对国家范围内的所有主体具有相同的效力标准,但现实中我国不同地区、城乡之间的经济文化发展差距又决定了国家法的普适性标准与地方的特殊性需要并不符合。(2)国家法律供给与农村实际需求的不契合。法律供给的问题,不仅表现在国家难以提供农村切实需要的法律资源,还表现在已有的法制资源难以满足农村的实际需要。国家法律供给的不足,导致农民对国家法的抵触和对民间法的进一步依赖,这无疑在客观上会扩大民间法与国家法之间的矛盾。(3)民间知识传统与国家法知识背景的不契合。根据法社

① 田成有:《乡土社会中的民间法》,法律出版社2005年版,第177页。

② 参见苏力:《为什么“送法上门”》,载《社会学研究》1998年第2期。

会学的法律多元理论，不同规则体系的矛盾从根本上而言属于不同文化体系之间的矛盾。民间法注重亲情间互惠义务和人情义务的统一，而国家法则注重民主权利、契约关系等抽象性理念，两种知识体系的碰撞决定了民间法与国家法之间的冲突。

三、转型乡土社会新型民间法的生成与扩散

乡土社会现代性转型中出现的新型民间法在发展中经历了一个生成、扩散和影响力不断提高的过程。由于地域差异性和文化多元性等因素，新型民间法在不同地区的表现形式也可能各不相同。在不胜枚举的新型民间法中，山林管护规约是我国农村产生和适用的普遍性规则之一，尤其在拥有"八山一水一分田"之称的部分南方省市，现代法制建设的不完善、两次林权制度改革与乡村社会的客观条件为民间法在山林管护中的应用提供了空间。基于此考虑，本研究选择具有一定代表性的贵州省东南部农村山林管护规约为个案，来对其产生、演变及其与国家法之间的互动进行剖析。

（一）新型民间法案例：黔东南农村山林管护规约

1.案例选择

本文所选取案例平碌村是位于贵州省锦屏县的典型山区林村，拥有人口 1850 人，是一个以同族相聚为主的大村。该村共有约 1260 个劳动力，目前外出务工人员占近 30%，村民人均年纯收入在 2600 元左右，在当地属于中等以下收入水平。平碌村共有耕地 1200 多亩，山林面积 9800 亩，其中贵州省级生态公益林面积 2200 亩。该村在 1982 年"林业三定"[①]的山林改革基础上，于 2006 年进行了以确权到户为核心的新一轮集体林权制度改革。目前，该村山林共确权到户 8500 亩，村集体管护 1300 亩，主要林种为杉木、松树、毛竹等商品林和油茶、柑橘等经济林，林木砍伐周期一般为 15 年左右。随着集体林权制度改革的深入开展，林木市场的繁荣推动了木材价值的迅速提高，木材价格由新一轮改革前的约 150 元/立方米升至 1000 元/立

---

① "林业三定"是稳定山林权、划定自留山和确定林业生产责任制的简称。"三定"是 1981 年中共中央、国务院在《关于保护森林发展林业若干问题的决定》中提出的林业政策。其主要内容有：(1)国家所有、集体所有的森林、林木、林地，个人所有的林木和适用的林地，以及其他部分、单位所有的林木，要确定权属，由县以上人民政府颁发林权证，确认所有权或使用权。(2)划给农户自留山(或沙滩、沙荒)用于植树种草，长期使用，种植的林木归农户所有，允许继承。(3)选择和确定林业生产责任制，把责任和报酬、整体利益与个人利益联系起来。

方米,这显著增加了当地农民的林业收益。

在山林经营上,该村自1982年山林确权后并未真正实行家庭经营,而是采取自发性的集体联户经营制度,并由村民自发组织进行统一管护。该村护林员由参加联户经营的村民担任,管护范围主要是村民承包经营的8500亩责任山和自留山,包括省级生态公益林2200亩和村集体保留林地1300亩。该村在山林管护过程中,逐渐形成了相应的管护规约;其可分为不成文规约和成文规约两类。其中,前者是在1982年"林业三定"政策实施后由村民自发协商形成的,成为平碌村长期以来的主要山林管护规约;后者是在前者的基础上为应对2006年林权改革后的政策性要求和新出现的山林纠纷,而对部分不成文规则进行整理形成的。从功能作用上来说,前者的覆盖范围和实施效力较强,在过去长时间内发挥着山林保护、纠纷解决、砍伐指标确定和收益分配等作用,但这一依靠村民自觉内化和内心服膺的管护规则,近些年来因传统乡土社会结构的解体而不断衰落,几乎沦为一种名存实亡的民间规约。与前者相比,自2006年新集体林权制度改革后实施的山林管护成文规则,其产生主要是缘于当地政府部门的倡导和压力,也就是说成文规约是该村作为林权改革试点村为应对基层政府及县级部门下发的指标命令,而将不成文规约以书面文字的形式重新表述出来形成的。由于不成文山林管护规约属于一种地方型、传统型和非正式型规则,其中包含了大量本土习惯、风俗、俚语,甚至是与现代法律精神相违背的粗陋性、封建保守性做法等"上不了台面"的成分。因而在以成文方式来应对政府部门检查或指令时在保留规约基本精神的前提下,删除了其中不符法治原则和精神的做法,以充分体现其现代性和"文明性"。就二者关系而言,前者是后者的根本和依据,后者是前者的书面化和重新表述,并无实质性差异。具体到现实应用中,因成文规约几乎纯粹是为应付政府部门指令而仓促制定的,缺乏不成文规约所拥有的群众基础和环境适应条件等,因此几乎没有得到真正实施和发挥效用。此外,平碌村山林管护规约涉及内容广泛,并不限于简单的山林管理,还包括与山林管理相关的一系列内容,主要有山林承包、风水林监管、砍伐指标分配、公益林补贴使用、火灾预防治理、病虫害防治、山林流转、抵押租赁、林业纠纷处理等。因该管护规约内容广泛,文中将选取其中具有代表性的具体条约来分析其演变历程和其与国家法之间的互动关系。详细分析将在下文中予以呈现。

本研究之所以选择黔东南农村山林管护规约这一案例进行分析,主要是基于如下考虑:

(1)主题切入性标准。我国自 20 世纪改革开放初期至今的两次农村集体林权制度改革,催生和影响了众多关于山林保护的地方性规则,其 30 多年的发展历程为我们考察民间法在乡土社会转型中的形成演变及其与国家法之间的互动关系提供了一个理想平台。我国改革开放后的农村集体林权制度改革主要包括 1981～1983 年实施的"林业三定"政策和2003～2008 年的新集体林权制度改革。前者是指仿照耕地联产承包责任制度改革将山林经营权承包给农民的做法,即通俗意义上的"山定权,树定根,人定心"的稳定山林基本权属、划定自留山和落实林业生产责任制;后者是指在"林业三定"基础上进行的进一步明晰产权到户、勘界发证、放活经营权、落实处置权、保障收益权和明确责任等。两次林权改革深刻改变了农村山林经营状况,确立了农民作为山林承包经营权人的主体地位,同时也深刻改变着农民对山林管护的观念和意识,催生了众多相关的民间山林管护规约。由于两次林权改革是在乡土社会转型的背景下进行的,乡村社会基础的变化无疑将对山林管护规约的发展历程和实施效果,及其与国家制定法之间的互动关系产生深刻影响。从这一层面来讲,山林管护规约是考察民间法形成演变与实施效果的一个较为理想的案例。

(2)时空契合性标准。本研究选取的案例位于我国农村林权制度改革先进试点县的黔东南锦屏县,而该村又是锦屏县林权制度改革政策实施试点村,相对于其他村庄而言,该村的山林管护规约更具备代表性。民间规约在该村山林管护过程中发挥了重要作用,并成了解决山林纠纷的主要方式,使该村在 2006 年被政府部门评为"无讼林村"。该村从 20 世纪 80 年代"林业三定"政策实施后就形成了专门对山林进行管护的相关规约,并在长时间内得以落实执行。由于该村山林管护规约是针对自愿进行统一管护的村民而言的,所以该规约从产生至今,始终面临着集体公共利益与个体理性之间的张力和冲突。在乡村差序格局尚未解体和共同体力量仍足够强大时,个体成员对集体公共利益的维护、对管护规约的自觉服膺占据主导地位。而在乡土社会转型和农民个体原子化逐渐加剧的现实条件下,村民对个体利益的追求开始打破传统规约的权威性,并最终因集体公共利益的不断被侵犯而使山林管护规约名存实亡。该村民间法的演变历程在当前我国农村山林管护规则变迁中具有一定的典型性,以此作为个案进行研究,能够较好地把握民间法产生、演变及其与国家法的互动脉络。

2.案例基本情形

按照部分学者的观点,作为一个范围过于宽泛和松散的概念,民间法或民间规则主要包括习惯法、道德准则与规章制度三类。其中习惯和习惯法是民间法理论中的核心性概念。在对山林管护规约的实践历程进行分析前,本文将根据前文中对研究主题的界定,来辨析山林管护规约的习惯行为是否属于民间法范畴。具体来说,就是判断其是否属于民间法中的习惯法范畴,以便于文中对其作出分析。正如有些学者指出的,目前法学界对习惯法的界定存在很大的分歧,不少学者在习惯法这一概念上主要遵循"国家认可说"与"社会规范说"两条路径。如《中国大百科全书·法学卷》把"习惯法"解释为"国家强制力保障下的习惯",《法学词典》把"习惯法"定义为"国家认可并赋予法律效力的习惯,分为成文习惯和不成文习惯"。这两种定义即是"国家认可说"。而"社会规范说"主要是从法律社会学的视角出发,如梁治平将习惯法称为"地方性规范"。其习惯法之"法"并非真正意义上的法,而是一种比拟或隐喻意义上的"法",更准确的表达方式应为"习惯规范"或"社会规范"。

在平碌村的山林管护中,农民协商组成护林组织来承担这一职责,替代了本该由农户个体承包山林进行管护的做法。这一集体性行动及其相关规则的形成,最初是与20世纪80年代林木市场价值、农村社会背景、法制化建设不完善等因素相关的,并最终演变为覆盖全村范围的统一的山林管护规则。该规则作为一种制度化习惯行为,长期以来得到当地林业主管部门的默许和鼓励,成为该村山林保护和解决林业纠纷的重要方式,并且该村因是"纠纷不出村""无讼林区"建设的典型村庄而成为锦屏县2006年农村林权改革试点村庄。从该村情形上看,山林管护规约这一民间习惯法的形成契合"国家认可说"路径,然而其自然形成的过程又在很大程度上遵循了典型的"社会规范说"轨迹,因此从两种意义上来说平碌村山林管护规约均不失为一种典型习惯法。需再次强调的是,山林管护规约涉及的是一系列民间习惯法,具体的山林管护只是其中的核心和最重要的表现之一,文中出现的山林管护规约均是指代以其为核心的一整套民间习惯法。可以说,在管护规约形成后,该习惯法在该村山林保护及林业发展中发挥了重要作用,取得了远比正式国家制定法更好的治理效果。从国家认可与社会规范这两种界定习惯法的路径来看,山林管护规约根植于传统农村社会结构中,是乡村熟人逻辑和村庄共同体精神的实际表现之一,而信任机制的遵守和履行是这一民间法的核心所在。因此,这一规约在发展过程中存在很大的风险,即集体管护组织的成员一旦违反规约或出现失信行为,则该规约组织的其他村民成员将不得不承担由对方因此类行为所带来的损失,所以该管护规约实际上隐含着对成员行为的监督和违约行为的惩治。但由于山林管护规约是一个相对宽泛和灵活的规则体系,对违约行为及其惩罚并没有作非常详细的量化解释,实际应用中也缺乏成文依据或书面章程,因此只能按照过去熟习的经验或约定俗成的习惯来进行。在违约行为出现后,由家族长辈、受损失村民和村干部协商作出除按照市场价格补偿经济损失之外的"礼罚"决定,如置办酒宴谢罪、禁入祠堂祭祀祖宗、送每户一斤米酒或一包香烟等。上述模糊化和人格化的规则实践须以强有力和稳定的集体制约机制作为后盾,否则极可能导致惩罚的失败。以下为《平碌村山林管护规约》的部分内容:

> 统一管护林地,禁止私自采伐。林地收益按照承包面积分配。凡需建房、烧炭、制作家具等用途砍伐木材的农户,需提前3个月向山林管护协会和村民委员会申请,经过审查核实,符合采伐条件的农户签署采伐协议并在全村公示后方能采伐木材。农户在砍伐木材时须预先通知临界山主登山清理界线,双方认可后再砍伐。对于越界采伐或盗伐他人林木等行为,盗伐者除归还所盗林木或按照市场价格赔偿山主外,另需宰猪或羊一口以置办"陪谢宴",宴请山主、理事会其他成员、村干部和村民等。
>
> 坟墓周围的风水林具有庇荫子孙、福佑门丁的作用,所有权属于墓主后人,墓主若无子嗣,则属于与其血缘关系最近的亲属。风水林所在林地的山主禁止砍伐他人坟墓周围的风水林。若山主砍伐他人风水林,经发现核实,除按照双倍市场价格赔偿所有人外,第二年禁入家族祠堂祭祀以作惩戒;屡犯两次者在上述惩罚基础上,其家族成员以外村民均不参与其子女婚娶红事等。
>
> 农户在承包山林中散养家禽、家畜入相邻山林中时,相邻山主不得据为己有。如发现违约者,则须原物归还或按照市场价予以偿还。承包山林的楠竹、阔叶林如生入相邻山内,则属他人所有,本人无权干涉。另不许进入他人山内挖笋,如发现则原物归还或照市场价赔偿山主。如发现外村人进入我村挖掘竹笋,除原物归还外,每人罚金100～200元,举报者可获罚金的50%。
>
> ……
>
> (选自《平碌村山林管护规约》)

共同山林管护是建立在同一文化背景、地方性群体和重复博弈基础上的非匿名性人格化交易,主要依赖村庄集体多边惩罚机制对该行为进行制约。制度经济学家阿夫纳·格雷夫对中世纪阿拉伯马格里布商人与代理人之间的契约机制研究认为,作为一个具有共同伊斯兰宗教信仰、成员之间互动频繁的封闭式群体,马格里布商人与代理人的交易属于非匿名性的人格化交易。根据约定俗成的规则,只要代理人有出现过欺诈或违约行为,那么该群体的任何成员都不会再和他进行生意合作,由此建立的维持人格化交易成功执行的机制被称为集体多边惩罚机制。[①] 与此相类似,如费孝通先生所指出的,中国是一个以地缘和血缘关系组成的"以己为中心"的"波浪"式差序格局,越靠近"自我"中心的人的社会信任程度也越高,这一社会结构实质上也促成了人格化交易形式及其相应的集体多边惩罚机制的产生。人格化交易及相应惩罚机制的理论,体现在平碌村山林管护规约对违约者的惩罚行为中,即该规约基本完全依赖村庄共同体内部的熟人信任关系与集体惩罚机制来促使对方履行承诺,而违约的成员将会因面临被其他所有成员疏离或孤立的风险而遵从规约。

(二)新型民间法的生成

诺贝尔经济学奖得主埃莉诺·奥斯特罗姆的公共资源治理理论认为,在一定条件下,无须依靠国家等外部权威,集体成员完全能够以重复性自主博弈的方式,通过自发的民间自治,确立并有效维系一套合理解决公共资源治理的规则体系。[②] 民间社会规则的形成,并不是由权威部门推行实施或特定设计、对某一组织或地域内的所有人一步到位的非渐进性过程,而是一个自下而上渐进积累的过程。而现实中是否具有推动成员进行信息沟通、互动与充分降低民间规范生成演变的固定成本的环境特征也对于民间法的产生至关重要。国内学者苏力也指出:"自清末以来,中国法律制度的变迁,大多数都是变法,一种强制性的制度变迁。这样的法律制定颁布后,由于与中国人的习惯背离较大或没有系统的习惯惯例的辅助,不易甚至根本不为人们所接受,不能成为他们的许多规范。"[③]我国现代法治体系的建设,应该充分依据和发挥出本土优秀传统规范和惯例的作用,以能够最大限度地降低总成本,有利于交换发生和发展与促进财富配置实现最优化。从上述两

---

① 参见[美]阿夫纳·格雷夫:《大裂变:中世纪贸易制度比较和西方的兴起》,郑江淮译,中信出版社 2008 年版,第 4～50 页。

② 参见[美]埃莉诺·奥斯特罗姆:《公共事务的治理之道——集体行动制度的演进》,余逊达、陈旭东译,三联书店 2000 年版,第 51～60 页。

③ 苏力:《法治及其本土资源》,中国政法大学出版社 1996 年版,第 18 页。

位学者的论述可以看出，民间习惯法的产生是自发式和渐进式的，能够有效降低社会成本是其产生的重要原因之一，这一点也可以用于解释黔东南平碌村山林管护规约及其相关民间习惯法的产生。

案例一：联户管护成员ZLG介绍说，1982年"林业三定"后，自己家分了30亩山，当初有几个林农找自己说要一起进行联户经营，自己考虑了几天，后来同意了。当时这样做，是因为自家承包的30亩山太过分散，有5片山场，平均每片只有五六亩，基本和他们的山连在一起，这样（联户经营）就比较好砍伐。而且山林不值钱，没有多少价值，不如一起管护，让有空闲时间的人去打理。当初一起进行经营的，都是同一村民组成员，有30多户人。村里林地划分是这样的，同一村民组的林地几乎连在一起，但是各家各户的山很分散，每家都有好几片山。同一小组的村民基本是邻居或血缘关系近的亲戚，在农地经营上一直存在互相帮助的风俗，这一习惯为统一管护的进行提供了便利。

平碌村山林管护规约最初产生的主要原因是降低总成本，具体包括山林资源特征、农民经济行为与村庄传统协作精神三类。首先，山林资源的自然特征使得适度规模经营方式的效益高于分散的家庭承包经营方式。与耕地不同，规模化经营的山林在林道建设、采伐作业、原木运输、造林育林和管理方面，能够有效降低亩均投入，具有个体经营所无法比拟的成本优势。其次，农民普遍贫困的经济状况和当时林木价值的低下造成农民对家庭管护缺乏积极性，促使统一管护出现。在20世纪80年代的平碌村，农民以种植业和采砂为主要经济收入来源，青壮年农民多在附近县乡砂场打工，对于承包到户的山林基本未进行有效的管护。在20世纪80年代中后期，山林流转价格一般在5元/亩，足见当时林木市场价值的低下。这一状况推动了集约利用人力的统一管护方式的出现。再次，村庄传统协作精神为统一管护创造了有效条件。平碌村在长期的农业生产和生活中，以血缘和地缘为基础，形成了以互相帮扶、农具共用和风险分担等为主要内容的协作精神。传统协作精神在山林经营中的延伸体现即是统一管护行为的出现。正如产权经济学家科斯指出的，制度安排的选择以它所能带来的生产价值的增加大于它的运作所带来的费用而定。[①] 在当时的现实条件下，这一熟人交易和利益分配无疑是最有利于降低总成本的合理选择，所以被村民认可和实践。

---

① 参见R.科斯、A.阿尔钦、D.诺斯主编：《财产权利与制度变迁》，上海三联书店1991年版，第3～58页。

然而,嵌套和适用于乡村社会结构的统一管护方式虽然有效降低了经营山林所需的固定成本,但它同时大大提高了潜在的边际成本,也就是说随着山林管护的进行对违约行为的惩罚机制有可能变得越来越难以执行,这也是该民间习惯法后来逐渐衰落的主要原因。但明显的是,在山林管护规约产生的最初阶段,乡土社会中的人际关系结构尚没有经受现代性,尤其是经济理性的过度冲击,农民的日常行动依旧受到传统规范秩序如礼俗、习惯、情分和宗法等的约束。传统规范秩序通过代际遗传和社会熏陶内化于人们内心深处,促使人们自觉履行对其他人的互惠义务,否则自己就可能会被排斥在集体之外。正如法社会学家埃利希认为的:“法律的真正制裁来源于这种事实:一般而言,没人愿意被排除在社团之外,即被排除在公民关系、家庭、朋友、职业、教堂、商业团体之外,拒绝遵守规范就导致维系个人与社会团体之间契约作用的减弱。”①可以说,在规约产生的初级阶段,作为处于同一熟人关系群体或共同体的个体,成员的违约或失信行为将面临来自整个群体的制裁,也就是上文中描述的“集体多边惩罚机制”,出于对这一风险的考虑,相关成员将会忠诚履行彼此的义务。

(三)新型民间法的扩散

所谓民间法或习惯法,其主要特征之一便是其地域性,即其覆盖范围是一整个区域,对该区域的全体成员有效,而非仅是个别成员。② 这一特征意味着,民间法或习惯法是一种制度化的、被一个群体共同遵守或认可的非正式规则。就平碌村山林保护规约来说,如果仅是为数不多的个别村民采取了统一管护规则,则并不能将之称为一种民间法或习惯法。所以关于平碌村民间法变迁的分析,还需就集体管护实践发展成为利益相关方共同遵守和国家机关认可的制度过程进行展开。这一分析路径能够在事件的具体发展过程中,切实把握事件发生发展的机制、环境和逻辑,而这恰是当前民间法研究中通常采用的横向分析方法所无法达到的。

对于非正式制度的扩散,新制度经济学派对民间法研究具有一定启发性的观点是:当一个现象被“广为接受”,成为社会事实后,其就会转化为一

---

① [英]罗杰·科特威尔:《法律社会学导论》,彭小龙译,中国政法大学出版社 1997 年版,第 35 页。

② 参见田成有:《乡土社会中的民间法》,法律出版社 2005 年版,第 28 页。

个重要的制度力量。[①] 平碌村山林管护中的集体管护规约习惯法的发展也不例外,这一点首先要从参与山林管护的村民数量的变化说起。在山林管护规约最初形成时,全村只有一个小组近30户村民进行联户经营,它们是最早实行"统一管护"规则的一批村民。而当其他村民看到集体管护比个体管护更为有效或有利后,开始主动要求加入统一管护。其中,血缘和亲缘关系在促使大范围统一管护规模的形成中发挥了重要作用。由于平碌村共属同一宗族的朱姓村民占全村居民数量的80%以上,共同的血缘、亲缘关系使得村民在山林管护上更易达成一致,也使管护实践因亲情关系的维系而变得更加便利。在宗族和村委会的推动下,平碌村在1993年成立了以参与统一管护的村民为主要成员的山林管护协会,由林业大户担任组织管理者,负责山林的管护事宜和收益分配等。需要指出的是,由于该护林组织只是一个松散的、非正式的、并非具有正式规章制度和严格内部职能划分或经过职能部门认可的机构,其成员参与管护的时间由所承包山林面积大小而定。同样的,护林时间的分配也建立在村民对村庄共同体的内心责任感和集体精神的自觉服膺上,并无强制性要求。随着参与统一管护的村民数量的增加,山林管护规约的影响力也不断增加,并最终在制度环境的压力下成为被普遍遵从的习惯规则。

案例二:常年在外做小生意的村民ZWH介绍说,因为在外打工,他一直没有管护过自己的山。从1982年"林业三定"到现在,自己的20亩山林都是委托别人管护的。当初同意统一管护,是看别人都是这样搞,主要是因为这样做划算。当时他们两个兄弟一开始就联户经营,后来有三个人要到长沙做生意,就劝他也加入。林子虽然不值钱,但是又不能不要。以前如果没有统一管护和督促,村子的林子可能只有砍的,没有造林的。……但是到现在督促也不行,很多人自己砍伐后就出去打工了,林子就成了荒山。前几年林权改革时他也没有回来,是他父亲给他领的林权证。说到统一管护,他觉得当初是因为林子不值钱,再怎么收拾收益也不大,自己不想弄。既然有这么一个办法,对大家都有好处,所以他就参与了。

可以确定的是,由于平碌村统一管护实践的形成是一个相对较为缓慢的过程,参与统一管护的成员数量的增长也经历了一定的时间,因此新加入

① P. Tolbert & L. Zucker, Institutional Sources of Change in the Formal Structure of Organizations: The Diffusion of Civil Service Reform. *Administrative Science Quarterly*, 1983, 28, p. 30.

的农户更可能沿袭已制定好的管护规约，或由协会对之前的管护规约作进一步完善或补充。换句话说，原本平碌村山林的统一管护圈子只有共属同一村组的数十户村民，并初步制定出统一管护的基本准则和违约惩罚手段，那么新加入这个圈子的成员则必须适应和遵守已经存在的规则，而非去挑战和改变已有规则，那么客观上新成员的遵守也进一步强化了规约的权威地位。随着成员的不断增多，统一管护及其规约不断地被广泛接受，最终演变成一种制度化的习惯。这一发展过程基本体现了“社会规范说”这一法学界对习惯法进行界定时最常用的范式。此外，地方政府对以山林管护为核心的习惯法的认可也是这一规则制度化的另一主因。由于联户经营及其管护规约有效解决了该村的大多数山林纠纷，使得该村成为当地的一个“无讼林村”，这一做法和成就恰是当地政府在 2006 年新农村林权改革以后亟待树立和推广的典型。于是，镇政府和县林业部门对平碌村联户经营、均股均利的管护规约给予了政策性支持，如在全县范围内加以推广、将其材料报送典型等。事实上，对于在整个村庄范围内已得到广泛实施的山林管护规约，作为地方行政机关的政府采取因势利导的方式将其确定下来也是最为有效和最大化降低行政成本的可行手段。

正如前文指出的，在山林管护规约发展成熟的 20 世纪 90 年代，我国农村社会也恰处于剧烈的转型期，甚至有学者认为乡土差序格局已经开始解体或不复存在。在这一背景下，以乡土社会为生存土壤的民间法自然不可避免地发生变异或衰亡。传统乡村作为一种熟人信任社会，嵌入在人情关系网络中的管护规约主要是依赖血缘、地缘关系来维系的，具体表现在集体多边惩罚机制对失信或违约行为的惩罚上。那么在经济理性的冲击下，平碌村的内部信任特质和惩罚机制不断被颠覆的结果是个人利益战胜熟人法则、市场理性排挤互惠精神的结果，其导致山林管护规约这一民间规则面临一定的发展危机。

四、转型乡土社会新型民间法与国家法的互动

(一)新型民间法的制约因素及困境

在当前农村差序格局解体、农民个体原子化趋势的影响下，人际信任关系的效度及其集体多边惩罚机制也随着乡土社会的解体而逐渐衰落。这一变化表现在平碌村山林管护规约的发展历程上，即该规约从最初的兴起，经历了发展与成熟后，最终在 21 世纪初走向衰落。越来越多的村民不再遵守这一有 30 多年历史的民间习惯性规则，山林管护规约逐渐成为一种流于形

式的、缺乏实际约束力的空壳规则，传统惩罚机制也失去了相应的监督和约束功能。在20世纪80～90年代，平碌村传统社会结构尚未受到经济理性的明显冲击时，建立在共同体成员信任机制之上的集体多边惩罚机制具有很强的约束和执行力，在保护山林和解决山林纠纷中发挥着重要的作用。以民间规则调解或解决山林纠纷，不但经济便捷，而且还更为有效，达到了国家司法判决所无法达到的效果，并进一步强化了山林管护规约在平碌村的权威地位。一旦有成员出现了违约行为，其可能在整个村庄变得身败名裂，面临被其他所有村民孤立的惩罚。正是依靠民间集体惩罚机制，山林管护的民间习惯法长期以来被普遍恪守。然而，以传统人情礼俗为基准对违约方加以训诫和惩罚来管护山林的途径从20世纪90年代末开始逐渐衰落，最终在近些年来愈演愈烈。商品经济的发展与工业化推动了林木市场的繁荣和农村的富裕，经济理性也逐渐在原本封闭的乡村中占据了主导地位；以村庄传统熟人信任关系为基础的集体惩罚机制权威不再，而新的替代性机制尚未形成；在这一情形下平碌村的偷伐、盗窃林木、山林纠纷等违约行为大量增多。根据部分学者的民间法与国家法之间是共生和相互补充的观点，可以推论在民间法失去效用时，国家法会及时进入以弥补民间法消亡所形成的规范真空。而事实上，在平碌村山林管护规则及其约束机制走向崩溃时，国家法的介入不但未能取得理想的预期效果，反而遭遇到衰亡中的民间法的抵触与排斥。这表明，民间法所固有的发展规律并非与国家法保持一定的消长关系，民间法在具体时空范围内的衰落并不意味着国家法的兴起或占据主导地位，而是可能将形成一定阶段的"断裂效应"，即因民间法逐渐弱化和国家法无法及时发挥效用而形造成的规范空白时期。

案例三：平碌村山林管护规约规定林木收益实行分股分红方式，任何农户不得私自采伐。然而这一规约在现实中逐渐失去了效力。村民ZWD介绍说，自己在2009年结婚和父母分家后，分到楠竹林10亩和杉木林8亩。由于山林面积小，收益太低，因此他准备独立经营自己的山林，在林子里发展林下经济。在2011年杉木砍伐后，他种植了约10亩经济价值较高的油茶和板栗树。他认为，统一管护方式过于僵硬，不利于盘活山林资源。"国家明确规定山林经营权确权到户，我怎么弄是我的事情。如果统一分红分利，我一年只能获得不到500块的收益。但是我自己经营的话，我一年可以赚几万块钱。"

案例四：按照平碌村山林管护规约，风水林严禁采伐，只有超过一定树龄后或林木过于繁茂才能进行适当采伐。但近年来，平碌村风水林不断被随意砍掉,且没有及时地跟进造林。前村主任 ZQY 介绍说,这是由于风水林的产权属性不明确造成的。一般栽种在坟墓附近的风水林是几十甚至上百年的阔叶树,它们非常分散,不集中。两次林改后,山林权属发生了改变。但按照传统习惯,风水林是谁造谁有,可是现在国家规定林地经营权明确到户,这和传统习惯发生了冲突。造林者和山林承包者都认为风水林属于自己。村里的绝大多数风水林纠纷都是这种情况,这导致风水林大量消失。

在民间法衰落和国家法尚无法完全取代其原有功能时,平碌村在山林管护过程中不可避免地产生了一定的乱象,使该村林业发展遭受严重损失,如近年来因砍伐后未及时造林导致的荒山面积以 500 亩/年的速度递增。这是当前农村传统社会格局解体在经济领域形成的一个折射,同时这也提醒相关部门在我国农村法制化建设过程中应注意考虑民间习惯性力量,认识到民间法衰落并非与国家法成长保持同步的现实。规则"断裂效应"表明,民间法有其自身独立产生、发展与衰落的自然消亡逻辑,这一变迁历程实质上是我国农村社会转型的一个缩影。作为一种既形成于当代现实环境,又因环境转型而变化的民间规则,其与由前现代社会沿袭至今的传统民间法相比,尽管二者的制约因素基本相似,但彼此的变迁历程及其逻辑很大程度上并不相同。从案例中可以发现,由于经济利益的驱使,平碌村农民不再遵守并沿袭以往的统一管护规约,这造成了很大程度的混乱和不规范局面,不仅难以使成员继续认同与实践这一规范,而且来自国家政府部门的支持也几乎不再,走向衰落的管护规约主要通过依靠自身的惯性而继续存在。这种情况下,仍以"国家认可说"和"社会规范说"两种基准来评价的话,则可以说山林管护规约这一规则已失去了作为一种民间习惯法的应有功能。

(二)新型民间法的危机与国家法介入

国外学者埃利希以及国内学者梁治平等对民间法概念及相关功能的界定较为宽泛,他们所阐述的民间法基本是指与国家法相对应的、在民间社会中存在的所有习惯性规范。[①] 显而易见,传统乡土社会是民间法的主要生存环境之一,对农村民间法的考察无法脱离其赖以存在的客观背景,因此当前民间法的变迁无疑将打上乡土社会转型的烙印。大量研究已证实,目前我国农村的传统差序格局趋于解体,人际关系与经济利益越来越紧密地联

① 参见魏治勋:《"民间法"概念问题辩谬》,载谢晖、陈金钊主编:《民间法》第 11 卷,厦门大学出版社 2012 版,第 23 页。

系在一起，变得越来越理性化，传统习俗和仪式迅速衰落、家族力量基本上消失，熟人社会转变为一种"半熟人社会"。这一社会结构的转型可能导致与其相关的民间法产生转变，或其转型形式本身就是民间法的变迁。传统中国农村正由同质单一向异质多样转化，由封闭向开放转化，由伦理型向法理型转化[①]，来自国家权力的渗透将逐渐压缩民间法的生存空间，造成民间法的转变甚至是一定阶段内的衰落。

在案例中，农民个体理性的增强和市场经济的发展既为平碌村带来了经济效益，也加速了传统村庄共同体结构的解体，山林管护规约惩罚机制的衰落即是这一解体进程的结果之一。长期以来，山林管护民间习惯法得以成功运作的核心即是信任机制及以信任为核心的集体多边惩罚机制。那么在信任关系衰落的状况下，约定俗成的规约已难以被遵守和履行，私自采伐、盗采滥伐和山林纠纷等现象不断增多，管护规约实际上几乎形同虚设或沦为了一种空壳化规则。所谓的山林管护规约成为一种应付政府层面压力，尤其是林业部门指令或检查的"表面文章"，已基本不再有实际效力。而这意味着原本出于降低总体成本需要的统一管护的高额边际成本效应开始显现，建立在信任基础上的惩罚机制也难以继续发挥作用。当私自采伐、盗采滥伐、林地抛荒等违反山林管护规约的行为在平碌村成为一种普遍性现象时，可以说传统管护规约及与其相关的民间习惯法已处于消亡的境地。那么需要解答的问题是：当传统管护规约的实施效力及其生存环境逐渐衰落时，平碌村山林管护与林业纠纷处理是否走向了国家制定法渠道？回答该问题，仍要回到乡土社会结构转型的现实中去。

案例五：根据管护规约和农村习俗，对具有庇佑子孙后代功能的风水林严禁砍伐。如上文所述："私自盗伐者，除按照双倍市场价格赔偿所有者外，第二年禁入祠堂祭祀以儆惩戒；屡犯两次者在上述惩罚基础上，其家族以外村民均不参与其子女婚娶红事等。"前村主任 ZQY 介绍说，年轻一代人对风水林的认识不同了，认为风水林说法是封建迷信的那一套。不信这个，就没有了砍伐风水林的心理禁忌和敬畏。他说，他家祖坟所在的那片山有片林子，有 80 多株树，还有几棵珍贵的红豆杉。根据从前的土葬习俗，人百年后是要葬在这片林地边上。那时候这片山林属于集体，没有分到户，这些树毫无疑问是他家的，因为他家的祖坟在这里。1982 年"林业三定"后，这个林子所在的林地拨划给了

① 参见田成有：《国家与社会：国家法与民间法的分化与调适》，载《江海学刊》2004 年第 2 期。

村里的ZSS,他也认同里面的风水林是我家的。但是2006年,在“三定”基础上进行了换发林权证,林改要确权到户。这个政策没有错,但忽略了农村的一个实际问题,那就是林地权利和林木权利可能不是捆绑在一起的,可能是分离开的。2007年左右,ZSS和儿子分家,这片林地分给了他的儿子,也换发了林权证。但他儿子认为,这些林子是他的,这样就出问题了。他儿子认为整片林地从1982年开始就是他家的;另一个原因是林改后林木值钱了,这80株近百年的阔叶林值1万多块。

找管护协会和村干部调解时,他们责成ZSS的儿子赔偿,第二年清明也不让他去(祭祀)。但实际上这个惩罚没有意义,因为现在的年轻人根本没有人喜欢去祠堂。他的儿子同意赔偿ZQY的损失,但前提是他要收取1982～2007年这25年的林地使用费。这件事后来不了了之了。当时村子成了林改试点村,上面要求做到纠纷不出村,要建设“无讼林村”,ZQY以前是村主任,还是党员,考虑到影响也没有打官司。

在山林管护规约被广泛遵从时,促使村民如约履行规约的监督和约束机制是来自其他所有村民作为一个集体力量的惩罚,这种集体惩罚是双方重复性博弈得以成功的关键。而当传统社会结构开始解体后,农村共同体成员成为一个个分散的、孤立的个体,即使在面临共同利益受损的条件下也难以联合行动,只能被迫接受传统管护规约不断被破坏的结局。换句话说,民间法赖以生存的社会环境力量已基本不复存在,这一背景下民间法的实践机制也无法避免失效的命运。同时,该现象也印证了集体行为中的“搭便车效应”[①]和集体行动难以形成的观点,即统一管护组织的成员企图从他人的行动中不劳而获,因此导致集体性联合行动的失败。破坏山林管护规约行为没有得到有效惩罚的另一主要原因,是国家制定法的相对滞后与高机会成本。

正如上文分析的,2006年新林权制度改革过程中,包括原有的《森林法》等在内的法规相对忽略了风水林这一特殊对象的归属及矛盾处理问题,“纠纷不出村”和“无讼林村”等过于理想化的纠纷解决方式,并不能适应当

① 经济学家曼瑟尔·奥尔森在《集体行动的逻辑》一书中,将搭便车效应描述为:个体能够从集体内部其他人的行动中受益,因此个人可能失去参与集体行动的动力。也就是说,由于个体的自利动机,集体或组织性的行动往往难以形成或归于失败。

前林区农村的具体情况。在村民个体原子化和经济理性的作用下，山林管护规约这一传统习惯法逐渐走向衰落，原有集体惩罚机制的丧失亟待国家法的介入和替代。然而，尽管民间法逐渐走向消亡，但其强烈的惯性和现实环境仍然对国家法的介入形成一定的阻碍，从而使国家法因事实上遭遇阻力过大或因自身不足而难以发挥其应有功能。以确立农民山林受益权资格的林权证来说，林权证从物权法层面上明确规定了各农户所承包的山林面积及其林地详细范围，保障了农民的林地使用权、林木所有权和林木使用权。但这一产权界定实质上与农村社区产权[①]观念中风水林的产权归属存在冲突。《森林法》《物权法》等相关法律法规也并未就现实中广泛存在的风水林这一特殊森林资源的产权问题，以及林木所有权和林地使用权的分离现象进行明确解释。[②] 从案例五可以看出，尽管山林管护规约正走向衰落，但国家法在一定程度上的空白致使其无法解决由传统习惯法衰落造成的山林纠纷，客观上导致了平碌村山林管护中的规范断裂或空白期。

（三）新型民间法与国家法的冲突和调适

目前来看，即使处于逐渐衰落之中，民间习惯法在与国家制定法的冲突和博弈过程中仍具有一定的优势。由于传统规约在长期实际执行中存在模糊性和不完全性等性质，这对于强调以客观事实为根据、以法律为准绳的审理原则的基层法院的介入带来了难题。山林管护规约衰落造成的主要负面结果之一是围绕个体经济效率和村庄集体效益之间的冲突而形成的大量山林纠纷。也就是说，在山林市场价值迅速提高的当前，农民不再对山林继续采取漠视态度，而是将对承包林地经营和自身利益的重视提高到前所未有的程度。在这一体经济理性的膨胀下，加之传统农村差序格局关系的解体，在原有以村庄整体公平性和平均性分配为核心的山林管护规约掩盖下的利益纠纷开始不断涌现，并最终导集体管护经营的失败和个体经营的重新出现。因新林权改革后平碌村的山林纠纷问题过于繁多和琐碎，截至2011年底已多达2000多起，主要以林地边界不清、流转林地让利、林道共享、林下经济受益分配、集体林和风水林受益分配、林木资源评估、公益林补贴使用

---

① 参见朱冬亮：《村庄社区产权实践与重构：关于集体林权纠纷的一个分析框架》，载《中国社会科学》2013年第11期。

② 我国《土地管理法》《土地承包法》和《森林法》中“林地”的含义并不完全相同。《土地管理法》和《土地承包法》中的林地主要是指耕地，而《森林法》中的林地主要是指森林资源。在本文中，林地是指森林资源而非耕地意义上的林地。

等为主,如果将上述纠纷付诸司法途径解决,法院面临的无疑是一件成本极高且几乎不可能完成的工作。但在乡规民约失效的情形下,如果不对其进行积极规制,基层法院的角色无疑将变得极为尴尬。

有学者指出:“在中国,基层法院法官在处理司法问题时一个主要的关注就是如何解决好纠纷,而不是如何恪守职责,执行已有的法律规范。”①也就是说,在基层法院发现现有法律条文并不能真正解决问题,无法实践“乡土社会的正义观念”,而无所作为又会导致自身形象的受损时,法官应寻求一种折中的途径来处理纠纷,以维护司法机构的权威。这一折中途径就是在国家法和民间法之间实现某种程度的平衡与妥协。如在平碌村的山林纠纷中,法官应仍以传统的民间习惯,而非纯粹的法律条文为判断标准,应更多地采用说情这一方式去处理相关纠纷。可以看出,基层法院对山林纠纷等问题解决作出的努力,实际上仍局限在民间法效力的辐射范围内,仅是把法官加入到由林业大户、村干部、家族长辈等村庄精英组成的调解人组织里。但是,表面上得到“调解”的纠纷,实际也面临着无法执行或执行困难的问题,这是因为主要依靠已经淡漠或不被重视的人情所进行的调解缺乏强制力保其障实施。国家法既不熟悉原有民间法的实践对象,又缺乏民间法在解决实际问题中的灵活性和深入性,故而当前单纯以国家法来排挤或压缩民间法的生存空间来实现农村法制化的做法在短期内难以通行。即使有关基层法院采取了相应的变通做法,其也只是将解决手段限定在传统的民间规则框架中,并因此陷入缺乏有效执行力的尴尬境地。归纳来说,有效解决山林纠纷的关键在于及时界定传统山林管护规约是否具有法律效力或拥有多大程度的法律效力,并是否适合作为法治要素引入到司法过程中来解决争端。这一问题的无法解决也是在民间习惯法衰落时国家法无法及时跟进和弥补其不足的另一主因。

上述现象表明,在农村地区,民间法的衰落与国家法的介入并不保持一种必然的同步关系,二者间的互动关系并不是此消彼长那么简单。不少学者认为,国家法和民间法之间是互相补充和契合的关系,同时二者又具有一定的冲突和矛盾。也有学者提出,我国传统社会中国家法与民间法之间是“同核相生”的,即二者拥有共同的文化基础。但是我国近现代意义上的法学基本属于西方法学,其并非是我国自生自衍的,这就导致了当前国家法与

① 苏力:《送法下乡——中国基层司法制度研究》,中国政法大学出版社 2000 版,第 181 页。

民间法在内核上的隔阂与分野，现实中则表现为二者之间的冲突日益增多。[①] 田成有在《乡土社会中的民间法》一书中提道，国家法和民间法的冲突与互动结果之一是可能导致一种民间法已然弱化或衰落，但国家法又未能进入民间法退出后留下的空间或发挥出替代性作用，因此形成国家法无法发挥应有效用而旧的民间法已经垮了的“无序”的“两不管”或都“管不了”状态。[②] 当前平碌村的林业经营属于这一断裂期，基层法院的调解失败与集体机制的惩罚失效使山林管护陷入混乱，如何重建林业管护规则成为林业发展的瓶颈之一。

案例六：平碌村所属镇林业站站长HDS介绍说，现在全镇范围内的林业纠纷难以处理，这些纠纷主要是由历史遗留问题造成的。以前林子不值钱时没有人去争，现在林子值钱了，哪怕是一棵树大家也不会出让，之前没人在意的很多问题一下子暴露出来了。有个村，两户村民发生械斗，一个村民的腿被打折了，就是因为其中一户的一根竹笋长到相邻山界里，双方各不相让，发生了争执和械斗。一根竹笋的归属问题，这样的事情要去打官司，诉讼费都够买一车竹笋了。可是在农村，这样的纠纷太多了。尤其是林权改革后的两三年里，林业系统人员的主要工作就是调解纠纷，但是收效不大。现在是一个过渡期，产权界定后，有纠纷说明大家关心自己的利益。等山林产权完全明晰下来后，纠纷也就会慢慢减少。说到底解决纠纷的途径还是得通过山林方方面面权利的分配，把山像田一样一块块彻底分到每家每户，像种菜一样去经营林子，各管各的，各负盈亏，这样就没有纠纷了。

从案例六可以看出，平碌村纠纷解决的出路是对原民间习惯法主导下的山林经营体制进行改造或转化，由统一管护和统伐统销的分股分红方式转变为各家各户单独经营的均山到户方式，从而从真正意义上实现农村林权改革的初衷——确权到户。但同时这也将相对高昂的经营成本和风险分散到单户之中。在这一变化过程中，统一管护规约最终将在林业经营中消失，国家制定法的权威也将逐渐在纠纷处理中得到体现，这正是农村法治进步的表现之一。鲍哈那认为，法律在习惯面前并不是完全被动的，法律是习惯的再制度化，法律不是仅仅重复着的习惯，从习惯到法律是一种质的升

① 参见于语和、刘志松：《同核相生：国家法、民间法关系的回眸与前瞻》，载谢晖、陈金钊主编：《民间法》第10卷，济南出版社2010年版，第164～179页。

② 参见田成有：《乡土社会中的民间法》，法律出版社2005年版，第209页。

华。习惯经常依赖于某些靠不住的、不确切的机制，比如劝阻、羞辱和嘲笑执行，依靠当事人的偏见解释。因此当习惯日益无能为力时，法的发展成为必要，法律使习惯规范再制度化，它使习惯规范更准确。[①] 日本法学家三木清指出："一种习惯通过另一种习惯的创造才能被破除，可以支配习惯的不是理性而是其他习惯。"[②]平碌村的实践也证明了在农民个体原子化及"搭便车效应"的影响下，个体理性考虑尚不足以解决山林统一管护这一民间法的失效问题，只有以加强农村法制建设的方式，即通过外力对农民行为规范依存的社会基础环境进行改造，才能从根本上改变山林经营的纠纷乱象。当地有关部门倡导的以政策法规手段将林业经营由传统民间法主导过渡为国家法主导，即无论是林木的分配还是利益纠纷解决都将因山林产权归属的真正明晰而有法可依，使事实上已无效用的集体统一管护转化为以个体家庭为经营单位的经营方式，从而建立市场契约制度和提高人们产权意识及法治观念的做法是一种合理的替代选择。然而可以预见，由于过去长期在集体统一管护规则掩盖下的山林产权纠纷随着山林权益的明晰到户而迅速增多，加之短期内政策法规和农民产权认知的相对欠缺，关于山林经营的规则失效或"规则断裂"状态仍将可能在一定时间内持续下去。

结语

文中通过对典型案例的考察和梳理，还原出我国乡土社会转型过程中山林管护规约从产生、发展到衰落的整个过程以及其与国家法的互动关系。根据案例分析，乡土社会转型期民间法具有其内生的、独立的生成演变逻辑，处于一种"生成——衰落——生成"的自然消长和生命周期循环之中。尽管案例中的民间法走向了衰落，但这并不代表我国整体上的民间法都处于衰败或消亡之中。相反的是，这一案例表明我国民间法具有其独立的内生发展规律，乡土社会的现代性转型导致部分民间法的衰落，也形成了部分民间法的重生和新生这一民间法生态图景。此外，即使某一民间法的发展在乡土社会转型期呈现衰落趋势，但其惯性力量和乡村客观环境制约可能导致国家法仍无法及时进入和弥补民间法退出的空间而形成一定的"规则断裂"或"无序"状态。这一问题对今天农村法治化建设带来的警示是，对民间法不能采取简单的重构或排斥策略，而应充分尊重民间法产生变迁的内

① 参见田成有：《乡土社会中的民间法》，法律出版社2005年版，第209页。

② ［日］三木清：《人生探幽》，张勤、张静萱译，上海文化出版社1987年版，第22页。

在规律和发展逻辑，建立以国家法为主导、民间社会规范为基础的大、小传统互动融合的复合型法治秩序。

我国当前民间法的研究主要以前现代社会传承和遗留下来的民间法为主要对象，基本表现为少数民族和乡土社会中所沿用的，或是曾经中断后又重新复兴的规范、习惯、民俗、族规等，而少有学者把目光投向自20世纪改革开放以后我国农村产生演变的新民间法。这一问题的形成，主要是由于民间法界定中的“国家认可说”和“社会规范说”都更多地强调经过长期实践被证明了的民间法，所以作为我国现阶段民间法主要构成成分的传统民间法或民族习惯法便更容易进入研究者的视野。事实上，上述两种途径并没有对民间法形成的时间性给出严格定义，所谓的实践性或长期性也仅是一个相对性限定。相关学者如梁治平、田成有等均未提出民间法的所谓时间跨度，而是认为只要符合民间法的规范性、地域性、自发性等相关要求的民间习惯规则即是普遍意义上的民间法。

改革开放至今，我国农村社会得到了快速发展。甚至可以说，农村家庭联产承包责任制是开启我国从传统社会向现代社会转型的按钮，以联产承包责任制为契机，农村社会开启了从管理体制改革、经济发展到农民身份及角色多样化等方面的转变。然而这一转型，尤其是农民经济理性的加强和原有共同体组织的解体，造成农村社会群体的个体自我约束力减小，自由度增大等问题，引起学界关于乡土社会在多大程度上还继续存在的争论。可以肯定的是，农村经济等领域的发展与传统共同体文化的解体并非保持同步，后者的速度一般会滞后于前者，这一效应也就是前文提及的“文化堕距”问题。正如本文案例中山林管护规约形成时，传统共同体文化尚未受到经济理性的明显冲击，因此其实践被深深打上了民间法的印记。由这一典型案例推广至我国广大农村范围，可以推测传统乡土人际关系结构转型与农村各领域发展的交织、碰撞将会催生或改造出众多不同于传统的民间法，并与传统民间法、国家制定法一起构筑成乡村社会的法治图景。需要注意的是，由于新型民间法的生成影响因素中增加了更多的个体理性成分，甚至个体理性可能成为民间法生成的决定性力量，所以转型期新型民间法的命运即使受到传统共同体解体的影响，也并不一定会消亡，而是可能暂时性地陷入低谷，在时机成熟或环境适当的条件下将重又获得生命力。与传统民间法比较而言，转型期内依赖于传统共同体而产生，又因传统共同体解体而衰落的新型民间法无疑更具有灵活性、生命周期短、变化迅速等特点。归纳来说，目前农村社会的剧烈转型造成农村各领域产生了令人应接不暇的变化，其中包括新民间法的不断涌现，但由于传统人际关系基础解体和理性关系尚未完善，这一类型民间法表现出的起伏动荡和国家法介入的局面也是不可避免的。

而从更大范围的包括新型民间法在内的整个民间法范畴来讲，传统差序格局和人际关系结构的解体，导致民间法约束和惩罚机制的失效，民间法逐渐失去其降低社会总成本与乡村治理的原有功能。在这一变迁中，民间法甚至可能异变为部分利益相关方牟取私利的工具，例如当前部分地区存在的以传承孝道和修建墓地为名的毁林圈地、以举办婚或丧宴为名的敛财，以及以发放“压岁钱”为名的变相送礼等行为，这在很大程度上成为社会发展的障碍。上述问题体现了由于当前农村民间法变迁中功能失效及异变性问题的存在，单纯依赖民间法并不能实现农村社会的有序、良性发展，因此亟须对其进行积极改造或重新定位其功能角色。从案例中可以发现，由于种种因素使然，在民间法衰落期间国家法并不能有效进入乡土社会和替代民间法的功能，其只以一种妥协或变通的方法来维护司法权威，实质上这一途径仍是回到了以民间法解决纠纷的框架，最终陷入纠纷反复产生和无法有效解决的恶性循环之中。正如文中所分析的，民间法弱化和国家法无法及时“入场”形成的“规则断裂”或“两不管”局面，虽然带来了乡村治理的混乱局面，但同时也为农村法治秩序的建设带来了新的思索。接下来文中将以上述内容及研究结论出发，从民间法的整体层面来对农村法治秩序的蓝图设计提出相应建议。

为保证国家制定法在实施中能够发挥其应有的效力，必须考虑到我国浓厚的民间法传统，重视民间法在建构基层秩序中的作用。将民众习惯和内化的民间法排斥在外，很可能导致本文案例中出现的国家法无所作为这一尴尬性结局，形成农村法治“无序”或“规则断裂”的危机。“如果在立法中从某种理念而不是民众生活的经验事实出发去建构法律内的人权保障方法，其结果恐怕只能是对民众自择的生活方式之生硬打破。它不但不利于人权保障，不利于人们在交往中实现他们固有的幸福，反而在某种意义上讲，甚至是对民众人权的践踏，是用某种善良的期待对民众刻意地带来不幸。”[①]以此来看，在立法过程中，我国相关部门应充分注重民间法在基层社会秩序中的重要作用，进而实现法治大、小传统的互动融合。尽管当前在与国家法的博弈过程中，民间法无疑处于相对弱势的地位，并在现代性逻辑及

① 谢晖：《民间规范与社会保障》，载《求是学刊》2004年第11期。

其实践中不断被国家法所排斥，但毋庸置疑的是，民间法在基层社会尤其是农村中继续扮演着基础性规范的角色。由于我国城乡二元结构的长期存在，农村的现代性改造尚未完成，农民在日常行动中所信赖的规范制度并不是作为外来力量的国家制定法，而是“熟人社会”中的行动规范。也就是说，在乡村治理中，主要发挥着作用的，并不是“大一统”的国家制定法，而是看上去无足轻重的，被人们天长日久的博弈实践所证明了的习惯或惯习。充分认识到民间法在现行环境中的重要作用，将“思辨中的法律”转化为“实践中的法律”，才是构建中国本土法治化图景的理想途径。

在关于民间法的考察和司法应用中，成文的民间规范成为广受关注的研究对象，而民间法中另一主要构成部分——事实性民间规范却相对未得到应有重视，甚至其在民间法范畴中的地位也存有一定争议。[①] 事实性规范，是指较少或很难用语言表述的，以具体情境内的行动事实作为表达方式来追求行为程式、细节表现等目的的规范。[②] 由于事实性民间规范难以用抽象的语言描述出来，而外来的研究者因“局外人”的身份难以真正融入其中或领悟到其真实内涵，这给事实性民间规范的认同、地位赋予及其司法运用带来了很大困难。事实上，由于我国传统农村是一个几乎不需要“文字”的社会，费孝通在其所著的《乡土中国》一书中的“文字下乡”一章对该现象作了详细的论述。因此在我国的民间法范畴之中，事实性民间规范的数量及影响范围要远大于文字性或书面性的民间规范，事实性民间规范的法治意义同样不可忽略。推进事实性民间规范的法治意义认知，除了在理论层次对其进行厘定之外，实践中还要求法官真正深入田间地头进行调查考证和对民间法进入司法程序进行积极的识别，切实了解事实性规范在构造乡村秩序、消弭纠纷方面的功能。需要谨慎对待的是，由于事实性民间规范本身在乡土社会转型期间正发生着一定改变，相关学者或法官只有坚持长久的跟踪调查研究，才能把握这一类型民间法的真正价值。

在我国乡土社会尚未完成现代性的转型时，西方学者已展开对现代性的批判，如社会学家乌尔里希·贝克提出，随工业化和全球化的发展，当今社会已经进入了一个由现代性带来的风险社会之中。由此反思我国法治现代化的建设，作为舶来品的现代西方法律体系诚然具有不可替代的主导性地位，但将其强行移植到我国千差万别的现实环境中时，各种问题也会随之

---

① 参见魏治勋：《民间法思维》，中国政法大学出版社 2009 年版，第 149 页。

② 参见魏治勋：《民间法思维》，中国政法大学出版社 2009 年版，第 138 页。

出现。国家法在乡土社会的遭遇提醒我们,在普遍引进西方法律秩序的同时,应考虑到其僵化刻板的一面,应通过民间法的优势来弥补其不足。我国需要建构一种以国家法为主导和以民间法为基础的、理性协商互动的良性法治秩序。在这一"中国法律理想图景"的建构上,必须坚持国家法的主导性地位,尊重和顺应民间法的独立生成演变逻辑,充分给予民间法发展的空间,使民间法成为国家法的有益补充。这就要求我们在立法方面尤其是地方立法或少数民族立法时,应立足于我国现实国情和实际情况,充分了解民众生活,花精力去搜集、研究民间法,在认真分析和鉴别的基础上,注重吸收民间法中的有益成分,做到"去其糟粕,取其精华";在司法方面,应进一步明确和完善民间法的识别标准和程序,增强民间法的可操作性,使民间法得以真正进入司法领域。只有这样,才能真正构建起植根于现实环境的法治机制,从而使乡村社会真正实现有法可依的良好局面。

Generation and Practice of Folk Law in Transitional Rural Society

—Based on Forestry Management Regulation in a Village of Southeast Guizhou Province

Kun Li

Abstract In recent years, folk law research field has become a hot theme in legal research field, and has exerted a profound influence on the theoretical construction of law and judicial practice. However, we should also notice the fact that most scholars focus on the traditional folk law and customary laws within minority, and relatively neglect the new folk law which comes into being under the background of rural social transition in current. In addition, their researches are mainly focused on the cross-sectional and static study, and it is hard to find some throughout or procedure research. Therefore, this study chooses a typical case of forest management regulations in a village of Southeast Guizhou province, under the background of the disintegration of village community and the atomization of individual farmers, in order to comprehensively analyse the new folk law, including its process of generation and evolution and its interaction with national law and interactive results on management order during the period of rural social transition. This study indicates that, we should pay full attention to folk law's function of order construct during transitional period of rural society, and follow the rules of endogenous path and change of folk law, to establish a harmonious benign law order, which is dominated by national law and based on folk law in rural areas.

Key words transition of rural society; new folk law; generation; practice

人民共和国怎样站稳脚跟

——《社会契约论》中的公民宗教释义

周睿志*

内容摘要 卢梭的《社会契约论》不仅阐述了人民共和国的理念，也讨论了这个理念如何实现的问题。对于卢梭来说，"人民主权"是共和国最为关键的要素，它保障了人民在政治体中的主动地位，是人民获得自由与民主的基石；政府权力与人民权利的平衡是保障政治体健康运行的结构性条件，只有在这种平衡关系中，自由、民主和秩序、安全才能都得到落实。在卢梭的时代，这样的一个共和国基本上只是一个理想型的乌托邦，它包含了大量的建构性、规范性和反思性内容；这个理想主义的共和国如何在现实世界中确立和巩固，卢梭提出的实践方案是公民宗教。然而，公民宗教这个设想本身就包含着大量的悖论，它并没有解决人民共和国在落地生根过程中理性与情感、规范与文化相矛盾的问题，而只是把这些问题给掩盖和拖延了。笔者在此分析和揭露这些立国过程中的困境，旨在强调对政制改革要采取一种审慎、周延和深思熟虑的态度。

关键词 《社会契约论》；人民主权；官民平衡；公民宗教

导言

从"理想类型"的角度看，立国之道最常见的有两种：一种是历史主义的，另一种是规范主义的。历史主义的立国方式强调历史、伦理、风俗、民族等文化因素，倾向于把政治体看成一个自然长成的实体；相反，规范主义的立国方式则看重法律、制度、自由民主等反思性要素，在这种思路中，政治体

---

* 作者简介：周睿志，中国政法大学法学博士，研究领域为宪法学、政治思想史。

更多的是一个被人为建构的理性体系。

在《社会契约论》中,卢梭缔造了一个人民共和的乌托邦。这个人民共和国作为一个理念存在,一方面继承了古代城邦政治体的特征,强调政治体的自生自发、风俗教化、伦理传统,强调政治体是一个历史长成的实体;另一方面又植入了自由、平等、民主等现代价值,具有了建构性、规范性、反思性。于是,这个兼具古典城邦和现代价值双重属性的人民共和国如何在现实中站稳脚跟,就成为一个颇富张力的理论难题了。

在《社会契约论》末尾,卢梭似乎期望通过"公民宗教"这一方案来处理这个问题。但细细品读后我们发现,"公民宗教"本身就是一个包含着巨大张力的实体;作为"宗教",它似乎是一种历史文化类型的归化机制,发挥着教化人心、敦风化俗,将国民以一种超理性的、潜移默化的方式整合进一个文明实体中的功能。然而,以"公民"为限定的偏正短语"公民宗教",本身似乎又超越了"宗教"的范畴,具有了一种理性建构、人为设置的特征。于是乎,"公民宗教"本身的面目模糊了。或许,卢梭的"公民宗教"设计,并没有解决人民共和国怎样落地生根这一问题,而只是把悖论转移到了另外一个题域中,换言之,只是把困境给掩盖和拖延了。

要讨论公民宗教问题,我们需要先看看这个人民共和的乌托邦到底是怎么一回事。

整体视之,《社会契约论》第一、二卷阐释了"人民主权"理念,主要介绍了社会公约、主权者、人民、社会状态等内容。第三卷阐述了"官民平衡"理念,实质上是有关政府形式和官民关系的问题,包含政府形式、官民比率、好政府、政府蜕化等。第四卷围绕"共和国的守护与共和国理念的落实"问题进行论述。具体而言,前七章讨论了如何守护共和国,涵盖人民选举、保民官、独裁官、监察官等内容。而第八章的"论公民宗教",虽勉强可以将其划归于"共和国的守护"这一命题中,但它实际上具有相当的独立性,分析了人民共和国的立国途径问题。①

① 参见[法]卢梭:《社会契约论》,何兆武译,商务印书馆 2008 年版,第 166 页译注 3。据传《论公民宗教》这一章节,原本并不包含在《社会契约论》中,但卢梭在经过反复斟酌后,还是将其纳入本书并放于该书的结尾处。在《日内瓦手稿》中,卢梭说道:"人们进入政治社会之后,就要靠宗教来维持。没有宗教,一个民族就不会也不可能长久存在。"卢梭对"宗教"的这一阐述,似乎是把宗教当作维持共和国的手段了,但通观整个《社会契约论》,与其说卢梭把宗教当作维持共和国的手段,还不如说他是把宗教当作设立共和国的途径。

接下来,我们追随卢梭的思路,对主题展开具体分析。

一、"人民主权"作为一种理性建构

在卢梭眼里,政治体研究中最根本的是"国体"问题,即政治体的主权归属问题。只有确定了政治体的主权归属,政体和治道问题才能得到恰当的处置。

卢梭在《社会契约论》中用了将近一半的篇幅来阐释国体。国体为何这么重要呢?或许,对卢梭而言,国体是实现自由、民主和平等的关键所在。人民共和国之所以能够成为自由人的城邦,主要就在于个体能够成为主权者的一员,进而成为共和国的主人。为此,主权归属就成了人民共和国要解决的首要问题,人民主权也就成了自由、民主、平等诸价值的形而上学的基础。

在结构形态上,卢梭的人民共和国和古代城邦有诸多相似之处,二者都是一种有机的精神实体,人民在政治体中都具有相当的主动性、享有充分的民主权利。但是,二者也有着根本的差别。古代城邦中的个体,不是独立实体,更非自足主体,而只是城邦的组成要素。但人民共和国中的个体,却是完整实体、自主主体,是共和国的出发点和落脚点,也是共和国的目的。从国家层面来说,古代的政治体是城邦本位的,而卢梭的人民共和国却是个体本位的。由此可见,卢梭在本质上是一个现代主义者、自由主义者。①

卢梭之所以集中关注国体问题和证立"人民主权"命题,其根本意图在于凸显个人在政治体中的自由、自主和积极的地位。

在《论社会公约》这一章里,卢梭指出:"要寻找出一种结合的形式,使它能以全部共同的力量来维护和保障每个结合者的人身和财富,并且让每一个与全体相关联的个人知晓这一结合只不过是在服从其本人,他们仍然可以像以往一样自由。这是社会契约所要解决的根本问题。"②这个看似和古典城邦一样具有社会连带性的群众实体,却蕴含着现代的个人主义价值;个体的自由、完整、自主是社会契约的内在目的。当结成了社会契约之后,人

---

① 霍布斯主张的"利维坦",虽极度扩张了主权者的权力,但由于主权者存在本身就是为了维护个体的和平与安全,因此霍布斯也被认为是一个自由主义者。当然,霍布斯的主权者和卢梭的主权者是不一样的,前者是"个体—个体—政府"这样的三方契约所缔造的一个个体之外的实体,而后者则是由人民直接担当的拟制人格,个体是主权者的一员。

② [法]卢梭:《社会契约论》,何兆武译,商务印书馆 2008 年版,第 19 页。

民在整体上就成为主权者了。这个主权者，实质上是一个有机的“自由人联合体”。卢梭说：“一旦人群这样结成了一个共同体之后，侵犯其中的任何一个成员就不能不是在攻击整个共同体，而侵犯共同体就更不能不使得它的成员同仇敌忾。这样，义务和厉害关系就迫使缔约者双方同样地要彼此互助，而同是这些人就应该力求在这种双重关系之下把一切有系于此的利益都结合在一起。”①

主权者这一拟制人格，是指那种享有政治主权的国民。对于卢梭来说，主权者和国民之间是有区别的，并不是国民天然就是主权者；国民要成为主权者，必须有一个建构的、人为的(artificial)的过程。在主权者、国民和民族这三个概念中，存在着一个谱系关联；主权者是指享有了政治主权的国民；如果某个群体完全与主权绝缘，卢梭则以“民族”称呼他们。卢梭曾说：“柏拉图拒绝为阿加狄亚人和昔兰尼人制定法律，他知道这两个民族是富有的，不能够忍受平等。”②在这里，“民族”二字或许包含了一种对奴隶族群那朽木不可雕的蔑视。

为了进一步凸显“人民主权”所营造的美好状态，卢梭用他那优美的文笔为我们算了一笔账：“虽然在(社会公约)这种状态里，他被剥夺了他所得之于自然的许多便利，然而他却从这里面重新得到了如此巨大的收获；他的能力得到了巨大的发展，他的思想开阔了，他的感情高尚了……他所获得的，乃是社会的自由以及他所享有的一切东西的所有权……除上述以外，我们还应该在社会状态的收益栏里再加上道德的自由，唯有道德的自由才使人类成为自己的主人；因为仅有嗜欲的冲动便是奴隶状态，而唯有服从人们自己为自己所定的法律，才是自由。”③

在《社会契约论》第一卷和第二卷中，卢梭着力阐述了“人民主权”这一命题。从政治史和政治思想史来看，“人民主权”的提出，彻底重塑了民众在政治生活中的地位。一般而言，群众仅仅是政治权力的统治客体，哪怕在最民主的雅典城邦里，民众也只是在具体事务立法和具体事务决策的层面享有主动地位。而卢梭通过创制“人民主权”，将民众提升为一切政治权力的终极来源和一切政治生活的终极目的，人民不仅仅是实质的立法者、政府的缔造者，也是政治体健康生存的动力来源。人民在形而上学的层面获得了

① [法]卢梭：《社会契约论》，何兆武译，商务印书馆 2008 年版，第 23 页。

② [法]卢梭：《社会契约论》，何兆武译，商务印书馆 2008 年版，第 56 页。

③ [法]卢梭：《社会契约论》，何兆武译，商务印书馆 2008 年版，第 25～26 页。

最高的政治地位。

放宽视野我们就会发现,"人民主权"不是一种自然存在,而是一种理性建构,是一种人为的设置。它本质上是现代性启蒙的成果,是人的主体地位在政治生活中最激进、最富理想气息的表达。

二、"官民平衡"作为一种思辨系统

个体之间通过订立社会公约成为主权者,这只是建立人民共和国的第一步。接下来的具体任务,便是建立起一个良好的官民互动系统。

卢梭熟读古典时代和启蒙时代的政治著作,深味政府是必要的恶这一道理。所谓必要,是指只有借助官方和政府的权能,方可获得个人的安全、社会的和平与国家的强大。关于这点,霍布斯在《利维坦》中已经进行了清楚明白的论述。而所谓"恶",是指政府权力的滥用;政府权力本来是人民授予并用于服务人民的,但它经常会蜕化、变质,成为压迫和侵害人民的敌人。

如何在充分发挥政府的积极权能的同时,又防止政府可能存在的"恶",成了西方政治哲学中一个关键的议题。就历史经验而言,英国的代议制民主应该说是当时最为先进的政治制度了。英国通过议会,使数量巨大的人群享有选举议员的投票权,进而享有对公共事务的立法权和决策权,享有对主要行政官员任免的决定权。然而,卢梭对于英国的政体,却并不那么认同。他说:"英国人民自以为是自由的;他们大错特错了。他们只有在选举国会议员的期间,才是自由的;议员一旦选出来之后,他们就是奴隶,就等于零了。在那短促的自由时刻里,他们运用自由的那种办法,也确乎是值得他们丧失自由的。"①对于当时最为先进、最具自由和民主气息的政体,卢梭为何如此刻薄呢?他难道还有更优越的办法来确保人民的自由与民主吗?

是的,卢梭确实有。我们先看看卢梭鄙夷英国政体的理由。他说:"爱国心的冷却、私人利益的活跃、国家的庞大、征服、政府的滥用权力,所有这些都可以使我们想到国家议会中人民的议员或代表的来历……正如主权是不能转让的,同理主权也是不能代表的,主权在本质上是由公意构成的,而意志又是绝不可以代表的;它只能是同一个意志,或者是另外一个意志,而绝不能有什么中间的东西。因此,人民的议员也就不是也不可能是人民的代表,他们只不过是人民的办事员罢了;他们并不能做出任何肯定的决定。

① [法]卢梭:《社会契约论》,何兆武译,商务印书馆2008年版,第121页。

凡是不曾为人民所亲自批准的法律,都是无效的;那根本就不是法律。"[①]通过这段话我们明白了,卢梭认为英国政体采用的代议制民主,其实是"爱国心冷却、私人利益活跃"的表征,是政府做大、篡夺人民主权的征象。事实上,对于一个健康的、自由的政体来说,人民必须亲自出场。只有人民出场了,才能真正防止政府的腐化、滥权和堕落。

政府与个人的关系,或者说官民之间的关系,历来在政制问题中就是很复杂微妙的。要想保持政治体的健康、人民的自由与民主,必须审慎处理好这一对关系。卢梭的方案可以说是政治思想史上一个光辉灿烂的遗产。

概言之,卢梭认为,一个自由、健康的政体,必须要保持官民关系的平衡。平衡的形态是怎么样的呢? 他把官、民这两个要素分析为更加具体的三个要素:人民、政府和臣民。人民是主权者,是一切公权力的来源;政府是主权者授权后产生的实体,它的权力来自于作为主权者的人民;同时,在政府进行统治时,服从国家法律的人民在角色上又转变为了臣民,臣民须接受政府的权力治理。我们来看看卢梭对这些要素间关系的具体阐述:"(关于人民、政府和臣民),我们可以用一个连比例中首尾两项的比率来表示主权者对国家(臣民)的比率,而连比例的比例中项便是政府。政府从主权者那里接受它向人民(臣民)所发布的一切命令;并且为了使国家能够处于很好的平衡状态,就必须使政府自乘的积与一方面是主权者而另一方面又是臣民的公民们的积二者相等。"[②]这段拗口的话要表达的内容,其实就是这么一个简单的公式:主权者∶政府=政府∶臣民。用通俗的话来说,"若政府越是应该有力量来约束臣民,那么主权者也就越应该有力量来约束政府"[③]。当政府的权能越大、臣民所受约束越多时,臣民在主权者角色上就更应该对政府施加同等比例的约束;只有这样,才能保障人民所受的约束是源于自身的约束,才能保障人民对权力和法律的服从在本质上不是接受权力的奴役,而是一种自由人的自律。

自近代启蒙以来,人们都认识到,政治之事是众人之事。但问题是,从人类政治史来看,民众绝大多数时候都处在一种被统治、被管理的消极地位上;政治基本上是少数统治精英的事。启蒙运动在思想上张扬了人的主动性,也张扬了民众在政治生活中的积极性,可是,具体方案上如何积极主动

---

① [法]卢梭:《社会契约论》,何兆武译,商务印书馆 2008 年版,第 121 页。

② [法]卢梭:《社会契约论》,何兆武译,商务印书馆 2008 年版,第 73 页。

③ [法]卢梭:《社会契约论》,何兆武译,商务印书馆 2008 年版,第 75 页。

安置民众，对于卢梭时期的人来说，经验是不多的。卢梭的卓越之处，就在于他建构了一个人民共和的政治体系，并在这个体系中很好地处理了民众的政治安置问题。

具体说来，卢梭用更加宏大的架构，彻底改造了政治的属性，使政府的治权从属于人民的主权，使官权成为民权的延展。回顾几千年政治史，我们可以看到，除了偶尔的例外[①]，在政治事务中，总是政府权力优越于民众权利，总是官权压倒民权，民众基本上都是被统治的客体，都是牧羊人鞭子下的羊群。确实，民众是分散的，民众之间是会发生冲突的，并且，民众面临被异族征服和奴役的危险。为此，需要一个超越的权威来处理集体事务、化解民众纠纷和保障集体的安全。政府的存在是必要的。但问题在于，政府这种必要的权威，常常会腐化、堕落，反过来压迫、奴役民众。如何对付政府这把"双刃剑"，从而趋利避害？卢梭提供的方式如同东升的旭日那样光辉灿烂、磅礴雄壮。首先，卢梭充分承认了政府对民众统治的必要性，承认政府权威存在的合理性，这在某种程度上，可以看成是对人类几千年实践智慧的认可。[②] 其次，这也是卢梭的伟大之处，他把原本是先验权威、至上权威的政府，降格为一个被授权的低位实体。通过这样的系统重置，卢梭以一种思辨的方式使官民关系发生了倒置，使人民雄踞于政府之上，成为公权力的主人，进而成为整个政治体的主人翁。

在处理官民关系的问题上，卢梭的方案应该说是非常智慧的。无政府主义采取的是直接取消政府，这无异于一种"将孩子和洗澡水一起倒掉"的因噎废食的方案。而博丹、霍布斯等人面对政府的"恶"，相当于是采取了忍气吞声的默认态度。毋庸置疑，公权力的存在是人类生存发展的必需品，但是，对于公权力可能存在的腐败、堕落、奴役和压迫，我们不应当回避，而是要采取积极的办法来应对。重温卢梭的官民关系设置，我们或许会得到很多启发。

对于18世纪而言，卢梭的官民体系绝对是一种石破天惊的新方案，是一个充满理性智慧的乌托邦；它大大扩展了政治的含义，把政治从权力统治、行政管理中解放出来，使其变成一种名副其实的"众人之事"。卢梭以哲人的智慧开辟了政治概念的意义空间。

---

① 如古希腊时代的雅典城邦和共和时代的罗马，在这两个时期，人民在政治事务中享有相当的主动性。

② 无政府主义面对公权力作恶这个问题，采取的方案是彻底取消政府、实施社会自治。

《社会契约论》第三卷主要阐述了“官民平衡”的主题；第四卷前七章阐述了“共和国的守护问题”，即具体分析了人民选举、保民官、独裁官和监察官等“护法”机制。剩余的第四卷第八章的“公民宗教”，涉及有关人民共和国立国途径的问题，是我们在下文中要着重展开分析的。

三、公民宗教作为人民共和国落地生根的途径

事实上，我们在前文中对人民共和国的国体和政体问题——即人民主权和官民平衡问题——所进行的阐述，仅仅是为这里的议题做的铺垫。之所以要阐释共和国的国体和政体问题，主要目的是为了说明《社会契约论》中人民共和国的理念性、建构性。卢梭的“人民共和国”所蕴含的理念性、建构性，使其本身具有了一种规范性。这样的一种规范设计，导致它在具体实现的过程中，需要具备某些条件。对于卢梭来说，人民共和国要想在现实世界中实现，有两个基本要求：第一，承受这一方案的民族须具有相关特质。第二，人民共和国不能单纯以实证制度的方式存在，而是要内化于民众的内心，成为一种习惯和信仰。

卢梭的这套乌托邦设计，并不是一套可以对任何民族都适用的普世性方案。如果这套方案要落实，首先得审查这个民族是否适格。卢梭非常坦白地说：“正如建筑家在建立一座大厦之前，先要检查和勘测土壤，看它是否能担负建筑物的重量一样；明智的创制者也并不是从制定良好的法律本身着手，而是要先考察一下，他要为之而立法的那些人民是否适于接受那些法律……有千百个不能忍受良好法律的民族都曾在世上煊赫过，而且纵然是那些能够忍受良好法律的民族，也只是在他们全部岁月里的一个极为短暂的时期内做到了这一点。大多数民族，犹如个人一样，只有在青春时代才是驯服的；他们年纪大了，就变成无法矫正的了……有些民族生来就是能受纪律约束的，另有些民族等上一千年之久也还是不能。俄罗斯人永远也不会真正开化的，因为他们开化得太早了。”[①]被认为有资格承受这个乌托邦的，似乎只有波兰和尚未被法国吞并时的科西嘉岛。卢梭非常难得地对科西嘉赞扬道：“欧洲却还有一个很可以立法的国家，那就是科西嘉岛。这个勇敢的民族在恢复与保卫他们的自由时所具有的豪迈与坚决，的确是值得有一位智者来教导他们怎样保全自由。”[②]卢梭这位自信的“智者”，确实充当过

① [法]卢梭：《社会契约论》，何兆武译，商务印书馆 2008 年版，第 55、56、58 页。

② [法]卢梭：《社会契约论》，何兆武译，商务印书馆 2008 年版，第 65 页。

两回立法者,分别帮科西嘉岛和波兰写了宪法议案。

在对各民族的认知上,卢梭承续了古典思想,也赞同孟德斯鸠的观点,认为每个民族的品格是不一样的;每一个民族都有适合它自己的政治方案,有的民族可以拥有自由制度,而有的民族只配得上专制制度。至于他设计的这套人民共和国方案,只能适用于那些少数具有特殊品格的民族。

接着我们要讨论的问题是,假如一个民族真的有资格承受这套方案,那么,它应当以什么样的方式和途径来将这套理念变为现实呢?卢梭的回答是:公民宗教。

虽然身处理性主义(rationalism)的时代,卢梭却非常清醒地意识到:一个政治体的运行,恰如一个有机体的生存一样,是有一套自我机制的;这套自我机制根植于民族自身之中。如果对一个民族外在地强加一套政制,则常常会发生机体排斥效应,不仅仅这套政制无法在这个机体中存活,反而会导致机体自身发生紊乱。为此,如果要想使一套政治理念在一个民族中落地生根,就必须使这套理念内化在它的民族精神中。乌托邦理念能否内化成功,直接关系到人民共和国能否立足。

如何内化呢?靠自发的历史积淀显然不行,因为历史积淀本身是盲目的,而且效果是指向遥远未来的,它极有可能会导致相关民族错过最佳的创制契机。如果靠强制的政治意识形态规训呢?卢梭似乎也认为不行,因为这种意识形态规训在根本上与《社会契约论》中的自由精神相违背——事实上,20世纪的共产主义意识形态教育的失败,就印证了卢梭当年的担忧。那么,剩下的只有宗教信仰了。

在《论立法者》这一章中,卢梭讨论了"通过宗教来内化政制"这一议题。对于卢梭而言,立法者不仅仅要成为一个创制者,而且还应该首先成为一个引导人民建立政制信仰的宗教先知。卢梭说:"为了使一个新生的民族能够爱好健全的政治准则并遵循国家利益的根本规律,便必须倒果为因,使本来应该是制度产物的社会精神凌驾于制度本身之上,并且是在法律出现之前,人们便可以成为本来应受法律影响才能形成的那种样子。如此一来,立法者则既不能使用强力,也不能使用说理;因此就有必要求之于另外一种不以暴力而能约束人、不以论证而能说服人的权威了……这种超乎俗人能力之外的崇高的道理,即立法者之所以要把自己的决定托之于神道设教的道理,目的是好让神圣的权威来约束那些为人类的深思熟虑所无法感动的人们。”[①]在这里，卢梭意识到单薄的理性不能使所有人都接受乌托邦建制，必须借用超理性的宗教力量，方能柔梗化顽。对于宗教在共和国理念落实过程中的作用，卢梭毫不掩饰地说：“在各个国家初创时，宗教是用来作为政治工具的。”[②]

对于卢梭来说，宗教虽然具有归化人心的功能，但有的宗教则是与政治生活无关的。如西欧宗教改革后的基督新教，其只是通过干预纯粹心灵来把人拯救到彼岸，这样的宗教当然不能为共和国的生存与巩固带来便利。只有公民宗教才能充当共和国的助产士和守护者。卢梭如此定义“公民宗教”：“（它）是写在某一个国家的典册之内的，它规定了这个国家自己的神、这个国家特有的守护者。它有自己的教条、自己的教仪、自己法定的崇拜表现。除了这个唯一尊奉这种宗教的国家而外，其余一切国家在它看来全都是不敬神的、化外的、野蛮的；它把人类的权利和义务仅仅伸张到和它的神坛一样远。”[③]细细体察，这种宗教实质上可能就是城邦精神、民族精神。卢梭继续阐述了公民宗教的特征：“（它）的好处，就在于把它对神明的崇拜与对法律的热爱结合在一起；而且由于它能使祖国成为公民崇拜的对象，从而就教导了他们：效忠于国家也就是效忠于国家的守护神。这是一种神权政体；在这种神权政体下，人们除了君主之外绝不能有任何别的教主；除了行政官之外绝不能有任何别的牧师。”[④]《社会契约论》中的这个人民共和国，其最大的特点就在于由“人民主权”所衍生出来的人民对于政府的控制、对于政治活动的积极参与。人民是否积极出场，成了共和国生死存亡的关键；共和国衰微、蜕化和堕落的最致命的原因就是人民对政治的冷漠和疏离。这里的公民宗教，就是一种保障人民全心全意、积极主动参加政治活动的超理性机制。

认真揣摩卢梭的心路，我们或许可以发现，他在理论上通过“人民主权”和“官民平衡”一举解决了权力压迫和政治奴役这些老大难的问题，但“人民主权”和“官民平衡”如何在实践中得以落实、维护，又变成了新的问题。卢梭在历史丛林里拣尽寒枝，并通过自主创造，终于找出了公民宗教这种机制。调动起公民参与政治的积极性，成了公民宗教最为核心的要素。在卢

① [法]卢梭：《社会契约论》，何兆武译，商务印书馆 2008 年版，第 54～55 页。

② [法]卢梭：《社会契约论》，何兆武译，商务印书馆 2008 年版，第 55 页。

③ [法]卢梭：《社会契约论》，何兆武译，商务印书馆 2008 年版，第 173～174 页。

④ [法]卢梭：《社会契约论》，何兆武译，商务印书馆 2008 年版，第 174 页。

梭那里,政教融合比政教分离要可取得多。从历史经验的层面看,卢梭非常赞赏穆罕默德创立的"政教合一"的体制。他说:"穆罕默德具有很健全的眼光,他把他的政治体系联系得很好;而且当他主张的政府形式在他的那些继承者哈里发的治理下还继续存在时,这个政府确乎是一元的,并且非常之好。"[①]从政治理论层面看,卢梭则非常推崇霍布斯那种"以政统教"的设计,"在所有的基督教作家之中,哲学家霍布斯是唯一能很好地看出(政权与教权分离)这种弊病及其补救方法的人,他竟敢于提议把鹰的两个头重新结合在一起,并且完全重建政治的统一;因为没有政治的统一,无论是国家还是政府就永远不会很好地组织起来"[②]。不管是伊斯兰神权政体还是霍布斯的"利维坦",其共同的地方就是宗教与政治合一,进而使人民的注意力与政治活动相互融合。

如果宗教和政治分离,宗教则可能分散人民的注意力,把人民从政治活动中诱拐出来。这种情况对于共和国的威胁是致命的。基于这种考虑,卢梭对那种憧憬于彼岸、冷漠于此世的宗教非常反感。他说:"这种宗教既然与政治体没有任何特殊的关系,就只好让法律去依靠自身所具有的力量,而不能再给它增添任何别的力量;因此它与特殊社会的最重大的联系之一就不能再起作用了。更有甚的是,它远不能使公民全心全意依附于国家,反而使公民脱离国家,正如他们脱离尘世间的一切事物那样。我不知道还有什么比这更加违反社会精神的了。"[③]当一种宗教把人民的心思吸引到一个彼岸的世界里,让人民对此岸的社会政治生活不再关心,那么,权力的压迫和政治的奴役就会随之而来了。

宗教对于卢梭来说是一把"双刃剑",如果利用得好,它能够把国民凝聚在政治生活中,充分调动人民参与政治的积极性,从而保障人民对政治体的主导性,坐实人民的主权者地位,使人民成为自由、民主、平等的共和国的主人翁。然而,如果利用得不好,它就使宗教成为世俗政治系统之外的一种力量,会让宗教"抢走"人民,导致人民在政治中的缺位,并最终使共和国堕落为专制、奴役和压迫的罪恶之邦。卢梭设计的公民宗教,是一种围绕政治生活、指向政治生活、辅助政治生活的超理性归化机制;在性质上,它是此岸性的、社会性的。

---

① [法]卢梭:《社会契约论》,何兆武译,商务印书馆 2008 年版,第 171 页。

② [法]卢梭:《社会契约论》,何兆武译,商务印书馆 2008 年版,第 172 页。

③ [法]卢梭:《社会契约论》,何兆武译,商务印书馆 2008 年版,第 175~176 页。

四、公民宗教的悖论及其在当代语境中的重现

政制的确立,有的是通过渐进改革方式实现的,有的则是通过激进革命的方式达成的。但凡走渐进改革之路的,通常是通过一种潜移默化的方式为旧体制输入新价值;而走激进革命道路的,却总是包含着价值断裂、体系更新、政治结构重塑等情形。

卢梭在《社会契约论》中缔造的人民共和国,包含着巨大的价值翻转:原来作为客体的国民变成了政治体的主权者,原来作为政治体最高权威的政府沦落为被授权的政治工具了。可以说,卢梭的人民共和国,是一种激进的政治理论,是一种革命性的乌托邦。但熟读古代政治学经典、谙熟权力原理的卢梭,在共和国理念如何落实这个问题上,却坚决反对任何激进的措施。

回溯历史,那些包含激进理念的政治体,往往是通过暴力、兵威、行政实效、意识形态规训等方式得以确立和巩固的。但在卢梭眼里,这些立国方式和人民共和国追求自由民主的原则背道而驰,绝不可取。他主张通过一种潜移默化的途径来建立在价值上激进的人民主权政体,这种途径就是我们反复提到的公民宗教。

公民宗教是卢梭创造性使用的概念。如果细细分析就会发现,这个概念包含着卢梭思想中最为尖锐的矛盾:一方面他想要缔造一个全新价值的、理性的、反思的政治体,可另一方面他却希望这个政治体是自主长成的、根植于风俗教化的、自生自发的。这个矛盾,不仅仅存在于人民共和国理念本身,而且还一直延续到人民共和国理念的落实方案之中,即公民宗教问题中。

若探索到人类命运的深处,我们可能会发现有些问题会不分古今、不分国度地反复出现。我们的先哲梁启超,也遭遇过与卢梭类似的悖论。在戊戌变法期间,梁启超和他的老师康有为主张从政治革新的角度出发来重塑中国这个政治体。轰轰烈烈的维新运动,实质上就是一个政制变革运动;在当时的梁启超眼中,政制变革意味着官民关系的重塑,也意味着政治体价值原则的更新;只要政制变革成功了,政治体自身也就完成了涅槃。然而,变法失败之后,流亡日本的梁启超转换了思路,不再像以前那样专注于政制变革,而是认为国民的重塑才是政治体革新的关键,转而去撰写《新民说》,把改造国民性当作应对晚清这场"三千年未有之大变局"的主要任务了。其实,梁启超从政制变革到国民性改造的"转向"。也是从规范主义到历史文化主义的"转向"。他试图通过文化启蒙,提倡新道德、新伦理、新价值,借以

塑造新国民,最终塑造新国家。梁启超所选择的是一条中国式的启蒙运动道路。

面对相同的困境,卢梭和梁启超之间有着微妙而致命的差别。对于卢梭来说,公民宗教在价值上是革命的、自由民主的,可是在展开过程中却是温和的、历史自发的。卢梭非常反对启蒙运动,认为启蒙所张扬的是残缺的理性,是自私自利的意识;它会败坏人的德性,滋生社会的不平等,腐蚀共同体的精神。[①] 公民宗教是启蒙运动的替代品。它对国民德性的塑造、对公民精神的养成,是一种母爱式的涵育,是一种春风化雨的滋润,也是一种润物无声的熏陶。启蒙运动使人背离政治体,各谋其私,各逞其欲;而公民宗教则使人归化于共同体,形成公意,共同当家做主。

公民宗教作为落实人民共和国理念的途径,看似解决了规范主义和历史文化主义之间的矛盾,实则是掩盖和拖延了这一矛盾。

公民宗教中包含着的"理性与情感相矛盾、规范与文化相矛盾、激进与保守相矛盾"的立国难题,不仅断裂型的政制变革会遭遇到,但凡具有规范主义、法制主义倾向的政制实践都可能会遭遇到。在近几十年的欧洲,兴起了一股所谓"宪政爱国主义"的思潮。这种思潮在某种意义上是卢梭"公民宗教"的现代版本,是人民主权乌托邦的立国难题在自由宪政语境中的重现。

二战之后,(联邦)德国在英、美、法等占领国的压力下,建立起了自由宪政制度。这套制度对于当时的德国来说,是一种建构的、理性的、反思的新体系。如何使这个政制体系落地生根并成为凝聚国民的纽带,成了一个理论和实践上的难题。作为战败国,德国被要求清算第三帝国的旧账。为此,它在寻求新体制的正当性和凝聚力时,就不可能再诉诸历史文化或者民族主义,当然,在祛魅的时代,也不能再诉诸宗教等超理性机制了。于是,德国思想家,如哈贝马斯等这批人,开动脑筋,创造出一个"宪政爱国主义"概念来为新体制进行背书,意图通过"宪政爱国主义"这种情感性连带出夯实新体制的合法性。

"宪政爱国主义"的基本含义大致是:在国民凝聚这个问题上,不是诉诸历史、文化、民族这些非理性机制,而是围绕着保障国民尊严与自由的宪政制度,通过国民间的理性对话,将国民整合在宪政这个制度平台上,从而形

---

① 卢梭关于近代启蒙运动的态度,可参见卢梭:《论人与人之间不平等的起因和基础》,李平沤译,商务印书馆 2012 年版。

成一个以宪政规范为纽带的、富含感情的政治共同体。可以说,以往的爱国主义是以历史文化为基础的,宪政爱国主义则是以制度规范为基础的;以往的爱国主义是一种盲目的情感,宪政爱国主义则是一种"理性的"情感。是的,没错,它是一种"理性的'情感'"。

事实上,和卢梭的公民宗教一样,宪政爱国主义是一种新时代下的神道设教。它的创制者们也意识到,不能把收拾人心的期望完全寄托在理性规范上,人心的归附还需要一种超理性的机制。宪政爱国主义的策略是使人们形成一种制度拜物教,使理性的制度兼具超理性的归化功能。

不管是 18 世纪的公民宗教,还是当今的宪政爱国主义,都试图化解建构理性和自然情感之间的张力;从建构理性出发,形成了理性主义、制度主义的路径;从自然情感出发,形成了情感主义、文化主义的路径。其实,早在春秋战国时代,孟子就抨击墨家的"兼爱"思想"是无父也;无父无君,是禽兽也"。其在本质上就是情感主义对理性主义的批判,只不过这是一种泛伦理的批判,没有集中在政制层面而已。

理性主义往往蕴含着一种反思性的价值建构。人类从野蛮到文明,基本都是通过一种反思建构而实现的。可是,过度的反思和建构又会导致所设置的制度无法在现实语境中生存,或者导致人们被实证力量强箍在制度之中。难道,文明的进步真的只能依赖黑格尔意义上的"理性的狡计"?先进价值的推广真的只能通过暴力、征服、血腥和恐怖才能实现?

或许卢梭公民宗教主题中包含的这个悖论是在提醒我们,应当对政制变革采取一种审慎的、周延的、深思熟虑的态度。

How People's Republic can Get a Firm Foothold

—On the Interpretation of Civil Religion in *Social Contract Theory*

Rizhi Zhou

Abstract Rousseau's *Social Contract Theory* not only expounds the idea of People's Republic, but also discusses how to realize it. For Rousseau, "people's sovereignty" is the most important factor in the Republic, which not only protects people's active position in the political body, but also is the foundation of people's freedom and democracy; and the balance between government power and the people's right is the structural condition of ensuring the healthy operation of the political system. Furthermore, only in this balance can freedom, democracy, order and security be implemented. In times of Rousseau, the Republic, actually, is just an ideal Utopia, which contains a lot of constructive, normative and reflective content. As for the way to establish and consolidate this ideal Republic in the real world, Rousseau proposed the practice of civil religion. However, the idea of civil religion itself contains a lot of paradox. Because the rational and emotional problems, norms and cultural conflict in the process of striking roots of people's Republic does not be addressed, but simply be covered or delayed. So, I want to emphasize that we should adopt a cautious, comprehensive and deliberate attitude to political reform by analyzing and exposing the dilemma in the process of establishing the state.

Keywords *Social Contract Theory*; people's sovereignty; the balance between official and people; civil religion

理查德·波斯纳法官的25年

——满意条款与波斯纳对莫林案的观点：难道波斯纳也犯错？

Scott Brewer* 著　刘禹** 译

引言

笔者研读理查德·波斯纳法官的司法意见和学术著作已有多年。其间，笔者从中得到滋养、见识变广，有过困难、懊恼和烦闷，也有过赞叹和喜悦。比如，笔者曾经欣喜地向学生们指出，当时巡回法院的7个法官中，只有波斯纳法官（以下简称“波斯纳”，无不敬之意）认识到他的同事在解释《统一商法典》（U. C. C.）第2-207款的第4条评注中的“重大修改”规则时，犯了重大逻辑错误。简单来说，他们将第4条评注的“如果P则Q”的逻辑关系误读为“如果Q则P”。正如波斯纳解释的那样，这个错误不仅违背了奎因、弗雷格、皮尔士以及亚里士多德的精神，而且它造就了恶法。让学生们关注到这样的细节并不容易——尤其是考虑到我们的法律文化曾受到长达一个多世纪的蒙蔽，无视“法律的生命”和“逻辑”的原则。我一直试图教授学生敏锐逻辑的价值，而这对我的尝试有着巨大的帮助，我可以援引最伟大的法官的观点来证明逻辑可以帮助我们阐明法律原则。

在我的合同法课上，我是一个开心的老师，为波斯纳对莫林建筑材料公司诉贝司通建筑工程公司一案的观点与该案陪审团的意见一致而开心。我说自己“开心”是因为这个观点吸引并困扰着我。作为一个潜心研习哲学的

---

* 作者简介：Scott Brewer，哈佛大学法学院教授。本文发表于2007年的《哈佛大学法律评论》。

** 刘禹，苏州大学王健法学院2013级硕士研究生。

人,我很喜欢被可敬的思想家所困扰。莫林案涉及这样一个问题:依据印第安纳法律,法官在解释"满意条款"时能否适用"客观"或"主观"标准。虽然该案涉及合同法中"黑体字法"的问题,波斯纳还是将具体的原则问题与更宏观的法理学、法哲学和政治哲学主题联系起来(福尔摩斯有着相似的天赋)。因此,读过莫林案司法意见的读者都能体会到波斯纳以简明干练的方式呈现了其对法律和经济方法论的解释和运用、对语言和意图间关系的探究、对父爱主义和契约自由的深思。

我发展出一套用于教授和分析司法意见的标准化方法。我努力(并且让学生也努力)回答7个关于法官在司法意见中提出的主张的问题:

(1)究竟有多少个明显的争论?

(2)准确来讲,每个争论的前提和结论又是什么?

(3)这些争论彼此间是怎样相互联系的?比如一个主张的结论是否可以作为另一个主张的前提?意见中的主要"定理"是否存在"辅助定理"?

(4)什么样的争论可用来解决法官遇到的可适用的法律文本中不清楚之处(如语意的或句法的模棱两可或模糊)?

(5)依据公平的解释性判断,每个争论有着怎样的逻辑形式(例如演绎式、归纳式、类比式、不明推论式)?

(6)对于一个给定主张的逻辑形式的解释是否具有与该逻辑形式相关的优点(例如,演绎推理是否合理或有效)?

(7)这一整套的争论能否成功地证明结论的合法性?

这7个问题的研究形成了一种分析方法,我将其称为"语言统治方法",以便体现出这种分析方法的核心在于评估"假定合法主张"(希腊语 κρατοζ)的"有力性"(希腊语 λογοζ)。想要回答这些"语言统治"方法的问题,就必须谨慎解释法官在争论中适用的规则(或可能适用的规则)以及法官用来解释并证明那些规则合法性的基本原理。大体上说,导致适用相应的"语言统治行为"的法理动机在第七个问题中反映的最清楚。换言之,即这一整套主张能否支撑最终的判决结果?尽管司法裁决具有多个社会和政治功能,而且彼此相互区别又相互联系,但其一个核心功能(也许是美国司法制度的一个要素)就是为法官所行使的国家权力提供法律依据(当然这种权力需要和其他政府部门相配合)。从广义上说,这种权力就是指在民事上对财富重新分配的权力,以及在刑事上对财富、自由(或生命)重新分配的权力。此分析法的首要重点在于追问以下问题:法官为其所行使的国家权力提供的理由是否符合这一权力的应有作用？

波斯纳的观点很适合这种分析。本文主要对波斯纳在莫林案中的观点进行正面的评论，主要集中在其观点的优点、所使用的策略以及缺陷。我也希望借此给出一个“语言统治方法”的略图。举个简单的例子，对于莫林案中涉及的规则的解释表明，逻辑上的细致缜密非常有助于实体法的评论。美国法学家很多有争议的实践都是受到了一句有误导性的法律格言的误导：“法律的生命从来都不是逻辑，而是经验。”莫林案就像波斯纳大量的著作一样（法律方面及其他方面），是对这一格言的公然挑战，引发了人们的反思，证实了一种更加准确的说法：法律的生命在于充满经验的逻辑和经逻辑历练而来的经验。

一、莫林案的相关事实

莫林案涉及的合同双方为分包人，即原告莫林建筑材料公司，以及总承包人，即被告贝司通建筑工程公司。通用汽车公司（GM）雇佣贝司通公司对印第安纳州的雪佛兰工厂进行增建。贝司通公司又雇佣了莫林公司来负责增建部分铝墙的供料和搭建。波斯纳对合同约定的以下条款做了摘录：

> (i)外部墙板所用的铝材型号为3003，尺寸不得小于18B&S，并且配有光面和灰泥浮雕的表面纹理，以此来匹配现有金属壁板的光洁度和质感；(ii)在合同约定条款范围内，全部工作的进行必须依照建筑师或业主（GM）授权的代理人的最终批准；业主在有关艺术效果的事宜上享有最终决定权；(iii)基于全部的工作或提供的材料在各方面均必须是一流水准，如果有任何争议，如材料或工艺的质量或适用性，关于可接受性的决定严格取决于业主。在架设其他建筑物时会遇到的通常问题或习惯绝不给予任何考虑和决定。

莫林公司为该房屋建造了铝墙，却遭到通用汽车公司授权的代理人的拒绝，理由是：在明亮的阳光下，从较小的倾角看，外部墙板不能给人以均匀光洁度的印象。贝司通公司随后拆除了莫林公司架设的墙板，雇佣另一个分包人完成工作，并得到了通用汽车公司后来的认可。贝司通公司拒绝支付莫林公司合同余款23000美元，莫林公司因此提起诉讼并在联邦地方法院取得胜诉，随后贝司通公司向波斯纳所在法院提起上诉。

二、莫林案的主要法律问题：对印第安纳州合同法中“满意条款”的解释

莫林案的法律问题集中在合同法的解释原则和条件条款的交叉点上。

在莫林公司订立的合同中,前文所引用的条款引发了所谓“满意条款”(一种条件条款)的法律问题。合同一方义务的履行以另一方或第三方的满意为前提,笔者将这方当事人称为“满意条款义务人”(satisfaction-obligor),另一方称作“满意条款权利人”(satisfaction-obligee)。通用汽车公司作为业主,雇佣了本案的被告,即总承包人贝司通公司。而被告又雇佣了分包人,即本案的原告莫林公司。在莫林案中,合同使得通用汽车公司代理人成为满意条款义务人,使原告莫林公司成为满意条款权利人。

最初,满意条款对于法学家来说,似乎有引起“虚假允诺”(即言语行为具有承诺的形式,但事实上承诺者不负有任何责任)的危险。换言之,虚假允诺是不会提供交易对价的。现有的法律已经制定出针对合同满意条款中潜在的“虚假允诺”(因此可能导致不能强制履行)的解释方法,主要有两种:一种是依据“客观”或“理性人”标准来解释满意条款;另一种是“主观”“诚实信用”或“真实满意”标准。依据后一种方法,即使满意条款义务人基于其主观的美学或偏好来履行义务,满意条款权利人也应获得相应的对价,因为满意条款权利人也考虑到了这一点,并且预期满意条款义务人能够合规地履行义务,以满足满意条款权利人的这种美学或偏好上的判断。

莫林案中,联邦地区法院法官给陪审团提供了指导意见。该指导意见对争议合同中的满意条款采用一种客观解释规则。正如波斯纳所说,“上诉唯一的争点”就是该指导意见的正确性。他得出的结论是,法官的指导意见是正确的。

三、波斯纳评论莫林案可适用的法律:逻辑分析

在判决意见书的开端,波斯纳指出,该案件是一宗联邦地方法庭的上诉案件,涉及多个州管辖权的问题,需要(法庭)对印第安纳不成文的合同法进行解释。叙述案件事实及案件主要的争论点后,波斯纳将重点转向解释性问题:究竟哪种规则是印第安纳州合同法所支持的呢?

波斯纳以及他主要依据的印第安纳州合同法判例指出了两种主要的“满意条款”解释方法。第一种方法,被波斯纳及印第安纳州判例描述为主导地位的方法,其规定了两种解释规则:一条规则为使用客观解释标准提供了充分条件;另一条规则为使用主观解释标准提供了充分条件。第二种方法,被波斯纳及印第安纳州判例形容为次要的方法。该方法提供了一个规则,为使用主观解释标准提供了充分条件。

管辖权(以及重述)规则指向适用主导地位的方法,尽管各方法之间在

逻辑要素上存在着巨大差异。波斯纳认为，印第安纳州采取的是第一种方法（如在印第安纳州 Tri-City Plaza Bowl, Inc v. Estate of Glueck 一案中）。根据波斯纳所述，这一方法"与《合同法》重述的第 228 条相符合。但是，印第安纳州判例中的规则与重述在准确的逻辑要件上是有差别的，而且这样的区别是显著的。

A. 规则的对比：对"经验与逻辑"的评论

重述第 228 款的文本仅为适用客观标准解释满意条款提供了一个充分条件（内部逻辑十分复杂），用简明的方式解释为如下几点（即准确地指明规则的必要和充分条件）：

(1a)如果(P)"从实际角度讲，可以判定一个处于满意条款义务人位置的理性人是否满意"，那么(Q)"就有必要作出相应的解释，如果该理性人满意该解释，适用客观标准的条件才会产生"[如果 P 则 Q] Q 表明，如果 Q 的前提条件 P 为真的话，那么重述将采用客观解释的标准。

虽然重述第 228 款的文本只规定了客观标准的规则，但是其对第 228 款的评注 a 规定了主观解释标准。该规则可以用更简明的方法表达为：

(1b)如果(L)"协议明确要求满意条款义务人要真实满意，别无他意"，那么(M)"协议就要以这种方式来解释；如果满意条款义务人没有真实满意，即便存在理性因素，相应的解释标准也不成立"。[如果 L，那么 M]

IndianaTri-City 一案提供了一对规则，也为解决(1a)和(1b)中同样的合同问题提供了参考，该案中的规则可以更简明地表述为：

(2a)如果(R)"合同涉及商品质量、运营得当与否、机械功用等其他具备专业知识的人可以判断的领域"，那么(S)"应适用理性人标准"。[如果 R，那么 S]

(2b)如果(T)"合同涉及个人的美学和偏好"，那么(U)"应适用诚实信用标准"。[如果 T，那么 U]

尽管两对规则都体现了上文中的主导方法，规定了客观与主观解释方法的规则，但重述中(1a)和(1b)的规则与 Indiana Tri-City 一案中(2a)和(2b)的规则有明显区别。区别在于 Indiana Tri-City 的规则特征体现在外包缘由的条款（"涉及商品质量、运营得当与否、机械的功用等其他具备专业知识的人可以判断的领域"的条款，而非"涉及个人美学和偏好"的条款）；相反，重述规则的标准则更偏向认知角度。其规则并不取决于特定的条款，而更多关乎事实认定者所作出的具有依据的判断(此类合同中,“审判人员可以判定处于满意条款义务人地位的自然人是否满意”,而不像在其他一些合同中,“协议明确要求满意条款义务人要真实满意,别无他意”)。有些人或许会认为印第安纳州的规则更加“基于条款”,而重述规则更加“基于判断”。我在此无法细致地对这一观点进行展开,但我们完全可以依据“语言统治方法”,考虑逻辑也考虑经验的因素,来为以下观点提供支撑:基于条款的印第安纳规则不适合处理以上两种特征都包含的合同,即既涉及“商品质量、运营得当与否、机械的功用等其他具备专业知识的人可以判断的领域”,又涉及“个人的美学和偏好”的合同。[①]

B. 法律推定,类推推理,语言和意图:莫林案中主要和次要争点

波斯纳主张的核心在判决意见书的最后 4 段(共 11 段)。其主张主要围绕一个方案展开,方案中提出了一个推定:通过评估相关方的意图来解决案件,但推定并不完全站得住脚。行文中,他做出了一个简短的思维实验——以类推的方法得出了一个主张,以说明不是所有的满意条款合同都需要“客观”上的评估。莫林案的合同也是如此,其中要求事实认定者以主观标准来评估满意度。这个思维实验似乎很有效,但就莫林案,其效用十分有限,因为波斯纳本人也提到,他所做的类推表明:“若想要从莫林案的合同中解释出一种合理的要求,前提是合同中包含一个标准的业主满意条款,但事实上合同中却没有……”

接下来谈法律推定规则。波斯纳根据方案描述了其中的推定,并解释了反驳这一推定的标准。具体如下:法官推定满意条款权利人“不希望任由满意条款义务人反复无常的想法左右”。如果这一推定无法被反驳,那么满意条款权利人理性的要求就暗含在了合同中;如果这一推定被反驳,那么就要采用主观标准。那么在何种情况下推定会被反驳?波斯纳提出了一个反驳的标准:“合同所要求的工作成果的性质使得法庭没有任何客观标准可以参考。”但是要作出这样的决定,法庭必须评估合同当事人的真实意图(理性标准“并没有暗含在所有合同中,因为该标准并不能始终准确地反映各方的意图”。“由于合同双方的意图是决策的最终标准,法庭必须考虑好相应的措辞。”因此,更普遍更简单地说,如果“从合同的措辞和事实情形来看,合同当事人确实有意”赋予满意条款义务人相应的权利,赋予其在个人偏好和美

① 至少从 12 世纪早期开始,有许多合同要求具备与审美标准和独特性相关的“双面向”条款。一个典型的例子是包豪斯运动使合同出现了广泛多样的生产制造业条款。

学品位没有得到满足的情况下,拒绝接受满意条款权利人工作成果的权利。

在笔者看来,波斯纳对"合同的措辞和事实情形"的探讨以及对合同双方意图的推定似乎是莫林案的判决意见书中最令人困惑的部分。波斯纳承认合同中的两个条款表明合同双方确实有意愿根据满意条款义务人(GM)的主观满意程度来进行判决。针对第一个条款,波斯纳指出合同中明确地使用了"艺术效果"一词,不论局外人持何看法,这一选词表明双方有意将合同归于"个人美学品位"的范畴(我将这一合同条款归为"艺术效果"语言。针对第二个条款,波斯纳认为,"另一项条款,也就是贝斯通主要依据的条款,涉及建筑工艺和材料的质量和合适程度,似乎更加全面"(我将这一条款归为"质量"语言)。但对于每一项用于佐证意图的条款,波斯纳都根据相应的语言"情形"给出了相应的主张,从而推翻了双方想要适用主观标准的结论。因此,他得出一个结论,双方有意适用客观标准的推定无法被本案的"措辞和事实情形"所反驳,并肯定了初审法官所给出的陪审团关于客观标准的指导意见。

笔者发现,波斯纳借助了 4 个独立但又相互关联的论点来得出意见书最后 4 段的结论,并将这 4 个论点称为"次序说""标准合同说""报酬无常说""缔约自由说"(也有人认为是"反意居先说",但仅仅是暗示性地认为)。

1."次序说"和"标准合同说"

针对艺术效果的措辞,波斯纳指出:"所依据的条款在通用标准合同的条件中被列在了第 17 条。"针对质量的措辞,波斯纳认为,这"也不是针对这一合同特意起草的,而是参考自另外一份标准合同,且位于第 35 段"。

首先来考虑波斯纳对于以上两个次序的观点。他的观点属于"次序说"。客观地讲,从其三段论省略式的形式来看,可以将其解释为主要依赖于以下这个前提:合同条件中,次序越靠后的条款,对合同当事人的重要性也越低。如果涉及艺术效果的条款位于条件条款的第 3、4 或 10 条,如果涉及质量的条款位于第 5、12、20 段,或者像他说的那样——第 17 段,那波斯纳会不会也相应地去调整合同双方意图的权重?是否有必要考虑采用这一前提?或者说是否法官(或陪审团)要依据一个条款的次序来决定该条款的证据价值?这里笔者给出一个反驳的理由:许多复杂的合同有大量的条款,而且对于合同方都十分重要。也可以说,没有理由说一个合同不可以有超过 5 条或 10 条甚至 20 条具有同等重要性的条款。很明显,这些条款也不可能都被列到前 5 条、10 条或 20 条。

除了"次序说"以外,波斯纳也提到这些条款都出现在了"标准合同"中。

与“次序说”类似,“标准合同说”究其根本似乎依赖于一个主要的前提:如果一个条款出现在了一方的通用标准合同上,那么这一条款比起特别条款,其重要性就相对较低。这一前提是否有理有据?难道标准合同的核心目的不是为了让合同当事人(比如本案中的 GM)来制定出一个核心合同,以便在未来预期的交易中满足相应的需要,减少法务和其他方面的成本,并以合同当事人认为合适的方式分摊风险(这对于满意条款尤为重要)?波斯纳也明确表示,在提出这一主张的同时,“我们也并没有贬损标准合同之意,因为没有标准合同整个国家的商业活动恐怕都会停摆”。然而,“标准合同说”的确指出,重复的措辞会导致其证明合同方意图的证明力减损,因此使用此类措辞的条件条款在法庭上不应予以过多关注。如果这不是对标准合同的“贬损”,又能有何他意呢?

2.“报酬无常说”

笔者认为,这一主张是波斯纳处理本案规则的“经济方法”的核心内容。主张的主要内容是,莫林(也可能是贝斯通)“不希望受到付款方反复无常的影响”,不然这样一来,对 GM 满意程度的唯一约束因素就是 GM 是否遵循诚实信用规则报告其满意程度。之前也提到,波斯纳适用了解释 Indiana Tri-City 满意条款的主要方法来建立推定规则。他对这一规则原理的解释如下:

> 我们所了解的主导地位的方法并非是父爱主义的;而且父爱主义对于这样的案件也不具有针对性,因为分包商是一个大型的跨州企业。因此将合理性要求暗含纳入合同中,并不是为了保护弱势方的利益,而是为了大概估计出如果各方预测到会发生没有预测到的意外事件的话,他们各方将如何针对该意外事件给出明确的条款。

在意见书的最后,波斯纳将这一原理应用到了法律推定中:

> 如果如我们所认为的那样(陪审团要求适用理性人标准的指导意见是正确的),那么合同当事人在预见到这样的争议时就会接受这一标准。莫林不大可能接受更高而且可能无法达到的标准,即 GM 的代理人坚持要求,抑或要求贝斯通也接受的完美标准,因为用光面铝很难甚至不可能实现均匀磨光。如果莫林同意了这样的条款,如果再拒绝就会面临巨大的风险,因此莫林有可能会在合同价格中要求更高的报酬。

目前为止,从父爱主义的角度看,波斯纳也承认,他对于该合同的解读方式与合同语言中关键的部分不符。他这样做是为了支持没有足够资金保护自身的合同当事人(满意条款权利人,莫林)的意图。他这样做是否保护了莫林,或者保护了莫林和贝斯通?还是说像他所说,他没有保护任何一方,只是指出三方在预见到GM或许对莫林的工作不满的情况下会持有何种意图?在上文的引言中,波斯纳提出了“合同当事人”将会持有的意图。但是否有理由认为即便各方预见到了一些他们本不能预见到的情况,贝斯通和莫林或者贝斯通、莫林和GM的利益仍会有所关联并采用同样的措辞?诚然,如果莫林同意采取一个满意条款的主观解释标准,它将会面临遭到拒绝的风险,然而是什么支持了“GM(不)会要求贝斯通接受这样的标准”这一主张?之前提到,对于GM这样的企业来说,标准合同的主要价值在于分摊风险,考虑到满意条款是以主观标准进行解释的,而且其唯一限制因素就是“诚实信用”,又有什么方法比满意条款更能起到分摊风险的作用呢?的确,这是一种非常吸引人的分摊风险的方法,甚至会使得一些非常明智且实力雄厚的公司在合同中作出相应的规定来防止法院“对买家的拒绝做事后评判”。难道没有人觉得联邦地区法官以及波斯纳陪审团的此举,实际上旨在保护莫林这样没有预见性或资源来保护自身的企业免受GM这样的规模更大、实力更雄厚的企业的侵害?难道这就不是父爱主义了吗?

波斯纳在“报酬无常说”的“报酬”部分对此做了回应:“如果莫林同意了这样的条款(以主观标准解释的满意条款),如果再拒绝就会面临巨大的风险,因此莫林有可能会在合同价格中要求更高的报酬。”这是莫林案中最令人不解的一个主张。该主张排除了一个可能,即GM仅凭雄厚的力量在议价中占据优势,对莫林(和贝斯通)强行适用主观满意标准,且不支付报酬。合同法方面的几个常规学说,如“经济胁迫”和“显失公平”等,都明确认定议价能力的巨大差异会对各方已经达成的合同条款的履行造成影响。而波斯纳却没有提出任何证据证明该案中不存在这种现象。更简单的解释是,GM没有依据主观满意条款向莫林支付报酬的原因就是莫林过于弱势,没有能力通过谈判达成更加有利的交易。

但是GM到底有没有支付报酬呢?波斯纳在审判记录(或审判确认书)中没有对此进行举证,没有指出任何可参考的合同价格。证据对于评估GM到底有没有支付报酬是非常重要的。波斯纳给出了结论,认为莫林案的合同“涉及商品质量、运营得当程度、机械功用等其他具备专业知识的人可以判断的领域”;难道这不暗示,抑或是明确表明,波斯纳认为此类的专家意见信息是十分充足的?既然各方面都引向这一问题,而且审判记录中也没有相关的信息,那为何不重审案件来查明相关的事实呢?难道这不比像波斯纳那样,依赖于所谓的联邦地区法官(一名经验丰富的印第安纳州法学家;他认为,此类合同中,买家不可以毫无道理地拒绝卖方的工作成果)的专业知识,更令人信服吗?

3.“缔约自由说”(和“反意居先说”)

波斯纳在文章的最后一段以一种辩解口吻指出,他的结论并不“否认契约自由的基础”。

至此,我对这份引人入胜的意见书的分析已接近尾声,最后让我来归纳一下波斯纳的核心主张。通过对印第安纳州法律的解释和适用,波斯纳建立了一个推定规则。根据这个规则,波斯纳推定莫林案合同的满意条款应该适用客观标准来解释,但从“语言和事实情形”来看存在着反证。他认为,一些语言的措辞表明案中适用了主观的标准,但这些情形(在前两部分讨论的“次序说”“标准合同说”“报酬无常说”)都会使判案人(如波斯纳本人)忽略语言佐证合同当事人意图的效力。

在这些主张的探讨过程中,波斯纳又得出了一个主张,即“事实情形表明各方都不希望莫林的权利受制于变化无常的美学品位”;“这是一个推测”;“我们不清楚在合同签订的时候,美学品位对于 GM 到底有多高的重要性,也不清楚达到 GM 预想的均匀光面到底有多困难”;“我们十分怀疑,标准合同中的艺术效果和质量水平的条款,按其初衷来看,并不涵盖厂房外围光面铝墙的美学效果”。在我看来,这些主张听起来是反意居先的,这种合同解释的学说会在条件符合的情况下,引导法官以背离合同起草方利益的方式去解释相应的模糊或模棱两可的规定。

波斯纳否认他知道主观满意标准并非合同当事人的意图;相反,他反复强调他不清楚这一点,而是采用了一个最终的解释工具。这样一来,通过对判决意见书的解读,反意居先似乎就成了一个解决案子的重要推断工具。但是如果波斯纳完全依赖于反意居先的话,那么他或许应该清楚地说明,依据印第安纳州法律,他所认为可以适用的反意居先规则是什么。这会对案件大有帮助,因为不同州的管辖权规则的逻辑标准是不同的。更加完备的陈述从逻辑上说,是违背起草方利益的必要条件,会使合同成为“附意合同”,或者使得案情处于“一方在议价中居于强势地位”的情况。如果印第安纳州不对这种反意居先规则进行限制的话,那么为了解决案件,波斯纳可能就要公开地采取父爱主义规则,虽然他自己也提到(很难不令人苟同),“父爱主义在这样的案件中并不合适,因为分包人是一个大型的跨州企业”。

那么,对莫林案的分析是否“否定了缔约自由的基础呢”?波斯纳认为没有否定,因为在当时的情形下,合同双方都有“自由”去进行措辞,即便这样的措辞佐证了“合同双方其实有意让 GM 在莫林没有满足 GM 公司代表个人美学品位的情况下拒绝接受其工作成果”。有人或许会认为，莫林案中满意条款反复使用涉及艺术效果及质量的措辞就足以说明问题。

但是在波斯纳的分析中，“缔约自由”最大的威胁不是来自于他试图辨明的语言，而是来自于他曾经引用过但却从来没有再提到过的一句话：对于明智的人来说，“在增建其他建筑物时会遇到的通常问题或习惯绝不给予任何考虑和决定”。这句话中，加上另一句“听起来很主观”的话，似乎封堵了波斯纳的每个主张，使其无法得出最后的结论——客观标准更适用于本案（即便是波斯纳也会犯错[①]）。有关次序、标准合同、报酬无常的观点（正像我之前所论述的，即便不考虑这一“常规或惯例”条款，仍然令人难以信服）完全依赖于其他理性合同当事人在类似情况下完成类似工程的做法的泛论，这里我们这种做法完全依赖于什么是“常规或惯例”的泛论，这里我们只能叹息莫林对契约自由的了解实在不足。

① 在发现荷马杀死一个角色却让该角色重新出现在他随后的某部史诗中之后，拉丁诗人贺拉斯写道：“无论可敬的荷马什么时候瞌睡，都会令我感到愤怒。”Horace, *The Art of Poetry* 32, trans. Burton Raffel, 1974, p. 39.

宏观调控之救济

包晓丽*

内容摘要 “宏观调控”是一个极富中国特色的概念，具有调控手段间接性、权力来源抽象性的特征。我们应当建立一套制度内外相互协作的问责机制，将宏观调控放在“共景监狱”的监督之下，并在调控错误时提供有效的救济手段，以提高宏观调控的决策水平，保护公民的合法权益。同时，宏观调控行为应当是可诉的，这为调控错误提供了最终的司法救济途径，从而满足国家治理的法治化要求。

关键词 宏观调控；问责机制；责任承担；可诉性

当下，我国经济市场的成熟度仍亟待提高，国家仍以“大政府”主导下的发展模式为主。② 因此，宏观调控行为是国家治理的重要手段，对于国民经济持续健康发展有着尤为重要的作用。然而，我国的制度建设和法治环境还有很大的发展空间，因此宏观调控在实际操作中一旦出现了错误和偏差，其影响将非常巨大。如何在制度框架内防范并避免宏观调控的失误，不仅是经济学家思考的问题，也是法学学者应当关注的问题。从法治的角度规范政府的调控行为，为公民的救济寻找合法依据，是本文讨论的意义所在。

一、宏观调控之概念解析

(一)西方“宏观调控”理论的产生

“宏观调控”是一个极富中国特色的概念，其出自宏观经济学，是“有形之手”的国家干预理论在国家治理与经济法领域的发展。在自由资本主义

---

* 作者简介：包晓丽，中国人民大学法学院2014级硕士研究生。

② 参见陈步雷：《社会立法的“新政”功能与全球“再新政”问题——兼论中国社会法问题、发展模式与社会法体系》，载《人大法律评论》2014年第1辑。

时期,英国古典政治经济学家亚当·斯密主张自由放任的经济制度,认为只需通过市场和竞争机制就能实现经济的自行调节,反对国家对经济生活的干预。他认为:"如果竞争是自由的,各人相互排挤,那么相互竞争便会迫使每个人都努力把自己的工作做得相当正确。"[①]于是,亚当·斯密引入了"看不见的手"的理论,其自由市场经济理论在简单商品生产时代的确发挥了巨大作用,但是随着社会化大生产的发展,社会分工的精细和复杂化,自由市场经济理论的弊端日益暴露。此时,以国家全面干预调节经济为主要特征的凯恩斯主义应运而生,并由此步入了国家与市场相结合的现代市场经济阶段。[②]

凯恩斯主义的核心是有效需求理论,他主张不应单纯放任经济力量的自由运行,须由政府来约束或指导。以20世纪30年代世界经济大危机为背景,凯恩斯摒弃了自由经济理论,强调国家对经济的干预,倡导一个以国家财政政策为中心的需求管理方案。[③] 同时,在实践层面,随着罗斯福"新政"的施行和在效果上的成功,国家干预经济成为西方主要资本主义国家经济活动的重要方式。其后,国家干预经济理论也随着社会生活的变化不断发展,出现了以国家干预为基础的"现代主流经济学新综合",或称"新凯恩斯主义"的理论,以及"克林顿经济学"的实践。[④]

(二)我国语境下"宏观调控"的含义辨析

关于宏观调控的含义,学界主要有广义论、狭义论和特色论三种观点。广义论认为,宏观调控等同于政府干预,将市场失灵的所有表现都作为宏观调控的依据,因而将政府的所有经济职能都纳入宏观调控的范畴。狭义论主张,宏观调控仅指运用财政政策和货币政策调节社会总需求,其理论基础是凯恩斯的"有效需求"理论。特色论提出,中国的宏观调控是属于中国特色的国民经济管理行为,包括两条逻辑线索:一是中国经济和社会发展的多样性和不平衡性决定了宏观调控的客体应当包括结构性调控目标;二是受中国政治和文化传统的影响,宏观调控的调控手段是"宏观的",但可能会产生一定的直接影响。而宏观经济政策是西方经济学中与宏观调控的含义、

---

① [英]亚当·斯密:《国富论》下卷,郭大力等译,商务印书馆1972年版,第320页。

② 参见刘剑文、杨君佐:《关于宏观调控的经济法问题》,载《法制与社会发展》2000年第4期。

③ 参见[英]凯恩斯:《就业信息和货币通论》,高鸿业译,商务印书馆1998年版,第327页。

④ 参见傅殷才、颜鹏飞:《自由经营还是国家干预——西方两大经济思维概论》,经济科学出版社1995年版,第365~367页。

意义最相近的一个词语,其“宏观”性是由政府作用于国民经济的媒介——宏观经济变量所决定的。在我国语境下的宏观调控与西方经济学框架下的国家干预和宏观经济政策显然不可等同,但是从学术上考虑,对于宏观调控的认识不应脱离经济学的源头和宏观经济政策的既有分析框架。因此,笔者认为,上述三种学说的定义视角不同,无论是广义说还是狭义说都是从宏观经济政策的角度进行的定义,特色说则是结合我国具体国情提出的理论。因此,对于宏观调控的认识,应当充分综合三种学说的主张,坚持宏观调控的对象是宏观经济变量、手段具有间接性、宏观性的特征;同时,明确宏观调控的法律理念不仅包括宏观调控行为,而且还包含诸多微观管理内容。因而,宏观调控可界定为不直接作用于微观主体但足以引导、影响微观主体行为的各种政策、制度、措施等。[①]

对于宏观调控概念的理解,还有两点需要注意:首先,宏观调控应当区别于国家控制。在计划经济时期,经济体制高度集中,国家对于社会生活的方方面面都要进行干预,不仅从宏观上干预社会生活,在微观上也事无巨细地进行调节,是彻底的国家控制主义。实践证明,这种经济体制不利于调动社会成员的积极性,提高生产效率,不利于国民生活水平的提高以及经济的高速、持续发展。其次,宏观调控应当区分于市场规制。宏观调控的主体是政府或国家,客体是国民经济的总量,主要是指总供给、总需求以及总价格、总就业量等,手段是货币政策、财政政策,最为重要的是其作用效果表现为间接性。对比来看,市场规制的客体是具体的市场主体及其经济活动,手段是设置准入条件、履行审批要求等行为,直接作用于规制客体,因此其效果也体现为直接性。通过前述比较,我们应当准确把握两类行为的不同特点,在认识上厘清宏观调控与市场规制的区别。

(三)我国宏观调控的具体内容

现代国家对社会经济的宏观调控基本表现为以“国家计划—经济政策—调节手段”[②]为轴线的系统工程。与此对应,宏观调控的内容也体现在上述三方面,具体包括:第一,制定经济计划;第二,制定经济政策、产业政策,发布宏观调控的决定和命令;第三,运用行政、财政、税收、金融等手段落实国家计划和经济政策。

我国宏观调控行为当中较为典型、较受市场关注的例子,是对房地产市

① 参见史际春、肖竹:《论分权、法治的宏观调控》,载《中国法学》2006 年第 4 期。

② 漆多俊:《宏观调控法研究》,载《法商研究》1999 年第 2 期。

场的政府调控。这一调控具体包括住房补贴、房产税的征收、“限购令”、“限贷令”以及保障性住房等。2008 年,为应对整个金融危机的冲击和经济低迷状态,政府采取“救市”行为,向购房者提供住房补贴。2010 年,为抑制炒房、投机性购房,遏制部分城市房价过快上涨,切实解决城镇居民住房问题,政府提出“限贷令”“限购令”等措施。国务院通过国发(2010)10 号文件明确规定:地方人民政府可根据实际情况,采取临时性措施,在一定时期内限定购房套数。此后,北上广深等各地政府以此为依据,纷纷出台了限制购买房屋的规范性文件。“限购令”在短期内似乎对房价和房屋交易量有所影响,但是,数据却显示,在短期低迷之后,房价又开始上涨,房屋交易量同比不降反涨。因此,客观来讲,限购令确实能挤掉一些不合理的投资性购房需求,但是相对于中国城镇化对住房的巨大需求和经济发展规律来讲,“限购令”并不能从根本上改变当前的供需矛盾;相反,还可能引发更大的负外部效应。无论是住房补贴还是“限购令”“限贷令”,都是政府根据当时的社会经济情况作出的、作用于社会经济整体的、具有普遍适用性的决策,都是宏观调控权的行使行为。

由于宏观调控与国家权力运作之间存在紧密联系,因而其正当性和权源自然与政府权力的正当性相关。由此可见,随着现代社会的发展,传统行政法上制约政府权力的消极机制“传送带”模式,已无力应对能动型国家中政府权力的合法性问题,因而应当采取灵活应对的宏观调控。换言之,政府应当拥有广泛的、概括性的、抽象性的宏观调控权[①],这就要求在形式上,其也要有法律的概括授权[②]。由此可见,宏观调控行为是对国民经济整体产生影响的行为,并不能将其简单地归为政治问题而回避研究宏观调控的救济机制。[③] 而且,宏观调控的特殊性在于,它是在法律高度抽象、高度概括赋权的背景下灵活做出的,兼具行政行为和民事行为的双重法律效果。然而,对其合法性的判读目前仍缺乏具体规范标准,因此有必要进一步加以讨论。

---

① 参见[美]理查德·斯图尔特:《美国行政法的重构》,沈岿译,商务印书馆 2002 年版,第 10～11页。传统行政法就像一条以司法审查为齿轮的“传送带”,将立法机关以法律形式固化的民意传送给各个当事人,行政机关通过遵从被传送的民意而获得合法性。

② 《中华人民共和国宪法》第 89 条规定:“国务院行使下列职权:……(六)领导和管理经济工作和城乡建设。”

③ Antonia Scalia, The Doctrine of Standing as an Essential Element of the Separation of Powers. 12 *Suffolk. U. L. Rev.* 881(1983).

二、宏观调控的救济机制——问责机制与责任承担

(一)宏观调控的问责机制——过程监督

宏观调控必须坚持一种问责机制。这种问责制是一种超越“违法责任”的责任机制,代表着现代社会经济条件下“责任”作为一种系统性的制度结构所具有的整合和调节功能。具言之,问责制的要义在于每一个扮演一定角色的社会成员都承担相应的义务和权责,并对其加以常态化的督促,若有违背或落空则必当追究,不允许“脱法”。[①] 在宏观调控领域,由于政府在面对复杂多变的经济形势时,有宽泛的宏观调控权力,因此,对于宏观调控的监督就更显必要。笔者认为,宏观调控应当遵循法治的要求,其合法性取决于程序正当和经济合理。[②] 因此,在宏观调控过程中,需要随时对调控行为进行审视、评价、监督、纠正,从而避免过程中的负外部性,使宏观调控政策产生最大的正外部性。依据我国法律,对宏观调控进行救济的机制渠道主要有以下方面:

1. 体制内的监督

(1)权力机关的监督。《宪法》明确规定了全国人民代表大会行使监督国务院工作的职权,同时还在条文中规定了全国人大及其常委会的人事任免权,监督国务院以及地方政府法规、规章、决定和命令的权力。[③] 因此,权力机关作为人民意志的集中体现,有监督政府宏观调控行为的权力。

(2)行政机关内部的层级监督。行政权有层级性的特点,下级机关应当向上级机关汇报工作,这也意味着上级机关应当对下级机关的行为进行有效的考核和监督。具体到宏观调控领域,国务院应当对其职能部门的行为

---

① 参见史际春、冯辉:《“问责制”研究——兼论问责制在中国经济法中的地位》,载《政治与法律》2009 年第 1 期。

② 参见史际春、冯辉:《“问责制”研究——兼论问责制在中国经济法中的地位》,载《政治与法律》2009 年第 1 期。

③ 《宪法》第六十二条规定:“全国人民代表大会行使下列职权:……(五)根据中华人民共和国主席的提名,决定国务院总理的人选;根据国务院总理的提名,决定国务院副总理、国务委员、各部部长、各委员会主任、审计长、秘书长的人选。第六十七条规定:全国人民代表大会常务委员会行使下列职权:(六)监督国务院、中央军事委员会、最高人民法院和最高人民检察院的工作;(七)撤销国务院制定的同宪法、法律相抵触的行政法规、决定和命令;(八)撤销省、自治区、直辖市国家权力机关制定的同宪法、法律和行政法规相抵触的地方性法规和决议;(九)在全国人民代表大会闭会期间,根据国务院总理的提名,决定部长、委员会主任、审计长、秘书长的人选。”

进行监督，还应对各级地方政府落实宏观调控政策的行为和绩效进行监督。

(3)专门机关的监督。在体制内，为实现有效监督的目的，我国也设置了相应的专门监督机关，例如常设的检察机关、监察机关和审计机关和一些非常设的专门监督机构，如在 2008 年实施扩大内需促进经济增长的“一揽子计划”时，中央一层级设置了与此对应的政策落实检查工作领导小组。截至 2011 年 1 月，该小组共发现 6462 个管理不规范的问题。截至 2010 年 8 月底，其发现的问题中已有 84.32%整改到位。全国纪检监察机关共立案查办中央扩大内需政策落实中的违纪违法案件 314 件、结案 291 件，给予党纪政纪处分的有 430 人，移送司法机关处理的有 57 人。由此可见，在宏观调控过程中，专门机关的监督更有针对性和集中性，对于发现问题和整改问题有积极的作用。但是专门领导小组并非常态的监督机构，因此若要实现宏观调控的有效问责，就需要辅之以体制外的问责手段，建立多元化的问责、监督机制。

2.体制外的监督

(1)媒体监督。媒体作为现代社会的“第四类权力”，在宏观调控的问责、监督过程中发挥着至关重要的作用。具体到宏观调控领域，媒体的监督作用主要体现在信息发布功能、信息反馈机制、跟踪监督机制等三方面。首先，媒体可以将政府宏观调控的决定、内容以及实施过程传播给广大的受众，使受众成为知情主体，一方面使政府在公开透明的压力下作出恰当决定，另一方面也有助于人民表达意愿和想法。其次，媒体具有信息反馈的作用，能迅速地反映宏观调控作用于市场后的效果，从而对宏观调控的执行行为进行调整。再次，媒体对宏观调控具体措施的关注持续时间长，能够及时发现问题，从而尽快进行问责和救济。然而，我们应当看到，媒体一方面具有舆论监督功能，另一方面也有可能出现寻租可能，因此媒体治理效应的发挥必须以民主为保障机制的法治以及媒体监督本身所形成的对政府行为的有效约束为前提。[①]

(2)人民监督。随着自媒体时代的到来和人民民主意识的提高，人民的监督对于宏观调控的正确运行也发挥了重要作用。具体来看，人民问责体

① 参见戴亦一、潘越、刘思超:《媒体监督、政府干预与公司治理:来自中国上市公司财务重述视角的证据》，载《世界经济》2011 年第 11 期。

现为两个方面的内容:第一,人民有批评建议权、申诉控告检举权①,对于宏观调控过程中的违法行为,可以提出批评意见,给出自己的建议,自主监督,进行检举,在公民权利受到侵犯时,还可以提出控告以救济自身权利。第二,补偿求偿权,根据《宪法》的规定和《侵权责任法》《国家赔偿法》的精神,人民对宏观调控损害自身权益的行为拥有补偿、求偿权。②

(3)善于利用互联网进行监督。传统社会的舆论监督使得人们仿佛被置身于"全景监狱"中。③ 而当今社会网络监督无处不在、无时不在,起到了一种"共景监狱"的作用。网络上的舆论监督使得公职人员时刻受到全方位的关注,承受人们的各种问询和质疑,这对于问责机制的适用起到了推动作用。

网络监督有其重要意义。在其出现前,由于信息公开渠道不畅通,公众无法参与和评价一些与群众切身利益密切相关的政府决策;公众无法知晓和批评政府工作体制、机制上长期存在的各种潜规则;无法监督和问责官员的不恰当言行乃至腐败行为。网络监督的出现,将政府的政策制定、决策实施的全过程、各种体制机制上的规则以及官员的一切言行都置于公众的审视之下,使得公众监督取得了明显的效果。这也对政府治理能力提出了更高的要求。④ 无论是媒体监督还是人民个人的监督,都可以利用好互联网这个工具,使宏观调控行为在合法的轨道上运行。

(二)调控违法的责任承担

1. 宏观调控合法性的判断

宏观调控在经济法上的合法性,取决于经济上的合理性,实际上就是经济上的"合规律性"。由于宏观调控权是政府概括性的权力,没有也无须有

---

① 《宪法》第41条第1款规定:"中华人民共和国公民对于任何国家机关和国家工作人员,有提出批评和建议的权利;对于任何国家机关和国家工作人员的违法失职行为,有向有关国家机关提出申诉、控告或者检举的权利,但是不得捏造或者歪曲事实进行诬告陷害。"

② 《宪法》第41条第3款规定:"由于国家机关和国家工作人员侵犯公民权利而受到损失的人,有依照法律规定取得赔偿的权利。"

③ 法国哲学家福柯的"全景监狱"理论认为,在环形监狱的中间有一个塔楼,从塔楼里看守们很容易看到环绕塔楼四周的监狱及监狱里的囚犯,而塔楼的构造使得监狱里的犯人永远都不知道自己是否受到监控、何时受到监控。这样每时每刻囚犯都有受到监视的感觉,久而久之犯人就成了自己的监视者,逐渐实现了自我监控。(参见陈媛:《监狱、惩罚与权力——福柯〈规训与惩罚〉中的政治技术学》,载《人大法律评论》2014年第1辑)

④ 参见叶皓:《在网络监督的常态下提高执政能力》,载《现代传媒》2010年第2期。

法律对每一个调控行为是否合法做出认定,因此,对于宏观调控合法性的判断就应以经济合理为基础,同时符合法律、行政法规的明确规定。具言之,其要注意决策主体的适法性和调控行为的程序正当性。例如国务院赋予中央人民银行利用货币政策调控国民经济的权力,若发改委作出调整货币政策的决定就是违法的。因此,笔者主张双重判断标准,一方面强调宏观调控的经济合理性,另一方面也要注重基本程序的正当性。由于国家制定的法律总是相对滞后于现实的不断流变的经济活动,故而是否符合现实的经济社会生活的要求,则是衡量法律的生命力和有效性的至为重要的标准。许多国家进行的经济改革或实施的宏观调控,大都是突破既有法律规定的框架的过程,有一些甚至是违反宪法的。但因其在经济上是合理的,因而这种违宪行为被一些学者称为"良性违宪"[①]。笔者认为,基于宏观调控授权的广泛性、抽象性、概括性相对应,原则上经济合规律性是不得突破法律、行政法规的明确的规定的,除非有足够充分且正当的理由可以证明法律、行政法规的规定不合时宜,突破其规定确能产生积极效应。

2. 责任承担形式

责任承担形式	
传统法律责任	宪政责任与官员问责制
民事法律责任	行政处分
行政法律责任	引咎辞职和责令辞职
刑事法律责任	罢免

宏观调控的责任承担应当是与问责机制相对应的,在问责过程中发现有违法行为,就涉及责任承担的问题。宏观调控的责任形式,也应当是多元的,不仅包括法律责任,还应包括问责机制对应的官员问责制的内容,至于其究竟是一种完全独立的责任形态,还是只是现有责任形式的结合,则关系到学理问题中的解释选择问题。

(1)传统法律责任。传统的责任划分是建立在部门法分离的基础上的,但是部门法的划分本来就有局限性。可见,要拓经济法的责任理论,超越传统的法律部门理论和法律责任理论,转而关注不同法律责任形式的相对独

① 张守文:《宏观调控权的法律解析》,载《北京大学学报》(哲学社会科学版)2001年第3期。

立性、特殊性及其内在关联性,因而既要看到各类责任因其违反“本座法”的不同所导致的突出差异,又要看到各类责任制度的内在联系及其创新。[①]对于宏观调控引起的法律后果,应当有意识地打破部门法壁垒,充分认识到责任形式的综合性;在调控行为仅仅引起民事权利受到影响的时候,受害人可以向侵权人主张损害赔偿责任;在调控行为违反行政管理秩序时,可能要承担相应的行政法律责任;若在此过程中涉及对犯罪行为的追究,则会引入刑事法律责任对其加以规制。

(2)宪政责任与官员问责制。宪政责任与官员问责制是和监督过程中的问责机制相对应的。在问责过程中,发现相关人员的行为违法,则可以要求其承担行政处分[②]、引咎辞职和责令辞职的责任;对于高级公务员,可以根据《宪法》的规定予以罢免。《公务员法》第 53 条[③]给公务员的行为规定了一定的义务,若其在宏观调控过程中有玩忽职守、贻误工作等行为,就要承担行政处分。在监督过程中,若领导成员对提出的问题无法给出合理回答,情节轻微的需要接受行政处分,对于严重失误、失职造成重大损失或者恶劣社会影响的,或者对重大事故负有领导责任的,应当引咎辞职或者责令辞职。[④] 对于国务院总理、副总理、国务委员、各部部长、各委员会主任、审计长、秘书长的失职,宪法赋予了全国人大对其罢免的权力。[⑤] 因此,传统法律责任和宪政责任都提供了事后归责的机制。同时,多元的、严格的责任承担不仅指导裁判的作用,还有行为导向的作用,对调控主体起到警示作

---

① 参见张守文:《经济法责任理论之拓补》,载《中国法学》2003 年第 4 期。

② 《公务员法》规定了六种行政处分的形式,包括:警告、记过、记大过、降级、撤职、开除。

③ 《公务员法》第 53 条规定:“公务员必须遵守纪律,不得有下列行为:(一)散布有损国家声誉的言论,组织或者参加旨在反对国家的集会、游行、示威等活动;(二)组织或者参加非法组织,组织或者参加罢工;(三)玩忽职守,贻误工作;(四)拒绝执行上级依法作出的决定和命令;(五)压制批评,打击报复;(六)弄虚作假,误导、欺骗领导和公众;(七)贪污、行贿、受贿,利用职务之便为自己或者他人谋取私利;(八)违反财经纪律,浪费国家资财;(九)滥用职权,侵害公民、法人或者其他组织的合法权益;(十)泄露国家秘密或者工作秘密;(十一)在对外交往中损害国家荣誉和利益;(十二)参与或者支持色情、吸毒、赌博、迷信等活动;(十三)违反职业道德、社会公德;(十四)从事或者参与营利性活动,在企业或者其他营利性组织中兼任职务;(十五)旷工或者因公外出、请假期满无正当理由逾期不归;(十六)违反纪律的其他行为。”

④ 此为《公务员法》第 82 条的规定。

⑤ 《宪法》第 63 条规定:“全国人民代表大会有权罢免下列人员:(一)中华人民共和国主席、副主席;(二)国务院总理、副总理、国务委员、各部部长、各委员会主任、审计长、秘书长;(三)中央军事委员会主席和中央军事委员会其他组成人员;(四)最高人民法院院长;(五)最高人民检察院检察长。”

用,所以其兼具行为规范和裁判规范的性质。

三、宏观调控的可诉性研究

对于宏观调控的救济,我们可以引入多元模式,包括法律责任的承担以及问责机制的规制。然而,宪政责任和官员问责制都不能取代司法最终决的功能,因此,宏观调控这种涉及社会公共利益的行为,是否可以运用司法裁判作为最后救济手段?对此应当予以讨论。

(一)宏观调控行为不可诉?——解释论的视角

由于宏观调控通常表现为政策行为,属于抽象行政行为的范畴,并且其受众是不确定的整个社会群体,原告资格难以确定。所以,在我国现行做法中,一般是将宏观调控排除在法院受案范围之外的。有两个案例能体现我国法院对该问题的现行态度。第一个案例是"谢百三诉财政部国债回购禁令违法案"。2001 年 7 月 31 日至 8 月 7 日,财政部在深圳和上海证券交易所分销了当年第七期记账式国债,根据销售公告和财政部《关于 2001 年记账式(七期)国债发行工作有关事宜的通知》,该国债"发行结束后可在上海证券交易所和深圳证券交易所上市流通"。令广大券商和购买者想不到的是,该国债发行结束后的第二天,财政部国库司以便函的形式通知中央国债登记结算有限责任公司和深沪证券交易所:"本期国债在交易所市场上市时间另行通知。"复旦大学管理学院教授谢百三作为购买了此次国债的主体中的一员,他认为财政部的做法构成违约,提出了具体行政行为违法之诉,要求财政部承担向投资者道歉的责任,并诉诸北京市第一中级人民法院。后北京市第一中级人民法院以"不属于人民法院受案范围为由,驳回其起诉"。在发行国债的过程中,财政部将公众的"信赖利益"抛诸脑后,随意改变经济政策,其行为无疑是违反法律的基本价值追求的,人民法院没有理由也不无需回避此案的审理,可以依据国债发行文件作出裁判。第二个案例是"严义明诉发改委公开 4 万亿投资项目案"。在 2008 年 11 月的 4 万亿计划出台后,有"中小股东维权第一人"之称的上海律师严义明作为众多公共资金安全能否保障的担心者之一,于 2009 年 1 月 7 日,离沪赴京,向发改委信息公开办公室递交公开 4 万亿项目详情申请。2 月 19 日,发改委回复严义明,但对各项支出细节并未作出具体说明,严义明申请行政复议,5 月 7 日申请被驳回。5 月 11 日,严义明向北京市第一中级人民法院提起行政诉讼。5 月 31 日,北京一中院裁定,依照行政诉讼法相关规定,严义明所诉"不属于人民法院受案范围,不予受理"。本案的诉求为宏观调控的信息公开,法院应当根据《政府信息公开条例》的规定进行审查,而非将所有与宏观调控相关的行为都纳入抽象行政行为的范畴,其实质在于法院想回避对宏观调控的司法审查。

由上述案例可见,无论是国债发行,还是4万亿投资项目,法院的态度都很一致,就是将与宏观调控有关的行为都排除在司法审查的范围之外,以"不属于人民法院受案范围"为由对此类案件采取回避的态度。然而,从法律解释论的视角来看,宏观调控行为应当具备可诉的条件:一方面,由于宏观调控行为的抽象性以及作用对象的广泛性,在我国现有的法律体系下,法院有空间作出上述解释,并且在域外司法实践中,也有对宏观调控进行司法审查的先例。[①] 另一方面,我们应当看到司法救济的好处不仅在于可以通过司法手段对当事人权益进行救济,在此过程中,对行政机关的行为还有倡导作用。在"严义明诉发改委公开4万亿投资项目案"中,虽然在最终的裁决中严义明的主张没有得到支持,但是在其整个诉讼过程中,发改委公布了可行性研究报告等部分信息,并于2009年5月21日首次在网站公布4万亿项目的详细信息。因此,承认宏观调控的司法救济途径,不仅有助于裁判功能的发挥,还能辅助其行为导向功能的实现。

(二)宏观调控行为可诉!——立法论的视角

上文提到,对于宏观调控的司法审查,我国现行法律存在一定的障碍,要克服此障碍,行之有效的方式就是建立有效的司法审查机制。首先,应当将抽象行政行为纳入诉讼的轨道,只要行政行为对公民、法人和其他组织的利益构成实质性影响,后者就可以提起诉讼。[②] 从长远看,所有的抽象行政行为都应当接受法院的审查。现行的《行政诉讼法》禁止对抽象行政行为提起诉讼,事实上只能放纵违法和不当的抽象行政行为,只能增加受到侵害的当事人纠正违法抽象行政行为的成本;随着抽象行政行为的逐渐增多其他非诉监督机制已难以有效地发挥其作用,以致抽象行政行为违法实施的现象日趋严重,法院审查抽象行政行为势在必行。美国《联邦行政程序法》对抽象行政行为的司法审查作出了明文规定,包括法国等大陆国家也有对抽象行政行为审查之实践。[③] 在《行政复议法》于1999年将部分抽象行政行

---

① 第一,1894年美国最高法院宣布税法违反美国宪法;第二,2002年阿根廷最高法院裁定政府在金融危机中限制储户提款的行为违宪。

② 参见应松年:《完善我国的行政救济制度》,载《江海学刊》2003年第1期。

③ 参见马怀德:《析抽象行政行为纳入诉讼之必要性》,载《人民检察》2001年第10期。

为纳入行政复议的对象范围之后，学界关于在修改《行政诉讼法》时也应当将部分抽象行为纳入行政诉讼对象范围的呼声越来越高，各种版本的《行政诉讼法》（专家修改试拟稿）也都作了这方面的努力。[①] 然而，在将半宏观调控行为纳入诉讼范围的过程中，要尽可能避免其负面效应，使诉讼成为保障公民权利的利器。笔者认为，可以从用尽行政救济的角度予以限制，即在诉讼程序之前设计一套问责与解决机制，当事人应当首先与行政机关自行接洽，若不能解决其合理诉求，方可向人民法院提起诉讼。此外，根据行政行为的公示公信原则，在法院判决之前，除非行政机关主动调整，否则可依法推定宏观调控具有适法性。

其次，对于适格原告问题，可借鉴环境公益诉讼，引入公益诉讼的模式。原告资格的取得只需两个条件：(1)被诉的行为已对原告造成了实际损害；(2)寻求保护的利益处于法规和宪法保障的范围之内。从域外判例来看，该标准由数据处理服务组织协会诉坎普案所确立。[②] 在宏观调控法领域，调控受体对调控主体的责任追究方面，客观上存在着经济、法律、政治等诸多方面的困难。宏观调控公益诉讼起诉资格的构建至少在一定程度上消减了法律层面的困难，而且，私人利用法院所产生的作用还体现在促进法之目标的实现这一积极方面。[③] 结合我国司法体制，无论是检察院主导的模式，还是公益诉讼组织主导的模式，都能解决主体资格的障碍问题，从而为宏观调控纳入诉讼轨道提供制度支撑。当然，域外司法审查的判例都是以“违宪”的名义进行的，如美国新政时期罗斯福颁布的《产业复兴法》就因被联邦最高法院宣布违宪而最终放弃，是通过著名的谢克特家禽公司诉合众国案被废弃的。该案中，联邦最高法院大法官以 9∶0 的票数结果认定该法违宪，原因在于该部法律的很多授权不合法，执法方式事无巨细，存在滥用之嫌。无论是谢克特家禽公司诉合众国案，还是 1894 年美国最高法院宣布税法违宪，抑或是 2002 年阿根廷最高法院裁定政府在金融危机中限制储户提款的行为违宪，我们看到，其判决结论都是集中在是否违宪这一标准上，而在我国尚未建立完善的违宪审查机制的情况下，该方式无疑具有操作上的障碍。对此，笔者认为，在我国当前的司法环境下，法院审查宏观调控合法性的标准应当着眼于是否违反法律的基本原则，若违反了法律的基本原则和明确

① 参见胡锦光：《论我国抽象行政行为的司法审查》，载《中国人民大学学报》2005 年第 5 期。

② Association of Data Processing Service Organizations v. Camps. 397 U.S. 150(1970).

③ 参见陈承堂：《宏观调控公益诉讼起诉资格的构建》，载《法律科学》2013 年第 6 期。

规定,调控行为就是有瑕疵的,法院应当救济当事人的合法权益。

笔者认为,宏观调控行为可诉体现了司法最终决原则以及法治的要求。对我国现行法律在宏观调控诉讼方面的障碍作出回应后,我们期待宏观调控这样一类和国民经济普遍相关的行为也能纳入司法审查的轨道,满足建设法治国家的要求。实践中,法院通常给予规制机构的决定以极大的遵从,因为司法部门不愿意干预规制部门的计划和政策,还因为有关规制决定的争议往往涉及该机构专门知识范围内的高度技术性问题。[①] 在涉及专业问题、判断调控行为是否具有经济合理性时,我们可以借鉴国外"法院之友"的制度,为法院提供参考意见,避免上述担忧。

结语

法治化是中国现代化实践的一项重要追求。宏观调控的法治化作为政府权力法治化运行的组成部分,在我国已作为一种普遍诉求得到了表达。在宏观调控领域我们应当树立正确的理念,认识到现代社会经济发展的迅速性、不确定性和多样性特征,故而宏观调控行为不应该也不能够局限于法律的规定,而要根据市场的变化和人民的反馈适时调节。由于调控权力具有抽象性的特征,故而对宏观调控的救济就应当是多元的、动态的,不仅包括传统法律责任,还应包括事中事后的问责与责任承担。调控行为也是根据市场变化而不断调整、修正的,宏观调控就应当始终坚持经济最优发展、负外部性最小的理念,在实现社会整体利益的过程中,不断地"实践—认识—再实践—再认识",从而日益完善我国的宏观调控机制,有力促进我国经济社会的可持续发展。

Legal Remedies for Macro-Control

Xiaoli Bao

Abstract Macro-control is a concept with Chinese characteristics. It is an indirect means with abstract power sources. We should establish an accountability mechanism in which in-and-out systems can cooperate in order to put the macro-control under the supervision of all-around prison. In

---

① Gary Lawson, "The Rise and Rise of the Administrative State. *Harvard. L. Rev.* 107, 1231(1994).

addition, when macro-control makes a wrong decision, we should provide effective methods of remedies to promote the standard of decision-making, as well as protect legal rights and interests of citizens. What's more, macro-control is litigable, which enables victims to seek judicial remedies as a final method, and at the same time, it brings all work of the state under the rule of law.

Key words macro-control; accountability mechanism; liability; justiciability

权利研究

中国特色公民权利和政治权利发展道路*

公欣欣**

内容摘要 公民是西方社会长期存在的现象,公民的权利问题是与公民同步产生的。公民权利与政治权利是一类保护个人的自由免遭政府与私人组织的侵犯、保证个人参与国家活动的公民与政治生活不受歧视与限制的权利。公民权利与政治权利是国际人权的原始与主要组成部分,它们组成了1948年《世界人权宣言》的第一部分,属于三代人权理论中的第一代人权,并且属于消极与积极权利理论中的消极权利,它主要强调国家权力的不干预、不介入,制约政府权力,通过对公民权利和政治权利的适当配置,使之起到限制、遏制权力泛滥的作用。此外,它还事关个人人格完整,保障个人权利,并最终实现公共权力与个人权利之间的平衡。而公民权利和政治权利在我国的发展也经历了一个长期的过程,最终形成了一个以宪法为统帅,以普通法律、法规为组成部分的比较完整的公民权利和政治权利体系。由于传统与现实需求的影响,我国的公民权利和政治权利的发展体现出了自身独特的品格,包括历史性、集体取向性、政府主导性、国际接轨性,并在全球化的背景中不断地与国际人权公约进行调适。

关键词 公民;公民权利和政治权利;演变;品格;发展诉求

引言

人权观念、人权制度体系是在西方人权价值和理念下构建起来的,是从

---

* 本文为国家社科基金重点项目“中国特色人权发展道路”(项目批号:11AZD044)的阶段性成果。

** 作者简介:公欣欣,山东大学法学院宪法学与行政法学专业2013级硕士研究生。

公民权利与政治权利开始的。公民是人类社会发展到一定阶段,继而从法律上确认人人平等原则之后才出现的概念。从公民的缺失,到公民概念的确立和普遍使用,公民概念几乎伴随着中国追求宪政的每一步。公民是一个舶来品,从最初的"西学东渐"开始接触现代意义上的公民、人权概念,虽然历经波折,中国人民仍然在发展人权的过程中取得了历史性的进步,目前形成了一个以宪法为统帅,以普通法律、法规为组成部分的比较完整的公民权利和政治权利体系。由于全球化的时代背景,在立足于本土资源基础之上,我们还应当与国际人权公约所确立的普适性人权标准相协调,以普适性的人权标准来审视现行权利体系,在整合国际标准与本土因素之上,促成中国公民权利和政治权利体系的转型。

本文主要通过对公民、公民权利和政治权利的阐述,进而对中国公民权利和政治权利的发展进行回顾、总结和反思,凸显我国公民权利和政治权利发展的品格,并认为我国公民权利和政治权利依然有很大的发展空间,应在整合国际标准与本土因素的基础之上更好地发展我国的公民权利和政治权利。

一、公民权利和政治权利概述

(一)公民

公民是人类社会发展到一定阶段,继而从法律上确认人人平等原则之后才出现的概念。"公民"一词在古代与现代有着截然不同的含义。简言之,公民在古代是相对于奴隶而言的,在现代是相对于外国人而言的。公民的概念是不断发展变化的,从词源上来讲,公民源于古希腊城邦国家,公民代表的只是少数人的一种特权,同时带有等级色彩。赫勒指出:"在古代城邦中(罗马帝国除外),公民权并不是一项权利,而是代表地位和特权。"[①]在古希腊的城邦国家中,公民制是建立在对奴隶制的认同之上的,只有城邦中有地位、有财产、有善德的成年男性自由民才具有公民身份,妇女、儿童、老人、奴隶和外邦人是不能被称为"公民"的。资产阶级革命赋予了公民概念以新的含义,使公民与臣民明显地区分开来,并且在资本主义法律实践中,公民的范围是逐步扩大的。在现代资本主义国家中,公民的概念以及资格的取得主要取决于各国国内法的规定。在我国,从公民的缺失,到公民概念的确立和普遍使用,公民概念几乎伴随着中国追求宪政的每一步进程。近

---

① Agnes Heller, *A Philosophy of Morals*, Oxford: Basil Blackwell Ltd, 1990, p. 147.

代之前,我国是不存在公民概念的,公民概念最初引自近代的日本,其原意是“作为行使参政权等公权的主体”。在近代中国相关宪法及法律文件的规定中却多采用“人民”一词,直到 1954 年之后才开始一律采用“公民”的概念,凡具有中华人民共和国国籍的人,都是中华人民共和国的公民。

1. 公民概念的历史演变

公民是西方社会长期存在的现象,公民权利问题与公民的产生是同步的。雪莱曾经说过:“我们全是希腊人的;我们的法律,我们的文学,我们的宗教,我们的艺术,根源都在希腊。”[①]古希腊文明是西方文化的发源地,现代西方文明的雏形应该到古希腊文化中去找寻。从词源学上看,“公民”一词源于希腊文“波里德”(civis),原指一个城邦的人,古希腊城邦孕育了最早的公民观念。亚里士多德(公元前 384～前 322)是西方学术史上的重要人物,是古希腊政治理论的集大成者。他提出了最初的公民理论,为现代公民的定义提供了原初的范式。他指出,“城邦正是若干公民的组合”[②],“凡有权参加议事和审判职能的人,我们就可说他是那一城邦的公民”[③]。从他的观点可以看出,公民身份的获得主要是依据议事与审判等政治权利的获得与享有,至于该权利是由先天血统或门第、居住地或诉权还是政体变革而获致则相对次要了,也就是说政治权利才是公民资格的实质要件,但是并不是所有的人都能参与城邦政体进而成为城邦的公民,他把奴隶与外邦人排除在外。在古希腊,奴隶只是会说话的工具而已,它们作为主人的财产而存在。此外妇女、未到登籍年龄的儿童和已过免疫年龄的老人也不是全被称为公民。他甚至认为工匠、“忙于田畴”的农民与“从事贱业”的商贩也不是理想城邦的公民,因为他们没有闲暇来培育善德。这里所谓的“善德”是指既能统治也能被统治的良好的公民品德。

古罗马继续沿用了古希腊关于公民的规定,它确定了哪些人是罗马人,哪些人不是罗马人。公元前 6 世纪左右,公民的范围最初只包括贵族阶级,后来随着商品经济的发展,平民开始反抗贵族的压迫,在罗马共和国开创以来的长达两个世纪中,罗马平民和贵族围绕着政治和社会领域的公民平等问题进行着此起彼伏的斗争。《十二铜表法》即是平民反抗贵族压迫的成

① [美]爱德华·伯恩斯、菲利普·拉尔夫:《世界文明史》第 1 卷,罗经国等译,商务印书馆 1987 年版,第 258 页。

② [古希腊]亚里士多德:《政治学》,吴寿彭译,商务印书馆 1997 年版,第 109 页。

③ [古希腊]亚里士多德:《政治学》,吴寿彭译,商务印书馆 1997 年版,第 113 页。

果。经过长期的斗争,“平民除了社会和经济地位有所改善外,还争得了人身自由和在政治与法律上同贵族享受平等的权利。他们有权担任国家公职,参加公民大会,在法理上成了共和国的主人”①。随着古罗马的扩张以及商品经济的发展,公民的范围先是扩展到本国的平民阶层,后又扩展到被征服的平民,进而扩展到帝国疆域内的绝大多数男性臣民。

公元476年日耳曼人攻陷罗马之后,欧洲历史进入了漫长的中世纪。中世纪里并没有出现严格意义上的公民,取而代之的是国民或者臣民。不难理解,随着中世纪的到来,西方社会形成了国王、教会、贵族的封建统治,教会与封建君主成为国家与人民的主宰。奥古斯丁认为,人是两个城市的公民:一是他出生的城市,一是上帝城;人一生的基本事实就是人的利益的区分:以肉体为中心的世俗利益和专门属于灵魂的另一世界的利益。② 在王权与神权的双重影响下,广大社会成员成为了臣民,世俗和在一定范围内的公民观念很难得到发展。臣民(subject)一词来源于拉丁语 sub 和 jacio,意思是“处于他人强权之下的人”③。如果说公民之间是以平等的和横向的政治关系为主,那么臣民之间则是等级的和纵向的政治依附关系。11世纪晚期,随着商品经济与海外贸易的发展,商品的流通促进了城镇与乡村的联结,大规模的城市出现了,相应地出现了一个新的阶层即市民阶层,他们积累了较多的财富,摆脱了土地的束缚,成为了政治生活中除贵族和僧侣之外的第三种力量。他们主张城市自治,倡导契约自由、私有财产、世俗权利与法律。这时的公民主要是指城市层面上的公民,在封建君主或者专制君主眼中,他们与农民一样都是臣民。里森伯格说道:“中世纪文艺复兴时期,日益增长的民族君主制绝不知道在王国层面上的公民,只是在市政的层面上及在某些情况下,仅仅特别指原先由主教统治的一个城市的那一部分居民。”④

近代资产阶级革命赋予了公民以新的含义,使公民与臣民明显地区分开来。英国13世纪初发生的大宪章运动,其宗旨为保障封建贵族的政治独立与经济权益,限制国王的权利,如教会享有自由选举教职的权利;未经合

---

① 施治生、郭方主编:《古代民主与共和制度》,中国社会科学出版社1998年版,第244页。

② 参见[美]乔治·霍兰·萨拜因:《政治学说史》,盛葵阳、崔妙因译,商务印书馆1986年版,第232页。

③ [美]戈登·伍德:《美国革命的激进主义》,傅国英译,北京大学出版社1997年版,第173页。

④ 刘军等:《近现代西方公民权利观念的发展》,江西出版社2010年版,第37页。

法裁判,对任何自由人不得施行逮捕、监禁、没收财产、放逐出境等处分;未经大会同意不得征收额外税金等。虽然在当时它是封建贵族与国王之间权利争夺的产物,但是随着资产阶级革命的发展,《自由大宪章》逐渐被资产阶级利用。革命胜利后,民族国家兴起,此时公民身份以自由、平等、权利、独立为典型特征,每个人都是生而平等的、自由的,每个人都可以成为公民,而不再强调财产、出身、性别等。资产阶级取得政权之后,以宪法确认"天赋人权""主权在民"原则,如英国革命后期,议会通过了一系列法案,以法律的形式肯定了革命的成果,也就是当时人所追求的人身、财产和经营自主的权利。1679 年的《人身保护法》、1689 年的《权利法案》和 1700 年的《王位继承法》是 17 世纪英国资产阶级为了巩固革命成果而通过的重要法案,集中反映了当时资产阶级的追求和愿望。其中,《权利法案》的内容主要是关于财产与人身的,如未经国会同意的征税为非法;向国王请愿是臣民的权利,不可对其判罪或控告;国会议员应自由选举,国会内的演说、辩论应是自由的,不可受到弹劾或讯问;任何人在被定罪前,不得以任何方式剥夺其财产等。① 全体社会成员在法律上都成为了国家的公民。但是在近现代资本主义法律实践中,公民范围是逐步扩大的,从公民范围扩大的顺序上,先是贵族、资产阶级,后是男性一般劳动者,最后是妇女。如 1866 年美国《民权法案》将公民范围扩大到黑人;1868 年通过的《美国宪法》第 14 条修正案规定,任何种族的人出生在美国就是美国公民;1924 年公民范围又扩大到美国的印第安人;20 世纪随着女权主义运动如火如荼地进行,公民范围又扩大到了妇女。无论各国公民法如何变化,公民身份始终体现着各国国民自治和与外邦人相区别的制度。

2. 公民概念在中国

从公民的缺失,到公民概念的确立和普遍使用,公民概念几乎伴随着中国追求宪政的每一步进程。"公"和"民"分别有着丰富的含义,这两个字连在一起使用是近代以后才逐渐出现在中国文人志士的介绍与翻译的著作中。康有为应该是较早使用近代意义上的公民概念的人,他曾发表《公民自治篇》。"公民这个名词,系指享有参政权的人民而言。因为某一国公民所享有的参政权,其范围或与另一国公民的参政权不同。所以公民这个名词,在一国有一国的含义。"②在近代,中国涉及相关内容时,却多采用人民一

① 参见何勤华主编:《外国法制史》,法律出版社 1999 年版,第 163～164 页。

② 王世杰、钱端升:《比较宪法》,中国政法大学出版社 1997 年版,第 133 页。

词，直到1954年之后才开始一律采用公民的概念。1954年宪法开始，公民这一用语就不仅用于表示一般的基本权利的享有者，同时也指基本义务的承担者。此后，相继制定修改的三部宪法中，其均广泛采用公民这一概念，同时也不再独立使用国民这一概念。我国现行《宪法》第33条规定："凡具有中华人民共和国国籍的人都是中华人民共和国公民。中华人民共和国公民在法律面前一律平等。任何公民享有宪法和法律规定的权利，同时必须履行宪法和法律规定的义务。"它表明，在我国，公民除须具有中华人民共和国国籍外，没有另外的资格限制。这样，不仅公民的范围扩大了，而且公民之间的资格平等性也得以彰显。

3.公民的概念

首先，公民代表的是个人的一种身份或资格。公民只是个人的一种身份，不具有群体的属性。近现代西方公民范围是逐步扩大的，种族、宗教、财产、性别、出身等因素都曾是衡量公民资格的因素，但是随着社会的发展，这些因素被逐渐破除，公民的范围也在不断地扩大。

其次，公民反映的是个人与国家之间的关系。在古希腊，公民是指有权参加议事和审判职能的人。凡是公民均有权出席民众大会，可以被选举担任各种公职、领取津贴等，同时承担一定的义务。即使在近现代，凡是公民即享有国家法律赋予的经济、政治、文化等方面的权利，同时承担该国法律规定的各种义务。由此可以看出，公民身份反映的是国家与公民之间关系，虽然不同制度环境下的公民身份发展方式不尽相同，但是整个人类历史就是一部人类自主意识不断增强、自主能力不断提高的历史，这一不可逆转的趋势表明公民身份必然实现由被动到主动、由统治客体向统治主体的转变。①

再次，公民反映的是平等主体之间的横向关系，因而与臣民相区别。在欧洲中世纪和中国古代，君主凌驾于一切人之上，大多数民众没有参与政治的权力，只是现行体制的消极服从者，即臣民。卢梭处于法国资产阶级革命的前夜，他以社会契约论为武器向封建君主专制展开斗争，要解决的问题是如何建立资产阶级共和国，把人从奴役状态解放出来，从臣民变为公民。他认为，人们通过社会契约结合而形成的公共人格，"以前成为城邦，现在则称为共和国或政治体"，"至于结合者，他们集体地称为人民；个别的，作为主权

① 参见李艳霞：《西方公民身份的历史演进与当代拓展》，载《厦门大学学报》(哲学社会科学版)2006年第3期。

权威的参与者,就叫作公民,作为国家法律的服从者,就叫作臣民”。[①] 近代资产阶级革命在人与人之间产生了自由契约关系,个人才第一次成为自由独立的理性个体,作为一个公民成为政治参与的主体。臣民将政府视为“他们”,而公民则将政府视为“我们”。如法国的《人与公民权利宣言》规定,“在权利方面,人们生来是而且始终是自由平等的”(第1条);“这些权利就是自由、财产、安全和反抗压迫”(第2条);“法律是公共意志的表现,在法律面前人人平等”(第6条)。

最后,公民以国籍为标识。国籍是一个人属于某个国家的一种法律上的身份,反映了一个人同某一个特定国家之间固定的法律联系。[②] 国籍对一个人来说是至关重要的,《世界人权宣言》宣称:“人人有权享有国籍”,“任何人之国籍不容无理褫夺”。这说明取得国籍的权利已经成为人权的组成部分了。公民资格的取得与丧失以国籍的取得与丧失为转移,取得了这个国家的国籍即成为了这个国家的公民,丧失了这个国家的国籍就不再属于这个国家的公民,不再享有这个国家赋予公民的政治、经济等权利与各种优惠。国籍与公民资格既有联系又有区别。一个人取得一个国家的国籍即成为这个国家的公民;反之,具有这个国家的公民资格必须拥有这个国家的国籍。此外,国籍的外延要宽泛,公民资格仅限于自然人,船舶、飞机、公司等也可拥有国籍;一个人还可以拥有双重或者多重国籍,那么他就是两个以上国家的公民;无国籍的人就没有公民资格。

(二)公民权利和政治权利

基本权利或宪法权利是指宪法上的权利,即宪法确认和保障的权利[③],这一权利的发展经历了一个历史的发展过程。早期的基本权利以个人主义和自由主义为理论基础,是为了防范政府侵犯个人权利,要求国家的消极不作为;后来随着社会的发展,国家由消极不作为转变为积极作为,公民的基本权利发生了相应的变化,既包括要求国家消极不作为的权利,也包括要求国家积极作为的权利。此外,基本权利还是一个不断开放和发展的体系,并随着时代与国际情势的变化趋向完善。

1. 基本权利的分类

(1)自由权与社会权。这是依据不同权利的价值属性以及其与国家权

---

① [法]卢梭:《社会契约论》,何兆武译,商务印书馆1997版,第26页。

② 参见谢鹏程:《公民的基本权利》,社会科学出版社1997年版,第5~6页。

③ 参见韩大元:《基本权利概念在中国的起源与演变》,载《中国法学》2009年第6期。

力的关系所作出的分类，这是传统宪法学、自由主义宪法和国际人权领域特有的一种分类方法。自由权指公民权利和政治权利；社会权指的是经济、社会和文化权利。早期自由资本主义国家占主流的意识形态认为公民权利和政治权利是要求国家不得干预个人自由的不作为的权利，属于消极自由范畴。这些权利都是个人所享有的最基本的权利，也是宪法和法律必须予以保障的权利，是需要即可实现的权利，体现了自由价值。而社会权则是需要国家积极行为从而为个人提供福利、利益等，属于积极自由的范畴。它包括工作权、享受良好的工作条件的权利、组织参加工会的权利、享受社会保障和社会保险的权利、获得相当的生活水准的权利、受教育权、享受文化和科技利益进步的权利等。这些权利体现的是平等的价值。许多保守主义者和自由主义者认为，经济、社会和文化权利实际上不是人权，最突出的是莫里斯·克莱斯顿的观点。他认为，生命、自由和财产这些公民和政治权利是普遍的、最高的和绝对的道德权利。但是，经济和社会权利既没有普遍性和实践性，也没有最高的重要性，即它们并不是真正的人权。克莱斯顿认为，公民权利和政治权利可以通过立法得到保障，而经济和社会权利却基本上不能仅仅通过立法来予以保障，而往往要求国家通过积极行为提供实质保障，但很多国家又往往缺乏提供这种实质保障的能力。[①] 因此，一些国家在宪法中没有规定社会权，如法国以《人权和公民权利宣言》作为宪法序言，而《人权和公民权利宣言》中没有关于社会权的有关规定。有的坚持对权利体系作二分法或者三分法，一些区域性的人权文件和国际人权公约即采用了二分法，如《公民权利和政治权利国际公约》和《经济、社会和文化权利国际公约》。

(2)公民权利、政治权利与社会权利。这是根据人在自然状态和社会状态下的不同属性以及价值所作的分类。在西方法律思想史上，作为私人的权利一直受到一种独特思想观念体系的支撑，那就是自然法思想。很长的一段时间，自然法思想探讨的自然状态中的个人是作为私人的存在，其所享有的权利也被称为自然权利。在进入社会状态之后，政治国家组织的运行过程中出现了关心和参与公共事务的公民，才有了一系列法律上的权利。这一权利是个人在获得社会共同体成员资格后才享有的权利，其中包括了自然权利与政治权利，这也是为什么西方政治法律思想史和制度史上一直

---

① 参见［美］杰克·唐纳利：《普遍人权的理论与实践》，王浦劬等译，中国社会科学出版社2001年版，第31页。

将人和公民区分开来的传统的原因。作为人,其主要含义是自然状态中的个体,其所享有的权利主要是自然权利,如生命、自由、财产和安全;公民是在社会政治状态下的人,其所享有的权利既包括自然状态下的自然权利,也包括政治参与权利,如选举权、被选举权、创制权、复决权、罢免权和监督权等。按照人权与国家是否有关系进行划分,如果人不与国家发生关系也能够享有的那些人权叫作"自然人的权利"。例如人的人格、健康、生命、信仰等,它们不依赖国家而存在。如果人与国家发生关系才能够享有的那些人权就叫作"公民的权利",例如选举、言论、批评、控告、检举等诸如此类的人权行为。实际上,法国《人权宣言》的全称——《人和公民的权利宣言》就已经对此作出了区分。[①] 1791 年,法国宪法在第一篇"宪法所保障的条款"第 3 条中指出,"宪法也同样保障下列的自然人权利和公民权利",将人和公民作了二分,承认一些权利是作为人所应享有的,一些权利是作为公民所享有的。直至今天,这一传统仍在延续。国际人权文件之一的《公民权利与政治权利国际公约》体现了两者的差异,所不同的是,此处的公民权利虽然在名称上为公民,其主要所指仍是自然人所享有的权利,政治权利则是作为社会政治共同体成员所享有的权利。这也是为什么西方长期以来排斥将权利称为公民权利,坚持称之为人的权利。因为公民权利依赖法律,将人的权利概称为公民权利,意味着其具有国家政治属性,权利的获得依赖于一国公民的资格,权利具有了从属于国家政治的属性,权利的享有似乎是国家的让与。人的权利则不然,由于权利的获得并非国家政治的产物,其权利的享有不仅不依赖国家或者社会政治共同体成员的资格,反而具有了对抗国家的属性,国家不仅不能剥夺个人的自然权利,反而必须保障这些权利的实现。[②]

政治权利是在社会政治状态下人参与的权利,是民主价值的体现。它指的是自我表现意义上的基本权利,主要表现为公民政治权利;它是一种参与公共事务的决策与处理之权利,处于国家政治秩序之内;其基本内容为选举权、被选举权、创制权、复决权与罢免权等。早在古希腊罗马时期,有资格获得公民身份与地位的人首先表现为拥有参与公共事物的决策与处理的权利。[③] 社会权利涉及社会状态下的自我发展,是要求政府积极作为予以保

① 参见徐显明:《世界人权的发展与中国人权的进步——关于人权法律史的理论思考》,载《中共中央党校学报》2008 年第 2 期。

② 参见郑贤君:《基本权利原理》,法律出版社 2010 年版,第 155～156 页。

③ 参见郑贤君:《基本权利的宪法构成及其实证化》,载《法学研究》2002 年第 2 期。

障和救济的权利。[①] 自我发展和实现意义上的公民社会经济权利则是平等价值的宪法体现。在主体方面,社会经济权利的享有者不仅仅是有财产的人,而且包括社会弱势群体,如无财产的人、失去工作或没有工作的人、妇女、老年人、退休人员、残障人、儿童等。在内容上,社会经济权利包括社会安全的权利、工作的权利、休息和闲暇的权利、受教育的权利、达到合理生活水准的权利和参与文化生活的权利。在与国家权力的关系上,这类权利试图接近政治秩序,故其依赖于政治秩序与国家权力,属于积极意义上的基本权利,必须通过政府干预才能实现。[②]

对于公民权利的翻译,我国理论界也存在着争议。如郭道晖对《公民权利与政治权利国际公约》的文本翻译提出过商榷。他认为,civil rights 应该译为"私权利"而不是"公民权利"。[③] 他认为,civil 与 citizen 的本意与中译文存在疏误,civil 本来大多指"民事的""私人间的"关系(有时指"文明的"),如民事程序、民事诉讼、民事案件等;而公民身份、公民地位、公民权利等都是用 citizen 或 citizenship。1966 年通过的 International Covenant on Civil and Political Rights 指出,civil rights 本意应为"私权利",与 political rights(政治权利)相区别。此外,从公约的内容上看,除了政治权利外,其余的权利都是有关自然人的生命、安全、人身自由、宗教与信仰自由、婚姻家庭等私生活的权利,这些属于私权利即民事权利。郑贤君认为,宪法上的 civil rights 是一种天赋权利或者自然权利,也是属于个人或者私人的权利。他认为,civil rights 指自我肯定和保存意义上的古典基本权利,是以人性论和天赋权利为思想基础的独立于国家秩序之外的人的自然权利,包括生命、自由、安全和追求幸福的权利。这些权利强调人的自主性,包括生命权、人身自由权、财产权、表达自由权、婚姻自由权、精神自由权等。这种看法首先建立在自然法学家对于自然状态与社会状态的区分上。存在于自然状态之下的自然权利在进入社会状态之后并未消失或者减损,反而获得了对抗国家的属性,成为个人宪法上的权利,免受国家侵犯。其次,作为实在法规范,该权利体系最早在宪法史上第一批古典宪法中以明示方式予以列举。最后,法官没有拘泥于自然权利理论,而是通过宪法解释并发展了其他解释方

① 参见郑贤君:《基本权利原理》,法律出版社 2010 年版,第 139 页。

② 参见郑贤君:《基本权利的宪法构成及其实证化》,载《法学研究》2002 年第 2 期。

③ 参见郭道晖:《何谓 civil rights? ——对〈公民权利与政治权利国际公约〉标题中译文的商榷》,载《博览群书》2006 年第 8 期。

法,将未明确列举的权利纳入宪法保护的范畴,从而扩大了宪法"civil rights"的权利内容,使其成为一个开放的权利体系。[①] 因此,公民权利是在自然状态下人与生俱来的权利,是免于政府干涉与侵犯的权利,是自由价值的体现。虽然该权利被冠以"公民"的称谓,但是在思想观念、具体内容以及社会控制等方面,它指的是古典自然权利。

2.公民权利和政治权利——国际人权法中的两类人权之一

公民权利与政治权利是一类保护个人的自由免遭政府与私人组织的侵犯、保证个人参与国家的公民与政治生活而不受歧视与限制的权利。世界各国法律通常会通过公民及政治权利规定国家与个人之间的关系,指定国家不应干涉及侵害的某些个人行为,但依据各国国情规定也不尽相同。一般情况下,公民权利包括确保公民的身体与精神的完整性、生命与安全。公民权利必须基于平等的原则保护公民不因家庭、性别、出身、肤色、性取向、种族、宗教和残疾而受到歧视。此外,其还包括个人权利,如隐私权、思想与良知自由、言论与表达自由、宗教信仰自由、出版、集会、游行示威。政治权利包括法律上的自然正义(程序公正),如被告的权利,包括得到公正审判的权利,正当程序原则,取得法律救济与补偿的权利,参与社会政治生活的权利,如结社自由、集会的权利,请愿的权利,正当防卫的权利和选举权。公民权利与政治权利是国际人权的原始与主要组成部分。它们组成了1948年《世界人权宣言》的第一部分,经济、社会、文化权利组成了其第二部分。它属于三代人权理论中的第一代人权,并且属于消极与积极权利理论中的消极权利。

《国际人权宪章》一般被认为包括《世界人权宣言》《经济、社会和文化权利国际公约》《公民权利和政治权利国际公约》及其两项任择议定书——《公民权利和政治权利国际公约任择议定书》《公民权利和政治权利国际公约第二个旨在废除死刑的任择议定书》。《世界人权宣言》(以下简称《宣言》)于1948年12月10日由联合国通过并颁布,包括序言和30项条款,序言阐述了《宣言》制定的原因和基本宗旨;30项条款依次阐述了人权的来源和基本理念、人权的具体内容以及实现机制;第3～27条阐述了人权的基本内容,包括两类权利:公民与政治权利(第3～21条)与经济、社会和文化权利(第22～27条),其中公民与政治权利包括:生命和人身自由、安全权,禁止为奴隶被奴役,禁止酷刑,法律人格,法律面前平等和禁止歧视,权利可救济性,

① 参见郑贤君:《基本权利的宪法构成及其实证化》,载《法学研究》2002年第2期。

禁止任意逮捕、拘禁和被放逐，获得公平审判权，无罪推定，私生活、家庭、住宅和通信自由、名誉荣誉受保护权，迁徙自由权，寻求他国庇护权，享有国籍权，婚姻自主权，财产权，思想、良心与宗教自由权，持有主张、发表意见自由，集会、结社自由，选举与参政权。该文件是由联合国大会通过的，并非强制性国际公约，但是这一宣言设立了人权与基本权利的国际标准，为其后的两部公约(《公民权利与政治权利国际公约》和《经济、社会及文化权利国际公约》)的确立做了铺垫，其确立的人权的各种基础理念仍是时代的主旋律。

在《世界人权宣言》通过之后，联合国人权委员会编写了一份关于旨在具体化《宣言》的人权公约草案和执行措施草案，但是在公约起草时，恰逢美苏冷战序幕，以美国为首的资本主义阵营和以原苏联为代表的社会主义阵营出现了意识形态的分歧和政治经济利益的冲突，这直接导致了对于人权的态度上的明显的差异。西方国家强调个人的政治权利和自由，并主张建立一个国际人权法院或者国际人权高级专员来实施这些权利，他们甚至不承认经济、社会和文化的权利是真正的人权；即使少数国家同意经济、社会和文化权利是人权，其意见也不统一，有的认为两类权利存在很大差别而不宜放进同一个公约中。有的认为所有的人权都应该得到同等的尊重和促进，而不能分成这样或者那样的等级。以苏联为首的社会主义国家主张经济、社会和文化权利与公民权利和政治权利具有同样的价值和地位，并认为对于这些权利的实施是一国主权问题，设立国际人权法院或者国际人权高级专员是对一国内政的干预，从而主张制定单一的公约，执行体制则留在每个缔约国主权范围之内。经过反复的讨论与讨价还价，通过斗争与妥协，人权委员会转而制定了两个公约：一个关于公民权利和政治权利，一个关于经济、社会和文化权利。这样既照顾到了两类权利的不同执行体系，又可以使不愿意同时接受两类权利的国家至少能够通过参加其中一个公约而接受一类权利。[①] 其中《公民权利与政治权利公约》(以下简称《公约》)是联合国在1966年的《世界人权宣言》的基础上通过的，共计53条，包括序言与6个部分。其核心部分是第三部分，是公约所保护的各类权利的列举。这些权利包括生命权，禁止酷刑，禁止奴隶，禁止强制或强迫劳动，人身自由和安全，犯罪(嫌疑)人人格尊严，禁止因不能履约而被监禁，迁徙自由，外侨反对驱逐出境权，获得公正审判、无罪推定以及被指控人权利，禁止累判，罪刑法

① 参见白桂梅等:《国际法上的人权》，北京大学出版社1996年版，第74～75页。转引自徐显明主编:《国际人权法》，法律出版社2005年版，第67页。

定,法不溯及既往,法律人格,私生活、家庭、住宅和通信自由以及名誉、荣誉受法律保护,思想自由,持有主张、发表意见自由,禁止鼓吹战争与民族、种族、宗教仇恨,和平集会,结社自由,婚姻、家庭、母亲、儿童受特别保护权,儿童受保护权,参政权,获得平等保护权,少数人权利。与《宣言》相比,《公约》对大部分权利进行了具体化,同时又扩充了《宣言》权利体系的外延,如增加了自决权、犯罪(嫌疑)人人格尊严、少数人权利等,而对于《宣言》中的寻求他国庇护权,公约未涉及。

1979年,任联合国教科文组织人权与和平处处长的卡雷尔·瓦萨克(Karel Vaska)提出了"三代人权"的概念,其划分是以意识形态和人权理念所产生的年代为标准的,反映了不同价值观上的侧重,带有很强的国际政治斗争的色彩。第一代人权,通常被称为"蓝色人权",本质上处理的是自由和参与政治生活。它是基本的公民权利与政治权利,理论基础为天赋人权观念,具有很强的自由主义和个人主义色彩。它消极地保护个人免遭政府权力的侵害。它是18世纪欧洲人权运动所主张的人权,主要被自由资本主义国家所信奉。第一代人权包括生命权,人身自由和安全权,私有财产权以及言论、出版、集会、结社自由和思想良心自由,获得公正审判的权利,宗教信仰自由和选举权。它被美国的《权利法案》和法国的《人权宣言》所倡导,尽管正当程序的权利得追溯到1215年的《大宪章》和英国的《权利法案》。第二代人权是经济、社会和文化权利,权利依据是平等的思想,权利的实现要求国家采取积极的措施,又被称为"积极人权"。第三代人权是殖民地人民摆脱殖民统治走向独立过程中提出的要求,即"集体人权",包括自决权、环境权、发展权等。

3.公民权利和政治权利的特征

第一,从国家与公民的关系上来看,公民权利和政治权利主要强调国家权力的不干预、不介入,即国家权力主要处于消极不作为的地位。如表达自由,台湾学者林纪东认为,"表现自由指人民有表现其意思之自由,不受非法干扰而言"[①]。再如人身自由权,有学者指出:"人身自由,指公民有人身自主权,有居止行动的自由权,不受他人的支配或控制,公民的身体不受非法侵犯。"[②]早就在1215年英国的《自由大宪章》中就有关于人身自由的规定:"任何自由人,如未经其同级贵族之依法裁判,或经国法判决,皆不得被逮

① 林纪东:《比较宪法》(上),五南图书出版公司1980年版,第197页。

② 李步云:《宪法比较研究》,法律出版社1998年版,第476页。

捕、监禁，没收财产，剥夺法律保护权，流放，或加以任何其他损害。”[①]这些权利只要不受国家干预即可实现。这与经济、社会和文化权利不同，它们要求国家积极作为。如受教育权，它需要政府通过积极的行动来获得保障，要求政府发展和维持由学校和其他教育机构组成的教育体系，举办各种学校，发展各种教育设施，创造良好的教育环境等。

第二，从权利主体来说，公民权利和政治权利的主体是全体人民，它们属于普及的权利，属于所有人。如生命权，它是我们每一个公民行使其他任何权利的前提和基础，失去了生命，人的权利根本无从谈起。而像经济、社会和文化权利这样的积极权利，它们的权利主体可能具有特定的社会属性，特别是处于弱势地位的少数人。如社会保障权，它是指公民在年老、疾病、伤残、失业、生育、死亡、生活困难、遭遇自然灾害或者其他社会危险时，从国家和社会获得生活保障或者享受其他福利待遇的权利。

第三，从权利保障的目的来说，公民权利和政治权利主要是为个人的自由和权利提供平等的保障。而经济、社会和文化权利主要是为了通过对特定人群权利的保障来促进社会整体的和谐，实现实质平等。不管是获得救济的权利、达到合理生活水准的权利、受教育的权利还是母亲、儿童受保护的权利，它们都涉及人的生存和发展问题，关系到社会的稳定与和谐。

第四，从权利救济上来说，当公民权利和政治权利受到国家权力的侵害时，公民可以通过司法制度排除侵害而获得救济。而对于以社会权为内容的积极权利，国家若不积极作为，公民就很难通过司法途径来强制立法和行政来实现这些权利，因为经济、社会和文化权利的实现依赖于一国的社会经济发展水平，并因各国的社会经济条件发展程度的不同其实现程度也不同。对于公民权利和政治权利，各国建立起系统的司法救济制度，通过公民的司法请求权来保障其实现。

（三）公民权利和政治权利的作用

公民权利和政治权利能够监督政府，防范政府权力的滥用，实现民主。公民权利和政治权利制约政府权力，通过对公民权利和政治权利的适当配置，使之起到限制、遏制权力泛滥的作用。公民权利和政治权利为政府权力的行使划定了界限，一旦政府权力逾越法定界限，公民可以通过积极反抗，迫使政府收回权力或改变不当行为，如公民可对政府的某些行政行为提起

① 董云虎编著：《世界人权约法》，四川人民出版社 1990 年版，第 231 页。转引自杜承铭等：《完善与重构：社会转型期的基本权利问题研究》，中国政法大学出版社 2012 年版，第 141 页。

诉讼。对于表达自由,表达自由作为一种有效的信息反馈机制,它能够确保公民充分发表自己对公共事务的看法,为政府的决策提供信息基础,促进政府科学、民主决策,从而保障公民表达自由权的行使,是政府充分了解民情、汇聚民意民智的重要渠道;特别是在互联网等新媒体飞速发展的今天,其拓宽了公民的表达渠道,如地方政府推行微博问政,加强了与网民的沟通。表达自由形成的社会舆论力量,对于监督政府、遏制腐败起到了重要的作用。此外,通过表达自由,使国家行政机关工作人员处于公共舆论和新闻媒体的监督之下,提高了政府行政的透明度,有利于促进政府依法行政,也有利于国家工作人员加强自律,从而减少行政执法中的随意性。在司法方面,公民可以通过多种渠道及时关注有关案件的司法进程,对司法机关进行监督,有利于推进司法公平,遏制司法腐败。法律的正当程序所表达的是政府对公民基本权利的限制或剥夺,是只有在遵循法律规定和接受司法审查的前提下方能许可的思想。美国宪法修正案的起草人麦迪逊曾经指出,"法律的正当程序","乃是防止立法或行政部门僭越专擅侵害民权的金城堡垒,而法院则是为维护其功能的卫士"。[①]

公民权利和政治权利事关个人人格完整,有利于保障个人权利的实现。通过行使选举权,选出最能代表自己利益的公民行使管理国家与社会事务的权利,促进人民民主;通过行使表达自由,使个人的利益诉求得到表达;通过参与立法与决策过程,提高公民的参政能力;通过行使沉默权,可以加强犯罪嫌疑人、被告人的防御力量,体现控辩平衡,有助于保障犯罪嫌疑人、被告人的人权,有助于抑制警察的非法取证,加强控方举证责任,追求程序正义、实体公正的统一;通过行使公正审判权,使宪法规定的公民基本权利得到保障,当公民权益受到立法、行政机关的非法侵害时公民便可要求司法机关对违法者进行法律制裁。此外,"言论自由、选举权等传统宪法权利,本身就是实现社会经济权利的方式。

二、中国特色公民权利和政治权利之演变

我国立宪运动始于清末,自清末以来出现了多部宪法及宪法性文件。每部宪法及宪法性文件都规定了公民权利和政治权利,并且因为社会的背景的不同,关于公民权利和政治权利的规定却不尽相同,但是不可否认的是关于公民权利和政治权利的规定日趋完善。目前,在国内立法方面,我国已

① 荆知仁:《美国宪法与宪政》,(台北)三民书局1984版,第78页。

经形成了以宪法为统帅,以普通法律、法规为组成部分的比较完整的公民权利和政治权利体系。

(一)中国特色公民权利和政治权利的历史演变

1. 近代中国公民权利和政治权利的孕育

中国近代史,实质上就是为了争取生存权利和政治权利而斗争和革命的历史。鸦片战争打开了中国的大门,中国进入了半殖民地、半封建社会,中国人民为争取国家的独立、民族的解放和个人的自由进行了不屈不挠的斗争。

宪法意义上的基本权利始于清末的立宪运动,1908 年《钦定宪法大纲》规定的基本权利有:担任文武官吏及议员之权,言论、著作、出版及集会、结社等自由,不受任意逮捕、监禁、处罚之权,诉讼权,审判权,财产及住宅不受侵犯权。但是权利的主体是"臣民"而非"公民",而且规定基本权利的条款并非宪法正文的组成部分,仅作为"君上大权"的附录而得以被规定。虽然它罗列的臣民权利不算少,但其前提条件是这些权利必须在法律规定的范围内方可"准许"。在"钦定"的前提下,人民权利只不过成为了宪法的装饰品而已,从而失去了其实际意义。这是以"立宪"之名,以求达到巩固专制之实的一个典型。此外,清末也进行了法律改革,制定了刑法、集会结社法律等,而且资政院和谘议局的设立,使部分国民享有了参政权。

辛亥革命推翻了在中国存在了几千年的封建帝制,建立了民主共和国,颁布了《中华民国临时约法》(以下简称《临时约法》)。其第二章"人民"中,首先确认"中华民国人民,一律平等,无种族、阶级、宗教之区别",然后宣告人民享有的基本权利自由如人民的身体非依法律不得逮捕、拘禁、审问、处罚,人民的住宅非依法律不得侵入或搜索,人民有保有财产及营业的自由,人民有言论、著作、刊行及集会、结社之自由,居住迁徙之自由,信教的自由,请愿的自由,选举和被选举权等。《临时约法》所宣示的人民权利,是对封建等级特权制度的公开否定,它对于启发人民的民主权利意识具有重大的积极意义。然而虽然民众被赋予广泛的权利自由,但是也受到了"公益""治安"等限制,并且《临时约法》也没有设立完备的独立的司法体系,有关行政诉讼权、司法审查权都没有规定,民众的权利得不到保障,而且当时的民众无意使用也不知如何使用这些权利。此外《临时约法》本身是为了防范袁世凯专权而制定的,不可避免地具有因人设法的意味。

北洋政府时期通过的第一部宪法草案是《天坛宪草》,它在第三章规定了"国民"的权利,分别列举了人民所享有的权利和承担的义务,如"中华民国人民于法律上无种族阶级宗教之别，均为平等”“人民被羁押时，得依法律以保护状请求法院，提至法院审查其理由”等。虽然其也规定了不少权利，但是没有宣示主权属于人民，对权利的保障也采用法律保障主义。袁世凯上台后，为了当选大总统采取了一系列的反革命步骤，废止了《临时约法》，解散了国会，并在自己的控制下制定了《中华民国约法》。由于该约法集中体现了袁世凯的意志，所以又被称为《袁记约法》。[①] 至于人民的权利，虽然对其的规定也有十多条，但也被冠以“在法律范围内”，它只不过是袁世凯用以专权的工具而已，很快《中华民国约法》就随袁世凯一起短命了。1923 年 10 月 10 日，《曹锟宪法》被公布，这部宪法从体例到内容都是以《天坛宪草》为模本的，同时也超出了《天坛宪草》的范围。毛泽东曾经说过：“宪法，中国已有过了，曹锟不是颁布过宪法吗？但是民主自由在何处呢？大总统，那就更多……但是他们和专制皇帝有什么分别呢？他们的宪法也好，总统也好，都是假东西。像现在的英、法、美等国，所谓宪政，所谓民主政治，实际上都是吃人政治。……他们一面谈宪政，一面却不给人民以丝毫的自由。”[②]总而言之，这些宪法虽然在文本上规定了较全面的人民权利，但实际上这些权利都被剥夺了，它们只不过是独裁者用来进行集权统治的工具，人民的权利和自由并没有得到落实。

孙中山逝世后，蒋介石以军事强人的方式获得了国民党的领导权。在其主导下，国民党开始了一党专政的尝试。自 1928 年开始，国民党开始颁布《训政纲领》《国民政府组织法》《训政时期约法》等一系列法律、法规，准备实行以党训政。训政时期，国民党在国家权力体系中的地位是一元化的，而且人民虽然享有选举、罢免、创制、复决四种权利，但是要接受国民党的“训导”。1931 年，孙中山正式公布了《中华民国训政时期约法》，它是在《训政纲领》的基础之上制定的，在文本中虽然有关于人民权利的规定，但是等于虚设。在党权高于一切的情景下，人民主权原则被虚化，国民大会不可能真正代表国民。九·一八事变和一·二八事变后，日本不仅占领了东三省而且还加快了侵华步伐，中国共产党和各民主党派要求国民党结束训政，实行宪政，集中力量抗日。迫于压力，国民党于 1936 年 5 月 5 日公布了《中华民国宪法草案》，史称《五五宪草》。它规定了总统的权力、人民的权利，增加了社会权的规定，其第 25 条规定：“凡限制人民自由或权利之法律，以保障国

① 参见张晋藩：《中国宪法史》，吉林人民出版社 2004 年版，第 208 页。

② 《毛泽东选集》第 2 卷，人民出版社 1991 年版，第 736 页。

家安全、避免紧急危难、维持社会秩序,或增进公共利益所必要者为限”,这体现出了社会本位的原则。抗战胜利后,蒋介石不顾全国人民渴望独立、和平和民主的意愿,希望通过内战来消灭民主革命力量,以巩固其反动统治,并制定了《中华民国宪法》。它实行的也是政府集权,虽然规定了身体自由(第9条),居住、迁徙自由(第10条),言论、讲学、著作及出版自由(第11条),通信秘密自由(第12条)等,但同时也规定了为了维持社会秩序或增进公共利益,可以法律限制之。这实际上也就赋予了政府以强权限制公民权利的权力,人民的权利保障只是一句空话而已。

中国共产党在领导革命的过程中建立的革命根据地,在人权立法方面也取得了一定的成就。《中华苏维埃共和国宪法大纲》规定,苏维埃政权是属于工人、农民、红色战士及一切劳苦民众的。在此前提下,在苏维埃政权领域内的工人、农民、红色战士及其一切劳苦民众享有的基本权利有:在苏维埃法律面前一律平等,言论、出版、集会、结社的自由,婚姻自由,受教育的权利,信教自由,少数民族的自决权,妇女享有参加社会经济、政治、文化、生活的权利等。1941年的《陕甘宁边区施政纲领》规定:“保证一切抗日人民(地主、资本家、农民、工人等)的人权、政权、财权及言论、出版、集会、结社、信仰、居住、迁徙之自由权。”除了大家所熟知的《中华苏维埃共和国宪法大纲》《陕甘宁边区施政纲领》《陕甘宁边区宪法原则》之外,许多革命根据地还制定了专门的人权保障方面的法律文件,主要有:1940年11月11日公布施行的《山东省人权保障条例》;1941年11月17日通过的《陕甘宁边区保障人权财权条例》;1941年11月23日公布的《冀鲁豫边区保障人民权利暂行条例》等。由于中华民族与日本帝国主义的矛盾成为主要矛盾,中国共产党也及时调整了相关的权利规范,如在权利内涵上,人民不仅享有言论、出版、集会、结社、信仰、居住、迁徙、通信等广泛的公民权利和政治权利,还享有获得救济的权利、武装自卫权、健康权以及对财产权的保障等等。在解放战争期间,各个解放区的施政纲领在权利的配置上,都重视政治自由,规定了一些人民生存和发展所必须的权利。

2.公民权利和政治权利的产生与初步形成

新中国成立后,我国逐步建立起了有中国特色的公民权利和政治权利体系。在法律文本上,我国公民权利和政治权利的规定已很完善,我国公民权利和政治权利得到了有效保障。

1949年9月29日,中国人民政治协商会议第一届全体会议通过的《中国人民政治协商会议共同纲领》,虽然没有使用宪法的名称,但是在随后中华人民共和国宣告成立之后,实际上是被作为临时宪法使用的。《共同纲领》将人民的权利和义务置于“总纲”部分,与新中国的性质、任务以及各项基本政策相并列。“总纲”规定了人民享有选举权和被选举权,思想、言论、出版、集会、结社、通讯、人身、居住、迁徙、宗教信仰及示威游行的自由权,妇女与男子在政治、经济、文化教育、社会生活等方面的平等权以及婚姻自由,在其他章节也分散地规定了部分权利,如第 19 条规定了有关人民和人民团体控告国家机关和公务人员违法失职行为的权利。从总体上来看,有关权利的规定以政治权利为主,兼顾了部分公民权利。其内容基本上延续新民主义时期各革命根据地的宪法性文件的内容。它将整体的人民作为关注点,因而个体公民权利和政治权利的内容有所缺失。此外,《共同纲领》确认和保障的权利不可避免地带有历史的烙印,例如在权利主体的界定上使用“人民”而不是“公民”,这就把政治概念当作了法律概念,从而限制了权利主体的范围。这种规定是与当时的历史条件相适应的,即当时新民主主义革命虽然取得了胜利,但依然存在着敌对阶级,当时的主要任务是巩固新生的人民政权,从而不允许反动分子享有人民权利。总而言之,《共同纲领》作为公民权利和政治权利体系的肇端,体现了人权保障和人民主权原则,构建了其后几部宪法公民权利和政治权利体系的雏形,奠定了权利保障的基本精神,其意义和价值不容忽视。

1954 年宪法是中华人民共和国的第一部宪法,是对《共同纲领》规定的基本原则、精神以及内容的继承和发展。第一章“总纲”部分规定了财产权受保护和私有财产的继承权;第三章比较详细且广泛地规定了公民权利和政治权利,其中包括:平等权,选举权和被选举权,言论、出版、集会、结社、游行、示威的自由,宗教信仰自由,人身自由,住宅、居住、迁徙自由,通信秘密受法律保护,妇女的平等权利以及申诉控告和取得国家赔偿的权利,华侨的正当权利和利益以及外国人居留权。可以说 1954 年宪法比较系统和全面地规定了公民权利和政治权利。有学者指出:“为何在 1954 年宪法中能够对基本权利作出比较系统的规定,后来的宪法对基本权利的确认为何始终无法超越于 1954 年宪法的规定之上,一直呈现出恢复性的发展路径,即基本权利的变化大体是对 1954 年宪法的恢复与重建,基本权利的创造性和突破性发展内驱力不足。”[①]此外“五四宪法”开始使用“公民”的概念,权利主体的范围扩大了。总体来说,1954 年宪法规定的公民权利和政治权利范围

① 王广辉:《论中国宪法基本权利的发展》,载《政法论丛》2010 年第 4 期。

扩大了,其勾勒出了公民权利和政治权利体系的基本框架。由于制定此宪法时新中国处于成立初期,国民经济总体上比较薄弱,国家的主要任务在于恢复和发展国民经济,国家总体上保障公民权利和政治权利的能力有限,因此宪法有的条文中使用了“逐步”字样。这表明当时公民权利和政治权利的相关规定受制于当时的物质条件。①

3.公民权利和政治权利的挫折

1957 年后,国家政治生活中极“左”思潮抬头并日益泛滥,如把广大知识分子、爱国人士为使社会主义制度更加完善而提出的许多善意的批评当作是反党反社会主义的言论,这严重挫伤了人们参政议政的积极性,关于言论自由的规定也因此成了一纸空文。十年的“文革”浩劫使国家的整个法制系统彻底瘫痪,公民的权利遭受空前践踏。1975 年宪法对公民权利和政治权利的规定大大缩减,取消了“五四宪法”中关于公民在法律上一律平等的规定和财产权的规定,在增加了罢工自由、信仰宗教的自由和不信仰宗教的自由、宣扬无神论的自由的同时,删掉了“五四宪法”规定的迁徙自由、对国家工作人员的要求赔偿权,简化了对选举权和被选举权的规定;而且一反常规,将基本义务置于基本权利之前,并且基本权利被置于宪法文本的最后,这显示了对于公民权利和政治权利的漠视。

4.公民权利和政治权利的形成与发展

1978 年宪法基本恢复了 1954 年宪法关于公民权利的若干规定。但由于国家指导思想上的拨乱反正尚未完成,这部宪法的“左”倾意识仍较明显,坚持“两个凡是”的错误方针,坚持“以阶级斗争为纲”的指导思想。“公民在法律上一律平等”、居住与迁徙自由、取得赔偿权等仍被搁置在一边,而且保留了“大鸣”“大放”“大辩论”“大字报”等不科学的权利规范,而这“四大”在实践中的确是侵害公民权利的因素。这部宪法颁布后不久便进行了两次修改以适应现实生活的需要,并在第二次修改中删除了“四大”的规定,但从整体上看,它对公民基本权利的规定尚达不到 1954 年宪法的水平。

1978 年 12 月,中共十一届三中全会召开,这次会议恢复了“解放思想,实事求是的思想路线,并提出了改革开放的战略方针,从此我国进入了改革开放的新时期,预示着我国伟大的历史转折。由于社会发展与实践的要求对“七八宪法”提出了新的更高的要求,全面修改“七八宪法”、制定一部适应

① 参见程乃胜:《论影响五四宪法公民基本权利规定的因素》,载《学习与探索》2010 年第 2 期。

新时期社会发展的新宪法已成为历史发展的必然。1982 年 12 月,《中华人民共和国宪法》应运而生。

1982 年宪法在 1954 年宪法规定的权利体系基础上,结合中国实际规定了公民的基本权利。关于公民权利和政治权利的规定,它既在"总纲"部分规定了公民的合法财产所有权受国家保护以及私有财产依法继承的权利,又在第二章规定:(1)选举权和被选举权。(第 34 条规定:"中华人民共和国年满十八周岁的公民,不分民族、种族、性别、职业、家庭出身、宗教信仰、教育程度、财产状况、居住期限,都有选举权和被选举权;但是依照法律被剥夺政治权利的人除外。")(2)言论、出版、集会、结社、游行、示威的自由。(第 35 条规定:"中华人民共和国公民有言论、出版、集会、结社、游行、示威的自由。")(3)宗教信仰自由。(第 36 条规定:"中华人民共和国公民有宗教信仰自由。任何国家机关、社会团体和个人不得强制公民信仰宗教或者不信仰宗教,不得歧视信仰宗教的公民和不信仰宗教的公民。国家保护正常的宗教活动。任何人不得利用宗教进行破坏社会秩序、损害公民身体健康、妨碍国家教育制度的活动。宗教团体和宗教事务不受外国势力的支配。")(4)人身自由。(第 37 条规定:"中华人民共和国公民的人身自由不受侵犯。任何公民,非经人民检察院批准或者决定或者人民法院决定,并由公安机关执行,不受逮捕。禁止非法拘禁和以其他方法非法剥夺或者限制公民的人身自由,禁止非法搜查公民的身体。")(5)公民的人格尊严不受侵犯。(第 38 条规定:"中华人民共和国公民的人格尊严不受侵犯。禁止用任何方法对公民进行侮辱、诽谤和诬告陷害。")(6)住宅不受侵犯。(第 39 条规定:"中华人民共和国公民的住宅不受侵犯。禁止非法搜查或者非法侵入公民的住宅。")(7)通信自由和通信秘密。(第 40 条规定:"中华人民共和国公民的通信自由和通信秘密受法律的保护。除因国家安全或者追查刑事犯罪的需要,由公安机关或者检察机关依照法律规定的程序对通信进行检查外,任何组织或者个人不得以任何理由侵犯公民的通信自由和通信秘密。")(8)批评、建议、申诉、控告和检举。(第 41 条规定:"中华人民共和国公民对于任何国家机关和国家工作人员,有提出批评和建议的权利;对于任何国家机关和国家工作人员的违法失职行为,有向有关国家机关提出申诉、控告或者检举的权利,但是不得捏造或者歪曲事实进行诬告陷害。对于公民的申诉、控告或者检举,有关国家机关必须查清事实,负责处理。任何人不得压制和打击报复。由于国家机关和国家工作人员侵犯公民权利而受到损失的人,有依照法律规定取得赔偿的权利。")此外,宪法还规定了诉讼权利。(第 125

条规定:“人民法院审理案件,除法律规定的特别情况外,一律公开进行。被告人有权获得辩护。”第 134 条规定:“各民族公民都有用本民族语言文字进行诉讼的权利。人民法院和人民检察院对于不通晓当地通用的语言文字的诉讼参与人,应当为他们翻译。”)

1982 年宪法适应了社会主义民主和法治建设的需要和满足了人民渴望人权保障的要求,对公民的基本权利作出了比较全面的规定。随后,国家又在 1988 年、1993 年、1999 年、2004 年进行了 4 次修正,共修改了 31 条。其中第四个修正案共修改了 14 条,涉及基本人权的有:尊重和保障人权、完善私有财产保护制度、完善土地征用制度、建立健全社会保障制度等规定。2004 年宪法修正案首次明确了“国家尊重和保障人权”,人权入宪既顺应了国际人权保护的时代潮流,也极大地完善了我国的宪法权利体系。

通过宪法中规定的公民权利和政治权利的演变可以看出,公民权利和政治权利的发展是一个内容不断扩充、明确、规范的过程,如增加了依照法律规定取得赔偿、国家尊重和保障人权、人格尊严不受侵犯等规定,也改变了一些不科学的权利规范,如关于宗教信仰自由的规定。1978 年宪法规定公民“有信仰宗教的自由和不信仰宗教、宣传无神论的自由”,1982 年宪法对此作出调整和规范,规定“中华人民共和国公民有宗教信仰自由。任何国家机关、社会团体和个人不得强制公民信仰宗教或不信仰宗教,不得歧视信仰宗教的公民和不信仰宗教的公民”。此外,宪法文本中的结构顺序总体上呈现出不断向前的趋势,从而表明了其在我国宪法中的重要地位。如新中国成立后的前三部宪法均把“公民的基本权利和义务”作为第三章放在“国家机构”之后,而 1982 年宪法则把它放在“国家机构”之前、“总纲”之后。这表明了在国家权力与公民权利的关系上,我们的认识开始发生转变,既强化基本权利保障的基本思路,也暗示了基本权利高于国家权力的价值地位。

(二)中国特色公民权利和政治权利演变分析

自给自足的小农经济与专制主义是我国封建社会的主要特征。在中国封建社会,以儒家“三纲五常”为核心的封建礼教作为正统思想统治了中国两千余年,这也是中国几千年集权文化的伦理基础。所谓礼治,就是通过各种手段,明确各人的等级地位身份,进而明确各人所应得的享受和应履行的社会义务。[①] 以儒家学说为主导的传统文化信奉天下为公,突出众、群、民,即人之群体或社会,主张把群体和社会放在第一位,要求个人绝对服从群体

① 参见张烁:《权利话语的生长与变迁》,社会科学出版社 2011 年版,第 137 页。

和社会利益。[①] 这种思想与小农经济密不可分。作为华夏文明发源地的黄河流域有着独特的地理环境。这里虽然土地肥沃,但是却有着许多先民们单凭自己的力量几乎无法克服的气候干旱、洪水泛滥等自然灾害。自然条件的恶劣与生产力的落后一方面使得先民需要依赖土地的养育,无法脱离土地;另一方面决定了人们必须组成一个整体才能够存活下来,脱离了家族集体,自己是无法获得生存资料的。[②] "礼法思想""儒教学说"在政治体制上的反映是"专制",是"公权力至上";反映在对普通民众的思想控制上,便是"主体"观念的泯灭。"亲亲""尊尊"的礼法思想带给人们的多是等级观念和服从心理;而弘扬"仁""义""礼""智""信"的儒教学说带给人们的亦是包含忍辱、服从的"抑引"观念。

鸦片战争爆发之后,民族危亡的紧迫感始终萦绕在广大爱国知识分子的头脑中,为寻求救国之道,他们进行了苦苦探寻。由于中国传统的儒家伦理无法为他们提供解救民族危亡的办法,于是他们把目光转向了西方。从器物到制度再到思想,西方的自由、权利等思想传入中国,个人权利和个人自由成为价值追求。但随着民族危机的加剧和民主运动浪潮的高涨,救亡运动始终以武装斗争为主,革命的武装斗争强调的是统一行动,集中力量和服从指挥;再加上近代中国落后挨打的局面所带来的耻辱远比个人的生活状况更受关注。因此,当时个人权利和自由多是作为救亡图存、争取国家和民族独立富强的工具来追求的。受集体主义观念的影响,新中国成立后也一直强调国家利益和集体利益的优先性。

新中国成立初期,国内的经济形势非常严峻,资金、物资、技术短缺,而且出现了通货膨胀、市场混乱等状况,再加上当时采取"一边倒"政策即倒向苏联模式,采用高度集中的计划经济体制……种种原因促使我们党选择了公有制和计划经济体制。所谓计划经济体制,是指由国家统一计划调节国民经济运行的经济体制,主要表现为国家通过行政手段来强制贯彻国家制定的指令性计划以实现国民经济的发展。[③] 在计划经济体制下,包括人、

---

① 参见田贵义:《真实的集体——集体主义价值观的载体》,载《贵州教育学院学报》2004 年第 1 期。

② 参见易顶强:《舶来的宪政文化——以"五权宪法"为例》,武汉大学出版社 2013 年版,第 15 页。

③ 参见杜承铭等:《完善与重构:社会转型期的基本权利问题研究》,中国政法大学出版社 2012 年版,第 28 页。

才、物等在内的全部社会资源都掌握在国家手中。在社会主义公有制之外，几乎不存在资源流动的空间，全国实行财政集中管理，物资统一调度。1958年，全国人民大会通过并颁布了《户口登记条例》，该条例把人民分为城市人和农村人，二者之间不能随意转换，这也在一定程度上限制了人口的流动，使社会呈现出一种静止均质的状态。在城市通过工作单位、居民委员会对居民的工作、生活、思想、住房等进行控制，在农村通过人民公社进行管理，统一经营，集中劳动。人民公社既是组织农民进行生产的经济组织，也是基层政权组织，按上级的计划和指令行事。不管是城市人还是农村人，他们都被组织到一个个单位组织中，由单位组织满足他们的需要，代表并维护他们的利益。因此，他们对单位组织的依赖性较强，而个人自主性较差。

20个世纪80～90年代是中国急剧变化的二十年，这一变化发生在经济、政治、文化、社会以及人们的思想意识形态等方面，而且这一变化在21世纪依然在不断地持续和深化。1978年，十一届三中全会提出了改革开放的战略方针，计划经济开始逐步向市场经济转型。党的十四大确立了社会主义市场经济体制，为公民权利和政治权利的转变和发展提供了坚实的物质基础。计划经济体制下实行的是高度集中的经济管理体制，社会成员被组织到一个个的"单位"之中，由单位满足他们的需求、给予他们权利以及代表和维护他们的利益，从而个人依赖于单位，单位紧紧依附于国家。[①] 市场经济需要公平、自由、平等、诚实信用的经济环境，它是一种依靠市场进行资源配置与交易的经济，它要求交易者之间必须是自主的、意志自由和行为独立的，"平等与自由不仅是在以交换价值为基础的交换中受到尊重，而且交换价值的交换是一切平等和自由的产生的、实现的基础。作为纯粹观念，平等和自由仅仅是交换价值的一种理想化的实现；作为在法律的、政治的、社会的关系上发展了的东西，平等和自由不过是另一次方的这种基础而已"[②]。可以看出市场经济蕴含着自由、民主与平等。通过市场交换，经济人实现了个人利益的满足，获得了财富，而这些财产需要国家与法律的保护，因而产生了禁止政府未经正当程序剥夺任何人的生命、自由与财产的法律。在市场经济的环境下，财产权和经济自由权能够唤起人们的主体意识、权利意识、参与意识和自由平意识等的觉醒。再加上计划经济体制下国家

---

① 参见杜承铭等：《完善与重构：社会转型期的基本权利问题研究》，中国政法大学出版社2012年版，第36页。

② 《马克思恩格斯全集》第46卷(上)，人民出版社1979年版，第197页。

对个人自由的限制,使人们意识到对自由的最大威胁来自于国家,从而产生了对国家权力进行限制和对公民权利进行保障的意识,由个人原来的对国家权力的服从变成了对国家权力的警惕和不信任,对自己的权利更加重视,维权意识不断高涨。而防止政府权力对公民权利的干涉就需要宪法和法律的保障。

随着市场经济体制的建立和完善,国家和社会的关系也发生了变化,市场经济的民主产生了政治上的民主与自主,市场经济的平等产生了法律面前人人平等的法治原则,市场经济的自由产生了市民社会的私域和自主。① 中国社会结构由国家社会一元化向国家社会二元化转型。在社会主义计划经济体制下,国家作为整体的、最高的主体,它主要通过自上而下的单向行政控制来强化自己的作用。由于市场经济的发展,社会资源不再全部被国家垄断,个人对国家的附属性逐渐减弱,个人与社会的自主性逐渐增强。此外,相对独立的社会力量形成,特别是 1999 年宪法修正案对非公有制经济宪法地位的大大提升,大大有利于这种相对独立于国家的社会力量的培育和增长。② 此外,民间社会组织、行业组织不断涌现,大大促进了市民社会的形成和发展。市民社会的形成和发展依赖于公民的广泛参与,而公民参与需要言论自由权,出版、集会、结社、集会、游行示威权,选举权和被选举权等公民权利和政治权利。而这些权利的行使,也有利于国家的政治民主和政治自由。

与 30 年前不同的是,当今的世界正处于全球化的浪潮之中,在经济全球化的基础上,政治理念、文化价值等也不断地在世界范围内交融、传播,各国之间的交往与合作越来越密切,"国际合作、国际机制、国际制度甚至国际一体化建设逐渐成为世界各国普遍采取的生存方式和发展方式"③。在全球化的浪潮中,以西方为主导的那些人权理念逐步传播,其中的合理性理念不断地为一些后发展国家所吸收和借鉴;各国在结合自身社会传统、文化背景、知识信仰、时代发展的基础上开辟出一条独具特色的公民权利和政治权利发展道路。在国际一体化建设中,国际人权公约所确立的权利体系彰显

---

① 参见范进学:《中国特色社会主义宪政发展论》,上海人民出版社 2010 年版,第 294 页。

② 参见杜承铭:《非公有制经济:宪法地位大提升》,载 1999 年 3 月 30 日《羊城晚报》(理论学术版)。

③ 转引自刘茂林等:《中国宪法权利体系的完善——以国际人权公约为参照》,北京大学出版社 2013 年版,第 55 页。

了一种关于权利价值、体系与类型的国际认同。自人权问题进入国家领域后，我国便采取积极的态度加以应对，这表现在一方面不断地签署、批准大量的人权公约，另一方面积极参与国际人权公约的规范制定，并不断地促进国内法与国际法之间的衔接。自1980年以来，我国加入的与公民权利和政治权利相关的公约有《消除对妇女一切形式歧视公约》《消除一切形式种族歧视国际公约》《禁止酷刑和其他残忍、不人道或有辱人格的待遇或处罚公约》等。1998年10月5日，我国签署了《公民权利和政治权利国际公约》，并积极为《公民权利和政治权利国际公约》的批准创造条件。

（三）法律的配套：公民权利和政治权利得到充分保障

目前，在国内立法方面，我国已经形成了以宪法为统帅，以普通法律、法规为组成部分的比较完整的公民权利和政治权利体系。

1. 修改选举法

《中华人民共和国选举法》（以下简称《选举法》）是中国政府制定的由广大人民群众选举代表参政议政的法律。该法律制定于1953年，1979年重新修订，其后经过1982年、1986年、1995年、2004年和2010年五次修改。修改后的《选举法》最大的亮点是将关于农村每一名人大代表所代表的人口数四倍于城市每一名人大代表所代表的人口数的规定，修改为实现城乡按相同人口比例选举人大代表，实行城乡按相同人口比例选举代表，实现城乡“同票同权”，保障公民都享有平等的选举权，切实维护人民当家做主的权利，进一步完善人民代表大会制度和发扬社会主义民主。同时，新修改的《选举法》也体现了男女平等的原则，明确提出要逐步提高妇女代表的比例：“全国人民代表大会和地方各级人民代表大会的代表应当具有广泛的代表性，应当有适当数量的基层代表，特别是工人、农民和知识分子代表；应当有适当数量的妇女代表，并逐步提高妇女代表的比例。”此外，其还规范了直接选举中的三种投票方式、设立秘密写票处等。经过五次修改，公民的选举权不断扩大，透明度不断增强，选举的公平公正愈发得到彰显。

2. 修改刑法，确立了若干旨在保障基本人权的基本原则

1979年至今，我国的刑事立法活动始终没有停止，始终在伴随着我们国家民主法制发展的进程，并不断地完善。在1997年以前，通过了20多个单独的补充和修改刑法的决定，1997年到现在又先后通过了1个修改补充刑法的决定和8个刑法的修正案。在不断修改的过程中，废除了类推定罪制度，确立了罪刑法定原则、刑法面前人人平等的原则、罪刑相适应原则；对有关罪名和法定刑进行调整、大幅削减死刑的修改，彰显了生命价值，生命

权更受尊重。尽管中国学术界在死刑存废问题上仍然争论不休,但严格控制和慎用死刑的政策在司法机关和民间日益成为共识。2011 年通过的《中华人民共和国刑法修正案(八)》取消了 13 个经济性非暴力犯罪的死刑,规定对审判时已年满 75 周岁的人一般不适用死刑,即"审判的时候已满七十五周岁的人,不适用死刑,但以特别残忍手段致人死亡的除外。"这次修改顺应了刑事司法的国际发展趋势,凸显了刑事处罚的文明化,体现了对生命权的尊重[①];调整了非监禁刑的执行方式,提出了社区矫正制度;进一步明确了缓刑的适用条件,使缓刑适用范围得到扩大。

3. 修改刑事诉讼法,加强对诉讼当事人合法权利的保护

2012 年修改的《刑事诉讼法》将"尊重和保障人权"列入总则,为体现适用死刑的慎重,增加规定:由最高人民法院复核死刑案件,可以讯问被告人,辩护律师提出要求的应当听取辩护律师的意见。最高人民检察院可以向最高人民法院提出意见。确立无罪推定为基本原则,首次规定了任何人均享有不得强迫证实自己有罪的权利。增加"不得强迫任何人证实自己有罪"的规定;同时,确立了非法证据排除规则,明确规定了非法证据排除的具体标准。第 61 条规定:"严禁以非法的方法收集证据。凡经查证确实属于采用刑讯逼供或者威胁、引诱、欺骗等非法的方法取得的证人证言、被害人陈述、被告人供述,不能作为定案的根据。"规定在侦查阶段可以委托律师作辩护人;完善律师的阅卷权。新修订的《刑事诉讼法》第 38 条规定:"辩护律师自人民检察院对案件审查起诉之日起,可以查阅、摘抄、复制本案的案卷材料。"法律援助的范围扩大到犯罪嫌疑人、被告人可能判处无期徒刑、死刑的案件均可以为其提供法律援助,这对保护犯罪嫌疑人、被告人的辩护权,扩大司法民主有极其深远的意义。完善证人、鉴定人出庭制度;完善辩护律师会见权等;逮捕条件的完善与细化;完善监视居住;强化取保候审措施的监管与执行等。通过一系列的修改,加大了对犯罪嫌疑人、被告人权益的保障。

4. 修改国家赔偿法

《国家赔偿法》于 1994 年 5 月 12 日第八届全国人民代表大会常务委员会第七次会议通过,经过 2010 年、2012 年两次修改。国家赔偿法对行政赔偿和刑事赔偿的范围,赔偿义务机关,赔偿的方式、标准和计算方法,赔偿的程序,赔偿费用等作了全面具体的规定。这部法律的出台,扩大了公民权利

① 参见齐延平:《中国公民权利与政治权利得到充分保障》,载 2013 年 5 月 21 日《人民代表报》。

的救济途径,健全了我国国家责任制度,标志着我国国家赔偿法律制度的全面确立。经过修改,国家赔偿的范围拓宽了,纳入了精神赔偿;新法取消了刑事赔偿中的确认程序,明确规定赔偿请求人应先向赔偿义务机关提出请求,义务机关应当在两个月内作出决定。如果没有按照法定期限作出赔偿决定或者请求人对作出的赔偿决定有异议的,可以向其上一级机关申请复议。这样个人申请国家赔偿变得更加便捷;国家赔偿由单一的过错归责原则转向违法和结果并行的多元归责体系。

关于表达自由,我国一些专门性的法律、法规和规章对公民享有这一权利和自由作出了具体的保障和限制。例如 1989 年制定的《中华人民共和国集会游行示威法》,按照宪法规定,中国各民族公民享有法律规定的通过集会、游行、示威活动发表意见,表达某种共同愿望的自由权利。这是公民的一项重要自由权利。《集会游行示威法》规定了政府对公民依法行使集会、游行、示威这一自由和权利予以保障,任何人不得以暴力、胁迫或其他非法手段进行扰乱、冲击和破坏。该法对集会、游行、示威的界定,主管机关、申请程序、批准条件,意外情况的处置,对违法集会、游行、示威的法律责任都进行了具体规定。同时该法也为防止这一自由权利的滥用作了规定。1990 年全国人大常委会颁布的《中华人民共和国著作权法》对公民享有的包括出版自由在内的表达自由的保障进行了具体规定。此外,我国还有更多的通过国务院制定的行政法规和国务院各部委发布的部门规章乃至地方人大颁布的地方性法规。这些均对公民的表达自由进行了规范。如 2001 年国务院制定的《出版管理条例》,2004 年新闻出版署发布的《音像制品出版管理条例》《电影管理条例》《印刷业管理条例》等。这些法律、法规和规章既保障了各民族公民依法享有这一自由权利来表达自己的意愿维护自己的合法权益,又保证了国家安定、社会稳定和各民族的团结。

此外,还有《行政诉讼法》《行政复议法》等。根据《行政处罚法》的规定,公民在因自己的违法行为接受行政机关处罚的过程中享有陈述权、申辩权和一定范围的申请听证权。当公民认为行政机关的具体行政行为侵害其合法权益时,其享有依照行政复议法申请行政复议的权利,以及依照行政诉讼法提起行政诉讼的权利。

三、中国特色公民权利和政治权利之品格

(一)公民权利和政治权利的历史性

在西方法律思想史上,私人的权利一直受到一种独特思想观念体系的

支撑,那就是自然法思想。自然法最初出现在古希腊斯多葛学派的哲学家中。当时城邦解体了,个人与城邦之间的亲密关系也瓦解了,所以需要为当时独立而自由的人们构建一种新的关系。这种新的关系必须建立在“某种普遍有效的正义规则”之上,即自然的法则或者自然法,它是“事物的自然秩序和人身的理性”的产物。到了中世纪,自然法被看成是来自上帝的意志,又被称为“神法”。自然权利理论与自然法紧密相关,人权来源于对于自然状态的假设。“天赋人权观念”是从自然法的观念演化而来的,肇始于资产阶级革命时期,是近代资产阶级用以发动广大群众、推翻封建专制制度和宗教神权统治的重要理论。17～18 世纪,欧洲发生了启蒙运动,一批启蒙思想家,包括荷兰的格劳秀斯、斯宾诺莎,德国的普芬道夫,英国的霍布斯、洛克,法国的孟德斯鸠、卢梭以及美国的杰弗逊、潘恩等,他们以自然法学说和社会契约论为基础,提出了系统的自然权利学说,从而形成了资产阶级的基本人权理论。霍布斯眼中的“自然权利”是一种“自由权”,即每个人都有按照正确的理性去运用他的自然能力的自由。[①] 洛克继承并发展了霍布斯的思想,他进一步以社会契约论为立论依据,把天赋人权思想系统化。他认为人类原初的自然状态是一种完全自由的和平等的状态。在这种状态下,任何人都不得侵害他人的生命、健康、自由和财产的权利。他指出,人天生是自由的,但人们愿意放弃这种自由状态,与其他人协议联合组成一个共同体,为的是谋求“他们彼此间的舒适、安全和和平的生活,以便安稳地享受他们的财产并且有更大的保障来防止共同体以外任何人的侵犯”[②]。卢梭也认为,“人是生而自由的”,“放弃自己的自由,就是放弃自己做人的资格,就是放弃人类权利,甚至是放弃自己的义务”,从而引申出了“主权在民”。[③] 潘恩认为,人的天赋权利是他的一切公民权利的基础。每一种公民权利都以个人原有的天赋权利为基础,每种公民权利都来自一种公民权利。[④] 这些思想都表现在了早期的宪法的基本人权理念与人权宣言中。被马克思誉为第一个世界人权宣言的 1776 年的美国《独立宣言》再次宣布:“我们认为

① 参见[英]霍布斯:《论公民》,应星、冯克利译,贵州人民出版社 2003 年版,第 7 页。转引自唐健飞:《国际人权公约与和谐人权观》,社会科学文献出版社 2010 年版,第 172～173 页。

② [英]洛克:《政府论》下篇,叶启芳、瞿菊农译,商务印书馆 1983 年版,第 59 页。

③ 杜承铭等:《完善与重构:社会转型期的基本权利问题研究》,中国政法大学出版社 2012 年版,第 366 页。

④ 参见唐健飞:《国际人权公约与和谐人权观》,社会科学文献出版社 2010 年版,第 192 页。

下面这些真理不言自明，即人人生而平等，造物主赋予他们一定的不可分割的权利，其中包括生命、自由和追求幸福。"1789 年《法国人权与公民权宣言》既吸收了《美国独立宣言》中的天赋人权精神，又全面系统地纳入了启蒙思想家们的天赋人权思想，并将天赋人权的内容具体化。《人权和公民权利宣言》开篇就宣称："不知人权、忽视人权或蔑视人权是公众不幸和政府腐败的唯一原因，所以决定把自然的、不可剥夺的和神圣的人权阐明于庄严的宣言中"，"在权利方面，人们生来是而且始终是自由平等的"。此外，二战结束之后，天赋人权观念变得国际化，国际人权宣言和国际人权公约主要吸收了天赋人权的思想，这主要表现在《世界人权宣言》《公民权利和政治权利国际公约》以及《经济、社会和文化权利国际公约》中。《世界人权宣言》的第 1 条明确宣布："人人生而自由，在尊严和权利上一律平等。他们富有理性和良心，并应以兄弟关系的精神相对待。"《公民权利和政治权利国际公约》继承了它的基本思想，在序言中指出："考虑到，按照联合国宪章所宣布的原则，对人类家庭所有成员的固有尊严及其平等的和不移的权利的承认，乃是世界自由、正义与和平的基础，确认这些权利是源于人身的固有尊严……"

马克思主义权利观认为权利不是天赋的、与生俱来的，而是通过斗争得来的，它是一个历史的范畴。恩格斯在揭示资产阶级人权产生根源时明确指出："一旦社会的经济进步，把摆脱封建桎梏和通过消除封建不平等来确立平等的要求提上日程上来，这种要求就必定迅速地获得更大的规模，……这种要求就很自然地被宣布为人权。"①我国是一个社会主义国家，以马克思主义为指导，自然也认可这种人权本源。毛泽东也认为："自由是人民争得的，不是什么人恩赐的。中国解放区的人民已经争得了自由，其他地方的人民也可能和应该争得这种自由。"②我国宪法序言的第五段写道："一九四九年，以毛泽东主席为领袖的中国共产党领导中国各族人民，在经历了长期的艰难曲折的武装斗争和其他形式的斗争以后，终于推翻了帝国主义、封建主义和官僚资本主义的统治，取得了新民主主义革命的伟大胜利，建立了中华人民共和国。从此，中国人民掌握了国家的权力，成为国家的主人。"这段陈述一方面表明了中华人民共和国的建国历程是在中国共产党的领导下通过斗争的方式完成的；另一方面也表明了中国人民权利取得的历史，即建立了国家之后，人民成为了国家的主人，掌握了国家的权力，自然应该享有各

① 《马克思恩格斯选集》第 3 卷，人民出版社 1972 年版，第 145 页。

② 《毛泽东选集》第 3 卷，人民出版社 1991 年版，第 1070 页。

种公民的权利。

(二)公民权利和政治权利的集体取向性

从自然状态下的自然权利,到人权宣言中的“人权”,无论是设计自然状态与自然权利的启蒙思想家们,还是起草人权宣言的政治家们,都是在自然属性上界定和使用“人权”这一概念的,即认为人权是人作为人所享有的权利,是生而具有的、自然的、不可剥夺的固有权利。但是如亚里士多德所说的那样,人在本质上是一种政治和社会性的动物,马克思也指出人的本质是“一切社会关系的总和”。人为了生存和发展必然要结合起来组成社会和国家,必然要从自然状态进入社会和政治文明状态。人类一旦进入到社会和法律状态,人权就成为一切政治结合的终极目的性价值,而权力源自权利,是公民权利让渡的结果。因此,公民权利对国家权力而言具有优先性,权力存在的价值在于保障、维护公民权利。这是一种个体主义的取向,个人主义以个体为中心,强调个体的自由和权利。如《公民权利和政治权利国际公约》序言第三段所言:“确认按照世界人权宣言,只有在创造了使人可以享有公民的政治权利,正如其享有经济、社会和文化权利一样的条件的情况下,才能实现自由人类享有公民及政治自由和免于恐惧和匮乏的自由的理想。”这表明是为了实现公民权利和政治权利才创设了这些权利,也就是说权利本身就是目的。

集体主义取向在中国有深厚的历史渊源。在中国封建社会,以儒家“三纲五常”为核心的封建礼教作为正统思想统治了中国两千余年,这也是中国几千年集权文化的伦理基础。在周朝,它是通过宗法制度、分封制度和世袭制度三位一体来实现的。其后的王朝,主要采取两种方式:一是主张德化,二是把礼治精神注入法律中来维持礼治。在价值目标上,把人依其本分划分为各种等级,由此形成以夫权、父权、族权、君权为核心的国家权力系统。此外,共产主义运动和社会主义建设也强化了集体主义取向。毛泽东同志在《为人民服务》一文中,借用司马迁“人固有一死,或重于泰山,或轻于鸿毛”的句子,高度赞扬了张思德的集体主义精神,肯定了“服务于人民,为广大人民群众利益献身”是光荣的、幸福的、有意义的。在此宣示了这样的价值观:个体价值的体现是以集体主义思想为依托的——雷锋、王杰、焦裕禄就是这种价值观的实践者。[①] 虽然在市场经济的环境下,财产权和经济自

① 参见刘连泰:《〈国际人权宪章〉与我国宪法的比较研究——以文本为中心》,法律出版社2006年版,第76页。

由权能够唤起人们的主体意识、权利意识、参与意识和自由平等意识的觉醒,但是集体主义的影响还是根深蒂固的。

我国宪法序言第七段规定:"中国新民主主义革命的胜利和社会主义事业的成就,是中国共产党领导中国各族人民,在马克思列宁主义、毛泽东思想的指引下,坚持真理,修正错误,战胜许多艰难险阻而取得的。我国将长期处于社会主义初级阶段。国家的根本任务是,沿着中国特色社会主义道路,集中力量进行社会主义现代化建设。中国各族人民将继续在中国共产党领导下,在马克思列宁主义、毛泽东思想、邓小平理论和'三个代表'重要思想指引下,坚持人民民主专政,坚持社会主义道路,坚持改革开放,不断完善社会主义的各项制度,发展社会主义市场经济,发展社会主义民主,健全社会主义法制,自力更生,艰苦奋斗,逐步实现工业、农业、国防和科学技术的现代化,推动物质文明、政治文明和精神文明协调发展,把我国建设成为富强、民主、文明的社会主义国家。"虽然我国宪法没有明确规定要采取一种集体主义的取向,但是从对国家根本任务的规定中可以推导出:经济的发展、社会的稳定和国家的强大是权利实现的条件和基础。《国际人权宪章》强调人权是终极性的,是目的,而在我国宪法中对人权作为目的的价值强调程度不如《国际人权宪章》强烈,我们更倾向于把人权当作强大国家的手段。① 再如宪法第51条规定:"中华人民共和国公民在行使自由和权利的时候,不得损害国家的、社会的、集体的利益和其他公民的合法的自由和权利。"这里强调了个人权利与国家、社会、集体利益可以并存,但是两者发生冲突时,首先要考虑的是国家、社会和集体的利益,这明显体现了集体主义的倾向。②

此外,我国人权理论认为,生存权和发展权是首要人权。近代以来,中国人民长期遭受殖民统治和外来侵略,国家主权沦丧,社会动荡不安,人民生活在水深火热当中,没有丝毫的人权可言。这让中国人民意识到,国家的独立与富强、民族的解放是享有人权的前提。为此,中国人民进行了艰苦卓绝的斗争,建立了新中国,实现了民族的独立。但是中国人口众多,人均资源相对贫乏且经济发展落后,与西方发达国家的经济和生活水平还有比较

---

① 参见刘连泰:《〈国际人权宪章〉与我国宪法的比较研究——以文本为中心》,法律出版社2006年版,第71~72页。

② 参见刘茂林等:《中国宪法权利体系的完善——以国际人权公约为参照》,北京大学出版社2013年版,第48页。

大的差距，维护和促进人民的生存权和发展权成为了中国政府和人民的首要任务。1991 年《中国的人权状况》白皮书宣称："随着历史的发展，人权的概念及其内涵也在不断发展。对广大发展中国家人民来说，最紧迫的人权问题仍然是生存权利和经济、社会和文化发展的权利。因此发展权应优先受到重视。"①

由于公民权利和政治权利是人权的一个组成部分，我国宪法权利呈现出什么风格，公民权利和政治权利也就呈现出什么样貌，所以公民权利和政治权利也具有集体取向性。

(三)公民权利和政治权利的政府主导性

"如果说在西方国家，许多权利首先是作为实践而出现的，然后才是作为一种地位体现在法律之中，而中国的情况则恰恰相反，我们的权利首先是因为我们是工人阶级或农民阶级的一员而因为革命胜利自动获得的，也就是说，我们的公民身份首先是作为一种地位体现在法律之中，而不是通过日常社会、政治生活中的各种实践来加以保护与巩固的。"②在西方，近代意义的公民权利和政治权利与资本主义经济的发展以及资产阶级革命有着密切的联系。经济生产方式发生巨大变革并导致利益格局的变化，新的利益主张随之产生并逐渐演化成权利要求，推动了近代西方国家内部的政治博弈和法律变革。随着文艺复兴、宗教改革与启蒙运动的进行，文化观念与价值体系也发生了更新与转变，以此为思想基础，欧洲各国爆发了资产阶级革命。革命成功后，当权者按照思想家的设计制定了宪法文本，将民主、自由、平等、法治和有限政府的宪政精神贯彻到条款中去，形成了有效的制度框架来约束国家权力对公民权利的侵害，维护和促进资本主义经济的发展。③英国革命后期，议会通过了一系列法案，以法律的形式肯定了革命的成果，也就是当时人们所追求的人身、财产和经营自主的权利。1679 年的《人身保护法》、1689 年的《权利法案》、1700 年的《王位继承法》这三个重要法案是 17 世纪英国资产阶级为了巩固革命成果而通过的重要法案，集中反映了当时资产阶级的追求和愿望。其中《权利法案》的内容主要是关于财产与人身的，如未经国会同意的征税为非法；向国王请愿是臣民的权利，不可对其判

① 《中国的人权状况(白皮书)》，国务院新闻办公室 1991 年 11 月发布。

② 欧阳景根：《建构中国的公民身份理论：作为一种内化伦理的积极公民身份的建设》，载《晋阳学刊》2008 年第 3 期。

③ 参见张烁：《权利话语的生长与变迁》，社会科学出版社 2011 年版，第 65 页。

罪或控告;国会议员应自由选举,国会内的演说、辩论应是自由的,不可受到弹劾或讯问;任何人在被定罪前,不得以任何方式剥夺其财产等。[①] 因此,西方国家的公民权利和政治权利发展并不是政府主导型的路径,它是一种内生性的,是随着市民经济的发展自然而然产生的。而中国公民权利和政治权利的发展是外源性的,它是依靠外部力量如政府力量为主导而发展起来的,它的发展是在国家设计和控制的战略框架之内。

就中国的国情而言,国家依然是一个掌握巨大资源的实体,如果放弃了它在公民权利和政治权利方面的保护作用,那么就等于无视软弱的个体在残酷竞争中的自生自灭。对于社会权利的供给、公共利益的增加,中国政府无论从历史传统还是从现实需要都具有无可争议的义务和担当。在历史传统上,早期的社会形态中存在着酋邦模式,酋邦首领因为掌握军权和祭祀权而成为集权结构的中心。它处于权力的顶端,完全控制着社会产品的分配,财富的占有与酋邦成员的权力地位相关,而权力地位则依据对酋邦首领的依附关系,这种依附关系主要表现为血缘亲疏关系。中国自从进入阶级社会开始,直到清末,都是不同程度的君主专制政体。君主被看作是政权组织的核心,一切权力均由君权派生,皇权本身并不受约束。我们说中国社会是一种超稳定型的社会,本质是指中国古代君主专制政体的超稳定性。在现实需要的层面,虽然我国目前已经形成了以宪法为统帅,以普通法律、法规为组成部分的比较完整的公民权利和政治权利体系,但是有的权利在实际中并没有得到很好的落实,再加上公民的权利意识近来虽已得到极大的增强,但是还是需要不断提高才能适应这个不断发展的社会。在一个缺乏深厚法治和权利传统的国家,为了顺应历史潮流,需要在政府的主导下才能快速发展公民权利和政治权利。

在公民权利和政治权利的保护方面,我国实行中国共产党的领导和人民代表大会制度,强调权力的集中,行政效率较高,但是法治不够完善。这与西方的议会制存在重大差别,西方强调分权、人权法治和宪政保护,但是有时行政效率不高。再加上我国由于大政府、强政府的历史惯性,人权保护主要通过狭义上的政府行政手段,通过政府的公共政策进行。体制和制度上的原因要求我国的人权保护模式既要有司法保护,同时还需要政府在公共政策制定方面充分考虑到人权保障,甚至以政府行政手段保护为主。[②]

---

① 参见何勤华主编:《外国法制史》,法律出版社1999年版,第163~164页。

② 参见黎尔平:《人权及中国人权模式》,载《学术界》(月刊)2011年总第153期。

2010 年的《国家人权行动计划》(2009～2010 年)的联席会议机制牵头单位是国务院新闻办公室和外交部,而不是最高人民法院,虽然其成员中包括最高人民法院和检察院,但同时还包括了国家发改委、民政部、人力资源和社会保障部等 53 家单位。该行动计划要求,"各级政府以及政府各部门将依照'各司其职,分工负责'的原则,将本行动计划纳入本地区和本部门的工作职责积极认真地予以落实。"

在公民权利和政治权利的限制方面,我国宪法规定:"国家为了公共利益的需要,可以依照法律规定对土地实行征收或者征用并给予补偿","国家为了公共利益的需要,可以依照法律规定对公民的私有财产实行征收或者征用并给予补偿"。而公共利益的衡量标准是什么呢?它是一个很难界定的模糊的概念,从而国家可以基于公共利益对公民权利和政治权利进行限制。

在公民的维权行动面前,公权力机器大力推动维稳,一定程度上压制了普通公民日益高涨的规则意识和权利意识,这也从一个消极的层面反映出国家对于公民权利发展的主导性。不论是对于封建王朝还是现代国家,秩序是一切发展的前提。一个为国家只有具备了稳定的秩序,各项活动才能正常运转。在公民权利和政治权利与经济、社会和文化权利之间,我国更偏爱经济、社会和文化权利,政府不乏动机与能力去满足公民的这些需求。这不仅仅因为公民权利和政治权利的"防御"国家权力的功能,也因为经济、社会和文化权利的满足更容易与有利于增强政府的权威,从而有利于社会的稳定。因此,我国为了实现稳定的政治秩序、适度保持对公共权力的垄断性和开放度,国家选择了发展低度的政治权利,确保公民对于公共权力和公共政策的有序参与,维护自身的统治权力。从中国公民权利发展的实践来看,公民的权利发展在很大程度上是国家自上而下还权、放权与分权改革的必然结果。在保持对政治权力垄断性的同时适当增加政权的开放度,国家主导并采取了三个方面的权利发展策略:一是在积极扩展公民人身自由与法律平等权利的同时,对公民的结社自由权利始终严加限制;二是主要通过政治吸纳、有序参与等政策措施将公民的政治权利发展限定在较低的层面上,选择性地抑制或延迟某些政治权利;三是通过公共服务改革大力发展公民的社会权利,以增强国家对于社会抗争的制度化整合能力。①

① 参见肖滨:《改革开放以来中国公民权利成长的历史轨迹与结构形态》,载《广东社会科学》2014 年第 1 期。

（四）公民权利和政治权利发展的国际接轨性

国际人权公约所确立的权利体系代表了一种国际共识，它所确立的普适性的人权标准对各国人权发展具有重要的指导意义。自人权问题进入国际视野以来，我国积极加入国际人权公约，如《消除对妇女一切形式歧视公约》《消除一切形式种族歧视国际公约》《禁止酷刑和其他残忍、不人道或有辱人格的待遇或处罚公约》，并在 1998 年 10 月 5 日签署了《公民权利和政治权利国际公约》。2004 年 3 月，在第十届全国人民代表大会第二次会议上，"尊重与保障人权"条款入宪，这是人权话语首次明确地进入我国宪法，人权入宪成为了联结国际人权公约与国内人权制度的桥梁。此外，在部门法方面也进行了积极的协调，如 2011 年通过的《中华人民共和国刑法修正案（八）》取消了 13 个经济性非暴力犯罪的死刑。2012 年修改的刑事诉讼法将"尊重和保障人权"列入总则，为体现适用死刑的慎重，增加了由最高人民法院复核死刑案件的规定，确立无罪推定为基本原则，首次规定了任何人均享有不得强迫证实自己有罪的权利等。我国也不断地加强公民权利和政治权利的保障和救济。此外，关于公民权利和政治权利方面的学术研究也为其国际协调性提供了智识支持。研究视角主要包括但不限于以下三点：第一，对《公民权利和政治权利国际公约》与我国宪法进行比较研究，探讨《公约》与我国宪法的效力问题、两者之间的冲突与衡平，提出批准《公约》的建设性意见。[①] 第二，对《公约》与我国部门法进行研究，探讨我国部门法对《公约》所确立原则的适用，进而提出对我国现有机制的改革建议。[②] 第三，分析我国批准《公约》的困难及解决路径以及批准之后我国的权利和义务。[③] 可以看出，我国理论与实践都体现出了与国际接轨性的特征。

四、中国特色公民权利和政治权利的发展诉求

任何权力都不是自生的、权力拥有者固有的，而是通过公众的授权而取得的，换句话说，权力来源于权利。权力通常具有强制性功能，拥有权力者

① 参见石道根：《〈公民权利和政治权利国际公约〉与〈中华人民共和国宪法〉的比较研究》，载《杭州商学院学报》2003 年第 3 期。

② 参见陈光中、张建伟：《联合国〈公民权利和政治权利国际公约〉与我国刑事诉讼》，载《中国法学》1998 年第 6 期。

③ 参见杨宇冠：《批准〈公民权利和政治权利国际公约〉相关问题研究》，载《甘肃社会科学》2008 年第 4 期。

可以决定其管辖范围内的事物,并强制性地要求所涉及的人或组织履行决定。① 一般情况下,一个国家会存在一套制度、机构和人员体系来保障权力的落实。权力的产生是为了维护公民的权利、保障社会的稳定性。

因为权力的行使关乎公众的利益,在权力的运作过程中,如果行使得当就有利于社会的稳定、增进公民的权益,如果行使不当或被滥用,就会对公民的权利、社会的稳定造成危害;再加上权力本身具有强制性、支配性,具有很大的诱惑力,很容易被掌握权力的人滥用以此来谋取私利。因此,权力应当在授权范围内合理行使,权力应当受到制约。公民权利和政治权利主要强调国家权力的不干预、不介入,具有"抵御"公共权力、监督政府防范权力滥用的功能。通过充分发挥公民权利和政治权利的作用来制约国家权力,使得国家职权真正服务于公民的权利,以维护、促进而不是损害社会利益。只有公民权利和政治权利与公共权力达到了一种平衡和谐状态,才能避免由于公共权力过重导致公民权利和政治权利被忽视的专制状态和由于公民权利和政治权利过重导致的自由主义泛滥和社会失序。因此,促进公民权利和政治权利与公共权力的良性互动包括两个维度:第一个维度是以公民权利和政治权利监督、防范政府权力,促进政府权力科学、合理运作;第二个维度是以政府权力规范公民权利和政治权利,为权利的实现创造条件,当权利受到侵害时为其提供救济。

(一)规范层面:以《公民权利和政治权利国际公约》为参照

以公共权力规范公民权利和政治权利,使公民应有权利法定化。法是公民权利和政治权利得以实现的根本保证,只有通过法才能使公民应当享有的各种权利取得确定性和具有可操作性。在公民权利方面,公约规定但我国宪法没有规定的权利有:生命权,禁止酷刑,禁止因未履约而被监禁,迁徙自由;司法权利包括获得公正审判,无罪推定,被指控人的权利,禁止累判,法不溯及既往,法律人格,禁止鼓吹战争和民族、种族、宗教仇恨。在政治权利方面,我国宪法未规定的仅有思想自由。两者均规定但内涵不一致的有:持有主张、发表意见自由,和平集会、结社自由,参政权,民族自决权,宗教信仰自由,取得赔偿权。而我国宪法规定公约未规定的权利是监督权。我国的公民权利和政治权利体系有其独特的历史传承和时代诉求,也就是说,在努力接近国际普适性标准的同时,要注意我国的实际,在对个体权利

① 参见杨宇冠、胡铭:《〈公民权利和政治权利国际公约〉与和谐社会——以刑事司法为主视角》,载《黑龙江省政法管理干部学院学报》2006 年第 1 期。

进行比较时要坚持权利体系的主体性。对于公约规定而我国宪法未规定的权利,我们要分情况讨论我国宪法是否需要规定,确定其是需要立刻加以规定还是可以暂缓规定,还是没有必要规定。对于公约和我国宪法均规定但内涵不一致的权利,要分析两者不一致的原因:我国宪法的规定是否符合我国国情,比较两者的优劣从而决定我国宪法的规定是要保持不变还是进行修改。对公约未规定的权利,要分析公约未规定的理由以及我国宪法进行规定的理由,从而决定是保留是修改还是废除。[①] 此外,宪法中对于公民权利和政治权利的规定具有框架性,还需要部门法进一步落实宪法中规定的公民权利和政治权利,从而保障公民权利和政治权利真正得以实现。

国家权力的合法性在于实现人权,为了人权的实现有必要强调国家权力的保障性义务并对国家权力进行否定性的规定;再加上国家权力与个人的公民权利和政治权利之间力量对比悬殊,国家权力是个人权利的最大威胁,因此有必要对国家权力划定界限、予以制约。《公民权利和政治权利国际公约》第四条第一款和第二款规定:"一、在社会紧急状态威胁到国家的生命并经正式宣布时,本公约缔约国得采取措施克减其在本公约下所承担的义务,但克减的程度以紧急情势所严格需要者为限,并不得与他根据国际法所负有的其他义务相矛盾,且不得包含纯粹基于种族、肤色、性别、语言、宗教和社会出身的理由的歧视。二、不得根据本规定而克减第六条、第七条、第八条(第一款和第二款)、第十一条、第十五条、第十六条和第十八条。"此条款规定了国家权力对于公民权利和政治权利的限制必须要有法律的规定,而且必须是出于保障国家安全、公共安全、公共秩序,保护公共卫生或道德或他人权利和自由的目的,并且还规定了生命权,禁止酷刑,禁止奴隶,禁止强制或强迫劳动,禁止因不能履约而被监禁,罪刑法定,法不溯及既往,法律人格,思想、良心和宗教自由权不得克减。再如美国宪法也有"国会不得指定限制言论自由的法律"的规定。这些都较能体现出人权对于国家权力的优先性。而我国《宪法》第 51 条并没有对国家权力对于个人权利的限制规定限度,使得本来就占优势的国家权力更加强势,不利于权利的保护。此外我国宪法规定:"国家为了公共利益的需要,可以依照法律规定对土地实行征收或者征用并给予补偿。""国家为了公共利益的需要,可以依照法律规定对公民的私有财产实行征收或者征用并给予补偿。"此处的"公共利益"宪

---

① 刘茂林等:《中国宪法权利体系的完善——以国际人权公约为参照》,北京大学出版社 2013 年版,第 132～134 页。

法并没有进行界定,从而导致实践中运用得比较混乱,为以公共利益为借口而对公民权利和政治权利进行侵害留下了很大的余地。公共利益不同于集体利益,它是集体利益的价值底蕴,也就是说集体利益应该以公共利益为导向,公共利益的界定不应该绝对独立于个人利益或少数人的利益。[①] 有学者认为:"'集体利益'是否具有真正的公共性,关键之点首先就在于它是否实现了集体内部之'正义'——即集体是否保障其成员的基本人权,是否公正分配成员的权利和义务,对公共利益是否予以平等分配等;其次在于集体追求利益的行为是否侵占或损害了社会整体利益,是否侵犯或剥夺了其他非成员的个人的正当权利和利益。"[②]因此,对于公共利益的界定要与公平、正义等抽象性的原则相适应。

(二)制度层面:公共权力保障公民权利和政治权利

畅通公民权利和政治权利的外在化管道,以公共权力创造公民权利和政治权利实现的条件。第一,政府要注意建立社会沟通机制,构建权利博弈、官民互动的公共领域。信息自由是民主公开的前提条件,只有了解到足够信息的公民,才能形成自己的独立判断。通过政府公开的信息,社会公众才可以知道政府在做什么、政府为什么这样做以及政府下一步的目标是什么。政府信息是公众了解政府行为的直接途径,也是公众监督政府行为的重要依据。目前,我们在法律上已经有了《政府信息公开条例》,全国各地也纷纷出台了地方的信息公开办法,这无疑有利于民主法治的发展,但从实践上来看,政府信息公开却是不尽如人意。政府信息公开的渠道较窄,政府信息公开的技术落后,原则方面公开多,具体内容公开少;有的地方政府的信息公开只是流于形式,并没有实质的内容,有的政府直接就没有公开。因此,从我国信息公开的现状来说,政府信息公开缺乏一定的动力。所以要积极推动信息公开,使公民能充分地了解关于公共事务的信息,从而能够理性地参与公共事务讨论、监督国家权力的行使。通过这种实践,公民能获得共同参与管理公共事务的经验,增进彼此之间的信任,促进民主政治的和谐运转。第二,优化政治社会化机制,传播民主的政治文化,造就理性的政治权利主体。民主的政治环境有利于公民权利意识、参政意识和主体意识的培

---

① 参见刘茂林等:《中国宪法权利体系的完善——以国际人权公约为参照》,北京大学出版社2013年版,第111页。

② 卢坤:《从个体伦理到"集体与个体"二维伦理——论当代集体主义道德建构路径》,载《哲学研究》2005年第3期。

养，因此政府应该注重传播民主的政治文化，增强公民对政府行为的信赖，在全社会形成民主的政治文化氛围。有学者建议设立人权日，利用每年一度的纪念活动，宣传和普及人权知识，强化人权意识。[①] 第三，积极地发展民间组织，给予各种民间组织恰当的政治和法律承认。政府可以将管理某些领域的职能让渡给民间组织，从而促进某些领域的社会自治。个人的力量是微弱的，但是民间组织的力量却可以很强大；借助民间组织的力量既有利于公民权利和政治权利的实现，也有利于对抗政府权力，保障个人权利免遭侵害。

公共权力要为公民权利和政治权利提供及时的救济和保护。没有救济就没有权利，公民权利和政治权利在实现的过程中可能会遇到各种各样的阻碍，甚至会受到侵害，因此当公民权利和政治权利受到侵害时公共权力要提供及时的救济。对于权利的救济，不仅包括司法救济，也包括行政救济。公正的司法是人权保障的最后一道屏障，建立国际人权的司法适用制度，使那些已经为我国承认的国际人权公约，成为我国司法机关可以直接适用的法律依据。这样，我们就不需要把国际人权公约具体化为国内普通法律，从而节约了立法资源，还使人权得到有效的司法救济。[②] 两种救济方式要做有效的衔接。

（三）价值层面：个人主义人权观与集体主义人权观的调和

国际人权公约是以西方国家的价值观念为主导的。《公民权利和政治权利国际公约》在序言中指出："考虑到，按照联合国宪章所宣布的原则，对人类家庭所有成员的固有尊严及其平等的和不移的权利的承认，乃是世界自由、正义与和平的基础，确认这些权利是源于人身的固有尊严……"一方面，这彰显了权利源自于人身的固有尊严，是天赋的，国际人权公约对其进行规定只是一种宣示，而不是创造权利；另一方面，这也说明人权的主体是个人，强调个体的权利与保障，权利本身是终极性的目的。该公约主要涉及的是公民权利和政治权利，其权利理念、人权观念侧重于个人主义原则之上的公民权利和政治权利。

对于公民权利和政治权利的发展采取一种国家主导型的集体主义模式

---

① 参见王德志：《国际人权公约与我国人权立法的比较》，载《山东大学学报》（哲学社会科学版）2000 年第 5 期。

② 参见王德志：《国际人权公约与我国人权立法的比较》，载《山东大学学报》（哲学社会科学版）2000 年第 5 期。

是符合中国的传统与现实需要的,一方面它可以在民主集中制的基础之上,对公民权利和政治权利的保护与发展作出规划,根据时代与社会发展作出规整,从而有步骤、循序渐进地推进公民权利和政治权利的发展;另一方面,通过国家积极主动地加大普法宣传、权利宣传力度,公民的权利意识、法治意识与参政意识能更迅速地提高,从而积极主动地参与到国家的管理活动之中,为公民参政、维权创造一个良好的法治与政治环境。然而这种模式也存在其局限性。由于偏重于对社会发展作出整体规划,对公民权利和政治权利的维护方面的重视度不够,维权让位于维稳,对个体权利的忽略导致不能充分发挥个体的积极性与创造性。此外,在这种模式下,虽然法律文本上规定了比较完善的公民权利和政治权利,但是对国家权力对于公民权利和政治权利的限制却没有规定限度。国家权力缺乏有效的监督与制约机制,可能造成对公民权利和政治权利的侵害,不利于公共利益与个人利益的协调发展。

无论是个人主义的人权观还是集体主义的人权观,它们要处理的都是一个个体和另一些个体之间的权利冲突,这两种权利观之间的矛盾并非不可调和。“为了把人与人之间的矛盾和斗争控制在一定范围内,保持社会秩序的稳定,不致引起社会的分裂与崩溃,就必须设立一个社会公共权力来维持。这个社会公共权力能够在一定程度和范围内反映、调整社会各个方面的利益,代表他们的共同的要求,排除和制止某些个体(群体)的某些不合理的权利,抵制外部的侵略和压力。更重要的是,它应该成为一支积极的实践活动的力量,集合社会上一定的人力、物力、财力,去保卫人权并实施和落实每个人的正当权利。人权与集体主义不是根本对立的,坚持集体主义不但不会损害人权,反而能够更好的把握人权,找到实现人权的正确道路。”①其实,个人权利与国家权利是不可能发生冲突的,因为国家是一个整体,个人是其组成部分,整体与其部分是不可能发生冲突的,我们所说的冲突是不同部分之间的冲突,即一个公民和其他所有公民之间的利益冲突,因此把它说成这个公民与国家之间的冲突是不准确的。② 因此一般说来集体利益和个体利益是一致的,但不排除少数人的利益与多数人的利益会发生冲突,在这个时候,集体的利益只是代表了多数人,所以个人主义的权利观与集体主义

① 陈瑛:《人权:从集体主义角度看》,载《道德与文明》2003 年第 6 期。

② 参见张千帆:《宪法学导论——原理与应用》,法律出版社 2004 年版,第 464 页。

的权利观只是在关注的焦点上发生了分歧。① 其实两类权利观最终的目的还是个人的人权,虽然个体的权利确实能达到某些集体目的,但这只是权利在实现过程之中的附加部分,即人权的工具价值是附属于其目的价值的。因此,在我们解读我国的宪法时,只要把人权的目的价值与工具价值放在不同层次上,着重强调人权的目的价值,认识到手段价值只是附属于目的价值的,就能调和个人主义人权观和集体主义人权观间的矛盾。②

结语

在我国,"公民""权利"等概念属于舶来品,它们首先是在西方的文化土壤中产生和发展起来的,由于中西传统文化的不同,外来因素进入我国就产生了两种不同文化的碰撞问题,这就需要对两种文化进行整合。公民权利的发展经历了曲折的发展历程,但是也取得了伟大的历史进步,并在发展过程中凸显出了自身特色。公民权利和政治权利作为公民权利的一部分,其发展既要保持自身的特色,又要顺应国际共识性因素,实现本土资源和外来资源的调和。我国目前虽然还未批准《公民权利和政治权利国际公约》,但是我国在积极地为批准该公约创造条件,批准是必然趋势。促进我国公民权利和政治权利的发展,最重要的是实现公民权利与公共权力之间的平衡,这就需要在规范、制度、价值层面协同推进。因此,中国特色公民权利和政治权利的发展任重道远。

The Developing Road of Civil and Political Rights with Chinese Characteristics

Xinxin Gong

Abstract Citizen has been a long-standing phenomenon in western society, and citizen's rights are synchronized with the generation of citizens. Civil and political rights are a kind of right that can protect individual freedom from the infringement of the government and private organiza-

① 参见刘连泰:《〈国际人权宪章〉与我国宪法的比较研究——以文本为中心》,法律出版社2006年版,第258页。

② 参见刘连泰:《〈国际人权宪章〉与我国宪法的比较研究——以文本为中心》,法律出版社2006年版,第259页。

tions, and ensure individuals to participate in the country's civil and political life without discrimination and restriction. They are an original and major component of international human rights, which formed the first part of the Universal Declaration of Human Rights in 1948, and belong to the first generation of human rights the theory of three generations of human rights, and the negative rights of the theory of negative and positive rights, which mainly focuses on nonintervention of the state power and restricting the power of the government, to limit the abuse of the power through the appropriate allocation of civil and political rights. They are also related to personal integrity and can ensure the implementation of individual rights, finally to achieve the balance between public power and individual rights. Thus, the development of civil and political rights has experienced a long process in our country and eventually formed a relatively complete system of civil and political rights which is composed of constitution as commander-in-chief and ordinary laws and regulations. Because of the influence of the tradition and demand of the reality, the development of our country's civil and political rights reflects its own unique character, including historicity, collectivism, government-leading, internationalism, and constantly adjust to the international human rights conventions in the background of globalization.

Keywords citizen; civil and political rights; evolution; characteristics;development request

新兴媒介下言论自由的法律保护

——以《侵权责任法》第36条“网络服务提供者侵权责任”对言论自由的压制为视角

郭娜娜*

内容摘要 言论自由权作为一项基本人权，不仅是现代人权制度和民主制度的基础，更是现代宪政价值中至关重要的部分，其基本性和重要性决定了言论自由权保护的法律优先性。近年来，以互联网为代表的新兴媒介的发展为言论自由权的行使提供了崭新的平台，网络言论自由在中国承担着重要的民主监督功能。然而《侵权责任法》第36条第2、3款规定的网络服务提供者侵权责任，过于重视救济被侵权人而忽视言论自由权的保护，造成了对网络言论自由权的潜在压制。由此折射出我国在言论自由权保护方面的立法缺失，为此需要通过立法理念的更新、相关规则的重新设计以及司法解释等途径，来完善我国新兴媒介下言论自由权保护的法律规范体系。

关键词 言论自由；网络服务提供者；侵权责任；利益平衡；比较研究；规则设计

当今社会，以互联网为核心的“第四媒体”方兴未艾，被称为“第五媒体”的移动互联网的发展也如火如荼，已成为人们发表言论和表达见解的重要媒介和平台，然而新兴媒介的爆炸式发展也导致了各类网络侵权案件层出不穷。

2010年7月1日，备受关注的《中华人民共和国侵权责任法》（以下简称《侵权责任法》）开始实施，第36条整合了千余部网络相关立法②，首次以

* 作者简介：郭娜娜，山东大学法学院宪法学硕士研究生。

② 参见王洪、谢雪凯：《网络服务商第三方现代责任之现代展开——立法演进、立法思想和理论基础》，载《河北法学》2013年第6期。

民法基本法的形式规定了网络用户和网络服务提供者的侵权责任。该条第1款被称为“宣示性条款”,规定了网络服务提供者的“自己责任”,即网络用户、网络服务提供者利用网络侵害他人民事权益的,应当承担侵权责任;第2款被称为“提示规则”或者“避风港规则”[①],规定在权利人通知网络服务提供者的情况下,如其未采取必要措施避免损失扩大,即要对损失的扩大部分与实施侵权行为的网络用户承担连带责任,本款将“通知”作为判定网络服务提供者有无主观过错以及其应否承担连带侵权责任的决定性因素;第3款被称为“明知规则”或者“红旗规则”[②],规定了网络服务提供者“知道”网络用户利用其网络实施侵权行为时,如未采取必要措施,则与直接加害人承担连带责任,即“知道”是认定网络服务提供者有无过错的主观要件。[③]

《侵权责任法》第36条对网络侵权责任作出了明确的规定,看似是立法层面的一大进步,但其中关于网络服务提供者侵权责任的相关规定却引发了学界的巨大争议,许多学者认为其规则设计对网络服务提供者课以了过重的义务和责任[④],且在责任主体类型的划分、责任的限制等方面存在立法上的疏失。此外,基于以移动互联网为代表的新兴媒介的特性,《侵权责任法》实施以来的绝大多数网络侵权案件都将网络服务提供者与实际侵权人一同或者单独作为被指控的对象,要求其承担侵权责任。这就导致了现实中网络服务提供者出于各种原因的考虑而简单地采取删除、屏蔽、断开链接等所谓的“必要措施”,从而使公民的网络言论自由权受到极大地压制,妨碍此项基本宪法性权利的行使。

---

① 杨立新:《侵权责任法:条文背后的故事与难题》,法律出版社2011年版,第133页。避风港原则是指只要网络服务提供者尽到了合理的注意义务,按照合理的程序提供服务,对侵权信息及时地进行处理,一般能够被免除侵权责任。

② 杨立新:《侵权责任法:条文背后的故事与难题》,法律出版社2011年版,第135页。“红旗规则”是指如果网络用户存在侵权行为事实是显而易见的,“像是红旗一样飘扬”,网络服务提供者就不能以不知道侵权的理由来推脱责任,若其不及时采取删除、屏蔽或者断开链接等必要措施,则也应该认定其与网络用户承担连带责任。

③ 杨立新:《〈中华人民共和国侵权责任法〉精解》,知识产权出版社2010年版,第167页。

④ 张新宝、任鸿雁:《互联网上的侵权责任:〈侵权责任法〉第36条解读》,载《中国人民大学学报》2010年第4期;杨立新:《〈侵权责任法〉规定的网络侵权责任的理解与解释》,载《国家检察官学院学报》2010年第4期。

一、网络服务提供者侵权责任规则对言论自由的压制

众所周知,《侵权责任法》最重要的任务是协调个体行动自由与保护他人权利之间的关系,这两者是此消彼长,无法齐头并进的。所有高超的立法者都必须游走于两者之间,依据彼时彼地的社会一般观念设计各种规则,保持两者之间微妙的平衡。[①] 具体到网络侵权,其最核心的问题就是网络言论自由与民事权利保护之间的平衡,而《侵权责任法》第 36 条所设计的网络侵权规则有注重民事权利的保护而限制言论自由的倾向。鉴于此,我们有必要明确言论自由权的宪法价值,以分析在设计相关规则时对其给予充分保护的必要性。此外,还应将第 36 条规定的具体内容与司法实践中的具体案例相结合,以期能够更加清醒地认识到其对言论自由的压制。

(一)言论自由权的宪法价值及私法效力

言论自由是指公民可以将内心的想法和意见通过某种形式自由地表现于外而不受非法干涉的权利。[②] 自《人权宣言》颁布以来,言论自由作为一项基本人权已经成为现代宪政价值中至关重要的部分以及现代人权制度和民主制度的基础,不仅对健全民主政治、维持社会和谐、获知真理、繁荣文化以及个人自我实现等具有重要意义[③],而且其本身也是人格自由和人格尊严的一种体现。从某种意义上也可以说,言论自由是所有其他自由不可或缺的条件,其对一个国家自由民主秩序的建设和维持具有建设性意义。[④] 言论自由从权利属性来看属于我国的宪法性基本权利[⑤],其不仅是个人对抗政府、少数对抗多数的权利,而且是国家公权力所必须遵守的客观价值秩序[⑥]。因此,国家除了要承担不能随意干涉言论自由的消极义务之外,还应承担积极的保护义务,为其实现排除妨碍、创造条件。[⑦] 这就意味着,国家若无充分且正当的理由,则不得限制公民的言论自由;无论是通过法律还是

---

① 参见谢鸿飞:《言论自由与权利保护的艰难调和——〈侵权责任法〉中网络侵权规则之解读》,载《检察风云》2010 年第 3 期。

② 参见甄树青:《论表达自由》,社会科学文献出版社 2000 年版,第 41 页。

③ 参见侯健:《言论自由及其限度》,载《北大法律评论》2000 年第 3 卷第 2 辑。

④ 参见杨福忠:《公民网络匿名表达权之宪法保护——兼论网络实名制的正当性》,载《法商研究》2012 年第 5 期。

⑤ 我国《宪法》第 35 条规定:“中华人民共和国公民有言论、出版、集会、结社、游行、示威的自由。”

⑥ 参见张翔:《基本权利的双重属性》,载《法学研究》2005 年第 3 期。

⑦ 参见王四新:《表达自由与民主政治》,载《环球法律评论》2009 年第 4 期。

通过任何其他形式对公民的言论自由进行任何限制,都需充分论证限制的理由和条件。

此外,在凯尔森的"法律规范效力的位阶理论"的影响下,宪法被认为是"法律规范金字塔顶端的高级法",故而基本权利被赋予了衡量立法、公共行政以及司法领域行动的方针与指示功能,其效力辐射至包括私法领域在内的各个法律领域,进而影响平等民事主体之间的法律关系。具体到侵权法领域,基于法律秩序的统一和基本权利的第三人效力,侵权行为的成立要件及其法律效果在适用上应作符合宪法的解释,参照宪法上的判断基准来调和民事权利保护与言论自由,使两者能获得和谐。[①]

言论自由的特殊宪政价值及其在法律核心价值体系中的重要性决定了立法在进行相关的规则设计和制度安排时必须切实注重言论自由的保护,从而保障这一基本宪法权利在法律保护中的优先性;而基本权利的私法化等理论则为网络侵权规则中言论自由的保护提供了理论支持。

(二)过于"粗疏"的规则设计对言论自由的潜在压制

言论自由的特殊价值要求其他法律在进行规则设计时必须对其给予充分的保护,然而《侵权责任法》第 36 条关于网络服务提供者侵权责任的规定构成了对言论自由的不合理限制,其主要理由如下:

首先,自《侵权责任法》实施以来,适用第 36 条的网络侵权规则进行审判的案件不计其数,笔者通过对其中的 204 起典型案例与裁判文书分析后发现,有 180 余起案件将网络服务提供者作为被告,且其中的绝大部分仅起诉了网络服务提供者,而未将直接侵权人列为被告。[②] 无休止的诉讼以及高额的赔偿使得网络服务提供者对网络侵权谈虎色变,出于趋利避害的本能,他们失去了本身应该具有的客观中立性,从而无法抑或是不愿客观地判断其网络上的内容是否构成侵权,只是简单地删除可能涉及侵权的内容,进而导致公民的言论自由权遭受损害。

其次,涉及网络服务提供者侵权责任的案例形成了两种对比鲜明的判决结果:第一种是在接到所谓的被侵权人通知后及时采取删除、屏蔽或断开链接等必要措施的网络服务提供者,一律被判决不应承担侵权责任。第二种是未及时采取必要措施的网络服务提供者则几乎都被判决承担全部或部

---

① 参见王泽鉴:《人格权法:法释义学、比较法、案例研究》,北京大学出版社 2013 年版,第 366 页。

② 此处的数据是笔者对北大法宝所收录的典型案例以及裁判文书进行分析后所得出的结论。

分侵权责任。比如闫某诉新浪、百度侵犯其名誉权、隐私权一案[①]，北京市海淀区人民法院的判决结果是：新浪公司未能举证证明接到原告通知后采取了必要措施，故应承担侵权责任；而百度公司则在接到原告通知后及时采取了必要措施，故而不承担侵权责任。[②] 这种审判结果无形之中形成了一种导向，使得网络服务提供者为了防止自身陷入纠纷，只要收到所谓的权利人发出的告知其侵权的通知，就会删除相关内容。[③] 显然，在未确定他人在网络上发表的言论是否构成侵权的情况下就对其进行限制的做法缺乏理性，超出了限制言论自由的必要限度，而对言论自由的过度限制难免会形成“寒蝉效应”。[④]

再次，对网络服务提供者课以过重的责任，导致网络服务提供者为避免承担责任而采取必要措施，这不仅抑制了公民的言论自由，也不利于各方利益的平衡。其主要表现在以下几个方面：

(1)同为不作为侵权责任，一般不作为责任人承担的是补充责任，而在网络侵权中，为了填补受害人的损害，强制规定网络服务提供者承担连带责任显然存在不合理性，违反了“类似问题应该得到类似处理的法治原则”[⑤]。

(2)第2款所设计的“通知—取下”规则的核心是判断“通知”中所称的行为是否构成侵权，然而网络服务提供者并非司法机关，也不具有侵权行为的判定权。这意味着如果其判断无法得到所谓的被侵权人的认可，则其可能会卷入诉讼之中；而如果其判断无法得到所谓的侵权者即被采取措施的网络用户的认可的话，则可能侵害其言论自由权。第3款所设计的“知道—

---

① 2014年10月10日，最高人民法院公布8起利用信息网络侵害人身权益典型案例。其中闫某与北京新浪互联信息服务有限公司、北京百度网讯科技有限公司侵犯名誉权、隐私权纠纷案表明：某新浪博客博主发表涉及原告个人隐私的文章，原告先后向新浪公司和百度公司发出律师函要求采取必要措施，新浪公司在诉讼中未提交证据证明其采取了删除等必要措施，百度公司则提供证据证明其采取了断开链接、删除等措施。原告起诉要求两公司提供博主的个人信息。

② 参见徐砶、罗沙：《网络侵权知多少——典型案例教你了解“网络侵权”官司》，载2014年10月18日，《西部法制报》。

③ 全国人大常委会法制工作委员会民法室：《侵权责任法立法背景与观点全集》，法律出版社2010年版，第621页。

④ 参见李大勇：《谣言、言论自由与法律规制》，载《法学》2014年第1期。指公民因怕遭受某种不利影响或发表言论的渠道受阻而不敢发表言论，如同蝉在寒冷天气中噤声一般。寒蝉效应的发生，将导致公共事务乏人关心，被视为过度限制言论自由的不良后果。

⑤ 王轶：《民法价值判断问题的实体性论证规则——以中国民法学的学术实践为背景》，载《中国社会科学》2004年第6期。

取下”规则也存在相关问题。故而,本条设定的网络侵权规则将使得网络服务提供者陷入了两难境地,导致其承担责任的风险增加。[①]

(3)本条款单纯规定了网络服务提供者判断侵权行为、采取必要措施等的义务,但是对其在履行这些义务中产生的人员、费用等支出并未涉及,也就是说只能由网络服务提供者自行负担。在网络侵权状况愈演愈烈的态势之下,这对网络服务提供者而言是一项极大的费用支出负担。

(4)鉴于新兴媒介下实际侵权人难以确定、网络侵权损害后果扩展迅速等现实原因,立法者将这种损害赔偿责任转嫁给网络服务提供者,使得被侵权人怠于寻找实际侵权的网络用户,而是直接追究网络服务提供者的侵权责任。这实际上加重了网络服务提供者的责任,会妨碍侵权责任法预防功能的实现。

最后,言论自由的特性要求对其进行限制的规则必须明确、具体,且给予其最大限度的保护。然而第 36 条在规则设计上的宽泛、空白和模糊,造成了法律适用上的混乱,极易导致网络言论自由权遭受任意干涉。比如第 1 款的规定过于抽象化和原则化,导致其无法作为独立请求权的基础,而需结合其他条款进行判定,进而导致理解上的分歧和适用上的不统一,造成“同案不同判”的现象,破坏了法律公平正义。[②] 第 2 款的提示规则,对于“通知”的内容、形式、网络服务提供者接到通知后的判断和处理方式以及错误通知的后果等均未作规定。这种“和稀泥”式的利益协调式规则缺乏具体性和操作性,导致被侵权人、网络服务提供者以及网络用户在进行相关判断时具有较大的任意性。这既不利于网络侵权问题的实质性解决,又容易使言论自由受到侵害。第 3 款对“知道”的定义存在表述上的模糊之处,对其理解存在分歧,且法律对于何种情况下可以认定网络服务提供者为“知道”侵权行为也未作规定,这均会导致法律适用的混乱。比如在 2010 年 6 月份引发社会和媒体广泛关注的“蔡继明诉百度侵权纠纷”一案中[③],北京市海淀区人民法院一审认为:“百度贴吧”只是网络技术和平台服务提供者而非

---

① 参见蔡唱:《网络服务提供者侵权责任规则的反思与重构》,载《法商研究》2013 年第 2 期。

② 参见蔡唱:《网络服务提供者侵权责任规则的反思与重构》,载《法商研究》2013 年第 2 期。

③ 原告蔡继明作为政协委员公开发表假日改革提案后,被一些人视为取消“五一”黄金周的“始作俑者”。网络用户在百度贴吧中开设“蔡继明吧”,发表具有侮辱、诽谤性质的文字和图片等,且公布了蔡继明的个人手机号码、家庭电话等个人信息。因此,蔡继明起诉百度公司要求其删除侵权信息,关闭“蔡继明吧”、披露发布侵权信息的网络用户的个人信息以及赔偿损失。

网络内容服务提供者,法律并未对其课以"贴吧"内容的事前审查义务,因此不能因"贴吧"内出现了涉嫌侵犯个人民事权益的事实,就理所当然地认定其应当"知道"该侵权事实,从而承担侵权责任。而北京市第一中级人民法院二审则判决百度公司"明知"侵权行为的存在却未及时采取必要措施,怠于履行义务致使侵权后果扩大而应承担相应的侵权责任。① 对比同一案件的不同判决我们不难看出,不同的法院或者法官对于相同案情下"知道"的认定标准存在着明显差异,这就可能会导致同案不同判,破坏法律的权威和公平正义。

此外,由于我国现有的言论自由保护机制存在缺陷,言论自由与民事权益发生冲突时基本都是作为民事案件处理的,而法官在审理中更注重民事权利的保护,这就导致言论自由遭受侵害时无法获得有效的救济。②

二、网络服务提供者侵权责任规则的立法疏失

(一)立法指导理念上的疏失:注重民事权利的救济,忽视言论自由的保护

《侵权责任法》第 36 条的网络侵权规则遵循了传统侵权法的立法指导理念,采取了以救济受害人、保护民事权利为中心的制度设计,其关注焦点为确定侵权责任以填补受害人损失,而没有体现出对言论自由应有的尊重和保护。

截至 2014 年 8 月底,中国的网民数量达 6.32 亿,互联网普及率为 46.9%。③ 以互联网、移动互联网为代表的新兴媒介已经成为人们现实生活的一种投影和延伸,网民的诸项民事生活、利益诉求以及公共意见的发表均在这些新媒介上有所表现。④ 公民通过网络表达看法和意见、进行舆论监督以及平等对话,网络已经成为公民行使言论自由权的主要阵地,是公共领域舆论监督的重要手段。"黑砖窑事件"、陕西"表哥事件"、"猥亵女童案"等公共事件均是首先在网络上引发舆论关注后有关部门才介入查清真相

① 参见最高人民法院:《利用信息网络侵害人身权益的典型案例》,载《人民法院报》2014 年 10 月 10 日。

② 参见蔡唱:《网络服务提供者侵权责任规则的反思与重构》,载《法商研究》2013 年第 2 期。

③ 中国互联网络信息中心:《第 34 次中国互联网络发展状况统计报告》,http://www.cnnic.net.cn/hlwfzyj/hlwxzbg/hlwtjbg/201407/P020140721507223212132.Pdf,访问日期:2014-8-26。

④ 参见梅夏英、刘明:《网络侵权归责的现实制约及价值考量——以〈侵权责任法〉第 36 条为切入点》,载《西北政法大学学报》2013 年第 2 期。

的,这充分显示了网络言论自由权的作用和威力。这就要求立法者在设计网络侵权规则时要充分认识到民事权利与言论自由之间隐含的冲突,重视言论自由的保护。

然而本条第2款的“提示规则”在起草过程中就曾被指出,将其适用于侵犯人格权领域,赋予被侵权人不经法院审理直接发出侵权通知就可要求网络服务提供者采取必要措施的权利,会危及言论自由,妨碍正常的网络监督;又如本条第3款的“明知规则”,由于规则设计过于“粗线条”,未对“明知”的情形作出明确规定,导致在司法实践中法官仅仅依据被侵权人通知的送达来推判网络服务提供者“明知”侵权内容的存在,而非根据被侵权人提供的证据客观认定网络服务提供者是否确为明知,进而认定其是否具有主观过错从而承担相应的侵权责任。[①] 这实际上导致了举证责任倒置,极大地增加了网络服务提供者被判决承担责任的可能性。

通过上述分析不难看出,我国《侵权责任法》对于网络服务提供者采取了更为严格的侵权责任认定标准。而这种以受害人为中心的价值取向和制度设计,导致了对网民言论自由权的压制,使得侵权责任法的立法目的与法律的基本价值追求以及社会发展趋势背道而驰。

(二)规则设计上的疏失:过于粗疏易被滥用,模糊空白导致适用困难

本条款的规定受立法过程中占主流的“宜粗不宜细”的观点影响[②],认为相关规则设计应尽可能作原则性规定以维持较强的张性[③],从而轻视具体规则设计,使规则存在宽泛、空白、模糊的问题。过于粗疏的规定容易导致理解和适用上的分歧,也容易被滥用,从而导致言论自由得不到应有的保护。此外,单纯因实际侵权人难以确定,为填补被侵权人的损害,协调各方的利益而强制规定网络服务提供者的连带责任,属于“和稀泥式”的调和方式,不仅对于网络侵权问题的解决无实质意义,而且还存在因加重网络服务提供者责任而妨碍言论自由的潜在危险。

在《侵权责任法》的立法过程中,参与讨论的专家学者、法官以及部分网络公司对网络服务提供者侵权责任具体规则的设计提出了诸多的疑问。立

---

① 参见梅夏英、刘明:《网络侵权归责的现实制约及价值考量——以〈侵权责任法〉第36条为切入点》,载《西北政法大学学报》2013年第2期。

② 参见蔡唱:《网络服务提供者侵权责任规则的反思与重构》,载《法商研究》2013年第2期。

③ 参见全国人大常委会法制工作委员会民法室:《侵权责任法立法背景与观点全集》,法律出版社2010年版,第621页。

法过程中针对网络服务提供者规则的争议点主要集中在是否应该对网络服务提供者进行类型化区分、网络服务提供者是否应该承担连带责任、采取必要措施是否应设置必要的“门槛”、瑕疵“通知”是否应该承担责任、“知道”是否包括应当知道、“知道”的认定标准如何界定等等方面,可以说这些方面存在的立法疏失是导致网络言论自由遭受压制的主要原因。

1. 未对网络服务提供者的侵权责任类型化的限制

明确“网络服务提供者”的范围并对其侵权责任进行类型化的限制是科学追责的前提,然而我国《侵权责任法》第36条中没有对网络服务提供者的明确定义。虽然我国其他法律、行政法规和司法解释中对网络侵权的主体存在诸如“网站经营者”等多种表述[①],但据此难以得出本法中网络服务提供者的确切范围。这导致理论界和实务界对其内涵存在不同的理解:有的认为其指内容服务提供者,有的认为其指技术服务提供者[②],有的认为除上述技术服务者之外还应当包括内容服务提供者[③]。这就使得在司法实践中法院往往难以判断侵权责任主体,或者不加判断直接将所有相关主体均认定为本条中所称的“网络服务提供者”。

此外,不同类型的网络服务提供者对侵权信息的控制能力不同,从而导致其在侵权行为中的作用也不同,因此成立侵权责任的要件、承担责任的方式以及免责事由都是有区别的。[④] 故而出于适用过错责任原则、产业发展的需要以及技术上的要求等,应当对网络服务提供者的责任区分类别进行限制。而本条规定却只是概括性地规定了网络服务提供者的网络侵权责任,不区分类型一律承担连带责任,这不免欠缺合理性,存在不合理加重网络服务提供者责任的倾向。

---

① 除网络服务提供者外,还有提供内容服务的网络服务提供者、内容服务提供者、互联网接入服务提供者、互联网信息服务提供者、网站经营者等。

② 技术服务提供者主要指提供接入、缓存、信息存储空间、搜索以及链接等服务类型的网络主体,其不直接向网络用户提供信息;内容服务提供者,是指主动向网络用户提供内容的网络主体。

③ 参见高圣平:《中华人民共和国侵权责任法立法争点、立法例及经典案例》,北京大学出版社2010年版,第435～439页。以王利明、杨立新教授为代表的部分学者主张网络服务提供者仅指网络内容服务提供者;以张新宝、刘德良教授为代表的部分学者主张网络服务提供者仅限于网络技术服务提供者;以王胜明为代表的部分学者主张网络服务提供者包括网络内容服务提供者和网络技术服务提供者。

④ 参见全国人大常委会法制工作委员会民法室:《侵权责任法立法背景与观点全集》,法律出版社2010年版,第604页。

2. 网络服务提供者连带责任的设置缺乏合理依据

当前我国理论界和实务界普遍认为网络服务提供者与网络用户承担连带责任的理论基础为共同侵权，虽然对于设置连带责任的性质等存在争议[①]，但其设置的合理性却基本得到了主流观点的认可。然而笔者认为，无论从理论基础、价值原则、理论实践，还是比较法的经验等来看，将网络服务提供者与网络用户之间的侵权责任界定为连带责任欠缺合理性。

首先，网络服务提供者连带责任欠缺理论基础，构不成帮助型共同侵权。根据体系解释等理论，构成帮助型侵权需要存在“共谋”行为，然而绝大多数情况下，网络服务提供者只是为网络用户的侵权行为提供发布平台或者传输通道，而并未与其进行主观上的意思联络。即便是将此处的“共谋”扩大解释为“共同过错”，将其为用户侵权行为提供“平台”或者“通道”等服务解读为共同侵权中的“帮助”在价值原则上存在严重失衡。因为“仅提供可被用于侵权用途的工具并不构成侵权，只要该工具存在实质性非侵权用途”[②]。处于技术中立地位的网络服务提供者的过错仅限于“应作为而不作为”，因其违反其注意义务而承担的应是与其相适应的过错责任，将其等同为对加害人侵权行为有主观帮助的过错，进而要求其承担连带责任显然是不具有合理性的。此外，根据《侵权责任法》第 9 条规定的因果关系，“一因一果”是连带责任的基础，“多因一果”是按份责任的基础。[③] 本条 2、3 款所规定的网络侵权中损害结果发生的唯一原因是网络用户的侵权行为，即便网络服务提供者收到“通知”或者“明知”其侵权行为存在而未采取必要措施导致了损害结果的扩大，那也只能认定其与损害结果的扩大存在因果关系，且权利人有义务证明其存在，方可追究网络服务提供者的侵权责任，而不能将其覆盖于概括的原因之下。如上所述，网络服务提供者在主观过错、客观行为以及因果关系等方面均不符合帮助型共同侵权中“帮助”的条件，故而认为其构成帮助型共同侵权欠缺理论基础。

其次，网络服务提供者连带责任的政策基础欠缺合理性。一些参与立

---

① 在数人侵权责任中，除了共同侵权行为之外，数个侵权人之间承担连带责任的原因可能完全基于政策导向的考虑，法律还对某些特殊情况下的连带责任作出规定。此种情况下，可以依据法律或者司法解释的相关规定直接认定行为人的连带责任，无须以共同故意或者行为关联的标准来进行检验，如食品安全法规定的广告代言人的连带责任。

② See Sony Corp of America v. Universal City Studios, Inc 464 U. S 417(1984.)

③ “多因一果”在共同危险行为的情况下对应连带责任，是这种因果关系下责任承担方式的例外，网络服务提供者的不作为显然不构成此种情况，故在文中不再赘述。

法的学者曾指出，网络服务提供者承担连带责任，并非是基于共同侵权行为，而是基于公共政策考虑。[①] 网络服务提供者连带责任设置的政策前提是保护受害人，以互联网为代表的新兴媒介的匿名性、分散性等特征使受害人处于弱势地位，很难确定直接侵权人并寻求赔偿，为填补其损害只能将责任风险转移到网络服务提供者身上。其目的在于促使网络服务提供者积极履行注意义务、采取处理措施，但是这却不合理地加重了网络服务提供者的负担，有违公平原则，也不利于互联网事业的发展以及网络言论自由的保护。

再次，从实践经验来看，因作为直接侵权人的网络用户的特点，将连带责任人作为必要共同诉讼人的话，诉讼成本会过高甚至根本难以操作。若将其作为非必要共同诉讼人，则网络服务提供者在赔偿了所有损失后向网络用户追偿时就会面临诸多难题：网络用户难以确定且过于分散，追偿成本过高；绝大多数网络用户的赔偿能力较弱，追偿难以执行；出于其理性自律的要求，放弃追偿权等。这一系列的原因导致在司法实践中，鲜有原告将直接侵权人作为被告，更没有一个网络服务提供者请求法院将网络用户列为共同被告或提出相应抗辩，即便是其承担了连带责任也未向网络用户追偿过。理论规则在实践中得不到遵循也就失去了其现实意义，导致立法理论与现实的脱节。[②]

最后，从比较法的经验上来看，基于网络服务提供者的技术中立性特质，国际上对于网络服务提供者的责任认定规则从严格逐渐向宽松发展，而我国的网络侵权则恰恰相反地采取了严格的归责原则。

3. 第 2 款中"提示规则"存在空白

《侵权责任法》第 2 款规定了网络侵权的"提示规则"，即"通知与取下"规则。本规则的设置过于原则化，在许多关键问题上存在空白，导致了适用上的困难和问题，这主要表现在以下几个方面：

首先，关于"通知"的内容和形式问题。任何权利如果没有限制都可能被滥用，法律赋予法律主体权利时应当考虑到其存在被滥用的风险，因此法律应当对被侵权人发出的"通知"进行必要的限制。此外，由于"通知"关系到网络侵权中各方利益的平衡，法律出于审慎的态度应当对"合格通知"的

---

① 参见杨立新：《〈侵权责任法〉规定的网络侵权责任的理解与解释》，载《国家检察官学院学报》2010 年第 4 期。

② 参见徐伟：《网络服务提供者连带责任之质疑》，载《法学》2012 年第 5 期。

内容和形式作出相应的规定,而《侵权责任法》第36条第2款并没有规定“通知”的形式和内容。实际上在本法的起草过程中就有人提出过:对于什么样的“通知”为有效“通知”应当进一步明确,否则将阻碍公民的言论自由以及获取正常信息,可惜立法者最终没有采纳该意见。虽然《信息网络传播权保护条例》(以下简称《条例》)曾对此问题作过规定,但因处于较高位阶的《侵权责任法》缺乏相关规定,且两者在适用范围上有所不同,故而在理解和适用上不能随意限缩,单纯参照《条例》的规定不能满足现实的需要。

其次,关于“瑕疵通知”的效力和后果问题。通知的效力指其对通知发出者以及网络服务提供者的约束力。《侵权责任法》仅概括性地规定了网络服务提供者接到通知后应该采取必要措施,但未规定当通知存在内容虚假或者不完整等瑕疵时其效力如何。发出“虚假通知”的人是否应该对因此造成的损失承担赔偿责任,包括网络服务提供者因采取必要措施支出的合理费用以及相关网络用户因此造成的损失等;网络服务提供者接到“瑕疵通知”时应如何处理,是继续采取所谓的必要措施还是有权利要求通知发出者补正或赔偿损失。《侵权责任法》第36条对这些问题均未作出规定,使得相关主体在遇到此类情况时无法判断应如何处理。

最后,关于网络服务提供者接到“通知”后的判断和处理方式。《侵权责任法》仅规定了网络服务提供者接到通知后应该采取必要措施以及未采取必要措施的责任,但对于网络服务提供者应该依据何种标准进行判断、若判断其不构成侵权时该如何处理、判断错误或者依据错误通知采取了错误措施时,应该由谁来承担责任、承担责任的形式和份额等问题在《侵权责任法》中也找不到答案。①

4.第3款“明知规则”存在模糊

关于36条第3款规定的“知道与取下原则”存在表述上的模糊。对于第3款中“知道”的理解存在分歧,一般法律层面上的“知道”包括两层含义:一是有实际的认识,即“明知”;二是基于特定的事实或环境而获得的认识或推理。② 而我国学界对此主要有三种观点:一种认为应当包括“明知”和“应

---

① 参见蔡唱:《网络服务提供者侵权责任规则的反思与重构》,载《法商研究》2013年第2期。

② Gamer Bed, *Black's Law Dictionary*,(9th edition),West Group, 2009, p. 978。

知”[①];一种认为应解释为“推定知道”[②];一种认为应当包括“明知”和“有理由知道”,但应剔除“应当知道”。[③] 而占主流的观点则认为应该将其限定解释为“明知”[④],以强调这个知道中不包括“应当知道”,但是将其强制解释为“明知”,确有牵强之处。

此外,在《信息网络传播权保护条例》规定网络侵权的主观要件包括“明知”和“应知”。[⑤] 理论上,分歧以及法律规定上的不一致导致了司法实践中对于“知道”的衡量标准存在差异,导致同案不同判的现象层出不穷,而且更多的法官倾向于判定网络服务提供者存在主观过错进而应承担侵权责任。鉴于当前网络用户膨胀以及自主性增强等原因,这实际上赋予了与网络服务提供者监管能力不相符的注意义务。

此外,即便是遵循主流观点,将“知道”解释为“明知”,《侵权责任法》对于“明知”的认定标准,即何种情况下可以认定网络服务提供者“明知”侵权行为并没有明确规定。此认定标准的设定无论是在理论上还是在实践中都是一个难题,因为其要在维护网络主体的正当权益与保护言论自由、遏制网络侵权行为与促进网络产业发展之间寻找一个利益的平衡点。有观点认为,因网络服务提供者负有注意义务,故而应该采取“一般理性人”的标准来判定网络服务提供者行为的正当性和合理性,即一个正常的、理性的人在负有某种注意义务且具有注意能力的情况下能否意识到该行为属于侵权行为。[⑥] 而有的观点则认为在技术发展很快的情况下,规定应当更加“原则”一些。[⑦] 然而《侵权责任法》对于“知道”的认定标准既无具体规定亦无原则

---

① 参见王胜明:《中华人民共和国侵权责任法解读》,中国法制出版社 2010 年版,第 185 页。

② 参见奚晓明:《中华人民共和国侵权责任法条文理解与适用》,人民法院出版社 2010 年版,第 265 页。

③ 杨明:《〈侵权责任法〉第 36 条释义及其展开》,载《华东政法大学学报》2010 年第 3 期。

④ 张新宝、任鸿雁:《互联网上的侵权责任:〈侵权责任法〉第 36 条解读》,载《中国人民大学学报》2010 年第 4 期。

⑤ 《信息网络传播权保护条例》第 23 条规定:“网络服务提供者为服务对象提供搜索或者链接服务,在接到权利人的通知书后,根据本条例规定断开与侵权的作品、表演、录音录像制品的链接的,不承担赔偿责任;但是,明知或者应知所链接的作品、表演、录音录像制品侵权的,应当承担共同侵权责任。”

⑥ 参见陈现杰:《中华人民共和国侵权责任法条文精义与案例解析》,中国法制出版社 2010 年版,第 125 页。

⑦ 参见全国人大常委会法制工作委员会民法室:《侵权责任法立法背景与观点全集》,法律出版社 2010 年版,第 611 页。

性规定,使得司法实践中无法可依。

三、网络服务提供者侵权责任规则的比较研究

随着互联网等新兴媒介的发展,网络侵权事件猖獗,人们逐渐意识到互联网与传统传播媒介的区别,也认识到传统侵权责任认定规则已经不能满足网络侵权的需要。美国法院在 1995 年的一起针对 BBS 经营者的版权侵权之诉的判决中指出,网络服务提供者在侵权中不过起着建立和运行维持网络正常传输所需的系统作用,因此让其承担侵权责任显然是不合理的。[①]这可以说是西方国家网络侵权责任规则由传统规则进入特殊规则的开端,由此网络侵权法律制度和司法实践进入到一个全新的发展阶段。

(一)美国的相关经验

美国将网络服务提供者的责任按照侵害的对象不同进行区别对待:如果侵害的是人格权,基于保护言论自由和提倡网络服务提供者自我约束和管理的要求,只有在侵权内容是网络服务提供者自己创作的情况下方承担侵权责任,否则即便收到权利人的“通知”后未删除侵权内容亦无需承担侵权责任;[②]而如果侵害的是著作权,则要按照《数字千年版权法》的规定处理。[③]

为了适应《WIPO 版权条约》[④]的要求,建立与网络服务提供者地位、能力以及运行规律相适应的网络侵权责任认定标准,美国国会于 1998 年 10 月通过了《数字千年版权法》(以下简称“DMCA”)。该法案产生了两个重要的原则——“避风港原则”和“红旗原则”。

正确理解上述原则应该避免以下几个误区:第一,“通知—删除程序”只是要求一旦接到通知,不管其是否是合格网络服务提供者都必须作出回应,至于是否采取必要措施还需要证明该通知是否符合其他条件。如果其符合一定的条件,网络服务提供者就必须采取措施删除侵权信息或者禁止该信

---

① Religious Technology Ct r. V. Netcom online Communication Service, Inc。

② 美国在这方面的立法集中体现在 1996 年的《正当通信法案》(Communication Decency Act, CDA)。典型案例为 1998 年的 Blumenthal V. Drudge and AOL 名誉侵权案。

③ 参见徐伟:《网络服务提供者连带责任之质疑》,载《法学》2012 年第 5 期。

④ 《WIPO 版权条约》为《世界知识产权组织版权条约》(World Intellectual Property Organization Copyright Treaty, WCT)的简称,是 1996 年 12 月 20 日由世界知识产权组织主持,有 120 多个国家代表参加的外交会议上缔结的,主要是为解决国际互联网络环境下因应用数字技术而产生的版权保护新问题。

息被访问;反之,如果事实证明通知发出者并不能证实该信息或者不愿证实该信息侵犯了版权,或者不能够提供足够的信息,那么中间服务提供者完全可以不予理会。此外,如果该通知为虚假通知,则通知发出者应当承担法律责任赔偿网络服务提供者和被指控实施侵权行为的人因此所遭受的损失,比如合理支出和增加的成本等。第二,“红旗原则”的判断标准包括主客观两个方面,即主观上网络服务提供者“是否意识到侵权情境”,客观上“从该情景来看侵权是否明显”,换言之就是“对一位处于该情景或者相似情景下的理性人而言,该侵权行为是否明显”。应避免片面强调其客观方面,而忽略网络服务提供者已经意识到侵权情境这一主观前提,赋予网络服务提供者“应当意识到侵权”的义务。第三,网络服务提供者在收到合格的权利“通知”后未能及时采取合理措施,这确实将剥夺其进入“避风港”的资格,但并非是衡量网络服务提供者是否承担侵权责任的决定性标准,也就是在网络服务提供者未及时删除涉嫌侵权信息的情况下,即使侵权行为成立,也应该考虑网络服务提供者过错存在与否或知道信息构成侵权与否,再决定其是否要承担侵权责任。

DMCA 法案第二部分“网络版权侵权责任限制”中的第 512 条详细规定了网络服务提供者版权侵权的责任限制问题,将网络服务提供者分为四类,分别规定了不同的责任限制条件,以期分清各自的责任。①

第一,对于提供临时性数字网络传输服务的网络服务提供者,如果仅仅为“临时数字的网络交流”,网络服务提供者只发挥“通道”的作用,自动传输和接收的信息,且对所传输的信息未加选择和修改,在此情况下,网络服务提供者免责。第二,对于提供系统缓存服务的网络服务提供者②,只有不对用户保存在其网络上的信息进行修改,且一旦得到权利人满足条件的通知立即将可能侵权的信息封存或删除方可免责。第三,对于根据用户指令提供信息存储服务的网络服务提供者,如果其的确不知道信息或者使用信息的行为是侵权性的,且并未从侵权行为中直接获得经济利益,在接到侵权通知后,迅速删除或屏蔽相关侵权信息。第四,对于提供信息搜索、定位工具

---

① 参见全国人大常委会法制工作委员会民法室:《侵权责任法立法背景与观点全集》,法律出版社 2010 年版,第 594 页。

② 系统缓存是指网络服务提供者将用户访问的信息存储在服务器中,当其他用户再次访问时,可以直接从服务器中下载该信息到用户的计算机上。

服务的网络服务提供者[①],如果其不知晓信息的侵权性且没有从中直接获利,一旦接到侵权通知后立即采取屏蔽或删除等措施,抑或是没有意识到侵权行为的存在,或者在意识到侵权行为后马上断开链接或者屏蔽相关信息。[②]

从美国相关司法判决和理论观点来看,虽然曾有过针对直接责任、替代责任以及引诱责任等不同的认定依据,但其均未规定网络服务提供者与网络用户承担连带责任。

此外,在言论自由的保护方面,美国早在20世纪初就创设了限制言论自由的"明显而即刻的危险"原则。[③] 其将言论自由视为一种可以削减的权利,这违背了基本宪法价值。在对此原则进行批判的基础上产生了"公共讨论绝对自由,私言论相对限制的原则"[④],这具体到网络侵权领域则表现为对网络服务提供者侵权责任认定的宽松趋势。目前,美国法院已基本达成共识,即网络服务提供者不承担直接侵权责任,只在满足帮助侵权或者替代侵权的要件时承担间接侵权责任,通过为网络服务提供者以及网络用户创设宽松的制度环境,更加注重对网络言论自由环境的保护,而非一味地倾向于救济权利人。

(二)欧盟的相关经验

欧盟于2000年6月发布了《电子商务指令》(以下简称《指令》),旨在统一各成员国关于网络服务提供者责任的法律法规。《指令》主要参考了德国的《多媒体法》和美国的《数字千年版权法》,在网络服务提供者的免责条件、"通知—取下"程序等内容的规定上,两者有诸多的相似之处。但在法案的适用领域以及"通知—取下"规则的具体运用等方面却存在着许多差异。例如,DMCA只适用于著作权侵权案件,而《指令》扩展适用于知识产权侵权、诽谤、散布色情信息等利用网络实施的侵权行为;《指令》明确规定了网络服务提供者对于其利用网络发布的信息不负有审查义务,即不应当要求承担

---

① 通过使用信息定位工具,包括目录、索引、指南、指示或超文本链接,将用户指引或链接至另一个网站。

② 参见王胜明:《中华人民共和国侵权责任法解读》,中国法制出版社2010年版,第172页以下。

③ 明显而即刻的危险原则是美国联邦最高法院的大法官霍姆斯于1919年创设的,指除非某种言论已经导致公共利益处于明显、即时的危险之中,必须采取措施以保障公共秩序,否则不得限制言论自由。

④ [美]亚历山大·米克尔约翰:《表达自由的法律限度》,侯健译,贵州人民出版社2003年版,第19页。

监督其传输和存储的信息以及主动收集表明违法活动的事实或情况的一般性义务。《指令》对网络服务提供者的类型采取的是三分法，分别对其侵权责任限制进行了详细的规定：一是单纯提供"通道"服务的网络服务提供者，其免责条件是：未发起传输、未选择传输接收人、未选择或修改传输信息。二是提供系统缓存服务的网络服务提供者，在未对信息进行主动干预或者修改、遵守普遍规则和条件的情况下，在实际知悉信息的最初来源已被删除或屏蔽，或者法院、行政机关命令删除或屏蔽时，立即删除或屏蔽该信息的可以免责。三是提供主机存放服务的网络服务提供者，如果没有实际知悉或察觉到违法信息或行为的存在，且一旦获得或者知晓相关信息，就马上采取删除或者屏蔽等措施的可以免责。

此外，在法律之外，欧盟更倾向于采取利益相关各方自主协商订立类似于"通知—取下"程序的规则或者由网络服务提供者自行制定行业自律规则等方式来解决网络侵权问题。

（三）日本的相关经验

日本关于网络服务提供者侵权责任的主要法律是于 2001 年 11 月 30 日颁布的《特定电气通信提供者[①]损害赔偿责任之限制及发信者信息揭示法》，该法将其保护的对象概括性地规定为包括公民人身权利和知识产权在内的权利，如荣誉权、隐私权、著作权等，而没有具体区分信息侵害的是何种权利。

此外，该法亦没有区分网络服务提供者的类型从而分别规定其免责条件，而是概括性地规定：网络服务提供者对于经由其网络传输的信息被确认侵权时，在下列情形下不承担侵权责任：在技术上无法采取防止措施；网络服务提供者不知晓或者没有充足的理由可以确认其知晓该信息侵犯他人权利；该信息不是由网络服务提供者发布的，亦未对其进行修改或选择。

另外，对于因网络服务提供者采取删除或者屏蔽信息等措施造成信息传输者损害的情况，只要能够证明：采取该措施是为了尽量减小损害，且该网络服务提供者有足够的理由相信该信息的传输侵害了他人的权利，必须采取措施加以制止，或者满足"七日内通知"规则，即"被侵害人"认为自己的

---

① 特定电气通信服务提供者是指以不特定人接受信息为目的电气通信，不包括使公众直接收受信息为目的的电气通信。如以有线、无线或其他电磁方式，传送或接收符号、声音或影像。依日本总务省之解释，无论是将信息予以记录、储存的"储存型"，还是仅负责传送信息而未加以储存的"非储存型"，均包括在内。

权利被侵害后向网络服务提供者发送通知要求其采取措施,网络服务提供者将其转发给“侵权信息”发布者询问其对于采取措施的意见,对方在七日内未表态的,网络服务者即可在必要的范围内免除责任。而且要注意的是“七日内通知”规则中的七天内不能对该信息发布者的言论自由进行任何限制,且本条款亦未赋予网络服务提供者主动删除侵权信息的注意义务。

此外,在言论自由的保护方面,日本遵循“公共福祉”原则,但是近来该原则受到了质疑。质疑者认为在以互联网为代表的新兴媒介下对言论自由进行限制时,应该从“根据自己喜好选择信息的消费者”和“考虑如何才能促进社会进步市民”两个侧面来考虑,遵循两分论,即既要考虑“作为王牌权利的人权”又要考虑“基于权利的公共福祉”。

(四)我国台湾地区的相关经验

我国台湾地区在网络侵权方面的主要立法是 2009 年 5 月重新修改之后的《著作权法》,其在参考各国立法的基础上对网络服务提供者侵权责任规则进行了部分创造性规定,主要表现在以下几个方面。

首先,法案将网络服务提供者划分为四个类型,分别规定了其免责条件。第一,“联线”服务的网络服务提供者①,如果信息的传输、发送、连接和存储等均系网络用户所发动或请求,且通过自动化技术予以执行,网络服务提供者未对其进行任何修改或选择的话,则可以不负赔偿责任。第二,快速存取服务的网络服务提供者②的免责条件是,其未对所存储的信息进行修改,经由自动化技术可以实现与原始化信息的同步改动,或者是经权利人通知后,立即采取删除或者屏蔽等措施。第三,信息存储服务的网络服务提供者③,若不知晓网络用户的侵权行为,且未因此而获直接性财产利益;或经权利人通知后,立即删除或屏蔽相关侵权信息。第四,搜索服务的网络服务提供者④的免责条件与信息存储服务提供者大致相同,在此不再赘述。

其次,该法案在规定网络服务提供者可以适用“避风港原则”抗辩以免

---

① 联线服务的网络服务提供者是指透过所控制或营运之系统或网络,以有线或无线方式,提供信息传输、发送、接收,或于前过程中之中介及短暂储存之服务者。

② 快速存取服务的网络服务提供者是指应使用者之要求传输信息后,透过所控制或营运之系统或网络,将该信息暂时储存,以供其后要求传输该信息之使用者加速进入该信息之服务者。

③ 信息存储服务的网络服务提供者是指透过所控制或营运之系统或网络,应使用者之要求提供信息储存之服务者。

④ 搜索服务的网络服务提供者是指提供给使用者有关网络信息之索引、参考或连接之搜寻或连接之服务者。

除责任的同时,又规定了适用该原则的"门槛"[①],规定了网络服务提供者援引"避风港原则"的先决条件,主要包括:以契约、电子传输、自动侦测系统或其他方式,告知网络用户其著作权等权利保护措施,当用户有三次以上侵权行为时将会被终止享受全部或部分服务以及接受通知的联系窗口信息等;执行第三项的通用辨识或保护等技术措施;"联线"服务提供者在接到权利人的通知后,须将其以电子邮件的形式转发给其实施侵权行为的网络用户;网络服务提供者应配合执行权利人经主管机关审核通过的权利通用辨识或保护技术措施。

此外,对于网络侵权行为中言论自由的保护问题,出现了所谓的"侵权行为法宪法化"现象,我国台湾地区的法院在此背景的影响下,在关于"诽谤罪的违宪争议"所作的解释中,基于对言论自由最大限度地保护这一主张扩大了真实抗辩的适用范围,对民事侵权责任的法律适用产生了一定的影响。[②]

四、网络侵权规则中言论自由与民事权利协调机制的现实选择

随着以互联网为代表的新兴媒介的飞速发展,网络侵权问题的集中爆发,美国、欧盟、日本以及我国台湾地区的网络侵权责任规则为我们提供了借鉴与反思的对象。网络侵权问题的共通性为我们的法律移植提供了可能性,但在设计网络服务提供者侵权责任规则时仍需综合考虑我国的国情,包括现行立法体例、司法运行现状以及宪法实施机制等[③],以此保证制度的合理性以及可操作性,探索新兴媒介下网络服务提供者侵权责任规则中言论自由与民事权利协调机制的有效路径。

(一)网络侵权规则设计之理念更新

首先,网络服务提供者侵权责任规则立法理念的更新,应重视言论自由的保护。言论自由等基本权利的保护不仅是法治秩序的整体要求,亦是民主政治国家应有的基本要求和终极目标。基本权利的客观价值功能为沟通

---

① 刘颖:《论〈侵权责任法〉中网络服务提供者的责任》,载《暨南学报》(哲学社会科学版)2010年第3期。

② 参见陈雅慧:《释字第五零九号解释于民事侵权行为适用趋势——最高法院裁判观察分析》,载《台湾法学》2009年第1期。

③ 参见岳业鹏:《名誉权与表达自由的平衡——传统路径与现实选择》,载《人大法律评论》2013年卷第2辑。

宪法与部门法提供了理论基础,要求部门法的规则设计须符合宪法所指引的方向和划定的界限。然而鉴于中国现行体制对于援引宪法用于裁判"持久地秉持踌躇的态度",言论自由等基本权利的保护只能消极地等待其他立法将其相关规定或精神加以具体化并付诸实施[①],而民事诉讼案件成为其主要途径。[②] 具体到网络侵权领域,就要求网络服务提供者侵权责任规则的设计应更加注重言论自由的保护,在进行相关立法时,审慎考量其对言论自由会造成何种程度的负面影响、手段与目的之间是否比例失调,以及是否实现了利益均衡要求下言论自由限制最小化。必须转变单纯地从"民事权利保护、受害人救济中心主义"出发,而置言论自由于不顾的立法消极和疏忽的态度。

其次,解释理念和方法的更新,应遵循"合宪性解释"方法。网络侵权案件因为其处理可能会涉及言论自由等宪法性权利,故也被称为"非真正宪法案件",即本质上为普通案件,但法官在解释适用普通法律时将宪法的精神纳入法的适用中,进而使其加入了宪法因素。[③] 而这种在普通案件中加入宪法价值考量因素的方法即为"合宪性解释"方法,其要求法官在对普通法律进行解释时,必须通过各种传统的解释方法的整合适用将宪法价值追求纳入整个其中,以保证基本权利价值的充分实现,保持整个法律体系秩序的和谐。[④] "合宪性解释"已经在德国等众多国家的审判实践中得到广泛应用,在涉及基本权利与民事权利等的冲突案件中发挥了重要的作用。但我们要注意的是"合宪性解释"与宪法解释是有本质区别的。虽然其目的在于明晰宪法意旨,但其并非是以宪法条文为解释对象,而只是将宪法规范中所蕴含的价值追求纳入民事案件的解释和适用中。此处的"合宪性解释"只是方法论意义上的概念,是在相互冲突的权利之间进行价值判断时所需遵循的原则,是传统解释方法的整合与选择,而并非新的解释方法类型。

具体到网络服务提供者侵权责任规则,"合宪性解释"要求在对《侵权责任法》第 36 条的"网络服务提供者"、第 2 款中的"通知"以及第 3 款中的"知

① 参见王磊:《宪法的司法化》,中国政法大学出版社 2000 年版,第 306 页。

② 参见张红:《基本权利与私法》,法律出版社 2010 年版,第 45 页。

③ 参见张翔:《两种宪法案件:从合宪性解释看宪法对司法的可能影响》,载《中国法学》2008 年第 3 期。

④ 参见张翔:《两种宪法案件:从合宪性解释看宪法对司法的可能影响》,载《中国法学》2008 年第 3 期。

道”等不确定概念或者概括性条款进行解释时，必须首先在宪法层次对其所涉及的言论自由等基本权利与知识产权、名誉权等民事权利进行衡量，而后“将此宪法上的评判基准适用于网络侵权案件中”[①]，要求在对相关概念和条款的解释中，言论自由这一项基本权利应保有一定程度的优先性。[②] 比如，在对“知道”进行解释时就不应该包括明知以避免增加网络服务提供者的责任进而对网络言论自由造成潜在的压制。在进行“合宪性解释”时需要着力解决以下几个问题：第一，区分侵权言论为公言论还是私言论以决定保护程度；第二，明确网络服务提供者行为的违法性以及过错等侵权责任要件的认定；第三，明确通知的效力；第四，明确知道的判断标准以及举证责任的分配。对于上述问题，均应按照“合宪性解释”的方法，进行符合宪法价值追求的解释和判断。

此外，对于“合宪性解释”的成果可以通过极具中国特色的司法解释制度加以类型化和明确化，避免以权利损害救济为目的的网络侵权规则成为压制言论自由的帮凶。这也应该成为我国法院在进行涉及对包括言论自由权在内的基本权利进行限制的法律规范进行解释时应该遵循的基本原则和理念。

最后，司法审判理念的更新。在网络侵权案件中，本应该处于优势地位的言论自由这一基本宪法性权利的争取被看作是侵权人的狡辩。但是现代民主政治则要求在公共利益的前提下，每一个人应当容忍对自己的批评，以保证民主政治秩序的正常发展以及社会信息渠道的畅通无阻。[③] 故而在相关案件的审判中，法官应深刻理解言论自由的宪法价值以及保护机制，自觉遵循“合宪性解释”方法，保持“侵权救济范围的克制”，避免进一步限制言论自由“本已狭小的空间”。[④]

（二）网络侵权规则之设计完善

当今以互联网为代表的新兴媒介的发展趋势是用户主动参与内容创造，而网络服务提供者更多的只是起着为网络用户提供交流信息、表达意

---

① 王泽鉴：《人格权法：法释义学、比较法、案例研究》，北京大学出版社 2013 年版，第 523 页。

② 参见[德]克劳斯·施莱希、斯特凡·克里奥特：《德国联邦宪法法院：地位、程序与裁判》，刘飞译，法律出版社 2007 年版，第 454 页。

③ 参见杨立新：《建议开展名誉权“瘦身”运动》，载 2005 年 1 月 26 日《新京报》。

④ 岳业鹏：《名誉权与表达自由的平衡——传统路径与现实选择》，载《人大法律评论》2013 年卷第 2 辑。

见、展现自我、探讨共同话题等的平台的作用。[①] 故而应当设计与网络服务提供者的监管能力相适应的注意义务以及相匹配的侵权责任规则。

首先,将网络服务提供者与网络用户的责任规定为按份责任。主要理由有:第一,从整个民法制度设计价值取向的一致性和统一性的角度来看,网络侵权中网络服务提供者的侵权责任对应的是一种因违反法定的注意义务、未"采取必要措施"而形成的"不作为"的自己加害行为。其与网络用户的侵权责任产生的基础不同:一个是因为侵害了民事权利,而另一个是因为违反了注意义务,因此它们是两种相互独立的侵权责任,故而网络服务提供者与网络用户应按照数人分别侵权造成同一损害的情形承担按份责任。这样不仅符合侵权责任法的一般原理,也比较符合自己责任的私法原则。在连带责任的设计缺乏充分理论论证的情况下,应秉持具有相对合理性的自己责任原则。[②] 第二,基于立法政策和法律秩序的要求,也不宜过度加重网络服务提供者的责任,造成对网络用户言论自由的不适当限制并进而影响互联网产业的良性发展。第三,按份责任的一个最重要优势是可以解决"法定权利"与"现实权利"不一致的问题,因为在网络侵权案件中,基于网络侵权的特殊性,在司法实践中全部侵权责任往往由网络服务提供者独自承担,且无行使追偿权的现实可能性,从而纵容实际侵权人逃脱承担责任,使得实践和理论的脱节。第四,从比较法经验上来看,当今世界上主要国家的网络侵权责任立法中,包括美国、英国、德国和法国等,均未将网络服务提供者与网络用户责任规定为连带责任。

当然在尊重我国目前立法现状的前提下,按份责任的替代方案为对网络服务提供者的责任方式以及赔偿金等进行限制,综合考虑网络服务提供者的主观过错以及在侵权行为中的"贡献率"等因素,使其赔偿数额与因该侵权行为而获得的直接利益相符合,而非单纯地以权利人的所受的损害为计算标准,以避免其承担过重的赔偿责任。

其次,对网络服务提供者的侵权责任进行类型化限制。网络侵权中科学追责的一个重要前提就是明确网络服务提供者的内涵并对其侵权责任进

---

① 这主要体现在互联网从 Web1.0 向 Web2.0 的变化上。在 Web1.0 时期,网站是信息的主要提供者,而用户则处于被动接受其提供的信息的地位,例如早期的各类门户网站;而在 Web2.0 时期,用户既是网站内容的创造者又是网站其他用户创造的内容的接受者,例如博客网站、社交网站、新浪微博及维基百科等。

② 参见徐伟:《网络服务提供者连带责任之质疑》,载《法学》2012 年第 5 期。

行类型化限制。我国当前立法中唯一可见的是根据网络服务提供者的服务内容进行的类型划分。但是随着网络服务提供者服务内容的多样化和网络主体身份的多样性,此种分类形式在司法实践中会产生重叠或者混淆,导致判断困难。故笔者认为,应按照提供服务的性质和行为模式进行划分,采取类似于德国的分类方法,将网络服务提供者划分为网络内容服务提供者、网络技术服务提供者、网络平台服务提供者。网络服务提供者只有在下述情况下方承担侵权责任:网络内容服务提供者主要是指主动向网络用户提供内容的网络主体。因其与传统新闻媒体负有相似的注意和审查义务,故而应对其上传内容的真实性与合法性负责,承担一般侵权责任;网络技术服务提供者主要是指提供接入、缓存、信息存储空间、搜索以及链接等服务类型的网络主体,鉴于其技术中立地位,故除非其突破中立地位主动实施侵权行为,如主动修改、选择或者干预其网络上的信息或者为谋求经济利益等目的而利用技术手段主动获取、擅自使用他人信息等,否则不应承担侵权责任;网络平台服务提供者是为用户提供网络交流平台,包括各种论坛、视频分享网站等,鉴于其作用可能存在多样性和交叉性,故只有当其利用其自身的技术优势对用户所上传的信息进行了修改或者非自动性选择分类等实际介入侵权行为的情况下,方承担侵权责任。如果网络服务提供者没有上述行为,则要承担侵权责任,但是需要对其责任进行相应的限制,满足以下条件的可以免责或者在有限的范围内承担事后的停止侵权的责任:主观上,网络服务提供者不知道或者没有意识到侵权行为的存在;客观上,网络服务提供者接到"被侵害人"认为自己的权利被侵害而向网络服务提供者发出的要求其采取措施的通知后,网络服务提供者将其转发给"侵权信息"发布者询问其对于采取措施的意见,对方在七日内未表态的,且在此七日内不能对该信息发布者的言论自由进行任何限制,亦不能要求网络服务提供者主动删除相关信息。此外,还要求网络服务提供者没有因此侵权行为获得直接经济利益。

再次,规定合格通知的认定条件,设置采取必要措施的"门槛"。在形式上应将其限制为书面形式,包括法律文件、信件、数据电文[①]和公证文书、鉴证文书等其他书面材料,有利之处在于其可以作为证据保留;在内容上,应设置必要的门槛,要求通知应包含下列内容:一是被侵权人的身份证明,包括姓名(名称)、联系方式和地址;二是"侵权信息"发布的具体网址或者可以对其进行准确定位的相关信息;三是证明侵权的初步证据,包括权利人证明

---

① 数据电文:包括电报、电传、传真、电子数据交换和电子邮件。

自己拥有合法权利的证据、网络用户侵权的基本事实、权利人的损害结果的严重性和紧迫性以及损害与侵权行为之间的因果关系等;四是被侵权人对通知书的真实性负责的承诺,比如引入“临时禁令”制度,或者提供有效的担保。[①] 对通知在内容和形式上设置必要的“门槛”限制,有利于明确被侵权人对网络服务提供者提出的请求,具有提示甚至警示的作用,有助于增强双方当事人的责任感。[②] 此外,将“合格的通知人”视为“真实的权利人”而对其课以网络服务提供者移除此相关内容的义务,显然亦存在牵强之处,故应设置相应的“真实性”抗辩条款等,以保障网络服务提供者不会因此而承担额外的侵权责任。

最后,将“知道”解释为“明知”,同时规定其概括性认定标准以明确举证责任分配。将“知道”解释为“明知”而不包括应当知道可以避免不合理地加重网络服务提供者的责任负担。为了明确的同时又能适应网络技术日新月异的变化,应对“明知”的认定标准概括性地规定为:网络服务提供者对被诉的侵权内容主动进行推荐、转载、选择、分类或者整理等明显进行过非自动化处理的;被诉的侵权行为内容明显违法且置于首页或其他可为网络服务提供者明显所见的位置的。[③] 此外,应明确“明知”的举证责任应由主张网络侵权的“被侵权人”承担,而不应该仅仅根据“被侵权人”通知送达网络服务提供者即推知网络服务提供者“明知”相关侵权信息的存在,从而导致举证责任倒置,使网络服务提供者侵权责任的一般过错责任转化为过错推定责任,加重其责任负担。

结语

网络服务提供者侵权责任规则中所存在的对言论自由的压制问题,可以通过上述立法理念的更新、解释方法以及规则的改进加以缓解,但是“法律的生命在于适用”,要从根源上解决问题就需要综合考虑当前社会中的各种现实因素以保持规则的生命力。而且鉴于当前以互联网为代表的新兴媒体传播技术飞速发展的状况,我们亟须针对网络侵权中出现的各种新问题对相关规则及其适用进行更加深入的研究,最关键的是要将宪法价值纳入到网络侵权规则的设计、解释以及适用中,以保证言论自由这一基本权利得

---

① 参见杨立新:《侵权责任法:条文背后的故事与难题》,法律出版社 2011 年版,第 141 页。

② 参见杨立新、李佳伦:《论网络侵权责任中的通知及效果》,载《法律适用》2011 年第 6 期。

③ 参见杨立新:《侵权责任法:条文背后的故事与难题》,法律出版社 2011 年版,第 145 页。

到充分的保护。

Law Protection for Freedom of Expression under New Media

——View in Suppression of Freedom of Expression in *Tort Law Liability* Article 36 Internet Service Provider Tort Liability

Nana Guo

Abstract Freedom of expression is a fundamental human right. It is not only the fundamental of modern human rights and democratic system. but also the vital important part of the modern constitutionalism value, so we should protect it. During recent years, Internet and other new media provide a new platform to protect the freedom of expression. Freedom of expression undertakes the important democratic supervision in China. However, *Tort Liability Act* article 36 paragraphs 2 and 3 of network service providers tort liability, attaching too much importance to relief the victims and ignores the protection of free speech, cause potential suppression of free speech in the network. This reflects the lack of legislation in the freedom of expression in China, so we should update legislation idea, redesign the rules and judicial interpretation to consummate our country's freedom of expression protection system under the new media system.

Keywords freedom of expression; internet service provider; tort liability; balance of interests; comparative study; design of rules

劳动密集型企业劳资冲突法律分析*

——基于重庆市的实证研究

宋 琳**

内容摘要 近年来,随着经济的发展,劳动密集型企业中各类劳资冲突频发,且呈愈演愈烈的态势。我们以问卷调查法为基础,对重庆市劳动密集型企业劳资冲突进行实证研究,借助 SPSS19.0 统计分析软件③分析调查数据。通过数据分析,我们发现重庆市劳动密集型企业中劳资双方在工资收入、福利待遇和企业管理制度三方面所产生的劳资冲突较之其他更为突出。本文以数据为基础,分析三类劳资冲突产生的原因并总结劳资冲突解决困境,提出树立正确劳资冲突解决理念、确立劳资协商制等具有针对性解决对策,以期为缓解冲突、构建重庆市劳动密集型企业和谐劳资关系提供有效路径。

关键词 劳动密集型企业;劳资关系;劳资冲突;困境;对策

引言

劳动密集型企业主要依靠大量劳动生产力进行生产。由于我国人口资源优势突出,加之该类企业成立门槛与运营成本较低,改革开放之后,中国大量劳动密集型企业应运而生。较之一般企业,我国劳动密集型企业呈现出数量较多、分布广泛、企业管理水平良莠不齐、企业职工专业技术性较低

---

* 基金项目:2014 年重庆市发展改革委学术委员会重大经济社会政策课题研究"重庆市劳资关系研究"。

** 作者简介:宋琳,西南政法大学经济法学院硕士研究生。

③ SPSS(Statistical Product and Service Solutions)统计产品与服务解决方案软件,是世界上最早的统计分析软件,主要用于数据管理、结果报告、统计建模等数据型信息的分析。

以及整体素质相对偏低等特征;以上特征导致职工工资福利低、加班时间长、企业文化缺乏、职工流动性大、招工难等各类劳资冲突在劳动密集型企业中普遍存在。近年来,"富士康跳楼事件"①"上海神明电机劳资纠纷事件"②"东莞裕元鞋厂罢工事件"③等各类劳动密集型企业劳资冲突案件时有发生。劳资纠纷数量与日俱增,纠纷形式复杂多样,让我们意识到劳资矛盾突出已是不争的事实。④ 相关研究表明,劳资关系的和谐程度与国家经济增长之间存在正相关关系,良好的劳资关系可以有效推动经济发展,解决经济社会问题,同时也能够从根本上改进社会问题的条件和基础。⑤ 因此,如何能够有效缓解劳资矛盾,构建和谐的劳资关系是一个值得社会关注和研究的重要课题。通过及时发现劳资冲突并有针对性地采取措施来提高劳资关系和谐度,进而完善劳资关系体系框架,对促进和谐发展具有重要的经济和社会价值。⑥ 基于此,本文以重庆市为例,拟对劳动密集型企业劳资关系冲突展开实证分析,以对重庆市范围内劳动密集型企业进行问卷调查所收集到的2354份有效样本⑦作为实证研究对象,借助SPSS 19.0统计分析软件,通过设定企业性质、企业所属行业、职工文化程度等在内的108个变量,运用实证分析法,结合文献检索法与跨学科研究法等多种研究方法对重庆市劳动密集型企业的劳资关系和谐程度进行探究,发现并总结重庆市劳动密集型企业中主要劳资冲突类型,分析冲突产生及冲突突出原因,并尝试提出缓解劳资冲突解决建议,以期为构建和谐劳资关系提供可借鉴法律思路。

---

① 2010年1月23日至2010年11月5日,富士康陆续发生了14起企业职工跳楼事件,此事件引起了人们对劳动密集型企业劳资冲突的热议。

② 2013年1月18日,上海神明电机有限公司上千名员工罢工,抗议厂方的霸王条款并要求解除与企业的劳动合同,并将企业高层管理人员包括10名日本籍高管围堵在办公室内。

③ 2014年4月15日,东莞裕元鞋厂上万名职工因企业多年社保缴纳不足等福利问题爆发大规模罢工。

④ 参见周晓光、王美艳:《中国劳资冲突的现状、特征与解决措施》,载《学术研究》2015年第4期。

⑤ 参见龚基云:《转型期中国劳动关系研究》,安徽人民出版社2006年版,第89~96页。

⑥ 参见方福前:《冲突与和谐:当代中国劳资关系的现实及其演变趋势》,载《政治经济学评论》2011年第3期。

⑦ 参见王大庆,焦建国:《劳资关系理论与西方发达国家的时间》,载《经济研究参考》2003年第5期。

一、劳资冲突理论概述

(一)劳资冲突内涵

在了解劳资冲突内涵之前,有必要厘清劳资关系的定义。劳资关系一般有广义与侠义之分:狭义的劳资关系一般是指针对工作场所中工作规则的制度研究,将其视为阶级冲突的一个方面;而广义的劳资冲突是指工作中人们的行为和互动关系,研究个体、群体、组织以及机构如何作出规范劳资双方雇佣关系的决定。[①] 而对于劳资冲突的定义,研究的问题不同,学界对其的理解也不同。Fajana A. 认为,劳资冲突是指雇主与雇员无法就雇主与雇员相互关心的任何议题达成一致的状况。[②] Fashoyin T. 将劳资冲突定义为由特定雇员群体的不满而引起的临时性工作中断。[③] 国内也不乏学者对其内涵进行阐释。常凯认为,劳资冲突主要指劳资纠纷与矛盾激化与公开化的社会行为。[④] 李敏等认为,劳资冲突是雇主与雇员之间因某种原因而发生的直接性的不一致互动行为过程及对抗。[⑤] 王维则认为,劳资冲突是劳资双方因利益、目的及期望出现差异而表现出的心理对抗及争执与摩擦。[⑥] 本文认为,劳资冲突是因劳资双方在利益、权利及义务方面产生分歧至无法调和而表现出的心理及行为状态。

(二)劳资冲突特点

1. 劳资冲突的内容集中于权利争议

劳资争议按照争议的内容进行分类,以劳资双方的分歧属于要求实现既定权利还是属于要求新的权利为标准,可以分为权利争议和利益争议。[⑦]

---

① 参见王大庆、焦建国:《劳资关系理论与西方发达国家的时间》,载《经济研究参考》2003 年第 5 期。

② Fajana, A., Industry Hrmony in Developing Country, *Business and Financial Analyst*, 1986, 3(6), pp. 38-41.

③ Fashyin, T., Avoidance of Conflict for Corporate Advancement, *Nigeria Journal of Industrial Relation*, 1992, 2(8), pp. 20-36.

④ 参见常凯:《劳资冲突处理法制化:构建和谐劳动关系中一项急迫的政治任务》,载《中国党政干部论坛》2006 年第 12 期。

⑤ 参见李敏、张彤:《西方劳资关系冲突管理研究综述》,载《华南理工大学学报》(社会科学版)2002 年第 4 期。

⑥ 参见王维:《国内外劳资冲突管理研究综述》,载《商业时代》2011 年第 2 期。

⑦ 参见董保华:《劳动者自发罢工的机理及合法限度》,载《甘肃社会科学》2012 年第 1 期。

权利争议主要基于法律、劳动合同等契约而产生,企业在违背契约内容时,就会产生相应的权利争议;而利益争议主要是指劳资双方分别就维持或变更现有的劳动条件而产生的纠纷,这一争议一般是由社会发展条件或总体经济形势变化所引发的。[①] 从目前发生的劳动争议案件来看,劳资冲突主要集中于权利争议,即职工对企业不按法律法规或劳动合同兑现承诺的行为不满而产生的冲突,集中表现在用人单位拖欠工资、延长加班时间、工作环境恶劣等。但是,随着经济的发展以及劳动者自我维权意识的不断提高,劳资冲突中的利益争议比例也在不断提高,越来越多的劳动者敢于向用人单位提出利益诉求,要求用人单位提供更高的工资待遇、福利待遇以及更舒适的工作环境。

2.劳资冲突的行动组织性与自发性并存

当劳资双方在劳动待遇或劳动条件等方面产生分歧时,劳资冲突就会通过特定的外化方式表现出来,这种方式主要是罢工或游行。与西方国家相比,我国并未制定专门的罢工法对罢工行为予以规范,大多罢工是自发性的、非制度化的。[②] 因此,我国劳资冲突发生时所伴随的罢工、游行等活动通常没有代表、没有组织、缺少具体的要求,不具有规范性。然而,近年来,劳资冲突数量与日俱增,劳动者也逐渐意识到有纪律有组织的诉求表达方式更有利于冲突的解决,因此,劳资冲突行为呈现出了组织性的特征,与自发性并存。例如,罢工活动有明确的组织者或领导者、打出标语或横幅鲜明地表达利益诉求等。

3.劳资冲突的暴力性增强

在劳资冲突过程中,由群体性事件爆发而造成的冲突暴力性趋势明显增强。劳资冲突日益尖锐,劳动者多采用非理性、极端的方式表达诉求,这相应地造成大规模群体性事件的发生,而通常在群体性事件中,劳资冲突的暴力性比一般的冲突更为明显。劳动者采用打砸公物、围攻政府、警民对峙的方式,以期通过激烈化行为引起社会和政府的关注和重视,获得谈判的主

① 参见钱慰曾:《国际劳工局调查报告显示:全球青年就业形势严峻》,载2006年11月1日《工人日报》。

② 参见杨正喜:《转型时期我国劳资冲突特点——以珠三角农民工为例》,载《农民工研究》2008年第3期。

动权。[①] 暴力性行为不仅会对企业的正常运作造成影响,还会对社会秩序造成破坏,甚至会产生严重的侵犯人权的不利后果。

(三)劳资冲突表现形式

劳资冲突的表现形式多样,可以表现为抗议、罢工及恶性肢体冲突等,这被视为一种巨大而复杂的社会现象。[②] 劳资关系按照引发的主体不同可以分为由职工(雇员)所引发的冲突和由企业(雇主)所引发的冲突。而在劳动密集型企业中,劳资冲突基本表现为前者,即职工们通过怠工、停工、职工高流动率等方式表达其对企业非合理利益设置的不忍受。[③] 此外,劳资冲突还可以表现为隐性冲突及显性冲突,隐性冲突即为内心不满的状态,不为外人所知悉,通常也是显性冲突的前置过程。显性的冲突行为包括工作场所的越轨行为、集体上访、游行、静坐示威等。[④] 纵观近几年劳动密集型企业的劳资纠纷表现形式,劳资双方的显性冲突频发,且就冲突程度、对抗时间而言,逐渐呈现愈演愈烈态势。在 2014 年的"东莞裕元鞋厂罢工事件"中,工人们的集体罢工时间长达近半个月,这种具有直接对抗性的显性冲突在企业职工们看来,似乎是能够使劳资冲突得以解决的必要手段。

二、资本全球化背景下我国劳动密集型企业劳资冲突总体述评

20 世纪 70 年代以来,新自由主义大行其道。资本全球化逐渐深入,国际贸易与跨国投资已不鲜见,全球性的生产网络体系逐步建立,相应的生产组织方式也在发生着深刻变革。随着我国社会主义市场经济的逐步发展,企业数量以及用工人数的大幅增加带来了各类纷繁复杂的劳资关系,资本狂潮也进一步打破了我国原有劳资关系较为平衡的状态,使劳动市场中"强资本、弱劳工"的格局更加明显。[⑤] 虽然随着人力资本与知识资本地位的不

---

① 参见韦长伟、徐祖迎:《当前劳资冲突的特点与政府管理》,载《广东行政学院学报》2011 年第 2 期。

② Olufemi, A. A., Collective Bargaining as a Strategy for Industrial Conflict Management in Nigeria, *Journal of Research in National Development*, 2010, 8(1), pp. 215-232.

③ Dauda, Y. A., Employment of Independent Arbitrators in the Management of Trade Disputes and Industrial Crisis in Nigeria, *Nigeria Journal of Labor Law and Industrial Relations*, 2006, 1(1), pp. 26-44.

④ 参见席猛、赵曙明:《劳资冲突研究述评:定义、前因及研究新视角》,载《管理学报》2014 年第 3 期。

⑤ 参见罗宁、李萍:《劳资关系研究的理论脉络与进展》,载《当代财经》2011 年第 4 期。

断上升，物质资本的优势受到越来越多的质疑，甚至有人认为，人力资本将逐步取代物质资本成为获取利益的决定性因素[①]，我们不否认企业从过去单纯重视对物质的管理正慢慢过渡到对“人”的开发与投资，但是从第一次工业革命至今，强资弱劳的格局从未改变。

我国自1979年起进入经济的双重转型阶段，随着社会主义市场经济体制的逐步深化，经济发展的同时劳资双方的矛盾也日益加深。在市场经济中，劳资关系作为最基本的企业管理关系和社会经济关系备受关注，而建立和谐的劳资关系亦是构建社会主义和谐社会必不可少的关键部分。劳资关系的和谐与否，关系着生产秩序、社会运转乃至国家安全。资本全球化改变了世界范围内资源配置格局，尤其对劳动力在各国供需关系上产生了重要影响，中国当然也不例外。由于发达国家的劳动力成本远远高于发展中国家，中国为获得更多的发展机会，制定大量优惠政策，主要以廉价劳动力作为优势吸引外资。企业为此大大压缩劳动力成本，这使中国的劳动者与工会处于十分不利的地位[②]，这一点在我国劳动密集型企业中尤为突出。我国的劳动密集型企业主要依靠大量廉价劳动生产力进行生产，比起其他类型的生产企业，劳动力在生产关系中具有更为重要的经济价值，劳动者作为劳动力的出卖一方在创造经济产值的过程中更容易与劳动力的购买方——雇用单位，产生劳资冲突。[③] 劳资双方在工资、福利待遇、社会保险、企业管理制度等关乎劳动者切身利益方面所产生的劳资冲突数量与日俱增，这一点从我国近几年频发的几类劳动密集型企业劳资冲突案件中就可看出。因此，在资本全球化的大背景之下，中国劳动密集型企业劳资矛盾问题突出毋庸置疑。

劳动密集型企业劳资矛盾问题突出进一步反映出，我国劳资关系处理体系不健全，劳动法律保障机制具有一定的滞后性，面对纷繁复杂的劳资矛盾冲突，《劳动法》与《劳动合同法》在保护处于弱势地位的劳动者时仍有捉襟见肘之感。此外，在我国，劳资协商制度一直未得以落实，这也给劳资冲突的及时有效解决带来了较大障碍。诸如此类问题都亟待法律作出回应以明晰劳资矛盾解决路径。

---

① 参见西奥多·W·舒尔茨：《论人力资本投资》，北京经济学院出版社1990年版，第103～111页。

② 参见吴宏洛：《劳资关系新论》，社会科学文献出版社2011年版，第25～27页。

③ 参见杨立雄：《全球化、区位竞争与农民工社会保护》，载《经济学家》2007年第6期。

三、重庆市劳动密集型企业劳资冲突现状实证考察

重庆作为中国最年轻的直辖市，正处在经济转轨和社会转型的关键时期。加之其人口流动频繁，劳动密集型企业集中，劳资关系更呈现出市场化、复杂化、多元化特征，并已成为当前影响其经济、社会协调发展的重要问题。以重庆市劳动密集型企业为研究对象，采集研究样本，对劳资冲突进行深入分析，具有一定的典型性及说明性。

(一)研究样本概况

1. 调查问卷基本情况

本次调查研究共发放调查问卷3300份，其中针对企业管理人员的企业版问卷300份，针对企业职工的职工版问卷3000份，按照1∶10的比例分别进行调查。调查问卷对象囊括了重庆市国有企业、民营企业、外资企业等不同性质的劳动密集型企业，同时结合重庆市支柱产业、特有行业比例，主要针对电子信息、汽车摩托车制造、装备制造等重庆特色行业进行调查。在既有调查研究能力范围内尽量扩大调查范围，细化调查内容，以便调查结果能够充分突出重庆特色。同时，本次调查问卷涵盖了影响劳资关系的主要方面，集中对职工收入、劳动合同签订、劳动纠纷处理、企业文化建设以及企业职工生活、工作环境方面展开调查，基本概括了构建和谐劳资关系的各类影响因素，能够更为客观地反映重庆市劳资关系现状。本次调查共收回问卷2781份，其中企业版问卷278份，职工版问卷2503份，问卷总回收率为84.3%；经过进一步筛选，最终得到有效问卷共2354份，其中企业版问卷224份，职工版问卷2130份，调查问卷有效率为71.3%。因此，本次问卷调查所反映情况具有相应的客观性。

2. 调查对象基本情况

为确保调查的随机性与科学性，本次研究针对职工及职工所在企业基本情况进行调查统计，主要包括调查企业性质、行业种类、职工性别、职工年龄、职工工龄以及职工文化程度六个方面，具体统计数据总结如下：

(1)企业性质

通过图1可以看出，超过60%的被调查职工来自民营企业，所占比例最大；外资企业职工占到20%以上，位居其次；国有或集体企业职工仅占10%；其余职工来自其他类型企业。

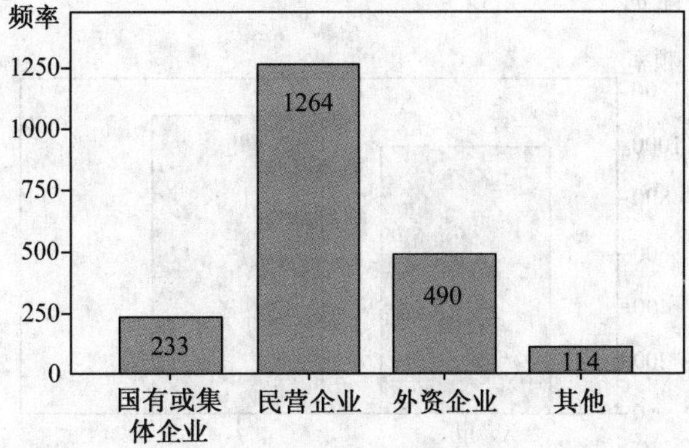

图 1　企业性质图

(2)行业种类

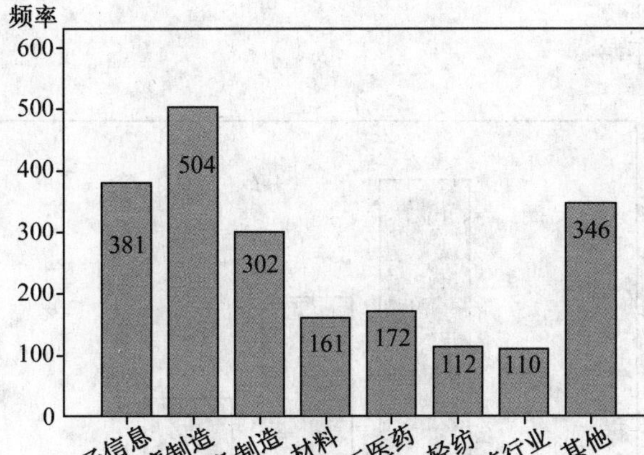

图 2　行业种类图

从调查问卷所涉及的行业来看，职工所属企业所在行业是汽车摩托车制造业，占 24.1%，比例最高；其次分别是电子信息业、装备制造业，分别占 18.2%和 14.5%；化工医药业占 8.2%；材料业占 7.7%；轻纺业占 5.4%；建筑行业占 5.3%；其他行业占 16.6%。

(3)职工性别

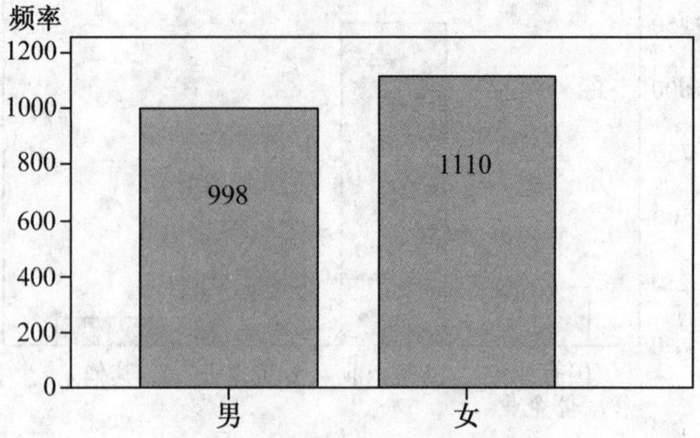

图 3 职工性别图

受调查的职工男女比例较为平衡,其中男职工比例为 47.3%,女职工比例为 52.7%。

(4)职工年龄

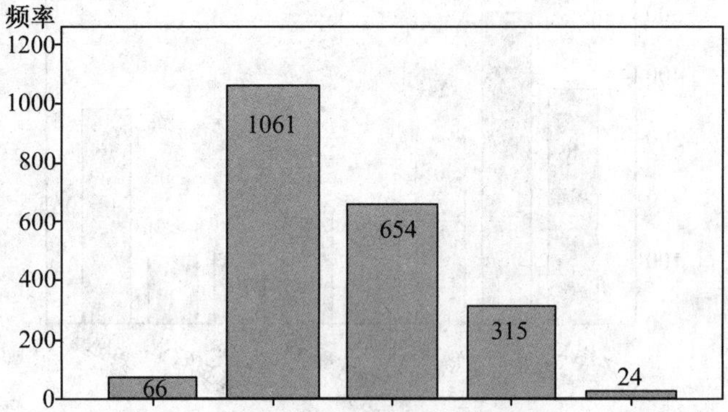

图 4 职工年龄图

从职工年龄分布上看,职工年龄在 21～30 岁之间的比例最高,占到半数;年龄在 31～40 岁的职工占了 30%;41～50 岁的职工比例为 14.9%;年龄在 20 岁以下和 50 岁以上的职工分别占 3.1%和 1.1%,这两个年龄段职工所占比例较低。

(5)职工工龄

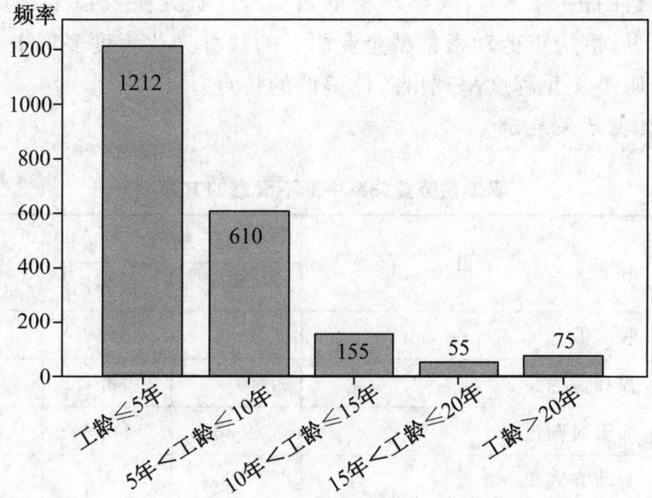

图 5 职工工龄图

受调查职工的工龄低于 5 年的比例众多，接近 60%；工龄在 5～10 年之间的接近 30%；工龄在 10～15 年的比例不到 10%；工龄长于 15 年的人数较少。劳动密集型企业中职工工龄总体较短，反映出职工流动性较大的特点。

(6)职工文化程度

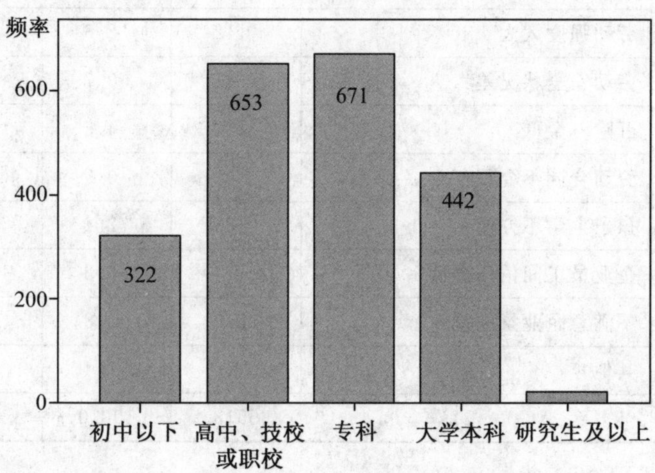

图 6 职工文化程度图

职工文化程度为初中以下的占 15.3%,高中、技校或职校的占到 31.0%,专科的占 31.8%,大学本科的占 21%,研究生及以上学历的仅占 0.9%。可见,重庆市劳动密集型企业职工的教育文化程度多集中在专科及专科以下,职工文化程度呈现出总体偏低的特点。

(二)数据结果展示

表 1　职工在劳资关系中最不满意的方面

	项目	响应		个案百分比
		N	百分比	
有效	收入低	1043	18.9	49.7
	福利待遇少	1012	18.4	48.2
	加班时间过长	328	5.9	15.6
	劳动方式单一重复	320	5.8	15.2
	管理方式严格粗暴	60	1.1	2.9
	惩罚制度不合理	212	3.8	10.1
	生活条件不便利	343	6.2	16.3
	离家过远	436	7.9	20.8
	出行交通不便	503	9.1	24.0
	工作环境差	179	3.2	8.5
	劳动强度太大	142	2.6	6.8
	劳动安全状况差	41	0.7	2.0
	五险一金低	250	4.5	11.9
	劳动合同不合理	49	0.9	2.3
	孩子上学不方便	133	2.4	6.3
	企业员工间信任感低	174	3.2	8.3
	不满意企业氛围差	210	3.8	10.0
	其他	78	1.4	3.7
总计		5513	100.0%	262.6%

表 2　企业认为劳资关系中最紧张的方面

	项目	频率	百分比	有效百分比	累积百分比
有效	劳动合同	7	3.1	3.3	3.3
	收入	59	26.3	28.2	31.6
	福利	28	12.5	13.4	45.0
	五险一金	18	8.0	8.6	53.6
	工作时间	15	6.7	7.2	60.8
	工作环境	13	5.8	6.2	67.0
	管理水平	28	12.5	13.4	80.4
	辞退员工的处理	21	9.4	10.0	90.4
	其他	20	8.9	9.6	100.0
	合计	209	93.3	100.0	
缺失	系统	15	6.7		
合计		224	100.0		

通过对调查数据进行统计分析，笔者发现，在重庆市劳动密集型企业中，劳资双方在工资收入、福利待遇和企业管理制度三方面所产生的劳资矛盾较为突出，具体状况如下：

1. 工资收入

表 3　重庆市劳动密集型企业职工每月工资收入水平

	工资收入(元)	频率	百分比	有效百分比	累积百分比
有效	低于 1250	77	3.6	3.7	3.7
	1250～4251	1723	80.9	82.0	85.6
	4251～5395	195	9.2	9.3	94.9
	5395～5991	44	2.1	2.1	97.0
	5991～10000	49	2.3	2.3	99.3
	10000～30000	10	0.5	0.5	99.8
	30000 以上	4	0.2	0.2	100.0
	合计	2102	98.6	100.0	
缺失	系统	29	1.4		
合计		2131	100.0		

根据重庆市统计局于2014年5月28日公布的数据,重庆市从2014年7月开始按照4251元/月的人均工资收入标准出台了五险缴费相关政策。结合表3则可以看出,重庆市劳动密集型企业职工收入在4251元/月以下的比例达到82%,即有80%以上的职工每月工资收入未达到重庆市人均工资水平。同时,企业职工认为,现实工资与理想工资之间没有差值的仅占5.1%。大部分人认为,自己每月工资收入应在现有基础上有所提高,认为增幅应当在500～1000元之间的所占比例最高,超过30%;认为增幅应当在1000～2000元之间的比例相对较高,接近30%。

在劳动密集型企业中,职工在工资方面主要存在工资增速过慢、工资水平低以及奖金、补贴少三类问题。数据显示,超过30%的企业职工认为企业工资增长太慢,近30%的职工认为其工资水平较低,另有超过20%的职工认为企业为职工提供的奖金、补贴过少。同样,在对企业进行调查的过程中,有近30%的企业表示,在劳资关系中其所面临的最大问题是职工对自身工资期望过高,企业在为职工增长工资方面存在困难。

表4　职工理想工资与现实工资间的差值

	工资收入(元)	频率	百分比	有效百分比	累积百分比
有效	没有差值	69	3.2	5.1	5.1
	500以下	211	9.9	15.6	20.7
	501～1000	486	22.8	35.9	56.6
	1001～2000	398	18.2	28.7	85.2
	2001～3000	125	5.9	9.2	94.5
	3001以上	75	3.5	5.5	100.0
	合计	1354	63.5	100.0	
缺失	系统	777	36.5		
合计		2131	100.0		

表 5 职工所在企业工资方面存在的问题

	存在的问题	响应		个案百分比
		N	百分比	
有效	工资较低	1004	25.7	49.4
	工资增长太慢	1273	32.5	62.6
	克扣工资	106	2.7	5.2
	拖欠工资	77	2.0	3.8
	同工不同酬分配不合理	353	9.0	17.4
	不发放或不足额按时发放加班工资	89	2.3	4.4
	奖金、补贴过少	907	23.2	44.6
	其他	104	2.7	5.1
总计		3913	100.0	192.5

表 6 企业在劳资关系中面临的最大困难

	困难	频率	百分比	有效百分比	累积百分比
有效	职工技术水平不够	45	20.1	21.0	21.0
	职工对工资期望过高	59	26.3	27.6	48.6
	职工纪律性、组织性不高，管理难度较大	44	19.6	20.6	69.2
	职工对福利待遇要求过高	26	11.6	12.1	81.3
	职工数量不足	28	12.5	13.1	94.4
	其他	12	5.4	5.6	100.0
	合计	214	95.5	100.0	
缺失	系统	10	4.5		
合计		224	100.0		

表 7 **企业制定工资标准时的主要依据**

	依据	频率	百分比	有效百分比	累积百分比
有效	企业经营状况和职工工资水平	108	48.2	48.6	48.6
	地区工资增长指导线	61	27.2	27.5	76.1
	劳动力人工成本	29	12.9	13.1	89.2
	上级政策规定	24	10.7	10.8	100.0
	合计	222	99.1	100.0	
缺失	系统	2	0.9		
合计		224	100.0		

近50%企业在制定工资标准时主要参考本企业的经营状况和职工工资水平,近30%企业主要参考地区工资增长指导线。由此可以看出,重庆市劳动密集型企业在制定职工工资标准时参照的标准较为单一,过多地忽视职工个人需求。

综合以上数据分析得出,重庆市劳动密集型企业中,企业与职工在工资收入方面分歧较大,成为劳资关系中最主要的劳资冲突。冲突具体表现在以下两方面:

(1)重庆市劳动密集型企业职工工资收入整体水平偏低且工资增长速度较为缓慢,职工对自身工资收入有更高的期待。

(2)重庆市劳动密集型企业在制定职工工资时参照标准较为单一,企业内工资体制不完善,过多忽视职工自身需求。同时,由于劳动密集型企业的自身特点,该类企业能够为职工增加工资收入的能力有限。

2.福利待遇

表 8　企业职工最希望企业提供的福利待遇

	福利待遇	频率	百分比	有效百分比	累积百分比
有效	交通费补贴	312	14.6	20.2	20.2
	定期体检或卫生保健补贴	305	14.3	19.7	39.9
	带薪假期	326	15.3	21.1	61.0
	探亲假	89	4.2	5.8	66.8
	定期组织旅游	278	13.0	18.0	84.8
	定期组织文化娱乐活动	87	4.1	5.6	90.4
	定期进行员工培训	101	4.7	6.5	97.0
	其他	47	2.2	3.0	100.0
	合计	1545	72.5	100.0	
缺失	系统	586	27.5		
合计		2131	100.0		

表 9　企业为职工最难提供的福利待遇

	福利待遇	响应		个案百分比
		N	百分比	
有效	交通费补贴	39	9.8	17.6
	定期体检或卫生保健补贴	52	13.1	23.5
	带薪假期	86	21.6	38.9
	探亲假	46	11.6	20.8
	定期组织旅游	93	23.4	42.1
	定期组织文化娱乐活动	41	10.3	18.6
	定期进行员工培训	30	7.5	13.6
	其他	11	2.8	5.0
总计		398	100.0	180.1

结合表1与表2,我们不难看出,企业与职工在福利待遇方面所产生的矛盾是继工资收入之后的第二大劳资冲突。有近20%职工对企业提供的福利待遇存在不满,而企业也同样认为福利待遇是造成企业劳资关系紧张的重要原因之一。同时,在重庆市劳动密集型企业中,职工最希望企业为其提供带薪休假、交通费补贴和定期体检或卫生保健补贴,这三项的比例分别占到21.1%、20.2%和19.7%。而企业则认为,在所有的福利待遇中,为职工提供定期旅游、带薪休假与定期体检或卫生保健补贴较为困难。

因此,在重庆市劳动密集型企业中,企业与职工在福利待遇的提供上所产生的劳资冲突表现如下:

(1)重庆市劳动密集型企业为职工提供较高福利待遇的水平较低,企业福利增长压力较大。

(2)职工期望企业为其提供多种福利待遇,尤其对增加非现金性福利有较高期待。

(3)劳资双方在提供带薪休假和定期体检或卫生保健补贴两方面存在的矛盾最为突出。

3.企业管理制度

表10　　职工对企业管理方式的评价

	评价	频率	百分比	有效百分比	累积百分比
有效	比较人性化	1179	55.3	58.0	58.0
	比较严格	628	29.5	30.9	88.9
	过于严格,态度粗暴恶劣	147	6.9	7.2	96.1
	存在对员工进行殴打、辱骂、搜身、监视的情况	11	0.5	0.5	96.7
	其他	68	3.2	3.3	100.0
	合计	2033	95.4	100.0	
缺失	系统	98	4.6		
合计		2131	100.0		

表 11 **企业奖惩制度情况**

<table>
<tr><th rowspan="2"></th><th rowspan="2">奖惩制度情况</th><th colspan="2">响应</th><th rowspan="2">个案百分比</th></tr>
<tr><th>N</th><th>百分比</th></tr>
<tr><td rowspan="6">有效</td><td>有明确合理的奖惩规定并严格执行</td><td>1054</td><td>42.2</td><td>51.9</td></tr>
<tr><td>没有确定的奖罚方法,由主管个人决定</td><td>529</td><td>21.2</td><td>26.1</td></tr>
<tr><td>罚的情况太多,奖励基本没有</td><td>494</td><td>19.8</td><td>24.3</td></tr>
<tr><td>处罚的方法不合理</td><td>225</td><td>9.0</td><td>11.1</td></tr>
<tr><td>处罚的标准过高</td><td>108</td><td>4.3</td><td>5.3</td></tr>
<tr><td>其他</td><td>88</td><td>3.5</td><td>4.3</td></tr>
<tr><td>总计</td><td></td><td>2498</td><td>100.0</td><td>123.1</td></tr>
</table>

表 12 **企业管理职工面临的主要困难**

<table>
<tr><th></th><th>主要困难</th><th>频率</th><th>百分比</th><th>有效百分比</th><th>累积百分比</th></tr>
<tr><td rowspan="7">有效</td><td>职工流动性过大</td><td>108</td><td>48.2</td><td>50.2</td><td>50.2</td></tr>
<tr><td>职工不服从企业管理</td><td>19</td><td>8.5</td><td>8.8</td><td>59.1</td></tr>
<tr><td>职工与企业之间缺乏沟通与交流</td><td>41</td><td>18.3</td><td>19.1</td><td>78.1</td></tr>
<tr><td>职工与企业在缴纳社保上难以达成一致</td><td>11</td><td>4.9</td><td>5.1</td><td>83.3</td></tr>
<tr><td>职工与企业在福利待遇方面难以达成一致</td><td>25</td><td>11.2</td><td>11.6</td><td>94.9</td></tr>
<tr><td>其他</td><td>11</td><td>4.9</td><td>5.1</td><td>100.0</td></tr>
<tr><td>合计</td><td>215</td><td>96.0</td><td>100.0</td><td></td></tr>
<tr><td>缺失</td><td>系统</td><td>9</td><td>4.0</td><td></td><td></td></tr>
<tr><td>合计</td><td></td><td>224</td><td>100.0</td><td></td><td></td></tr>
</table>

企业管理制度是沟通企业与职工之间的媒介。调查数据显示，在重庆市劳动密集型企业中，有相当一部分企业的管理制度不合理，超过30%的企业职工认为企业管理方式较为严格，近10%的职工认为管理制度过于严格、管理人员态度粗暴，甚至有部分企业存在打骂职工的恶劣情形。与此同时，超过半数的企业没有明确的奖惩制度，奖惩方法多由管理人员自行决定或存在少奖励多处罚和处罚不合理、处罚标准过高的情况。

同样，企业在对职工进行管理中也面临着各类问题。有半数企业认为职工流动性过大给企业管理带来了巨大困难，近20%企业认为职工与企业之间缺乏交流与沟通，10%企业因在福利待遇方面与职工难以达成一致给企业管理造成困扰。来自企业方的统计数据表明劳资双方在企业管理制度方面的冲突尤为明显。

表13　职工喜欢的企业文化

	企业文化	响应		个案百分比
		N	百分比	
有效	提供比较多的员工培训且重视员工的个人发展	1353	32.0	64.8
	组织更多的娱乐文化活动，职工与管理者可以平等融洽地沟通	1145	27.1	54.9
	有明确的规章制度并按规章办事	951	22.5	45.6
	有严格的等级制度	186	4.4	8.9
	管理比较宽松，有家庭气氛	591	14.0	28.3
总计		4226	100.0	202.5

表 14　企业是否采取措施对职工进行心理疏导

	心理疏导	响应		个案百分比
		N	百分比	
有效	会	706	27.6	34.4
	从来没有	383	14.9	18.6
	只是偶尔口头上提及，但是没有具体的措施	600	23.4	29.2
	公司内部有一些宣传	474	18.5	23.1
	公司举办过相关培训活动等	344	13.4	16.7
	其他	55	2.1	2.7
总计		2562	100.0	124.7

表 15　职工希望企业提供的心理疏导的措施

	措施	响应		个案百分比
		N	百分比	
有效	组织活动发泄心理压力和郁闷情绪	1126	42.7	56.3
	提供免费的心理咨询	387	14.7	19.4
	提供相关培训，提高心理调节能力	726	27.5	36.3
	提供宣传材料等	311	11.8	15.6
	其他	90	3.4	4.5
总计		2640	100.0	132.0

针对职工喜欢的企业文化与企业为职工提的供心理疏导措施的调查结果显示，超过 30％职工喜欢能够提供较多职工培训且重视职工个人发展的企业，近 30％职工喜欢能够组织娱乐文化活动、有融洽氛围的企业。超过 70％的企业不能为职工及时提供进行心理疏导的措施，而职工更希望通过企业组织活动以及进行相关心理培训或接受心理咨询的方式进行心理疏导，缓解工作带来的压力。

企业管理制度是否完善合理成为影响劳资关系和谐与否的重要因素之

一。通过相关数据分析,重庆市劳动密集型企业的企业管理制度确实存在一定问题,劳资双方的冲突表现为以下几点:

(1)企业奖惩制度不完善,不明确的奖罚规定使职工对企业产生不满情绪。

(2)职工流动性过大给重庆市劳动密集型企业的管理带来障碍,较难形成固定统一的管理模式。

(3)职工更青睐于注重个人发展且氛围融洽的企业,这与现今劳动密集型企业的运营和管理模式并不完全契合,职工对于个性化的追求与企业单一且技术性较低的劳动模式之间的冲突明显。

(4)劳动密集型企业大多缺少为职工进行适时心理疏导的相关配套措施,对职工心理健康状态的关注程度处于较低水平,职工在工作过程中产生的心理压力难以疏导,增加了极端事件发生的可能性。

四、劳资冲突产生的原因及解决困境

马克思认为,在劳资关系中,劳动力是商品,工资是劳动力的价格。[①]这本身就决定了劳动者的弱势地位。相对资本的强势,劳动者的地位持续下降。当然,作为中国最年轻的直辖市,重庆也不例外。当前,重庆正处于经济转轨和社会转型的关键时期,经济运作与资源配置方式都发生着深刻的变革。务工人员的大量涌入为当地劳动密集型企业的发展注入大量活力的同时,企业职工与企业之间的劳资关系则呈现出更为复杂、严峻的态势,并已成为目前影响重庆市经济、社会协调发展的重要问题。

(一)劳资冲突产生原因分析

根据调查数据进一步分析,笔者认为重庆市劳动密集型企业中劳资双方在工资收入、福利待遇和企业管理制度三方面的劳资矛盾最为突出,具体分析其各自原因如下。

1. 工资收入

在重庆市劳动密集型企业中,劳资双方在工资收入上的冲突主要在于企业职工整体收入水平偏低且工资增长速度较慢,职工期待更高收入而企业能够为职工增加工资收入的能力有限;同时,企业在制定职工工资时所参照标准较为单一,企业内工资体制不完善,过多忽视职工自身需求。原因在于:

---

① 参见马克思:《资本论》第1卷,人民出版社1975年版,第193页。

(1)劳动密集型企业本身所具有的特性。比起技术密集型以及资本密集型企业,劳动密集型企业主要依靠大量廉价劳动力进行生产和运作,具有低技术成本以及低设备成本的特征。笔者所调查的企业是进行汽摩制造、装备制造的企业以及电子信息企业等,这些行业普遍存在产业增速缓慢、盈利空间固定的情况,加之此类传统行业并不注重企业生产技术的换代升级,长期以落后的技术设备维持企业运营,造成企业发展空间狭小。[①] 因此,劳动密集型企业本身的企业优势在于借助低成本劳动力进行生产,企业寻求利润最大化与职工对高收入的追求二者矛盾对立,这意味着企业不可能为职工提供相对过高的工资收入。同时,企业的自身发展受限也是此类企业职工收入整体偏低且增速过慢的首要原因。

(2)大多数劳动密集型企业缺少正规有效的工资收入制度。2009 年 7 月 9 日,中华全国总工会下发了《关于积极开展行业性工资集体协商工作的指导意见》,其中明确了中国非公有制中小企业今后在制定员工工资标准时,企业代表要与行业工会或地方工会代表谈判商定,而不能由企业单方制定。但笔者通过调查数据发现,在所调查的重庆市劳动密集型企业中,能够通过召开职代会、协商会议等民主方式确定工资收入分配制度的企业所占比例还未超过半数,这意味着大部分企业在制定工资标准时未通过本企业职工的同意和认可。工资收入是关系到企业职工衣食住行的最主要的生活来源,企业在确定这项重要标准时若未听取职工的意见,职工参与企业管理的权利得不到实现,劳资双方为此而劳资关系紧张则不足为奇。

(3)政府对劳动密集型企业的扶持力度较弱。2013 年 12 月 31 日,国家工信部联合发改委、财政部等八部门共同下发了《关于促进劳动密集型中小企业健康发展的指导意见》,为缓解劳动密集型中小企业的突发性问题,促进企业健康发展,提出了引导民间投资发展劳动密集型企业、切实降低企业税费负担、加大财政政策扶持力度、缓解融资困难等八项具体政策措施。此外,湖南省政府也出台了《关于鼓励支持劳动密集型企业和中小微型企业吸纳就业的若干措施》,其中对为符合条件的企业提供小额担保贷款及补贴以及为企业职工提供岗位补贴、社保补贴、职业培训补贴等用以扶持劳动密集型企业发展的措施都进行了较为具体详细的规定。这些都说明国家对劳动密集型企业在发展过程中的弱势地位予以肯定,表明了大力扶持其的基本立场。重庆市政府在 2013 年 9 月 30 日发布了《关于进一步支持小型微

① 参见郎咸平:《郎咸平说:改革如何再出发》,东方出版社 2014 年版,第 55～70 页。

型企业健康发展的实施意见》(以下简称《意见》),《意见》只是对帮扶微小企业的发展作出了相应规定,但对于扶持劳动密集型企业并未有明确文件。政府的扶持力度不足使劳动密集型企业在扩大生产规模、提高生产技术以及进行企业贷款方面都面临巨大压力。企业的效益得不到提升,职工的高水平工资收入也必然得不到实现。

(4)物价提升过快所造成的生活成本增加使职工生活需求得不到满足。近年来,我国物价上涨速度过快,劳动密集型企业中职工工资收入增长幅度却远不及物价上涨幅度,过高的生活成本使企业职工倍感压力。在劳动密集型企业中,职工只通过单纯出卖个人劳动力来获取生活来源的特征较之其他类型企业更为突出,因此,企业职工对于工资收入水平及增幅的敏感度相对更高,对提高工资收入的诉求更为强烈。工资收入问题相应地成为引发劳资矛盾的最重要的症结。

2. 福利待遇

福利待遇是劳资矛盾深化的重要症结点之一。重庆市劳动密集型企业为职工提供福利待遇的整体水平较低。面对职工对非现金性福利的较高期待,企业普遍认为自身压力较大,劳资双方在提供带薪休假和定期体检或卫生保健补贴两方面存在矛盾最为突出。这其中的主要原因在于以下几方面:

(1)福利待遇是企业职工衡量收入水平的重要指标。相关数据显示,世界五百强企业中为其职工提供的个人工资与福利几乎到达了1∶1比例。福利待遇所涉及的交通费、工作午餐、有偿假期、职业培训等直接关乎职工切身利益,因此,除了工资以外,福利待遇是职工衡量个人收入的重要标准。同时,职工对于能够为其提供好的福利待遇的企业也相应会产生更强的归属感。随着人民生活水平的逐步提高,企业职工对于带薪休假、组织旅游等非现金性福利的要求逐渐增多,这体现了现代企业职工观点的转变。这也是近些年由于福利待遇而引发劳资冲突案件数量大幅度上涨的原因所在。

(2)重庆市劳动密集型企业的工作性质与工作环境具有特殊性。在笔者调查的重庆市劳动密集型企业中,大部分企业属于重工业制造业,这是由重庆市的产业结构决定的。在这些企业中,有接近70%的企业职工认为,企业的工作环境中分别存在粉尘、有毒气体、强烈噪音、温度过高等危害人体健康的物理性污染或有存放易燃易爆品、卫生条件恶劣的问题。因此,我们可以从调查数据中看出,职工对于要求企业提供定期体检或卫生保健补贴的呼声较为强烈。而大部分企业则表示,出于自身经营成本的考虑,他们并不愿意为职工提供此类对增加企业直接利润效果不明显的福利。劳资双方的利益博弈导致有关福利待遇的潜在性矛盾凸显。

(3)劳动密集型企业出于自身生产经营的考虑不可能为职工提供过多的非现金性福利。劳动密集型企业自身的企业发展特点导致其不能为职工提供高工资收入的同时不能过多满足职工对于较高非现金性福利的需求，这一点在上文已作详细分析，此处不再赘述。此外，职工选择带薪休假、旅游等福利的时间较为集中，这种情况会造成某一时间段企业的生产力大幅下降，严重影响企业正常的生产经营秩序，给企业带来巨大的生产压力，因此，劳动密集型企业一般不愿意为职工提供过多非现金性福利待遇。

3.企业管理制度

调查结果显示，劳动密集型企业中普遍存在企业奖惩制度不完善，奖罚规定不明确以及心理疏导配套措施不健全等弊端，这些都可能使职工对企业产生不满情绪；反之，职工流动性过大造成企业难以形成固定统一的管理模式以及企业对职工技能的更高要求也给重庆市劳动密集型企业的管理带来了较大障碍。此外，新一代年轻低龄职工对自身自由、个性化的强烈追求与企业落后的运营和管理模式之间脱节，不健全的企业管理制度给构建和谐稳定的劳资关系带来巨大挑战。主要原因如下：

(1)政府缺少对企业奖惩制度的指导性规范，企业对职工进行奖惩具有随意性。国务院于1982年4月10日公布了《企业职工奖惩条例》，随后，其被1994年7月5日颁布的《中华人民共和国劳动法》以及2007年6月29日颁布的《中华人民共和国劳动合同法》所替代。此后，我国并未专门建立有关企业职工奖惩制度的法律法规，重庆市也未曾出台过相关政策对企业奖惩制度作出规定。因此，在没有统一标准的情况下，各企业制定的奖惩方案及措施不尽相同，甚至存在较大差异。而企业在制定职工奖惩制度时，更多考虑的是企业自身的经营以及收益问题，较少考虑企业职工个人感受，制定出来的奖惩制度不能完全得到职工的认可。此外，企业奖惩制度也多以惩罚为主，大多采用扣罚工资的形式，这直接关系到职工的个人收入，较易引起企业与职工之间的劳资冲突。

(2)企业进行现代化升级成本过高且难度较大。首先，劳动密集型企业的生产环境大多为大型生产车间，不同于现代企业中的规范化办公模式。在此类传统企业中进行现代化改造或升级成本过高且不现实。其次，传统劳动密集型企业管理模式固化，大多没有形成较为成熟的企业文化，不讲求现代企业长足发展的企业发展战略。[①] 例如,职工的心理健康引导需要投入的成本包括聘请专业的心理咨询师、组织进行心理疏导的系列活动、印发相关的心理资料等,这种投入并不能在短时间内为企业创造明显的价值,大多劳动密集型企业都认为没有必要进行这种“无回报”的投入。再次,重庆作为直辖市,人口较为密集,外来人口流动性较大。因此,企业职工稳定性差,跳槽现象严重,企业面对不确定的管理对象难以形成固定的管理模式。这些都是企业在转变管理制度过程中所面临的障碍。

(3)新一代企业职工具有不同于老一代企业职工的特点。新一代职工逐渐趋于年轻化,大多为80后、90后,与老一辈的企业职工不同的是,他们获取信息的渠道更为广泛,了解、咨询信息更为及时,摒弃了“一个单位待一辈子”的陈旧观念,流动性较大。年轻的企业职工受到现代企业文化的影响,会把工作的舒适度作为一个比较重要的工作考量标准。同时,新一代职工主体个性鲜明,有教育背景的职工比例较高。他们不再满足于流水线上的本能机械劳动,而是更偏爱创造性的工作,看重个人价值的实现,渴望自我展现,职工都希望自己在企业中具有不可替代性,新型的劳动者在工作的同时希望通过工作得到个人能力的锻炼和提升,而不再仅仅为求生存。此外,职工法律意识和维权意识的增强。随着法律知识、人文思想的普及以及人与人之间信任度的降低,企业职工们也逐渐提高了自身的规则意识。职工希望企业具有明确的制度和规则,希望自己得到更为公平的对待。如果企业存在制度模糊、规则不明的情况,职工将无法准确了解企业的管理边际,这将给职工在企业中的工作带来不便。所以,新一代职工对老旧的企业管理模式容易产生不满,进而引起劳资冲突。

(二)劳资冲突解决困境

及时解决劳资冲突、提高劳资关系和谐程度是关乎社会平稳运行、经济健康发展的重大课题,通过实证调查分析,笔者发现,在处理和解决劳资冲突时存在着以下困境:

1. 对解决劳资冲突的理念认识存在偏差

首先,劳资冲突处理主体对于“和谐社会建设”理念的认识不够深入。从重庆市近几年的劳资冲突处理方式来看,政府更多是出于保护地方经济利益的考虑,忽视劳资冲突的事前预防,往往是在事件爆发之后采用事后应

---

① 参见刘泰洪、唐鸣:《转型条件下劳资关系及其治理机制》,载《中南民族大学学报》(人文社会科学版)2008年第2期。

急机制或借助警力压制的方式进行事后处理。[①] 这种处理方式显然不符合国家和谐社会建设的整体战略目标要求。在十八大报告中,中央发出了构建和谐劳动关系的号召,明确表明要进一步完善劳动争议处理机制,改善劳动条件,加强劳动执法,从而保障劳动者的合法权益。[②] 建设和谐社会要求政府部门在处理劳资冲突时做到防患于未然,及时发现冲突根源,以平和的方式将其解决,而不是等到冲突化为群体性事件时才使用暴力方式进行解决。但遗憾的是,从全国劳资纠纷案件处理方式上来看,大部分案件没有达到和谐处理的要求。因此,劳资冲突处理主体对"和谐社会建设"理念的认识不够深入导致了处理劳资冲突的理念认识存在偏差。

其次,部分处理主体将劳资冲突过度政治化。劳资冲突是一种正常的社会现象,这种多元社会中的劳资利益博弈是市场经济的必然产物,是单纯的经济诉求。但长期以来,部分劳资冲突处理部门将简单的经济现象夸大为带有政治性色彩的事件,将其过度政治化,反而更加激化了原本可控的劳资冲突,甚至引发了劳动者的极端思想。[③] 这也是由于对劳资冲突处理理念的认识存在偏差而导致处理结果出现事倍功半的效果。

最后,企业与劳动者没有将化解劳资冲突视为已任。企业与劳动者通常将解决劳资冲突视为政府部门的责任,从而忽略了通过劳资协商的方式使劳资冲突得以有效化解。企业与劳动者是劳资矛盾产生的当事人,只有当事人才对冲突症结有较为深入的了解。企业与劳动者过分依赖政府部门解决冲突而不寻求自助解决路径也不利于劳资冲突的及时化解。

2. 用以解决劳资冲突的法律制度不完善

我国用以解决劳资冲突的法律制度不完善是造成劳资关系失衡的最重要的法律因素。劳动法律的立法目的在于保护劳资双方的合法权益以维持劳资关系的平衡,诚然,《劳动合同法》《劳动关系争议处理条例》等一系列劳动法律条文的颁布确实为解决劳资冲突提供了法律依据,但不可否认的是,目前的劳动法律制度仍存在需要改进和完善的地方。

---

① 参见吴清军、徐晓军:《中国劳资群体性事件的性质与特征分析》,载《学术研究》2010 年第 8 期。

② 参见《坚定不移沿着中国特色社会主义道路前进,为全面建成小康社会而奋斗——在中国共产党第十八次全国代表大会上的报告》2012 年 11 月 8 日。

③ 参见张明军、陈朋:《2012 年上半年群体性事件分析报告》,载《华东政法大学学报》2012 年第 7 期。

第一,劳动法律条文规定模糊且部分条款缺少必要的可操作性。例如,《劳动法》第47条[①]只规定了用人单位可以根据其经营特点及经济效益确定劳动者的工资报酬,第46条第2款[②]仅提到工资应逐步提高,但对于提高的幅度以及最低周期等均未作更加详细的规定,这就为日后的工资报酬劳资冲突埋下了隐患。同时,企业仅依据此条款很难制定出科学合理的工资增长机制,这也反映出法律缺乏相应的可操作性。

第二,法律对劳资双方规定的责任不对等。现行劳动法律对于用人单位所承担的责任规定力度较轻,例如,《劳动合同法》第87条[③]规定了企业违法解除劳动合同的"成本"代价是依法解除合同时经济补偿标准的二倍,这种赔偿标准对于处于强势地位的用人单位来说显然过轻。因为违法成本较低,用人单位为维护经济效益往往选择违约。[④] 而劳动法中对于劳动者所承担的赔偿责任上限却没有作出规定,这更强化了劳动者的弱势地位,使劳资双方的法律责任不对等。

第三,劳动法律法规中存在漏洞。陆续出台的各类劳动法律虽弥补了过去法律的不足,但任何法律都是在特定时期、特定情形下利益平衡的产物,其必然具有缺陷和不足。如用人单位借助劳务派遣制度逃避为劳动者缴纳保险义务的不法情况屡见不鲜。这相应地体现了法律的滞后性,需要及时加以修改和完善。

3.现有劳动法律的效力有待加强

现有的劳动法律效力较低也是解决劳资冲突的障碍之一,其主要体现在《劳动合同法》效力不高以及劳动法对企业的约束力较低两方面:

首先,我国《劳动合同法》对人的法律效力较低,其主要体现在四个方面:其一,劳动合同签订过程中存在歧视,例如企业滥用劳务派遣等弹性用工制度拒绝与劳动者签订劳动合同;其二,劳动合同对于权利义务的规定模糊,劳动报酬条款不明确,达不到保护劳动者的目的;其三,短期化劳动合同

---

① 《中华人民共和国劳动法》第47条规定:"用人单位根据本单位的生产经营特点和经济效益,依法自主确定本单位的工资分配方式和工资水平。"

② 《中华人民共和国劳动法》第46条第2款规定:"工资水平在经济发展的基础上逐步提高。国家对工资总量实行宏观调控。"

③ 《中华人民共和国劳动合同法》第87条规定:"用人单位违反本法规定解除或者终止劳动合同的,应当依照本法第47条规定的经济补偿标准的二倍向劳动者支付赔偿金。"

④ 参见杨晓智、董会:《劳动契约、心理契约对和谐劳动关系影响路径——基于私营企业数据的研究》,载《中国劳动关系学院学报》2014年第1期。

现象大量存在,劳动者的长期化使用与劳动合同的短期化形成矛盾;其四,不履行劳动合同的现象普遍。

其次,我国劳动法对企业的约束力较低。现实生活中,劳动密集型企业违反劳动法律的规定,将成本和风险转嫁到劳动者身上的情况不在少数。通过我们的调查,重庆市劳动密集型企业中有相当数量的企业采用严苛的管理制度并且使用粗暴的手段管理职工,没有按照劳动法的规定为职工提供劳动条件。这些现象的存在都证明劳动法对企业的约束尚显乏力。

4.解决劳资冲突的执行制度落实不到位

解决劳资冲突的执行制度落实不到位体现在劳资冲突调解制度与工资制度。调解制度是处理劳资冲突的重要途径,但其在落实上却并不尽如人意。根据《中国劳动统计年鉴》(2013)的数据,自2009年至2011年,全国通过调解解决的劳动争议案件数量从290971件减少至244942件。到2012年,该数据才有所增长,增至268530件,与劳动争议案件数量逐年递增的情形不相符合,说明我国调解制度的落实还有待完善。此外,从近些年重庆市的劳资冲突案件来看,绝大多数冲突都集中于工资报酬,工资报酬类的劳资纠纷数量在所有的劳资纠纷中所占的比重超过一半,这说明工资制度未落实到位是解决劳资冲突的障碍之一。

5.劳资协商制度缺失

劳资协商制度在我国并未以明确的法律条文形式得以确立,但其却是劳资关系调整机制中投入产出效能最好的制度,是劳资沟通、预防劳资冲突并促进生产效率提高的有效机制。[①] 相比仲裁、诉讼等其他劳资冲突解决方式,协商解决机制可以大大减少维权成本并且提高冲突解决效率。劳资协商机制不同于集体谈判制度,集体谈判的主要目的在于签订集体劳动合同且大多以资方为主导,而劳资协商制可以解决各种劳资矛盾且其形式也更为多样,不受固定的法律框架的限制。而我国并未建立起完善的劳资协商制,这给用人单位与劳动者之间的沟通与交流带来了障碍。劳动者的诉求不能够为用人单位所知,用人单位的需求也不被劳动者所了解,长此以往,由于信息沟通不畅,劳资双方很容易产生矛盾,进而引发冲突。因此,劳资协商制度的缺失也是解决劳资冲突所要面临的困境之一。

---

① 参见姚文胜、翟玉娟等:《劳资协商制——中国劳动关系改善的路径选择》,法制出版社2012年版,第2~4页。

五、劳资冲突解决对策

数据分析显示,在重庆市劳动密集型企业中,劳资冲突主要集中在工资收入、福利待遇以及企业管理制度三方面。而冲突造成的劳资关系紧张又主要体现在工资水平低、增长速度慢,企业提供的福利待遇少以及企业管理制度不人性化几方面。劳资矛盾的产生甚至冲突的发生都表明我国在劳资冲突处理机制的建设上仍存在诸多不足,需要通过弥补法律漏洞、构建合理的冲突解决机制等方式继续加以完善。解决劳资冲突、缓解劳资双方的劳资关系,对于促进重庆市劳动关系走上良性运行轨道,进而构建重庆市的和谐劳资关系体系具有重要意义。及时化解劳资冲突,可以从树立正确的解决劳资冲突理念、完善解决劳资冲突法律制度、加强现有劳动法律效力、落实解决劳资冲突执行制度以及确立劳资协商制等多种路径入手。此外,在实践以上解决路径的同时,解决劳资冲突还需要政府、企业以及企业职工的多方配合,从政策、制度、管理方式以及理念等多方面进行完善和转变。对此,笔者尝试从以下几方面提出解决对策。

(一)树立正确的劳资冲突解决理念

劳资冲突是市场经济的必然产物,资本与劳动力是一对与生俱来的矛盾共同体,这是经济发展过程中不可避免的话题,面对与日俱增的劳动密集型企业劳资冲突,要想有效化解冲突,首先要在理念上有新的认识:

1.以和谐社会建设目标为导向化解劳资冲突

劳动密集型企业中劳资冲突频发,甚至出现恶性群体性事件,这与和谐社会的建设目标背道而驰。在解决劳动冲突时,相关部门应当以和谐社会建设目标为导向,将解决劳资冲突的重点工作放在事前预防,及时掌握劳资冲突的动态情况,将冲突发生的可能性降至最低。[①] 预防劳资冲突是减少群体性劳动争议的重要途径,我们要争取做到“双赢”而并非“两败俱伤”,通过和平的方式平息劳动者的不满,及时化解矛盾,从而构建和谐的劳资关系,这才符合和谐社会的建设目标,因此,化解劳资冲突要以和谐社会建设目标为导向。

2.解决劳资冲突不能背离马克思劳动关系理论

解决劳资冲突,就应该认识到劳资冲突的本质。马克思主义认为,资本

---

① 参见赵早:《关于构建劳资长期合作战略机制的思考》,载《商业时代》2010年第2期。

与劳动是市场经济最基本的关系，是影响其发展的主要矛盾。[①] 因此，作为资本与劳动的产物，劳资冲突是一种正常的经济现象，它是符合马克思劳动关系理论的。因此，在解决劳资冲突时，不能将劳资冲突“过度包装”，将其阐释为带有政治色彩的利益诉求，这种释义明显背离了马克思主义劳动关系理论，会进一步激化矛盾，不利于劳资冲突的化解。所以，坚守马克思劳动关系理论，认识劳资冲突的本质，进而找出根源，这是在解决劳资冲突时应当强化的思想理念。

3. 树立以劳资双方为解决劳资冲突必要主体的观念意识

企业与劳动者在面临劳资纠纷时，往往会求助于政府部门，将解决劳资冲突视为政府部门的责任，希望政府部门出面主持大局。我们从诸多劳资冲突案件中都可以发现，劳动者采用罢工、游行、示威等非理性的方式，通常也是为了引起政府部门的重视，这种观念需要加以转变。劳资双方是劳资冲突产生的当事人，当事人之间进行沟通与交流是促进矛盾化解、缓和劳资关系最直接的方式，但劳资双方往往忽略了通过劳资协商的方式使劳资冲突得以化解这一途径，反而过分依赖政府部门对冲突进行解决。因此，劳资双方要树立以自身为冲突解决必要主体的观念意识，将加强劳资双方的信息沟通作为首要任务，积极寻求自助解决路径。

（二）完善解决劳资冲突法律制度

要解决劳动密集型企业中的劳资冲突，首先要有法可依，面对现行劳动法律制度规定模糊且操作性不强、劳资双方责任规定不对等以及存在法律漏洞等诸多不足，可以从以下三方面加以完善：

1. 借助司法解释明晰法律条文内涵，增强法律可操作性

劳动法中诸多法律条文规定模糊且部分条款缺少必要的可操作性，这给法律的适用带来了困难。其一，对于法律适用的范围不明确；其二，即使适用范围明确，对于法律的不同理解也会造成法律适用的不统一。为了解决法律适用的问题，笔者建议，借助司法解释的方式明晰法律条文内涵、增强法律可操作性。如对于工资增长问题，通过司法解释的形式对工资提高的参考依据、幅度以及最低周期进行详细说明，这可以为企业在增长工资时提供良好的指导性作用，也能够相应降低不同法官在依法判案时出现同案

① 参见《马克思恩格斯选集》第2卷，人民出版社1972年版，第181页。

不同判的可能性,树立司法权威。[①]

2. 调整劳动政策以扭转劳资双方法律责任规定不对等现状

劳动法中对于劳资双方权利义务的划分在一定程度上是不对等的,对于企业而言,相比于劳动者,其具有明显的经济实力优势,也掌握着更多的信息优势。在这种情况下,企业的违约成本相对较低,所以在劳动密集型企业中,企业一方违法解除与劳动者劳动合同的情况比比皆是。法律的内容不可更改,但政府部门在制定劳动政策时可以向弱势劳动者一方倾斜,比如,企业若存在违法解除劳动合同的情形,政府部门可以对失业劳动者进行相应的救济,同时针对多次违约解除合同的企业取消其下一年度的企业奖励政策等。通过诸如此类的劳动政策以扭转劳资双方法律责任规定不对等的现状。

3. 根据社会经济发展现实状况以弥补劳动法律漏洞

法律总是具有不可避免的滞后性,现有的法律不足以应对多变的现实情况。尽管自 2007 年以来,《劳动合同法》《就业促进法》以及《社会保险法》等多部劳动法律在《劳动法》的基础之上相继出台,但专门用于调整劳资关系的法律还并未成形。因此,根据经济发展的现实性需要,填补劳动法律之空白、弥补法律的漏洞显得尤为重要。

(三)加强现有劳动法律效力

以《劳动合同法》为代表的我国劳动法律法律效力较低,企业不按照法律规定签订劳动合同、履行劳动合同的现象非常普遍,需要通过提高劳动法律的违法成本以及建立劳资双方的制衡机制加强劳动法律效力:

1. 提高劳动法律违法成本

法律效力较低的主要原因在于违法成本较低,违法需付出的成本没有触及到违法行为人的根本利益,因此,要提高现有劳动法律的效力就要大大提高违法成本。通过构建明确的违法惩处机制以及诚信档案体系,对违法企业以及劳动者进行惩处并记入诚信档案,向社会公开,作为企业招聘以及劳动者择业时进行双向选择的重要参考依据。企业或者劳动者一旦有劳动违法行为,其经营或再次就业造会受到不良影响。这种方式可以对违法企业及劳动者进行惩处,也会对潜在的违法行为人起到法律的震慑作用,这不仅可以提高劳动法律违法成本,而且还可以加强法律的实施效力。

---

① 参见赵刚:《司法确认——劳动纠纷调处化繁为简》,载 2010 年 4 月 19 日《人民法院报》第 6 版。

2. 建立劳资双方制衡机制

通过建立劳资双方制衡机制，借助劳动者的力量约束与平衡资方的力量也有助于督促企业遵守劳动法律规定，进而增强法律的效力。建立劳资双方的制衡机制主要侧重点在于加强劳动者对企业的制衡力量，这一点可以通过加快工会改革、增强劳动者的谈判地位来实现。工会作为职工利益的维护者与代表者，本应充分发挥其维护劳动者合法权益的重要作用，但我国现有工会更加偏向于维护工会自身权利，这种本末倒置的现象应当予以调整。[①] 通过加强工会与企业职工的联系，逐步壮大工会的维权地位，这会给资方造成压力，会在一定程度上起到制约和规范资方用工行为的作用，这对提高劳动法律效力大有裨益。

（四）落实解决劳资冲突的执行制度

1. 提高劳资冲突调解制度的适用比例

在我国，通过调解制度得以解决的劳资纠纷案件比例较低，大部分案件是通过仲裁以及诉讼的方式解决的。相比于调解而言，仲裁及诉讼的方式所消耗的成本较高、周期较长，这大大加重了我国的司法负担。调解是降低劳资冲突案件司法处理数量的第一步，在法制化国家背景之下，大力倡导以调解方式化解纠纷是顺应社会自发秩序的内在逻辑。[②] 在这里，值得注意的是，调解制度应当由只由法院调解转变为具有程序保障意义下的调解，这样才能够避免调解过程中出现强迫调解、违法调解等违法情形。要构建和谐的劳资关系就要全面落实解决劳资冲突的执行制度，而提高劳资冲突调解制度的适用比例无疑是关键性举措。

2. 继续落实工资制度

由工资报酬而引发的劳资冲突问题一直是治理劳动纠纷的“重灾区”，这一点在劳动密集型企业中尤为明显，工资问题是劳动密集型企业职工最为关心的话题，它关系到企业职工的基本生活来源。我国的工资制度一直没有完善的立法予以确认，由此才会导致全国各地、各企业标准不统一，引发诸多劳资冲突。我国的工资制度主要问题在于缺少合理的工资增长机制，企业常年不涨工资或者不规律增长工资都会对劳动者的生产积极性造

---

① 参见汪新蓉：《“权利”时代我国工会职能的拓展与完善——以国家治理现代化为分析视角》，载《社会主义研究》2014 年第 6 期。

② 参见郑英豪：《我国调解制度变迁中国家权力的角色承担与未来向度——基于法社会学的观察》，载《法学评论》2015 年第 1 期。

成不良影响。因此,继续落实工资制度应当建立和完善职工工资正常增长机制,同时,辅之以集体谈判工资制度以及工资指导线制度,将工资制度落实到位,使劳动密集型企业劳资冲突最大的根源性问题得到妥善解决。①

(五)确立劳资协商制

劳资协商制的作用在于通过劳动者与用人单位就劳资关系双方共同关心的问题进行商谈,从而实现劳资双方信息的共享、意思的疏通、合意的形成以及纠纷的预防。② 其具有灵活性、直接性以及自愿性特征,能够对化解劳资冲突产生比较好的效果,同时又能够减少处理劳资纠纷的社会成本。因此,解决劳动密集型企业劳资冲突有必要确立劳资协商制。劳资协商制应当以政府为指导、企业为主导,政府积极引导企业建立恳谈协商机制,为劳资双方打造畅通的沟通交流平台,激发企业职工与企业直接对话的热情。劳资协商制作为一种多方机制,需要政府、企业以及职工的共同参与和推动才能够得以有效运行,完善的劳资协商制不仅能够及时化解劳资矛盾,还有利于劳动者产生企业归属感,这对于企业的长久发展具有重要价值。因此,确立完善的劳资协商制能够实现劳资双方互利共赢的发展目标。③

(六)政府、企业以及职工应发挥各自的积极作用

1.政府充分发挥引导劳动密集型企业解决劳资冲突的主导作用④

其主要包含以下四个方面:

(1)在适当时机出台有关规范企业管理制度的地方性规章,为重庆市范围内的劳动密集型企业的管理制度提供较为统一的实施标准。

(2)地方财政对劳动密集型企业实施倾斜政策,为企业担保贷款打开绿色通道,在职工社保补贴、职工岗位补贴、企业心理文化建设、降低企业人员流动率等方面给予大力扶持,通过真正将具体政策落实到位以帮助劳动密集型企业解决现实困扰。

(3)建立健全利益协商机制与冲突救济机制。政府应当为劳资双方提供利益协商的平台,作为协调者努力平衡双方利益,尽可能减少劳资冲突发

---

① 参见李珊珊:《中国工资调整指数研究》,光明日报出版社2013年版,第165~175页。

② 参见姚文胜、翟玉娟等:《劳资协商制——中国劳动关系改善的路径选择》,法制出版社2012年版,第7页。

③ 参见季乃礼:《协商民主实施的条件及其在中国的适用性——以哈贝马斯的协商政治为例》,载《公共管理高层论坛》2010年第9辑。

④ 参见李志国、周铁军:《中国私营企业劳资关系研究——温州私营经济实证分析》,载《社会科学战线》2004年第3期。

生的可能性；当劳资矛盾不可避免时，为劳动者提供有效的救济机制以保护弱势群体从而实现公平正义。

(4)针对有关企业建立完善的监督机制。相关部门对企业开展不定期抽查，结合企业产业运行特点进行企业管理方式的科学化评估，对评估结果较好的企业给予物质或非物质奖励，对评估结果较差的企业予以公开批评或警告处分，以督促相关企业进行整改。

2.劳动密集型企业积极寻求构建和谐劳资关系的有效渠道，促进冲突的及时有效解决

具体方式如下：

(1)与时俱进，及时吸收并更新“以人为本”的企业管理理念。关注职工的成长与发展，以人的发展带动企业的发展。

(2)制定适合本企业特点的企业新文化。当前，我国企业文化的最大误区在于追求企业利润的最大化，而真正的企业文化是企业为了达到盈利目的所采用各种方式综合构建的组织所具有的模式和氛围。有着优秀企业文化的企业可以充分激发职工的生产积极性、创造性和凝聚力，在实现自身企业目的的同时还能够承担起更多的社会责任。因此，重庆市劳动密集型企业应该结合自身的产业特点，提出具有特色的企业理念，打造属于本企业独有的企业新文化，从而提高企业的经济效益和社会效益，而不再是按照传统老旧的企业发展模式忽略企业文化建设。

(3)企业制定更为明确、完善的企业管理体制，寻求能够有效激发职工积极性和创新性的新型发展模式。首先，企业通过设立清晰合理的选择绩效考评方法对职工进行科学的考评，并以此为依据对职工进行奖惩，同时对奖惩标准进行量化。其次，企业不仅对职工要进行奖惩，对企业管理人员也应制定清晰明确的管理和考核规定。再次，关注职工心理健康，建立有效的心理疏导机制。劳动密集型企业大多从事单一重复劳动，为了防止“富士康跳楼”悲剧的发生，企业应当建立有效的心理疏导机制，包括组织活动发泄心理压力和郁闷情绪、提供免费的心理咨询或者提供相关培训提高心理调节能力。最后，企业应当注重职工培训，努力挖掘职工的潜能，突出职工特性。建立即时信息交流平台，加强企业与职工的交流，深入了解现代职工的个人诉求。

3.企业职工树立积极就业观并为及时解决劳资矛盾建言献策

(1)企业职工应当树立“爱岗敬业”“踏实工作”的就业观，坚定“干一行爱一行”的从业意识，并通过各类职业培训努力提高工作技能，发现自身问

题,而不是一味抱怨企业。

(2)职工主动与企业进行沟通,让企业了解职工的不满情绪,双方共同协商及时解决矛盾冲突。同时,职工应当提高法律意识,把推动所在企业发展与进步视为己任,为构建和谐劳资关系建言献策。

结语

2015 年 2 月 27 日,习近平总书记在中央全面深化改革小组第十次会议上提出,要让人民群众有更多"获得感"。劳动密集型企业中之所以产生大量劳资冲突,归根结底是由于企业职工"获得感"不足。改革开放以来,由社会主义市场经济体制建立带来的经济和社会结构变革引发了劳资关系的深刻变化。[①] 劳资关系是最重要的社会关系之一,涉及经济层面、社会层面以及国家稳定层面。现阶段,我国正处于经济转型的快速发展时期,面对经济市场化背景下的"重资本,弱劳工"格局,企业劳资冲突愈演愈烈,并极易引发群体性事件,尤其是在各类劳动密集型企业中,此趋势尤为突出。[②] 透过各种华丽的经济数据,我们更应该关注的是对处于弱势地位的企业职工合法权益的维护,同时也应当看到劳动密集型企业的发展困境。因此,在缓解劳动密集型企业劳资冲突问题上,可以通过树立正确的解决劳资冲突的理念、完善解决劳资冲突的法律制度、加强现有劳动法律的效力、落实解决劳资冲突的执行制度以及确立劳资协商制等多种路径及时化解冲突。此外,还要充分发挥政府、企业以及职工的协调作用,使劳资权益得以保障。[③] 通过利益协商与平衡,真正使企业得以健康发展,职工感受到充实的"获得感",这才是促进劳资关系和谐稳定、实现社会良性运行的根本所在。

---

① 参见刘健西、郝辽钢:《转型期我国劳资关系协调措施机制的实证研究》,载《软科学》2014 年第 4 期。

② 参见荣兆梓:《通往和谐之路:当代中国劳资关系研究》,中国人民大学出版社 2010 年版,第 462 页。

③ 参见谭泓:《转型期中国劳资关系的问题、困境与个性特征探讨》,载《山东社会科学》2014 年第 7 期。

Analysis of Labor-intensive Enterprises' Labor Disputes

——Based on the Empirical Research in Chongqing

Lin Song

Abstract In recent years, with the development of economy, all kinds of labor disputes in the labor-intensive enterprises occurred frequently and more and more severely. Based on the questionnaire survey, this paper empirically studies the labor disputes in the labor-intensive enterprises in Chongqing, analyses survey data with the aid of SPSS19.0 statistical analysis software. According to the analysis result, we find that labor disputes of wage income, welfare benefits and business management system are more prominent in the labor-intensive enterprises of Chongqing. Based on the data, this paper analyses the causes of those three kinds of labor disputes, summarizes the difficulties of regulation, and tries to propose the corresponding solutions such as setting up a correct concept of solving conflicts and establishing the system of bargaining, in order to provide a valid legal path to alleviate disputes and build harmonious labor relations of the labor-intensive enterprises in Chongqing.

Key words labor-intensive; enterprise; labor relation; labor trouble; adverse; condition; solution

基因科技实验中医学人员的法律限制

——以《贝尔蒙报告》为分析对象

周殷杰　孟雯*

内容摘要　20世纪60年代以来，美国很多伦理争议、技术问题不断出现，各类医学丑闻的曝光严重影响了美国人民对生物科技研究的信心和信任程度。《贝尔蒙报告》主要是从原则的层面上向国家卫生、教育、福利等机构提出意见。基因科技实验中医学人员遵循伦理原则、有利原则和公正原则这三项基本原则。在这三个重要的伦理原则的指导下，《贝尔蒙报告》对在科研过程中保障伦理的应用要求也作出了重要的规定。《贝尔蒙报告》对后续的生物医学基因研究产生了深远的影响，并为《涉及人的生物医学研究的国际伦理准则》的出台奠定了基础。

关键词　基因科技；伦理原则；有利原则；公正原则；《贝尔蒙报告》

历经了两次世界大战之后的美国，不论从战争结果来看，还是从人才引进来看，都在世界范围内占据了优势，因此，在人体基因科技上一直走在了最前端。在20世纪早期，美国就开始了在生物科技上的投入，至20世纪60年代，美国联邦政府对生物科技的重视达到了一个新的高度。在这种情况下，很多伦理争议、技术问题不断出现，各类医学丑闻的曝光严重影响了美国人民对生物科技研究的信心和信任程度。为此，美国在1974年7月12日制定了美国国家研究法，建立了国家保护生物医学和行为研究受试者委员会。② 该委员会的任务之一就是探索解决涉及人作为受研者的生物医

* 作者简介：周殷杰，四川省肿瘤医院放疗科硕士研究生；孟雯，国家电网管理学院职工，法学博士。

② 参见韩跃红主编：《护卫生命的尊严——现代生物技术中的伦理问题研究》，人民出版社2005年版，第30页。

学和行为研究的基本伦理准则并制定可行性的规定。经过四年的努力，该报告于1978年9月30日发表，并于1979年4月18日在联邦注册出版。该报告的全称为《贝尔蒙报告：保护研究中人作为受研者的伦理原则和指导》(*Belmont Report: Ethical Principles and Guidelines for the Protection of Human Subjects of Research*)。该报告不同于委员会的其他报告，主要是从原则的层面上向国家卫生、教育、福利等机构提出意见，建议该报告能整体采用政策性陈述，而不只是提出具体的施政纲领。该报告不论是对美国而且对世界的人体基因科技在伦理方面的立法都起到了重要的作用。即使不深入到报告内部，仅从该报告的委员会成员构成就能看出政府和公众对其的重视程度。委员会集医学研究人员、不同种族和宗教人士、法学专业人士和心理学研究人员为一体，将人作为受研者的医学研究可能涉及的专业层面和社会层面的人士集合在一起，共同探讨该报告，并将探讨的过程通过政府出版的方式公之于众，既表达了对权威意见的尊重，又有利于公众获取信息，有助于重新确立联邦政府在组织生物医学研究的人体试验方面的权威性。

一、基因科技实验中医学人员遵循的基本原则

该报告开篇即表明其目的在于：保护人类受试者在项目评估、社会实验、社会指标、调查研究、研究数据的二次分析和来自行政记录数据的统计分析中的权益法报告。该报告主要包括三个方面的内容：行医和研究之间的界限；基本伦理原则：尊重个人(Respect for Persons)、有利(Beneficence)、公正(Justice)；应用、知情同意、风险和受益评估、受研者选择。① 通过对行医和科研的界限划分，报告指出，行医只是针对于提高个别病人幸福并期待取得成功的合理预期，目的在于对个人的诊断、预防和治疗；而科研指的是为测试一种医学上具有可能性的假设而采取的行动，以便获得结论，以发展或增长概括性的知识。科研一般有一个方案，该方案包括目标以及到达目标所需的步骤。行医和科研两者可以并行，只要行医中具有了科研的成分，就要受到该报告的指导。

在此基础上，科研的顺利进行必须符合伦理原则。而尊重个人原则至

① Donald T. Campbell & Joe Shelby Cecil, *Appendix Volume II*, *The Belmont Report: Ethical Principles and Guidelines for the Protection of Human Subjects of Research*, DHEW Publication No. (OS) 78-0014.

少存在两个伦理要求：第一个是个人作为一个自治个体；第二个是丧失自治权的个人也应该受到保护。换言之，尊重个人自治权，不论个人是否具有自治能力，均应在涉及人作为受研者的医学研究中得到保护。所谓的个人自治是指个人有能力去思考个人目标，并能够根据该目标采取相应的行动。尊重自治权，要求充分衡量和考虑个人的理性选择，禁止阻碍他们的行为，除非该行为明显不利于他人。缺乏尊重自治权，的行为包括否认个人的思考决定，拒绝个人在这些考虑中的自由行为，或是无理由地阻碍有利于个人作出决定的有效信息的传达。

"有利"做到，就是"尽力原则"，即要求研究不仅要尊重受研者的决定、保护他们免受伤害，还要确保受研者的健康。"有利"常常被理解为超越严格责任的囊括善良和慈悲的行为。在该报告中，"有利"被赋予了更为强烈的责任感。在这种责任表达中，有两个一般性的补充性原则：第一个是不伤害；第二个是最大可能的受益和最小可能的伤害。希波克拉底格言中的"不伤害"长期以来都是医学伦理学的基本原则。克劳德·伯纳德[①]扩展了它研究的领域，认为不论对其他个体有多少好处，却不能伤害某一个人。但是，要规避风险首先要了解风险是什么，而这一过程很容易将个人暴露在风险之下。希波克拉底誓言认为，医生"根据他们的最佳判断"来造福病人。而这样做的关键是，了解什么时候即使是存在风险也要追寻好处，而什么时候又要因为风险而放弃好处。有利原则不仅涉及科研人员个体还涉及全社会，因为它将两者同整个科研项目和全体科研领域联系起来。就具体课题来说，科研工作者以及其所在科研机构的成员必须事先筹划以便最大限度增加好处，减少研究可能带来的危险。就科学研究总体而言，人们必须认清，由于知识进步以及医学、心理治疗和社会程序的发展而带来的较长期的好处和危险。在许多涉及人作为受研者的医学研究中，有利原则扮演了一个明确定义的正当性角色，但是它的作用并不总是明确的，有人认为，应该严格按照当前的风险评估来进行科研，但是有人认为不能排除对未来的优势而一概而论。因此，该原则要求具体问题具体分析。

公正原则提出的问题是：谁应该享受科研的好处，而谁又应该承担科研

① 克劳德·伯纳德(Claude Bernard，1813～1878)，法国著名的生理学家。哈佛大学的历史学家伯纳德·科恩称其为"全人类最伟大的科学家之一"。在其诸多成就中，他是第一位提出通过"盲法试验"(blind experiment)来确保科学观察的客观性的学者。他是第一个对术语"室内环境"(milieu intérieur，现在被称为"动态平衡")进行定义的学者。

的负担。公正提出的是“分配公平”和“应得的”原则。针对公正原则,几乎所有的评论家为了一定的用途,允许根据经验、年龄、剥夺、能力、优点和立场的不同对正当性区别对待。但是有几条被广泛接受的公式可以合理分配负担和好处,这些公式是:(1)给每个人相等份额;(2)对每个人根据个体的需要;(3)对每个人根据个人努力;(4)对每个人根据社会的贡献;(5)对每个人根据择优录取。公正问题长期以来都与社会实践有关,如处罚、税收和政治表达,这些问题直至当前才与科研问题结合在一起,但是在早期的实践中已经有了同科研相结合的趋势。比如19世纪至20世纪初出现的穷人参加人体试验而好处由富人享有的情况;比如纳粹在集中营进行的人体试验;比如美国20世纪40年代对社会地位低下的乡下黑人男子进行了Tuskegee梅毒实验,以研究该疾病的未经治疗的过程。为了不中断该课题的进行,这些实验对象被剥夺了早就广泛使用的有效治疗权。正是在这些历史背景下,正义的概念和人体试验结合在了一起。公正原则要求对受研者的选择进行监管,科研的结果不能只给予有能力支付的人,且在研究中不能过度利用那些不可能享有科研成果好处的团体。

二、基本原则的具体运用

在这三个重要的伦理原则的指导下,该报告对在科研过程中保障伦理的应用要求也作了重要的规定。

首先,在知情同意方面,它明确提出了知情同意很重要,但是对其性质定位和可能性还是存在争议的。不论如何,达到广泛认可的同意过程必须包括三个方面:信息、理解和自愿。对信息来说,科学研究本身的术语就不符合通俗理解的要求,医疗人员公开大家希望理解的信息也是不合理的。因此,在信息方面,“合理的自愿者”的标准应该是:对自愿者来说,信息的性质和范围既对他们的治疗,也无法被充分认识,即使预计到实验对他们有可期待的直接好处,实验对象也应清楚地意识到风险的大小,即告知实验对象,该研究的一些相关方面的科目很可能会损害研究的有效性。

在涉及不完整披露的情况下,当且仅当具备以下条件时实验才是正当的:(1)不完整披露是完成科研目标的真正需要;(2)没有超过最小风险的未披露风险;(3)对受研者在合适的情况下有向他们传播科研成果的充足计划。绝对不能为了得到受研者的支持而隐瞒风险,对科研的直接问题应该随时给予真实答案。应该谨慎区分披露可能会破坏科研或是导致科研无效,同披露会给调查员带来简单不便的两种情况。对理解而言,对待信息的态度和信息本身一样重要。由于受研者的理解能力同智力、理性、成熟和语言密切相关,因此,有必要采取符合受研者接受能力的方式传达信息。科研者有责任传达受研者能够理解的信息。要确保将关于风险的信息完整地传达作受研者和信息得到了充分的理解。在有些情况下,进行信息得到理解的书面或口头的测试也是合适的。对理解能力受到严重限制的人要实行特殊条款。对这些人的尊重表现在应该在其能够理解的范围内让其选择是否愿意参与研究。除非研究能够为其提供绝无仅有的治疗,不然要尊重他们不参与研究的决定。对他们的尊重还表现在要去争得他人的许可,以防止受研者受到伤害。每一个人都既有尊重他们自己愿望的认知,又需要第三方的认知来防止他们受到伤害。第三方必须是最了解无能力的受研者的情况并能为他们最好的利益而行动的人。接受授权者应有机会观察实验的进行,以便实行为了受研者最佳利益而放弃实验的权利。在自愿问题上,报告强调唯有自愿给出的知情同意才是有效的,这要求同意的给出不能在被胁迫或有其他过分影响的情况下进行。胁迫是指为了让受研者同意参与而蓄意恐吓;过分影响是指未经授权而采取的过度奖励或表达的方式。当受研者特别脆弱时,一般程度的利诱也有可能产生过度的影响。不合理的压力通常发生在人利用权力地位或权威影响力——尤其是涉及可能制裁的情况——敦促对受研者采取行动时。很难清楚区分合理劝说和过分影响的界限,但是过分影响包括那些通过近亲的影响力左右受研者选择和威胁撤销某人应享有的健康服务权利等行为。

其次,在风险和受益评估方面,评估需要对研究数据进行细致分析,其中包括对具有优势的替代性方案的分析。因此,评估对于研究而言,既代表了整合系统和全面信息的机会,又代表了这种整合的责任;对研究者而言,它意味着拟议研究是否被合理的设计过;对审查委员会而言,它意味着一种呈现给受研者的风险决定是否公正;对未来的受研者来说,评估将协助他们决定是否参与到研究中来。在对风险和受益的性质和范围的论述中,报告指出评估的要求蕴涵在有利原则当中,正如知情同意的道德要求主要是从尊重人的原则派生出来的一样。风险是指伤害发生的可能性,但是当提到大风险或小风险时,他们通常是涉及(常是模糊地)经历伤害的机会(概率)和设想伤害的严重程度(大小)。"受益"在研究上常常是指有关健康或福利的积极价值。不同的是,风险和受益不是概率术语。风险同受益的可能性相对应,而受益相对应的是伤害而不是受到伤害的风险。因此,风险和受益的评估关注的是可能性伤害和参与性受益的概率和幅度。许多种风险和受益均需要纳入考虑的范围。但是最需要考虑的伤害是受研者心理或生理的疼痛和伤害，其他伤害不能超越其上。研究的风险和受益可能影响到受研者个人、受研者个人的家庭或更大的社会团体(或者是受研者所处的特殊社会团体)。以往的法律法规要求，参与研究的益处以及研究给社会带来的知识进步超过风险。在对这些因素进行的权衡过程中，通常要对受研者的影响进行特殊的权衡。此外，在受研者的权利受到保护的前提下，不同的受研者在有些情况下，能够充分评估参与科研的风险。“有利”原则要求我们保护受研者在研究中免遭伤害，并要求我们关注研究引起的重大利益丧失。在风险和受益的系统评估部分，报告指出通常认为受益和风险必须“平衡”和处于“合适的比率”。这些隐喻字符不利于人们作出精确的判断，只有在少数情况下可能作出判断。但是，对风险和受益的系统化、非任意性分析的主张应该尽可能地仿效。这就要求那些决定实验公正性的人彻底地积累评估有关实验的各个方面的全部信息，且系统地考虑替代方案。这个过程能使对实验的评价更严格和精确，也能使审减少核委员与科研工作者之间的交流上的误解、误传和矛盾。因此，应该先决定研究的有效性前提，然后是尽可能地区分清楚风险的性质、可能性和幅度。另外，也应根据已知事实或其他可用的研究来确定研究者对风险和受益的估计是否合理。最后，评估研究的合理性至少应考虑以下几点:(1)残忍或不人道地对待人类受研者在道德上从来都是不能接受的。(2)风险应减少到达到研究目标的必要水平，应确定是否在客观上有必要使用人类受研者。风险或许不可能完全消除，但通常可通过使用替代性方案而减少。(3)当研究涉及严重伤害的显著风险时，审查委员会应格外注重风险的合理性(寻找到受研者的可能性利益；或者，在罕见情况下查明参与者的自愿性)。(4)当弱势群体参与试验时，应对他们的适当性予以证明。作判断时应考虑以下变量:风险的性质和范围，所涉及的特定人群的情况，以及期待利益的性质和程度。(5)相应的风险和受益必须在体现知情同意程序的文件和过程中详尽地列出。

最后，在受研者的选择方面，就像尊重人的原则引申出同意的要求和风险和受益评估中有利原则的体现一样，公正原则派生出了对受研者的选择过程和结果的公正性的道德要求。受研者选择的相关公正问题体现在两个层面:社会和个人。因此，他们不应该只对他们有利的一些病人提供有潜在益处的研究或只选择不受欢迎的人进行风险研究。社会公正需要从受研者的类别区分中提取，即基于该类受研者忍受负担的能力和将进一步的负担置于已经背负者的适当性，区分受研者应该或不应该参加任何特定的实验。

所以,它可以被视为一个社会正义问题。某些种类的潜在受研者(比如被隔离的精神病患者或囚犯)只有在特定情况下才有可能参与实验。尽管被研究者公平地选择并在研究过程中受到公平的对待,但是不公正经常出现在受研者的选择中,因为不公正来源于制度化的社会、种族、性别和文化偏见。所以,即使每个研究者公平地对待他们的实验对象,即使伦理委员会尽量确保在特定的机构中公平挑选实验对象,不公平的社会倾向依然可能在研究负担和受益的总体分布情况上出现。尽管个人机构或研究者在无孔不入的社会结构中不可能解决这个问题,但是他们能够考虑受研者选择时的分配正义。某些人群,特别是已经被收容的,已经在很多方面由于他们的疾病和环境而承受负担。当研究只涉及风险而不包含治疗因素时,其他负担较少的人应该被要求首先承担研究风险,除非该研究是直接涉及特殊群体的。另外,尽管用于科研的公共基金可能常常流向与公共健康保障基金相同的方向,如果占有更多优势的群体是好处的受益人,那么让依赖公共健康服务的群体构成受研者的优先选择库是不公平的。涉及弱势群体受研者的不公正结果是一个特殊例证。他们是特定团体,诸如少数民族、经济劣势者、病重者、被收容者等,他们在研究进行的场所中随时可用,可能被不断挑选为受研者。鉴于他们依赖性的身份和在自由同意能力上的经常受限,他们应该受到保护,以防他们参加到仅出于行政上的便利而进行的研究,或因为他们的病情或社会经济情况而出现不易于控制的情况。

三、《贝尔蒙报告》对后续生物医学基因研究的影响

《贝尔蒙报告》在法律上虽然并不具有强制力,但是它在涉及人的医学研究包括人体基因科技的医学研究的伦理原则方面起到了重要的作用,这一作用不仅仅体现在较之以往的法规它更明确地提出了"尊重人""有利""自愿"这三个影响后世立法的重要原则,还体现在它对研究的划定,对具体措施的设计和管理提出的具有实际操作性的建议,并且它直言不讳地对一些难以解决的情况进行了表述,对弱势群体可能受到的不公正待遇作了详细说明并设计了相关的解决思路。这些措施的提出不仅仅是对美国人体基因科技的贡献,更是对全世界人体基因科技立法的重大贡献。

1993 年,国际医学科学组织理事会(CIOMS)与世界卫生组织(WHO)合作制定了《涉及人的生物医学研究的国际伦理准则》,并于 2002 年对其进行了修订。这一国际准则共涉及 21 条规定,包括涉及人的生物医学研究的伦理学论证和科学性、伦理审查委员会、知情同意、参与研究的利益与风险、

在资源贫乏的人群和社区中的研究、弱势群体保护等内容。该国际伦理准则是对《纽伦堡法典》和《赫尔辛基宣言》的发展，对妇女、儿童、脆弱人群的保护作出了更加具体的规定，并强调保密原则的重要性。

准则对不同的受试者群体作了区别规定。首先在涉及脆弱人群的研究方面，必须提供严格的合理性论证并采取严格措施保障他们的权利和福利。其次，涉及儿童作为受试者的情况时，必须保证成人不能进行同样的试验，研究目的与获取儿童健康需求的知识密切相关，并得到父母或法定代表人的同意，而且要保证儿童在其能力范围内提供许可，同时儿童的拒绝权必须受到尊重。再次，受试者是无充分知情同意行为能力人时，必须保证研究在有知情同意行为能力的人那里进行无法取得同样的效果，保证研究目的同这些受试者的特殊健康需求知识相关，而且受试者在能力范围内的许可和拒绝权必须得到尊重，例外情况是没有其他合理的医疗手段且当地法律允许推翻受试者的反对意见时，适合的家庭成员或法律授权者可以依照现行法律代这些受试者表示同意。最后，当妇女作为受试者时，育龄妇女必须享有同其他妇女平等的权利，但是必须在明确理解可能对胎儿造成的风险的前提下才能自愿加入到研究中。如果因为法律或宗教原因无法重复说明风险或提供相关妊娠或避孕方式时，育龄妇女应被排除在研究对象范围之外。孕妇也具有参加研究的权利，但是这些研究局限在与孕妇及其胎儿的特殊健康需求相关或与一般孕妇健康需求相关的范围内。

准则制定了严格的保密制度，以防止研究数据的泄露，并明确表示当受试者因参与研究受到伤害时，有权得到对该伤害的免费医疗、经济或其他方面的补偿；因参与研究而死亡的，被抚养人有权得到赔偿，赔偿权利不得被要求放弃。准则规定生物医学研究机构必须具备相应的伦理和科学审查能力，包括这些机构应重视国际合作，但不限于建立和加强独立的、胜任的伦理委员会，加强研究能力，开发适于医疗保健和生物医学研究的技术，培养研究和医疗保健人员，教育研究受试者抽样的社区。① 当研究涉及外部资助者时，要求外部资助者必须对安全实施研究提供重要的医疗保健服务，对受试者的伤害给予治疗，保障研究成果为有关社区或人群合理可得。通过这些严格的程序化规定，保证受试者基因数据的专业化管理和制度化保护。

该伦理准则所体现的伦理价值和立法根据不仅是对涉及人的医学研究

---

① 参见韩跃红主编：《护卫生命的尊严——现代生物技术中的伦理问题研究》，人民出版社2005年版，第46页。

的指导意见,而且是对人体基因科技的指导意见。在人体基因科技不断发展的情况下,专门规定人体基因科技的国际性法律文件开始出现,但是其伦理原则的根据始终没有突破医学伦理指导性法律文件的规定范围。

The Legal Restriction of Medical Personnel in Scientific Experiment of Gene

—Based on the *Analysis of Belmont Report*

Abstract Since the 1960s, with more and more ethical issues and technical problems appearing , kinds of medical scandals were also exposed, which has seriously influenced the Americans' confidence and trust in the biotechnology research. And then, some comparative principle opinions to the institutions of health, education and welfare were came up with in *Belmont report*. The medical personnel in Genetic technology experiments should follow ethical principle, benefit principle and fair principle. Under the guidance of these three important ethical principles, the *Belmont report* also made some important stipulations to the ethic-security in the process of scientific research. The *Belmont report* had a far-reaching influence on subsequent biomedical genetic research, and it laid a foundation for *The International Code Of Ethic Involving People Biomedical Research*.

Key words genetic technology; ethical principle; benefit principle; fair principle; *Belmont Report*

司法制度

基层法院“案多人少”的界定与应对实践

——以人民法院内部优化为视角

张　枫*

内容摘要　“案多人少”现象已经成为制约国家法治发展的瓶颈，其表现具有地域性和集中性。问题的界定，应该以一线法官年均结案150件为标准，其产生的原因包括司法需求快速上升、司法资源配置不合理、司法效率不高。破解“案多人少”，增加法官数量和依靠非诉纠纷解决机制的司法设计是局限的，应该从法院内部优化的角度予以考量，进而推行法官员额制度与助理制度，辅之控制不合理的司法需求，加快《强制执行法》的出台，从而使人民法院能够更好应对这一难题。这也有助于提高法院审判质效，维护司法的权威与公信。

关键词　基层法院；案多人少；结构；改革；效率

我国围绕着提高司法公信、推动司法独立、保障司法公正进行了系列创新改革。从1979年法院体制改造到1999年推行“依法治国”、实施人民法院《“一五”改革纲要》，一直到全面推进依法治国方略的确定，通过这30多年的努力，我国的司法面貌焕然一新——“审判队伍的素质普遍提高，司法程序更为完善，社会法律意识明显增强，中国法律制度体系基本形成，不仅开启了当代中国司法现代化的崭新历程，也有效推动了社会主义法治国家建设的发展步伐”②。然而，当前社会的急剧转型给法治建设带来了新的难题，表现最为明显的就是基层法院“案多人少”问题的出现。“案多人少”问题的界定有其大致标准，我们认为法官每年办案超过150件会加大法官的

---

* 作者简介：张枫，山东大学法学院硕士研究生。

② 夏锦文：《当代中国的司法改革：成就、问题与出路——以人民法院为中心的分析》，载《中国法学》2010年第1期。

工作负担,出现“案多人少”的问题。

针对“案多人少”问题的解决,现有的对策性研究主要集中在增加法院人财物资源的供给、扩大非诉纠纷解决机制的适用这两方面,这些举措短期内的确起到了缓解问题的效果,但总体上仍是回应性的。从效果上看,其局限性日趋明显。基于此,有必要对“案多人少”进行新的探讨,本文通过反思“案多人少”现有应对实践的不足,指出“缓解法院负担应从维护司法过程专业性和自主性的视角予以考虑”①。

据报道,某些省份的基层法院的一线法官每年结案数甚至达到455件②,远超全国平均水平。在这些动辄人均结案300件以上的地区,他们必须以日结一案的速度才能完成繁重任务。如此一来法官便要承担更多心理、生理压力,过度疲劳的症状在法官群里大量出现,许多基层法官叫苦不迭。因此,许多学者和媒体都认为,法院“案多人少”的问题,已经开始阻碍我国审判工作的发展,甚至对我国法治建设也构成了挑战,案件危机时代即将到来。

一、“案多人少”的认定标准

同时,许多声音认为中国不存在“案多人少”问题,比如欧、美、日法官每年平均审案数达上千件,远远超出了我国法官的审判量。美国纽约州法院共有1199名法官,全年共结案3535079件,人均结案约2948件;日本各级裁判所共有法官2900人,年平均结案440～556万件,人均结案1517～1917件;英国高等法院的大法官法庭,由副司法大臣和13名法官组成,全年审判4.2万例案件,每年人均审案3000件;德国慕尼黑初级法院有民事和刑事法官117名,一年审理8.38万例案件,平均每名法官年审理716例案件。③ 还有人根据中国与欧、美、日国家每万人中法官人数比例,进而得出“案多人少”在我国当前只是个“伪命题”。2012年,部分国家每10万人口对应的法官数量为:美国为0.6个联邦法官、9.99个州法官;英国为6.77个;德国为24.46个;法国为9.5个;日本为2.73个;我国则是14.4个。④

---

① 姜峰:《法院“案多人少”与国家治道变革——转型时期中国的政治与司法忧思》,载《政法论坛》2015年第3期。

② 参见何帆:《法官多少才够用?》,载2013年6月7日《人民法院报》。

③ 参见周道鸾主编:《外国法院组织与法官制度》,人民法院出版社2000年版,第270页。

④ 参见何帆:《法官多少才够用?》,载2013年6月7日《人民法院报》。

以上这些评判标准看似直观,但事实上却很难形成统一的计算口径,因为可能有其他因素影响了两者的可比性。由于英、美等国95%以上的案件在审前程序就通过和解等方式得到解决,真正进入审判程序的案件仅占起诉到法院案件的百分之几。[①] 在德国、法国和日本等大陆法系国家,进入法院的案件也有一半以上适用该程序予以解决;美国每名法官有1～4名法官助理。例如联邦最高法院大法官有权配备4名法官助理,联邦上诉法院每位法官配备3名助理,地区法院每位法官配备2名,而治安法官则也可配备1名法官助理。不仅如此,美国还允许每位法官雇用1名办公室秘书或行政助理,法官助理帮助法官整理案卷、修改法律文书以及其他与案件有关的程序性工作,所以法官面对大量案件显得应对自如。[②] 英格兰和威尔士2011年共有155万件民事案件,其中法官办了17%,法院官员(court officers,法院事务管理局的司法行政人员)处理了45%,还有38%的案件是在诉、答阶段通过协商或双方律师协调解决的。[③] 但是我国有关法官的构造却是另一幅景象:我国法官办案很少有助理,或者是多名法官共用一名助理;中国法院诉前调解机制不发达,撤诉率偏低;基层法院审理了全国案件的大多数,而基层法院的法官还有约35%的法官不办案。这就意味着全国一半的法官审理了全国89.2%的案件,2012年审判庭法官的年均结案量是全部法官的1.55倍。[④] 所以,我们不能简单地根据美、欧、日国家的法官人均审结案件数或法官所占的人口比例,就认为我国不存在"案多人少"。

不可否认的是,近年来各级法院审理案件的数量都在增长,而法官编制相对没有变化,看起来这似乎的确是人民群众日益增长的司法需求和"落后"的法官编制之间的矛盾。从字面含义理解,"案多人少"就是"案多"与"人少"现象并存的问题。因此,我们似乎可以以法院审结案件数除以法官人数,以法官人均结案量的多少来判断"案多人少"问题是否存在。可这样计算也存在缺陷:法官人均结案多少才能称得上是"案多人少"?由于对"案多人少"的认定缺乏一个公认、合理的参照值;当下国内对于"案多人少"问题的研究,无一不是从数量方面(包括案件数、人数和人均结案数)进行解读

---

① 章武生:《司法ADR与我国法院调解制度的新发展》,载《公民与法》2009年第5期。

② 参见李玉科:《美国司法见闻》,载2011年3月18日《人民法院报》。

③ 参见张永红:《英国法院如何解决案多人少矛盾》,载2014年12月12日《人民法院报》。

④ 参见严戈、袁春湘:《2012年全国法院案件质量评估分析报告》,载《人民司法》2013年第13期。

的,且都没有给出评判“案多人少”的合理临界值,为数不多的已有论证结果也相差较大,论证方法和依据也各自不同,均难以令人信服。

笔者认为,判断是否“案多人少”应该将一线办案法官的工作量作为认定标准,非真正办案主体的综合部门人员、行政人员(包括院长、庭长)以及不具有审判职称的人员应排除在外。此外,通过分析近年来一线法官人均结案数量的增长变化,来论证“案多人少”的意义也不大,因为法官过去办案少现在办案多,不能证明法院已经不堪重负。可能是过去案件数量少,法官过于清闲,现在突然变得忙碌起来法官不适应,从而觉得“案多人少”。所以,有必要确定一个合理的临界点,并将其作为认定“案多人少”的关键。

笔者对当地的100名基层法官做了一次问卷调查,调查结果显示,一半以上的法官认为每年结案数在120件以上,会超过其合理的负担。但是考虑到法官普遍不愿意办案的情况,我们认为一线法官人均结案数在150件以上,可能是确定“案多人少”的临界点。除此之外,我们又对被调研法官审理案件的平均时间以及工作时间做了个大致统计,从而更加合理地确定“案多人少”的临界点。根据被调研法官在审判环节的平均用时,笔者整理制作了表1和表2;根据被调研法官的平时工作用时得出了表格3。通过这三个表格我们可以大概计算出一个基层法官每年大致的工作量是多少。

表1　　被调研法官审判平均用时统计表(单位:小时)

案件类型	比例	阅卷	调解	开庭	合议	内部汇报	文书	合计
一般案件	92%	0.5	1	1.5	0.5	0.5	3	7
复杂案件	8%	1	2	3.5	2	2.5	10	21

表2　　被调研法官特殊环节用时统计表(单位:小时)

	送达	调查	保全
比例	26.5%	26.5%	8.7%
时间	1.5	2	2

表3　　被调研法官从事非审判业务用时统计表(单位:小时)

事项	接待当事人(每天)	各种会议(每年)	各种活动(每年)	业务培训(每年)
时间	1	200	100	96

一年以 250 个计算，假设每位法官每天工作 8 小时，一年工作时间为 250×8＝2000 小时。假设一位法官每年合理的结案数为 X 件，那么可以采取以下计算方法：一般案件用时＋复杂案件用时＋特殊审判环节用时＋其他工作用时＝2000 小时，即 92％X×7＋(8％X×21)＋(26.5％X×1.5＋26.5％X×2＋8.7％X×2)＋250＋200＋100＋100＝2000 小时。计算得出，一位法官每年审结案件数量大概是 146 件，与对前面所推定的 150 件数量相差不大。

需要注意的是，由于调查的偶然性因素很大，为防止以偏概全，我们还要注意到不同地区的差异，要结合当地法官的素质、案件类型、经济状况等因素综合考虑。不过我们仍可以根据以上调查得出大概结论，认定“案多人少”可以以一线法官年人均结案 150 件为临界值，超过了即存在“案多人少”的问题。超过这一临界值将会造成一线法官群体审理案件过多，工作压力偏大，导致审判效率降低、审判质量下降，这才是实质意义上的“案多人少”问题。

二、“案多人少”之现状

图 1　2005～2014 年全国法官审结案件数量

讨论“案多人少”的现状，有必要对我国法院历年审理案件的情况做一个回顾。就全国情况而言，“案多人少”是近年来出现的一个普遍趋势，并呈逐步严重的趋势。但是，“案多人少”的现象并不是一直存在的，根据统计数据，1978 年之后全国法院审理各类案件总数在 1999 年达到峰值以后，多年来一直基本稳定[①],期间很少有人讨论“案多人少”问题。直到2007年,全国审执结案件数量比上一年猛涨9.2%,2008年又在2007年的基础上涨了11.1%。此后案件数量增长虽比较稳定,但没有了太大波动现象。与此同时,学者、法院工作人员以及媒体开始意识到法院“案多”的压力,可见2007年与2008年是“案多人少”的分水岭,此后“案多人少”问题日趋严重。

根据最高人民法院的统计,全国法院审执结案件总量在10年内增长了73.8%,而全国法官的数量几乎没有变化。从数据上我们可以发现,案件的增长与法官人数的稳定显得极为不适。同时,在这近20万法官中还有很多人不办案,这意味着实际办案的一线法官审结案件数远超过法官平均水平,一线法官势必要面对诉讼带来的压力陡增的态势。我们再来看一组具体省市的数据统计:

近年来全国部分省市人均审结案件数目统计

江苏省:2013全省审结案件106.4万,一线法官人均结案157.5件;2010年其中沭阳、镇江开发区、连港人均结案全国前三,分别是367.0件、346.1件、298.2件。[②]

浙江省:2014全年结案111.9万件,一线办案法官年人均结案187件,居全国第一;2013年杭州市一线法官结案215.9件,是全国的2.7倍。[③]

广东省:2014年全省法官人均结案98.5件;2009年东莞全市人民法庭法官人均结案超过350件。[④]

重庆市:2014年全市法院法官人均结案111件,主城区基层法院法官人均结案164件,2013年渝北法院法官人均结案233.4件。[⑤]

河南省:2013年全省人均办案39件,比全国人均办案数59.8件还要低20件;截止2014年11月,洛阳市涧西区法院办案人员由35名

---

① 参见苏力:《审判管理与社会管理——法院如何有效回应“案多人少”》,载《中国法学》2010年第6期。

② 参见许前飞:《2014年江苏省高级人民法院工作报告》,2014年3月18日;参见于海秋:《民事诉讼立案审查实证分析》,黑龙江大学法律硕士论文,2012年。

③ 参见齐奇:《2015年浙江省高级人民法院工作报告》,2015年1月2日;参见翁钢梁:《2014年杭州市中级人民法院工作报告》,2014年3月2日。

④ 参见郑鄂:《2015年广东省高级人民法院工作报告》,2015年2月11日;参见陈婕生:《东莞法官人均结案数连续7年稳居广东全省第一》,载2014年8月5日《南方日报》。

⑤ 参见钱峰:《2015年重庆市高级人民法院工作报告》,2015年1月20日。

增加到了55名，人均年办案数由150件降到了100件。[1]

不难发现，除少数中西部省市的法官年人均结案数较低外，大部分东部地区以及中西部发达地区的一线法官每年人均结案都超过150件。所以我们认为，就全国而言，近几年被炒得沸沸扬扬的"案多人少"不是伪命题。但同时该问题又呈现出一些特征，"案多人少"不仅在全国呈现出区域性差异，即便是在同一省份、同一城市内也存在着巨大的差异；经济发达的地区法院面临的"案多人少"问题通常要比经济落后地区严重。

三、"案多人少"的表现特征

(一)"案多人少"在全国具有明显的地域性特征

在认识到近10年来各级法院办案压力普遍增大的同时，我们观察到"案多人少"不是一个绝对普遍的现象，例如广大中西部地区以及东部沿海的个别贫困地区几乎不存在"案多人少"的问题。我国幅员广阔，区域经济发展不平衡，总体情况是：东南沿海发展状况明显好于内陆省市；同为中西部内陆省份，大城市发展明显好于其他地区；即便同在一个城市，中心城区明显好于其他城区。所以，案件分布不均是必然现象。在商品经济发达地区，人际交往更加频繁，加上外地人的涌入，因此产生的摩擦、纠纷的几率比封闭落后的地区更大，这些发达地区的基层法院普遍都面临"案多人少"的压力。而在中西部特别是经济发展落后的地区，法官疲于应付案件的情况相对而言并不明显，这些地区法官年审结案件和全国平均水平持平，甚至远低于全国平均数，"案多人少"问题在这些地方并不存在。以河南为例，2011年全省法官人均办案数只有39件，不到江苏法院人均结案数165.2件的零头[2]，比全国人均结案数58.8件还要低近20件；但是河南省会郑州市一线法官2012年人均结案则为141.2件。再比如新疆，2012年乌鲁木齐市一线法官人均结案110件，而新疆全区法官人均结案不到60件。所以"案多人少"在全国的分布情况与区域经济发展和人口密度密切相关，呈现出明显的地域性。

(二)"案多人少"在全国具有集中性特征

从最高法院和地方各级法院公布的数据来看，"案多人少"问题主要集

---

① 参见韩景玮：《我省法官人均年办案数低于全国水平》，载2012年7月12日《大河报》；参见冀天福：《洛阳法院：让司法形象靓起来》，载2014年11月4日《人民法院报》。

② 参见公丕祥：《2012年江苏省高级人民法院工作报告》，2012年2月11日。

中在民商事审判岗位和执行岗位,各地的办案状元也大都出自这两个岗位。2008 年至 2012 年的五年间,全国各级法院审结的案件中,一审刑事案件增长 22.3%,一审民事案件增长 37.8%,一审商事案件增长 42.6%,一审行政案件增长 32.4%,执结案件数量增长了11.5%。[①] 造成民商事、执行法官办案压力大的原因主要在于全国所有案件中,民商事案件所占比重最大且增长急剧,相对应的民商事执行案件的数量变多,执行难度也越来越大。需要强调的是,尽管近年来行政庭受理案件数量增长很快,但因为历史因素的影响,老百姓"民告官"的案件普遍很少。因此有的法院每年连一个行政案件也没有,所以各地法院的行政庭法官也很少有"案多人少"的困扰。而刑事案件因为其所占比重低、基数较小,国家对刑事案件打击力度最大、司法保障也最强,所以刑事庭办案也没有过大的压力。因为搜集的数据偶然性较大,而全国各地法院形态万千,因此这不意味着所有法院的这两个岗位都存在"案多人少"的突出现象,也不意味着其他岗位一定不存在"案多人少"问题。在全国法院各庭编制总数基本不变的前提下,对各级法院审理的各类案件统计及其波动情况,大致可以反映出不同岗位法官办案数量的现状。

通过以上分析我们可以得出,"案多人少"问题在我国法院确实存在,但是以基层法院最为严重。同时受某些内在原因的影响,不同地区甚至不同岗位呈现不同的状态。"案多人少"带来的直接影响便是法官工作压力越来越大,这不仅会影响法官身心健康,而且会造成法官队伍人才流失,影响案件审理的效率与质量,进而影响司法权威,降低司法公信力,最后可能影响到中国法治建设的进程。随着时间的推移,如不采取措施适当的措施,会有越来越多的法院面临更大的办案压力,尤其对东部及某些大城市而言。[②]

四、"案多人少"的成因

(一)司法需求不断增加

1. 民众之间纠纷的剧增

民众内部纠纷的剧增必然是和社会形态转型相连的,是民商案件也好,行政与刑事案件也好,它们都是人民群众的内部纠纷无法自我消除的体现。我们发现,"案多人少"是近几年才开始引起广泛关注的问题。在早些时候,

---

① 参见王胜俊:《2013 年最高人民法院工作报告》,2013 年 3 月 10 日。

② 参见苏力:《审判管理与社会管理——法院如何有效回应"案多人少"》,载《中国法学》2010 年第 6 期。

社会阶层的划分还是明确由工人阶级、农民阶级、知识分子阶级组成，在那时候阶级矛盾相对缓和的原因不是因为没有矛盾，而是被国家政策的调整与压制下去。伴随改革开放，经济与社会的多元化飞速发展，从原有社会阶层中划分化出一些新阶层，包括公务员阶层、专业技术人员阶层、个体工商户阶层、城乡失业半失业人员阶层等，出现了新旧阶层并存的局面。[①] 进入21世纪后，改革进入深水区，社会结构持续分化，各阶层利益分配不均，社会矛盾累积叠加，从而导致矛盾纠纷大规模爆发。与此同时，相继确立的各类保障制度未能与各阶层多元化的利益需求相适应，新旧体制之间发生剧烈摩擦，旧有制度很难确保新式经济及社会体制的运行，加之我国市场经济还不成熟，市场经济内在缺陷凸显。伴随城镇化节奏加快，大量农民因为失去土地纷纷涌入城市。由于相关保障措施不完善，他们的权益容易受损，与城市人群的社会冲突也开始出现，各类民商事纠纷及城市刑事案件的剧增印证了这一点。

2. 非诉纠纷解决机制受到阻碍

非诉纠纷解决机制是一种非对抗性的纠纷解决机制，它的运作以当事人的合意和妥协为基础，因为双方当事人都能够充分参与到纠纷解决过程，加上其相对缓和与灵活的运作方式，很容易使人民矛盾在萌芽状态就得到解决，从而维持人民群众的和谐关系。中国历来秉持“以和为贵”，以“无讼是求”为核心的法律文化得到了至上的推崇，老百姓遇到麻烦事通常靠邻里调解就能大事化小、小事化了，打官司从来都不是老百姓解决纷争最先采用的手段。所以如果非诉纠纷解决机制，特别是人民调解制度充分发挥了作用，就不会使造成案件急剧涌入法院。人民调解制度根源于我国，因其成功化解民众纠纷，被赞为“东方之花”。这一制度在外国备受推崇，并发展成了“替代性争端解决方式”（以下简称“ADR”），于20世纪70、80年代在美国盛行，现已经被欧洲以及日本等多国认可。但是近代以来，我国选择走外源型法制现代化之路，国家没有足够重视这一优秀传统，人民调解甚至没有进入学者研究的领域和法学教育中，我们的政策一味强调法院在解决纠纷中的作用，并且要模仿西方建立现代化的诉讼解决方式，导致人民调解制度没有很好的运行与发展——“无论是在观念、制度、组织机构上，还是在队伍素质、工作方式上都暴露出一些不适应之处。”[②]而行政调解，“不仅没有很好

① 参见王刘玉、高军：《当代中国社会阶层分化现状及其走势》，载《学术交流》2009年第6期。

② 袁兆春、刘同战：《人民调解制度的革新》，载《法学论坛》2009年第5期。

地发挥其应有作用,甚至还在继续受到削弱”①。由于长期以来我国对社会解决纠纷机制的多元化发展不够重视,导致非诉纠纷解决机制发展缓慢,加之新型、疑难纠纷的大量出现,更显示出现有社会纠纷解决机构的无能为力,近几年医疗纠纷案件和知识产权纠纷案件的猛增就印证了这一点。

3. 人们法治意识的增强

在中国传统社会中,历代统治阶级宣扬人们要“克己复礼”,要求礼让谦和、息事宁人。但礼的实质就是抹灭个人在社会中的作用、排斥个人权利。长久以来,社会中就形成了具有浓厚儒家思想的“厌讼”文化,自然再也没有人愿意去打官司。然而,“五四运动”号召我们大力学习西方文化,对传统文化几乎是全盘否定,加之改革开放后西方法律思想的急剧涌入,“厌讼”文化逐渐失去了社会基础。政府也意识到国家治理方式必须转到一个正常稳定的轨道上来,而因为法律的稳定性和可预见,国家普遍认可了法治才是当今世界政治文明的标志,是实现国家长治久安的保证,所以鼓励全民族学习法律、用法律方法来处理问题。“五五普法”运动后,普法工作基本达到了预期目标,取得显著成效,在提升公民法治意识与权利意识方面发挥了巨大作用。同时,中国特色社会主义法律体系已经形成,解决了以往“无法可依”的问题,公民遵守、运用法律的自觉性明显提高,这就刺激了个人权利的完善与发展。舆论媒体、法学教育研究等也为建设公民社会、法治社会做了充分准备,加上出现了更多的老百姓通过法律维权成功的案例,民众对法律的信心增强,人们对司法的倚重心不断增强。“厌讼”的旧传统与崇尚个人权利的现代社会极不适应,民众为了追求公平正义,选择用法律维权的意识逐步占据上风,凡有纠纷都要诉诸法院已成常态,这不可避免地加剧了“案多人少”的问题。

4. 司法政策的调整

改革开放以来,依法治国方略稳步推进,我国的政策秉承把纠纷解决于法院的思路,鼓励运用司法手段来解决问题。不仅如此,为了迅速建成社会主义法律体系,把国家和公民的一切生活都尽量纳入到法律的调整范围,国家空前加大了立法力度,短短时间相继出台了一系列有关民众切身利益的法律,更多的社会关系被纳入法律调整的范围内。这些法律包括《劳动法合同法》《物权法》《道路交通安全法》《侵权责任法》等,在一定程度上促成了法院审理案件数量增长过快。为便捷当事人的诉讼方式、降低当事人诉讼成

① 韩月利、乔瑞堂:《完善调解机制构建和谐社会》,载《河北法学》2007 年第 11 期。

本，于2006年颁布的《诉讼费用交纳办法》大幅度降低了诉讼费，其中最典型的是劳动合同纠纷："诉讼收费为10元，由于抵不上收费的人工以及其他成本，有些法院干脆一分不收。"[①]降低诉讼费后，人们寻求司法救济的成本降低，这虽解决了"打不起官司"的难题，但是却大大刺激了普通老百姓的司法意识，造成了事无巨细都诉至法院的现象，与"法律不理会琐碎之事"的原则相违背。同时，法院推行了巡回立案、人民法庭直接立案和巡回审判、假日法庭等便民措施，进一步加大了司法救助力度，这在保障经济确有困难的群众能及时获得救济的时候，也会对"案多人少"造成影响。

(二)法官专业化、职业化程度不高

1.法官队伍专业化水平低

我国法官的专业化水平低，导致的直接后果就是法官很难快速适应信息化时代的节奏，特别是针对知识产权等案件审理，审判效率和质量徘徊不前。法官是依法行使国家审判权的群体，其"职业本身的重要性，决定了法官非有卓越素质，无以正确裁判案件，自然也无法真正胜任审判独立，这是法官专业化的理论前提"[②]。因此，无论是大陆法系还是英美法系国家，都对法官的选任和晋升确立了严格的考核标准。例如在美国，无论是联邦最高法院、上诉法院还是初审法院的法官，他们一般都应当具备联邦法院法官的任职资格条件：必须先从美国大学法学院毕业并获得法律博士学位，通过律师考试成为律师，然后积累六年以上的律师经验。在日本，要成为一名法官，首先要在大学法律专业学习四年，获得法学本科学位，然后在法科大学院学习两年或三年法律获得法律硕士，然后参加司法考试(通过率在5%左右)，接着要进行为期一年的司法研修，再经考试合格才能获得见习法官资格。[③] 我国法官的任职资格相对宽松，无论是高级别法院还是初级法院，初任法官的学历要求是本科及以上，个别地区甚至放宽到专科、非法科，只要通过司法考试，就具有担任法官的初步资格。按道理来说，高级别法院要对上诉的案件作出最终判决，并对下级法院进行指导监督，其对法官素质与经验的要求要高于下级法院法官，因此高级别法院法官的选任资格应该比初

---

① 苏力：《审判管理与社会管理——法院如何有效回应"案多人少"》，载《中国法学》2010年第6期。

② 谭冰、王志胜：《论法官现代化：专业化、职业化和同质化——兼谈中国法官队伍的现代化问题》，载《中国法学》2001年第3期。

③ 参见余淼、胡夏冰：《日本法官选任制度及启示》，载2014年12月12日《人民法院报》。

级法院更为严格,但我国对此没有作出细致区分。我国法官的专业化水平与法治发达国家相比差距很大。

2.法官的"非审判负担"较为严重

因为近几年来因为社会矛盾的剧增,为了"保民生、保增长、保稳定",本属于政府管理的一些业务也被强制转移给了法院,美名曰"法院服务大局",这些事务最后还是落在法官肩上。因此法官不仅要进行案件的审判,还要抽出时间专门处理这些非审判的业务,这些非审判业务包括两部分:一部分是与审判业务纯粹无关的,例如维稳、涉诉信访、社会综合治理、扶贫帮教和体育比赛等活动;另一部分是本不该由法官来处理却也占用法官精力的程序性业务,包括调查取证、送达、接待当事人和律师、采取保全、安排开庭日期等工作。当前状况下,我国法官每年审理超过150个案子就疲惫不堪,而看国外司法实践,法官人均最多可审理上千个案件,还显得绰绰有余,其中很大的一个原因就在于他们各自配置了两三位法官助理帮助法官处理琐碎事务,从而使得法官能够全身心投入到案件的审判,有效减轻了法官的负担。有研究称,我国一些地方法官从事这些非审判业务的时间大约占工作时间的20%,一些庭长甚至有超过60%的时间用于这些非审判业务。此外我国法院绩效考核存在不合理,很多法院的考核指标不单包括收案数、结案数、结案率,还包括调解率、撤诉率、当庭宣判率,甚至包括卫生、宣传、调研工作方面的考核,这些考核指标明显不合理,违背《法官法》的规定,硬是让法官疲惫于各种检查。

(三)司法资源配置不合理

1.法官员额配置不合理

最高人民法院在《关于加强法官队伍职业化建设的若干意见》中提出,要"在综合考虑中国国情、审判工作量、辖区面积和人口、经济发展水平各种因素的基础上,在现有编制内,合理确定各级人民法院法官员额"。然而目前我国各级法院法官编制的确定仍然主要是以辖区人口基数与案件审理数为标准,很少考虑辖区内人口流动及案件类型等动态情况。从最高法院公布的数据来看,十年来,全国法官人数增长速度严重落后于案件增长速度,特别是在基层法院,由于司法环境不佳,法官荣誉感不强,政治经济待遇不高,缺乏人才吸引力,甚至出现了法官不增反减等现象。在我国发展水平较高的城市地区,外来人口占据很大比例,法院审理的案件很大一部分来自外来人口,而数年来法官员额配置严格以辖区常住人口为准。再者,因为在经济发达地区,诉讼多以民商事案件为主,新类型疑难案件更多,因此审判也更加耗时耗力；而经济落后的地区案件比较单一，以传统纠纷为主，案件的审理工作相对较为简单。因此，经济发达地区对法官的质量和数量都有更加严格的要求。法官员额配置不合理，造成全国各地普遍存在法官忙闲不均的现象，不仅挫伤了一线办案法官的积极性，更是对司法资源的浪费，不利于现代法官制度的构建。

2.法院机构配置不合理

法院作为审判机关，其所进行的活动都要围绕着如何能够更好地行使审判权而进行，即便存在部分非审判部门来处理一些司法政务事务，这些部门也不能成为法院的主导机构。我国历史上形成了司法行政二合一的管理模式，新中国成立后，我国又模仿行政体制建立起了法院系统，所以在这个系统内势必存在内设机构过多过细、法院管理严重行政化的问题。在我国，法院仅审判业务一项，就有刑、民、行政、立案、审监、执行等庭，然后民事审判再分为民一庭、民二庭、民三庭，除了审判部门其还设办公室、研究室、政治处、监察处等非审判部门，这些部门所占的比重普遍在1/3以上，而且几乎每年还在增加。与此对应的审判部门及法官的比重则不断下降，所以在案多面前当然就显得审判机构不足。随着法院层级的升高，部门内设机构变得更多，形成了“一套班子两块牌子”的现象。同时因为法院内部行政化与官僚化问题严重，这些司法政务部门的地位甚至高于法院的审判部门，相对应的就是，这些部门人员的行政级别普遍高于办案法官的行政级别。法官行政级别的晋升要比法官级别的晋升更有吸引力所以优秀的法官通常选择走行政级别晋升道路，因而放弃审判业务并转行到政务管理。不仅如此，在科层化风气较重的法院内部，法官的工作长期受制于院长、庭长的行政命令，这严重扼杀了法官工作的积极性；法官在作出重大裁判前要来回请示庭长、院长甚至审判委员会，虽然在客观上这有利于保证判决的公正性，但也造成了判案效率的低下。时间久了，一线法官群体中普遍形成了荣誉感不强、地位低下的情形，这在客观上又刺激优秀法官纷纷脱离审判部门，加剧了“案多人少”问题。

3.一线办案法官相对不足

通过中国与欧美日等国法官所占人口比例的情况来看，中国法官的总数并不少，但是真正在一线办案的法官并不多，实际情况是全国56%的法官审了90%的案子。再者在我国高行政级别比高法官级别好处更多，所以法官多专注于争取行政职务，根本没有心思来专心断案，案件审判效率就可想而知了。而那些优秀法官成了领导人员后，依然占着法官的编制数额，却很少再办案,大多数时间都用在了处理行政事务。有数据表明,全国基层法院中,不办案的法官,在中部地区占法官总人数的50%左右,在东部地区的基层法院这一比例则在20%左右。加上法官的晋升难度也远远超过其他公务员,因此基层一线法官的流失非常严重。我国法官所占人口比例看似不低,但身处办案一线的法官所占比例实在不高,在应对案件剧增方面显得人员不足。

4.法官提前内退制度

我国的《法官法》没有对法官的退休年龄作出细致规定,只是模糊地写道:“根据审判工作特点,由国家另行规定。”但是实际生活中,法官的退休年龄参照《公务员法》的规定:男满60周岁,女满55周岁。因此,许多法官在50多岁精力旺盛的时候便申请提前退休了。[①] 霍姆斯说:“法律的生命不在于逻辑,而在于经验。”和其他工作相比,法官工作不但要有深厚的法律知识,更要丰富的实践经验。一般而言,法官在60岁时,他的人生阅历会使他对正义判断的处理更加理性。在我国,一个人大学毕业再通过司法考试就任初级法官的年龄在25岁左右,法官开始工作的时间相对其他公务员较晚,如果其在法官岗位服务不满30年,即在50多岁便提前内退实在是对人才资源的浪费。还要看到的是,我国最早对法官及公务员退休年龄进行立法规定的时间是在20世纪90年代中期,当时中国人口,的预期寿命为69.5岁,而在2010年我国人口的预期寿命为74.9岁。[②] 据此,我国应该取消法官提前内退制度,这不仅符合我国人口寿命增长的规律,也是目前世界上大多数国家的通行做法。现在,我国绝大多数法官为50岁以下的中青年,年龄结构严重不合理。此外,年长法官除经验阅历丰富办案技能娴熟外,相比中青年法官,他们的办案思维更加缜密,判决结果更易被当事人接受,这有利于减少当事人的上访、上诉等行为,减轻法院的维稳压力。

执行难也是当前法院工作的难点,其形成的原因既包括宏观原因也包括微观原因。宏观角度来看,当前我国社会急剧转型,尤其是市场经济下市场主体风险意识淡薄,易产生经济纠纷,人们把希望寄托在法院的强制执行上;有关保障执行的法律、法规不完善,特别是对于“要钱没有,要命一条”等诚信缺失行为,法院往往无可奈何;对社会法治、诚信意识的宣传还不到位,

---

① 参见怀效锋:《法院与法官》,法律出版社2006年版,第335页。

② 参见王金营:《1990年以来中国人口寿命水平和死亡模式的再估计》,载《人口研究》2013年第4期。

没有形成成熟的诚信体系，被执行人违背诚信的成本很低；某些地方及部门保护主义严重，不仅不配合执行工作，反而设置障碍，干扰执行工作的正常进行。从微观角度来看，主要原因包括：被执行人采用各种手段与法院软磨硬泡，或是故意躲避执行人员；被执行人千方百计地隐匿、消耗其财产，特别是借助互联网的优势迅速转移资产；协助执行人不配合，很多时候协助执行人甚至给被执行人通风报信，与其恶意串通隐匿财产；执行法官办案程序僵化，特别是在查找财产环节手段单一、人力物力严重不足，其信息化能力和应对“老赖”的能力需要继续加强。

（四）应对“案多人少”传统实践之不足

应对“案多人少”的方案无非为三类：减少案源，包括提高诉讼费、实行繁简分流、完善非诉纠纷解决机制；建议延长法官退休年龄，扩充一线法官数量；提高科技资源的应用程度，统筹法官资源配置，加强法官职业能力建设。这些措施都有很强的针对性，对缓解“案多人少”能起到一定的作用，但是某些应对措施也显露出其不足。

1. 增加法官编制

有很多人会觉得，既然法官不够用，招纳更多的法官就可以增强审判力量。这一招式看似简单又见效快，也曾有许多法院通过增加法官编制来缓解“案多人少”问题，但时间一长其弊端就显露出来，还是不能有效解决问题。我们再看外国的情况，即使是发达国家应对“诉讼爆炸”时也没有通过增加法官编制来解决问题的。为此，苏力解释道：“只要是管理，就要有组织，有层级（显著的和隐秘的），就有决策和执行（领导与服从）的问题，而任何机构只要人员增加了，即使只是想增加干活的人，其副产品之一也会是科层制的增强。”[①]法院增加法官，势必需要有人来管理，这就又会从法官中分化出了不办案的管理阶层，因此依靠法院单纯增加法官数量对缓解“案多人少”没有大多帮助。同时“三个和尚没水喝”的故事也在告诉我们，人与人的合作不是单纯的人力相加，其情况微妙甚至复杂，因为人不是静止的，更像方向各异的能，相互推动时，自然事半功倍；相互抵触时，则一事无成。法官人数增多反而容易导致互相推诿，增加不必要的内耗，导致审判效率不增反降。最后也是最主要的，我国的法官数量并不少，只是很多法官“忙闲不均”浪费了司法资源而已，在当前我国的司法环境下，通过增加法官编制来扩充

① 苏力：《审判管理与社会管理——法院如何有效回应“案多人少”》，载《中国法学》2010 年第 6 期。

审判资源的办法笔者是否定的。

2.寄希望于非诉纠纷解决机制

不可否认的是,近年来法院案件急剧增长的主要内因是因为民商事纠纷不能在诉前有效化解掉,而执行案件自动履行与执行和解率又不高(2013年自动履行、执行和解占执行结案的52.6%,强制执行的占26.26%)①,才导致纷争诉诸法院。而非诉纠纷解决机制因为其简便快捷,避免人际关系的破裂,让当事人在融洽关系中结案了事,对化解社会矛盾起了重要的作用。但是如果寄希望于这个机制来缓解法院压力,恐怕将要事与愿违。我们知道"案多人少"出现的一个原因是因为中国由传统熟人社会向陌生人社会转变,不可避免地加剧人际不信任与紧张状态,而这种不信任状态在经济发达地区更为严重。不难发现调解与和解更适合于熟人群体间的纠纷,因此对于社会形态日益向陌生人社会转变,调解与和解的作用就缩水了。在这个陌生人社会中,单纯依靠人际间私力救济是远远不够的,"必须有相当复杂和完备的实体法体系和程序法制度才能应对经济社会发展的需要"②。不然的话,社会为何会从依赖基层调解与和解的构造中诞生出了法院。同时调解与和解因为其高效灵活备受推崇,但往往会是以牺牲公平正义为代价的,过度依赖这一机制很可能导致"廉价正义",比如当事人因为妥协使自己利益无法全部实现,它的不公开性以及过分追求合情合理,可能导致当事人的合意走向极端。"对一些民事纠纷强迫性的调解削弱了人们的权利意识,对'忍让'的过分赞誉也难免有诱导人们放弃权利的嫌疑"。③ 对于行政裁决来解决民事纠纷,在我国也存在几个问题:授权行为不规范甚至混乱;裁决程序不统一;裁决主体专业化水平较低;某些确权裁决一旦经过复议便不能诉讼。而对于仲裁,它主要针对民商事财产纠纷,还要求提前达成仲裁条款,所以仲裁能发挥的作用很有限。同时,我国的仲裁机构只能设置在一些大中城市,因此它对大部分基层地区的纠纷解决显得苍白无力。

五、如何有效回应"案多人少"

缓解"案多人少"无非是这三种模式:减少司法需求;加大司法供给;或

---

① 参见佟季:《2013年全国法院审理各类案件情况》,载《人民司法》2014年第5期。

② 彭世忠:《能动司法视野下民事调解改革的径向选择——对某些地方法院追求"零判决"现象的反思》,载《暨南学报》(哲学社会科学版)2011年第1期。

③ 曾宪义:《关于中国传统调解制度的若干问题研究》,载《中国法学》2009年第4期。

者提高司法效率。第一种模式旨在通过增加纠纷诉诸法院的适用成本，拓展解决纠纷的多元渠道来抑制不合理的诉讼需求；第二种模式是通过增加社会中法律资源的投入，从而满足社会对诉讼的需求；第三种模式旨在保持法律适用成本与诉讼总量不变的情况下，通过优化法律适用机制，从而提高适用效率。

（一）出台《强制执行法》

这三个模式中，通过增加法院员额来加大司法供给已经证明行不通，但是针对判决执行难的问题，尽快完善有关执行工作的法律规定却显得很有必要。从实践中看，我国执行难的重要原因就是强制执行立法不完善。我国并没有单独的《强制执行法》，有关强制执行的规定几乎是“附带”于《民事诉讼法》中，与德国、美国、英国等国都为混合制定模式。但我们的司法传统一直“重诉讼轻执行”，诉讼与执行合二为一，有关强制执行的法条地位极其尴尬——只有35个法条，且规定笼统，内容不健全，除了给当事人钻法律漏洞的机会，也造成执行人员职责不明确的痼疾。例如《民事诉讼法》规定，法院在执行程序中，有权冻结、划拨被执行人的存汇款，或者扣押、变卖被执行人履行义务内的财产，但如果当事人转移、挥霍了作为执行标的财产，人民法院则无能为力。另外，纵观大陆法系的许多国家包括法国、日本、俄罗斯、韩国的强制执行法，都呈现出由混合制定模式向单独制定模式转变的趋势，即强制执行法从民事诉讼法中分离，单独立法。必须考虑到强制执行权其本质是司法强制权，其操作程序是非诉程序，强制执行权与审判权二者差异很大，具有不同的属性。所以，在当前我国“审判权和执行权貌合而神离情况下，它们之间可以共享的原理性的立法资源已极度稀薄，我们不能将他们依然合在一起强加规范”[①]。我国应该顺应时代的发展，单独制定强制执行法，以期待能够尽量消解执行难在立法层面的成因。

通过另外两种模式——减少进入诉讼的案件量和提高司法效率，来缓解“案多人少”，笔者非常赞同。十八届四中全会提出，“推进法治专门队伍正规化、专业化、职业化，提高职业素养和专业水平”；“健全社会矛盾纠纷预防化解机制，完善调解、仲裁、行政裁决、行政复议、诉讼等有机衔接、相互协调的多元化纠纷解决机制”；“优化司法职权配置，完善司法体制”。[②] 可以看出，中央提出的改革构想与我们提出的解决措施相一致，证明我们的思路

① 汤维建：《应单独制定我国的强制执行法》，载《人民检察》2011年第7期。

② 《中共中央关于全面推进依法治国若干重大问题的决定》，2014年10月23日。

也许是可行的。

(二)减少不合理的司法需求

1. 适当提高诉讼费

提高诉讼费旨在减少矛盾纠纷转化成案件的比例,可以通过提高诉讼费来优化非诉纠纷解决机制。我们发现,在2007年和2008年,诉讼案件突然急剧增长。分析原因发现,2007年4月,新的诉讼费用缴纳办法生效。2008年,案件继续飞增,是因为劳动合同法生效,当年劳动纠纷就增加了一倍。笔者做了一个计算,一个标的为1万元的普通财产案件按照旧诉讼费缴纳规定,要预交120元诉讼费[①];如果申请法院执行,还需要另预交10～50元不等的执行费。而按照新办法的规定,以上行为只需缴纳50元诉讼费和50元的执行费,新的缴纳办法最多可以省下41%。[②] 2007年,诉讼费下调,大大刺激了普通民事纠纷——主要是侵权、债务、相邻关系以及财务权属关系,涌入法院。1万块钱相对于普通老百姓可能是半年的收入,而对于一个每年收入30万元的富人来说,显得有些微不足道,所以富人不会轻易因为1万元的纠纷去折腾法院。但是也必须看到,我们的社会阶层呈金字塔状分布,终究是中下层老百姓占据人口大多数,所以他们会为了这1万元不惜打官司。因此,这次诉讼费降低,普通民事案件立刻多了起来。

还有一个支持提高诉讼费来缓解“案多人少”的理由是,诉讼费也要随着居民收入增长而增长。交诉讼费的目的一方面是遏制恶意诉讼,另一方面资助法官办案经费。1984年,《民事诉讼收费办法(试行)》出台,当时人均GDP不到千元,而2007年新的缴费办法施行的时候,人均GDP为两万余元。物价要与社会发展水平相适应,诉讼费也只能是增加而不能是在减少。不可否认,在此以前法院办案压力还不至于那么大,后来响应“司法为民”的主张,劳动合同案件竟然一分钱也不收。诉讼费大幅度降低,法院管理也有了革新,不少法院还主动开放案源,当事人就倾向找法院。试想如果打个官司要花很多钱、还要排很长的队伍,还会有多少人会为了细小的纠纷上法院?所以提高诉讼费就是要适当提高当事人的成本,从而缓解当下法

① 按照1984年通过的《民事诉讼收费办法(试行)》,对于财产案件按照争议财产的价额或金额收费,不满千元的,每件收30元;超过1000～50000元的,其超过部分按1%收费;申请人应当预交申请执行费10～50元。

② 2007年生效的《诉讼费缴纳办法》规定,财产案件根据请求,不超过1万元的,每件交纳50元;执行金额或者价额不超过1万元的,每件交纳50元。

院的压力。

2.完善人民调解制度

完善多元化的纠纷解决机制,重点在于完善我国的人民调解制度。调解制度根植中国,历史悠久发展成熟,因此要让这个优良传统重新复苏,从而使琐碎纠纷在基层有效化解掉。我们知道,调解更适用于熟人、基层社会,起到比诉讼更好的效果——不仅便捷高效,还可以稳定人际关系。基层社会的纠纷种类单一常见,也是近几年新增案件的主要来源,所以调解起到举一反三的效果也非常明显,即便没有多少法律经验的人根据往常思路也能处理好纠纷。因此,“在当代中国社会中,针对目前司法界的现状,适度加强调解,将之扩展到行政纠纷,使各种调解联动,并非只是执政党和司法者在政治意识形态主导下的主观愿望和追求,而必须理解为是在制度层面回应社会相当一部分民众的公共选择”①。

我们看到,2007 年,全国受理调解纠纷为 622 余万件。2008 年受理调解纠纷为 612 万件,2009 调解纠纷 767 万件。2011 年,《人民调解法》生效实施,当年调解纠纷 893 万件。2012 年,调解纠纷 926 万件。② 自开始完善人民调解制度,当年就发挥了很好的作用。这一年,全国受理的调解纠纷总量实现正增长,法院审结案件数量增幅从 11.1%降至 7.2%,此后尽管稍有波动,但可以肯定的是,人民调解的不可替代作用已被重新重视。

在肯定人民调解的成绩时,我们发现,当前我国人民调解制度发展也出现了僵局:2012 年,全国 433 万的人民调解员人均调解两个纠纷,这与当年法官人均结案 63 件严重不成比例。人民调解员业务素质也有待提高,在庞大的人民调解队伍中,具有高中以上文化水平的只占总数 58.6%③,许多调解员习惯依靠权威与道德教化来解决纠纷,而不是参照法律,甚至出现了不问是非“两头哄,两边瞒,压住问题就算完”的现象;许多调解组织涣散,运行困难。针对上述问题只要做到以下几点,相信人民调解工作就会有很大改善:完善人民调解委员会的组织形式,特别是保持其群众自治组织的性质,

---

① 苏力:《审判管理与社会管理——法院如何有效回应“案多人少”》,载《中国法学》2010 年第 6 期。

② 参见袁兆春、刘同战:《人民调解制度的革新》,载《法学论坛》2009 年第 5 期;参见《司法部基层工作指导司:人民调解工作》,http://www.zgg.org.cn/zhtbd_5658/2014zbgzf/jxqzlxfwmsg-zdx/201403/t20140324_430239.html,访问日期为 2015 年 1 月 11 日。

③ 参见赵阳、曾敏:《全国有人民调解组织 81.1 万个》,载 2012 年 10 月 31 日《法制日报》。

明确司法部门对调解工作的指导界限;提高人民调解员的整体素质,可以参照法官级别划分的办法将人民调解员分为不同的等级,并予以物质鼓励,刺激人民调解员提高业务素质;适当财政拨款,可以将法院因人民调解分流而减少的办案经费转移给人民调解组织,保障调解组织的健康运行;鉴于调解的纠纷类型传统常见,司法行政部门可以学习最高人民法院发布的一些"指导性案例",这样既规范类似纠纷的处理,也提高了调解效率。

以上这两种问题的解决思路都是基于减少司法需求,这样可以缓解"案多"的困扰。另外,还要通过整合资源配置,加大投入、产出效率——核心是提高司法资源利用率。笔者认为,在当前司法环境下,通过司法效率的提高来解决法院"案多人少"的问题,是最为可行的。提高司法效率的核心是改革当前的人事管理体制,特别是对法官制度加以改革,以求推动审判管理和司法政务管理改革,形成相互促进的良性循环,从而实现我国的法院体制高效、高质运行。

(三)优化法院内部,提高办案效率

人事管理、司法政务管理和审判管理构成了法院的三大管理,人事管理就是通过科学的方法、正确的用人原则和合理的管理制度,调整人与人、人与事、人与组织的关系。因此,法院人事管理的对象不仅包括法官群体,还有司法辅助群体和司法政务群体。但笔者认为,要改革以法官管理为核心的人事管理体制,将法官人事管理改革放在法院改革工作的重心,应基于以下考虑:审判工作的组织、运行、协调等,具体都是由法官来从事的,法官能动性发挥的好坏直接影响着审判工作的推进。回顾历史上的三次人民法院改革纲要,对于认识问题、厘清解决思路,是很有必要的。1999 年开始的"一五"纲要"显示了当时中国推进司法职业化的决心,但是十年之后重新回顾纲要提出的目标,不难看出,总体上并未实现,而且前景不甚明朗"[①]。"三五"纲要强调"司法民主化"与"司法大众化",却违背了司法的保守性、专业性、确定性,有很多学者甚至认为"三五"纲要相比"一五"纲要是一个严重的倒退。[②] 按照最高人民法院的规划,这次《"四五"纲要》将"建立符合司法职业特点的法院人员管理制度作为重要抓手;坚持以法官为中心、以服务审

① 张千帆:《转型中的人民法院——中国司法改革回顾与展望》,载《国家检察官学院学报》2010 年第 3 期。

② 参见杨子云等:《司法改革须遵循历史规律》,载《中国改革》2009 年第 5 期。

判工作为重心的法院人员管理制度”。① 与前三个改革纲要相比，这次《“四五”纲要》突出的特点是将“深化法院人事管理改革”放在了首位，可见高层也意识历次法院改革效果不甚明显的原因了——过分强调审判管理体制改革，忽视人事改革，尤其是法官人事管理改革。

笔者认为，法官人事管理就是试图通过建立一种模式，从而调整法官之间、法官与案件之间、法官与法院之间的关系，谋求对法官人员的体力、心力和智力的最适当利用与最高发挥。关于为什么要强调深化法官人事管理改革，笔者不再赘述。总结一下：法官并不少、法官不办案、法官做行政、法官执行难和法官忙闲不均，用法言法语概括就是法官的职业化、精英化、专业化程度低。笔者认为，法官人事管理改革应该以推行法官员额制度和法官助理制度为突破口。最高人民法院提出要在“在综合考虑中国国情、审判工作量、辖区面积和人口、经济发展水平各种因素的基础上，在现有编制内，合理确定各级人民法院法官员额”②。其具体内容还包括辖区法官数量的确定、法官的遴选与晋升、法官的职业保障等。而完善法官助理制度的意义在于减少法官亲自处理一些辅助的、程序性事务的负担，包括协助法律研究、起草法律文书以及其他有关案件准备和案件管理的辅助工作，从而有助于法官全力投入到案件的审判，提高审判效率。

1. 推行法官员额制度

针对法官总量并不少，但法官忙闲不均的问题，笔者认为，有必要改变我国长久以来主要以辖区常住人口数确定法官数量的做法。一组数据能帮助我们更好地分析该问题：河南作为人口第一大省，但 2013 年，全省三级法院一共审结案件 59.7 万件；而江苏省人口有 7000 多万，但其审结案件数几乎是河南省的两倍(除了江苏经济发达外，还有一个原因是外来人员较多)。因为发达地区群体结构混杂，也会更多涉及外来人口的诉讼，所以首先要考虑辖区总人口数(因为一般而言，人口越多涉及的纠纷就越多)，特别是考虑流动人口数来对法官员额重新编制。其次要考虑法院审判量，因地制宜地确定辖区法官编制总量。不难得出结论，发达地区的民商事案件多、疑难杂案多，对于案件执行起来也更加困难，所以确定辖区法官数量时候，要更灵活编制民庭和执行庭的法官数量，以求能灵活适应形势的变化；加强法官的职业化建设，特别是推行法官管理的去行政化，让法官专职办案。不同级别

① 最高人民法院：《人民法院第四个五年改革纲要(2014—2018)》，2014 年 7 月 9 日。

② 最高人民法院：《关于加强法官队伍职业化建设的若干意见》，2002 年 7 月 18 日。

的法官间破除行政化的隶属关系，有助于法官不被内部干扰，从此“法官除了法律之外，没有别的上司”，专心独立办案。此外，撤除各类臃肿复杂的内设机构，改善法院不良风气，杜绝某些机构人浮于事的作风；完善法官的职业保障，适度提高法官的待遇，减少一线法官流失。要让法官的待遇和保障不能低于其他公务人员——关键是破除法官晋升、待遇与行政级别挂钩制度；适度提高法官退休年龄，特别是破除我国特有的“内退制度”，这样不仅印证“法律的生命不在于逻辑，而在于经验”，也有利于缓解老龄化所面临的养老金支付危机；针对法官专业化不足而导致司法效率低、公信力不高的问题，我国应该提高从事法官职业的门槛，严格要求法官从具有实践经验的法律群体中选拔。

2.完善法官助理制度

在建立法官员额制度基础上逐步完善法官助理制度——防止“大跃进”，不要匆忙从社会招纳过多法官助理，因为那样会增大财政负担，也容易再次重演“三个和尚没水喝”的苦恼。我们先循序渐进，可以首先通过法院内部消化的方式来填补法官助理的空缺。考虑到我国在推行法官员额制度时，势必会加强法官精英化建设。精简臃肿内设机构，将占据法官编制却不办案的人员淘汰出法官队伍，这就必然会节省出更多的人力资源。可以考虑将这些被精简出来的人员同一线法官人员一起遴选，遴选出的人员就地入职法官，没有被遴选出的人员则从事法官助理工作，进行法官团队“1+1+1”模式(1名法官、1名法官助理、1名书记员)建设，使得基层法院法官和司法辅助人员达到1∶2。有新闻报道，江阴、柳南、佛山禅城区等法院推行这样的模式，取得了很好的效果。不过也有学者担忧，“按照这样的分流方式，曾经具有审判资格的落选法官若想继续留在法院工作，要么得转到非审判工作岗位，要么就得成为法官的助理，导致人心不稳的改革危机”①。这样的担心并不是多余的，很有可能会出现这样的现象：曾经在审判岗位上工作多年的法官，与新进法院的同事一样，同起点地成为法官的助理，这会挫伤他们的积极性。不过，我们可以考虑对这类曾经是法官的助理人员提高其待遇，在下次法院招录法官时候优先从他们之间考虑。

---

① 詹建红：《法官编制的确定与司法辅助人员的设置——以基层法院的改革为中心》，载《法商研究》2006年第1期。

结语

"案多人少"日益成为当下社会的一个普遍问题，必然和人们法制观念变化、经济社会转型有着密切的联系，但也正是在这个大背景下，让我们忽略了"案多人少"问题的根源。十多年来，法治环境的不进反退也证实了致力于改善法院人财物供给和审判管理方式改革，对于缓解"案多人少"终究是治标而不治本，特别是当下各地法院的司法潜能几乎已经释放完毕。

因为调研结果的偶然性过大，中国各地形态百千，而"案多人少"又是各地法院正普遍面临的一个难题，所以笔者只是尽力以法院内部优化为视角来描述出这个问题的轮廓，许多更为深层次的问题笔者没有进行过多探讨。"案多人少"对于法院不仅是压力，也可以是创新的动力。当前法院改革几已进入深水区，如果不能对法院内部进行优化，探求法院内部资源的合理重置，我们努力追求的创新审判管理与提高司法质效可能只是徒劳。

Definition and Response to the Problem of "Many Cases but Few Judges"

—From the Perspective of Optimization within the Court

Feng Zhang

Abstract The problem of "Many Cases but Few Judges" has restricted the development of rule of law in China, and this problem is regional and centralized. One Judge handles 150 cases per year, which can be the standard to identify the problem. Many factors have contributed to the problem, including the larger judicial demands, the less judicial resources and lower judicial efficiency. Relying on increasing the judges and adopting the alternative dispute resolution(ADR) to solve this problem are not enough, so we should consider the optimization within the court, and practice the system that including the judge assistant and judge personnel. In addition to these measures, by controlling the unreasonable judicial demands, enact the Compulsory Administrative Law, the court can cope with this heavy workload better. Then we can improve the efficiency and quality of the judgment, and maintain the judicial authority and credibility.

Keywords the basic court; many cases but few judges; definition; optimization

论新《刑事诉讼法》传闻证据的采纳

——以英国上诉案件判决理由为基础对两种审判逻辑的思考

李亚凝*

内容摘要　证人出庭率偏低是我国在传闻证据采信方面的一大阻碍。作为积极吸收《欧洲人权公约》以及欧洲人权法院判例的英国司法系统，其经验融合了整个欧洲大陆的智慧。对于传闻证据采信这种同质性问题，其经验存在被我国借鉴的可行性。本文基于欧洲人权法院判例的逻辑结构与英国法院自身审判的逻辑结构，通过对三个上诉理由基本相同，并且上诉于同一法院的案例进行对比分析，从而获得对其合理性的考量。进而结合我国国情，对于借鉴其经验作出可行性分析。

关键词　传闻证据；Al-Khawaja and Tahery v. United Kingdom 案；欧洲人权公约；审判逻辑；程序整体公正

一、问题之提出

证据的审查认定包含两层含义：其一是审查证据能力，确认其是否可以进入诉讼；其二是审查证明效力，确认其是否可以作为定案的根据。前者被称为证据的采纳；后者被称为证据的采信。①

证人出庭作证对于查明案情、核实证据以及正确判决具有重要作用。在我国的司法实践中，证人、鉴定人应当出庭作证而不出庭的问题比较突出，极大地影响了审判的公正性，比如近年来出现的"羊城集团受贿窝案"

---

*　作者简介：李亚凝，中国民航科学技术研究院（中国民用航空局航空安全技术中心）法规标准研究所助理研究员。

①　参见何家弘：《证据的采纳和采信——从两个"证据规定"的语言问题说起》，载《法学研究》2011 年第 3 期。

等。据学者对于地方法院的调查,在某个审判年度中,证人的平均出庭率低于1%。[①] 证人不出庭,就无法对其所提供的陈述进行有效的质证,这无疑会对刑事诉讼中被告人的指控是否成立产生巨大的影响。因此,与其相关的传闻证据的采信问题就随之凸显出来。

(一)旧《刑事诉讼法》及其司法解释的困惑

旧《刑事诉讼法》第47条规定:"证人证言必须在法庭上经过公诉人、被害人和被告人、辩护人双方讯问、质证,听取各方证人的证言并且经过查实以后,才能作为定案的根据。"第48条规定:"凡是知道案件情况的人,都有作证的义务。"这些原则性的规定随后被《最高人民法院关于执行〈中华人民共和国刑事诉讼法〉若干问题的解释》(以下简称旧《刑诉法解释》)第58条所打破,其规定:"对于出庭作证的证人,必须在法庭上经过公诉人、被害人和被告人、辩护人等双方询问、质证,其证言经过审查确实的,才能作为定案的根据;未出庭证人的证言宣读后经当庭查证属实的,可以作为定案的根据。"

另外,旧《刑诉法解释》第141条作出了更为详细的规定:"证人应当出庭作证。符合下列情形,经人民法院准许的,证人可以不出庭作证:1.未成年人;2.庭审期间身患严重疾病或者行动极为不便的;3.其证言对案件的审判不起直接决定作用的;4.有其他原因的。"此条对于证人出庭作证作出了义务性规定,但是仍然未将是否采信作出明确规定,并且不出庭的理由中的"其他原因"给予不出庭作证更大的合法空间,这也就导致在现实中常常出现证人不出庭作证,大量的传闻证据实际上被采信了的情况。

(二)新《刑事诉讼法》及其司法解释对于传闻证据的规定

传闻证据的采信问题也成为本次《刑事诉讼法》修改的所关注的焦点。其着重对于证人出庭与证人保护作出了如下规定:

1.对证人出庭作出原则性规定

新《刑事诉讼法》继续坚持已有的做法,将第47条改为第59条,修改为:"证人证言必须在法庭上经过公诉人、被害人和被告人、辩护人双方质证并且查实以后,才能作为定案的根据。法庭查明证人有意作伪证或者隐匿

---

① 参见左卫民、马静华:《刑事证人出庭率:一种基于实证研究的理论阐述》,载《中国法学》2005年第6期。

罪证的时候,应当依法处理。”①

2. 对侦检人员出庭作出规定

新法增加了第 187 条:“公诉人、当事人或者辩护人、诉讼代理人对证人证言有异议,且该证人证言对案件定罪量刑有重大影响,人民法院认为证人有必要出庭作证的,证人应当出庭作证。人民警察就其执行职务时目击的犯罪情况作为证人出庭作证,适用前款规定。公诉人、当事人或者辩护人、诉讼代理人对鉴定意见有异议,人民法院认为鉴定人有必要出庭的,鉴定人应当出庭作证。经人民法院通知,鉴定人拒不出庭作证的,鉴定意见不得作为定案的根据。”《公安机关办理刑事案件程序规定》第 68 条强调了侦查人员出庭的问题,其规定:“人民法院认为现有证据材料不能证明证据收集的合法性,通知有关侦查人员或者其他人员出庭说明情况的,有关侦查人员或者其他人员应当出庭。必要时,有关侦查人员或者其他人员也可以要求出庭说明情况。经人民法院通知,人民警察应当就其执行职务时目击的犯罪情况出庭作证。”

新《刑事诉讼法》增加了第 188 条:“经人民法院通知,证人没有正当理由不出庭作证的,人民法院可以强制其到庭,但是被告人的配偶、父母、子女除外。”将第 159 条改为第 192 条,增加一款,作为第二款:“公诉人、当事人和辩护人、诉讼代理人可以申请法庭通知有专门知识的人作为证人出庭,就鉴定人作出的鉴定意见提出意见。”

另外,在《最高人民法院关于适用〈中华人民共和国刑事诉讼法〉的解释》的第 78 条,司法解释作出了有关证人证言前后不一的效力认定,其规定:“证人当庭作出的证言,经控辩双方质证、法庭查证属实的,应当作为定案的根据。证人当庭作出的证言与其庭前证言矛盾,证人能够作出合理解释,并有相关证据印证的,应当采信其庭审证言;不能作出合理解释,而其庭前证言有相关证据印证的,可以采信其庭前证言。经人民法院通知,证人没有正当理由拒绝出庭或者出庭后拒绝作证,法庭对其证言的真实性无法确认的,该证人证言不得作为定案的根据。”

3. 对证人的保护措施

新《刑事诉讼法》增加了第 54 条:“……采用暴力、威胁等非法方法收集

---

① 原条文为:证人证言必须在法庭上经过公诉人、被害人和被告人、辩护人双方讯问、质证,听取各方证人的证言并且经过查实以后,才能作为定案的根据。法庭查明证人有意作伪证或者隐匿罪证的时候,应当依法处理。

的证人证言、被害人陈述，应当予以排除。违反法律规定收集物证、书证，严重影响司法公正的，对该证据应当予以排除。”

新法增加了第 62 条：“对于危害国家安全犯罪、恐怖活动犯罪、黑社会性质的组织犯罪、毒品犯罪等案件，证人、被害人因在诉讼中作证，本人或者其近亲属的人身安全面临危险的，人民法院、人民检察院和公安机关应当采取以下一项或者多项保护措施：(一)不公开真实姓名、住址和工作单位等个人信息；(二)采取不暴露外貌、真实声音等出庭作证措施；(三)禁止特定的人员接触证人、被害人及其近亲属；(四)对人身和住宅采取专门性保护措施；(五)其他必要的保护措施。证人、被害人认为因在诉讼中作证，本人或者其近亲属的人身安全面临危险的，可以向司法机关提出予以保护的申请。”新《人民检察院刑事诉讼规则》的 76 条对此也进行了加强：“……人民检察院依法决定不公开证人、鉴定人、被害人的真实姓名、住址和工作单位等个人信息的，可以在起诉书、询问笔录等法律文书、证据材料中使用化名代替证人、鉴定人、被害人的个人信息。但是应当另行书面说明使用化名的情况并标明密级。人民检察院依法采取保护措施，可以要求有关单位和个人予以配合。对证人及其近亲属进行威胁、侮辱、殴打或者打击报复，构成犯罪或者应当给予治安管理处罚的，人民检察院应当移送公安机关处理；情节轻微的，予以批评教育、训诫。”

新法增加了第 63 条：“证人因履行作证义务而支出的交通、住宿、就餐等费用及误工损失，应当给予补助。对证人作证的补助，列入司法机关业务经费，由同级政府财政予以保障。有工作单位的证人作证，所在单位不得克扣或者变相克扣其工资、奖金及其他福利待遇。”

(三)同质性结构问题下的英国司法理论借鉴

从理论上来讲，法律的适用范围是广泛的，此法条所代表的利益不可避免地要在重叠区域与彼法条产生冲突，即使是惯常解决此问题的立法位阶以及特别法优于一般法的方法，也需要先期对于法律关系的利益作出语境分析，才能使这种解决方案成为可能。所以法条之间的攻防规定并不足以解决刑事诉讼被告人的诉讼权利和证人的诉讼权利之间的利益平衡问题，其只是指向月亮的手指，而非月亮本身。因此，我们亟待解决的问题是在不同语境下如何判定这两种冲突利益的位优。虽然在我国司法制度的性质上仍然存有争议，但是刑事诉讼被告人的诉讼权利和证人的诉讼权利之间的冲突却是一个在各个法系普遍存在的问题。这种问题的普遍性，是我们合理借鉴和采纳域外制度的合理性基础。

由于《欧洲人权公约》(European Convention on Human Rights, ECHR)[①]的通过,其第 6 条中关于公平审判权的规定[②],对于整个欧洲无论大陆法系国家还是英美法系国家此问题的处理都产生了巨大的影响。作为英美法代表的英国积极推动《欧洲人权公约》在本国适用。1998 年的《人权法》(Human Rights Act 1998)第 6 条规定:"任何公共权力部门不得作出与公约所规定的权利相违背的行为,除非这种行为是依据基本法律或者不可避免的与公约规定不一致的非基本法律。"[③]2003 年《刑事司法法》(Criminal Justice Act 2003)的第 11 部分的第 2 章中对于《欧洲人权公约》规定的与传闻证据相关权利进行了吸收。1998 年《人权法》(Human Rights Act 1998)第二条中明确规定:"欧洲人权法院的判决、裁定、声明和咨询意见纳入本国裁判的考虑范围。"[④]这个条文的适用在 Regina v. A(Complainant's Sexual History)案中有所体现。[⑤] 另外,2010 年《刑事程序规则》(Criminal Procedure Rules 2010)中也规定了所谓的"最高目标"。其中规定:"确认被告人的权利,特别是《欧洲人权公约》第 6 条所规定的被告人权利。"[⑥]

---

① 《欧洲人权公约》(European Convention on Human Rights, ECHR)《全名为欧洲保障人权和基本自由公约》(Convention for the Protection of Human Rights and Fundamental Freedoms),为一个保障欧洲人权与基本自由的国际公约。其于 1950 年左右开始起草,其后在欧洲委员会的支持下为欧洲各国所签署,于 1953 年 9 月 3 日正式生效。目前所有欧洲委员会的成员国均为本公约的缔约国之一,且新加入的成员也将被要求批准这个公约。

② 《欧洲人权公约》的 6 条规定了详尽的公平审判权利,包含在合理的时间内,接受独立且公正的法庭公开审理、无罪推定原则以及其他当个人受到刑事控告时所应享有的最低基本权利(有足够的时间及设备可以准备防御的方法、接近诉讼代理人的权利、和证人交互诘问的权利、请求免费翻译员协助的权利)。目前,法院发现违反公约本条最大宗的部分应属民事或刑事程序的诉讼迟延,这违反了本条中"在合理的时间内"受到审判的规定,而这部分的案子多数对象为意大利和法国。而就本条中"独立且公正的法院"之规定,法院曾经认定土耳其国家安全法院的军事审判有违本条之意旨,土耳其已经于其后通过新的法律废除这些法院,以符合公约本条之意旨。其他较为重要的违反应属第 6 条中的"对抗条款"(与证人交互诘问之权利)之违反。就此,可能会被以第 6 条提起诉讼的问题通常出在国内法允许使用传闻证据。

③ Section 6 of Human Rights Act 1998.

④ Section 2 of Human Rights Act 1998.

⑤ Regina v. A (Complainant's Sexual History)[2001]; UKHL25; [2001]Cr. App. R. 21. 本案是牵涉到被告人以往的性生活史是否可以作为证据使用的,被告人以初审法院将此作为证据而侵犯其与《欧洲人权公约》相关权利而上诉。上诉法官认为,如果此证据被排除,则案件整体的公正荡然无存,因此驳回上诉。

⑥ Part1 of Criminal Procedure Rules 2010.

因此,在欧洲一体化的进程中,英国法院有关与《欧洲人权公约》所规定相关权利的判例,不仅仅反映了英美法系的智慧,而且已经包含了大陆法系国家的某些解决方案,或者从某种意义上来讲,英国的判例已经开始在吸收欧洲整体的裁判智慧。

一方面,传闻证据中所隐含的刑事诉讼被告人的诉讼权利和证人的诉讼权利之间的利益平衡问题是一个普遍性的问题,这至少表明了其并不是一个"地方性"的问题;另一方面,正如以上分析所言,英国的判例包含了一个《欧洲人权公约》所设定的普遍解决标准,这种区域标准的一致适用性正在逐渐加强,这就表明了其应对问题的有效性。基于此两方面,笔者从分析英国关于传闻证据的三个判例入手,来对其解决方案作出诠释。在判例选择方面,Regina v. Horncastle and another 案,Regina v. Marquis and another 案和 Regina v. Carter 案都是被告人认为初审法院将传闻证据采纳而侵犯其《欧洲人权公约》第 6 条规定的公平审判权利,特别是第 6 条的第二款的(d)项规定,即被告人直面控方证人的权利。这三个案件上诉于同一法院,并且依据初审法院采纳传闻证据的不同理由而作出了不同的裁判。因此,对于其对比分析,更加可以厘清传闻证据解决的思路,从而为笔者检验是否可以为我国合理吸收该解决方案而奠定基础。

二、英国法中与传闻证据有关的刑事诉讼被告人权利和证人权利的规定

(一)被告人直面控方证人的权利

18 世纪以前,传闻证据仅仅会影响其证明力,而不会影响其是否会被采纳。到 18 世纪,对于传闻证据开始大规模限制;到 19 世纪,传闻证据一般而言不会被采纳。① 但是这也造成了很多不公正的情况,因而在旧的英国法律体系中,我们可以发现排除传闻证据的例外情况。② 英美法系的传统中,一直将刑事被告人直面控方证人的权利放在极其重要的地位 1984 年《警察与刑事证据法》、1998 年《人权法》、2003 年《刑事司法法》、《2010 年刑事程序规则》中皆有列明。

① Gregory Durston, Evidence: Text & Materials, Oxford Press 2011, pp. 234-235.

② J. R. Spencer, Strasbourg and defendants' rights in criminal procedure, *Cambridge Law Journal*, 2011, 70(1), pp. 14-17.

(二)证人的权利

英国关于证人的范畴非常广，在1898年《刑事证据法》(Criminal Evidence Act 2003)中将当事人也纳入证人的范畴之中。2003年《刑事司法法》第44章第116条规定:“在刑事诉讼程序中，如果一项陈述不是在法庭上所作出的口头陈述，那么只有在以下情况下，其才有可能被法庭接受:(1)口头陈述可以被当作与争议事实有关的证据而被采纳;(2)口头陈述人应当满足法庭的要求;(3)在第2项中所列的五种情形为法院所认定的要求。”[①] 在第116条的第2款中分别列举了死亡、健康原因、身处英国以外、失踪和恐惧等五种原因。根据此条文，我们可以发现英国法将传闻证据定义为“未在法庭上作出的口头陈述”，并规定了相关的例外情况。

这种例外的情况，从某种意义上来讲，是对刑事被告人直面控方证人权利的一种限制。而刑事被告人直面控方证人权利是被《欧洲人权公约》所确认的，并且在英国为适用《欧洲人权公约》所制定的1998年《人权法》中有所体现，这就造成了两个条文的代表利益发生冲突。

三、欧洲人权法院对于采信传闻证据的判例

(一)在 Al-Khawaja and Tahery v. United Kingdom 案出现之前欧洲人权法院的判例

一般而言，在涉及关于《欧洲人权公约》权利的案件中，国内法院对于证据的采信具有决定权，而欧洲人权法院所裁量的是案件的整体是否公平。因此，欧洲人权法院所关注的案件整体的公平，就衍生出证人都应当被询问，这就是《欧洲人权公约》所强调的直面证人的权利。但是我们发现，这个权利的来源是案件整体的公平，因此其并不强调证据是否被正确地评估和采纳了，而是着眼于从宏观而言公平是否被实现了。这一理念在 Kostovski v. Netherlands 案[②]中的理由部分有所反映。

所以，《欧洲人权公约》第6条关于公平审判权的规定是一个着眼于宏观的动态体系，如果可以给予被告人相应的对抗措施(Counterbalancing

---

① Section116 of Chapter44 of Criminal Justice Act 2003.

② Kostovski v. Netherlands [1990] 12 E. H. R. R. 434. 此案的起因是荷兰法院依据一个匿名证人的陈述判决 Kostovski 有罪，这名证人的陈述由警方收集制作，但是无论是 Kostovski 还是他的律师都没有机会对于证人进行询问，法院给出的理由是保护证人的匿名性。欧洲人权法院认为，这种行为侵犯了《欧洲人权公约》赋予被告人的权利。

Measure)，传闻证据的缺陷也可以被弥补。这种观点在 Kostovski v. Netherlands 案和 Unterpertinger v. Austria 案[①]的判决理由中均有所反映。

由此可以看出，证人基于合理的理由可以不出庭，根据欧洲人权法院的判例所得出的合理理由有：(1)死亡，这在 Ferrantelli v. Italy 案[②]中有所反映；(2)疾病，这在 Trivedi v. United Kingdom 案[③]中有所反映；(3)对于来自于被告或者其他人报复的恐惧，这在 Doorson v. Netherlands 案[④]中有所反映；(4)证人失踪，这在 Artner v. Austria 案[⑤]中有所反映；(5)不适宜出庭的证人，比如儿童，这在 SN v. Sweden 案[⑥]中有所反映。

当然，需要有一个标准来判断这种理由合理，欧洲人权法院在 Van Mechelen v. Netherlands 案[⑦]的理由中给出了两个标准：(1)作出陈述的环境；(2)证人不出庭的原因。

另外，是否给予被告人足够的对抗措施也是重要的指标早期法院采信传闻证据之前，一般会看一下是否有其他证据可以证明整体的程序是不公正的，如果没有，那么不管这项传闻证据是否是单独的或者是起决定性的作用，采信行为都不会因此而侵犯到《欧洲人权公约》赋予被告人的权利。

在 Doorson v. Netherlands 案之前，法院一般认为如果传闻证据的可靠性有保证，或者已经给予了被告人充分的对抗措施的话，那么对于传闻证据的采信就是公正的。此时的逻辑结构是：

如果法庭正确地评估了证据的可靠性，或者当事人给予了充分的对抗措施(不考虑是否达到独立或者决定程度)。

因此对于传闻证据的采信是正确的。

在 Doorson v. Netherlands 案中，给予被告人的平衡措施是证人在审判的早期阶段由调查法官进行询问，而不是由被告人一方进行询问。因此

---

① Unterpertinger v. Austria [1991]13 E. H. R. R. 175. 此案的起因是奥地利法院根据 Unterpertinger 的前妻和继女所提供的陈述判决其有罪，但是 Unterpertinger 的前妻和继女却拒绝出庭。欧洲人权法院认为，这种行为侵犯了《欧洲人权公约》赋予被告人的权利。

② Ferrantelli v. Italy [1997] 23 E. H. R. R. 288.

③ Trivedi v. United Kingdom[1997]E. H. R. L. R. 521.

④ Doorson v. Netherlands[1996] 22 E. H. R. R. 330.

⑤ Artner v. Austria[1993]ECHR 55.

⑥ SN v. Sweden [2002] 39 E. H. R. R. 304.

⑦ Van Mechelen v. Netherlands[1998] 25 E. H. R. R. 647.

此案认为,如果证据仅仅是用以定案的部分依据时,则不需要对抗措施。[①]这里首次出现了"单独的,或者决定性的作用"的表述。在此案中,法官认为此案的证据对于定罪并非是"单独的,或者决定性的作用",而且法庭正确地评估了证据,因此被告人的权利并没有被侵犯。其后的 Van Mechelen v. The Nertherland 案、[②]Luca v. Italy 案、[③]Visser v. The Nertherland 案[④]和 Birutis v. Lithuania 案[⑤]对于 Doorson v. Netherlands 案的判决理由都进行了采纳。作为 Al-Khawaja and Tahery v. United Kingdom 案出现之前最为重要的一个判例,我们可以发现 Doorson v. Netherlands 案给出的逻辑结构是:

如果法庭采纳的传闻证据在定罪过程中没有达到"单独的,或者决定性的作用";

并且,法庭正确的评估了证据的可靠性,认为证据可以采信或者给予了被告人以充分的对抗措施。

因此,传闻证据的采信是正确的。

(二)Al-Khawaja and Tahery v. United Kingdom 案的理由构成

1. 2010 年,欧洲人权法院对于 Al-Khawaja and Tahery v. United Kingdom 案的观点

对于提供者死亡的情况,目前可以参照适用的是 Al-Khawaja and Tahery v. United Kingdom 案[⑥],Al-Khawaja 是一名顾问医生(consultant physician),被指控在为两名女性患者进行催眠的时候进行猥亵(indecent assault),其中一名女性患者在留下陈述后就死亡了,法庭不顾 Al-Khawaja 的反对,采信了该陈述,并依此判决 Al-Khawaja 有罪。Al-Khawaja 以法庭

---

① 在 Ferrantelli v. Italy 案中,存有疑问的证据是共犯提供的,这份陈述暗指被告人,但是这个共犯在被警察询问之后就死亡了。法院的采信传闻证据并没有侵犯到被告人的权益,因为其他证据对案件进行了证明,使得这种承认没有侵犯到被告人的权利。

② Van Mechelen v. The Nertherland[1998]25E. H. R. R. 647.

③ Luca v. Italy(2003)36E. H. R. R. 46.

④ Visser v. The Nertherland[2002]ECHR108.

⑤ Birutis v. Lithuania[2002]ECHR349.

⑥ Al-Khawaja and Tahery v. United Kingdom [2009] 1 E. H. R. R. 49. 这个判例中包含了 Al-Khawaja 和 Tahery 是两个没有关联的案件中的上诉人,却同时被认为对于法庭采信传闻证据,侵犯了《欧洲人权公约》赋予其的权利。Al-Khawaja 案中所标明的是提供者死亡的陈述被采信为证据的情况;而 Tahery 案中所表明的是提供者恐惧而不出庭的陈述作为证据被采信的情况。

采信传闻证据侵犯了《欧洲人权公约》赋予其的权利为由向欧洲人权法院状告英国政府。

欧洲人权法院认为，英国法院所据以采信的传闻证据对于判决Al-Khawaja有罪起到了“单独的，或者决定性的作用”，并且英国法院所给予Al-Khawaja的对抗手段不足，因此这相当于采用了“单独的，或者决定性的作用”的证据，而不给被告人以质证的权利，因此欧洲人权法院采用了Luca v. Italy案的判决意见，支持了Al-Khawaja的主张。

值得注意的是，在本案中，欧洲人权法院第一次指出，《欧洲人权公约》第6条的规定是被告人的基本权利，必须予以保障，而不是仅仅纳入参考的一个因素。这相当于把《欧洲人权公约》第6条的规定列为一项强制性的规定。

在Al-Khawaja and Tahery v. United Kingdom案中，我们可以发现这样的逻辑结构：

如果法庭采纳的传闻证据在定罪过程中达到“单独的，或者决定性的作用”；

并且，法庭没有给予被告人“足够的对抗措施”[《欧洲人权公约》第6条第3款(d)的规定上升为一个绝对的规则]。

那么，被告人在面临指控证据的时候，就不能充分地进行质证，《欧洲人权公约》赋予其的公平审判的权利就遭到了践踏。

因此，此类传闻证据不能采信。

2. 2011年，欧洲人权法院法官大会对于Al-Khawaja and Tahery v. United Kingdom案的观点

英国政府将此案上诉到法官大会(Grand Chamber)。法官大会于2011年12月15日作出决定，认为如果满足“充分不出庭的理由”和“被告人给予了足够的对抗措施”，则传闻证据是可以采信的，并且在决定中写道：“The Court therefore concludes that, where a hearsay statement is the sole or decisive evidence against a defendant, its admission as evidence will not automatically result in a breach of Article 6 § 1.”这相当于将2009年认为《欧洲人权公约》第6条具有绝对性的观点打破。①

但是，法官大会的此次决定仅仅认为上诉人Al-Khawaja获得了“审判

① J. R. Spencer, Hearsay evidence at Strasbourg: a further skirmish, or the final round? A comment on Al-Khawaja and Tahery v. UK in the Grand Chamber, *Archbold Review*, 2012, 1, pp. 5-8.

公正”,其案中对于传闻证据的采信是正确的;不认为上诉人 Tahery 获得了“审判公正”,其案中对于传闻证据的采信是不正确的。[①]

值得注意的是,英国法院在审判 Regina v. Horncastle and another 案、Regina v. Marquis and another 案和 Regina v. Carter 案时,法官大会对于 Al-Khawaja and Tahery v. United Kingdom 案的观点并未出台。其判决采用了与 2010 年欧洲人权法院对于 Al-Khawaja and Tahery v. United Kingdom 案(2009 年意见)的观点完全不同的一种逻辑结构。

初步看来,上述两种逻辑结构似乎并没有太大差异。笔者将采用上述总结出来的两个逻辑结构来对以下三个案例进行对比分析。将 Al-Khawaja and Tahery v. United Kingdom 案出现之前的审判逻辑称之为 A 结构,将 Al-Khawaja and Tahery v. United Kingdom 案(2009 年意见)采用的审判逻辑称之为 B 结构。

四、Regina v. Horncastle and another 案[②](两种方法进行对比测试)

(一)案情

2005 年 5 月 7 日下午,被害人 Peter Rice 在其家中(一个公寓的 9 号房间)和他的三个朋友 Michael Broderick、Burns 和 Murphy 一起喝酒,他们一共喝了至少 3 升苹果酒。随后 Burns 和 Murphy 出去了,回来的时候,带回来一台电视机和组合音响,Peter Rice 借口过几天会有儿童来这里,建议他们带走这些东西。傍晚时分,Michael Broderick、Burns 和 Murphy 离开了 Peter Rice 家。过了一会儿,Peter Rice 听到有人敲门,他一开门,三个男人就将其打翻在地,并对其进行了殴打,造成了严重的伤害。

另外,被告人 Horncastle、Blackmore 和 Daord 喝了一天酒后,在21:30左右,去 Daord 的家中去取大麻。这时 Daord 发现自己的住处被偷了(Burns 和 Murphy 已经另案承认了盗窃 Daord 家的罪行),因此其请求 Horncastle 和 Blackmore 一起去寻回财物。然后他们到了 Peter Rice 的家中取得了被盗窃的财物。

案件的争议点在于:Horncastle、Blackmore 和 Daord 是否就是将 Peter Rice 打致重伤的那三个人?

---

① Jane Elliott-Kelly, Al-Khawaja and Tahery v. United Kingdom, *European Human Rights Law Review*, 2012, 1, pp. 81-87.

② Regina v. Horncastle and Others [2009] UKSC 14.

1. 被害人 Peter Rice 所提供的陈述

被害人 Peter Rice 于 2005 年 6 月提供了关于案件的陈述后，于 2006 年 7 月 23 日逝于与饮酒相关的疾病。Peter Rice 回忆：

> 在开门之后，一个身高 6 英尺 3 英寸的强壮男人开始殴打他。这个殴打他的人的年龄在 34～35 岁之间，有一头浅褐色头发，并且脸上有刺青和胡楂。然后一个拄拐杖的人也加入了殴打（这个人被指认为是住在公寓 4 层的 Daord），紧接着第三个人也开始殴打。他们把他拖到了卧室，这时三个人看到了失窃的电视，因此更加疯狂地殴打 Peter Rice。

2. 被告人 Horncastle、Blackmore 和 Daord 提供的陈述

Horncastle 回忆道：

> 我接受 Daord 取回财物的请求后就到了 Peter Rice 家，协助取回了失窃的财物。在此过程中，我并没有看到殴打和血。

值得注意的是，Horncastle 洗了自己那天穿着的衣服。

Blackmore 回忆道：

> 其接受 Daord 取回财物的请求后，就到了 Peter Rice 家，发现 Peter Rice 浑身是血，像是遭受了什么袭击。

值得注意的是，Blackmore 也洗了自己那天穿着的衣服。

Daord 承认了自己的罪行。

3. 法院的判决

一审法院（刑事法院 Crown Court）将被害人 Peter Rice 所提供的陈述作为证据使用，依据 1861 年《人身伤害法》（Offences against the Person Act 1861）第 18 条的规定，判处 Horncastle、Blackmore 和 Daord 三人有罪。

Horncastle 和 Blackmore 以《1984 年警察与刑事证据法》（Police and Criminal Evidence Act 1984）第 78 条的规定，认为一审法院采纳传闻证据侵犯了其公平审判权而提出上诉。二人认为是 Murphy 对被害人 Peter Rice 造成了伤害，有 Mark Jones 的陈述为证。

上诉法院认为，一审法院虽然将被害人 Peter Rice 所提供的陈述作为证据使用，但是已经给予了上诉人充分的对抗措施，并且依据其他证据足可

以反映出传闻证据的可靠性以此为由,驳回了上诉。[①]

(二)对 Regina v. Horncastle and another 案的分析

1. 上诉法院的判决

上诉法院认为,在 Regina v. Horncastle and another 案中,明确地拒绝适用 Al-Khawaja and Tahery v. United Kingdom 案(2009 年意见)。其认为虽然有其他证据存在,但是第一审法院的判决理由并不是基于其他证据[②],因此被害人 Peter Rice 的陈述已经达到了"单独的,或者决定性的作用"。但是法官已经给予了陪审团必要的指示,比如说明被害人 Peter Rice 的陈述所具有的种种缺陷,并且被告人也获得了充分的对抗措施,比如获得了被害人 Peter Rice 的医疗信息对于其陈述进行对抗。

2. A 结构下的 Regina v. Horncastle and another 案

A 结构的原型为:

如果法庭采纳的传闻证据在定罪过程中没有达到"单独的,或者决定性的作用";

法庭正确的评估了证据的可靠性,并且认为证据可以采信。

因此,不需要对抗措施,对于传闻证据的采信是正确的。

按照 Al-Khawaja and Tahery v. United Kingdom 案(2010 年的意见)出现之前程序整体公正的思维理念,可以推断出:

如果法庭采纳的传闻证据在定罪过程中达到了"单独的,或者决定性的作用";

法庭正确的评估了证据的可靠性,并且认为证据可以采信或者给予被告人充分的对抗措施。

因此,对于传闻证据的采信是正确的。

由上诉法院的判决理由可以看出,值得注意的是,在被告人获得充分的对抗措施的表述上用了"Sufficient"一词,在《牛津高阶词典》中,这个词的解释是"enough for a particular purpose"。笔者认为,"particular purpose"就是"fair trial",其强调的是一种宏观的公正,而是否"Sufficient"就是取决

---

① David Ormerod, R. v. Horncastle and others: evidence-admission at trial of written statement of witness who has died, *Criminal Law Review*, 2010, 6, pp. 496-502; J. R. Spencer, Squaring up to Strasbourg: Horncastle in the Supreme Court, *Archbold Review*, 2010, 1, pp. 6-9.

② 虽然第一审法院的判决意见中写道"对于被告人的指控并不是完全依赖于被害人的陈述",但是其判决结果并非是基于其他证据,而是基于此。

于是否"fair trial"。

首先,法庭采纳的传闻证据在定罪过程中达到了"单独的,或者决定性的作用"。虽然第一审法院认为被害人的陈述并非在定罪过程中起到决定作用,但是根据笔者对于第一审法院的裁判理由与推断过程的分析,被害人Peter Rice所提供的陈述在对于被告人定罪的过程中起到了决定性的作用。事实上,这一点也被第二审法院所认可。

其次,法庭正确地评估了证据的可靠性,给予被告人充分的对抗措施。本案中,除了被害人Peter Rice所提供的陈述之外,尚有被告人的陈述与其他多项证据被法庭采纳,笔者试从这些"外围证据"来对于被害人Peter Rice的陈述的可靠性以及程序的公正性做一说明:

(1)被告人的陈述不统一。Horncastle说当天并没有看到被害人Peter Rice受到任何殴打,身上也没有血迹。而同去的Blackmore则说,在他们到之前,被害人Peter Rice遭受了袭击。同去的Daord则是承认了罪行。Horncastle和Blackmore都把自己当天穿着的衣服洗了,这是非常可疑的一个举动,因为衣服上可能沾染被害人的血迹。

(2)多项证据可以印证被害人Peter Rice的陈述。

a. 陈述的整体框架。与被害人一同喝酒并出门带回电视机和组合音响的Burns和Murphy已经另案承认了盗窃Daord家的罪行。而Daord的确请求过Horncastle和Blackmore帮助其寻回失窃物。

b. 陈述的细节。当天与被害人Peter Rice一同喝酒的Michael Broderick指证,当天Burns和Murphy带着一电视机来到Peter Rice家。殴打发生后的第二天,Peter Rice的内弟来的时候,Peter Rice告诉他,Daord和他的朋友殴打了他;警方在电视机和组合音响上发现了血迹。经过鉴定,电视机和组合音响上血迹的DNA与Peter Rice相符;鉴定专家认为,殴打是从房间的入口处开始的。

(3)被告人获得了充分的对抗措施。被告人直面控方证人的权利的目的在于获得公正的审判[①],因此是否充分应当以审判过程是否公正来判断。由上述分析,我们可以得知被害人Peter Rice的陈述是可靠的,虽然被害人Peter Rice已经死亡了,但是无论是2003年《刑事司法法》第116条第2款,还是欧洲人权法院所判决的Ferrantelli v. Italy案,都将其作为证人不出庭

① Ian Dennis, The right to confront witnesses: meanings, myths and human rights, *Criminal Law Review*, 2010, 4, pp. 255-274.

的理由。因此,这个传闻证据在目前的认识能力下是真实可靠的。但是即使是这样,被告人仍然要获得可能反击的任何机会,即使这种反击机会非常小,比如被告人获得了被害人 Peter Rice 的医疗信息。笔者认为,只要这种反击真实可靠证据的机会充分地给予了被告人,就可以认为是"Sufficient"。

因此,采信此传闻证据是恰当的。

3. B 结构下的 Regina v. Horncastle and another 案

B 型的结构为:

如果法庭采纳的传闻证据在定罪过程中达到"单独的,或者决定性的作用";

并且,法庭没有给予被告人"足够的对抗措施"[《欧洲人权公约》第 6 条第 3 款(d)的规定上升为一个绝对的规则];那么,被告人在面临指控证据的时候就不能充分地进行质证,《欧洲人权公约》赋予其的公平审判的权利就遭到了践踏。

因此,此类传闻证据不能采信。

首先,诚如上文所分析,法庭采纳的传闻证据在定罪过程中达到了"单独的,或者决定性的作用"。

其次,因为在 B 结构中的"足够的对抗措施"实际上就是指《欧洲人权公约》第 6 条第 3 款(d)的规定,其在 Al-Khawaja and Tahery v. United Kingdom 案(2009 年意见)上升为一个绝对的规则。显然,在本案中,《欧洲人权公约》第 6 条第 3 款(d)赋予被告人的权利并没有实现(事实上也无法实现)。

因此,采信此传闻证据是不恰当的。

五、Regina v. Marquis and another 案①(两种方法进行对比测试)

(一)案情

2007 年 11 月 1 日,6 个人闯进了被害人 Hannah Miles 和 Gary Price 所居住的位于 Nottingham 的 Danethorpe 大街的一栋房子,歹徒翻了房子里的东西,并且偷走了包括珠宝在内的一些东西。在歹徒持刀的威胁下,被害人 Hannah Miles 被绑架,Gary Price 的一辆宝马汽车也被劫走。

---

① Regina v. Marquis and another[2009] UKSC 14.

1. 被害人 Hannah Miles 的陈述

2007 年 11 月 1 日，Hannah Miles 作出了第一次陈述。当天她刚要去洗澡，两个蒙面人闯入她的卧室，其中一个持刀。她被命令下楼，楼下是另外 4 个歹徒。这些人问 Hannah Miles 珠宝、钱和车钥匙的存放地点。随后他们将 Hannah Miles 带到了他们的车上，留下 4 个人看守，另外 2 个人离开。歹徒向 Hannah Miles 问了 Gary Price 的电话号码，并且打电话给他。歹徒告诉 Hannah Miles 最好不要报警，否则她应该知道发生什么。Hannah Miles 被踢了一顿，然后扔出了车，所幸没造成什么伤害。Hannah Miles 找了很多地方打电话都没成功，直到碰到她父亲后才把这件事告诉了他。但是 Hannah Miles 并没有能确认歹徒中的任何人。

2007 年 11 月 2～3 日，Hannah Miles 作出了更加详细的陈述。

2007 年 11 月 4 日，检察官 Griffin 拜访了 Hannah Miles 和 Gary Price，Hannah Miles 的父亲也在场。检察官 Griffin 直截了当地(in no uncertain terms)告诉他们被警方调查的这个犯罪嫌疑人非常危险，并且可能会用枪袭击 Hannah Miles 和 Gary Price，还向他们展示了于 2006 年搬离 Nottingham 并被谋杀于 Lincolnshire 的 Stirland 一家的情况。检察官 Griffin 建议 Hannah Miles 和 Gary Price 搬家，Gary Price 表示其会注意。

2007 年 11 月 22 日，Hannah Miles 表示为了家人的安全，想撤回先前的陈述并且不希望警方起诉。

2008 年 4 月 4 日，Hannah Miles 没有依为 4 月 7 日开庭而发出的传唤令去法院，因此其被拘禁。尽管其是因为害怕，但是她还是向法官讲了一个其他的理由，随后她被保释。

2008 年 4 月 8 日，Hannah Miles 作了第三次陈述，这次的陈述是一段录音。这段录音表明其非常的害怕，特别是听了检察官 Griffin 建议其搬家之后。但是 Hannah Miles 并不准备因此而搬家，她选择提供证据，但是要在隐藏其身份的情况下。

2008 年 4 月 9 日，Hannah Miles 没有出庭，根据其父亲提供给法庭的证据，她已经离开 Nottingham 了。

2008 年 5 月 12 日，第一审法院(刑事法院 Crown Court)采纳 Hannah Miles 的陈述作为证据使用。

2. 被害人 Gary Price 的陈述

2007 年 11 月 1 日，Gary Price 作了一个简短的陈述，其提到了给付歹徒的赎金，如果不交出这些赎金，Hannah Miles 的手指就会被切掉。

2007 年 11 月 22 日,Gary Price 作出了与 Hannah Miles 同样的陈述,为了家人的安全,其希望撤回先前的陈述并且不希望警方起诉。

2008 年 4 月 4 日,Gary Price 没有依为 4 月 7 日开庭而发出的传唤令去法院,因此其被拘禁。

2008 年 4 月 16 日,Gary Price 也同 Hannah Miles 一样作了一个录音陈述,在录音中 Gary Price 表示他试着和 Marquis 联系,并且指责其所做的一切。Marquis 说他曾打电话给 Gary Price,但是在 2007 年 11 月 1 日没有人用 Marquis 的号码打电话给 Gary Price,因为这个电话号码已经被卖掉了。

Gary Price 没有出庭,并且法庭也找不到他了。法庭认为 Gary Price 并不是因为害怕而不出庭,因此法庭根据 2003 年《刑事司法法》第 114 条第一款(d)项的规定拒绝采纳 Gary Price 的陈述为证据。但是法庭采信了 Gary Price 在 4 月 16 日的陈述作为 Marquis 的辩护证据使用。

3. 被告人 Marquis 和 Graham 的陈述

被告人 Marquis 拒绝承认其参与任何绑架活动,并且其没有律师。

被告人 Graham 在稍早前承认了其危险驾驶和武力拒绝逮捕的罪行。其辩护律师 Shaun Smith(皇家大律师 Queen's Counsel)[①] 认为这只是 Hannah Miles 和 Gary Price 所进行的保险诈骗,并不存在绑架。

4. 法院的裁判

第一审法院(刑事法院 Crown Court)采纳 Hannah Miles 的陈述作为证据使用,拒绝采纳 Gary Price 的陈述为证据。但是法庭采信了 Gary Price 在 4 月 16 日的陈述作为 Marquis 的辩护证据,因此判决 Marquis 和 Graham 有罪。

Marquis 和 Graham 认为被害人的恐惧来自于警方而并非被告人,根据 ECtHR in Luca v. Italy[②] 的判决理由,认为这个证据对于其定罪是决定性的证据,并且认为法院采信 Hannah Miles 的陈述而不采信 Gary Price 的陈述,其判决本身就存在问题。

上诉法院认为对于 Marquis 和 Graham 的定罪而言,Hannah Miles 的

① 皇家大律师(Queen's Counsel)始于 16 世纪的苏格兰,原为王室聘请的法律顾问,地位次于高级律师(Serjeant),是总检察长的助理。现有才能突出、经验丰富的出庭律师的荣誉称号。此称号的授予要经过御前大臣的推荐,由女王授予。在 1920 年之前,其非经特许不得从事与王室对抗的职业。

② Luca v. Italy[2003]36 E. H. R. R. 46.

陈述在本案中的作用并未达到决定性的程度。Hannah Miles 的陈述和 Gary Price 的陈述不同，前者确实是因为恐惧，而后者并未显示出恐惧。因此，法院认为采信合法，并且审判公平定罪合理，驳回了上诉。

（二）对于提供者恐惧的陈述的采信

1. 上诉法院的判决

上诉法院认为对于 Marquis 和 Graham 的定罪而言，Hannah Miles 的陈述在本案中的作用并未达到决定性的程度。Hannah Miles 的陈述和 Gary Price 的陈述不同，前者确实是因为恐惧，而后者并未显示出恐惧。因此，法院认为采信合法、审判公平、定罪合理，驳回了上诉。

2. A 结构下的 Regina v. Marquis and another 案

首先，法庭采纳的传闻证据在定罪过程中没有达到"单独的，或者决定性的作用"。所以我们将采用 A 结构的推论形式：

如果法庭采纳的传闻证据在定罪过程中达到了"单独的，或者决定性的作用"；

并且，法庭正确的评估了证据的可靠性，认为证据可以采信或者给予被告人充分的对抗措施。

因此，对于传闻证据的采信是正确的。

其次，法庭正确地评估了证据的可靠性。被害人 Hannah Miles 的陈述可以通过其他证据进行印证。监控录像显示，2007 年 11 月 1 日，Graham 和其他蒙面人进入被害人 Hannah Mile 家中；在 2007 年 11 月 1 日 19:30 分的时候，Hannah Miles 的号码有联系 Gary Price 号码的记录，稍后，Marquis 的号码联系了 Gary Price 的号码；2007 年 11 月 1 日和 Gary Price 一起在朋友家聚会的 Matthew Seaton 证明，当天 Gary Price 接到一个电话。通过谈话，Matthew Seaton 了解到，电话的内容大概是歹徒要 100000 英镑的赎金，并且还可以从电话里听到女子求救的声音；Keelie Haye 的陈述显示，当她去位于 Nottingham 的 Castle Marina Holiday饭店见 Marquis 时，Marquis 示意她把车停在红色的货车和"自己的 X5"（Gary Price 失窃的车子也是 X5）之间。随后，Keelie Haye 在 Marquis 房间里看到了 Hannah Mile 的粉红色手机；监控录像显示 Marquis 和 Graham 在宝马 X5 车旁边。

本案中，被告人认为被害人 Hannah Miles 之所以恐惧，是因为检察官 Griffin 的建议，因此认为采信这个传闻证据使得被告人直面控方证人的权利受到了侵害。上诉法院并没有支持这项上诉，其给出的理由是 Doorson v. Netherlands 案的判决理由，即证人的恐惧不一定来自于被告人，只要满足证人足够的恐惧这一条件就可以了,并且其给出了两项判定标准:证人不出庭是否有合法理由和证据的可靠性和可靠程度可以被恰当地检验。

通过上述的案件历程描述,我们确实可以发现当检察官 Griffin 对被害人 Hannah Miles 描述了犯罪嫌疑人可能采取的行动后,Hannah Miles 在之后的陈述中显示出极度的不安,并且为了家人的安全,拒绝出庭,甚至不惜冒被拘禁的危险。

2003 年《刑事司法法》第 116 条第 2 款(e)项中对于恐惧是这样描述的:"that through fear the relevant person does not give (or does not continue to give) oral evidence in the proceedings, either at all or in connection with the subject matter of the statement, and the court gives leave for the statement to be given in evidence."在这里,我们并没有发现关于恐惧必须要来自于被告人的任何词句。另外,在 Doorson v. Netherlands 案中,欧洲人权法院认为,仅仅将恐惧局限于被告人的原因,不利于保护证人的安全。

因此,无论是英国的国内法还是欧洲人权法院的判例都没有将恐惧限定在被告人的原因。那么如何恰当地把握恐惧的原因范围呢?这将是涉及刑事诉讼被告人的诉讼权利和证人的诉讼权利之间的利益平衡问题。如果单纯地从问题本身寻找答案,我们将会陷入无尽的权衡之中。因为这种具体化的问题往往因为其对象的复杂,进而使得其方案存在很大的变动性,实际上就是无解。如果我们仍然从整体程序公正的角度出发,来评估传闻证据的公正性,并且由此来判断被告人对抗措施的可能程度就比较合适了。

因此,采信此传闻证据是恰当的。

3. B 结构下的 Regina v. Marquis and another 案

B 结构的推论形式如下:

如果法庭采纳的传闻证据在定罪过程中达到"单独的,或者决定性的作用";

并且,法庭没有给予被告人"足够的对抗措施"(《欧洲人权公约》第 6 条第 3 款 d 项的规定上升为一个绝对的规则)。

那么,被告人在面临指控证据的时候就不能充分地进行质证,《欧洲人权公约》赋予其的公平审判的权利就遭到了践踏。

因此,此类传闻证据不能采信。

首先,法庭采纳的传闻证据在定罪过程中没有达到"单独的,或者决定性的作用"。

其次,提供陈述的 Hannah Miles 因为恐惧没有出庭,虽然他曾经表示在屏幕的遮挡下,其可以参加开庭,但最终还是放弃了。所以,作为绝对规则的《欧洲人权公约》第 6 条第 3 款 d 项赋予被告人 Marquis 和 Graham 的权利并没有得到尊重。

因此,采信此传闻证据是不恰当的。

六、Regina v. Carter 案[①](两种方法进行对比测试)

(一)案情

2002 年,Devon 和 Cornwall 警察局逮捕了 Derek Holloway,在对其电脑进行搜查时发现了大量的儿童色情照片,这些照片接收于 2002 年的 1~2 月之间,发送这些照片的电子信箱的地址是 manicxx@aol. com。2005 年 3 月 10 日,警方根据 2000 年《调查权力法》(Regulation of Investigatory Powers Act 2000)第 22 条的规定,对电子信箱服务商 AOL 公司进行询问。AOL 公司根据一份备忘录指出 manicxx@aol. com 地址的主人是 Carter。但是 AOL 公司也指出,这些信息是使用人在注册电子邮件时自愿提供的,因此其可能并不准确。

随后,这份备忘录被送到了 Thames Valley 警察局。2005 年 9 月 22 日,警方搜查了 Carter 的住所,并扣押了其电脑从而继续搜查,在其电脑上并没有发现儿童色情图片,但是却发现了使用 manicxx@aol. com 电子信箱地址的痕迹。可是没有进一步的证据,表明 Carter 登录这个电子信箱地址给 Derek Holloway 发送儿童色情照片,并且也没有发现这台电脑曾经被用于发送儿童色情照片。

(二)法院的裁判

第一审法院(刑事法院 Crown Court)认为,这份备忘录已经包含了准确的内容,法官宣称:"这是一个关于谁注册了该电子信箱的很简单的问题,AOL 公司说是 Carter,我想当被问起这个问题时,他们(AOL 公司)不会说是别人。"而且第一审法院在将此备忘录提交给陪审团的时候,也只是轻描淡写地说道,"有一份来自于 AOL 公司的备忘录",并没有给陪审团足够的说明。

第一审法院(刑事法院 Crown Court)采信了 AOL 公司所提供的备忘录作为证据,据此认定 Carter 有罪。

Carter 的律师认为,法庭将 AOL 公司所提供的备忘录作为证据违反

① Regina v. Carter [2009] UKSC 14.

了2003年《刑事司法法》第114条和第117条的规定。

上诉法院认为,第一审法院采信AOL公司所提供的备忘录的行为使得程序不公平、定罪不安全,因此接受了上诉请求。

(三)对于Regina v. Carter案的分析

1. 上诉法院的判决

上诉法院认为,对于Marquis和Graham的定罪而言,Hannah Miles的陈述在本案中的作用并未达到决定性的程度。Hannah Miles的陈述和Gary Price的陈述不同,前者确实是因为恐惧,而后者并未显示出恐惧。因此法院认为采信合法、审判公平、定罪合理,驳回了上诉。

2. A结构下的Regina v. Carter案

首先,法庭采纳的传闻证据在定罪过程中没有达到"单独的,或者决定性的作用"。所以我们将采用A结构的推论形式:

如果法庭采纳的传闻证据在定罪过程中达到了"单独的,或者决定性的作用";

并且,法庭正确地评估了证据的可靠性,认为证据可以采信或者给予被告人充分的对抗措施。

那么,对于传闻证据的采信是正确的;

其次,法庭正确地评估了证据的可靠性,认为证据不可以采信。商业记录一般具有准确性和公平性,但是在本案中,显然AOL的备忘录有可能出现错误,并且其他证据无法支持这个备忘录的可靠性。2003年《刑事司法法》第117条,规定了关于商业记录的使用条件。法院应当就商业记录的可信性在内容、来源、信息的提供环境和制作等四个方面进行考量,但是本案中的法院并没有这样做,而是想当然地认为这个商业记录是可靠的,并且没有给陪审团足够的指示。因此,其也违反了1984年《警察与刑事证据法》第78条有关于"与审判公正背道而驰的证据不能采信"的规定。

因此,采信此传闻证据是不恰当的。

3. B结构下的Regina v. Carter案

B结构下的推论形式:

如果法庭采纳的传闻证据在定罪过程中达到"单独的,或者决定性的作用";

并且,法庭没有给予被告人"足够的对抗措施"(《欧洲人权公约》第6条第3款d项的规定上升为一个绝对的规则)。

那么,被告人在面临指控证据的时候就不能充分地进行质证,《欧洲人权公约》赋予其的公平审判的权利就遭到了践踏。

因此，此类传闻证据不能采信。

首先，法庭采纳的传闻证据在定罪过程中没有达到“单独的，或者决定性的作用”。

其次，因为法官认为证据是可靠的，提供备忘录的 AOL 公司没有出庭。所以，作为绝对规则的《欧洲人权公约》第 6 条第 3 款 d 项赋予被告人 Carter 的权利并没有得到尊重。

因此，采信此传闻证据是不恰当的。

结论

（一）A 结构和 B 结构的分歧

在 Al-Khawaja and Tahery v. United Kingdom 案（2009 年意见）出现之前，欧洲人权法院的判例为了使传闻证据可以被采信，而增加了对抗措施和法官对于传闻证据的可靠性评估，以弥补给被告人带来的整体审判不公正。其逻辑结构为：

如果“法庭采纳的传闻证据在定罪过程中没有达到‘单独的，或者决定性的作用’”；

并且“法庭正确的评估了证据的可靠性”。

那么“不需要对抗措施，对于传闻证据的采信是正确的”。

这个结构可以根据“整体审判公平”的原则，推出如果“法庭采纳的传闻证据在定罪过程中达到‘单独的，或者决定性的作用’”，那么就需要“对抗措施”的结论。

这个肯定性陈述形态的逻辑结构在 Al-Khawaja and Tahery v. United Kingdom 案（2009 年意见）中被适用了。其紧接着就遇到了一个问题，即“对抗措施”无法弥补达到“单独的，或者决定性的作用”的传闻证据给被告人带来的不利。而这种不利显然违反了《欧洲人权公约》，因此欧洲人权法院就否定了采用“对抗措施”弥补达到“单独的，或者决定性的作用”的传闻证据的方法，并且将《欧洲人权公约》第 6 条第 3 款 d 项的规定上升为一个绝对的规则。

由此可见，前者是将《欧洲人权公约》第 6 条“公平审判”的目的作为基础来进行逻辑分析；而 Al-Khawaja and Tahery v. United Kingdom 案的判决意见中，欧洲人权法院将《欧洲人权公约》第 6 条第 3 款 d 项的规定上升为一个绝对的规则，并且这种绝对性指向条文本身，而并非是条文的目的。

(二)对抗措施何以“足够”

笔者在查阅《欧洲人权公约》第 6 条时,在其第 3 款中找到了“最低权利”(minimum rights)的表述。从词的意义而言,我们可以把此表述中的“minimum”一词看作是被告人权利的下限,由此可以推出“此款阐明了被告人的基本权利”。

但是我们在第 1 款的表述中可以发现,设置第 6 条的目的在于使得民事或者刑事当事人获得公平审判的权利。而第 3 款中“最低权利”的规定是为了实现让当事人获得公平审判的权利而存在的。

而可以完全补偿因为采纳传闻证据而给被告人带来的不利的对抗措施的理解就成了一个问题。由于“公平竞争”(fair play)理念的存在,对抗措施在 Al-Khawaja and Tahery v. United Kingdom 案(2009 年意见)中被想象成了一种与传闻证据的证明力势均力敌的手段。比如,一个传闻证据的定罪能力是 90,那么就要求对抗措施的反定罪能力也要达到 90。不仅在现实中这是不可能的,而且其存在一个逻辑错误,即永远也不可能给被告人定罪。这也是 Al-Khawaja and Tahery v. United Kingdom 案中可能犯的错误,并且因此其找不到“足够的对抗措施”,只能将《欧洲人权公约》第 6 条第 3 款 d 项的规定上升为一个绝对的规则,并以此来解决这个逻辑冲突问题。

我们要解决的直观疑问是:第 3 款中“最低权利”的绝对化,是否必然可以保证当事人获得公平审判?或者说此条设定目的得以实现的判定是否是来自于第 3 款中“最低权利”的绝对化?我们可以将此疑问进一步简化为:《欧洲人权公约》的逻辑结构是权利决定目的?还是目的决定权利?

从事实的角度而言,假设将第 6 条第 3 款 d 项的规定绝对化,那么意味着需要排除所有的传闻证据。而现有的传闻证据的例外规则,就是为了避免出现因为完全排除传闻证据而导致不公正发生而设立的。从《欧洲人权公约》本身的条文而言,其第 18 条规定了关于权利和自由的限制,即《欧洲人权公约》所规定的权利不得用于超出公约规定的目的(The restrictions permitted under this Convention to the said rights and freedoms shall not be applied for any purpose other than those for which they have been prescribed)。由事实与条文两个方面我们可以推断出,《欧洲人权公约》的目的优先于权利,其结构中的权利规定是为了实现目的而设立的,权利并不能成为目的的标准。

因此,Al-Khawaja and Tahery v. United Kingdom 案(2009 年意见)将《欧洲人权公约》第 6 条第 3 款 d 项的规定上升为一个绝对的规则是不恰当的。而此前欧洲人权法院一直将《欧洲人权公约》第 6 条的目的性规定作为绝对的规则则是较为可取的。

(三)目的何以决定权利

但是,这仍然会存在一个疑问,即目的在多大程度上可以决定权利。因为如果权利是来自于或者服务于目的,那么目的是靠什么来约束的?如果目的本身就是飘忽不定的,那么权利也就成为了无本之木,无法进行自身的确定;而无法进行自身的确定,就会导致权利适用成为一个假命题。因此,这个疑问可以归结为:目的如何可能?

康德曾将这种目的的来源表述为“先天综合判断”,从而完成了哥白尼式的哲学革命,但是这仅仅是为我们打开了一扇门,门里面的世界仍然令我们迷茫。对于目的与权利之间的关系,笔者认为目的为权利划定了模糊的疆界,而权利的不断行使在使疆界清晰的同时也在增添新的模糊疆界,这当然是一个理想化的过程。如果这种目的的获得真如康德所表述的由“先天综合判断”而来,那么现实的运作将摆脱不了个体自身的因素,这种目的的内容的开放性和权利的文本约束性将会出现凯尔森所担心的“私心入公法”的情形。但是这种风险会被法官的“前见”和法条本身的可能性范围所拘束,特别是英美法系国家经验积累式的司法模式,会极大地将目的与权利的互动推向良境。

在上述三个上诉案件中,英国法院在判决意见中认为,应当先将各种证据材料纳入一个先期的考量中,传闻证据的采信与否,取决于其在这种整体的考量中的拟合程度。如果传闻证据材料在这种考量中符合整体审判公正的利益,则可以采纳;反之,则不被允许。

按照这一方法,如果碰遇到的是未能达到“单独的,或者决定性的作用”的传闻证据,我们可以通过其他证据来对传闻证据进行以程序整体性公正为目的的可靠性评估。但是如果遇到达到“单独的,或者决定性的作用”的传闻证据,我们是否也可以通过其他证据来对传闻证据进行以程序整体性公正为目的的可靠性评估呢?答案是肯定的。

首先,传闻证据的可靠性与其在定罪中的地位是没有牵连性的。因为可靠性指的是传闻证据本身的合理性问题,而传闻证据在定罪中的地位则是假设其为真的条件下的一个推论而已。

其次,无论传闻证据在定罪中的地位如何,其可靠性都可以被验证,因为传闻证据的“单独的,或者决定性的作用”中的“单独”表明,如果采用此证据,则不需要其他。这并没有表明其是唯一的证据。事实上,孤证的情况是不存在的,例如,一个故意杀人案中,只有证人 W 的陈述证明 M 杀了人,但是透过陈述的内容,存在很多事实可以印证此陈述。承认孤证即否认了事物的联系性,现实世界中,没有一个事物是绝对孤立的。因此,无论传闻证据是否可以达到“单独的,或者决定性的作用”,通过与其相联系的事物对其进行评估是完全可能的。

(四)我国借鉴 A 结构的可行性分析

1. 我国目前所面临的突出问题是证人出庭率不高所导致的被告人权利保护问题

在我国,证人出庭要面临很大的风险,特别是在刑事诉讼中作为控方证人,证人的证言可能会对被告人的定罪量刑产生巨大的作用。毫无疑问,对于被告人可能的犯罪行为进行作证是一项公民义务,但是普通公民将要为此付出非常大的代价。

首先,证人一旦出庭,就意味着以一个陌生人的身份来对抗被告人。这相当于造成了新的冲突,而这种冲突可以被看作是证人对被告人的挑衅。任何与案件没有关系的人都不希望自己被卷入冲突之中。

其次,证人的安全保障困难。警方不可能无时无刻地保护证人的安全,而且证人一旦出庭作证,其亲属的安全也将处于危险之中。不仅仅被告人会报复,被告人的群体也会采取报复,这个防御成本是巨大的。这种风险可以看作是被告人群体对于证人群体的潜在威胁,攻易守难。

最后,我国的法院一般秉持积极的实体真实,借用新《刑诉法解释》第 206 条的规定,采信传闻证据。法院的考量在于采信传闻证据一方面可以实现实体公正;另一方面不用花费巨大的证人出庭成本。

长此以往,公民开始漠视出庭作证这一义务,被告人的权益遭到漠视,并且对于证人的过度保护可能引发匿名证据的采信。

因此,我国传闻证据的构造需求大致是:充分尊重被告人权利的情况下,如果能保证陈述真实,证人可以不出庭。

2. 以我国司法现实为基础的借鉴

A 结构的指向目的是在程序整体公正的情况下,对于传闻证据的采用。对于“程序整体公正”,笔者认为其包含了三重含义:第一,实体部分的公正。这表现为对于传闻证据的采信需要有法院认定其可靠性;第二,程序部分的公正,即被告人应当获得足够的对抗措施;第三,证人不出庭的理由应当是合理的,这兼有程序与实体的意义。因此,笔者将从这三个方面出发,并基于我国的引入条件来进行分析。

(1)法庭可以正确评估证据的可靠性。我国刑事诉讼法学界认为的证明中的真实,经历了“客观真实说”“法律真实说”[①]和“相对真实说”[②]三个阶段。但是就司法实践而言,法院一般较为青睐客观真实。这在我国的证明模式中有所反应。

我国刑事诉讼的证明模式是印证证明模式,即通过各个证据之间的相互印证来达到证明标准。其强调外部证据之间的相互印证性,较之其他国家强调证据对于审判者内心确信的影响程度而言,它更加重视证据之间的一致性。[③] 在判断证据认定事实时,对证据间的相互印证有着严格要求,否则就认为证据不足,这是一种很高的证明要求标准。其形成一方面是由于司法所服务的人民对于实体真实的青睐,这种青睐起源于我国的实用主义传统;另一方面,这是法院为了通过显而易见的证明方式抵制外来的、对于司法不当的干预而采取的措施。试想,如果我国采取“排除合理怀疑”的证明模式,那么证明中的主观成分就会扩大,不利于法院排除外来干扰。

因为印证证明模式对证据进入证明考量范围的要求非常高,因此,这种证明模式本身就存在采用其他证据进行印证的功能。所以,在 A 结构的对于传闻证据的可信性有能力作出合理的判断上,我国法院可以做到。

(2)对于被告人足够的对抗措施的理解。我国的印证证明模式会导致对于被告人权利的漠视。在此模式中,证据的可靠性与其他的证据相互印证而产生,这种印证实质上是一种对证据内容符合性的考察。但是,如果证据的采信是通过侵害其他利益而取得的,那么这种证据的采信就是外部不经济的。比如,如果某证据的采信将使得程序整体公正增加 10,但是此证据的采信却侵害了被告人的利益,这种利益的损失给程序整体公正的损失是 20,那么这个证据的采信就不是合理的。印证证明模式的缺点正在于此,其缺少对于诉讼当事人权利的关注,仅仅重视内容的真实性。因此,我国在关注诉讼当事人,特别是被告人的权利方面不够。

---

① 参见樊崇义:《客观真实管见——简论刑事诉讼证明标准》,载《中国法学》2000 年第 1 期;陈光中、陈海光、魏晓娜:《刑事证据只读与认识论——兼与误区论、法律真实论、相对真实论商榷》,载《中国法学》2001 年第 1 期;高一飞:《法律真实说与客观真实说:误解中的对立》,载《法学》2001 年第 11 期。

② 参见卞建林、郭志媛:《论诉讼证明的相对性》,载《中国法学》2001 年第 2 期;张继成、杨宗辉:《对“法律真实”证明标准的质疑》,载《法学研究》2004 年第 4 期。

③ 参见龙宗智:《印证与自由心证——我国刑事诉讼证明模式》,载《法学研究》2004 年第 2 期。

所以,对于被告人自身而言,法院应当给予其足够的对抗措施,这种“足够”是对抗措施在现实审判环境中存在的数量,而并不是其代表的对抗性。比如,如果采信证据对于被告人的定罪能力是90,我们并不要求给予被告人90的反驳能力(事实上这也是不可能的),我们要关注的是在当前的条件下,现实中存在多少可以让被告人采用的反驳措施,哪怕其反驳能力微乎其微。所以我们需要给予给予被告人的是对抗措施的可能数量,而不是其反驳能力。

另外,如果证人不出庭,完全否定传闻证据是不理智的行为。如果某证据的采信将使得程序整体公正增加10,但是此证据的采信却侵害了被告人的利益,这种利益的损失给程序整体公正的损失是20,如果可以有一种措施来补偿这损失,并且可以将这种损失降低到小于10(措施成本),那么这个证据就是可以采纳的。而这种措施就是上述的给予被告人的对抗措施。笔者认为,在旧《刑事诉讼法》以及《关于办理死刑案件审查判断证据若干问题的规定》和《关于办理刑事案件排除非法证据若干问题的规定》中有比较完善的规定。此外,本次新《刑事诉讼法》中也对此作出了更为全面的规定。

(3)对于证人保护的措施。任何制度的引入,都要关注本土的环境。正如前述的原因,我国对于证人的保护尚不够完善,并且现实的环境和文化造成证人不习惯出庭。因此,在证人出庭问题上应当借鉴A结构。

当然,证人的出庭是一个原则规定,这是一项公民义务。但证人不出庭也是可以的。如果非因自然原因(死亡或者疾病),证人不出庭,那么证人会有如下考量:证人出庭对国家解决纠纷的贡献值为10,这是一种完全的利他行为,但这个贡献利值对于证人是否出庭没有任何影响。而证人决定是否出庭的影响因素是因为出庭而给自己带来的风险是否能被完全化解。因此只要这个风险大于0,那么其就非常有可能选择不出庭。对于保护证人的安全,旧《刑事诉讼法》第49条规定“司法机关应当保障证人及其近亲属的安全”,但是实践中证人遭受打击报复的情况屡有发生。本次新《刑事诉讼法》对于危害国家安全犯罪、恐怖活动犯罪、黑社会性质的组织犯罪、毒品犯罪等案件中证人的保护以及第62条证人因履行作证义务而支出的交通、住宿、就餐等费用及误工损失给予补助的规定。

2011年,欧洲人权法院法官大会对于Al-Khawaja and Tahery v. United Kingdom案的观点认为,如果满足“充分不出庭的理由”和“被告人给予了足够的对抗措施”,则传闻证据是可以采信的。笔者认为,不出庭的充分理由应当满足证人出庭所带来的损失可以被有效地弥补。证人出庭可能导致证人与被告人之间产生所谓的仇恨关系，给社会带来新的纠纷，并且使得证人及其亲属遭受到危险。如果这些风险可以显著地被降低，或者不存在风险，即可以采用新《刑事诉讼法》第188条的规定要求证人出庭。

新《刑事诉讼法》第62条的规定显然没有注意到中国特点。费孝通先生在《乡土中国》一书中曾论述过，生活在中国社会里的每一个人都不是孤立存在的，他的关系网就像是往平静的水面上扔了一颗石子后激起的一圈圈涟漪，最中心的位置是自己，离自己最近的一圈是父母兄弟，再往后是亲戚朋友……人们更多的是依靠人际关系而非法律制度的保障生活着。[①] 若因为出庭作证而破坏了这种和谐，后果往往是证人与原有的生活关系决裂。证人的一次出庭在中国语境下，可能带来的是一个社会关系的连锁破裂，甚至会诱发极为严重的纠纷。因此，我们可以充分借鉴A结构中给予被告人充分的对抗措施和对于传闻证据进行可靠性评估的方法来进行替代。

The Admissibility of Hearsay Evidence in the New "Code of Criminal Procedure"

——Differernt Trial Logical Thinkings Based on British Appeals

Yaning Li

Abstract The low rate of attendance of witnesses is a major obstacle to the hearsay evidence admissible in China. As a positive absorption of European Convention on Human Rights and the European Court of Human Rights jurisprudence, the experience of the British justice system, combines the wisdom of the entire European continent. For the homogeneity of the admissibility of hearsay evidence, the experience of the U. K. has the feasibility of our reference. In this paper, the logical structure of the jurisprudence of the European Court of Human Rights and English courts trial for the three grounds of appeal are basically the same, and appeals to the same court case are analyzed to get to the reasonableness of the pros and cons; then based on our national condition, the feasibility of borrowing experience will be analyzed.

Keywords hearsay evidence; Al-Khawaja and Tahery v. The United Kingdom; European Convention on Human Rights; trial logic; overall fair

---

① 费孝通著:《乡土中国》,人民出版社2008年版,第62～69页。

刑事主观要素证明模式初探

王　燃*

内容摘要　不管是在理论界还是实务界，也不管是在刑法的四要件犯罪论体系还是在三阶层犯罪论体系中，犯罪构成主观要素的证明一直是个司法难题。主观要素的证明在整个犯罪事实的认定中起着重要作用，涉及罪与非罪、此罪与彼罪以及定罪量刑等重要因素。司法实践中，除了阐述主观要素的直接言词证据外，还有通过外在行为表现来认定主观要件的证明模式。目前，司法实践中对犯罪主观要素的证明还存在主观要素证明过程不透明、事实推定定性不明等一系列问题。鉴于此，本文拟从刑事实体法与证据法相结合的角度出发，结合司法实例，来初步探讨司法实践中通过外在行为表现来认定主观要件这一证明模式，并分析其背后的逻辑原理和具体的证明方法。最后，本文就主观要素的证明体系的构建提出了建设性意见，包括从事实推定到法律推定的规范化，案例指导制度的运用，判决书的加强说理及公开化。

关键词　主观要素；推定；经验法则

一、刑事主观要素的证明模式

（一）刑事主观要素概述

犯罪成立要素，是指成立犯罪所具备的全部要素，无论采取什么样的犯罪论体系，具体的犯罪成立要素是没有差别的。对于犯罪成立要素，根据不同的标准可以进行不同的分类。例如可以将其分为客观要素和主观要素。其中，客观要素是指作为行为外观、客观方面的要素，如行为的客观面、行为主体、行为对象、结果、行为的状况；主观要素是指作为人的内心、主观方面

---

* 作者简介：王燃，中国人民大学法学院博士研究生。

的要素，如故意、过失、目的等。与我国传统刑法四要件理论将主体、主体责任年龄、责任能力、特殊身份归入主观方面的分类不同，三阶层的犯罪理论体系认为，表明主体本身与主体特殊身份的要素是一种客观的、外在的要素，应该划入客观要素的范畴，并且严格地说，在三阶层犯罪理论体系下，责任能力和责任年龄属于责任要素而非构成要件的违法要素。

除了刑法总则规定的故意、过失等主观要素外，刑法分则的罪名中还有对主观要素的具体规定。根据张明楷教授的观点，现将主观要素列举如下：

1. 故意

刑法总则对故意的概括一般是，行为人明知自己的行为会造成危害社会的结果，并且希望或者放任这种结果发生的心理状态，刑法分则中大部分罪名都具有故意的主观要素，如故意杀人罪、故意伤害罪，其罪名就可体现主观要素。罪名中没有“故意”二字的也不代表就不含有故意的主观要素，如盗窃罪、抢劫罪等。故意的内容，除了总则概括的内容外，还要根据具体的罪名来确定。

2. 过失

刑法总则对过失的概括是行为人应当预见自己的行为可能发生危害社会的结果，却因为疏忽大意而没有预见，或者已经预见但轻信能够避免的心理态度。在分则中的罪名有过失致人死亡罪、过失投放危险物质罪、医疗事故罪等。

3. 以……为目的

刑法分则中在很多地方都规定了目的要素，我们一般将其称为目的犯，如以非法占有为目的、以牟利为目的、以出卖为目的等。这是一种超出故意之外的主观要素，有些目的要素由刑法分则予以明确规定，而有些目的要素虽然不会以条文的形式来予以明确规定，但是在认定具体的罪名时却需考虑这些潜在的目的要素。因为通过犯罪的具体构成我们是可以推断出目的要素的，所以有人称其为“不成文的目的犯”。此外，还有“以……为意图”的表示述式，如意图使他人受刑事追究的、意图陷害他人的等，其也是目的要素，与“以……为目的”是一个意思。

4. 明知

分则的很多罪名中都强调明知这一主观要素，一般情况下，明知只是故意的一个方面，故意的主观要素中本就要求明知，如明知是毒品的、明知受害人为不满 14 周岁幼女的、明知是犯罪所得的赃物等。

5. 为……

刑法分则中还有很多“为……”的表述方式,但是对其要予以区分,因其不仅仅都是主观要素,对属于主观要素的要加以注意。如319条骗取出境证件罪中规定到“以劳务输出、经贸往来或者其他名义,弄虚作假,骗取护照、签证等出境证件,为组织他人偷越国(边)境使用的”,就属于主观要素。然而,198条的保险诈骗罪所规定到的“保险事故的鉴定人、证明人、财产评估人故意提供虚假的证明文件,为他人诈骗提供条件的,以保险诈骗的共犯论处”,则是明显的客观要素。

此外,还有一些尚有争议的关于主观要素的界定,本文在此不予讨论。

(二)刑事主观要素的证明模式

一般而言,除了当事人自己,其隐藏在内心的主观活动是很难被外界准确认知的。但是,作为一种特定的社会动物,人的心理活动总是会通过一些外在的行为表现出来:口头的描述、特定的行为。前一种方式比较直接,通过本人的直接描述可得知其心理,而后一种方式则比较间接,需要进行一定的推理。同理,在刑事司法活动中,当事人的主观心理同样可以基于这一原理被认定,即犯罪嫌疑人或被告人的口供、犯罪嫌疑人或被告人的外在行为表现。其中,通过第一种方式——犯罪嫌疑人或被告人的口供——来认定其心理,对于证明主观要素而言,是一种直接证明方式,相对来说比较简单;而通过外在行为来认定主观要素则是一种间接的认证方式,无法一步到位,还需要运用到推理、推定等一系列的司法活动证明的方法。进一步分析,这两种方式其实各有利弊,通过犯罪嫌疑人或被告人的供述来认定主观要素虽简便易行,但是言语表述具有不确定性,其真实性更是难以保证,当事人既可以用言词来供述其具有犯罪主观心态,其也可以用言词来辩解自己没有犯罪意图。试看以下二则案例①:

案例一:2013年,上海市某区法院在审理翟某贩卖毒品一案时,对于其是否“明知是毒品”这一主观要素,便是以被告人口供来认定的:“……翟某到案后如实供述自己的罪行……上述事实,有证人陈某的证言及辨认笔录,证人陈某某、王某某的证言,公安机关扣押笔录、清单、收缴毒品专用单据、毒品及毒资照片,上海市毒品检验中心检验报告,被告人翟某的多次供述及辨认笔录等证据证实,应予认定……本院认为,被告人翟某明知是毒品而予以贩卖,其行为已构成贩卖毒品罪

① 本文案例均选自于“北大法宝”的司法案例,部分姓名、地点信息予以隐去。

……”

案例二:2013 年,浙江省宁波市某县法院在审理罗某某强奸一案时,一审法院以被害人陈某某的陈述,证人蒋某青、钱某颖、张某山、罗某松的证言,以及一些相关的物证来证明罗某某强奸的犯罪事实。在二审中,被告人明确提出其“不明知”受害人为不满 14 周岁的幼女这一辩护理由。

案例一是通过被告人的供述来认定主观要素——“明知”是毒品,而案例二则是被告人对其主观要素进行辩解的案例——提出其“不明知”受害人为幼女。可见,仅仅凭口供来认定犯罪主观要素的证明方法虽然直接易行,但是其具有很大的不确定性,既可以用来证明具有犯罪主观要素,同样也可以作为无犯罪主观要素的辩解理由,很容易被推翻,所以司法人员往往还要结合其他一系列证据来综合认定主观要素。

通过外在行为表现来认定主观要素这一证明模式,虽然不具有言词证据直接认定的优势,认定过程比较复杂,但是具有较高的稳定性和准确性。因为根据心理学原理,特定的行为反映特定的心理,而正常情况下人的行为模式一般都具有稳定性。尤其是在复杂的犯罪构成中,犯罪人的一系列行为表现不可能都是经过精心掩饰的。因而,经过正确的判断推理,一般都是可以通过行为来认定主观心理的,这也是本文所要讨论的证明模式,笔者将其证明过程以图示表示如下:

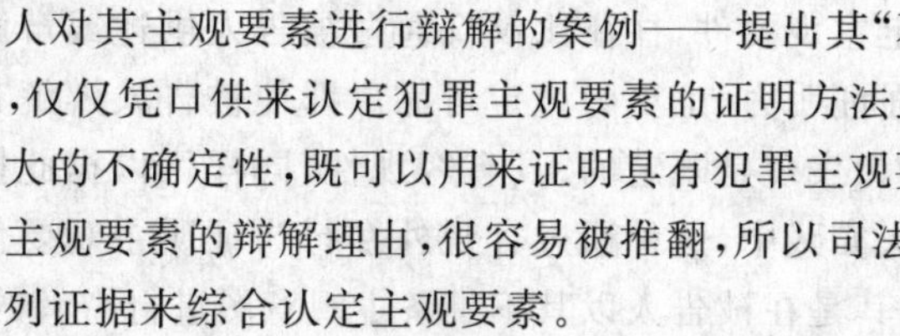

其中,“行为”作为核心要素,将证据和事实要件联系到一起,首先通过一系列证据来证明犯罪嫌疑人或被告人的行为,再通过其行为去认定犯罪客观要件要素、主观要素,最后认定完整的犯罪事实。其中犯罪主观要素便是通过犯罪嫌疑人或被告人的客观行为表现来认定的,笔者将其概括为“从客观到主观的证明模式”。同样以一则案例来说明:

案例三:2013 年,在浙江省某市中级人民法院审理的毛某某贷款诈骗、合同诈骗一案的二审中,辩护人提出上诉人毛某某骗得款项用于万象宾馆的经营,没有私用,请求对上诉人毛某某从轻处罚。法院对此辩解的回应为:“上诉人毛某某成立万某某公司作为贷款人,以虚假房产证明作为担保骗取银行的贷款，用于自己承包的万象宾馆的经营和归还私人借款，无力偿还债务时潜逃在外，上诉人毛某某主观上具有非法占有的目的，其行为符合贷款诈骗罪的构成要件。上诉人毛某某就本案定性提出的异议不成立，不予采纳。”

这一贷款诈骗案中，辩方在二审中提出不具备犯罪主观要素的辩解理由，在没有被告人直接口供的情况下，法院通过被告人一系列具体的外在反常行为来推定他具有“非法占有的目的”。从上述案例可见，通过客观外在行为表现来认定主观要件，往往比仅仅通过被告人供述或辩解等言词证据的方式具有更强证明力，也更为稳定可靠。即使被告人辩解其不具备主观要素；但是其行为表现是既定的、具有客观性，同样可以据此推断其主观意图。因而在司法实践中，这种通过客观外在行为证明主观要件的证明模式被广泛使用，尤其是在被告人以其不具备主观意图进行辩解的情况下，司法人员大都是通过被告人具体的客观外在行为来判断其究竟有无犯罪的主观要素。

二、不同类型主观要素的证明

证据的运用是建立在刑事实体法的基础上的，单纯的证据原理固然重要，但是在司法实践中，证据的适用离不开具体的罪名，由于刑事司法实践的多样性和复杂性，同样的证据规则适用起来也会有不同的效果。本文对主观要素证明方法的分析，同样也需要建立在分析刑事实体法的基础上。

本文的开头已经概括介绍了主观要素的类型，根据主观要素与客观要素的关系，可以将其分为两大类：一是与客观要素内容相对应的主观要素；二是超出客观要素内容的主观要素。

(一)与客观要素内容相对应的主观要素

在这种情况下，犯罪中的客观要素是与主观要素对应的，主观要素与犯罪结果具有密切联系，它是主观预期的犯罪结果，这种目的的客观化即转化为一定的犯罪结果。例如，故意杀人的目的是非法剥夺他人的生命，这一目的的实现就是他人生命被非法剥夺，也即发生了死亡结果。[①] 这种主观要素包含在故意之内，与客观行为存在对应关系，前文所提到的“明知”也是与客观要素相对应的主观要素，例如《刑法》第 347 条规定的走私、贩卖、运输、制造毒品罪，是指明知是毒品而故意实施走私、贩卖、运输、制造的行为。其

① 参见陈兴良：《目的犯的法理研究》，载《法学研究》2004 年第 3 期。

中“明知是毒品”是对主观要素的规定，这一“明知”属于“故意”的应有之义，属于提示性规定，其同时也与客观行为相对应。再如，《刑法》312 条规定的窝藏、转移、收购、销售赃物罪，其中“明知是犯罪所得及其产生的收益”也是与客观行为相对应的主观要素。

在具体的罪名中，与客观要素内容相对应的主观要素，一般都能表现为案件中的较明显的客观行为，司法实践中对此类主观要素往往也是通过行为人的行为来进行认定的。当然，当事人的行为需要用证据予以证明，例如下面的一则强奸案例。

案例四：2013 年，湖南省某市中级法院对于李某某强奸一案进行二审，二审裁定书在罗列证据之后，得出的结论是：“本院认为，上诉人李某某违背妇女意志，强行与妇女发生性关系，李某某的行为构成强奸罪。关于李某某上诉提出的钟某是自愿与他发生性关系不构成强奸的理由，经查，李某某的犯罪事实有受害人的陈述、受害人的伤情照片、李某某的伤情照片、现场勘验检查工作记录、现场照片、物证鉴定书等证据证明，足以认定，其上诉理由与查明的事实不符，本院不予支持。”

由此可见，对于与客观要素内容相对应的主观要素，司法实践中可以通过比较直接的犯罪行为来予以判断。然而此案例反映出司法实践中对其认定过程较为简单草率，例如本案中对“违背妇女意志，强行与之发生性关系的故意”的认定，仅仅是在罗列证据后就予以事实总结，并没有体现出“证据—行为—主观要素”的这一证明过程。即使是为刑法分则所明确强调的明知要素，一般在被告没有对此提出辩解的情况下，审判时对其的认定过程也显得较为粗糙。

值得注意的是，尽管在刑法理论上此类主观要素有相对应的客观行为，按理说通过行为人的行为表现即可体现出来，进而予以认定。但是司法实践的情况却复杂多样，某些与客观要素内容相对应的主观要素的证明难度仍较大，如涉及明知的证明。涉及此罪与彼罪，以及故意与过失相区别的主观要素的证明。试列举如下：

1. 关于明知的证明

关于“明知”的证明难题，理论界已对此有诸多研究，虽然其属于与客观要素内容相对应的主观要素，是故意的应有之义，但实践中要证明此并非易事，而且被告方往往辩称其“不明知”，例如在毒品犯罪中“明知”的证明就一直是个难题。

案例五(明知)：2013 年，上海某法院审理的王某等运输毒品一案二审中,被告王某称其只是帮他人带物品至南京,且并不明知所携物品为毒品。辩护人认为,本案认定王某主观上明知是毒品的证据不足。对此"不明知"的辩护,二审法院的分析如下:"上诉人王某提出,其因欠'张哥'一万元钱,故答应'张哥'将'水果配料'带至南京;'张哥'表示,欠款之事可以再说,东西带至南京后会有人来接,来人认识王。来人与'张哥'取得联系后,王经确认即可将东西交给来人。王还遵照'张哥'嘱咐将所谓的'水果配料'在家中平均分成两包装在自己的透明塑料袋里。本院认为,首先,上述供述没有其他证据可予印证;其次,即使如王所述,那么,王作为一名正常成年人,其接触甚至分装了该白色晶体,又知道将之带至南京后需通过不符合常理的方式交接,而其在债务方面可以获得相应的好处。因此,王对其所承运物品的非法性具有概括性认识,其为了获得好处不计后果,实施了运输毒品的行为,依法可以认定运输毒品罪。故王的上诉理由及辩护人的辩护意见,本院不予采纳。"

可见,在被告人辩解"不明知"的情况下,如何判定究竟有无"明知"还是颇有难度和技巧性的。本案中法院通过当事人一系列的"反常"行为表现,还是推断出其主观"明知"的故意。这种从"证据—行为—主观要素"的推断过程,虽较为间接和复杂,但其符合一般的证据运用和司法证明的思维过程,具有合理性与可靠性,并非主观的臆断和跳跃。此外,鉴于"明知"的证明难题,我国还有诸多相关的司法解释。例如,2007年最高人民法院、最高人民检察院、公安部关于印发《办理毒品犯罪案件适用法律若干问题的意见》中对"走私、贩卖、运输、非法持有毒品罪"中"明知"的规定;再如2008年《最高人民检察院公诉厅毒品犯罪案件公诉证据标准指导意见》(试行)中规定了可以推定"明知"的具体情形;等等。

2.关于此罪与彼罪主观要素的区分

有些情况下,对主观明知的准确认定还会关系到罪与非罪的区分。学理上单纯的某个主观要素相对来说是比较容易认定的,但是在司法实践的具体罪名认定中并非如此简单,同一行为下既有可能是此罪的主观要素,也有可能是彼罪的主观要素,因而需要结合当事人的一系列行为要素来进行判断。例如在走私、贩卖、运输、非法持有毒品罪中,要求有"明知毒品"的主观要素,如果当事人对此根本不明知,就不能认定构成此罪。再如在掩饰、隐瞒犯罪所得罪中,要求行为人"明知是该物品可能是犯罪所得和犯罪所得收益",否则便可能不构成犯罪。可见,关于"明知"的准确认定,关乎定罪量刑,司法实践中必须引起重视。试以下例来说明关于故意杀人罪和故意伤害罪中的“两个故意”究竟该如何区分的问题。

案例六(此罪与彼罪):2013 年,辽宁省高级人民法院审理的任某故意杀人一案的二审中,上诉人任某的上诉理由是一审定罪不当,自己不构成故意杀人罪,应认定为故意伤害罪。法院经证据审查和行为分析,对其到底是杀人故意还是伤害故意的认定如下:“经查,任某与被害人发生厮打受伤后,购买作案工具尖刀并回到案发地捅刺被害人要害部位两刀,致被害人心脏破裂、肺破裂、主动脉破裂,大失血死亡,综合任某的客观行为,可见其具有故意剥夺被害人生命的主观故意,其行为构成故意杀人罪。”

本案中,虽然被告辩解其不具备杀人的故意,但是其刀刺向受害人要害部位的行为只能是“杀人故意”下的表现。在很多情况下,司法实践中的某些主观要素的界限并不十分清晰,不同的主观要素的外在行为表现却具有相似性,因而即使是通过被告的外在行为有时也难以准确区分。但主观要素的区分往往又涉及此罪与彼罪的认定,关乎被告人的定罪量刑,因而这一问题应引起司法实务界的重视,司法人员要本着谨慎合理的态度准确定罪量刑,既要考虑到打击犯罪的要求,又要兼顾防止冤假错案的价值考量。

除此之外,故意和过失之间的主观要素的界限有时也难以区分,例如故意杀人罪和过失致人死亡罪,放火罪和失火罪等,这些罪的外在行为具有相似性,所以其背后的主观要素是作出准确定罪的重要因素。试看下则放火罪案,被告人即以其主观要素为过失而非故意来进行辩护,以期获得较轻的定罪量刑。

案例七(故意与过失):2013 年,湖北省高级人民法院审理的马某放火罪一案的二审中,上诉人马某上诉及其辩护人辩护称:原判定性错误,该案应为失火罪。在审查证据之后,二审法院表示:“关于上诉人马某及其辩护人提出原判定性错误,该案应为失火罪的意见。经查,本案证据充分表明,马某明知汽油是易燃品,且目睹被害人雷某甲正在吸烟,并明知其居所处在稠密的居民区内,仍然不计后果将汽油泼至其夫雷某甲身上引发火灾,致使其夫被烧死并造成公私财产重大损失,其行为严重危害到不特定的人身及财产的安全,已构成放火罪。故对该上诉理由及辩护意见,本院不予采纳。”

从表面上看,放火罪与失火罪的区别仅仅在于故意还是过失,司法实践中对“故意”和“过失”的区分同样有着模糊的地带,但是实际上两种心态下当事人的具体行为表现、具体犯罪事实还是有所区别的,因而可以推断出究竟是故意还是过失。

(二)超出客观要素内容的主观要素

在有些罪名中,某些主观要素不需要有与之相对应的客观事实,这便是所谓的超出客观要素内容的主观要素,典型的如前述的目的犯,此外在刑法理论上还存在倾向犯、表现犯、动机犯等之说,由于涉及专业的刑法学知识,本文仅选取目的犯进行分析。

目的犯是指以特定目的作为主观要素的犯罪,其目的是超出故意之外的,对某种结果、利益、状态、行为等抱有的内在意向。我国刑法分则关于目的犯的规定有很多,例如在集资诈骗罪中,要求以非法占有为目的;走私淫秽物品罪中要求以牟利或者传播为目的;侵犯著作权罪中,要求以营利为目的;拐卖妇女、儿童罪中;要求以出卖为目的;赌博罪中;要求以营利为目的;等等。根据不同的标准,目的犯也有不同的分类,例如成文的目的犯和不成文的目的犯、直接的目的犯和间接的目的犯等,但是它们有一点是共同的——主观目的超过客观要素。例如,在拐卖妇女儿童罪中,要求"以出卖为目的",但不要求行为人客观上已经实施了出卖行为,只要其具有"以出卖为目的"即可。再如,赌博罪要求以"营利"为目的,但不要求行为人实际上已经获得利益,只要具有"营利"的意图即可。由于不需要有明显的外在客观行为与之相对应,超出客观要素内容的主观目的可以单独存在,所以此类"目的"证明起来往往要更为复杂。

区分不同主观目的同样具有重要意义。结合目的犯的立法功能,主要是区分罪与非罪、此罪与彼罪的功能。

1. 区分罪与非罪

某些客观外在行为,只有具备特定目的才构成犯罪。例如赌博罪必须以营利为目的,如果仅仅是参与赌博,为他人提供场所但并没有从中营利的目的,都不构成犯罪。再如倒卖文物的行为,在以牟利为目的情况下构成倒卖文物罪,而对于那些确实既无牟利目的,也无行使目的,纯粹出于个人兴趣的,不以犯罪论处。请看以下一则案例:

> **案例八(罪与非罪)**:2013 年,浙江省杭州市某人民法院审理顾某某等盗掘古墓葬、倒卖文物一案的上诉时,被告陈某某提出其购买文物的目的并非单纯牟利,主要是为了收藏。法院以其客观行为表现有力地驳斥了被告对其主观目的的辩解,最终予以准确定罪:"关于被告人陈某某所提其系出于个人收藏目的收购文物的辩解,经查,在案证据证

实陈某某向顾某某等人共计收购了10件文物,除其中一件残破的鸡首壶被追回外,其余9件文物均未追回。陈某某辩称该9件文物系交给绰号为'阿峰'的广东籍男子去修补,因'阿峰'下落不明而无法追回。依常理,将原始收购价格就高达40多万元的多件文物交给他人修补,应当有相关的书面凭证。而陈某某在将9件价值不菲的文物交予其并不太熟悉的'阿峰'时,却不索取权利凭证,该举动明显与常理不符。故被告人陈某某所提相应辩解与事实和法律不符,本院不予采纳。"

2.区分此罪与彼罪

某种违法行为由于具有特定目的而使其违法程度变得更严重,立法者对此规定为轻重不同的两种犯罪,在这种情况下,是否具有特定目的就成为区分此罪与彼罪的界限。最典型的莫过于集资诈骗罪和非法吸收公众存款罪的区分,同样是集资行为,如果具有非法占有的目的则构成集资诈骗罪,如果没有非法占有的目的则构成非法吸收公众存款罪。再如,同样是收买妇女、儿童的行为,而如果没有出卖的目的则构成收买被拐卖的妇女、儿童罪,如果有出卖的目的,即使尚未卖出,也构成拐卖妇女、儿童罪。[①]

案例九(此罪与彼罪):2013年,湖南省某市中级法院审理的何某职务侵占、贷款诈骗一案的二审中,根据对其主观目的判断,最终将贷款诈骗罪认定为骗取贷款罪。上诉中,关于贷款诈骗罪,被告人称其主观上没有非法占有的故意,贷款后也并未挥霍或进行非法活动,不构成贷款诈骗罪。二审法院经审查后,认为在主观上的确不能认定其有非法占有的故意,最终将罪名定性为骗取贷款罪。法院对其主观目的分析为:"何某本身系华容县信用联社的职工,贷款时在万庚信用社主持全面工作,此前曾在操军信用社工作过,操军信用社主任曾某和万庚信用社工作人员都认识其妻子李和平,何某在万庚信用社以妻子名义自批自贷20万元,通过了记账员支取贷款;何某以妻子名义在操军信用社贷款30万元,在2005年9月25日还结算支付了利息6840元。从以上事实看出:(1)上诉人何某冒用的是信用社工作人员都认识的其妻子的名义而非他人;(2)从债务承担角度,该两笔款项都应由何某及其妻子共同承担偿还责任;(3)从上诉人何某贷款后的行为看,何某向信用社支付了一部分利息,其非法占有该两笔贷款的主观故意不明显,故不能认定为贷款诈骗罪。何某在贷款时冒用其妻李和平的名义,以经

① 参见陈兴良:《目的犯的法理研究》,载《法学研究》2004年第3期。

营农夫山泉矿泉水生意和需要资金周转为由,获取万庚信用社贷款20万元,操军信用社贷款30万元,应认定为谎报贷款用途,夸大偿还能力(借款日期是2005年7月11日,偿还日期是2005年11月30日),以虚构事实,隐瞒真相的欺骗手段,骗取贷款,应定性为骗取贷款罪。"

案例十(此罪与彼罪):2013年,江苏省某市中级人民法院二审陈某集资诈骗一案时,上诉人陈某对其主观目的提出上诉理由:客观上没有公开宣传以及虚构有化工厂和养殖场的行为,也没有将吸收的投资款用于挥霍,主观上没有非法占有的故意,其行为不构成集资诈骗罪。其辩护人也提出:上诉人陈某没有非法占有的故意,原判决认定挥霍的证据不足,应当认定为非法吸收公众存款罪。二审法院在审查证据后,对其主观要素仍然认定为"以非法占有为目的":"经查,关于本案定性问题。根据最高人民法院《关于审理非法集资刑事案件具体应用法律若干问题的解释》第四条第二款规定,使用诈骗方法非法集资,具有集资后不用于生产经营活动或者用于生产经营活动与筹集资金规模明显不成比例,致使集资款不能归还的;肆意挥霍集资款,致使集资款不能返还的;拒不交代资金去向,逃避返还资金的等情形之一的,可以认定非法占有目的。本案中,上诉人陈某对其未经有关部门批准而向社会不特定人集资以及集资的数额、损失等事实不持异议,其在租赁的门面上打出'有钱来放贷,无钱来借款'的广告,显然是向社会不特定公众公开进行宣传的行为。陈某吸收投资款后大肆用于娱乐消费活动,用于生产经营活动与筹集资金明显不成比例,造成500余万元的集资款无法归还,足以认定其非法占有故意,原判决认定其行为构成集资诈骗罪是正确的。"

可见主观目的的有无确实关乎对罪名的认定,实践中被告方也往往以此作为辩护理由。

从上述的典型案例可见,超出客观要素内容的主观要素,尽管理论上不要求有与之对应的客观要素,但司法实践中还是能够通过被告人的外在行为表现,结合整体案件事实情况,推定出当事人的主观目的。即使某些界限模糊,涉及罪与非罪、此罪与彼罪的主观目的,但通过被告人的具体行为表现及案件具体事实,还是能够予以准确判断的。

三、主观要素证明的具体方法

通过上述对主观要素及典型案例的分析,司法实践对主观要素证明模式的应用由此可见一斑。本部分将论述“证据-行为-主观要素”这一证明模式背后的逻辑原理和具体的证明方法。

(一)背后的逻辑原理

1. 心理学原理

罗马法时代有一句格言:人的外部行为反映其内心秘密。一般有着正常思维的人,其外在行为都是在其特定主观心态指引下实施的,特定行为和特定的主观心态是相互吻合的;通过一个人的外在行为是可以判断其主观心态的。[①] 但是,也不排除有例外存在,每个人的心理素质以及个案之间也是有各种差别的。人类的这一行为规律,也是通过客观的外在行为来认定主观要素的原理之一。对于犯罪主观要素的证明,如故意、过失、明知、以非法占有为目的等,最直接的证明方式是来自于犯罪嫌疑人或被告人的口供,但司法实践中并非所有案件都能成功获取口供,即使获取了也还存在被告人翻供的风险,而通过犯罪嫌疑人的一系列行为表现及其反应,一般是可以推定出其主观意图的。进一步说,即使犯罪嫌疑人供述了当时的主观意图,办案人员还是要结合其一系列外在行为表现和整体的案件事实等情况对口供进行印证。

2. 长期经验总结出的高度伴生关系

在刑事司法实践中,不同的主观要素会表现为不同的犯罪行为,何种犯罪行为对应何种主观要素,往往可以通过司法人员长期的办案经验总结出来,虽然没有法律的明确规定,但是这可以演化成约定俗成的司法惯例。例如,刑法上有一条古老的“持有新近盗窃物”原则,即如果一个人持有新近被盗窃的物品,又不能作出合理的解释,便可推定其构成犯罪,这便是从长期的刑事司法实践中总结出的推定规则。与此同时,随着社会的变迁和发展,很多曾经的犯罪行为都已经开始发生变化,新的罪名也会带来新的犯罪行为,经验的总结也不能一成不变,要注意随着社会和犯罪的变化而变化。在这一过程中,一些经过实践检验的、稳定的行为模式会被司法解释等法律文件予以规定下来。例如鉴于对毒品犯罪中“明知”认定的需要,我国有很多与此相关的司法解释,如 2008 年《最高人民检察院公诉厅毒品犯罪案件公诉证据标准指导意见》(试行)中便规定了可以推定为“明知”的具体情形。

3. 演绎法和归纳法的逻辑推理

演绎法是从普遍性结论或一般性事理推导出个别性结论的论证方法,

---

① 参见陈瑞华:《看得见的正义》,北京大学出版社 2013 年版,第 202～208 页。

其中普遍性结论是依据,而个别性结论是论点。归纳法是一种由个别到一般的论证方法,它通过许多个别的事例,进行总结,然后归纳出它们所共有的特性,从而得出一个一般性的结论。笔者认为,在主观要素的认证模式的发展过程中,首先运用了归纳法,在司法实践中通过长期观察犯罪嫌疑人或被告人的客观行为及主观心理,并在此基础上总结归纳出既定的行为模式。其次运用了演绎法,即将既定的行为模式适用至其他司法案例中。而演绎法要遵循三段论的论证顺序,即"大前提—小前提—结论"。例如,大前提——在毒品犯罪中,采用体内藏毒的方法运输毒品并不能作出合理解释的,可以推断犯罪嫌疑人或被告人具有"明知"的主观故意;小前提——张三在海关时,被发现体内藏有毒品,且其不能作出合理的解释;结论——张三有毒品犯罪的"明知"。

(二)具体的证明方法

1. 推定在主观要素认定中的运用

一般而言,提到主观要素的认定,不管是刑事实体法学者还是刑事程序法学者,都会提到"推定"这一方法。例如,我国著名刑法学者陈兴良在其《目的犯的法理探究》一文的最后部分提出,要引入推定的方法来证明主观目的要素;著名刑诉法学者龙宗智教授在其《推定的界限及其适用》一文中也提到运用推定证明主观要素;刑事程序法学者褚福民有一系列关于主观证明困难的解决模式,其中便包含推定的方法。笔者观察后发现,一般而言,刑事实体法学者偏重于推定的工具价值,倾向于直接分析如何用推定解决实体问题,很少质疑推定本身的性质;而不少刑事程序法学者往往会对推定,尤其是事实推定的性质进行质疑。本文对推定的性质不作过多探讨,而仅仅从工具角度出发,分析用推定解决主观要素的司法证明问题。[①]

推定是指根据已知事实来认定未知事实。《布莱克法律词典》把推定界定为"一种关于某事实存在的法律推断或假定,其基础是已知或者已经证明的另一个或一组事实的存在"。具体到刑事司法中,即为在公诉方证明了基础事实的基础上,直接推导出推定事实,但被告方有相反证据的除外。从基

① 目前,关于推定性质质疑较多的问题有事实推定有无存在的必要、事实推定与间接证明的区分、事实推定与推论的区分等(参见褚福民:《事实推定的客观存在及其正当性质疑》载《中外法学》2010年第5期;龙宗智:《推定的界限及适用》,载《法学研究》2008年第1期)。此外,何家弘教授在《证据的语言——法学新思维录》一书的第五章中对事实推定的性质也有所分析(中国人民公安大学出版社2009年版)。

础事实推导出推定事实的根据在于二者之间的高度盖然性联系或者明确的法律规定，被告方可以对基础事实进行反驳，也可以对推定事实进行反驳，还可以对二者间的盖然性联系进行反驳。一般而言，推定的适用遵循以下过程：

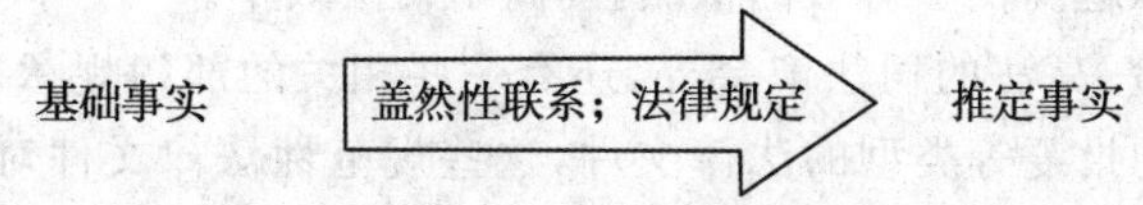

在关于主观要素的推定中，基础事实是用证据予以证明的当事人一系列行为表现及相关案件事实。根据长期的司法经验或者法律的规定，在此基础上推定被告是否有故意、明知、以非法占有为目的等的推定事实。公诉方仍然需承担证明被告人行为表现的基础事实的证明责任，须举出充分、确实的证据来证明被告的反常行为，并且要达到排除合理怀疑的证明标准，在此基础上方可推定出被告的主观要素。对于被告而言，若要证明自己不具备主观要素，可以对基础事实、推定事实甚至是经验法则进行反驳，其同样也要提出证据予以证明。

关于推定，一种最主要的（也是最饱受争议的）分类就是法律推定和事实推定。法律推定是指为法律所明确规定的推定，例如我国《刑法》第 395 条规定的巨额财产来源不明罪；事实推定是指在司法实践中运用，但是没有为法律或者司法解释所规定的推定。二者最主要的区别在于是否有法律的明确规定。这两种推定方式，在主观要素的认证中都起着重要作用。

(1)法律推定对于主观要素的证明。通过法律来规定主观要素的推定规则，这在我国的诸多司法解释中都有体现，尤其是具体罪名中“明知”和“以非法占有为目的”的推定规则。关于“明知”的司法解释：2007 年最高人民法院、最高人民检察院、公安部颁布的《办理毒品犯罪案件适用法律若干问题的意见》中关于走私、贩卖、运输、非法持有毒品主观故意中的（明知）的推定规则；2008 年《最高人民检察院公诉厅毒品犯罪案件公诉证据标准指导意见（试行）》中关于“明知”的推定规则；等等。关于“以非法占有为目的”的司法解释：2010 年 12 月《最高人民法院关于审理非法集资刑事案件具体应用法律若干问题的解释》中第 4 条对“非法占有为目的”的推定规则进行了规定；1996 年最高人民法院印发《关于审理诈骗案件具体应用法律的若干问题的解释》的通知（现已失效）中，对于“以非法占有为目的”的推定规则进行了规定；等等。上文所列举的“2013 年江苏省某市中级人民法院审理的陈某集资诈骗”一案，法院对陈某“以非法占有为目的”的认定就是依据最高人民法院《关于审理非法集资刑事案件具体应用法律若干问题的解释》第4条第2款的规定。司法实践中,一般只要有相应的司法解释,法院都会参照司法解释的相关规定来认定当事人的主观要素。这些司法解释来源于长期司法实践经验的总结,具有较高的准确性和稳定性,也为司法实践中主观要素的证明难题提供了有效的依据,提高了司法效率。

除了高检、高法的司法解释外,还有一些相关的部门规章、会议纪要以及相关性问题批复等类型的法律文件,这些规范性法律文件对主观要素的证明也起到了重要的支持作用,本文在此先不将其列为法律推定,后文对此还会有分析。

(2)事实推定对主观要素的证明。虽然有诸多以司法解释形式出现的法律推定,但是司法实践的情况依然纷繁复杂,司法解释是远不能囊括所有法律现象的,并且随着社会的发展,各种犯罪手段层出不穷,很多犯罪更具有隐蔽性、不透明性。尤其是经济类诈骗犯罪、网络犯罪、贪污受贿犯罪等,如果仅仅依靠法律推定来判断主观要素,那么很多犯罪事实可能就无法认定了。因此,在司法实践中认定主观要素还需要用到事实推定的方法,上文列举的诸多案例都有运用事实推定来认定被告人主观要素。

对此,试以一件影响较大的集资诈骗案——“2009年福建省某市中级人民法院审理的陈某等集资诈骗”一案为例来予以说明。本案是以擅自发行公司股票的方式进行的集资诈骗犯罪,两犯罪人通过公司网站的虚假宣传,谎称要到海外上市,面向全国兜售公司“原始股”,。在6个月时间内,来自全国20个省份的52名投资者的近300万元投资款被一个注册资金5000万元的奥星科技公司给卷走了。奥星科技公司是经工商部门注册成立的注册资金达5000万元的合法公司法人,对作为公司老总的两犯罪人擅自募集资金的行为要如何定性,引起了广泛的争议。公诉机关指控是集资诈骗罪,被告人和辩护人均认为是擅自发行股票罪。被告人在一审和二审中都提出其不具有非法占有的目的,没有诈骗的目的,其行为应构成擅自发行股票罪。一审法院对被告的主观目的分析如下:“①擅自发行股票罪的行为人主观上是以非法募集经营资金为目的,而集资诈骗罪的行为人主观上是以非法占有为目的。擅自发行股票罪与集资诈骗罪的重要区别就是行为人是否具有非法占有目的。②本案二被告人个人均使用化名对外联系,使用私刻的奥星科技公司印章与投资者签订协议书,多次虚增公司注册资金,而且发布大量的虚假信息。开始实施犯罪行为时奥星科技公司不具有任何偿还能力或者盈利能力,二被告人根本没有落实其对外宣称的生产经营项目，投资者的投资款也没有被用于约定的用途。相反二被告人收到投资者的投资款后立即全部转走并予以瓜分，非法随意处分。通过对二被告人的主体身份、履约能力、履约行为、对非法筹集资金的处置的综合分析，可以充分认定二被告人具有非法占有的目的。"二审法院也对此予以肯定。

本案中，很难判断行为人的主观故意是出于非法募集经营资金的目的，还是出于非法占有的目的。最初，本案侦查环节的公安机关以合同诈骗罪立案侦查，后以擅自发行股票罪移送审查起诉，证券部门介入时也认为是擅自发行股票的行为，最终经历一、二审之后才定性为集资诈骗罪。而且本案不同于传统意义上的集资诈骗，还涉及网络、公司、股票等新的犯罪因素，这也加大了准确定性罪名的难度。当时还没有出台《最高人民法院关于审理非法集资刑事案件具体应用法律若干问题的解释》，所以此案当时一直在几个类似罪名之间徘徊不定，而被告人的主观目的是准确定罪的关键因素。本案两犯罪人从头至尾均没有供述自己具有非法占有的目的，最终还是从行为人的主体身份、履约能力、履约行为、对非法筹集资金的处置等方面综合分析，才推定出被告人具有非法占有的目的，由此可见事实推定在司法实践中的重要作用。

2. 经验法则在主观要素认定中的运用

经验法则是指人们从生活经验中归纳获得的关于事物因果关系或属性状态的法则或知识。经验法则既包括一般人日常生活所归纳的常识，也包括某些专门性的知识，如科学、技术、艺术、商贸等方面的知识等。[①] 张卫平教授在其文章中还将经验法则总结为以下五类：(1)自然法则或自然规律；(2)逻辑(推理)法则；(3)道德法则、商业交易习惯；(4)日常生活经验法则；(5)专门科学领域中的法则。在诉讼法领域，除了证据证明方法、推定方法等之外，经验法则也是一种重要的司法证明方法。一般而言，在民事诉讼法和刑事诉讼中，经验法则都具有重要地位，而且可以说几乎每一种司法证明活动都离不开经验法则，甚至很多证据规则就是在经验法则的基础上发展而来的。在主观要素的认定中，同样离不开经验法则的运用，笔者将其作用概括为以下两点。

(1)事实推定中的盖然性联系要符合经验法则。根据上文所分析的事实推定的适用过程，事实推定本就是建立在经验法则基础之上的认证方法，

---

① 参见张卫平：《认识经验法则》，载《清华法学》2008 年第 6 期。转引自[日]新堂幸司：《民事诉讼法》，林剑锋译，法律出版社 2008 年版，第 375 页。

事实推定能否成立,关键要素之一就在于其所依据的经验法则是否具有高度盖然性、是否可靠。张卫平教授在其《认识经验法则》一文中还提到,德国著名法学家普维庭在论述经验法则时,按照盖然性程度的高低对经验法则进行了分类:第一类,生活规律即自然、思维和检验法则,这些法则是在数学上被证明的,或者符合逻辑的,或者不可能有例外,例如关于人的指纹唯一性、人不可能同时在两地等。第二类,原则性经验法则(经验法则的基本原则),这些原则虽然具有高度盖然性,但尚不能完全排除例外的情形,这些经验法则源于日常生活经验,没有通过科学数据的验证,如果一方当事人没有提出相反证据加以推翻时,法官可以据此形成全面的心证。第三类,简单的经验法则,这类经验法则的盖然性比较低,但对于事实认定并非完全没有意义,一个简单的经验法则可以与其他证明手段共同对事实认定或证明发生作用。第四类,纯粹的偏见,即完全不具备盖然性的个人见解和认识,这类认识在判决中没有意义。

如果按照上述对经验法则的分类,那么在推定刑事案件的主观要素时,考虑到刑事诉讼要求达到排除合理怀疑的证明标准,应适用第一类和第二类的经验法则;从防止刑事错案的角度出发,第三类经验法则最好不要适用,第四类经验法则应禁止适用。第一类经验法则即为规律、真理,对此是不可反驳的(但是仍可对基础事实进行反驳),第二类经验法则虽然具有高度盖然性,但是不能完全排除例外情形,因而要留给被告方进行反驳的权利。

事实推定中经验法则的运用,与司法人员的个人素质和经验积累也有很大关系,因为事实推定的适用者主要是法官以及公诉方。在刑事诉讼无罪推定的原则下,事实推定的运用无疑减轻了控方的证明负担,给被告方带来了风险。因而司法人员一定要遵循无罪推定的原则,采用为公众所认可的经验法则,不能带有主观偏见,严格、谨慎地适用事实推定,不能随意扩大适用范围,同时一定要留给被告方反驳的机会,以确保程序和实体的公正。

(2)案件的整体情况要符合经验法则。除了要符合在基础事实和推定事实之间的经验法则之外,对主观要素的认定,还要将其放置于整体的证据体系和案件事实中,看是否符合经验法则,这与"证据印证"的原理相似。主要是审查推定的主观要素与其他证据是否相互印证,有无矛盾之处,是否符合经验法则,整个案件的证据能否形成一个完整的证据链条,这也是所有犯罪事实认定必不可少的环节。

3. 基本证明方法的运用

虽然推定往往是与证明相并列的一种事实认定方法,但推定的运用过程中仍然离不开基本证明方法的运用。首先,控方对基础事实的证明完全要遵循基本的证明方法,在此基础上才能“跳跃”得出推定的事实,辩方不管是对基础事实、推定事实还是经验法则进行反驳,同样也要提出证据予以证明。但需要注意的是,在此过程中,双方的证明责任与传统的证明责任有所区别,推定过程的举证责任往往要进行倒置,在基础事实已经得到证明的前提下,原本由控方证明“推定事实”的举证责任转移到了辩方,辩方需要证明推定事实不存在,否则便要承担举证失败的不利后果。其次,虽然是举证责任倒置,但是对于任何一方而言,都是举证责任、说服责任和结果责任的统一。由此可见,在推定过程中仍然离不开对基本证明方法的运用。

四、主观要素证明中存在的问题

上文分析了主观要素的认证模式、具体的认证方法,也列举了一系列典型案例,但是在司法实践中,主观要素的认定和证明方法的运用依旧困难重重。

(一)事实推定的定性问题

其实,对于所谓的“事实推定”,究竟其是一种推定,还是只是正常的司法推论过程,理论界对此一直有争议。推论与事实推定具有大致相同的内涵和外延,推论是从证据中的具体到思维中的具体事实的认定过程,推论是对事实的一种演绎推理,该事实可以从被证据确证的另一事实或者一组事实中合乎逻辑地、合理地推断出来。[①] 龙宗智教授在其《推定的界限及适用》一文中将推论界定为“推论是通过间接证据进行推理获得事实的结论”。笔者认为,推论作为一种证明过程中的思维逻辑方法,贯穿于整个证明过程中,甚至推定的过程也要用到推论。虽然理论上能够作出区分,不少学者对此也进行过概括总结,但是在司法实践的具体案例中,要准确定性还是很有难度,根据当事人的一系列行为,很难说是根据这些基础事实推定出了主观目的,还是根据案中的证据间接地推出了主观目的。[②]

不少学者认为,我国很多司法解释所规定的“推定”规则,其实也并非是我们所理解的层面上的“推定”。例如龙宗智在其《推定的界限及适用》一文

① 参见张保生:《推定是证明过程中断》,载《法学研究》2009 年第 5 期。

② 关于推定与推论之间的区分,可参见龙宗智的《推定的界限及适用》(载《法学研究》2008 年第 1 期);关于事实推定与间接证明之间的区分,可参见褚福民的《事实推定的客观存在及其正当性质疑》(载《中外法学》2010 年第 5 期)。

中提到,最高人民法院1996年12月发布的《关于审理诈骗案件具体应用法律的若干问题的解释》关于"非法占有为目的"的认定,并非是一种推定,而是根据当事人的外在行为来推断其主观目的,司法解释仅仅是对一般情形进行了总结概括,既没有降低证明标准使其具有假定性,也没有转移证明责任让被告承担证明义务,因而不是推定。张卫平教授也在其《认识经验法则》一文中认为,从证明的角度而言,事实推定是一种间接证明,如果从事实推定只有通过经验法则作为中介进行推定证明而言,事实推定则是狭义上的间接证明。[①]

事实推定与推论之间的模糊界限,也为司法实务中很多办案人员所反映,笔者就此问题也咨询过法检部门的工作人员。在对一些刑事案件之主观要件的证明过程中,在没有口供的情况下,依据犯罪嫌疑人的行为来推断其主观要素,究竟是一种事实推定,还只是一种间接证明过程、推论过程?一些受过正规法学教育、专业扎实的司法人员更倾向于其是一种依据间接证据来认定事实的司法推论的过程,更多是司法人员的内心确信和自由心证的过程。但是,还有一个问题需要引起注意,就是在司法实务中,对事实推定与推论进行区分的必要性并非很大,因为在没有明确法律依据的情形下,不管是运用事实推定还是推论,司法人员在认定主观要素的时候,并没有事先既定好的方法路径,大都是根据对证据、对当事人的外在行为表现、对案件整体情形的把握,进行综合分析,经过内心确信后得出的结果。对于他们而言,至少目前为止,并没有区分事实推定和推论的急切需要。而且无论采取哪种方法,一般不会影响案件事实的认定结果,认证的过程也不会体现在相关司法文书中,从而又引出实践中的第二个问题。

(二)程序的不透明

不管是推论还是事实推定,法官司法的过程一般不会在相关法律文书中详细体现,尤其是在一审环节很少有关于主观要素认定过程的具体分析。笔者在"北大法宝"搜寻案例的过程中,将查找关键词主要集中在涉及"明知""以非法占有为目的"的一些罪名上,但大部分的一审判决书都比较简单,逐条罗列相关证据后(以当事人供述、证人证言和书证为主),就进行简略的事实认定的概括。例如"本院认为,被告人胡某以非法占有为目的,使用诈骗方法非法集资,数额特别巨大,其行为构某集资诈骗罪……";又如

---

① 也有学者对事实推定与间接证明之间的关系提出过疑问,笔者认为在此意义上,推定与间接证明是一个层面上的意思。

"本院认为,被告人王某以非法占有为目的,使用诈骗方法非法集资,数额特别巨大,其行为构某集资诈骗罪……",很少有关于主观要素的专门分析过程。

但正如前文所分析的,主观要素是违法构成的重要组成部分,关乎罪与非罪、此罪与彼罪的区分。因此,应当在判决文书及其他司法文书中对主观要素的认证过程予以呈现,以构成犯罪事实的完整证明过程,形成完整的证据链。判决文书中主观要素认定过程的空缺,很容易成为被告方辩护或者上诉的理由,因而在二审判决书中便可发现相当一部分被告方以"不具备主观故意、不明知、不具有非法占有的目的、不具有营利的目的"为由进行抗辩。同时,与一审判决书不同,在被告针对主观要素提出抗辩的二审判决书中,法官会就被告是否具备主观要素进行相对比较详细的分析。本文所列举的对主观要素进行详细分析的案例,几乎都来自于二审裁判文书。

程序上的不透明,可能是司法人员基于如下考量形成的:

1.司法文书稳定性的要求

一般而言,正规的司法文书,尤其是诸如判决书这样需要送达当事人、予以公开的判决文书,都有比较固定的格式。笔者观察过的几份判决书大都侧重于证据的罗列和事实的陈述,而法官的内心认证过程以及对证据评析认定的过程大都比较简略,司法实践中甚至有把起诉书修改成判决书的现象。从法官角度而言,判决书要讲求安定性和稳定性,要经得起推敲,如果将主观目的的认证过程予以详细论述,由于没有法律的明确规定,难免担心有疏漏和不周之处。例如彭宇案的判决书中,法官将其心证过程描述如下:"根据被告自认,其是第一个下车之人,从常理分析,其与原告相撞的可能性较大。如果被告是见义勇为做好事,更符合实际的做法应是抓住撞倒原告的人,而不仅仅是好心相扶;如果被告是做好事,根据社会情理,在原告的家人到达后,其完全可以在言明事实经过后让原告的家人将原告送往医院,然后自行离开,但被告未作此等选择,其行为显然与情理相悖。"虽然法官依据自己的知识积累和对经验规则的判断,详细论证了其事实推定的过程,但是却违背了一般人的认识和日常经验法则,因而这一判决书一公开便广遭诟病,法官也承受了非常大的社会压力

2.法官的专业素养以及工作压力

我国地广、人多、案多,总体而言,法官数量并不是很充足,在基层法院,每位法官承担的审判任务都十分繁重,如果每份判决书中都将内心确信的过程予以详细论证,那么法官的工作量将会大大增加。另外,我国的法学教

育起步比较晚,目前仍有相当一部分审判人员缺乏正规的法学教育,这也导致他们并不具备专业的法学知识,对推定的适用并没有明确的认识,也难以将心证过程作出详细表述。

五、主观要素证明的措施建议

针对主观要素证明过程中存在的问题,本文拟提出几点简单对策,但是主观要素的证明难题以及存在的一系列问题,仍然不是短期内可以解决的,需要随着司法技术的逐步发展而日臻完善。

(一)从事实推定到法律推定的规范化

如上文所述,司法实践中事实推定与推论、间接证明的界限模糊,很难进行明确的区分。虽然司法实务中对二者进行区分的需求并非十分迫切,但是准确定性仍然是正确适用证明规则、分配证明责任、保证程序正义及实体正义的基础。理论界针对事实推定的存在与否这一问题,支持和反对的观点都有。① 由于笔者的能力以及文章篇幅所限,对此问题暂时还难以作出回应,但是比较倾向于事实推定的存在。因为从反面思考,既然法律推定的合法地位被认可,而相当一部分法律推定是从事实推定演化发展而来,那么从这一层面上可以论证事实推定的存在吧?

针对司法实践中事实推定适用混乱及滥用的情形,目前可采办法之一是将广泛使用的、具有高度盖然性联系的事实推定,以司法解释、规章等形式予以规定。其实这一做法也是我国法律推定发展的一条主要路径,如毒品犯罪中的"明知"证明一直是个棘手的问题,经过长期的司法实践经验总结,我国目前已经制定了一系列与之有关的推定规则。除了上文所列举的一系列两高所制定的司法解释之外,还有一些其他形式的法律文件:2008年12月最高人民法院关于印发《全国部分法院审理毒品犯罪案件工作座谈会纪要》的通知,2009年最高人民法院、最高人民检察院、公安部关于印发《办理毒品犯罪案件适用法律若干问题的意见》的通知,2008年《最高人民检察院公诉厅毒品犯罪案件公诉证据标准指导意见》(试行),以及其他一些规范性文件等。

一般而言,法律和司法解释的制定往往比较严格,也更具有稳定性,部

① 例如,学者龙宗智曾在《法学研究》2008年第1期上发表题为《推定的界限与适用》一文,其中就反对事实推定的存在;学者褚福民发表在《中外法学》2012年第5期《事实推定的客观存在及其正当性质疑》一文中则又论述了事实推定的客观存在,以及事实推定与间接证明之间的区分。

门规章、地方性文件等虽然法律效力等级不高，但却更具有灵活性、及时性，也更容易有效应对司法实践中出现的问题。有学者提出，还存在一种介于事实推定与法律推定之间的“准法律推定”，认为依据法律和司法解释的推定可称为“法律推定”，但以最高人民法院、最高人民检察院各厅室、省级法院、检察院的名义来制定的规范性文件，或者最高人民法院、最高人民检察院就某问题发布的座谈会纪要等范性文件，并不具有司法解释的效力。这些文件中规定的推定不能被界定为法律推定，但是其又不同于事实推定，将其界定为二者之间的“准法律推定”是一个比较合理的定位，且这一类“准法律推定”在我国司法实践中发挥着重要的作用，指导着案件的审判工作。[①]例如关于非法集资案件，对“以非法占有为目的”的相关规定有：2010 年《最高人民法院关于审理非法集资刑事案件具体应用法律若干问题的解释》，2011 年《最高人民法院关于非法集资刑事案件性质认定问题的通知》，2001 年最高人民法院关于印发《全国法院审理金融犯罪案件工作座谈会纪要》的通知。再如关于诈骗案件，相关的规定有：2011 年《最高人民法院、最高人民检察院关于办理诈骗刑事案件具体应用法律若干问题的解释》，2007 年《最高人民法院、最高人民检察院关于办理与盗窃、抢劫、诈骗、抢夺机动车相关刑事案件具体应用法律若干问题的解释》，1996 年最高人民法院印发《关于审理诈骗案件具体应用法律的若干问题的解释》的通知（失效）等。在上述所列举的法律文件中，可将最高人民法院、最高人民检察院所制定的司法解释归入法律推定，而相关问题的答复、通知、会议纪要等法律文件则要归入准法律推定。一般而言，法律推定的效力等级更高一些，也更具有稳定性，而准法律推定的制定过程比较简单，更具有针对性，修改、废止也相对比较容易。司法实践中，在案件符合条件的情况下，这两类的推定都同样适用。

此外，不同地区还应当针对当地的犯罪特点制定适用于本地区的规范性文件，以指导当地的司法活动。例如根据笔者在“北大法宝”上以“毒品”为关键词进行地方法规规章的检索，发现上海、广东、云南针对毒品犯罪的地方性文件相对较多。再如江浙地区经济类犯罪较多，浙江省 2008 年就颁布了《浙江省高级人民法院、浙江省人民检察院、浙江省公安厅关于当前办理集资类刑事案件适用法律若干问题的会议纪要的通知》。

---

① 参见褚福民：《准法律推定——事实推定与法律推定的中间领域》，载《当代法学》2011 年第 5 期。

(二)案例指导制度的运用

制定法律的速度总是赶不上现实中司法实践的需要,关于主观要素的推定规则虽然有很多的准法律推定,但事后立法的速度仍略显滞后,且随着犯罪手段的推陈出新,这些准法律推定也已经很难囊括所有新的犯罪行为。加之我国地域广阔,不同地区案件的侧重点也不一样,因而很多准法律推定也带有区域局限性。

在此,本文提出案例指导制度在推定中的适用建议。从 2011 年 12 月起,我国最高人民法院迄今已发布了七批指导性案例,涉及民事、刑事、行政诉讼领域,每个指导性案例都包括标题、关键词、裁判要点、相关法条、基本案情、裁判结果、裁判理由七个部分。最高人民法院选取的指导案例具有很强的代表性、典型性,针对本阶段司法实践中的疑难问题、新型问题提供指导性建议,且具有一定的约束力,对司法审判工作的审判具有指导作用。但目前大部分案件仍主要针对实体问题,对于以后能否颁布有关程序规则、证明规则的指导性案例还不得而知。只是最高人民法院的指导性案例,确实是指导司法实践中如何处理主观要素问题的一条有效路径。

除了最高人民法院集中发布的指导性案例之外,它对某些案例的批复、处理意见,单独针对某类案件发布的指导案例都具有指导性案例的意义。例如,2012 年 2 月 14 日最高人民法院发布了 5 个毒品犯罪的典型案例,每个案例分为“基本案情”和“裁判结果”两部分,基本案情主要是事实部分,裁判结果主要是说理论证、定罪量刑部分。这为司法实践中毒品犯罪的典型情况提供了事实认定、行为定性分析的指导模板,具有非常实用的指导意义。

除了最高院发布的案例之外,一些省高院也会针对司法实践中的常见问题、疑难问题发布指导案例。例如,在江苏省法院网站(http://www.jsfy.gov.cn)的“司法案例”一栏中,就有诸多的典型案例和指导案例,会分别针对本省内各个类型的司法案例进行总结、汇总,例如“全省法院非法集资类犯罪十大典型案例”“全省法院审理危害食品安全犯罪典型案例”“江苏法院 2012 年度劳动争议十大典型案例”等。这些典型案例都非常具有时效性,紧跟当前的司法实践需求。每一个具体案例,主要也是分为事实部分和说理论证部分,供本省各个法院参照适用。

实践中,很多公诉人、法官都有过查找类似案件的经历,尤其是在遇到主观要素难以认定的情况时,他们往往会去寻找上级法院类似的生效判决,甚至其他省市法院的生效判决,参照并进行事实认定及法律适用。这些判决不一定是正规的指导性案例,司法人员也不会将其“参照适用”的过程呈现在法律文书中,但实际上这些生效的判决起了决定性的指导作用。因而,就事实推定,尤其是主观要素的推定问题,最高人民法院、最高人民检察院等相关部门可以加强对此类案件的遴选,选取具有代表性的案例作为指导性案例发布,以规范案例指导制度,保证事实认定和法律适用的统一性,指导本地区甚至全国范围内的审判工作,以防出现寻找无门、适用混乱、裁判不一的情形。

(三)程序的公开透明化

关于主观要素推定适用的程序问题,主要有两个方面:一是具体适用过程的程序公正;二是司法文书的公开透明。

第一,具体适用过程的程序公正,保证被告人的权利。首先,不管是法律推定还是事实推定的适用,都会减轻控方的证明负担,加重被告一方的证明责任。但刑事诉讼无罪推定的原则却要求保障被告人的程序告知权,告知其享有反驳推定的权利,虽然司法实践中不乏被告方对主观要素提出抗辩,但是程序上的告知依然是必不可少的要件。具体而言,告知程序可以安排在庭前会议阶段,修改后的刑事诉讼法第182条第2款规定了庭前会议制度,最高人民法院《关于适用〈中华人民共和国刑事诉讼法〉的解释》第183条、184条对此也有相关规定。其次,事实推定的适用要遵循严格适用原则,事实推定除了程序上的风险之外,在实体事实认定上还具有一定的可假性、不确定性,因而在能够通过证据证明的情况下,还是遵循证据裁判主义原则以及无罪推定原则,不能随意扩大事实推定的适用范围。另外,主观要素的推定事实还要符合一般经验规则,与案件的整体证据体系相互印证。

第二,司法文书的公开透明化,法官自由心证的过程公开。如上文所述,很多司法人员不会将其对主观要件推断的过程呈现在判决书等司法文书中。虽有客观原因,但也不排除有的司法人员是为了避免外界对其心证过程的推敲,以防出现漏洞而影响判决的稳定性。从本文所列举的诸多案件也可以看出,大部分的一审判决文书都缺少这方面的说理分析过程。而被告方提出抗辩的二审裁判文书中,虽有相关的说理论证,但质量良莠不齐,很多案件对主观要素的回应依旧略显粗糙,还停留在表面的形式化,并没有针对从行为到主观心理的本质问题进行分析的过程。但一些高级别法院的二审判决和重大案件的判决(如吴英案),对主观要素的说理分析却能做到有理有据,详细并有说服力。因而,呼吁各级法院在有关司法文书中,对于主观要素的事实推定以及其他推定的过程都能以说理论证的方式予以详细呈现,既要有证据、有案件事实,更重要的还要有从行为到主观要素的说理分析过程。2013 年,最高人民法院全面推进司法公开工作,提出完善对审判流程公开、裁判文书公开、执行信息公开三大平台的建设。目前我国已经建立起了裁判文书网,全国四级法院的裁判文书也已经逐渐在网上公布,这种机制有助于促进法官加强判决文书的说理工作、公开心证过程,进而推动法官审查认证能力的提高,保障主观要素认定的质量。

(四)一点余论

除了以上几点具体措施建议外,本文还想结合刑事实体法谈谈自己的想法。笔者一直认为研究程序和证据的适用需要结合实体法的内容,不能脱离实体案件只顾程序和证据,否则回到司法实践中仍会发生难以适用的脱节现象。目前,我国的刑法理论,已经逐渐从传统的四要件理论体系向三阶层理论体系转换了。传统的四要件体系,犯罪构成要件包括主体、主观方面、客体和客观方面,整个体系是一个平面化结构,定罪时是将其一起予以考虑,遵循从主观到客观的模式。而三阶层体系建立在违法性和有责性基础上,分为构成要件的符合性,构成要件违法性,构成要件的有责性,这是一种立体的阶层型模式,是一种从客观到主观的认定体系。三阶层体系是有一定的判断顺序的。首先判断行为性质是否违法,之后再判断主观要素,严格遵循从客观到主观的顺序。其实我国的刑事司法实践也开始逐渐转向三阶层的体系。在这一体系下,如果行为本身就不构成犯罪,则不用再考虑主观要素,这种认定方法更具有科学性、合理性,大大提高了司法效率。在从客观行为到主观要素的认证模式中,可以遵循三阶层的顺序,防止盲目对主观要素进行认定,以提高司法效率,更要防止"主观定罪"的现象出现。

On the Proof Mode of Criminal Subjective Elements

Ran Wang

Abstract Whether in theory or in practice, proof of subjective elements of crime constitution has always been a judicial problem both in the four-element theory system and in three-class theory system. Proof of subjective elements plays an important role in the whole criminal facts, involving whether crime or not, who crimes, penalty measurement and other important factors. In the judicial practice, in addition to the subjective elements such as direct testimony, subjective elements also can be affirmed by external expression. Combining *Criminal Substantive Law* with

Evidence Law, this paper explores the method of affirming subjective elements by external behaviors through judicial cases, and analyzing the logic behind and the specific identification method. In the judicial practice, there are still a series of problems, for example, the proof of subjective elements is opaque, and presumption is not clear and so on. Finally, in this paper, constructive measures to the subjective elements of the construction of the proof system are put forward, including regularization from the presumption of fact to presumption of law, case guidance system application, making judgments more reasoning and open.

Keywords subjective elements; presumption; the experience rule

法官与律师不正当行为关系的评判和预防

瞿桂东①

内容摘要 法官是依法行使国家审判权的公职人员，在法定范围内依法享有自由裁量权，其裁判结果直接关系到公民的生命、自由、财产和名誉。在诉讼中，律师是通过说服法官以维护当事人合法权益并收取相应费用的法律工作者。但在当下，由于受一些不良风气的影响，民众相信关系甚于相信法律，更愿意信任有关系的律师。法官的待遇偏低，权力较大，针对他们的监管处罚不严，其难以抗拒时常出现的各种诱惑。在市场经济中，律师为获得生存和发展，经常通过请客吃饭、输送钱财等方式以及通过婚姻、血缘或同窗、师生、同乡等传统纽带与法官建立密切关系，从而实现自己的目的。法官与律师不正行为关系的建立愈演愈烈，严重损害了司法的权威和公信力，这也是闹访、上访愈演愈烈的重要原因。本文分析现实中法官与律师不正当关系的主要类型、特点、原因、危害、与其相关的现行规定及缺陷，并提出相应的预防建议。

关键词 法官；律师；不正当关系；预防

一、问题

2013年8月2日，标题为“上海高级人民法院法官集体嫖娼”的视频和新闻在互联网上引发了广泛的关注。后经查实，上海市高级人民法院民一庭庭长陈××、副庭长赵××等四名法官与一名律师及某公司高管在夜总会娱乐并集体招嫖。法官的白日威严形象和夜晚的淫荡行为造成的巨大反差在社会中引起很大反响，法官与律师的不正当行为关系让公众联想到集

---

① *作者简介：瞿桂东，武汉市汉阳区人民法院法官助理。

体嫖娼背后可能存在的裁判不公和司法腐败。如果司法的主体法官与重要参与者律师都进行钱色交易、践踏法律，又如何期待民众相信法律是公正的并遵守呢？正如上海市某领导事后表示："不可低估政法队伍中存在办人情案、不廉洁、不自律等倾向性、苗头性问题的严重性。"

原最高人民法院大法官黄某与原大律师陈某的腐败案件更是让司法蒙羞。2005～2006年，陈某律师请最高人民法院原副院长黄某帮助促成一起执行案和解。黄某利用职务的便利，向案件承办人"打招呼"，使案件如陈某所愿。2008年5月，陈某送给黄某300万元行贿款，并向广东省高级人民法院执行局原局长杨某法官行贿5万元。2010年三人均被判处重刑。大法官黄某与大律师陈某均出身于广东潮汕地区的贫苦农村家庭，系西南政法大学师兄弟关系，均为行业精英。陈某通过杨某介绍认识黄某，之后两人一直保持着密切的往来。黄某于2002年(不满45岁)就担任了最高人民法院副院长、大法官。陈某于2001年36岁时组建了广东最大的律师事务所，任广东省律师协会副会长。2002年，他的个人年收入超过一个亿；2005年，他被授予"全国优秀律师"称号。陈某坦言："我给法官送钱有两个动机：一是希望他们能为我的当事人利益考虑；二是希望我能跟他建立密切的关系，保持一种长远良好的关系。腐败是社会的普遍现象，在法官队伍中也不例外，律师只能适应环境，无法改变环境。我请法官帮忙从来就不要求他们枉法裁判，因为这经不起时间的考验和当事人一而再、再而三申请再审的考验，我只要求他们在法律许可的范围内帮我的忙。"现实中像陈某这样的"成功"律师，似乎都得与法官保持良好关系，甚至是不正当关系，只有这样，他才能做大做强。黄、陈二人均应有美好的前途，但因为不正当行为关系而走上难以翻身的犯罪道路，其结局令人惋惜。如何保持法官与律师之间的正当行为关系，值得我们深思。

二、双方的职业属性及应然关系

法官的日常工作是定罪量刑，定纷止争，处理各类矛盾利益纠纷，维护公平正义和社会秩序。居中裁判的属性要求法官中立，能超脱于诉讼各方利益之上，充分听取双方当事人的意见和证据，不偏不倚地依据事实和法律进行裁判。在我国社会转型时期，社会观念和利益日趋多元和复杂，矛盾纠纷突显并纷纷以案件的形式进入法院，法官被直接推到各种矛盾和利益纠纷的最前沿。他们肩负着化解矛盾、匡扶正义、促进社会稳定和谐的时代使命。当各类违法犯罪案件、利益矛盾纠纷案件等走到寻求司法裁判这一步时,司法成了正义的最后一道防线。此时,如果法官和律师一起进行司法腐败,那社会就没有正义可言了。

律师是指取得执业资格,接受委托或指定,为当事人提供法律服务、维护其合法权益的法律工作者,他们在客观上也维护了法律权威和社会公正。律师制度起源于古罗马,当事人在日趋繁多复杂的法律规定及诉讼程序中要对抗强权,就需要那些熟悉法律事务的人士协助,这些熟悉法律事务的人员逐渐变成专职律师。律师制度源于信任,当事人相信律师会竭尽全力维护其利益,才接受律师的服务。因此,律师的首要职责是忠诚于当事人的权益,实现当事人利益的最大化。《律师法》规定了律师有保守其当事人秘密的义务与特权,包括保守当事人曾经做过的违法犯罪的事。相比法官而言,律师是民间法律工作者,收入不由国家财政提供。市场经济制度下,自谋生存的压力使得律师时刻将执业收入等放在核心位置,变得同商人无异。因此律师职业具有主动性、偏袒性,在法律许可范围内他们可以不顾一切追求胜诉或减少客户的损失,从而实现自己的利益。例如,在刑事诉讼中,经验证明,律师倾向于把犯重罪的人说成轻罪或有罪的人说成无罪。

法官与律师的应然关系,在宏观层面表现为法官与律师都是法律的信仰者,都是公平正义的维护者、法治社会的参与者和实践者。而在具体案件中,他们是一种协同关系,要收集证据、恢复案件真实,确保法律得到正确适用。双方的关系应是“君子和而不同”“君子之交淡如水”,相互尊重,同时又相互监督。他们的关系若较亲密,则有损民众对司法的信任。① 在理想状态下,双方是一种精神契合的法律事业共同体,有着一致的法律语言、法律信仰和价值导向。法官代表国家行使审判权,律师以法律为手段维护客户的合法权益,看似他们一个为公、一个为私,各司其职,但都指向公平正义,疏导社会的矛盾和不满,让社会良性循环。如托克维尔所言:“他们经常在公民中充当仲裁人,而把诉讼人的盲目激情引向正轨的习惯,又使他们对人民群众的判断产生一种蔑视感。除此而外,他们还自然而然地形成一个团体。这不是说他们彼此已经互相了解和打算同心协力奔向同一目标,而是说犹如利益能把他们的一员联合起来一样,他们的专业相同和方法一致使他们在思想上相互结合起来。”②

---

① 江必新:《构建法官与律师的良性关系共同推进法治中国建设》,载《中国审判新闻月刊》2013 年总第 91 期。

② [英]托克维尔:《论美国的民主》上卷,董果良译,商务印书馆 1988 年版,第 303 页。

三、双方不正当行为关系的主要类型及特点

2004 年,法官与律师的不正当行为关系引起了最高人民法院和司法部的重视和警惕。2002 年,武汉市中级人民法院 13 名法官集体腐败被查处,并有 44 名律师涉案。2003 年,司法部对武汉、宜昌等六城市法官受贿犯罪进行专项调查,发现牵连的行贿律师多达 88 名。调查结果表明,律师与司法人员"拉关系"及法官办"人情案""关系案""金钱案"的情况比较严重。双方不正当行为关系的实质是权钱色交易的关系,主要类型有:(1)法官利用职权及地位为律师介绍案源,双方利益分成。如北京市西城法院原院长郭某为关系密切的律师邬某、高某介绍案源,并收取费用 367 万元。(2)法官利用自由裁量权办"人情案""关系案""金钱案",甚至枉法裁判,接受律师好处。例如,在立案时应予立案的不立,不该立案的立案,违反管辖规定立案;在刑事审判中则表现为法官接受律师请托,重罪轻判或者办理取保、减刑假释;在民商事审判中法官表现接受律师请托后快审快判或者久拖不判,或者在案件审理及诉前保全时偏袒一方损害另一方的利益。更恶劣的情形是帮助律师进行虚假诉讼。(3)在执行环节发生权钱色交易。执行工作的快慢、执行款能否及时发放、多个债权人参与如何分配执行标的时的分配、执行中委托哪家公司进行拍卖评,这些均是法官与律师进行腐败交易的空间。如陈某律师在为当事人执行到位上千万元的财产后,会按潜规则给法院执行法官 20～30 万元不等的好处费。

长期的学习和实践使得法官和律师都很熟悉法律及司法的漏洞,相比其他领域的腐败,双方的不正当行为关系更加隐蔽,其显著特点为:(1)通过血缘或姻亲,律师与法官变为亲属、亲戚,双方的不正当行为关系变得更加密切、牢固。(2)通过同学、师生、战友、乡情及曾经的同事关系等中国传统社会关系纽带与法官建立密切关系。(3)律师在逢年过节、婚丧嫁取时以亲友身份向法官赠送礼金,从小恩小惠的感情投资开始与法官建立密切关系,并大额甚至巨额地行贿。(4)法官明显严重违法为律师谋利的情形较小,多数法官利用在实体或程序上可左可右、可快可慢的自由裁量权维护一方利益,外人难以觉察。(5)办事给好处成不良风气,以致多以窝案的形式出现。[①]

---

① 蒋超:《三十年来中国法官违法犯罪问题:一个统计分析》,载《宁夏社会科学》2010 年 7 月第 4 期。

四、现行相关规定及缺陷

2004年,最高人民法院和司法部联合发布《关于规范法官和律师相互关系维护司法公正的若干规定》,要求法官不接受律师利用的各种关系、以不正当方式对案件审判进行干涉,要求律师不得向当事人宣称自己与受理案件法院的法官具有亲朋、同学、师生、曾经同事等关系,还规定法官与律师存在以上关系可能影响案件公正处理的,应当遵守回避规定。司法部紧随其后出台惩戒规定,明确规定律师如向法官行贿,一经发现终身不得再从事律师职业,并建立了律师和律师事务所违法行为投诉制度。2010年,最高人民法院出台《关于规范法官和律师关系的暂行规定》,对此作了更加明确细致的规定,比如法官外出办案时不得与律师同行、同吃、同住,不得由律师支付法官外出办案的费用;法官不得借婚丧喜庆等事宜索取或者收受律师的财物或收受律师提供的干股,不得委托律师投资理财。2011年,最高人民法院还出台了《关于配偶子女从事律师职业的法院领导干部和审判执行岗位法官实行任职回避的规定》,要求法院领导干部和审判、执行岗位法官,其配偶、子女在其任职法院辖区内从事律师职业的,应实行任职回避,并不得将具备任职回避条件的人员作为领导干部和审判、执行岗位法官的拟任人选。《法官法》和《律师法》及最高人民法院《关于违反"五个严禁"规定的处理办法》及《人民法院工作人员处分条例》,均严禁法官与律师进行不正当交往。各地方也出台相应的规定,如深圳市中级人民法院与该市司法局联合出台了《法官和律师关系六不准》,规定法官不得与案件代理律师以打麻将等形式,变相获得不正当利益。

上述法律规定的宣示作用大于实际效果,难以落实。原因如下:一是司法不公开,信息不对称,无从监督。比如回避制度,除了本人及内部人事档案管理人员以外,外人很难知道法官与律师是否存在亲属、亲戚、同学、师生、战友或曾经的同事关系。一些与法官有特定亲属关系的律师,本身并不会高调代理,而是暗中指导运作。二是处罚规定过于宽泛,现实中鲜有法官或律师因此受罚,缺乏必要的威慑力量。法律法规应明文禁止法官违反规定插手干预、过问案件,或者为当事人及律师通风报信、请托说情,否则要给予警告、记过乃至开除等处分。但现实中人情沟通难以避免,律师通过熟悉的法官向案件承办法官过问案件、"打招呼"的现象很常见。正如北京市某中院一位法官坦陈:"同事之间问问案子,通常状态下也得卖过面子,甚至行过方便,金钱关好过,人情关难过啊……很多违法违纪行为都是身边人才能发现，同事之间，除非有十足证据，否则谁会去检举呢？万一检举不成，材料又落到被检举人手中，他不报复吗？……领导本来爱惜本单位面子，不希望出事，所以即使法官出了问题，领导也是能保就保。”

五、双方不正当行为关系产生的原因

法官和律师之间的不正当行为关系是律师的执业权利得不到尊重的结果，也是深厚的官僚主义传统、国民思想观念的产物。其产生原因主要包括以下四个方面：

一是执业权利得不到尊重时律师在市场经济中生存逐利的必然结果。依据《律师法》规定，律师在执业过程依法享有会见权、阅卷权、调查取证权等权利，但这些权利的实现均需要国家机关工作人员予以配合。一方面，法律没有规定司法工作人员不予配合的处罚措施和律师有效救济的途径；另一方面，现实中案件事务日益繁重，司法工作人员亦不愿增加工作事务，因此有意无意设置障碍，使得律师充满无力感。因此现实中普遍存在“会见难、阅卷难、取证难”“门难进、脸难看、事难办”“立案难、诉讼难、执行难”等现象。律师实现执业权利要看“衙门”脸色、仰人鼻息。最难堪的是，“你辩你的，我判我的”，律师在法庭上发言被打断、被法警带离法庭，甚至有律师被法官给拷起来的案例。律师洋洋洒洒地发表辩护观点、代理意见，法官一句话即可驳回。法官处于绝对的优势地位，律师处于绝对的弱势地位，律师可谓“秀才遇到兵，有理说不清”。律师的个人利益与当事人的利益密切关联，律师须借助法官的自由裁量权维护好当事人的利益，从而在司法诉讼的市场经济中获得生存和发展。

二是法官权力较大，但待遇偏低，难以抗拒诱惑。法官的自由裁量权，甚至案件审理及执行工作的快慢都直接关系到当事人的切身利益，这就为权力寻租提供了土壤和空间。例如，在刑事审判中存在死刑与死缓、死缓与无期的情况；在量刑范围内存在徒刑的长短、实刑与缓刑、逮捕与取保候审、减刑假释的情况。在特定的案件中，这些都在法官自由裁量范畴内，虽一字之差但对被告人却有天壤之别。又如，执行环节中，在“案多人少”背景下，执行法官可以优先执行特定的案件，也可以消极执行特定的案件，这期间被执行人极有可能转移财产，或在拍卖土地、房产及汽车等财产时压低评估价格。与法官职责不相适应的是待遇偏低。以北京地区为例，北京地区 2013 年的最低工资标准是 1400 元，2012 年度的职工月平均工资为 5600 元，那么前述北京法官的月薪仅是本地最低工资标准的 3.35 倍。掌握审判权的法官是平凡的个人而非圣贤,在市场经济的影响下,追求金钱和享受成为时尚,待遇相对较低的法官面对富裕的当事人、律师,心理失衡,价值观念扭曲,难以抗拒诱惑,从请客吃饭到接受甚至索取贿赂,法官与律师形成利益同盟,司法权力异化为谋私利的资源。

三是中国官僚主义的传统观念严重影响人们的人们的信念,普通民众相信关系甚于相信法律。民众痛骂司法腐败,可是自己或亲友遇到问题却到处送礼、找关系,深信熟人好办事,甚至形成不正常的观点:要诉讼,就要找关系,不找关系心里就不踏实,因此与法官关系密切的律师自然大有市场。法官和律师因工作而经常接触自然有一定的交往基础,更何况许多法官和律师本是同学、同乡、战友甚至亲戚。那些与法官没有这些关系的律师,则往往利用其他朋友、领导等途径寻求与法官的接触。

六、双方不正当行为关系的危害

法官和律师之间的不正当行为关系,不仅有碍审判活动的正常进行,也不利于保护当事人的合法权益,更有损司法公正权威,影响司法公信力,甚至影响社会稳定。

一是损害司法公正。法官与律师之间的不正当行为关系,使得一方当事人很难得到公平对待,法官由于人情或金钱或其他原因的影响,可能会作出不公正的裁判,而律师为了保持和法官的良好关系,有时会敷衍、欺骗当事人甚至会牺牲当事人的利益。司法是守护正义的最后的一道防线,如果这条道路也走不通,那么底层民众将无处寻求正义。英国哲学家培根在《论司法》中说:“世上的一切苦难之中,最大的苦难无过于枉法……一次不公正的裁决,其恶果甚至超过十次犯罪……犯罪虽是冒犯法律——好比污染了水流,而不公正的审判,则毁坏法律——好比污染了水源。”

二是损害司法权威和公信力。《官箴》曰:“吏不畏吾严而畏吾廉,民不服吾能而服吾公;廉则吏不敢慢,公则民不敢欺;公生明,廉生威。”公正是司法工作的价值取向和根本要求。然而,目前很多因素和现象的存在使司法公信力受到前所未有的考验。民众遇到利益纠纷甚至冤屈,不相信能通过正当法律程序获得救济,而是倾向于聘请与法官有关系的律师,或者通过上访等方式维权。“大闹大解决,小闹小解决,不闹不解决”,成为经验之谈,更有甚者采取极端的手段,在法官前面以自杀、自残相威胁。

三是影响社会的稳定和发展。我国处于转型时期,利益矛盾凸显,司法被普遍认为是解决社会冲突、维护社会长治久安的有效方式,司法与公民的切身利益和基本权益密切相关。法官与律师之间的不正当关系，正在不断减损甚至毁灭国民对法律、对法院的信任。民间的不公正遭遇和痛苦，如果不能及时有效地通过理性的诉讼程序化解，反而累积为民怨仇恨，极易酿成群体事件和社会动荡。例如，2008 年贵州省瓮安县少女李树芬死亡案件及 2009 年湖北省石首厨师涂高远死亡案件，由于未能通过公正司法途径解决问题，群众的不满情绪累积为仇恨，并发展为集体泄愤事件，造成了重大损失和恶劣的社会影响。

七、双方不正当关系的预防

当前，我国关于法官与律师不正当行为关系的法律规定已较为完备，但关键在落实。有权机关应加强司法公开和监督处罚力度，使双方不敢腐败；提高法官待遇，保障律师的执业权利，使其不愿意腐败。

一是适当提高法官待遇，使其珍惜职业。英国历史上曾有过减少及拖欠法官薪水的例子，许多法官因囊中羞涩而无法过上与其职位相称的体面生活，因此纷纷收受贿赂，大法官培根就是明显案例。为确保司法独立，英国开始立法保障法官工资，司法逐渐变得公正。法官的薪水及退休金高于普通公务员，这是法治成熟国家通行的做法和经验。在英国，大法官的年薪甚至比首相还高。美国在宪法中规定了严格的法官弹劾程序：由众议院起议，参议院审理，并由参议院成员三分之二通过弹劾裁决，方能撤消其职位。法官职务的稳定性和高额薪水保证了法官享有高度的职业安全感，不会轻易屈从于外界的压力和诱惑，从而保证了审判的独立和超然。①

二是对法官办公室及办公电话安装监控设备。诚然很多行贿、受贿行为都发生在酒桌上，但也有很多律师常顺手将烟、卡或装有现金的信封等财物放在法官的办公桌上，律师与法官很多行贿受贿行为直接就发生在法官办公室里，如果有监控设备，无疑将极大降低法官面对诱惑的几率，也会减少双方直接进行不正当交易的空间。

三是设立法官评鉴委员会。中国台湾地区在很长时间内司法的公信与权威不高，法官与律师之间的不正当交易时常发生，以致普通民众认为“法律千条，不如黄金一条”。民众遇纠纷诉讼至法院，一般均愿意聘请在法院有关系的律师疏通案件。20 世纪 90 年代开始，台湾在保障司法独立的同

---

① 刘静：《法官的保障制度研究》，载孙谦、郑成良主编：《中国的检察院、法院改革》，法律出版社 2004 年版，第 362 页。

时加强对法官的监督和考评，司法的形象和公信力逐渐好转。中国台湾地区的《法官法》规定，设立法官评鉴委员会，共11名委员，其中有8名是由律师、学者和社会公正人士组成:根据当事人的投诉及个案是否达到惩戒的标准、有无进行惩戒的必要，评鉴委员会经评议后分别将案件呈报“司法院”“监察院”提起弹劾程序或直接移送到“司法院人事审议委员会”进行处理。而我国《法官法》及最高人民法院制定的《法官考评委员会暂行组织办法》规定，法官考评委员会由本院院长以及有关部门的主要负责人组成。法官考评委员会作为法院内设机构，为保全法官的荣誉和年终绩效奖金，很难自己监督自己。内陆地区可借鉴台湾做法，强化法官考评委员会的独立性。

三是将法官和律师的身份及社会关系存档备案，完善回避查询制度。由于当事人举证能力的不足和对于法官相关信息的缺乏，实践中当事人成功申请回避的案件极为少见。因此有关部门应将法官和律师的身份及社会关系存档备案，当事人可聘请律师调取，这能有效减少法官和律师操作案件的空间，并配以举证责任倒置、证明标准降低等多种途径，从而充分发挥回避制度的力量。

四是借助律师协会的力量，维护律师的执业诉讼权利。律师的调查取证权、会见权、阅卷权及辩护代理权的实现，均有待法官允许和同意。如果法官拒绝或设置障碍，律师的权利就很难实现。如果律师连自己的权利都保证不了，如何维护当事人的权益呢？为保障律师的合法权益，律师协会及司法管理部门应该为律师正当权利的实现提供帮助，并建立与法官协会或法院有效的交涉沟通反馈机制。

五是加强裁判文书及诉讼流程上网等司法公开措施。法官与律师之间的不正当关系及暗箱操作，部分是囿于司法不透明，使得当事人及社会无从监督。司法公开性越强，透明度越高，司法腐败现象就会越少。应利用互联网等依法全面公开诉讼流程及裁判文书，将案件诉讼进程情况及最后文书公布在互联网上，方便大家查询和监督。裁判文书上网及诉讼流程网上公开意义重大，能强化司法监督，促进司法公正，便于民众、媒体及有关单位监督司法活动，打压法官和律师暗箱操作和权力寻租的空间，有效减少“人情案、关系案、金钱案”等现象的发生，使司法公正以人看得见、摸得着、感受得到的方式得到实现；同时也倒逼法官慎用自由裁量权，提升司法公信力。裁判文书及诉讼活动中如有错误或不合理不公正的地方，便有可能在网络上被炒作放大，给法官的名誉及升迁带来不利影响。

六是加大对被判处缓刑、裁判文书未公开的案件及涉及大宗土地房产执行案件等的监督力度。这些案件的审判执行因涉及利益较大，是律师与法官极易发生权钱交易的领域，因此应加检查监督力度，预防法官与律师在这些领域进行交易和腐败。

七是利用网络科技加强舆论监督和警示教育。孟德斯鸠在《论法的精神》中说："一切有权力的人都容易滥用权力，这是万古不易的一条经验。有权力的人们使用权力一直到有界限的地方才休止。"经验证明，被人性深处的私欲和虚荣所牵引，法官极容易滥用司法权，与律师形成不正当关系，为自己谋私。在上海市高级人民法院法官与律师吃饭后嫖娼的案例中，当事人不在乎国家法律的规定如何严厉，而在乎被新闻媒体及网络的曝光。有权机关应向当事人及社会提供全面、畅通、便捷的监督方式，如电话、传真、信箱、网站等。应充分利用网络等媒体，接受社会舆论监督，同时利用微信、手机短信等方便快捷的传播方式，将相关地区法官与律师的违法犯罪行为通过图片和文字的形式，与每个法官的手机相联，使法官与律师心存敬畏，不敢司法腐败。

八是培育法官和律师对法律的认同和敬畏。法官和律师都必须通过国家法律职业资格考试，且有丰富实践经验，是熟悉法律的人。然而他们若是缺乏对法律的敬畏，法律在他们眼中将变成谋利的工具。因为他们比常人更懂得如何巧妙地规避法律，如何更好地躲避法律的惩罚。在市场经济中，金钱成为部分人追求的最终目标，导致男人为它出卖灵魂，女人为它出卖肉体，官员为它出卖权力。很多法官和律师视国家法律不顾，办关系案、人情案、金钱案。因此，要加强法律职业伦理教育，使得大多数法官和律师守法不仅仅是因为害怕被国家强制力制裁，更是内心确信法律所禁止或要求做的符合他们的道德信念和真实利益，真正守法的原因是他们对法律的认同和敬畏。

结语

经验和观察使作者确信，人性中有诡异的和伪善的一面。人一旦掌握权力又缺乏有力监督，时时面对金钱美色等各种利益诱惑，没有人能保证自己不会腐败。法官和律师并非圣贤，也是充满私欲的个人。法官有生杀予夺的审判大权，律师是接受当事人的委托和费用，维护当事人权益的法律工作者。二者天然容易结盟，形成权钱色交易。因此，须设计出良法，加强监督。正如美国前总统布什所说："人类千万年的历史，最为珍贵的不是令人炫目的科技，不是浩瀚的大师们的经典著作，而是实现了对统治者的驯服，实现了把他们关在笼子里的梦想。我现在就是站在笼子里向你们讲话。"中国要学习如何驯服权力尤其是司法权,这样社会才有公平正义和长治久安。中国的法官和律师均需要被监督,如此方能保持双方的正当行为关系,维护司法的公正和权威。

The Judgment and Precaution of the Improper Relationship between the Judge and the Lawyer

Guidong Qu

Abstract The judges are a kind of adjudicatory personnel who exercise judicial power in accordance with the law. They have discretion within the law and their trial results directly affect the right of life, freedom, property and reputation of human being. While the lawyers are a kind of legal service workers whose mission is to advance the legitimate interests of their clients by persuading the judges. They can charge fees through their legal practice. Some bad atmosphere in our country which had been lasting for thousands of years makes the public believe in more the relationship than the law. So the public truly believe the lawyers who have relationship within the circle of the judiciary. In addition, the salary of the judges is low, the power of the judges is heavy, and the supervision is relaxed. These three factors make the judges helpless to resist the temptation. At the same time, in the society under the market economy the lawyers attempt to gain existence and development by the means of entertaining the judges, siphoning profit, even conducting the sex bribery. And through the traditional relationship like marriage, consanguinity, schoolmate relations, teacher-student relations and fellow-townsmen relations, the lawyers can achieve their goals easily as well. The improper relationship between the judge and the lawyer increasingly worsens, what hurts the authority of jurisdiction badly and leads to the increase of petition. This article focuses on the type, the feature, the causation and the harm of the improper relationship. Through analyzing the defects of the current rules, this article will put forward corresponding suggestion.

Key words judge; lawyer; improper; relationship; precaution

图书在版编目(CIP)数据

山东大学法律评论. 2015/郑智航主编. —济南：
山东大学出版社，2016. 3
ISBN 978-7-5607-5511-3

Ⅰ. ①山… Ⅱ. ①郑… Ⅲ. ①法学—文集 Ⅳ. ①D90-53

中国版本图书馆 CIP 数据核字(2016)第 056920 号

责任编辑：张申华
封面设计：张　荔

出版发行：山东大学出版社
社　址　山东省济南市山大南路 20 号
邮　编　250100
电　话　市场部(0531)88364466
经　销：山东省新华书店
印　刷：济南新科印务有限公司
规　格：720 毫米×1000 毫米　1/16
30.5 印张　515 千字
版　次：2016 年 3 月第 1 版
印　次：2016 年 3 月第 1 次印刷
定　价：48.00 元